四川大学古籍整理与经典文献研究中心培育项目（2020skjd-py06）

贵州省哲学社会科学规划国学单列课题结项成果（17GZGX29）

光明社科文库
GUANGMING DAILY PRESS:
A SOCIAL SCIENCE SERIES

·历史与文化书系·

# 周秦儒学文献史稿

田　君｜著

光明日报出版社

图书在版编目（CIP）数据

周秦儒学文献史稿 / 田君著. -- 北京：光明日报
出版社，2022.6
ISBN 978－7－5194－6656－5

Ⅰ.①周… Ⅱ.①田… Ⅲ.①儒学—文献—史料—中
国—古代 Ⅳ.①B222.05

中国版本图书馆 CIP 数据核字（2022）第 096225 号

## 周秦儒学文献史稿

**ZHOUQIN RUXUE WENXIAN SHIGAO**

著　　者：田　君

责任编辑：郭思齐　　　　　　　　　　责任校对：张彩霞
封面设计：中联华文　　　　　　　　　责任印制：曹　净

出版发行：光明日报出版社
地　　址：北京市西城区永安路 106 号，100050
电　　话：010-63169890（咨询），010-63131930（邮购）
传　　真：010－63131930
网　　址：http://book.gmw.cn
E － mail: gmrbcbs@ gmw.cn
法律顾问：北京市兰台律师事务所龚柳方律师

印　　刷：三河市华东印刷有限公司
装　　订：三河市华东印刷有限公司
本书如有破损、缺页、装订错误，请与本社联系调换，电话：010－63131930

开　　本：170mm×240mm
字　　数：639 千字　　　　　　　　　印　　张：24.5
版　　次：2022 年 6 月第 1 版　　　　印　　次：2022 年 6 月第 1 次印刷
书　　号：ISBN 978－7－5194－6656－5
定　　价：99.00 元

# 目　录
## CONTENTS

# 绪　言

## 一、研究现状及选题意义

本课题"周秦儒学文献史",是先秦史、原生儒学与经典文献学研究的交叉领域。学界关于先秦儒学史的论著较多,如钱逊《先秦儒学》(辽宁教育出版社1991年版)、李耀仙《先秦儒学新论》(巴蜀书社1991年版)、王志跃《先秦儒学史概论》(文津出版社1994年版)、王钧林《中国儒学史·先秦卷》(广东教育出版社1998年版)、戴永明《先秦儒学要略》(上海交通大学出版社2002年版)、王博《中国儒学史·先秦卷》(北京大学出版社2011年版)、陈战国《先秦儒学史》(人民出版社2012年版)、董平《先秦儒学广论》(浙江大学出版社2015年版)等,关于先秦儒学文献研究的论文集也有问世,如杨朝明《儒家文献与早期儒学研究》(齐鲁书社2002年版)与《出土文献与儒家学术研究》(台湾古籍出版有限公司2007年版)等,而从先秦学术史视角,将儒学与文献相互结合,突出经典传承脉络,展开儒学文献史研究,这样的专题论著尚少,舒大刚主编的《儒学文献通论》(福建人民出版社2012年版)以"通论"形式有所涉及,周秦儒学文献相关论述,散见于各章节之先秦部分介绍,章节执笔详略不一,需要以儒学史为精神线索进行整合,以文献整理与研究为血肉主体进行深化。严格意义上的"经学",形成于汉代,严格意义上的"儒学",肇始于周代,汉代之前无"经学",周代之前无"儒学",因此,我们不可以说"先秦经学","先秦儒学"似乎也不贴切,而应当以"周秦儒学"立题较为妥当。儒学史离开儒学文献,犹如空中楼阁,难以取信,儒学文献结合儒学史,方能聚沙成塔,构筑学术体系。周秦儒学要靠周秦儒经及经解来承载,两者本来就密不可分,以周秦儒经及经解文献为根本,周秦儒学研究方能有血有肉,以周秦儒学为纲领,周秦儒经及经解文献方能注入精神,从周秦儒学文献史入手,周秦儒学与周秦儒经及经解才会相得益彰，创新之处①及理论意义，庶几在此。

　　本课题以周秦儒学文献为研究对象，其总体框架将周秦儒学史讲述与儒学文献整理研究相结合，第一章为"学术背景：儒家渊源与周秦儒学"，第二章为"文献来源：演变历程与儒经初成"，第三章为"前经学时代的儒经传授"，第四章为"原生文献：周秦经典文献（文献主体之一）"，第五章为"孔门圣贤与儒学经解文献"，第六章为"次生文献：周秦经解文献（文献主体之二）"。其中，第四章"原生文献：周秦经典文献（文献主体之一）"与第六章"次生文献：周秦经解文献（文献主体之二）"是本课题的研究重点，以全面展示周秦儒经文献与经解文献的实际面貌为主要目标，试图将周秦儒学史讲述真正落到实处。第六章"次生文献：周秦经解文献（文献主体之二）"是本课题的研究难点，以构筑周秦经解文献史料库为主要目标，周秦儒经文献来源比较集中，而周秦经解文献来源则零散至极，周秦故籍大多引据儒经以资论证，引据之中又对儒经有所解说与阐发，零金碎玉，闪见多方，皆属于周秦经解文献范畴，关于周秦经解文献领域的整体史料库编纂，至今尚未见到过，去伪存真，集腋成裘，需要下大功夫加以整理与研究。

　　"儒"讲的是文化源头，"儒家"讲的是学术流派，"儒学"讲的是儒家之学。"儒"于殷商已有，而"儒家"与"儒学"，至孔子方成。殷商的"儒"是术士儒，专职为贵族祭祀祖先、办理丧事、担任司仪等；西周的"儒"是学官儒，专职为官方从事道艺教化；春秋的"儒"是搢绅儒，此时已无专职，仍属于职业类别；孔子的"儒"是君子儒，传道授业，立说讲学，成为终生事业与学术流派。"儒家"由孔子创立，是有经典、有纲领、有徒众的学术流派，他们不仅仅是一种职业，也不仅仅是一类人群，而是有思想、有理论、有追求、有传授的儒家学派。孔子及其后继者，以研习"六经"为根基，以讲求礼乐教化为特征，究其思想本质，都是以仁义、忠信、孝悌濡人，濡人之人，是为"儒家"，所以濡人之学问，是为"儒学"，"儒家"传承"儒学"、"儒学"成就"儒家"，贤传大道，道亦传贤，法古开新，生生不息，"儒学文献"随之产生。回溯儒学形成的历史，其实就是儒家"六经"形成（儒经文献）及其不断诠释（经解文献）的历史，儒学的发展进程，多是采取对儒家经典重新注释的形式展开，即所谓"我注六经""六经注我"，是以可知"六经"在儒学文献史上的核心价值。而对于"六经"的性质，循序渐进，依次经历旧史经典化与经典儒学

---

① 备注：本书脚注之"【按】"，条目众多，皆心血结撰，笔者考据疏证存焉，为行文简明计，寓于每页注释之中，须与正文一体看待，方得宗旨之全，特此说明。

化的演变过程。"六经"的原始形态，属于文献积累阶段，素材杂乱无序，即所谓"旧法世传之史"，后人总结为"六经皆史"，有待荟萃成编。"六经"从原始形态到汇编形态，正是旧史经典化的过程，"六经"的汇编形态，出于官学教育需要，逐渐形成造士文献，此类型属于官学教本阶段，教材结集有序，荟萃成编，经典粗成，即所谓"周公之旧典"，相当于教学资料类要，尚未形成思想体系，有待去粗取精、删定别裁，提炼宗旨纲领，进而明确指导意义。"六经"从汇编形态到儒学形态，正是经典儒学化的过程，"六经"的儒学形态，出于儒家教学需要，属于儒学新课本。孔子以"仁义"改造"六经"，以"六经"讲学授徒，交相辅成，形成有经典、有思想的儒家学派。经典教材不仅结集成编，而且蕴含儒家理念，即所谓"孔子六经"，相当于教学指导用书。孔子去粗取精、删定别裁，辞微指博、以述为作，提炼宗旨纲领，明确指导意义，将记载"先王之陈迹"的"旧法世传之史"，改造成为立教传道的儒学经典，从而完成经典儒学化的演变进程。周秦儒学文献经过秦代至于汉初，在这一传承过程中，所谓秦始皇焚书，并没有阻断儒家经典的流传，秦代儒学呈现出官学与私学并存的局面儒学作为周秦学术大宗，经春秋战国以至于秦，其价值观念与政治道德，几成社会共识，并为学界所珍视，秦代儒学文献的传承与发展，自有其历史必然性，非人力所能禁绝，遂得以生生不息，薪火相传。根据以上基本看法，本课题进而响应"六书十三经体系"理论，拓展儒经与经解的考察范围，结合周秦儒经传授与圣贤解经的具体实际，并汲取相关出土文献，展开周秦儒经及经解文献整理与研究工作。

兹事体大，既出草创，必有未尽之处，遂以"史稿"题名，增补修订，容俟后续，望方家通人赐教焉。

# 第一章　学术背景：儒家渊源与周秦儒学

## 第一节　儒、儒家与儒学

何谓"儒"，章太炎《原儒》："儒有三科，关达、类、私之名。"① "关"即"通"也，此通于墨辩。《墨子·经上》："名：达、类、私。"② 《墨子·经说上》："名，物③，达也，有实必待文多也④；命之'马'，类也，若实也者，必以是名也⑤；命之'臧'，私也，是名也，止于是实也。"⑥ 以"物""马""臧"举例，分别达名、类名、私名，则达名为通称（大共名），类名为类称（大别名），私名为特称（别名）。《原儒》曰："儒之名盖出于需。需者，'云上于天'⑦，而儒亦知天文、识旱潦。""达名为儒：儒者，术士也。""类名为儒：儒者，知礼、乐、射、御、书、数。""私名为儒：《七略》曰'儒家者流，盖

① 《国故论衡·原儒》版本，1910 年初版于日本东京，收入章太炎. 章氏丛书［M］. 铅印本. 上海：右文社，1915. 今有陈平原导读. 国故论衡［M］. 上海：上海古籍出版社，2003. 此处所引，见于：章太炎. 国故论衡疏证：下之二［M］. 庞俊，郭诚永，疏证. 北京：中华书局，2008：481.

② ［清］孙诒让. 墨子间诂：卷十［M］. 北京：中华书局，2001：314.

③ 《荀子·正名》："故万物虽众，有时而欲遍举之，故谓之物。物也者，大共名也。"（［清］王先谦. 荀子集解：卷第十六［M］. 北京：中华书局，1988：419.）

④ 孙诒让《墨子间诂》："窃疑'多'当作'名'，言'名'为'实'之'文'也。"（［清］孙诒让. 墨子间诂：卷十　经说上第四十二［M］. 北京：中华书局，2001：349.）

⑤ 《荀子·正名》："有时而欲遍举之，故谓之鸟兽。鸟兽也者，大别名也。"（［清］王先谦. 荀子集解：卷第十六［M］. 北京：中华书局，1988：419.）

⑥ ［清］孙诒让. 墨子间诂：卷十［M］. 北京：中华书局，2001：349.

⑦ 《周易·需卦·象传》.（［清］阮元，校刻. 十三经注疏清嘉庆刊本·周易正义：卷第二［M］. 北京：中华书局，2009：45.）

出于司徒之官，助人君顺阴阳、明教化①者也。游文于六经之中，留意于仁义之际，祖述尧舜，宪章文武，宗师仲尼，以重其言，于道为最高'。②""今独以传经为儒，以私名则异，以达名、类名则偏，要之题号由古今异。儒犹道矣，儒之名于古通为术士，于今专为师氏之守；道之名于古通为德行道义，于今专为老聃之徒。"③ 章太炎从文字训诂出发，辨名析理，证之文献故籍，由术士到师儒，又由师儒到儒家，首探"儒"的沿革，所见甚卓。

胡适《说儒》专篇④，五万余言，始疑章氏《原儒》⑤，论证"儒是殷民族的教士；他们的衣服是殷服，他们的宗教⑥是殷礼，他们的人生观是亡国遗民的柔逊的人生观"；论儒的生活是"治丧相礼的职业""论孔子的大贡献：把殷商民族的部落性的儒扩大到'仁以为己任'的儒；把柔懦的儒改变为刚毅

---

① 吕思勉《先秦史·宗教学术·先秦诸子》："儒家治民，最重教化，此为其出于司徒之官之本色。其处己之道，最高者为'中庸'。待人之道，最高者为'絜矩'。'中庸'者，随时随地，审处而求其至当。'絜矩'者，就所接之人，我所愿于彼者，即彼之所愿于我，而当以是先施之。其说简而该，为人人所能明、所易守，无怪其能范围人心数千年之久也。"（吕思勉.先秦史［M］.上海：上海古籍出版社，1982：476.）

② 【按】班固《汉书·艺文志》，实承刘向、刘歆父子《七略》而来，且《汉书·艺文志》作"于道最为高"（［汉］班固.汉书：卷三十［M］.北京：中华书局，1962：1728.）。本书之按语，笔者考证存焉，当与正文等同视之，特此说明。

③ 章太炎.国故论衡疏证：下之二　原儒［M］.庞俊，郭诚永，疏证.北京：中华书局，2008：483-490.

④ 胡适.说儒［J］.中央研究院历史语言研究所集刊，1934，4（3）.后收入胡适论学近著［M］.上海：商务印书馆，1936.亦收入胡适文集：第五册［M］//胡适文存：卷一.北京：北京大学出版社，1998.

⑤ 【按】章太炎《原儒》，据《周礼》及郑玄注立论，胡适认为"《周礼》本身就很可疑"，郑玄注系"东汉晚年学者的说法"，皆不予采信。但是，对于东汉许慎《说文》"儒，柔也，术士之称"，胡适却深信不疑，如是合者纳之，违者弃之，无乃不可乎？《周礼》乃周秦故籍，《汉书·艺文志·六艺略》："六国之君，魏文侯最为好古。孝文时，得其乐人窦公，献其书乃《周官·大宗伯》之《大司乐》章也。"颜师古注引桓谭《新论》："窦公年百八十岁，两目皆盲，文帝奇之，问曰：'何因至此？'对曰：'臣年十三失明，父母哀其不及众技，教鼓琴。臣导引，无所服饵。'"（［汉］班固.汉书：卷三十［M］.［唐］颜师古，注.北京：中华书局，1962：1712.）齐召南《汉书艺文志考证》、顾实《汉书艺文志讲疏》皆考证窦公200余岁，张舜徽《〈汉书·艺文志〉通释》："窦公之年，以时考之，当不止百八十岁，昔人早有辨证，学者于此等处，但知其老寿即可，不必深究也""乐人但得《大司乐》章，即足以精理其事，故窦公守之勿失。有此一事，可证《周官》非西汉末年刘歆所伪撰也。"（张舜徽.汉书艺文志通释·六艺略·乐［M］.武汉：湖北教育出版社，1990：59.）

⑥ 【按】周秦儒学所涉及宗教特征，如《论语·为政》："子曰：'攻乎异端，斯害也已。'"（程树德.论语集释：卷四　为政下［M］.北京：中华书局，1990：104.）《孟子·滕文公下》孟子曰："能言距杨墨者，圣人之徒也"（［清］焦循.孟子正义：卷十三［M］.北京：中华书局，1987：461.），此非论述重点，暂且从略。

进取的儒"①。考胡氏立论,以孔子与耶稣对比为基础,将"儒"视作殷民族奴性宗教。胡文以西况中,甚是牵强,故在此文之后,冯友兰《原儒墨》②、李源澄《评胡适〈说儒〉》③、钱穆《驳胡适之〈说儒〉》④、郭沫若《驳〈说儒〉》⑤,皆不同意胡氏之看法。

而徐中舒《甲骨文中所见的儒》,从甲骨材料入手,则支援胡适文,"甲骨文中儒字的发现,其中有作为普通名词的儒家之儒,有作为人名的子儒之儒,说明儒这种职业在殷商时代就已经存在了。还有《周易》中的《需卦》也反映了春秋以前儒家职业性的活动,这都是孔子以前儒家存在的见证。从甲骨文的儒师、儒人、丘儒这几个名称来看,儒在商代还有一个教阶、教区的宗教组织。西周以后,这个与杀殉有联系的宗教组织,大概没有得到统治阶级的支持,也就不复存在了"⑥。徐文搜讨仔细,最为辛勤有据,可以说是对"儒"之起源探讨的重大突破!但是这只是"儒"的早期历史,而非"儒家",更不是"孔子以前儒家存在的见证"。其实,甲骨文中并无"儒"字,只有"需"字,徐先生以为是以水冲身之象,"需"是"儒"的本字,本义是"濡",所论虽然精当有据,但是并不一定是"儒"的本相。以沐浴之人为"儒",因为从事于治丧相礼、祭祖事神,经常斋戒沐浴,但是,"儒"者需要斋戒沐浴,不等于斋戒沐浴者就是"儒",况且徐先生所举《礼记》"儒有澡身而浴德",仅仅是个比喻,两者并非充要关系。

周代"儒"的核心职业,其实就是教师⑦,《周礼·天官冢宰·大宰》:"儒,以道得民",郑玄注"儒,诸侯保氏,有六艺以教民者"⑧;《地官司徒·大司徒》"联师儒",郑玄注"师儒,乡里教以道艺者"⑨,教师谓之"师儒"。"儒"既以教为职事,以道艺教人,民众浸润其中,如沐春风,如浴时雨,可

---

① 【按】吕思勉受胡适此说影响,其《先秦史·宗教学术·先秦诸子》"儒之义为柔,若曾子之兢兢自守、言必信、行必果者,盖其本来面目。孔子之道,则不尽于是"(吕思勉.先秦史[M].上海:上海古籍出版社,1982:476.)。

② 冯友兰.原儒墨[J].清华学报,1935,10(2).

③ 李源澄.评胡适《说儒》[J].国风,1935,6(3~4).

④ 钱穆.驳胡适之《说儒》[J].学思,1卷第1期,1942,1(1).

⑤ 郭沫若.青铜时代·驳《说儒》[M].重庆:文治出版社,1945.

⑥ 徐中舒.甲骨文中所见的儒[J].四川大学学报(哲学社会科学版),1975(4).后收入徐中舒.徐中舒历史论文选辑:下册[M].北京:中华书局,1998.

⑦ 【按】《论语·为政》:"子曰:'温故而知新,可以为师矣。'"(程树德.论语集释:卷三为政上[M].北京:中华书局,1990:94.)

⑧ [清]孙诒让.周礼正义:卷三[M].北京:中华书局,2015:133.

⑨ [清]孙诒让.周礼正义:卷十九[M].北京:中华书局,2015:905.

谓之"濡"①。《孟子·尽心上》："君子之所以教者五，有如时雨化之者。"赵岐注"教之渐渍而沾洽也"②，雨水浸润于物为"濡"，则教师教化于人为"儒"。

"儒"讲的是文化源头，"儒家"讲的是学术流派，"儒学"讲的是儒家之学。"儒"于殷商已有，而"儒家"与"儒学"，至孔子方成。《庄子·渔父》："孔氏者，性服忠信，身行仁义，饰礼乐，选人伦，上以忠于世主，下以化于齐民，将以利天下"③；《淮南子·要略》："孔子修成、康之道，述周公之训，以教七十子，使服其衣冠，修其篇籍，故儒者之学生焉"④，这里的"儒者之学"，所指正是儒家之学；《汉书·艺文志》论"儒家者流"，"游文于六经之中，留意于仁义之际，祖述尧舜，宪章文武，宗师仲尼"⑤，可见"儒家"由孔子创立，是有经典、有纲领、有徒众的学术流派，他们不仅仅是一种职业，也不仅仅是一帮人群，而是有思想、有理论、有追求、有传授的儒家学派。孔子及其后继者，以研习"六经"为根基，以讲求礼乐教化为特征，究其思想本质，都是以仁义、忠信、孝悌濡人，濡人之人，是为"儒家"，所以濡人之学问，是为"儒学"，"儒家"传承"儒学"，"儒学"成就"儒家"，贤传大道，道亦传贤，法古开新，生生不息，"儒学文献"随之产生。

## 第二节　礼乐文化与儒学独立

殷商的"儒"是术士儒⑥，专职为贵族祭祀祖先、办理丧事、担任司仪等；西周的"儒"是学官儒⑦，专职为官方从事道艺教化；春秋的"儒"是搢绅儒⑧，

①　【按】《礼记·祭义》"春，雨露既濡"（［清］孙希旦. 礼记集解：卷四十六［M］. 北京：中华书局，1989：1207.），《汉卫尉卿衡府君碑》"君之烈祖，少以濡术，安贫乐道，履该颜原，兼修季由，闻斯行诸"（［清］严可均. 全上古三代秦汉三国六朝文·全后汉文：卷一百一　卫尉衡方碑［M］. 北京：中华书局，1958：2034.），此"濡术"即"儒术"。
②　［清］焦循. 孟子正义：卷二十七［M］. 北京：中华书局，1987：942.
③　［清］王先谦. 庄子集解：卷八［M］. 北京：中华书局，1987：273.
④　［汉］刘安. 淮南鸿烈集解：卷二十一［M］. 刘文典，集解. 北京：中华书局，2013：709.
⑤　［汉］班固. 汉书：卷三十［M］. 北京：中华书局，1962：1728.
⑥　【按】如上文引徐中舒《甲骨文中所见的儒》相关论证。
⑦　【按】如上文引《周礼》之《天官冢宰·大宰》《地官司徒·大司徒》及郑玄注。
⑧　【按】《庄子·天下》："其明而在数度者，旧法世传之史，尚多有之。其在于《诗》《书》《礼》《乐》者，邹鲁之士、搢绅先生多能明之。"（［清］王先谦. 庄子集解：卷八［M］. 北京：中华书局，1987：288.）

此时已无专职，仍属于职业类别；孔子的"儒"是君子儒①，传道授业，立说讲学，成为终生事业与学术流派。直到孔子以后，"儒"方成其为"学"②，"儒学"既诞生于"礼坏乐崩"③的春秋时代，又是礼乐文化传统的集大成者，上古礼乐文化是周秦儒学的摇篮。

礼乐文化是一条历史的河流，《论语·为政》："殷因于夏礼，所损益，可知也；周因于殷礼，所损益，可知也。"④（按：此处以"礼"括"乐"言之，所指即"礼乐"，下同）上古"礼乐"，既传承又变异，才得以绵延不绝，融汇到民族的骨髓里。关于礼乐文化，按内容分类，可以包括三个大的层次：礼乐的仪容（起源宗教性）→礼乐的法度（建构制度性）→礼乐的意义（蕴涵道德

---

① 【按】考"君子儒"之义。《论语·雍也》："子谓子夏曰：'女为君子儒，无为小人儒。'"（程树德．论语集释：卷十一　雍也上［M］．北京：中华书局，1990：389.）《论语·子张》："子夏曰：'虽小道，必有可观者焉，致远恐泥，是以君子不为也。'"（论语集释：卷三十八　子张，1307.）何谓"君子"，孔门师弟皆有言，《论语·宪问》孔子："君子上达，小人下达"（论语集释：卷二十九　宪问中，1003.），"修己以敬""修己以安人""修己以安百姓"（论语集释：卷三十　宪问下，1041.），《论语·卫灵公》孔子曰："君子义以为质，礼以行之，孙以出之，信以成之，君子哉"（论语集释：卷三十二　卫灵公下，1100.），"君子谋道不谋食""君子忧道不忧贫"（论语集释：卷三十二　卫灵公下，1119.），《论语·颜渊》子夏曰："君子敬而无失，与人恭而有礼"（论语集释：卷二十四　颜渊上，830.）。又《礼记·文王世子》："君子曰德，德成而教尊，教尊而官正，官正而国治，君之谓也"（［清］孙希旦．礼记集解：卷二十［M］．北京：中华书局，1989：564.），《庄子·天下》："以仁为恩，以义为理，以礼为行，以乐为和，薰然慈仁，谓之君子"（［清］王先谦．庄子集解：卷八［M］．北京：中华书局，1987：287.）。按孔子所谓"君子"，即仁人也（可参王云路．君子文化·先秦典籍君子专论［M］．杭州：浙江文艺出版社，2020：3-498.），《论语·卫灵公》称为"志士仁人""士之仁者"（论语集释：卷三十一　卫灵公上，1073、1075.），《论语·公冶长》孔子："有君子之道四焉：其行己也恭，其事上也敬，其养民也惠，其使民也义"（论语集释：卷十　公冶下，326.），《论语·子路》："樊迟问仁，子曰：'居处恭，执事敬，与人忠，虽之夷狄，不可弃也。'"（论语集释：卷二十七　子路下，926.）孟子承之，如《孟子·尽心下》："仁也者，人也，合而言之，道也"（［清］焦循．孟子正义：卷二十八［M］．北京：中华书局，1987：977.），《孟子·离娄下》："君子深造之以道，欲其自得之也"（孟子正义：卷十六，558.），此与《论语·述而》孔子谦语"躬行君子，则吾未之有得"（论语集释：卷十四　述而下，499.），适可相互发明。何以知其为谦语，《论语·宪问》："子曰：'君子道者三，我无能焉：仁者不忧，知者不惑，勇者不惧。'子贡曰：'夫子自道也。'"（论语集释：卷二十九　宪问中，1011.）又如《论语·述而》："默而识之，学而不厌，诲人不倦，何有于我哉"（论语集释：卷十三　述而上，436.），《论语·子罕》："出则事公卿，入则事父兄，丧事不敢不勉，不为酒困，何有于我哉"（论语集释：卷十八　子罕下，609.），皆其类例。

② 《孟子·万章下》："孔子，圣之时者也。孔子之谓集大成，集大成也者，金声而玉振之也。金声也者，始条理也；玉振之也者，终条理也。始条理者，智之事也；终条理者，圣之事也。"（孟子正义：卷二十，672.）

③ 见于《论语·阳货》，孔门宰予曰："君子三年不为礼，礼必坏；三年不为乐，乐必崩。"（程树德．论语集释：卷三十五　阳货下［M］．北京：中华书局，1990：1232.）

④ 程树德．论语集释：卷四　为政下［M］．北京：中华书局，1990：127.

性）。实际上，这种内容分类，也正是礼乐文化发展的脉络主干。

远古至殷商的礼乐文化，主体特征是"宗教礼乐"。《礼记·礼运》："夫礼之初，始诸饮食，其燔黍捭豚，汙尊而抔饮，蒉桴而土鼓，犹若可以致其敬于鬼神。"[1] 从远古到夏代"礼乐"的情况，由于文献不足征，详情不得而知，所以《论语·八佾》中连孔子也慨叹"夏礼，吾能言之，杞不足征也；殷礼，吾能言之，宋不足征也。文献不足故也，足，则吾能征之矣"[2]。根据现代考古学材料，与远古祭礼[3]相关的大规模礼器群、大型祭坛，考古多有发现。如位于辽宁阜新的查海遗址[4]，属于前红山文化类型，距今 7000~8000 年，发掘出土有玉玦、玉璧、双联玉璧、三联玉璧、鱼形玉佩、玉钺、玉斧、玉猪龙等，可见文明曙光之初，已经出现大量礼器。新石器时代红山文化遗址，发现于内蒙古赤峰的玉龙形器[5]，距今约 5000 年，龙体正中有一穿孔，经过试验，若穿绳悬起，龙头与龙尾，恰在同一水平线上，可见孔的位置是经过精密计算的，玉龙形体硕大，造型特殊，呈"C"形，类似玉玦形制，不是一般的饰件，而是与原始宗教信仰密切相关的祭礼用具。[6] 位于辽宁西部凌源、建平交界处的牛河梁女神庙遗址[7]，也属于红山文化

---

① ［清］孙希旦.礼记集解：卷二十一［M］.北京：中华书局，1989：586.
② 程树德.论语集释：卷五　八佾上［M］.北京：中华书局，1990：160.
③ 【按】《礼记·祭统》："凡治人之道，莫急于礼；礼有五经，莫急于祭。"（［清］孙希旦.礼记集解：卷四十七［M］.北京：中华书局，1989：1236.）梁启超《志三代宗教礼学》："礼也者，人类一切行为之轨范也。有人所以成人之礼，若冠礼是；有人与人相接之礼，若士相见礼是；有人对于家族宗族之礼，若昏（婚）礼、丧礼是；有宗族与宗族间相接之礼，若乡射、乡饮酒诸礼是；有国与国相接之礼，若朝、聘、燕、享诸礼是；有人与神与天相接之礼，则祭礼是。故曰'礼所以承天之道以治人之情也'（考《礼记·礼运》原文，引孔子曰"夫礼，先王以承天之道，以治人之情"，见礼记集解：卷二十一　礼运第九之一［M］.北京：中华书局，1989：585.）。诸礼之中，惟祭尤重，盖礼之所以能范围群伦，实植本于宗教思想，故祭礼又为诸礼总持焉。"（梁启超.饮冰室合集：专集第十二册［M］.北京：中华书局，2015：7637.本篇初版排序为《饮冰室专集》之四十九［M］.上海：中华书局，1936.）
④ 甸村，新言.辽宁阜新县查海遗址 1987~1990 年三次发掘［J］.文物，1994（11）；辽宁省文物考古研究所.查海：新石器时代聚落遗址发掘报告［M］.北京：文物出版社，2012.
⑤ 孙守道.三星他拉红山文化玉龙考［J］.文物，1984（6）.
⑥ 【按】在山东地区的龙山文化，距今 4500~4000 年，也发现精致玉制礼器，其中有玉冠饰、兽面纹玉锛、大型玉铲玉钺（夏鼐.商代玉器的分类、定名和用途［J］.考古，1983（5）."狭义的斧指较厚重的一种，厚度比约为 1:2 或更厚。扁平而宽的称为铲，铲作为武器的称为扁平斧或钺"，可据此逆推龙山文化铲钺器型，铲形玉器，用于礼事，以示威权，又称玉钺），都是典型的远古礼器。可参：中国社会科学院考古研究所山东工作队.山东临朐朱封龙山文化墓葬［J］.考古，1990（7）；山东大学历史系考古教研室.泗水尹家城［M］.北京：文物出版社，1990；刘敦愿.记两城镇遗址发现的两件石器［J］.考古，1972（4）；刘敦愿.有关日照两城镇玉坑玉器的资料［J］.考古，1988（2）；徐其忠.山东地区史前文化中的玉钺［J］.考古，1995（7）.
⑦ 方殿春，魏凡.辽宁牛河梁红山文化"女神庙"与积石冢群发掘简报［J］.文物，1986（8）.

遗址，距今已有 5600 多年的历史，遗址包括大型祭坛、女神庙、积石冢群址，其布局和性质，竟然与北京的天坛、太庙、十三陵相似。而相当于夏商时代的二里头文化，更是发现了青铜礼器群及铸铜作坊，出土大量青铜鼎、青铜斝、青铜爵、青铜铃等青铜礼器，邹衡提出"二里头文化"一到四期都是夏文化①，也逐渐为大多数学者所接受，河南偃师二里头遗址也用事实证明，夏礼的真实存在。

由此可见，从远古至夏商，属于"宗教礼乐"阶段。而商代的"宗教礼乐"，更是走向极致。根据甲骨卜辞，商人为了取悦鬼神，举行大规模祭祀，已经到了"佞神"的程度，还经常用活人祭祀，从盘庚迁殷到帝辛亡国，共用人祭 13052 人，另外还有 1145 条卜辞未记人数，全部杀人祭祀，人数在 14197 人以上。② 如果沿着商文化发展下去，中国一定会出现庞大的神权阶层与真正意义上的宗教与神学。③ 可是历史毕竟不能假设，从周代开始，中华文化实现重大转向，《礼记·表记》："殷人尊神，率民以事神，先鬼而后礼。""周人尊礼尚施，事鬼敬神而远之，近人而忠焉"④，使得远古至殷商的"宗教礼乐"转变为"人文礼乐"，诚如《诗经·大雅·文王》所言"周虽旧邦，其命维新"⑤。

西周的礼乐文化，主体特征是"人文礼乐""礼乐法度"，体现为"制礼作乐""天邑商"如此强大，沉迷于祭祀活动，竟然顷刻覆灭，初临天下之"小邦周"，虽然表面宣扬周得天命，实际内心却是诚惶诚恐，高度警惕重蹈覆辙。"殷鉴不远"，周人吸取殷商灭亡的历史教训，在很多方面反其道而行之，从而产生"天命靡常""以德配天"的观念。天命无常，天佑有德，这是从"宗教礼乐"向"人文礼乐"转变的思想根源。西周时期，以周公"制礼作乐"为标志，由鬼神之道转向人道，认为"天道远，人道迩"⑥，实现从"宗教礼乐"到

---

① 邹衡. 夏商周考古学论文集·试论夏文化·夏文化的探索 [M]. 北京：文物出版社，1980.

② 【按】此据胡厚宣"甲骨人祭数目统计"。（胡厚宣，胡振宇. 殷商史 [M]. 上海：上海人民出版社，2003：166.）

③ 【按】文廷式《知过轩随笔》："当时巫教盛行各国，至于如此。且其所祀之神，亦大略相近。是以《楚辞》所有东君、云中、司命，晋巫亦复祠之。故中国之巫教，即日本之神教。自有儒术，而巫教仅为斋祝之官，不能如罗马、犹太之祭司动司生杀也。后世之道教，乃巫术之末流，而非清净之本旨。惟神之名称，则或取诸释、或取诸仙，与秦、汉时所祠之神有递嬗矣。祠天取诸胡巫，疑当时婆罗门之说已由匈奴转入中国，在休屠金人之先（休屠金人为自在天像，非佛也）。秦诅楚文，诅诸巫咸，久湫、亚驼，疑巫教当祀巫咸为大神。"（[清] 文廷式. 文廷式集：卷九 笔记中·知过轩随笔 [M]. 汪叔子，编. 北京：中华书局，2018：1304.）

④ [清] 孙希旦. 礼记集解：卷五十一 [M]. 北京：中华书局，1989：1310.

⑤ 程俊英，蒋见元. 诗经注析 [M]. 北京：中华书局，1991：746.

⑥ 《左传·昭公十八年》郑国执政子产语。（[清] 洪亮吉. 春秋左传诂：卷十七 [M]. 北京：中华书局，1987：731.）

"人文礼乐"的转变，并不断加以巩固，"鬼神非人实亲，惟德是依""则非德，民不和、神不享矣。神所冯依，将在德矣"①。中华文化也从此大转向，具有重大的历史与文化意义。而且，周人礼乐并非全部独创，有不少借鉴殷商礼乐的地方，但都不是简单移用，而是在殷人仪式（礼仪）中植入人文精神（礼义），实现宗教道德化，而这一切都蕴涵在"制礼作乐"的具体制度规定之中。

东周的礼乐文化，主体特征是"心性礼乐""礼乐"走入理论之域，开始成为严格意义上的学术。历史车轮行进到春秋战国，社会发生巨大变革，这是从封邦新中国成立的宗法制度，逐渐向专制中央集权制度过渡的历史时期，社会阶层流动加剧，原有等级秩序被打破，"礼坏乐崩"是这一时期显著的社会问题。由于西周建立的外部法度遭到破坏，东周所提到的"礼乐"，开始向内发展，成为判断是非的标准，《左传》触目皆是"礼也""非礼也"，对西周的"人文礼乐"进行理论探讨，从而向"心性礼乐"深化发展。

孔子提出"克己复礼为仁"②，并不是主张完全照搬周礼，春秋战国的社会现实不允许，这一点孔子当然明白。其实，孔子的原意是，"复礼"要以"克己"为前提，"复礼"是"克己"的目标。营造起内心的秩序，才是重建社会秩序的根本，所以孔子说："礼云礼云，玉帛云乎哉？乐云乐云，钟鼓云乎哉？"③"人而不仁，如礼何？人而不仁，如乐何？"④ 怎样实现"仁"呢？就是"克己复礼"。东周的"心性礼乐"，到孔子手中，得到理论提升，严格意义上的"礼乐之学"应运而生。孔子所创立"儒学"，以仁义为体，以礼乐为用，礼乐背后体现仁义，仁义凭借礼乐承载，因此可以说，"礼乐之学"的诞生，是"儒学"独立之标志。

从远古殷商以"致敬鬼神"为核心的宗教礼乐，到西周以"人文道德"为核心的制度礼乐，周公"制礼作乐"是一大关键；从西周以"人文道德"为核心的制度礼乐，到东周以"礼缘情而作"⑤ 为核心的心性礼乐，孔子"克己复礼"是一大关键。所以，后世崇奉"先圣先师"（先圣即周公，先师即孔子），正源于他们在中华礼乐发展史上所建立不朽丰碑。

---

① 《左传·僖公五年》虞国大夫宫之奇语。（［清］洪亮吉. 春秋左传诂：卷七［M］. 北京：中华书局，1987：280.）
② 程树德. 论语集释：卷二十四　颜渊上［M］. 北京：中华书局，1990：817.
③ 程树德. 论语集释：卷三十五　阳货下［M］. 北京：中华书局，1990：1216.
④ 程树德. 论语集释：卷五　八佾上［M］. 北京：中华书局，1990：142.
⑤ 《韩诗外传》："圣人，以己度人者也，以心度心、以情度情、以类度类，古今一也，类不悖，虽久同理，故性缘情而不迷也。"（［汉］韩婴. 韩诗外传笺疏：卷第三［M］. 屈守元，笺疏. 成都：巴蜀书社，2012：163.）又徐邈曰"礼缘情耳"（［三国魏］郑小同，等. 郑志疏证：附郑记考证［M］.［清］皮锡瑞，疏证. 北京：中华书局，2015：478.）。

　　远古殷商的宗教礼乐，讲的是"天命"①，所重在鬼神，是神灵祭祀（宗教属性）；西周的人文礼乐，讲的是"外王"②，所重在社会，是社会管理（制度属性）；东周的心性礼乐，讲的是"内圣"③，所重在人性，是人格修养（道德

---

① 【按】远古殷商之"天命"，如《尚书·皋陶谟》"天命有德"（顾颉刚，刘起釪．尚书校释译论：虞夏书　皋陶谟［M］．北京：中华书局，2005：400．），《尚书·盘庚上》"先王有服，恪谨天命"（顾颉刚，刘起釪．尚书校释译论：商书　盘庚　第三篇（原上篇）［M］．北京：中华书局，2005：930．），西周之"天命"，如《诗经·大雅·文王》"天命靡常"（程俊英，蒋见元．诗经注析［M］．北京：中华书局，1991：749．），东周之"天命"，如《周易·无妄·彖》"天命不佑，行矣哉"，《周易·萃·彖》"'用大牲吉，利有攸往'，顺天命也"（黄寿祺，张善文．周易译注：卷四　无妄卦第二十五；卷六　萃卦第四十五［M］．北京：中华书局，2016：189、331．）。

② 【按】《尚书·尧典》："克明俊德，以亲九族；九族既睦，平章百姓；百姓昭明，协和万邦；黎民于变时雍"（顾颉刚，刘起釪．尚书校释译论·虞夏书［M］．北京：中华书局，2005：2．），即"内圣"至"外王"之实践道路；《左传·襄公二十四年》："'太上有立德，其次有立功，其次有立言'，虽久不废，此之谓不朽"（［清］洪亮吉．春秋左传诂：卷十三［M］．北京：中华书局，1987：567．），此为春秋鲁国大夫叔孙豹所引古语及其评论，所谓"其次有立功"，即"外王"之事功，而所谓"太上有立德，其次有立功"，此"内圣"为"外王"之根柢也；《论语·宪问》："子路问君子。子曰：'修己以敬．'曰：'如斯而已乎？'曰：'修己以安人．'曰：'如斯而已乎？'曰：'修己以安百姓。修己以安百姓，尧舜其犹病诸？'"（程树德．论语集释：卷三十　宪问下［M］．北京：中华书局，1990：1041．）此"内圣"至"外王"之途径；《礼记·大学》："古之欲明明德于天下者，先治其国；欲治其国者，先齐其家；欲齐其家者，先修其身；欲修其身者，先正其心；欲正其心者，先诚其意；欲诚其意者，先致其知；致知在格物。物格而后知至，知至而后意诚，意诚而后心正，心正而后身修，身修而后家齐，家齐而后国治，国治而后天下平。自天子以至于庶人，壹是皆以修身为本。其本乱而末治者否矣，其所厚者薄而其所薄者厚，未之有也。此谓知本，此谓知之至也。"（［清］朱彬．礼记训纂：卷四十二［M］．北京：中华书局，1996：866．）此既"内圣"为"外王"之根柢，亦"外王"为"内圣"之鹄的也；至《庄子·天下》："是故内圣、外王之道，闇而不明，郁而不发，天下之人各为其所欲焉以自为方"（［清］王先谦．庄子集解：卷八［M］．北京：中华书局，1987：288．），脉络可谓分明焉。

③ 【按】《尚书·尧典》："曰若稽古帝尧，曰放勋，钦、明、文、思、安安，允恭克让，光被四表，格于上下"（顾颉刚，刘起釪．尚书校释译论·虞夏书［M］．北京：中华书局，2005：2．），即"内圣"之修养；《左传·襄公二十四年》："'太上有立德，其次有立功，其次有立言'，虽久不废，此之谓不朽"（［清］洪亮吉．春秋左传诂：卷十三［M］．北京：中华书局，1987：567．），所谓"太上有立德"，亦"内圣"之修养，而所谓"其次有立言"，此"内圣"之表征也；《论语·宪问》："子路问君子。子曰：'修己以敬．'"（程树德．论语集释：卷三十　宪问下［M］．北京：中华书局，1990：1041．）此"内圣"之方法；《礼记·中庸》："唯天下至诚，为能尽其性。能尽其性，则能尽人之性；能尽人之性，则能尽物之性；能尽物之性，则可以赞天地之化育；可以赞天地之化育，则可以与天地参矣""诚者，非自成己而已也，所以成物也。成己，仁也；成物，知也。性之德也，合外、内之道也，故时措之宜也"（［清］朱彬．礼记训纂：卷三十一［M］．北京：中华书局，1996：777-778．），所谓"成己"，即"内圣"修养，所谓"成物"，即"外王"事功，此"内圣"至"外王"之理论道路；最终《庄子·天下》明确提出"内圣、外王之道"（［清］王先谦．庄子集解：卷八［M］．北京：中华书局，1987：288．），可谓渊源有自矣。

属性）。这是先秦礼乐文化的三个主要发展阶段。西周"制礼作乐"，实现从天道到人道的转折，直接扭转中国文化走向；东周礼乐思想，实现"礼乐"的学术化，深刻影响中国学术史与思想史。而且，从后世两千余年儒学的发展轨迹与大势走向来看，先秦礼乐文化已经为其奠定规模，后世儒学只是在先秦礼乐文化确定的大方向上，细化深入、继续发展而已，中华文化的早熟，在这里体现得尤为突出。儒学在先秦即已实现关键性变革，起源宗教性→建构制度性→蕴涵道德性，由秦汉迄于清代，皆循其轨而续有发展，终未脱其规范。

## 第三节　学校制度与教民造士

礼乐之学关乎教育①，三代教育掌于官学②，而上古学校制度，正是"儒"者职能的直接来源。

上古学校制度与养老传统密切相关，《礼记·内则》："有虞氏养国老于上庠，养庶老于下庠；夏后氏养国老于东序，养庶老于西序；殷人养国老于右学，养庶老于左学；周人养国老于东胶，养庶老于虞庠，虞庠在国之西郊·有虞氏皇而祭，深衣而养老；夏后氏收而祭，燕衣而养老；殷人冔而祭，缟衣而养老；

---

① 《礼记·文王世子》："凡三王教世子，必以礼乐。乐，所以修内也；礼，所以修外也。礼乐交错于中，发形于外，是故其成也怿，恭敬而温文。"（［清］孙希旦. 礼记集解：卷二十 ［M］. 北京：中华书局，1989：563.）

② 【按】《礼记·王制》："乐正崇四术、立四教，顺先王《诗》《书》《礼》《乐》以造士：春、秋教以《礼》《乐》，冬、夏教以《诗》《书》。王大子、王子、群后之大子，卿、大夫、元士之适子，国之俊选，皆造焉，凡入学以齿。"（礼记集解：卷十三　王制第五之二 ［M］. 北京：中华书局，1989：364.）此为贵族之学，所谓乐正造士焉。《礼记·王制》："无旷土，无游民，食节事时，民咸安其居，乐事劝功，尊君亲上，然后兴学。司徒修六礼以节民性，明七教以兴民德；齐八政以防淫，一道德以同俗；养耆老以致孝，恤孤独以逮不足；上贤以崇德，简不肖以绌恶。"（礼记集解：卷十三　王制第五之二，361.）"六礼：冠、昏、丧、祭、乡、相见。七教：父子、兄弟、夫妇、君臣、长幼、朋友、宾客。八政：饮食、衣服、事为、异别、度、量、数、制"（礼记集解：卷十四　王制第五之三，397-398.），此为平民之学，所谓司徒教民焉。《礼记·王制》："命乡论秀士，升之司徒，曰选士。司徒论选士之秀者而升之学，曰俊士。升于司徒者不征于乡，升于学者不征于司徒，曰造士。"（礼记集解：卷十三　王制第五之二，364.），谓之"国之俊选"（礼记集解：卷十三　王制第五之二，364.），平民之学的杰出人才，尚有选拔晋升机会，免除兵役劳役，进入贵族之学深造，以供后备官员，《礼记·王制》："大乐正论造士之秀者，以告于王，而升诸司马，曰进士。司马辨论官材，论进士之贤者，以告于王，而定其论。论定然后官之，任官然后爵之，位定然后禄之。"（礼记集解：卷十三王制第五之二，367.）此于"造士"及学校制度，亦可见一斑。

周人冕而祭，玄衣而养老。"① 观汉唐注疏，于"上庠""下庠""东序""西序""右学""左学"，解释曰"皆学名也"②；又《孟子·滕文公上》："设为庠序学校以教之。庠者，养也；校者，教也；序者，射也。夏曰校，殷曰序，周曰庠，学则三代共之，皆所以明人伦也"③ 亦是其证。在学校养老④，《礼记·王制》："凡三王养老皆引年"⑤，《礼记·内则》："凡养老：有虞氏以燕礼，夏后氏以飨礼，殷人以食礼，周人修而兼用之。凡五十养于乡，六十养于国，七十养于学，达于诸侯"⑥，如此既能"老有所养"，也使"幼有所教"，可谓两得其宜，"国老""庶老"传授经验，讲解道理，这有利于作育人材，培养下一代。

古代社会重视经验教育，将教学作为老年的事业，如《论语·宪问》："幼而不孙弟，长而无述焉，老而不死，是为贼"⑦；《荀子·法行》："少而不学，长无能也，老而不教，死无思也""是故君子少思长则学，老思死则教"⑧；《荀子·宥坐》："幼不能强学，老无以教之，吾耻之"⑨；《礼记·学记》："古之教者，家有塾"，郑玄注："古者，仕焉而已者，归教于闾里，朝夕坐于门，门侧

① ［清］孙希旦．礼记集解：卷二十八［M］．北京：中华书局，1989：754-755.
② ［清］阮元，校刻．十三经注疏清嘉庆刊本·礼记正义：卷第十三 王制［M］．北京：中华书局，2009：2915.
③ ［清］焦循．孟子正义：卷十［M］．北京：中华书局，1987：343.
④ 【按】《孝经》引"子曰'夫孝，德之本也，教之所由生也'"（［汉］郑玄．孝经郑注疏：卷上 开宗明义章第一［M］．［清］皮锡瑞，疏．北京：中华书局，2016：12.），即来源于古制遗留的观念。
⑤ ［清］孙希旦．礼记集解：卷十四 王制第五之三［M］．北京：中华书局，1989：387. 亦重见于《礼记·内则》。
⑥ ［清］孙希旦．礼记集解：卷二十八 内则第十二之二［M］．北京：中华书局，1989：754. 亦重见于《礼记·王制》。
⑦ 程树德．论语集释：卷三十 宪问下［M］．北京：中华书局，1990：1043.
⑧ ［清］王先谦．荀子集解：卷第二十［M］．北京：中华书局，1988：537.
⑨ ［清］王先谦．荀子集解：卷第二十［M］．北京：中华书局，1988：526.

之堂谓之塾"①。三代教育为官方垄断，从天子到诸侯②，从中央到地方③，建设各级学校，其教育权由官府掌控，《论语·季氏》："礼乐征伐自天子出"④，礼乐教化，自上而下，故《礼记·王制》："天子命之教，然后为学。"⑤

据《周礼·地官司徒》，地官系统为"教官之属"⑥，《地官司徒·叙官》："乃立地官司徒，使帅其属而掌邦教，以佐王安扰邦国。"⑦ 大司徒作为地官首长，也就是最大的教官，总领六乡师长执行教化，《地官司徒·叙官》："大司徒，卿一人；小司徒，中大夫二人；乡师，下大夫四人，上士八人，中士十有六人，旅下士三十有二人，府六人，史十有二人，胥十有二人，徒百有二十人。"郑玄注："师，长也。司徒掌六乡，乡师分而治之，二人者共三乡之事，相左右也。"⑧ 官方教育的内容为"乡三物"，《周礼·地官司徒·大司徒》："以乡三物教万民而宾兴之。一曰六德，知、仁、圣、义、忠、和；二曰六行，孝、友、睦、姻、任、恤；三曰六艺，礼、乐、射、御、书、数。"⑨ 何谓"六德"，郑玄注"知，明于事；仁，爱人以及物；圣，通而先识；义，能断时宜；忠，言以中心；和，不刚不柔"⑩，则"六德"属于政治素质。何谓"六行"，郑玄

---

① ［清］阮元，校刻．十三经注疏清嘉庆刊本·礼记正义：卷第三十六［M］．北京：中华书局，2009：3297．

② 《礼记·王制》："小学在公宫南之左，大学在郊。天子曰辟雍，诸侯曰頖宫。"（［清］孙希旦．礼记集解：卷十二　王制第五之一［M］．北京：中华书局，1989：332．）

③ 《礼记·学记》："古之教者，家有塾、党有庠、术有序、国有学"，郑玄注："《周礼》五百家为党，万二千五百家为遂，党属于乡，遂在远郊之外"（［清］阮元，校刻．十三经注疏清嘉庆刊本·礼记正义：卷第三十六，3297．）．【按】所谓"国有学"，为贵族大学，所谓"家有塾"，为贵族小学。而"党有庠、术有序"者，为平民之学，《孟子·滕文公上》："设为庠序学校以教之。庠者，养也；校者，教也；序者，射也""皆所以明人伦也，人伦明于上，小民亲于下，有王者起，必来取法，是为王者师也"（［清］焦循．孟子正义：卷十［M］．北京：中华书局，1987：343、347．），可见于序序平民学校，举行乡饮酒礼与乡射礼。孔子曰："君子无所争，必也射乎！揖让而升下，而饮，其争也君子"（［清］孙希旦．礼记集解：卷六十［M］．北京：中华书局，1989：1448．），"吾观于乡，而知王道之易易也"（礼记集解：卷五十九，1429．），其师长为致仕返乡之官员。《尚书大传》："大夫、士七十而致仕，老于乡里。大夫为父师，士为少师。古者，仕焉而已者，归教于闾里。耰锄已藏，祈乐（当作新穀）已入，岁事已毕，余子皆入学。"（［汉］伏胜．尚书大传疏证：卷七　周传·略说［M］．［清］皮锡瑞，疏证．北京：中华书局，2015：320．）儒家尤重教化，乡绅养老于党庠遂序，正是行礼观化之所。

④ 程树德．论语集释：卷三十三［M］．北京：中华书局，1990：1141．

⑤ ［清］孙希旦．礼记集解：卷十二　王制第五之一［M］．北京：中华书局，1989：332．

⑥ ［清］孙诒让．周礼正义：卷十七　地官司徒·叙官［M］．北京：中华书局，2015：776．

⑦ ［清］孙诒让．周礼正义：卷十七［M］．北京：中华书局，2015：775-776．

⑧ ［清］孙诒让．周礼正义：卷十七［M］．北京：中华书局，2015：776-777．

⑨ ［清］孙诒让．周礼正义：卷十九　地官司徒·大司徒［M］．北京：中华书局，2015：914．

⑩ ［清］孙诒让．周礼正义：卷十九［M］．北京：中华书局，2015：915．

注"善于父母为孝；善于兄弟为友；睦，亲于九族；姻，亲于外亲；任，信于友道；恤，振忧贫者"①，则"六行"属于伦理品行。何谓"六艺"，郑玄注"礼，五礼之义；乐，六乐之歌舞；射，五射之法；御，五御之节；书，六书之品；数，九数之计"②，则"六艺"属于知识技能。政治素质、伦理品行与知识技能三方面，合称"乡三物"，乡大夫以三事教化民众③，又以此为推荐标准，选拔优秀人才，如《地官司徒·大司徒》："以乡三物教万民而宾兴之"，郑玄注曰："物犹事也，兴犹举也。民三事教成，乡大夫举其贤者能者，以饮酒之礼宾客之，既则献其书于王矣。"④ 可见德才兼顾，培养与选拔统一。

《周礼》职官还有专司教化的师保⑤与儒官，《周礼·地官司徒·大司徒》："以本俗六安万民：一曰媺宫室，二曰族坟墓，三曰联兄弟，四曰联师儒，五曰联朋友，六曰同衣服。"郑玄注："师儒，乡里教以道艺者。同师曰朋，同志曰友"⑥，则"师儒"统称之，即乡里学官，致仕贤者返乡，使教桑梓子弟；而"师""儒"别称之，又各有分主，《周礼·天官冢宰·大宰》："以九两系邦国之民：一曰牧，以地得民；二曰长，以贵得民；三曰师，以贤得民；四曰儒，以道得民；五曰宗，以族得民；六曰主，以利得民；七曰吏，以治得民；八曰友，以任得民；九曰薮，以富得民。"郑玄注："师，诸侯师氏⑦，有德行以教民者；儒，诸侯保氏⑧，有六艺以教民者"⑨，有德行者谓之"师"（师氏主德），有道艺者谓之"儒"（保氏主才），则亦是以德才兼顾为要求，"师""儒"

---

① ［清］孙诒让. 周礼正义：卷十九 ［M］. 北京：中华书局，2015：915.

② ［清］孙诒让. 周礼正义：卷十九 ［M］. 北京：中华书局，2015：915.

③ ［清］孙诒让. 周礼正义：卷二十一　地官司徒·乡大夫 ［M］. 北京：中华书局，2015：1013.

④ ［清］孙诒让. 周礼正义：卷十九 ［M］. 北京：中华书局，2015：914-915.

⑤ 《礼记·文王世子》："入则有保，出则有师，是以教喻而德成也。师也者，教之以事而喻诸德者也；保也者，慎其身以辅翼之而归诸道者也。"（［清］孙希旦. 礼记集解：卷二十 ［M］. 北京：中华书局，1989：563.）

⑥ ［清］孙诒让. 周礼正义：卷十九 ［M］. 北京：中华书局，2015：905.

⑦ 【按】《周礼·地官司徒·师氏》："掌以媺诏王。以三德教国子：一曰至德，以为道本；二曰敏德，以为行本；三曰孝德，以知逆恶。教三行：一曰孝行，以亲父母；二曰友行，以尊贤良；三曰顺行，以事师长。居虎门之左，司王朝。掌国中失之事，以教国子弟。凡国之贵游子弟，学焉。"（［清］孙诒让. 周礼正义：卷二十五 ［M］. 北京：中华书局，2015：1200-1211.）

⑧ 【按】《周礼·地官司徒·保氏》："掌谏王恶。而养国子以道，乃教之六艺，一曰五礼，二曰六乐，三曰五射，四曰五驭，五曰六书，六曰九数；乃教之六仪，一曰祭祀之容，二曰宾客之容，三曰朝廷之容，四曰丧纪之容，五曰军旅之容，六曰车马之容。凡祭祀、宾客、会同、丧纪、军旅，王举则从。听治亦如之。使其属守王闱。"（［清］孙诒让. 周礼正义：卷二十六 ［M］. 北京：中华书局，2015：1217-1225.）

⑨ ［清］孙诒让. 周礼正义：卷三　天官冢宰·大宰 ［M］. 北京：中华书局，2015：133-134.

各以德行、道艺教化民众。

　　"师""儒"履行教民职责，属于一般教育（乡官学），而"乐正"履行"造士"职责，则属于精英教育（王官学）①，更需要相关教材。《礼记·王制》论"造士"之法，曰："乐正崇四术、立四教，顺先王《诗》《书》《礼》《乐》以造士：春、秋教以《礼》《乐》，冬、夏教以《诗》《书》。王大子、王子、群后之大子，卿、大夫、元士之适子，国之俊选，皆造焉。凡入学，以齿。"② 所谓"先王《诗》《书》《礼》《乐》"，即先王遗留下来的文献，将这些文献作为教材，用来培养称职的家国接班人。《左传·僖公二十七年》记载晋国"作三军，谋元帅"，赵衰推举郤縠，"臣亟闻其言矣，说《礼》《乐》而敦《诗》《书》《诗》《书》，义之府也。《礼》《乐》，德之则也。德、义，利之本也"③。僖公二十七年为公元前 633 年，即孔子出生前 83 年，已然以重"德"尚"义"，作为将帅素养的衡量标准，所谓"德、义，利之本也"，竹添光鸿笺曰"不以'利'为'利'，以'义'为'利'也。君子修'德'于《礼》《乐》，稽'义'于《诗》《书》，'德'以正身，'义'以制事，而后国家之'利'生焉"④。"德以正身"者，"内圣"也，"义以制事"者，"外王"也，《诗》《书》《礼》《乐》承载"德""义"，即蕴涵"内圣、外王之道"⑤，可谓"造士"教科书。

　　根据《国语·楚语上》，楚庄王为太子箴请士亹做老师（太子箴即后来的楚恭王），士亹向申叔时询问教育方法，申叔时说："教之《春秋》，而为之耸善而抑恶焉，以戒劝其心；教之《世》，而为之昭明德而废幽昏焉，以休惧其动；教之《诗》，而为之导广显德，以耀明其志；教之《礼》，使之上下之则；教之《乐》，以疏其秽而镇其浮；教之《令》，使访物官；教之《语》，使明其德，而知先王之务，用明德于民也；教之《故志》，使知废兴者而戒惧焉；教之《训

---

① 【按】乡官学与王官学，皆属于西周官学，考其内容，本有等级之分，如《大戴礼记·小辨》"天子学乐辨风，制礼以行政；诸侯学礼辨官政，以行事，以尊事天子；大夫学德别义，矜行以事君；士学顺辨言，以遂志；庶人听长辨禁，农以行力"（方向东. 大戴礼记汇校集解：卷十一 [M]. 北京：中华书局，2008：1108.）；且各等级皆有进学次第，《尚书大传》"古者，适子恒代父而仕也，十五始入小学，见小节，践小义；十八入大学，见大节，践大义焉"（［汉］伏胜. 尚书大传疏证：卷七　周传·略说 [M].［清］皮锡瑞，疏证. 北京：中华书局，2015：320.）。

② ［清］孙希旦. 礼记集解：卷十三　王制第五之二 [M]. 北京：中华书局，1989：364.

③ ［清］洪亮吉. 春秋左传诂：卷八 [M]. 北京：中华书局，1987：328.

④ ［日］竹添光鸿. 左传会笺·僖下第七·杜氏尽卅三年 [M]. 沈阳：辽海出版社，2008：147.

⑤ ［清］王先谦. 庄子集解：卷八　天下第三十三 [M]. 北京：中华书局，1987：288.

典》，使知族类，行比义焉。"① 申叔时这段话，实际上就是要对楚国太子开展经典教育，其文本性质，逐一考证如下：

（一）"教之《春秋》"，韦昭注："以天时纪人事，谓之《春秋》。"②《左传·昭公三十一年》："以惩不义，数恶无礼，其善志也③。故曰：'《春秋》之称，微而显，婉而辨。'上之人能使昭明，善人劝焉，淫人惧焉，是以君子贵之"，此即《国语》所谓"教之《春秋》，而为之耸善而抑恶焉，以戒劝其心"。显而易见，《春秋》即编年体史书，吴曾祺曰："观此，则知凡诸侯之史，皆谓之《春秋》，不独鲁也。"④ 其为书名，必无异议。

（二）"教之《世》"，韦昭注："《世》，先王之世系也""为之陈有明德者世显，而闇乱者世废也"⑤。此乃世系之书，盖即古《世本》，后避唐太宗讳，亦称《系本》。《周礼·春官宗伯·小史》："掌邦国之志，奠系世，辨昭穆"，郑众曰"系世，谓《帝系》《世本》之属是也"⑥，陈梦家《世本考略》将"《世》"理解为《世本》⑦。由此可见，《世》亦为书名。"教之《世》"，即以《世本》作为教材，用来教育太子。

（三）"教之《诗》，而为之导广显德，以耀明其志"，韦昭注："显德，谓若成汤、文、武、周、邵、僖公之属，《诗》所美者。"⑧ 韦注认为"教之《诗》"，即以《诗经》授之，其教育效果是"而为之导广显德，以耀明其志"。古人以《诗》作教本，源远而流长，汉代王式教《诗》，以三百篇作谏书，所谓"至于忠臣孝子之篇，未尝不为王反复诵之也；至于危亡失道之君，未尝不

① 徐元诰．国语集解：楚语上第十七　庄王使士亹傅大子箴［M］．北京：中华书局，2002：485-486.
② 《国语·楚语上》《国语集解》引韦昭《国语解》。（徐元诰．国语集解：楚语上第十七［M］．北京：中华书局，2002：485.）
③ 杜预注"无礼恶逆，皆数而不忘，记事之善者也"，竹添光鸿笺"数，责也，责恶者，类计数其罪而责之，故数为责义，杜以为计数之数，然《春秋》惟书'盗'名三叛人，便是数恶逆无礼，则数只是责，非计数也"。（［日］竹添光鸿．左传会笺·昭七第二十六·尽三十二年［M］．沈阳：辽海出版社，2008：533.）
④ 《国语·楚语上》《国语集解》引吴曾祺《国语韦解补正》。（徐元诰．国语集解：楚语上第十七［M］．北京：中华书局，2002：485.）
⑤ 《国语·楚语上》《国语集解》引韦昭《国语解》。（徐元诰．国语集解：楚语上第十七［M］．北京：中华书局，2002：485.）
⑥ ［清］孙诒让．周礼正义：卷五十一［M］．北京：中华书局，2015：2098.
⑦ 陈梦家．尚书通论（外二种）［M］．石家庄：河北教育出版社，2000：618.
⑧ 《国语·楚语上》《国语集解》引韦昭《国语解》。（徐元诰．国语集解：楚语上第十七［M］．北京：中华书局，2002：485.）

流涕为王深陈之也"①，其目的也是"导广显德"，从而"耀明其志"，与申叔时之语，正相发明。由此可见，《诗》亦为书名。

（四）"教之《令》"，韦昭注："《令》，先王之官法、时令也"②，当为制度教令之书。又《国语·周语中》："故《夏令》曰：'九月除道，十月成梁。'其《时儆》曰：'收而场功，待而畚挶，营室之中，土功其始。火之初见，期于司里。'此先王所以不用财贿，而广施德于天下者也。"③ 所引《夏令》《时儆》，皆《令》书之属。

（五）"教之《语》"，韦昭注："《语》，治国之善语"④，"《语》"乃语录之书。相传"古之王者，世有史官，君举必书，所以慎言行，昭法式也。左史记言，右史记事，事为春秋，言为尚书，帝王靡不同之"⑤，又曰"动则左史书之，言则右史书之"⑥，则此"教之《语》"，也许是左史（或右史）所记录的重要言论。不仅君王如此，后之贤达亦皆有"语"，如孔子有《论语》《孔子家语》，汲冢佚书有《琐语》，河北定州出土有《春秋事语》，皆此类也。

（六）"教之《故志》""志"者，识⑦也，识其事也；《故志》犹"故事"，"故事"即"旧史"。《周礼·春官宗伯·外史》："掌书外令，掌四方之志，掌三皇五帝之书"，郑玄注："志，记也。谓若鲁之《春秋》，晋之《乘》，楚之《梼杌》"⑧，而外史所"掌三皇五帝之书"，盖《左传·昭公十二年》楚灵王谓左史倚相"能读三坟、五典"⑨ 之书，即"旧史"之属。《左传·昭公十二年》又引仲尼曰"古也有《志》：'克己复礼，仁也。'"⑩《礼记·礼运》孔子

---

① 《汉书·儒林传》："（王）式为昌邑王师。昭帝崩，昌邑王嗣立，以行淫乱废，昌邑群臣皆下狱诛，唯中尉王吉、郎中令龚遂以数谏减死论。式系狱当死，治事使者责问曰：'师何以亡谏书？'式对曰：'臣以《诗》三百五篇朝夕授王，至于忠臣孝子之篇，未尝不为王反复诵之也；至于危亡失道之君，未尝不流涕为王深陈之也。臣以三百五篇谏，是以亡谏书。'使者以闻，亦得减死论。"（［汉］班固. 汉书：卷八十八　儒林传第五十八·王式［M］. 北京：中华书局，1962：3609.）

② 《国语·楚语上》《国语集解》引韦昭《国语解》。（徐元诰. 国语集解：楚语上第十七［M］. 北京：中华书局，2002：485.）

③ 徐元诰. 国语集解：周语中第二　定王使单襄公聘于宋［M］. 北京：中华书局，2002：65-66.

④ 《国语·楚语上》《国语集解》引韦昭《国语解》。（徐元诰. 国语集解：楚语上第十七［M］. 北京：中华书局，2002：485-486.）

⑤ ［汉］班固. 汉书：卷三十　艺文志第十［M］. 北京：中华书局，1962：1715.

⑥ ［清］孙希旦. 礼记集解：卷二十九　玉藻第十三之一［M］. 北京：中华书局，1989：778.

⑦ 【按】此处"识"音"zhì"，通"志""志"者，记也。

⑧ ［清］孙诒让. 周礼正义：卷五十二［M］. 北京：中华书局，2015：2136-2137.

⑨ ［清］洪亮吉. 春秋左传诂：卷十六［M］. 北京：中华书局，1987：703.

⑩ ［清］洪亮吉. 春秋左传诂：卷十六［M］. 北京：中华书局，1987：704.

曰"大道之行也，与三代之英，丘未之逮也，而有《志》焉"云云，郑玄注"《志》谓识"，孔颖达疏"志记之书"①，皆属此例，犹《庄子·天下》所谓"旧法世传之史"②。又韦昭注"《故志》，谓所记前世成败之书"③，由此可见，"《故志》"若括言之，可指过去的记载，乃历代兴废之书，可能典章制度亦囊括其中，其为书名，皆有簿录载体。

（七）"教之《训典》"，韦昭注："《训》《典》，五帝之书"④，韦注恐非《国语》本义。"训"者，教也，"典"者，法也。《国语·周语上》："我先王不窋用失其官，而自窜于戎狄之间，不敢怠业，时序其德，纂修其绪，修其《训典》，朝夕恪勤，守以惇笃，奉以忠信，亦世载德，不忝前人"⑤；又《国语·晋语八》："（士会）及为成帅，居大傅，端刑法，辑《训典》，国无奸民"⑥。所谓"修其《训典》""辑《训典》""教之《训典》"，则《训典》亦为政教类书籍，其文仍部分存于《尚书》之中。

按"教之《春秋》""教之《世》""教之《诗》""教之《令》""教之《语》""教之《故志》""教之《训典》"，皆为授学教材，而"教之《礼》""教之《乐》"置于其中，也同属书名，由是观之，《礼》《乐》都有教学书本。

春秋中叶，楚国已有如此完备的经典教育，而当时诸侯国，素视楚为"荆蛮"，则文化昌盛之中原地区，其经典教育程度更逾于此。以上所涉及典籍，都属于"造士"教科书，是儒学文献的原生形态。这些文献都未经孔子整理，只能算是前儒学文献，真正的儒学文献，必自孔子修定"六经"、创立儒家学派始。

---

① ［清］阮元，校刻．十三经注疏清嘉庆刊本·礼记正义：卷第二十一［M］．北京：中华书局，2009：3062.
② ［清］王先谦．庄子集解：卷八［M］．北京：中华书局，1987：287-288.
③ 《国语·楚语上》《国语集解》引韦昭《国语解》．（徐元诰．国语集解：楚语上第十七［M］．北京：中华书局，2002：486.）
④ 《国语·楚语上》《国语集解》引韦昭《国语解》．（徐元诰．国语集解：楚语上第十七［M］．北京：中华书局，2002：486.）
⑤ 徐元诰．国语集解：周语上第一　穆王将征犬戎［M］．北京：中华书局，2002：3-5.
⑥ 徐元诰．国语集解：晋语八第十四　范宣子与和大夫争田［M］．北京：中华书局，2002：425.

# 第四节　孔子行教与儒家创立

从"儒"到"儒家"，形成"儒学"体系，这个历史性转变，通过孔子行教得以完成。尽管孔子本人并未打出"儒家"旗号①，但是，儒家学派的形成，与孔子的长期教育实践活动息息相关。

在殷商西周"学在官府"②时代，只有王官才能记录文献、掌管文献，《礼记·中庸》："非天子，不议礼、不制度、不考文"③，政教合一④，官师不分，知识学术由专司其职的各类官员世袭传承，既没有私人著述，也没有独立哲人，更不可能产生学术流派。直到春秋以后，王纲解纽，"礼坏乐崩"⑤，"礼乐征伐自诸侯出"，甚至"自大夫出""陪臣执国命"⑥。所谓"礼乐征伐"，是一整套西周贵族典章制度，需要经过系统学习，才能运用得体，而所谓"自诸侯出"

---

① 【按】《墨子》有《非儒》，上篇已佚，仅存下篇，下篇亦有残缺，其中即以孔子学派为"儒士"，《墨子·非儒下》："今孔某之行如此，儒士则可以疑矣。"（［清］孙诒让. 墨子间诂：卷九［M］. 北京：中华书局，2001：306. ）

② 【按】所谓"学在官府"，清代章学诚《校雠通义·原道》："古无文字，结绳之治，易之书契，圣人明其用曰：'百官以治，万民以察。'夫为治以察，所以宣幽隐而达形名，盖不得已而为之，其用足以若是焉斯已矣。理大物博，不可殚也，圣人为之立官分守，而文字亦从而纪焉。有官斯有法，故法具于官；有法斯有书，故官守其书；有书斯有学，故师传其学；有学斯有业，故弟子习其业。官守学业皆出于一，而天下以同文为治，故私门无著述文字。私门无著述文字，则官守之分职，即群书之部次，不复别有著录之法也。"（［清］章学诚，撰. 叶瑛，校注. 靳斯，点校. 校雠通义：卷一　原道第一·一之一［M］. 北京：中华书局，1985：951. ）又清代汪中曰："古人学在官府，人世其官，故官世其业。官既失守，故专门之学废"（［清］汪中，撰. 李金松，校笺. 述学校笺·附录一　钱林撰《汪中传》引［M］. 北京：中华书局，2014：913. ）

③ ［清］朱彬. 礼记训纂：卷三十一［M］. 北京：中华书局，1996：779.

④ 【按】《左传·成公十三年》："是故君子勤礼，小人尽力。勤礼莫如致敬，尽力莫如敦笃。敬在养神，笃在守业。国之大事，在祀与戎。祀有执膰，戎有受脤，神之大节也。"（［清］洪亮吉. 春秋左传诂：卷十一［M］. 北京：中华书局，1987：467. ），所谓"国之大事，在祀与戎"，皆由世袭贵族掌控，亦即政教合一。春秋以前之"六艺"，礼、乐、射、御、书、数。所谓书、数，为基础知识技能，读书学习必先识字，临民听治必先辨数；所谓礼、乐，即政治与宗教技能；所谓射、御，即军事技能。"国之大事，在祀与戎"，则官学教育以书、数为基础科目，以礼、乐、射、御为应用科目，理所当然矣。

⑤ 《论语·阳货》：宰予问三年之丧，曰"君子三年不为礼，礼必坏；三年不为乐，乐必崩"。（程树德. 论语集释：卷三十五　阳货下［M］. 北京：中华书局，1990：1232. ）

⑥ 《论语·季氏》："孔子曰：'天下有道，则礼乐征伐自天子出；天下无道，则礼乐征伐自诸侯出。自诸侯出，盖十世希不失矣；自大夫出，五世希不失矣；陪臣执国命，三世希不失矣。天下有道，则政不在大夫。天下有道，则庶人不议。'"（程树德. 论语集释：卷三十三［M］. 北京：中华书局，1990：1141. ）

"自大夫出""陪臣执国命",这些新兴贵族开始掌握实际权力,虽然已跻身上流,而学习上级贵族的游戏规则,需要教育培养,不可能一蹴而就,所以春秋新贵经常闹笑话,特别是在外交场合有失体统。

如《左传·宣公十六年》:"冬,晋侯使士会平王室,定王享之。原襄公相礼。殽烝,武季私问其故。王闻之,召武子曰:'季氏,而弗闻乎?王享有体荐,宴有折俎。公当享,卿当宴,王室之礼也。'武子归而讲求典礼,以修晋国之法。"①《国语·周语中》则加详焉,"晋侯使随会聘于周,定王享之,肴烝,原公相礼。范子私于原公,曰:'吾闻王室之礼无毁折,今此何礼也?'王见其语,召原公而问之,原公以告。王召士季,曰:'子弗闻乎?禘郊之事,则有全烝。王公立饫,则有房烝。亲戚宴飨,则有肴烝。今女非他也,而叔父使士季实来,修旧德以奖王室,是先王之宴礼,欲以贻女。余一人敢设饫禘焉,忠非亲礼,而干旧职,以乱前好?且唯戎狄则有荐体。夫戎狄,冒没轻儳,贪而不让,其血气不治,若禽兽焉。其适来班贡,不俟馨香嘉味,故坐诸门外,而使舌人体委与之。女,今我王室之一二兄弟,以时相见,将和协典礼,以示民训则,无亦择其柔嘉,选其馨香,洁其酒醴,品其百笾,修其簠簋,奉其牺象,出其樽彝,陈其鼎俎,净其巾幂,敬其祓除,体解节折而共饮食之。于是乎有折俎加豆,酬币宴货,以示容合好,胡有孑然其效戎狄也?夫王公诸侯之有饫也,将以讲事成章,建大德、昭大物也,故立成礼烝而已。饫以显物,宴以合好,故岁饫不倦,时宴不淫,月会、旬修、日完不忘。服物昭庸,采饰显明,文章比象,周旋序顺,容貌有崇,威仪有则,五味实气,五色精心,五声昭德,五义纪宜,饮食可飨,和同可观,财用可嘉,则顺而德建。古之善礼者,将焉用全烝?'武子遂不敢对而退。归乃讲聚三代之典礼,于是乎修执秩以为晋法。"② 士会为晋侯之执政大夫(诸侯正卿),于周天子为陪臣。周定王设宴礼接见他,用肴烝招待,士会不懂享礼与宴礼之分别,怀疑宴会招待降低规格,于是询问周王卿士原襄公,接闻于周定王。周定王召士会讲明王室待宾之礼,禘郊祭天用全烝(将整个牲体置于俎上,在王都南郊献祭,无须煮熟,血腥以示原始),招待诸侯享礼用房烝(体荐,将牲体之半置于俎上,亦虚设无须煮熟,且享礼行于太庙。诸侯皆站立,亦称"立饫",即《国语》"夫王公诸侯之有饫也,将以讲事成章,建大德、昭大物也,故立成礼烝而已")。而招待诸侯之世卿,设宴礼用肴烝(折俎,节解牲体且煮熟,连肉带骨置于俎上,宾主宴

①　杨伯峻 . 春秋左传注［M］. 修订本 . 北京:中华书局,1990:769-770.
②　徐元诰 . 国语集解:周语中第二　晋侯使随会聘于周［M］. 北京:中华书局,2002:57-61.

会可食用)，此《左传》所谓"公当享，卿当宴，王室之礼也"。周定王并以华夷之辨、亲疏之别详论之。由此可见，士会原本不知王室之礼，是以"不敢对而退""归而讲求典礼，以修晋国之法""归乃讲聚三代之典礼，于是乎修执秩以为晋法"。《左传》所谓"归而讲求典礼"，《国语》所谓"归乃讲聚三代之典礼"，正是晋国执政新贵进修旧贵族典章制度。

又如《左传·昭公七年》："三月，公如楚。郑伯劳于师之梁。孟僖子为介，不能相仪，及楚，不能答郊劳"①，"九月，公至自楚。孟僖子病不能（相）②礼，乃讲学之，苟能礼者从之。及其将死也，召其大夫曰：'礼，人之干也。无礼，无以立。吾闻将有达者曰孔丘，圣人之后也，而灭于宋。其祖弗父何，以有宋而授厉公。及正考父，佐戴、武、宣，三命兹益共。'故其鼎铭云：'一命而偻，再命而伛，三命而俯，循墙而走，亦莫余敢侮。饘于是，鬻于是，以糊余口。'其共也如是。臧孙纥有言曰：'圣人有明德者，若不当世，其后必有达人。'今其将在孔丘乎？我若获没，必属说（南宫敬叔）与何忌（孟懿子）于夫子，使事之，而学礼焉，以定其位。故孟懿子与南宫敬叔师事仲尼。仲尼曰：'能补过者，君子也。《诗》曰：君子是则是效，孟僖子可则效已矣。'"③ 孟僖子④不知聘问之礼，佐君出访，两番受辱，临终对此耿耿于怀，诫其子仲孙何忌与南宫敬叔师事孔子，目的正是"学礼"，后来孔子亦诫其子孔鲤曰"不学礼，无以立"⑤。今观孟僖子遗嘱，甚至根据子嗣"学礼"情况，"以定其位"，考其本意。孟僖子坚持嗣立者必通礼学，仲孙何忌与南宫敬叔⑥为同母所生⑦，仲孙何忌虽年长，若"学礼"不成，则可嗣立南宫敬叔为家族宗主，可见孟僖子之决心，最终仲孙何忌"学礼"有成，即其嗣孟懿子。南宫敬叔虽未得嗣立，仍

---

① 杨伯峻．春秋左传注［M］．修订本．北京：中华书局，1990：1287.

② 【按】"相"当为衍文，《经典释文》"本或作'病不能礼'"，且下文"苟能礼者从之"可证。

③ 杨伯峻．春秋左传注［M］．修订本．北京：中华书局，1990：1294-1296.

④ 《史记·孔子世家》作孟釐子。［汉］司马迁．史记：卷四十七［M］．北京：中华书局，1982：1908.

⑤ 程树德．论语集释：卷三十三　季氏［M］．北京：中华书局，1990：1169.

⑥ 【按】南宫敬叔，即仲孙阅，亦称南宫说。此非南宫适，《论语·公冶长》与《先进》，"南容"为南宫适，《史记·仲尼弟子列传》作"南宫括，字子容"（［汉］司马迁．史记：卷六十七［M］．北京：中华书局，1982：2208.）。南宫敬叔与南宫适，两人皆为孔子弟子，南宫敬叔以南宫为氏，而南宫适以南宫为姓。

⑦ 《左传·昭公十一年》："孟僖子会邾庄公，盟于祲祥，修好，礼也。泉丘人有女，梦以其帷幕孟氏之庙，遂奔僖子，其僚从之。盟于清丘之社，曰：'有子，无相弃也。'僖子使助蓬氏之篷。反自祲祥，宿于蓬氏，生懿子及南宫敬叔于泉丘人。其僚无子，使字敬叔。"（［清］洪亮吉．春秋左传诂：卷十六［M］．北京：中华书局，1987：695.）

跟随孔子学礼，《史记·孔子世家》："鲁南宫敬叔言鲁君曰：'请与孔子适周。'鲁君与之一乘车，两马，一竖子俱，适周问礼，盖见老子云。"① 而《孔子家语·观周》于此事记载加详焉（孔子谓南宫敬叔曰："吾闻老聃博古知今，通礼乐之原，明道德之归，则吾师也。今将往矣。"对曰："谨受命。"遂言于鲁君曰："臣受先臣之命云：'孔子，圣人之后也，灭于宋。其祖弗父何始有国，而授厉公。及正考父佐戴、武、宣，三命兹益恭。故其鼎铭曰："一命而偻，再命而伛，三命而俯，循墙而走，亦莫余敢侮。饘于是，粥于是，以糊余口。"其恭俭也若此。臧孙纥有言："圣人之后，若不当世，则必有明君而达者焉。"孔子少而好礼，其将在矣。'属臣曰：'汝必师之。'今孔子将适周，观先王之遗制，考礼乐之所极，斯大业也。君盍以乘资之，臣请与往。"公曰："诺。"与孔子车一乘，马二匹，竖子侍御。敬叔与俱）②，则南宫敬叔以鲁国宗室身份，曾报请鲁定公资助孔子一行，前往东周洛邑参观访学，而且南宫敬叔亲自陪同。经过孟僖子"病不能礼"，两番受辱，痛定思痛，"乃讲学之，苟能礼者从之"，严令其后嗣皆师事孔子"学礼"，方能"以定其位"。由于先辈"讲学之"，使跻身上流之新贵后嗣，亦能陪同孔子"适周问礼"，则于旧贵族之典章制度，亦可谓熟稔矣。

再如《礼记·檀弓下》："季康子之母死，陈袭衣。敬姜曰：'妇人不饰不敢见舅姑。将有四方之宾来，袭衣何为陈于斯？'命彻之。"③ 季康子为鲁国哀公朝执政，曾问政于孔子④、临难而思子贡⑤，是春秋末期鲁国执政新贵之代表人物。季康子只想以多陈衣为荣，竟然并陈其母袭衣。诸侯国丧也属于正式外交场合，季康子不懂丧礼，若非堂祖母敬姜及时劝阻，险些在四方宾客面前闹出大笑话。鲁国"三桓"之季孙氏，自季成子跻身执政新贵，至季康子已历七世，于旧贵族之典章制度仍未熟稔，尤可印证上引孟僖子坚持嗣立者必通礼学之内蕴深义。

私学之风，从何而起？源于春秋政治新贵的迫切需要。学习旧贵族典章制度，西周教育全在官学，已不能解决新兴贵族的现实窘境，前文所举两例，士会"归而讲求典礼""归乃讲聚三代之典礼"，孟僖子"乃讲学之，苟能礼者从

---

① ［汉］司马迁. 史记：卷四十七［M］. 北京：中华书局，1982：1909.
② ［清］陈士珂，辑. 孔子家语疏证：卷三［M］. 南京：凤凰出版社，2017：78.
③ ［清］孙希旦. 礼记集解：卷十　檀弓下第四之一［M］. 北京：中华书局，1989：270.
④ 程树德. 论语集释：卷二十五　颜渊下［M］. 北京：中华书局，1990：866.
⑤ ［清］阮元，校刻. 十三经注疏清嘉庆刊本·春秋左传正义：卷第六十　哀公二十七年［M］. 北京：中华书局，2009：4741.

之"，所谓"讲求""讲聚""讲学之"，皆需要向精通礼学的人学习①，方能迅速提升实践水平，尤其"乃讲学之，苟能礼者从之"，值得我们注意，凡能礼者，皆跟从学习，已然具备私人教学性质，势必对春秋私学的发展起到促进作用。

又如晋国叔向，其晚于士会而早于孟僖子，《韩非子·外储说左上》："叔向御坐，平公请事，公腓痛足痹，转筋而不敢坏坐。晋国闻之，皆曰：'叔向贤者，平公礼之，转筋而不敢坏坐。'晋国之辞仕托、慕叔向者，国之锤矣。"②所谓"晋国之辞仕托、慕叔向者"，皆为转投叔向门下者，即跟随叔向学习。而与孟僖子同时代，还有郑国子产，《庄子·德充符》："申徒嘉，兀者也，而与郑子产同师于伯昏无人"③，《吕氏春秋·慎大览·下贤》："子产相郑，往见壶丘子林，与其弟子坐必以年，是倚其相于门也。夫相万乘之国而能遗之，谋志论行，而以心与人相索，其唯子产乎？"高诱注："子产，壶丘子弟子。"④ 子产曾师从伯昏无人与壶丘子林，则伯昏无人与壶丘子林属于私学人物，皆收徒讲学焉。且私学弟子规，亦仿效官学，子产所谓"往见壶丘子林，与其弟子坐必以年"，即源于《礼记·王制》："王大子、王子、群后之大子，卿、大夫、元士之适子，国之俊选，皆造焉，凡入学以齿。"⑤

晋国士会与叔向、郑国子产、鲁国孟僖子，皆早于孔子，而与孔子同时设私学者，有郑国邓析、鲁国少正卯与王骀。关于郑国邓析，《左传·定公九年》："郑驷歂杀邓析⑥而用其竹刑"，杜预注："邓析，郑大夫，欲改郑所铸旧制，不受君命而私造刑法书之于竹简，故云竹刑"⑦，《吕氏春秋·审应览·离谓》记

---

① 【按】"相礼"正是"儒"者职事之一，直到秦汉之际叔孙通依然如此，司马迁赞其为"汉家儒宗"（［汉］司马迁．史记：卷九十九 刘敬叔孙通列传第三十九［M］．北京：中华书局，1982：2726.）。

② ［清］王先慎．韩非子集解：卷十一［M］．北京：中华书局，1998：280-281.【按】：王先慎集解引《太平御览》卷三百七十二，韩子曰："晋平公与唐彦坐而出，叔向入，公曳一足，叔向问之，公曰：'吾侍唐彦，腓痛足痹而不敢伸。'叔向不悦，公曰：'子欲贵，吾爵子；欲富，吾禄子。夫唐彦先生无欲也，非正坐吾无以养之。'"则属唐彦之事，叔向问之而已，此为异说耳。

③ ［清］王先谦．庄子集解：卷二［M］．北京：中华书局，1987：48-49.

④ ［秦］吕不韦．吕氏春秋集释：卷第十五［M］．许维遹，集释．北京：中华书局，2009：371-372.

⑤ ［清］孙希旦．礼记集解：卷十三 王制第五之二［M］．北京：中华书局，1989：364.

⑥ 【按】《荀子·宥坐》《吕氏春秋·审应览·离谓》，皆谓子产杀邓析，与《左传·定公九年》异说。

⑦ ［清］阮元，校刻．十三经注疏清嘉庆刊本·春秋左传正义：卷第五十五［M］．北京：中华书局，2009：4655.

载邓析"与民之有狱者约，大狱一衣，小狱襦袴。民之献衣襦袴而学讼者，不可胜数"①，其教人学讼事，具有私人培训性质。不论后世评价如何②，仅就传授讲学而言，孔子"自行束脩以上，吾未尝无诲焉"③，可谓与此同例，皆"有教无类"④ 之义。而关于鲁国少正卯收徒讲学之情况，战国《荀子·宥坐》："孔子为鲁摄相，朝七日而诛少正卯。门人进问曰：'夫少正卯，鲁之闻人也，夫子为政而始诛之，得无失乎？'孔子曰：'居！吾语女其故。人有恶者五，而盗窃不与焉：一曰心达而险，二曰行辟而坚，三曰言伪而辩，四曰记丑而博，五曰顺非而泽。此五者有一于人，则不得免于君子之诛，而少正卯兼有之。故居处足以聚徒成群，言谈足以饰邪营众，强足以反是独立，此小人之桀雄也，不可不诛也。是以汤诛尹谐，文王诛潘止，周公诛管叔，太公诛华仕，管仲诛付里乙，子产诛邓析、史付，此七子者，皆异世同心，不可不诛也。《诗》曰：忧心悄悄，愠于群小。小人成群，斯足忧矣。'"⑤所谓"夫少正卯，鲁之闻人也""居处足以聚徒成群""强足以反是独立"，可见少正卯私学规模之盛，且讲学内容自成一说。又西汉《说苑·指武》："昔尧诛四凶以惩恶，周公杀管、蔡以弭乱，子产杀邓析以威侈，孔子斩少正卯以变众，佞贼之人而不诛，乱之道也。""此五子未有不诛也。所谓诛之者，非谓其昼则攻盗、暮则穿窬也，皆倾覆之徒也。此固君子之所疑，愚者之所惑也。"⑥ 孔子是否诛杀少正卯，学界向有争议，此置而不论可也，然亦见少正卯私学影响之广，足以"变众"，甚至"倾覆"社稷。而东汉《论衡·讲瑞》："少正卯在鲁，与孔子并。孔子之门，三盈三虚，唯颜渊不去，颜渊独知孔子圣也。夫门人去孔子归少正卯，不徒不能知孔子之圣，又不能知少正卯［之佞］，门人皆惑。子贡曰：'夫少正卯，鲁之闻人也。［夫］子为政，何以先［诛］之？'孔子曰：'赐退！非尔所及！'夫才能知佞若子贡，尚不能知圣，世儒见圣，自谓能知之，妄也。"⑦ 所谓"孔子之门，三盈三虚""门人去孔子归少正卯"，可见少正卯私学魅力之大，曾与孔子并立争教。关于鲁国王骀，《庄子·德充符》："鲁有兀者王骀，从之游者，与

---

① ［秦］吕不韦．吕氏春秋集释：卷第十八［M］．许维遹，集释．北京：中华书局，2009：488．
② 【按】邓析所倡刑名之学，《荀子·非十二子》评曰："不法先王，不是礼义，而好治怪说，玩琦辞，甚察而不惠，辩而无用，多事而寡功，不可以为治纲纪；然而其持之有故，其言之成理，足以欺惑愚众，是惠施、邓析也。"（［清］王先谦．荀子集解：卷第三［M］．北京：中华书局，1988：93-94．）
③ 程树德．论语集释：卷十三　述而上［M］．北京：中华书局，1990：445．
④ 程树德．论语集释：卷三十二　卫灵公下［M］．北京：中华书局，1990：1126．
⑤ ［清］王先谦．荀子集解：卷第二十［M］．北京：中华书局，1988：520-521．
⑥ ［汉］刘向．说苑校证：卷第十五［M］．向宗鲁，校证．北京：中华书局，1987：380、381．
⑦ ［汉］王充．论衡校释：卷第十六［M］．黄晖，撰．北京：中华书局，1990：724-725．

仲尼相若。常季问于仲尼曰：'王骀，兀者也，从之游者，与夫子中分鲁。立不教，坐不议，虚而往，实而归。固有不言之教，无形而心成者邪？是何人也？'仲尼曰：'夫子，圣人也。丘也，直后而未往耳。丘将以为师，而况不如丘者乎！奚假鲁国！丘将引天下而与从之。'"① 或曰王骀为《庄子》虚构，然孔子之时，鲁国私学并立局面，信不诬矣。

且孔子自身求学经历，适可证私学之风已然兴起。《史记·仲尼弟子列传》："孔子之所严事：于周则老子；于卫，蘧伯玉；于齐，晏平仲；于楚，老莱子；于郑，子产；于鲁，孟公绰。"② 所谓"严事"，师事也，春秋私学之风久矣，孔子方能如此转益多师。综上观之，孔子并非春秋私学第一人，于孔子之前，私学之风兴起已久，与孔子同时，私学之门纷然并立。孔子承私学之风，将其私人教学团体推向鼎盛，后世遂谓孔子"变畴人世官之学，而及平民，其功复绝千古"③，此知孔门之功巨，未知私学之缘起也。"盖自春秋以降，学术下移，孔子既为私学之总代表，亦为旧学术之集大成，其贞下起元之地位，实非并时学者所能及。故孔子之学，自其殁后，经弟子之揄扬，已渐盛于四方"④，所谓"私学之总代表"，孔子当之无愧。

职是之故，西周官府之学的垄断地位逐渐被打破，官方学术开始下移。如孔子说"天子失官，学在四夷"⑤，这是学术自官学移于外夷；《论语·微子》记载鲁哀公之时，"大师挚适齐，亚饭干适楚，三饭缭适蔡，四饭缺适秦，鼓方叔入于河，播鼗武入于汉，少师阳、击磬襄入于海"⑥，这是乐官自诸侯流于外地；王子朝之乱，"王子朝及召氏之族、毛伯得、尹氏固、南宫嚚奉周之典籍以奔楚"⑦，这是官学文献大批外流。孔子周游列国，聚徒讲学⑧，根据这些下移的"学术"与外传的"典籍"，经过删定整理，最终形成儒家经典文献"六经"。

孔子，名丘，字仲尼，是春秋末期伟大的思想家与教育家。本系子姓，孔

---

① [清] 王先谦. 庄子集解：卷二 [M]. 北京：中华书局，1987：47.
② [汉] 司马迁. 史记：卷六十七 [M]. 北京：中华书局，1982：2186.
③ 章太炎. 菿汉三言·菿汉雅言札记·哲学·儒家第一·宋以前诸家 [M]. 上海：上海书店，2011：173.
④ 邓秉元. 孟子章句讲疏：卷一 梁惠王章句上 [M]. 上海：华东师范大学出版社，2011：4.
⑤ [清] 洪亮吉. 春秋左传诂：卷十七 [M]. 北京：中华书局，1987：728.
⑥ 程树德. 论语集释：卷三十七 微子下 [M]. 北京：中华书局，1990：1289.
⑦ [清] 洪亮吉. 春秋左传诂：卷十八 [M]. 北京：中华书局，1987：777.
⑧ 【按】在孔子之前，已经出现私人讲学（可参：蔡尚思. 孔子思想体系 [M]. 上海：上海人民出版社，1982.），若论讲学组织之程度、对后世影响之大，孔子堪称突破贵族垄断教育的旗帜。

为其氏，远祖出身于殷商贵族，原世居宋国①，避乱迁居鲁国，后来家道中落，三岁丧父，起于寒微。孔子自述，"吾少也贱，故多能鄙事"②，做过治丧相礼、管理仓库、看管牧场的工作。③《论语·为政》："吾十有五而志于学"④，十五岁开始明确学习目标与方向。《论语·公冶长》中孔子斥责"宰予昼寝"，言辞几近詈骂，"朽木不可雕也，粪土之墙不可杇也。于予与何诛?""始吾于人也，听其言而信其行；今吾于人也，听其言而观其行。于予与改是"⑤，对怠惰可谓深恶痛绝。正因为孔子自身是以勤奋力学著称，《论语·述而》："我非生而知之者，好古、敏以求之者也。"⑥《论语·卫灵公》："吾尝终日不食，终夜不寝，以思，无益，不如学也。"⑦ 可以说孔子以"好学"成名，《论语·公冶长》："十室之邑，必有忠信如丘者焉，不如丘之好学也"⑧，何谓"好学"，《论语·学而》："君子食无求饱，居无求安，敏于事而慎于言，就有道而正焉，可谓好学也已"⑨，《论语·为政》："学而不思则罔，思而不学则殆"⑩，《论语·雍也》："知之者不如好之者，好之者不如乐之者"⑪，则"好学"的最高境界是"乐之"，《论语·述而》：孔子自述"其为人也，发愤忘食，乐以忘忧，不知老之将至云尔"⑫。

　　孔子如此勤奋好学，三十四岁即以礼学名家。《史记·孔子世家》记载鲁大夫孟釐子（《左传》孟僖子）临终，诫其嗣孟懿子，"吾闻圣人之后，虽不当

---

① 《史记·孔子世家》鲁大夫孟釐子曰："孔丘，圣人之后，灭于宋。其祖弗父何始有宋而嗣让厉公。及正考父佐戴、武、宣公，三命兹益恭，故鼎铭云：'一命而偻，再命而伛，三命而俯，循墙而走，亦莫敢余侮。饘于是，粥于是，以糊余口。'其恭如是。"（［汉］司马迁.史记：卷四十七［M］.北京：中华书局，1982：1907-1908.）

② 程树德.论语集释：卷十七［M］.北京：中华书局，1990：583.

③ 《史记·孔子世家》："丘生而叔梁纥死，葬于防山。防山在鲁东，由是孔子疑其父墓处，母讳之也。孔子为儿嬉戏，常陈俎豆，设礼容。孔子母死，乃殡五父之衢，盖其慎也。郰人挽父之母诲孔子父墓，然后往合葬于防焉""孔子年十七，鲁大夫孟釐子病且死，诫其嗣懿子曰……'吾闻圣人之后，虽不当世，必有达者。今孔丘年少好礼，其达者欤？吾即没，若必师之。'及釐子卒，懿子与鲁人南宫敬叔往学礼焉""孔子贫且贱。及长，尝为季氏史，料量平；尝为司职吏而畜蕃息"。（［汉］司马迁.史记：卷四十七［M］.北京：中华书局，1982：1906-1909.）

④ 程树德.论语集释：卷三　为政上［M］.北京：中华书局，1990：70.

⑤ 程树德.论语集释：卷九　公冶上［M］.北京：中华书局，1990：310、313.

⑥ 程树德.论语集释：卷十四　述而下［M］.北京：中华书局，1990：480.

⑦ 程树德.论语集释：卷三十二　卫灵公下［M］.北京：中华书局，1990：1118.

⑧ 程树德.论语集释：卷十　公冶下［M］.北京：中华书局，1990：358.

⑨ 程树德.论语集释：卷二　学而下［M］.北京：中华书局，1990：52.

⑩ 程树德.论语集释：卷四　为政下［M］.北京：中华书局，1990：103.

⑪ 程树德.论语集释：卷十二　雍也下［M］.北京：中华书局，1990：404.

⑫ 程树德.论语集释：卷十四　述而下［M］.北京：中华书局，1990：479.

世，必有达者。今孔丘年少好礼，其达者欤？吾即没，若必师之"①，此即后世曾子所谓"鸟之将死，其鸣也哀，人之将死，其言也善"②。及孟釐子卒，孟懿子遵父嘱，"与鲁人南宫敬叔往学礼焉"③，此为孔子收徒讲学之证。而司马迁认为孔子时年十七。考《史记》所据，乃《左传·昭公七年》"九月，公至自楚。孟僖子病不能（相）礼，乃讲学之，苟能礼者从之。及其将死也，召其大夫曰"④云云。鲁昭公七年，孔子时年十七，然孟僖子非卒于鲁昭公七年，所谓"及其将死也"，乃记载后来之事。据《左传·昭公七年》杜预注"僖子，仲孙貜"⑤，而又据《春秋》经文《昭公二十四年》，记载"二十四年春王三月丙戌，仲孙貜卒"⑥，则孟僖子卒于鲁昭公二十四年，即公元前518年，是年孔子三十四岁，已过"而立"之年。《史记·孔子世家》所谓"孔子年十七，鲁大夫孟釐子病且死，诫其嗣懿子曰"⑦云云，则是司马迁引用《春秋》史料有误。且《史记·孔子世家》所谓"及釐子卒，懿子与鲁人南宫敬叔往学礼焉"⑧，则孟懿子与鲁人南宫敬叔似无关系，此亦非《左传》本意。《左传·昭公七年》孟僖子曰"我若获没，必属说与何忌于夫子，使事之，而学礼焉，以定其位"⑨，说或作阅，为南宫敬叔之名，何忌为孟懿子之名，即仲孙何忌，皆为孟僖子之子，于两人"学礼"争嗣之实，太史公失载焉。又《孔子家语·正论解》："南宫说、仲孙何忌既除丧，而昭公在外，未之命也。定公即位，乃命之。辞曰：'先臣有遗命焉，曰：夫礼，人之干也，非礼则无以立。嘱家老，使命二臣必事孔子而学礼，以定其位。'公许之。二子学于孔子。孔子曰：'能补过者，君子也。《诗》云：'君子是则是效。'孟僖子可则效矣。惩己所病，以诲其嗣。《大雅》所谓'诒厥孙谋，以燕翼子'，是类也夫。"⑩亦据《左传·昭公七年》记载而加详焉，仲孙氏兄弟师事孔子，"学礼"定位之事，信不诬矣。后来至孔子晚年，周游列国返鲁以后，鲁哀公仍遣使"学士丧礼"，亦属"学礼"之事，

① ［汉］司马迁．史记：卷四十七［M］．北京：中华书局，1982：1908．
② 程树德．论语集释：卷十五 泰伯上［M］．北京：中华书局，1990：520．
③ ［汉］司马迁．史记：卷四十七 孔子世家第十七［M］．北京：中华书局，1982：1908．
④ ［清］洪亮吉．春秋左传诂：卷十六［M］．北京：中华书局，1987：682．
⑤ ［清］阮元，校刻．十三经注疏清嘉庆刊本·春秋左传正义：卷第四十四［M］．北京：中华书局，2009：4448．
⑥ ［清］阮元，校刻．十三经注疏清嘉庆刊本·春秋左传正义：卷第五十一［M］．北京：中华书局，2009：4573．
⑦ ［汉］司马迁．史记：卷四十七［M］．北京：中华书局，1982：1907．
⑧ ［汉］司马迁．史记：卷四十七［M］．北京：中华书局，1982：1908．
⑨ ［清］洪亮吉．春秋左传诂：卷十六［M］．北京：中华书局，1987：683．
⑩ ［清］陈士珂，辑．孔子家语疏证：卷九［M］．南京：凤凰出版社，2017：268．

《礼记·杂记》"恤由之丧，哀公使孺悲之孔子学士丧礼，《士丧礼》于是乎书"①，《元和姓纂》"案恤由，哀公子"②，未详所据，"恤由之丧"既以"士丧礼"，则其为士大夫阶层无疑。可见至春秋末叶，即使在礼乐昌盛之鲁国，"礼坏乐崩"已不可免，不仅执政新贵必须"学礼"，此时甚至鲁国公室亦须"学士丧礼"，或亲往或遣使，皆师事孔子学习之。

孔子"十有五而志于学"③，通过系统学习礼、乐、射、御、书、数④，至

---

① [清] 孙希旦. 礼记集解：卷四十二　杂记下第二十一之二 [M]. 北京：中华书局，1989：1115.

② [唐] 林宝. 元和姓纂：卷十　八物·莆 [M]. 北京：中华书局，1994：1512.

③ 程树德. 论语集释：卷三　为政上 [M]. 北京：中华书局，1990：70.

④ 【按】孔子曾系统学习"六艺"，何以知之？《史记·孔子世家》："孔子以《诗》《书》《礼》《乐》教，弟子盖三千焉，身通六艺者七十有二人。如颜浊邹之徒，颇受业者甚众。"（[汉]司马迁. 史记：卷四十七 [M]. 北京：中华书局，1982：1938.）从后来的授徒教学内容，可以逆推孔子早年所学。所谓"以《诗》《书》《礼》《乐》教"，即乐正四教，《礼记·王制》："乐正崇四术，立四教，顺先王《诗》《书》《礼》《乐》以造士：春、秋教以《礼》《乐》，冬、夏教以《诗》《书》。"（[清] 孙希旦. 礼记集解：卷十三　王制第五之二 [M].北京：中华书局，1989：364.）此《诗》《书》《礼》《乐》为文本理论教学，以"教"为主。所谓"通六艺"，即礼、乐、射、御、书、数，《周礼·春官宗伯·叙官》："凡以神士者无数，以其艺为之贵贱之等"，郑玄注："以神士者，男巫之俊，有学问才知者。艺谓礼、乐、射、御、书、数"（[清] 孙诒让. 周礼正义：卷三十二 [M]. 北京：中华书局，2015：1554.），礼、乐、射、御、书、数为六大类技能之统称。《周礼·地官司徒·保氏》又细分为"一曰五礼，二曰六乐，三曰五射，四曰五驭，五曰六书，六曰九数"，郑玄注："五礼，吉、凶、宾、军、嘉也。六乐，《云门》《大咸》《大韶》《大夏》《大濩》《大武》也"，郑玄引郑众《周礼解诂》曰"五射，白矢、参连、剡注、襄尺、井仪也。五驭，鸣和鸾、逐水曲、过君表、舞交衢、逐禽左。六书，象形、会意、转注、处事、假借、谐声也。九数，方田、粟米、差分、少广、商功、均输、方程、赢不足、旁要"（[清] 孙诒让. 周礼正义：卷二十六 [M]. 北京：中华书局，2015：1217-1218.），此与乐正四教（"春、秋教以《礼》《乐》，冬、夏教以《诗》《书》"）相较，"六艺"可谓理论走向实践，科目明细，更须演练。《礼记·学记》："不学操缦，不能安弦；不学博依，不能安诗；不学杂服，不能安礼；不兴其艺，不能乐学"（[清] 孙希旦. 礼记集解：卷三十六 [M]. 北京：中华书局，1989：962.），此"艺"为技能实践教学，以"通"为要。文本理论教学之《诗》《书》《礼》《乐》，为知识基础训练，重点在贵族普及教育，故"王大子、王子、群后之大子，卿、大夫、元士之适子，国之俊选，皆造焉。凡入学以齿"（[清] 孙希旦. 礼记集解：卷十三　王制第五之二 [M]. 北京：中华书局，1989：364.）；技能实践教学之礼、乐、射、御、书、数，为应用进阶训练，重点在贵族高级教育，唯高才弟子能兼之，故"弟子盖三千焉，身通六艺者七十有二人"，可谓百里挑一。子夏曰"仕而优则学，学而优则仕"（程树德. 论语集释：卷三十八　子张 [M]. 北京：中华书局，1990：1324.），则孔门弟子"身通六艺者"，皆"学而优则仕"，即孔子所谓"先进于礼乐，野人也""如用之，则吾从先进"（程树德.论语集释：卷二十二　先进上 [M]. 北京：中华书局，1990：735.），此孔门私学也；而"后进于礼乐，君子也"（论语集释：卷二十二　先进上，735.），即子夏所谓"仕而优则学"（论语集释：卷三十八　子张，1324.），此周代官学也。

"三十而立"① 左右，开始收徒讲学，早期弟子多平民布衣，有颜路（颜回之父）、曾点（曾参之父）、冉耕等，至三十四岁以礼学名家，鲁国宗族师事焉。孔子以"好学"为评价弟子的最高标准②，以"好学"成才的经验③与独到的思想学说④培养弟子、作育人材，《论语·阳货》："好仁不好学，其蔽也愚；好知不好学，其蔽也荡；好信不好学，其蔽也贼；好直不好学，其蔽也绞；好勇不好学，其蔽也乱；好刚不好学，其蔽也狂。"⑤ 而且，也正是私学教育，得益

---

① 程树德．论语集释：卷三　为政上［M］．北京：中华书局，1990：71.

② 【按】鲁哀公问"弟子孰为好学"（程树德．论语集释：卷十一　雍也上［M］．北京：中华书局，1990：365.），季康子问"弟子孰为好学"（论语集释：卷二十二　先进上，751.），孔子皆以"好学"评颜回，颜回死后，"今也则亡，未闻好学者也"（论语集释：卷十一　雍也上，365.），其盛赞如此，可见孔子以"好学"为评价弟子的最高标准，而且这一"好学"传统，为儒家所传承。就儒家文献而言，孔子以后，论孔门传经之功，以卜商、荀况为翘楚，他们都继承"好学"传统。《论语·子张》引"子夏曰：'博学而笃志，切问而近思，仁在其中矣。'"（论语集释：卷三十八　子张，1310.）朱熹、吕祖谦《近思录》即得名于此，又引"子夏曰：'日知其所亡，月无忘其所能，可谓好学也已矣。'"（论语集释：卷三十八　子张，1309.）顾炎武《日知录》即得名于此；《荀子》更有《劝学》专篇，流传于世。

③ 【按】《论语·子罕》引孔子云"吾不试，故艺"（程树德．论语集释：卷十七　子罕上［M］．北京：中华书局，1990：583.），《季氏》："生而知之者，上也；学而知之者，次也；困而学之，又其次也；困而不学，民斯为下矣"（论语集释：卷三十三，1158-1159.），《雍也》："知之者不如好之者，好之者不如乐之者"（论语集释：卷十二，404.），《卫灵公》："君子谋道不谋食。耕也，馁在其中矣；学也，禄在其中矣。君子忧道不忧贫"（论语集释：卷三十二，1119.），《宪问》："古之学者为己，今之学者为人"（论语集释：卷二十九，1004.），《学而》："学而时习之，不亦说乎"（论语集释：卷一，1.），《为政》："温故而知新，可以为师矣"（论语集释：卷三，94.）。

④ 【按】《论语·泰伯》："笃信好学，守死善道。危邦不入，乱邦不居。天下有道则见，无道则隐。邦有道，贫且贱焉，耻也；邦无道，富且贵焉，耻也"（程树德．论语集释：卷十六［M］．北京：中华书局，1990：540.），《述而》："用之则行，舍之则藏""饭疏食，饮水，曲肱而枕之，乐亦在其中矣。不义而富且贵，于我如浮云""志于道，据于德，依于仁，游于艺"（论语集释：卷十三，443、450、465.）。

⑤ 程树德．论语集释：卷三十五　阳货下［M］．北京：中华书局，1990：1210.

于弟子传播，使孔子名闻遐迩，遂为统治者注目延请。五十岁以后，孔子于鲁国从政，任中都宰、司空、司寇，曾摄行相事①，因与季桓子政见不合，五十五岁弃官出走，率弟子周游列国十四年②，宣传政治主张，使儒家影响遍布春秋各国。六十八岁返回鲁国，继续从事教育，以先王文献为教本，潜心于"六经"

① 【按】此即为"儒"者相礼之事，具见《史记·孔子世家》："定公十年春，及齐平。夏，齐大夫黎鉏言于景公曰：'鲁用孔丘，其势危齐。'乃使使告鲁为好会，会于夹谷。鲁定公且以乘车好往。孔子摄相事，曰：'臣闻有文事者必有武备，有武事者必有文备。古者诸侯出疆，必具官以从。请具左右司马。'定公曰：'诺。'具左右司马。会齐侯夹谷，为坛位，土阶三等，以会遇之礼相见，揖让而登。献酬之礼毕，齐有司趋而进曰：'请奏四方之乐。'景公曰：'诺。'于是旍旄羽袚矛戟剑拨鼓噪而至。孔子趋而进，历阶而登，不尽一等，举袂而言曰：'吾两君为好会，夷狄之乐何为于此！请命有司！'有司却之，不去，则左右视晏子与景公。景公心怍，麾而去之。有顷，齐有司趋而进：'请奏宫中之乐。'景公曰：'诺。'优倡侏儒为戏而前。孔子趋而进，历阶而登，不尽一等，曰：'匹夫而营惑诸侯者罪当诛！请命有司！'有司加法焉，手足异处。景公惧而动，知义不若，归而大恐，告其群臣曰：'鲁以君子之道辅其君，而子独以夷狄之道教寡人，使得罪于鲁君，为之奈何？'有司进对曰：'君子有过则谢以质，小人有过则谢以文。君若悼之，则谢以质。'于是齐侯乃归所侵鲁之郓、汶阳、龟阴之田以谢过。"（［汉］司马迁. 史记：卷四十七［M］. 北京：中华书局，1982：1915-1915.）

② 【按】《史记·孔子世家》："孔子之去鲁凡十四岁而反乎鲁。鲁哀公问政，对曰：'政在选臣。'"（［汉］司马迁. 史记：卷四十七［M］. 北京：中华书局，1982：1927.）而《史记·鲁周公世家》：哀公"十一年，齐伐鲁。季氏用冉有有功，思孔子，孔子自卫归鲁"。（［汉］司马迁. 史记：卷三十三，1545.）。考鲁哀公十一年，即公元前484年，复前推"十四岁"（包括哀公十一年），则孔子"去鲁"当在定公十三年，即公元前497年，此年孔子五十五岁，《史记·孔子世家》以为在定公十四年，误矣。所谓"鲁哀公问政"，则当在哀公十一年"孔子自卫归鲁"以后，此年孔子六十八岁。

删定整理工作，兼鲁国哀公与执政季康子之顾问①，一直到七十三岁病逝为止。② 纵观孔子经历，学而不厌、诲人不倦③，收徒讲学、学行砥砺④，聚集同

---

① 【按】《论语·为政》："哀公问曰：'何为则民服？'孔子对曰：'举直错诸枉，则民服。举枉错诸直，则民不服。'""季康子问：'使民敬、忠以劝，如之何？'子曰：'临之以庄，则敬；孝慈，则忠；举善而教不能，则劝。'""或谓孔子曰：'子奚不为政？'子曰：'《书》云：'孝乎惟孝，友于兄弟，施于有政。'是亦为政，奚其为为政？'"（程树德．论语集释：卷四　为政下 [M]．北京：中华书局，1990：117-121．）《礼记·哀公问》："孔子侍坐于哀公，哀公曰：'敢问人道谁为大？'孔子愀然作色而对曰：'君之及此言也，百姓之德也。固臣敢无辞而对：人道政为大。'公曰：'敢问何谓为政？'孔子对曰：'政者，正也。君为正，则百姓从政矣。君之所为，百姓之所从也。君所不为，百姓何从？'公曰：'敢问为政如之何？'孔子对曰：'夫妇别，父子亲，君臣严，三者正，则庶物从之矣。'公曰：'寡人虽无似也，愿闻所以行三言之道，可得闻乎？'孔子对曰：'古之为政，爱人为大。所以治爱人，礼为大。所以治礼，敬为大。敬之至矣，大昏为大，大昏至矣。大昏既至，冕而亲迎，亲之也。亲之也者，亲之也。是故君子兴敬为亲，舍敬，是遗亲也。弗爱不亲，弗敬不正。爱与敬，其政之本与？'"（[清] 孙希旦．礼记集解：卷四十八 [M]．北京：中华书局，1989：1260．）又《史记·孔子世家》："鲁哀公问政，对曰：'政在选臣。'季康子问政，曰：'举直错诸枉，则枉者直。'康子患盗，孔子曰：'苟子之不欲，虽赏之不窃。'然鲁终不能用孔子，孔子亦不求仕。"（[汉] 司马迁．史记：卷四十七 [M]．北京：中华书局，1982：1935．）前后勘比，所谓"鲁哀公问政"，对曰"政在选臣"者，即《论语》"举直错诸枉，则民服，举枉错诸直，则民不服"，则所谓"季康子问政"，对曰"举直错诸枉，则枉者直"，乃司马迁误引。由此可见，孔子周游列国返鲁，虽不亲用事，"鲁终不能用孔子，孔子亦不求仕"，然以顾问"施于有政"，此孔子晚年之"为政"方式。

② 《史记·孔子世家》："孔子年七十三，以鲁哀公十六年四月己丑卒。哀公诔之曰：'旻天不吊，不慭遗一老，俾屏余一人以在位，茕茕余在疚。呜呼哀哉！尼父，毋自律！'子贡曰：'君其不没于鲁乎！夫子之言曰：礼失则昏，名失则愆。失志为昏，失所为愆。生不能用，死而诔之，非礼也。称余一人，非名也。'"（[汉] 司马迁．史记：卷四十七 [M]．北京：中华书局，1982：1945．）

③ 【按】《论语·述而》："自行束脩以上，吾未尝无诲焉""默而识之，学而不厌，诲人不倦，何有于我哉"（程树德．论语集释：卷十三　述而上 [M]．北京：中华书局，1990：436、445．），"若圣与仁，则吾岂敢？抑为之不厌，诲人不倦，则可谓云尔已矣"（论语集释：卷十四　述而下，500．），"不愤不启，不悱不发。举一隅不以三隅反，则不复也"（论语集释：卷十三　述而下，448．），《论语·公冶长》："回也闻一以知十，赐也闻一以知二"（论语集释：卷九　公冶长上，307．），孔子教学生涯及其特点，可见一斑。

④ 【按】《论语·学而》子曰："有朋自远方来，不亦乐乎。"（程树德．论语集释：卷一 [M]．北京：中华书局，1990：5．）《为政》子曰："君子周而不比"（论语集释：卷三，100．），《卫灵公》"子曰：'有教无类。'"（论语集释：卷三十二，1126．）《礼记·学记》："是故学然后知不足，教然后知困。知不足，然后能自反也。知困，然后能自强也。故曰：教学相长也。"（[清] 孙希旦．礼记集解：卷三十六 [M]．北京：中华书局，1989：957．）。

道、教育发扬①，其团体教学活动，可谓终其一生。

考孔门收徒讲学，已非私学之始兴，既为私学方盛之时，自有办学规章存焉。首先，于拜师之前，初次见面须依士相见礼。《论语·阳货》："孺悲欲见孔子，孔子辞以疾。②

---

① 【按】《论语·里仁》："德不孤，必有邻。"（程树德. 论语集释：卷八 [M]. 北京：中华书局，1990：279.）《子罕》："达巷党人曰：'大哉孔子！博学而无所成名。'子闻之，谓门弟子曰。"（论语集释：卷十七，570.）《论语·八佾》："仪封人请见，曰：'君子之至于斯也，吾未尝不得见也。'从者见之。出曰：'二三子何患于丧乎？天下之无道也久矣，天将以夫子为木铎。'"（论语集释：卷六，219.）所谓"从者"，即"门弟子"，"德"之"邻"者，即同道也。《论语·泰伯》："曾子有疾，召门弟子曰。"（论语集释：卷十五，516.）《礼记·祭义》："乐正子春下堂而伤其足，数月不出，犹有忧色。门弟子曰：'夫子之足瘳矣，数月不出，犹有忧色，何也？'乐正子春曰：'善如尔之问也！善如尔之问也！吾闻诸曾子，曾子闻诸夫子，曰'。"（[清] 孙希旦. 礼记集解：卷四十六 [M]. 北京：中华书局，1989：1228.）《孟子·尽心上》："君子有三乐，而王天下不与存焉。父母俱存，兄弟无故，一乐也；仰不愧于天，俯不怍于人，二乐也；得天下英才而教育之，三乐也。君子有三乐，而王天下不与存焉。"（[清] 焦循. 孟子正义：卷二十六 [M]. 北京：中华书局，1987：905.）由此可见，教育发扬已成为儒家传统。

② 汉儒认为孔子疾恶孺悲，遂"辞以疾"，《说苑·指武》："孔子贤颜渊无以赏之，贱孺悲无以罚之。"（[汉] 刘向. 说苑校证：卷第十五 [M]. 向宗鲁，校证. 北京：中华书局，1987：380.）宋儒有仍之者，《论语·阳货》邢昺疏"此章盖言孔子疾恶也。'孺悲欲见孔子，孔子辞以疾'者，孺悲，鲁人也，来欲见孔子，孔子不欲见，故辞之以疾也。'将命者出户，取瑟而歌，使之闻之'者，将犹奉也，奉命者，主人传辞出入人也，初将命者来入户，言孺悲求见夫子，辞之以疾，又为将命者不已，故取瑟而歌，令将命者闻之而悟己无疾，但不欲见之，所以令孺悲思之"（[清] 阮元，校刻. 十三经注疏清嘉庆刊本·论语注疏：卷第十七 [M]. 北京：中华书局，2009：5487）。宋儒亦有疑之者，朱熹引"南康一士人云：'圣贤亦有不诚处，如取瑟而歌、出吊东郭之类。'"（[宋] 黎靖德，编. 朱子类类：卷第四十七论语二十九·阳货篇·孺悲欲见孔子章 [M]. 北京：中华书局，1986：1189.）。近代学者认为孔子可能有疾在身，朱自清《诗言志辨》"历来都说孔子'取瑟而歌'只是表明并非真病，只是表明不愿见。但小病未必就不能歌，古书中时有例证；也许那歌词中还暗示着不愿见的意思。若这个解释不错，这也便是'乐语'了"（朱自清. 诗言志辨 [M]. 南京：凤凰出版社，2008：14.）。或认为孔子以诗为教，张煦侯《论诗教》"窃谓此所歌之诗篇，必孺悲所曾习之者。孔子此举，不唯使知无疾而已，又必使之闻歌而知其取义所在，然后教诲之旨因乐而传"（中国人民大学古代文论资料编选组. 中国古代文论研究论文集 [M]. 上海：上海古籍出版社，1989：138.）。【按】于今观之，"辞以疾"，孔子当有疾在身，"取瑟而歌"，本出乎诚，若不出乎诚，则非孔门编选《论语》之义也。所谓"取瑟而歌"，《诗经·郑风·女曰鸡鸣》："琴瑟在御"（[清] 阮元，校刻. 十三经注疏清嘉庆刊本·毛诗正义：卷第四 四之三 [M]. 北京：中华书局，2009：719.），《礼记·曲礼下》："士无故不彻琴瑟"，郑玄注"故，谓灾、患、丧、病"（[清] 孙希旦. 礼记集解：卷五 曲礼下第二之一 [M]. 北京：中华书局，1989：124.），则有疾在身，可谓之有"故"，依礼必须彻弦以静养。《仪礼·既夕礼·记》："有疾，疾者齐，养者皆齐，彻琴瑟。"（[清] 阮元，校刻. 十三经注疏清嘉庆刊本·仪礼注疏 卷第四十，2508.）孔子"取瑟而歌"，则"瑟"非"在御"，是以"取"之而"歌"，适可反证孔子有疾在身。既有疾在身，孺悲又未以委质绍介相见，是以孔子"辞以疾"，并非托词，而"取瑟而歌，使之闻之"，则以乐为教，其乐语亦当有所指，令孺悲思之，非蓄意辱之，皆出乎诚矣。

将命者出户，取瑟而歌，使之闻之。"①《礼记·少仪》："尊长于己踰等，不敢问其年，燕见不将命"②，则"孺悲欲见孔子"，并非"燕见"（非正式会见），当属于正式拜见。"闻始见君子者，辞曰：'某固愿闻名于将命者。'不得阶主。敌者，曰'某固愿见'。罕见曰'闻名'，亟见曰'朝夕'。"③ 所谓"将命者"，即奉命传辞出入者，此报信之人，犹相礼之介，而《论语·宪问下》："阙党童子将命。或问之曰：'益者与？'子曰：'吾见其居于位也，见其与先生并行也。非求益者也，欲速成者也。'"④ 可证孔府曾以"阙党童子"为"将命者"，且"始见君子"，必以挚礼相见。《仪礼·士相见礼》："士相见之礼：挚，冬用雉，夏用腒。左头奉之，曰：'某也愿见，无由达。某子以命命某见。'"贾公彦疏"孺悲欲见孔子，不由绍介，故孔子辞以疾"⑤，孔子非爱其挚，重士相见之礼也，如《论语·八佾》："子贡欲去告朔之饩羊。子曰：'赐也！尔爱其羊，我爱其礼'"⑥；其次，行拜师礼，须"儒服委质"，《史记·仲尼弟子列传》："子路性鄙，好勇力，志伉直，冠雄鸡，佩豭豚，陵暴孔子。孔子设礼稍诱子路，子路后儒服委质，因门人请为弟子。"三家注之司马贞《史记索隐》："按：服虔注左氏云'古者始仕，必先书其名于策，委死之质于君，然后为臣，示必死节于其君'。"⑦ 所谓"因门人请为弟子"，经由绍介，亦士相见之礼，"儒服"者，以示团体身份认同，"委质"者，即"委死之质"，"委"即"奠"，置也，"死之质"谓死雉。《左传·僖公二十三年》："策名、委质，贰乃辟也。"⑧《国语·晋语九》："臣委质于狄之鼓，未委质于晋之鼓也，臣闻之，委质为臣，无有二心，委质而策死，古之法也。"韦昭注"质，贽也，士贽以雉，委贽而退"，"言委质于君，书名于策，示必死也"⑨，"质"读为"贽"，亦作"挚"。古人相见，必手执礼物以示诚敬，其所执之物，即谓之"挚"，本为士相见礼之

---

① 程树德. 论语集释：卷三十五　阳货下［M］. 北京：中华书局，1990：1229.【按】《礼记·杂记》："恤由之丧，哀公使孺悲之孔子学士丧礼，《士丧礼》于是乎书。"（［清］孙希旦. 礼记集解：卷四十二　杂记下第二十一之二［M］. 北京：中华书局，1989：1115.）所谓"孺悲欲见孔子，孔子辞以疾"，此事当发生于"哀公使孺悲之孔子学士丧礼"之时，孺悲以君命见孔子学士丧礼，不由绍介，亦无委质，孔子以为非弟子礼也。

② ［清］孙希旦. 礼记集解：卷三十五［M］. 北京：中华书局，1989：927.

③ ［清］孙希旦. 礼记集解：卷三十五［M］. 北京：中华书局，1989：919-920.

④ 程树德. 论语集释：卷三十　宪问下［M］. 北京：中华书局，1990：1045.

⑤ ［清］阮元，校刻. 十三经注疏清嘉庆刊本·仪礼注疏：卷第七［M］. 北京：中华书局，2009：2105.

⑥ 程树德. 论语集释：卷六　八佾下［M］. 北京：中华书局，1990：191-195.

⑦ ［汉］司马迁. 史记：卷六十七［M］. 北京：中华书局，1982：2191.

⑧ ［清］洪亮吉. 春秋左传诂：卷七［M］. 北京：中华书局，1987：309.

⑨ 徐元诰. 国语集解：晋语九第十五　中行伯既克鼓［M］. 北京：中华书局，2002：445.

"雉"，即死质（"雉""腒"皆属死质），后经过演化，视来宾身份不同，公、侯、伯、子、男五等诸侯执玉，诸侯之太子、附属国国君、诸侯之孤卿执帛，卿执羔，大夫执雁，士执雉，庶人之鹜，工商执鸡。《左传·庄公二十四年》："男赘，大者玉帛，小者禽鸟，以章物也"①，所谓"以章物也"，赘物以彰贵贱也。而"委质"有臣宣誓效忠于君之义②，所谓"委赘而退"，《礼记·曲礼下》有"童子委挚而退"，孙希旦曰："凡以客礼者授挚，以臣礼者奠挚。童子于先生，不敢自居于宾客，故其挚亦奠之，盖事师之敬，与事君同也"③，则以示弟子之敬事师，有如臣之忠君。再次，既行拜师礼，还须缴纳实物学费，以供师门开销。《论语·述而》："自行束脩以上，吾未尝无诲焉。"④ 所谓"束脩"，即干肉，实为《仪礼·士相见礼》"腒"之变通。

孔门私学团体，虽由孔子组织，其高足弟子亦赋有自治权。如原宪曾为孔子之家宰，孔子给他俸禄"粟九百"⑤；特别是政事科高足弟子，《论语·先进》："政事：冉有、季路"⑥，冉求与仲由，皆以政事见长，学以致用，多出面协理私学事务，如《论语·雍也》："子华使于齐，冉子为其母请粟。子曰：'与之釜。'请益。曰：'与之庾。'冉子与之粟五秉。子曰：'赤之适齐也，乘肥马，衣轻裘。吾闻之也：君子周急不继富。'"⑦ 冉求既能自作主张，违背师命，为公西赤之母提高补助额度，可见冉求曾主管孔门财务；又如《论语·述而》："子疾病，子路请祷。子曰：'有诸？'子路对曰：'有之；诔曰："祷尔于上下神祇。"'子曰：'丘之祷久矣。'"⑧《论语·子罕》："子疾病，子路使门人为臣。病间，曰：'久矣哉，由之行诈也！无臣而为有臣。吾谁欺？欺天乎！且予与其死于臣之手也，无宁死于二三子之手乎！且予纵不得大葬，予死于道路乎？'"⑨ 所谓"且予与其死于臣之手也，无宁死于二三子之手乎"，则孔子

① 杨伯峻．春秋左传注［M］．修订本．北京：中华书局，1990：229-230.
② 【按】《孟子·滕文公下》："周霄问曰：'古之君子仕乎？'孟子曰：'仕。《传》曰："孔子三月无君，则皇皇如也。出疆必载质。"'"赵岐注："质，臣所执以见君者也"（［清］焦循．孟子正义：卷十二［M］．北京：中华书局，1987：420.），又《吕氏春秋·审分览·执一》"今日置质为臣"（［秦］吕不韦．吕氏春秋集释：卷第十七［M］．许维遹，集释．北京：中华书局，2009：470.）。
③ ［清］孙希旦．礼记集解：卷六　曲礼下第二之二［M］．北京：中华书局，1989：159-161.
④ 程树德．论语集释：卷十三　述而上［M］．北京：中华书局，1990：436.
⑤ 程树德．论语集释：卷十一　雍也上［M］．北京：中华书局，1990：374.
⑥ 程树德．论语集释：卷二十二　先进上［M］．北京：中华书局，1990：742.
⑦ 程树德．论语集释：卷十一　雍也上［M］．北京：中华书局，1990：369-371.
⑧ 程树德．论语集释：卷十四　述而下［M］．北京：中华书局，1990：501.
⑨ 程树德．论语集释：卷十八　子罕下［M］．北京：中华书局，1990：599-601.

生前已将治丧权赋予高足弟子，于孔子病重之时，仲由牵头"请祷"，又"使门人为臣"，既能主持筹备孔子丧事，可见仲由曾主管孔门内务。诸如此类，则孔门私学自有组织结构，其内部各项事务，为孔子与高足弟子共治焉。

且孔门虽"有教无类"①，选择弟子仍须面试环节，如澹台灭明，孔子先闻其贤名，《论语·雍也》："子游为武城宰。子曰：'女得人焉尔乎？'曰：'有澹台灭明者，行不由径，非公事，未尝至于偃之室也。'"② 然孔门面试，其"状貌甚恶"，"孔子以为材薄"。《史记·仲尼弟子列传》："澹台灭明，武城人，字子羽。少孔子三十九岁。状貌甚恶。欲事孔子，孔子以为材（才）薄。既已受业，退而修行，行不由径，非公事不见卿大夫。南游至江，从弟子三百人，设取予去就，名施乎诸侯。孔子闻之，曰：'吾以言取人，失之宰予；以貌取人，失之子羽。'"③ 司马迁所谓"既已受业，退而修行，行不由径，非公事不见卿大夫"，误引《论语·雍也》，此属澹台灭明拜师之前所为。所谓"以言取人""以貌取人"，则孔门选择弟子，当有言谈、仪容之面试，后世唐代吏部选官标准"身、言、书、判"，"身"必体貌丰伟，"言"须言辞辩正，亦来自"以言取人""以貌取人"。考其缘由，盖源自私学收徒择人之目的，"仕而优则学，学而优则仕"④；又孔门弟子甚众，已采取弟子次相授业，即同门辗转传授之法。据《史记·仲尼弟子列传》，孔门弟子并无年龄限制，弟子之间年岁悬殊，据《史记·孔子世家》，"孔子以《诗》《书》《礼》《乐》教，弟子盖三千焉，身通六艺者七十有二人，如颜浊邹之徒，颇受业者甚众"⑤。所谓"弟子盖三千焉"，同门年岁悬殊，未必皆孔子亲自指教，所谓"颇受业者甚众"，盖有寄名孔门、实为孔子高足代为传授者，如孔门弟子陈亢，字子禽⑥，《论语》凡三

① 程树德．论语集释：卷三十二　卫灵公下 [M]．北京：中华书局，1990：1126.
② 程树德．论语集释：卷十一　雍也上 [M]．北京：中华书局，1990：391.
③ ［汉］司马迁．史记：卷六十七 [M]．北京：中华书局，1982：2205.
④ 程树德．论语集释：卷三十八　子张 [M]．北京：中华书局，1990：1324.
⑤ ［汉］司马迁．史记：卷四十七 [M]．北京：中华书局，1982：1938.
⑥ 臧庸《拜经日记》："《史记·弟子列传》有'原亢籍'，无陈亢。盖原亢即陈亢也。郑注《论语》《檀弓》俱以陈亢为孔子弟子，当是名亢，字籍，一字子禽。籍，禽也，故讳籍字禽。否则亢言三见《论语》，弟子书必无不载，太史公亦断无不录。《家语》既有原抗，字禽籍（笔者考诸《孔子家语·弟子解》，当作原忼，字子籍），不当复有陈亢子禽矣，明系王肃窜入。原、陈之所以不同，何也？盖原氏出于陈，原、陈同氏也。《诗·陈风》：'东方之原。'毛传：'原，大夫氏。'《春秋·庄二十七年》：'公子友如陈，葬原仲。'则原亢之为陈亢，信矣。《汉书·古今人表》中分陈亢、陈子禽二人，与鲁太师、公明贾、子服景伯、林放、陈司败、阳肤、尾生高、申枨、师冕同列，又以陈子亢隶下，上与陈弃疾、工尹商阳、齐禽敖、饿者同列，分为三人，与申枨皆不以为弟子，此不足据。"（［清］刘宝楠．论语正义：卷一　学而第一·十章 [M]．北京：中华书局，1990：26.）

见，一见《学而》，子禽问于子贡曰："夫子至于是邦也，必闻其政。求之与？抑与之与？"子贡曰："夫子温、良、恭、俭、让以得之。夫子之求之也，其诸异乎人之求之与？"① 二见《季氏》，陈亢问于伯鱼曰："子亦有异闻乎？"对曰："未也。尝独立，鲤趋而过庭。曰：'学诗乎？'对曰：'未也。''不学诗，无以言。'鲤退而学诗。他日又独立，鲤趋而过庭。曰：'学礼乎？'对曰：'未也。''不学礼，无以立。'鲤退而学礼。闻斯二者。"陈亢退而喜曰："问一得三，闻诗，闻礼，又闻君子之远其子也。"② 三见《子张》，陈子禽谓子贡曰："子为恭也，仲尼岂贤于子乎？"子贡曰："君子一言以为知，一言以为不知，言不可不慎也。夫子之不可及也，犹天之不可阶而升也。夫子之得邦家者，所谓立之斯立，道之斯行，绥之斯来，动之斯和。其生也荣，其死也哀，如之何其可及也？"③ 陈亢名列孔门，未得孔子亲授，遂问于孔子高足子贡、问于孔子之子孔鲤，可谓好学也矣。又取《世说新语·文学》观之，东汉郑玄师事马融，"郑玄在马融门下，三年不得相见，高足弟子传授而已。尝算浑天不合，诸弟子莫能解。或言玄能者，融召令算，一转便决，众咸骇服。及玄业成辞归，既而融有'礼乐皆东'之叹"④。核之《后汉书·马融列传》："融才高博洽，为世通儒，教养诸生，常有千数。涿郡卢植、北海郑玄，皆其徒也。善鼓琴，好吹笛，达生任性，不拘儒者之节。居宇器服，多存侈饰。常坐高堂，施绛纱帐，前授生徒，后列女乐，弟子以次相传，鲜有入其室者。"⑤ 所谓"常坐高堂，施绛纱帐""弟子以次相传，鲜有入其室者"，实非马融奢侈，盖效西汉董仲舒。"下帷讲诵"之成例，《汉书·董仲舒传》："董仲舒，广川人也。少治《春秋》，孝景时为博士。下帷讲诵，弟子传以久次相授业，或莫见其面。盖三年不窥园，其精如此。进退容止，非礼不行，学士皆师尊之。"颜师古注："言新学者但就其旧弟子受业，不必亲见仲舒。"⑥ 又《晋书·杨轲传》："杨轲，天水人也。少好《易》，长而不娶，学业精微，养徒数百，常食粗饮水，衣褐缊袍，人不堪其忧，而轲悠然自得，疏宾异客，音旨未曾交也。虽受业门徒，非入室弟子，莫

① 程树德. 论语集释：卷二 学而下 [M]. 北京：中华书局，1990：38-40.
② 程树德. 论语集释：卷三十三 季氏上 [M]. 北京：中华书局，1990：1168-1169.
③ 程树德. 论语集释：卷三十八 子张下 [M]. 北京：中华书局，1990：1342.
④ [南朝宋] 刘义庆. 世说新语笺疏：卷上之下 [M]. [南朝梁] 刘孝标，注. 余嘉锡，笺疏. 北京：中华书局，2007：223.
⑤ [南朝宋] 范晔. 后汉书：卷六十上 马融列传第五十上 [M]. 北京：中华书局，1965：1972.
⑥ [汉] 班固. 汉书：卷五十六 [M]. [唐] 颜师古，注. 北京：中华书局，1962：2495.

得亲言。欲所论授，须旁无杂人，授入室弟子，令递相宣授。"① 可见师门弟子甚众者，皆沿用此同门辗转传授之法，至西汉博士官学承之，而东汉通儒私学仍之，至东晋名士私学亦如是。

　　孔子在长达40余年的教学生涯中，或亲自指点教诲，或弟子次相授业，聚集大量门徒，《吕氏春秋·孝行览·遇合》："孔子周流海内，再干世主，如齐至卫，所见八十余君，委质为弟子者三千人，达徒七十人。七十人者，万乘之主得一人用可为师。"② 如颜渊（颜回）、闵子骞（闵损）、冉伯牛（冉耕）、仲弓（冉雍）、宰我（宰予）、子贡（端木赐）、冉有（冉求）、季路（仲由）、子游（言偃）、子夏（卜商）等③，都是卓有才识的高足④，居处则讲论切磋，周游则随行问难。孔门前期弟子多有从政者，如冉求、仲由、端木赐、宰予等，其后期弟子多有从教者，如卜商、言偃、颛孙师、曾参等。弟子学成以后，或出仕为邑宰家臣，或传经授徒为王者师，实际上已经形成一个具有广泛社会影响力的儒家学派。⑤

　　后世以孔子学派为"儒家"⑥，观孔子毕生经历，的确有明显的"儒"者特

---

① ［唐］房玄龄，等 . 晋书：卷九十四　列传第六十四隐逸·杨轲［M］. 北京：中华书局，1974：2449.

② ［秦］吕不韦 . 吕氏春秋集释：卷第十四［M］. 许维遹，集释 . 北京：中华书局，2009：341.

③ 【按】孔门四科十哲，具见《论语·先进》："德行：颜渊、闵子骞、冉伯牛、仲弓。言语：宰我、子贡。政事：冉有、季路。文学：子游、子夏。"（程树德 . 论语集释：卷二十二　先进上［M］. 北京：中华书局，1990：742. ）

④ 【按】孔门高足群体，当时业已名扬诸侯，《史记·孔子世家》："昭王将以书社地七百里封孔子。楚令尹子西曰：'王之使使诸侯有如子贡者乎？曰无有。王之辅相有如颜回者乎？曰无有。王之将率有如子路者乎？曰无有。王之官尹有如宰予者乎？曰无有。且楚之祖封于周，号为子男五十里。今孔丘述三、五之法，明周、召之业，王若用之，则楚安得世世堂堂方数千里乎？夫文王在丰，武王在镐，百里之君卒王天下。今孔丘得据土壤，贤弟子为佐，非楚之福也。'昭王乃止"（［汉］司马迁 . 史记：卷四十七［M］. 北京：中华书局，1982：1932. ）。

⑤ 【按】《论语·宪问》："子路宿于石门，晨门曰：'奚自？'子路曰：'自孔氏。'曰：'是知其不可而为之者与？'"（程树德 . 论语集释：卷三十　宪问下［M］. 北京：中华书局，1990：1029. ）由此可见两点，子路自称"自孔氏"，儒家学派已成也；晨门评论"孔氏"，其社会影响可知矣。

⑥ 【按】"儒家"之名，盖起于刘歆《七略·诸子略》之儒家类，今见于《汉书·艺文志》"儒家者流""至成帝时，以书颇散亡，使谒者陈农求遗书于天下。诏光禄大夫刘向校经传诸子诗赋，步兵校尉任宏校兵书，太史令尹咸校数术，侍医李柱国校方技。每一书已，向辄条其篇目，撮其指意，录而奏之。会向卒，哀帝复使向子侍中奉车都尉歆卒父业。歆于是总群书而奏其《七略》，故有辑略，有六艺略，有诸子略，有诗赋略，有兵书略，有术数略，有方技略。今删其要，以备篇籍""儒家者流，盖出于司徒之官，助人君顺阴阳明教化者也。游文于六经之中，留意于仁义之际，祖述尧舜，宪章文武，宗师仲尼，以重其言，于道最为高。孔子曰：'如有所誉，其有所试。'唐虞之隆，殷周之盛，仲尼之业，已试之效者也。然惑者既失精微，而辟者又随时抑扬，违离道本，苟以哗众取宠。后进循之，是以五经乖析，儒学寖衰，此辟儒之患"（［汉］班固 . 汉书：卷三十［M］. 北京：中华书局，1962：1701、1728. ）。

征。西周以来学官之儒，以六艺教民，孔子曾系统学习六艺，亦以六艺传授弟子；又"儒"者注重斋戒行礼，《论语·述而》："子之所慎：齐（斋）、战、疾"①，《论语·乡党》："齐，必有明衣，布。齐必变食，居必迁坐"②，《论语·为政》："孟懿子问孝。子曰：'无违。'樊迟御，子告之曰：'孟孙问孝于我，我对曰无违。'樊迟曰：'何谓也?'子曰：'生，事之以礼；死，葬之以礼，祭之以礼。'"③ 当时社会舆论，即以孔子为"知礼"，《论语·八佾》："子入大庙，每事问。或曰：'孰谓鄹人之子知礼乎? 入大庙，每事问。'子闻之，曰：'是礼也。'"④ 孔子盛赞周礼，"周监于二代，郁郁乎文哉! 吾从周"⑤，其本人精通相礼之事。《史记·孔子世家》："孔子为儿嬉戏，常陈俎豆，设礼容。""今孔子盛容饰，繁登降之礼，趋详之节，累世不能殚其学，当年不能究其礼。"⑥ 但是，孔子不仅仅停留在搢绅之儒，这从《论语·先进》四子侍坐章，尤可显明，公西赤言志曰"宗庙之事，如会同，端章甫，愿为小相焉"，曾点曰"莫春者，春服既成，冠者五六人，童子六七人，浴乎沂，风乎舞雩，咏而归"，孔子喟然叹曰"吾与点也"⑦。其原因在于，孔子还要追求斋戒行礼背后的意义，《论语·八佾》："人而不仁，如礼何""礼，与其奢也，宁俭；丧，与其易也，宁戚"⑧，《论语·泰伯》："恭而无礼则劳，慎而无礼则葸，勇而无礼则乱，直而无礼则绞。君子笃于亲，则民兴于仁；故旧不遗，则民不偷"⑨，《论语·颜渊》："克己复礼为仁，一日克己复礼，天下归仁焉，为仁由己，而由人乎哉?"⑩ 由此可见，孔子与那些以斋戒相礼为职业的"儒"，已经

---

① 程树德．论语集释：卷十三 述而上 [M]．北京：中华书局，1990：456．
② 程树德．论语集释：卷二十 乡党中 [M]．北京：中华书局，1990：684-686．
③ 程树德．论语集释：卷三 为政上 [M]．北京：中华书局，1990：79-81．
④ 程树德．论语集释：卷六 八佾下 [M]．北京：中华书局，1990：183-184．
⑤ 程树德．论语集释：卷六 八佾下 [M]．北京：中华书局，1990：182．
⑥ [汉] 司马迁．史记：卷四十七 [M]．北京：中华书局，1982：1906、1911．【按】《史记》所载，乃晏婴评孔子，盖取于《墨子·非儒下》："孔某盛容修饰以蛊世，弦歌鼓舞以聚徒，繁登降之礼以示仪，务趋详之节以观众""絫寿不能尽其学，当年不能行其礼，积财不能赡其乐，繁饰邪术以营世君"（[清] 孙诒让．墨子间诂：卷九 [M]．北京：中华书局，2001：299-300．），晏子可谓只见其表，未见其里，此乃搢绅儒之所为，非孔子学说本质。从孔子学派不以"儒"自称，而墨子等反对派视孔门为"儒"，可知春秋末期之搢绅儒，其社会地位并不显贵，自孔子学派以后，将"儒"与"君子""士"相系，"儒"的内涵，才逐渐高尚起来。
⑦ 程树德．论语集释：卷二十三 先进下 [M]．北京：中华书局，1990：801-811．
⑧ 程树德．论语集释：卷五 八佾上 [M]．北京：中华书局，1990：142、145．
⑨ 程树德．论语集释：卷十五 泰伯上 [M]．北京：中华书局，1990：514-515．
⑩ 程树德．论语集释：卷二十四 颜渊上 [M]．北京：中华书局，1990：817．

大不相同，将"儒"者提升为"君子儒"①，"儒家"由是而生。发展到战国时期，儒家学派声势愈隆，成为"世之显学"②。

儒家学派作为学术群体，以孔子为宗师，其师承关系明确，而且其学术思想为群体成员所认同。颜渊称颂孔子"仰之弥高，钻之弥坚，瞻之在前，忽焉在后。夫子循循然善诱人，博我以文，约我以礼，欲罢不能"③"夫子步，亦步也；夫子言，亦言也；夫子趋，亦趋也；夫子辩，亦辩也；夫子驰，亦驰也；夫子言道，回亦言道也；及奔逸绝尘而回瞠若乎后者，夫子不言而信，不比而周，无器而民滔乎前，而不知所以然而已矣"④，子贡赞扬孔子"固天纵之将圣，又多能也"⑤，"叔孙武叔毁仲尼。子贡曰：'无以为也！仲尼不可毁也。他人之贤者，丘陵也，犹可逾也。仲尼，日月也，无得而逾焉。人虽欲自绝，其何伤于日月乎?⑥ 多见其不知量也。'"又"陈子禽谓子贡曰：'子为恭也，仲尼岂贤于子乎?'子贡曰：'君子一言以为知，一言以为不知，言不可不慎也。夫子之不可及也，犹天之不可阶而升也。夫子之得邦家者，所谓立之斯立，道之斯行，绥之斯来，动之斯和。其生也荣，其死也哀，如之何其可及也?'"⑦"见其礼而知其政，闻其乐而知其德，由百世之后，等百世之王，莫之能违也。自生民以来，未有夫子也"⑧。有若认为孔子"岂惟民哉！麒麟之于走兽，凤凰之于飞鸟，泰山之于丘垤，河海之于行潦，类也。圣人之于民，亦类也。出于

---

① 详见附录一.
② 【按】《韩非子·显学》："世之显学，儒、墨也。儒之所至，孔丘也。墨之所至，墨翟也。自孔子之死也，有子张之儒，有子思之儒，有颜氏之儒，有孟氏之儒，有漆雕氏之儒，有仲良氏之儒，有孙氏之儒，有乐正氏之儒。"（［清］王先慎.韩非子集解：卷十九［M］.北京：中华书局，1998：456.）《吕氏春秋·仲春纪·当染》："孔、墨之后学，显荣于天下者众矣，不可胜数。"（［秦］吕不韦.吕氏春秋集释：卷第二［M］.许维遹，集释.北京：中华书局，2009：53.）
③ 程树德.论语集释：卷十七　子罕上［M］.北京：中华书局，1990：594.
④ ［清］王先谦.庄子集解：卷五　田子方第二十一［M］.北京：中华书局，1987：177.
⑤ 程树德.论语集释：卷十七　子罕上［M］.北京：中华书局，1990：581.
⑥ 【按】端木赐论孔子，颇似颜回之说。《史记·孔子世家》："子贡出，颜回入见。孔子曰：'回，《诗》云：匪兕匪虎，率彼旷野。吾道非邪？吾何为于此?'颜回曰：'夫子之道至大，故天下莫能容。虽然，夫子推而行之，不容何病，不容然后见君子！夫道之不修也，是吾丑也。夫道既已大修而不用，是有国者之丑也。不容何病，不容然后见君子！'"（［汉］司马迁.史记：卷四十七［M］.北京：中华书局，1982：1932.）可见此非子贡谀辞，乃孔门高足之共识也，是以孟子曰"宰我、子贡、有若，智足以知圣人，污不至阿其所好"（［清］焦循.孟子正义：卷六　公孙丑章句上·二章［M］.北京：中华书局，1987：217.）。
⑦ 程树德.论语集释：卷三十八　子张［M］.北京：中华书局，1990：1340-1342.
⑧ ［清］焦循.孟子正义：卷六　公孙丑章句上·二章［M］.北京：中华书局，1987：217.

其类，拔乎其萃，自生民以来，未有盛于孔子也"①。曾子认为孔子"江汉以濯之，秋阳以暴之，皭皭乎不可尚已"②，曾被孔子多次斥责的宰予③也由衷赞颂"以予观于夫子，贤于尧舜远矣"④。孔门弟子以外，当时社会上也有人（"达巷党人"）评论"大哉孔子！博学而无所成名"⑤。后世孟子更以"集大成"论之，"可以仕则仕，可以止则止，可以久则久，可以速则速，孔子也""自有生

---

① ［清］焦循．孟子正义：卷六　公孙丑章句上·二章［M］．北京：中华书局，1987：218．

② 《孟子·滕文公上》："他日，子夏、子张、子游以有若似圣人，欲以所事孔子事之。强曾子，曾子曰：'不可，江汉以濯之，秋阳以暴之，皭皭乎不可尚已！'"（［清］焦循．孟子正义：卷十一［M］．北京：中华书局，1987：394．）【按】可见《论语》结集过程，当与子夏、子张、子游、有若、曾子及其弟子有关，柳宗元《论语辩》："或问曰：儒者称《论语》孔子弟子所记，信乎？曰：未然也。孔子弟子，曾参最少，少孔子四十六岁。曾子老而死，是书记曾子之死，则去孔子也远矣。曾子之死，孔子弟子略无存者矣。吾意曾子弟子之为之也。何哉？且是书载弟子必以字，独曾子、有子不然。由是言之，弟子之号之也。然则有子何以称子？曰：孔子之殁也，诸弟子以有子为似夫子，立而师之。其后不能对诸子之问，乃叱避而退，则固尝有师之号矣。今所记独曾子最后死，余是以知之。盖乐正子春、子思之徒与为之尔。或曰：孔子弟子尝杂记其言，然而卒成其书者，曾氏之徒也。"（［唐］柳宗元．柳宗元集：卷四　议辩·论语辩二篇·上篇［M］．北京：中华书局，1979：110-111．）

③ 《论语·公冶长》："宰予昼寝。子曰：'朽木不可雕也，粪土之墙不可圬也。于予与何诛？'子曰：'始吾于人也，听其言而信其行；今吾于人也，听其言而观其行。于予与改是。'"（程树德．论语集释：卷九　公冶上［M］．北京：中华书局，1990：310-313．）《论语·阳货》："宰我问：'三年之丧，期已久矣。君子三年不为礼，礼必坏；三年不为乐，乐必崩。旧谷既没，新谷既升，钻燧改火，期可已矣。'子曰：'食夫稻，衣夫锦，于女安乎？'曰：'安。''女安，则为之！夫君子之居丧，食旨不甘，闻乐不乐，居处不安，故不为也。今女安，则为之！'宰我出。子曰：'予之不仁也！子生三年，然后免于父母之怀。夫三年之丧，天下之通丧也。予也有三年之爱于其父母乎！'"（论语集释：卷三十五　阳货下，1231-1237．）

④ ［清］焦循．孟子正义：卷六　公孙丑章句上·二章［M］．北京：中华书局，1987：217．

⑤ 程树德．论语集释：卷十七　子罕上［M］．北京：中华书局，1990：568．【按】《论语·为政》："君子不器"（论语集释：卷三，96．），《宪问》："古之学者为己，今之学者为人"（论语集释：卷二十九，1004．），《卫灵公》："君子求诸己，小人求诸人"（论语集释：卷三十二，1103．）《庄子·人间世》仲尼曰："古之至人，先存诸己，而后存诸人"（［清］王先谦．庄子集解：卷一，32．），《宪问》："不患人之不己知，患其不能也"（论语集释：卷三十，1013．），《卫灵公》："君子病无能焉，不病人之不己知也"（论语集释：卷三十二，1102．），《学而》："人不知而不愠，不亦君子乎"（论语集释：卷一，8．）《史记·孔子世家》颜回曰："夫道之不修也，是吾丑也。夫道既已大修而不用，是有国者之丑也。不容何病，不容然后见君子！"（［汉］司马迁．史记：卷四十七［M］．北京：中华书局，1982：1932．），适可与此相发，所谓孔子"博学而无所成名"，诚"君子儒"也。

民以来，未有孔子也"①"孔子，圣之时者也，孔子之谓集大成"②。由此可见，孔子行教，立说讲学，为门徒所尊崇，这是中国文化史上第一个学术群体，儒家因此创立，儒学也得以产生。

# 第五节　儒学启智与百家兴起

孔子推行私人教学，编著"六经"③，创立儒家学派，由此开启智慧，"诸子为经籍之鼓吹"④，随之形成诸子蜂起的学术格局。"儒家助人君顺阴阳、明教化，游文于六艺之中，留意于仁义之际，其学本六经，无待论矣。道家历记成败存亡祸福古今之道，然后知秉要执本、清虚自守、卑弱自持，合于尧之克攘、易之嗛嗛，则其学本于《周易》；阴阳家敬顺昊天，历象日月星辰，敬授民时，则其学本于《尚书》；法家信赏必罚，名家正名辨物，则其学本于《礼》《春秋》；墨家贵节俭、右鬼神，《礼》经恭俭庄敬之学也；小说家街谈巷语、道听途说者之所造，大师陈《诗》观民风之旨也。"⑤

"百家"之称早于"诸子"之名，"诸子"之名，盖自《七略》"诸子略"始，而"百家"之称，则见于《庄子》一书。《庄子·秋水》载公孙龙自谓"龙少学先生之道，长而明仁义之行，合同异，杂坚白，然不然，可不可，困百家之知，穷众口之辩"⑥，此处"百家"，仅表明是公孙龙的论敌，学术指向尚不明确；至《天下》篇谓"其在于《诗》《书》《礼》《乐》者，邹鲁之士、搢绅先生多能明之。《诗》以道志，《书》以道事，《礼》以道行，《乐》以道和，《易》以道阴阳，《春秋》以道名分。其数散于天下而设于中国者，百家之学时

---

① ［清］焦循. 孟子正义：卷六　公孙丑章句上·二章［M］. 北京：中华书局，1987：215-216.

② 孟子曰："伯夷，圣之清者也；伊尹，圣之任者也；柳下惠，圣之和者也；孔子，圣之时者也。孔子之谓集大成。集大成也者，金声而玉振之也。金声也者，始条理也；玉振之也者，终条理也。始条理者，智之事也。终条理者，圣之事也。智，譬则巧也。圣，譬则力也。由射于百步之外也，其至，尔力也。其中，非尔力也。"（［清］焦循. 孟子正义：卷二十　万章章句下·一章［M］. 北京：中华书局，1987：672-674.）

③ 金景芳. 孔子的这一份珍贵的遗产"六经"［J］. 吉林大学社会科学学报，1991（1）. 认为孔子既不是创作者，也不是文献整理者，而是"六经"编著者.

④ ［唐］魏徵，令狐德棻. 隋书：卷三十二　志第二十七经籍一［M］. 北京：中华书局，1973：909.

⑤ 王蘧常. 诸子学派要诠·汉书艺文志诸子略序［M］. 上海：上海书店，1987：199.

⑥ ［清］王先谦. 庄子集解：卷四［M］. 北京：中华书局，1987：146.

或称而道之"①，此处"百家"，显然是指学术流派，即后世所谓"诸子百家"而言。根据《庄子》叙述②，明显可见，《诗》《书》《礼》《乐》《易》《春秋》是由"邹鲁之士、搢绅先生"（儒家）所传承，儒家"六经"学术在前，具有整体性意义；而"百家之学"，则是儒家"六经"学术散于天下以后才兴起，"百家之学"在儒家之后，其内容也是片面性的。③儒家及其"六经"之学，对于诸子百家的影响和启迪作用，亦可见矣。

《史记·五帝本纪》太史公曰："学者多称五帝，尚矣。然《尚书》独载尧以来，而百家言黄帝，其文不雅驯，荐绅先生难言之。"④将称说"黄帝"的学者，分成《尚书》系统、百家系统，显然《尚书》是儒家，"百家"即诸子。《汉书·古今人表·序》也说"自书契之作，先民可得而闻者，经传所称唐虞以

---

① ［清］王先谦. 庄子集解：卷八［M］. 北京：中华书局，1987：288.
② 【按】章太炎认为孔子传颜回、颜回再传至庄周，孔子之后，儒分为八，庄子所传即为颜氏之儒。《菿汉昌言·经言一》："庄生传颜氏之儒（颜氏之儒，见《韩非·显学篇》），述其进学次第。《田子方篇》颜渊曰：'夫子步亦步，夫子趋亦趋，夫子驰亦驰，夫子奔逸绝尘，而回瞠若乎后矣！'此盖仰高、钻坚、瞻前、忽后之时也。《人间世篇》仲尼告以心斋，颜回曰：'回之未始得使，实自回也；得使之也，未始有回也。'此与'克己'相应者也。《大宗师篇》颜回曰：'回忘仁义矣。'仲尼曰：'可矣，犹未也。'他日复见，曰：'回忘礼乐矣！'仲尼曰：'可矣，犹未也。'他日复见，曰：'回坐忘矣。'仲尼蹴然曰：'何谓坐忘？'颜回曰：'堕枝体，黜聪明，离形去知，同于大通，此谓坐忘。'仲尼曰：'同则无好也，化则无常也。而果其贤乎丘也，请从而后也。'夫告以为仁之道而能忘仁，告以复礼而能忘礼，离形去知，人我与法我同尽，斯谓'克己'，同于大通，斯谓'天下归仁'，此其造诣之极也。世儒徒见其云瞠乎后者，以为贤圣相去，才隔一臂，望其卓尔，力不能从，于是颜苦孔之卓之论起，遂成大谬，不悟仲尼方请从颜渊后也。盖非与仁冥，不能忘仁；非与礼冥，不能忘礼。所见一豪不尽，不能坐忘。忘有次第，故曰屡空。非谓一有一无，如顾欢之说也。由是言之，云其心三月不违仁者，尔时犹有仁之见也，逾三月则冥焉忘之矣。由仁义行，非行仁义，斯时违与不违皆不可说。（'得一善则卷卷服膺而弗失'，此子思述先君子语，盖难尽信）"（章太炎. 菿汉三言［M］. 上海：上海书店，2011：82.）诚如斯论，《庄子》书中多论及"六经"，可谓渊源有自。
③ 《庄子·天下》："天下大乱，贤圣不明，道德不一，天下多得一察焉以自好。譬如耳目鼻口，皆有所明，不能相通。犹百家众技也，皆有所长，时有所用。虽然，不该不徧，一曲之士也。判天地之美，析万物之理，察古人之全，寡能备于天地之美，称神明之容。是故内圣外王之道，暗而不明，郁而不发，天下之人各为其所欲焉以自为方。悲夫！百家往而不反，必不合矣。后世之学者，不幸不见天地之纯，古人之大体，道术将为天下裂。"（［清］王先谦. 庄子集解：卷八［M］. 北京：中华书局，1987：288.）《汉书·艺文志·诸子略》："诸子十家，其可观者九家而已……今异家者各推所长，穷知究虑，以明其指，虽有蔽短，合其要归，亦六经之支与流裔。使其人遭明王圣主，得其所折中，皆股肱之材已。仲尼有言：'礼失而求诸野。'方今去圣久远，道术缺废，无所更索，彼九家者，不犹愈于野乎？若能修六艺之术，而观此九家之言，舍短取长，则可以通万方之略矣。"（［汉］班固. 汉书：卷三十［M］. 北京：中华书局，1962：1746.）
④ ［汉］司马迁. 史记：卷一［M］. 北京：中华书局，1982：46.

上，帝王有号谥，辅佐不可得而称矣，而诸子颇言之，虽不考虖孔氏，然犹著在篇籍"①云云，此处"诸子"即《史记》"百家"，并且也是与"孔氏""经传"对举。《汉书·艺文志·序》："昔仲尼没而微言绝，七十子丧而大义乖。故《春秋》分为五，《诗》分为四，《易》有数家之传。战国从衡，真伪分争，诸子之言纷然殽乱。"②"昔仲尼没"至"数家之传"，讲的是儒家经典传承与分化，"战国"以下，讲的是"诸子百家"的兴起。以上诸处，都将诸子百家与孔氏经传相对待而提，《汉书·艺文志·序》又说汉成帝"诏光禄大夫刘向校经传、诸子、诗赋，步兵校尉任宏校兵书，太史令尹咸校数术，侍医李柱国校方技"③，已明确地将诸子著作与儒家六艺（经传）、文家诗赋、兵家兵书、占筮家数术、医家方技等文献并举④，而且将这些百家之书归结为《诸子略》。《汉书·艺文志·诸子略》曰："诸子十家，其可观者九家而已。皆起于王道既微、诸侯力政，时君世主好恶殊方，是以九家之［术］蠭出并作，各引一端，崇其所善，以此驰说，取合诸侯。其言虽殊，辟犹水火，相灭亦相生也。仁之与义，敬之与和，相反而皆相成也。《易》曰：'天下同归而殊涂，一致而百虑。'今异家者各推所长，穷知究虑，以明其指，虽有蔽短，合其要归，亦六经之支与流裔。"颜师古注："裔，衣末也。其于六经，如水之下流，衣之末裔。"⑤ 一主一从、一偏一全、一前一后，彰彰著明，更明白不过地说明，百家诸子是在儒家经传影响下产生的。而世之非儒者，动曰儒为诸子之一，至汉武帝乃获独尊云云，大有"彼可取而代"⑥ 之意，盖知其流而不知其源、齐其末而不揣其本、肤受之言、无根之学，亦可休矣。

　　"百家"者，就其自鸣一派、数量之多而言，"诸子"者，则是就其各有师承、渊源有自而言。周秦之际，学者辈出，各著书立说，欲时君见用，改制救

① ［汉］班固. 汉书：卷二十 ［M］. 北京：中华书局，1962：861.
② ［汉］班固. 汉书：卷三十 ［M］. 北京：中华书局，1962：1701.
③ ［汉］班固. 汉书：卷三十 ［M］. 北京：中华书局，1962：1701.
④ 《隋书·经籍志》："夫仁义礼智，所以治国也，方技数术，所以治身也，诸子为经籍之鼓吹，文章乃政化之黼黻，皆为治之具也。"（［唐］魏徵、令狐德棻. 隋书：卷三十二 ［M］. 北京：中华书局，1973：909.）
⑤ ［汉］班固. 汉书：卷三十 ［M］. ［唐］颜师古，注. 北京：中华书局，1962：1746.
⑥ ［汉］司马迁. 史记：卷七  项羽本纪第七 ［M］. 北京：中华书局，1982：296.

世，其间学者及其书籍文献，大多被称作"某子"，此源于弟子尊称其师①，加氏以别之，后来成为学界师长通称。西汉刘向、刘歆父子领校中秘书，则以"诸子"统括。弟子称师为"子"，纂述其师言行，以成私家著述，始于孔门；官学下移，学问自贵族移于平民②，私人聚徒讲学、负笈从师，开启民智，以孔门影响最大，私人纂修官书，以"述"为"作"③，亦自孔子始，孔子学派的出现，在我国教育史与学术史上，具有划时代意义，可谓周秦诸子之渊薮。

春秋末期儒墨论争，首开百家争鸣之局，儒墨俱道尧舜④，而取舍不同⑤，《淮南子·要略》言"墨子学儒者之业，受孔子之术，以为其礼烦扰而不说，厚葬靡财而贫民，[久]服伤生而害事，故背周道而用夏政"⑥。今观《墨子》其书，《修身》《亲士》《当染》诸篇，纯任儒家之言，其他篇章亦多引《诗》

---

① 【按】汪中《述学·释夫子》，"子"与"夫子"，本为卿大夫之称（［清］汪中.述学校笺·述学别录·释夫子［M］.李金松，校笺.北京：中华书局，2014：643-644.）。孔子曾为鲁国司寇，如《论语·先进》："以吾从大夫之后，不可徒行也。"（程树德.论语集释：卷二十二  先进上［M］.北京：中华书局，1990：753.）孔子之后，墨子曾为宋国大夫，孟子曾为齐国之卿，弟子以"子"称之，可谓名实相符。后来"子"与"夫子"成为学界师长通称，加氏以别之，未仕如"庄子"，也以"子"称之，弟子纂述言行以成著述，名曰"某子"，《论语》别立书名，乃特出之例，其实名为《孔子》，亦无不可。

② 【按】此平民为自由民，其社会地位低于贵族，而高于奴隶。

③ 《论语·述而》："子曰：'述而不作，信而好古，窃比于我老彭。'"（程树德.论语集释：卷十三  述而上［M］.北京：中华书局，1990：431.）《礼记·乐记》："故知礼乐之情者能作，识礼乐之文者能述。作者之谓圣，述者之谓明。明圣者，述作之谓也。"（［清］孙希旦.礼记集解：卷三十七  乐记第十九之一［M］.北京：中华书局，1989：989.）

④ 《吕氏春秋·似顺论·有度》："孔、墨之弟子徒属充满天下，皆以仁义之术教导于天下。"（［秦］吕不韦.吕氏春秋集释：卷第二十五［M］.许维遹，集释.北京：中华书局，2009：665.）

⑤ 《韩非子·显学》："孔子、墨子俱道尧、舜，而取舍不同，皆自谓真尧、舜；尧、舜不复生，将谁使定儒、墨之诚乎？"（［清］王先慎.韩非子集解：卷十九［M］.北京：中华书局，1998：457.）

⑥ ［汉］刘安.淮南鸿烈集解：卷二十一［M］.刘文典，集解.北京：中华书局，2013：709.

《书》《淮南子》之说，信不诬也。墨子曾接受儒家教育①，虽然最终走向反面，但是不可否认其由儒学启智而来。后续诸子学派逐渐兴起，至战国中后期，儒家以孟子、荀子为代表，在各领域与诸子学说展开论战，掀起百家争鸣的高潮。至战国末期，儒家学说与诸子学说经过长期交锋，由排斥走向融合，《吕氏春秋》的成书，是百家争鸣趋于结束的标志。儒家学说在与诸子学说论战与交融的过程中，自身得到不断充实发展，从而奠定儒学作为中华传统文化主体的思想基础。下面以儒墨、儒道、儒法三大论争为例，略述儒学与诸子关系。

《吕氏春秋·审分览·不二》载："孔子贵仁，墨翟贵廉。"② 虽同出于"士"之阶层，又分为文士与武士③，且有"儒""侠"气质之别④，辨其理论主旨，仁爱与兼爱，是儒、墨论争的核心。儒、墨论争可以分为两个阶段：第一阶段是墨子对儒家学说的批判，文献以《墨子》为主⑤；第二阶段是儒家对

---

① 杨宽《战国史》统计《墨子》引《诗》共10则，不见于今本《诗经》者4则，与今本次序不同者3则，字句不同者2则，大致相同者1则，可知当时墨家所读的《诗》不同于今本《诗经》，今本《诗经》当出于儒家整理编辑。引《书》共29则，篇名、字句皆不见于今本《尚书》者14则，篇名、字句与今本不同者1则，字句不见于今本者6则，引《泰誓》而不见于今本者2则，与今本有出入者2则。《墨子》所引《尚书》，主要是有关禹、启、汤、仲虺、周武王等人的文献，而今本《尚书》28篇中，《周书》要占一半，大多是西周初年的文献，其中有10篇记载着周公的长篇大论，主要宣扬的是文、武、周公之道，应该出于儒家编选的结果（杨宽. 战国史. 第十二章"战国时代文化的发展". 第七节"古文献的整理"［M］. 增订本. 上海：上海人民出版社，1998：674-675.）.【按】杨氏归结为儒、墨所整理编辑《诗》《书》版本之不同。又据罗根泽《由〈墨子〉引经推测儒墨两家与经书之关系》（罗根泽. 罗根泽说诸子［M］. 上海：上海古籍出版社，2001：79-98.）统计数据，于墨子引《诗》《书》时代，当得见孔子所编"六经"，今本"五经"是战国末秦汉间儒家传本，只保存了孔子"六经"的一部分，《墨子》所引自然与今本有所区别。是以《淮南子·要略》："墨子学儒者之业，受孔子之术"，墨子曾接受儒家教育，其说法渊源有自。
② ［秦］吕不韦. 吕氏春秋集释：卷第十七［M］. 许维遹，集释. 北京：中华书局，2009：467.
③ 【按】齐国稷下高士鲁仲连，则介于文士与武士之间，乃文士而侠者，有孟子"大丈夫"之风，详见本章"第六节：稷下学宫与博士制度"。
④ 《韩非子·五蠹》："儒以文乱法，侠以武犯禁。"（［清］王先慎. 韩非子集解：卷十九［M］. 北京：中华书局，1998：449.）吕思勉《先秦史》："儒与墨，盖当时失职之贵族。性好文者则为儒，性好武者则为侠，自成气类，孔、墨就而施教焉，非孔、墨身所结合之徒党也。"（吕思勉. 先秦史. 宗教学术·先秦诸子［M］. 上海：上海古籍出版社，1982：475.）
⑤ 汪中《述学·墨子序》："墨子之学，其自言者曰：'国家昏乱，则语之《尚贤》《尚同》；国家贫，则语之《节用》《节葬》；国家喜音沉湎，则语之《非乐》《非命》；国家淫僻无礼，则语之《尊天》《事鬼》；国家务夺侵陵，则语之《兼爱》《非攻》。'此其救世亦多术矣！《备城门》以下，《临敌》《应变》，纤悉周密，斯其所以为才士与？"（［清］汪中. 述学校笺·述学内篇三·墨子序［M］. 李金松，校笺. 北京：中华书局，2014：229.）

墨家的全面反击，文献以《孟子》《荀子》为主①。从墨学产生之初，就以儒学对立面出现，《韩非子·显学》："世之显学，儒墨也。儒之所至，孔丘也，墨之所至，墨翟也。"②《庄子·天下》："不侈于后世，不靡于万物，不晖于数度，以绳墨自矫，而备世之急。古之道术有在于是者，墨翟、禽滑釐闻其风而说之。为之大过，已之大循。作为非乐，命之曰节用，生不歌，死无服。墨子泛爱兼利而非斗，其道不怒，又好学而博，不异，不与先王同，毁古之礼乐。黄帝有《咸池》，尧有《大章》，舜有《大韶》，禹有《大夏》，汤有《大濩》，文王有《辟雍》之乐，武王、周公作《武》。古之丧礼，贵贱有仪，上下有等，天子棺椁七重，诸侯五重，大夫三重，士再重。今墨子独生不歌，死不服，桐棺三寸而无椁，以为法式。以此教人，恐不爱人；以此自行，固不爱己。未败墨子道，虽然，歌而非歌，哭而非哭，乐而非乐，是果类乎？其生也勤，其死也薄，其道大觳，使人忧，使人悲，其行难为也，恐其不可以为圣人之道，反天下之心，天下不堪。墨子虽能独任，奈天下何！离于天下，其去王也远矣。"③ 可见墨学所谓"非乐"而"节用"（皆《墨子》篇名），正是针对儒学"大人举礼乐"④而言。汪中《述学·墨子序》认为，墨学"其在九流之中，惟儒足与之相抗。自余诸子，皆非其比。历观周、汉之书，凡百余条，并孔墨、儒墨对举"⑤。墨子死后，后继墨家钜子，使墨家学说势力不断壮大⑥，"逃墨必归于杨，逃杨必归于儒，归，斯受之而已矣。今之与杨、墨辩者，如追放豚，既入其苙，又从而招之"⑦"圣王不作，诸侯放恣，处士横议，杨朱、墨翟之言盈天下，天下之

---

① 汪中《述学·墨子序》："儒之绌墨子者，孟氏、荀氏。荀之《礼论》《乐论》，为王者治定功成盛德之事，而墨之《节葬》《非乐》，所以救衰世之敝，其意相反而相成也。"（［清］汪中·述学校笺·述学内篇三·墨子序［M］. 李金松，校笺. 北京：中华书局，2014：230.）

② ［清］王先慎. 韩非子集：卷十九［M］. 北京：中华书局，1998：456.

③ ［清］王先谦. 庄子集解：卷八［M］. 北京：中华书局，1987：288—289.

④ 《礼记·乐记》："是故大人举礼乐，则天地将为昭焉。"（［清］孙希旦. 礼记集解：卷三十八 乐记第十九之二［M］. 北京：中华书局，1989：1010.）

⑤ ［清］汪中. 述学校笺·述学内篇三·墨子序［M］. 李金松，校笺. 北京：中华书局，2014：232.

⑥ 汪中《墨子序》："自墨子没，其学离而为三，徒属充满天下。吕不韦再称'钜子'（《去私篇》《尚德篇》），韩非子谓之'显学'，至楚、汉之际而微（《淮南子·泛论训》）。孝武之世，犹有传者，见于司马谈所述。于后遂无闻焉，惜夫！以彼勤生薄死，而务急国家之事，后之从政者，固宜假正议以恶之哉。"（［清］汪中. 述学校笺·述学内篇三·墨子序［M］. 李金松，校笺. 北京：中华书局，2014：232.）

⑦ ［清］焦循. 孟子正义：卷二十九 尽心章句下·二十六章［M］. 北京：中华书局，1987：997.

言，不归杨则归墨"①。

孟子与荀子都针对墨学，加以反击驳斥，如《孟子·尽心上》："杨子取为我，拔一毛而利天下，不为也。墨子兼爱，摩顶放踵利天下，为之。子莫执中，执中为近之。执中无权，犹执一也。所恶执一者，为其贼道也，举一而废百也"②，《孟子·滕文公下》："杨氏为我，是无君也。墨氏兼爱，是无父也。无父无君，是禽兽也。公明仪曰：'庖有肥肉，厩有肥马，民有饥色，野有饿莩，此率兽而食人也。'杨墨之道不息，孔子之道不著，是邪说诬民，充塞仁义也。仁义充塞，则率兽食人，人将相食。吾为此惧，闲先圣之道，距杨墨，放淫辞，邪说者不得作。""昔者禹抑洪水而天下平，周公兼夷狄、驱猛兽而百姓宁，孔子成《春秋》而乱臣贼子惧。《诗》云：'戎狄是膺，荆舒是惩，则莫我敢承。'无父无君，是周公所膺也。我亦欲正人心，息邪说，距诐行，放淫辞，以承三圣者，岂好辩哉，予不得已也。能言距杨墨者，圣人之徒也"③；又如墨学以"非乐"批判儒家礼乐观，荀子特撰《乐论》，六次对墨学"非乐"提出批判，专以驳斥墨子学说为旨，《荀子·乐论》："墨子之于道也，犹瞽之于白黑也，犹聋之于清浊也，犹欲之楚而北求之也。""且乐也者，和之不可变者也；礼也者，理之不可易者也。乐合同，礼别异。礼乐之统，管乎人心矣。穷本极变，乐之情也；著诚去伪，礼之经也。墨子非之，几遇刑也。明王已没，莫之正也。愚者学之，危其身也。君子明乐，乃其德也。乱世恶善，不此听也。於乎哀哉！不得成也④。弟子勉学，无所营也"⑤。从以上举例，可见周秦儒墨论争概况。

《吕氏春秋·审分览·不二》："老聃贵柔"⑥，《老子》"弱之胜强，柔之胜刚，天下莫不知，而莫能行"⑦，《论语·子路》："刚毅木讷近仁"⑧，刚健与阴

---

①　[清] 焦循. 孟子正义：卷十三　滕文公章句下·九章 [M]. 北京：中华书局，1987：456.
　　【按】汪中《墨子序》："杨朱之书，惟贵放逸，当时亦莫之宗，跻之于墨，诚非其伦。"（[清] 汪中. 述学校笺·述学内篇三·墨子序 [M]. 李金松，校笺. 北京：中华书局，2014：232.）
②　[清] 焦循. 孟子正义：卷二十七 [M]. 北京：中华书局，1987：915-919.
③　[清] 焦循. 孟子正义：卷十三 [M]. 北京：中华书局，1987：456-457、459-461.
④　【按】所谓"不得成也"，即"乐"不能充分发挥作用；反之，即孔子的"成于《乐》"（程树德. 论语集释：卷十五　泰伯上 [M]. 北京：中华书局，1990：530.），"成于《乐》"，本质在于成己。乐学，属于"成人"之行（程树德. 论语集释：卷二十八　宪问上，969.）、"为己"之学（程树德. 论语集释：卷二十九　宪问中，1004.），修己而成己，因心以会道。
⑤　[清] 王先谦. 荀子集解：卷第十四 [M]. 北京：中华书局，1988：380、382-383.
⑥　[秦] 吕不韦. 吕氏春秋集释：卷第十七 [M]. 许维遹，集释. 北京：中华书局，2009：467.
⑦　黄怀信. 老子汇校新解：下篇　七十八章 [M]. 南京：凤凰出版社，2016：83.
⑧　程树德. 论语集释：卷二十七　子路下 [M]. 北京：中华书局，1990：940.

柔，是儒、道哲学的基本区分，《系辞上》："一阴一阳之谓道"①，儒、道同源而异流②，论辩主要体现在"人为"与"自然"之争，文献以《老子》《庄子》为主。老子虽然与孔子同时③，以自隐无名为务，则未有学术团体，于春秋末期，其影响未及儒、墨，不可视为诸子学派之开祖。

儒家提出仁义、孝悌、忠信等"有为"观念，老子正是针对这些观念加以批判，将其视作造成社会混乱的根源。《老子》："上德不［失］德，是以有德；下德不失德，是以无德。上德无为，而无以为；下德为之，而有以为。上仁为之，而无（有）以为；上义为之，而有以为。上礼为之，而莫之应，则攘臂而仍之。故失道而后德，失德而后仁；失仁而后义，失义而后礼。夫礼者，忠信之薄，而乱之首。前识者，道之华，而愚之始。是以大丈夫处其厚不处其薄，处其实不处其华。故去彼取此。"④ 庄子继承老子此种思想⑤，对儒家之批判更为激烈，既然"彼窃钩者诛，窃国者为诸侯"，则"圣人不死，大盗不止"⑥，将儒家信条比作"盗亦有道"⑦，《庄子·胠箧》："夫妄意室中之藏，圣也；入先，勇也；出后，义也；知可否，知也；分均，仁也。五者不备而能成大盗者，天下未之有也"⑧，可谓极尽讽刺之能事。又以《庄子·在宥》为例，"自三代以下者，匈匈焉终以赏罚为事，彼何暇安其性命之情哉！而且说明邪，是淫于色也；说聪邪，是淫于声也；说仁邪，是乱于德也；说义邪，是悖于理也；说礼邪，是相于技也；说乐邪，是相于淫也；说圣邪，是相于艺也；说知邪，是相于疵也"⑨，说聪而淫于声，说乐而相于淫，此乃《礼记·仲尼燕居》所谓"乐

---

① ［清］阮元，校刻．十三经注疏清嘉庆刊本·周易正义：卷第七［M］．北京：中华书局，2009：161.

② 《史记·老子韩非列传》："世之学老子者则绌儒学，儒学亦绌老子。'道不同不相为谋'，岂谓是邪？"（［汉］司马迁．史记：卷六十三［M］．北京：中华书局，1982：2143.）

③ 【按】孔子曾问学于老子，见于《庄子·天道》（［清］王先谦．庄子集解：卷四［M］．北京：中华书局，1987：117-118.）、《庄子·天地》（庄子集解：卷三［M］．104-105.）、《庄子·田子方》（庄子集解：卷五，178-180.）、《庄子·知北游》（庄子集解：卷六，188-189.）、《史记·孔子世家》（［汉］司马迁．史记：卷四十七［M］．北京：中华书局，1982：1909.）、《史记·老子韩非列传》（史记：卷六十三，2140.），《礼记·曾子问》（［清］孙希旦．礼记集解：卷十九 曾子问第七之二［M］．北京：中华书局，1989：545-546.）亦有老子论礼之记载。

④ 黄怀信．老子汇校新解：下篇·三十八章［M］．南京：凤凰出版社，2016：43-44.

⑤ 【按】《庄子》其书，亟称老子，然考其宗旨，委心任运，实与《老子》相异，此非论述重点，暂且从略。

⑥ ［清］王先谦．庄子集解：卷三 胠箧第十［M］．北京：中华书局，1987：86-87、86.

⑦ ［清］王先谦．庄子集解：卷三［M］．北京：中华书局，1987：86.

⑧ ［清］王先谦．庄子集解：卷三［M］．北京：中华书局，1987：86.

⑨ ［清］王先谦．庄子集解：卷三［M］．北京：中华书局，1987：90-91.

失其节"①，失"节"则不"平"，不"平"则违"中"，违"中"就是"淫"，亦即背离儒家"乐"之内涵。《礼记·仲尼燕居》所谓"乐得其节"②，就能臻于"平"，"平"则适中，这才符合儒家"乐"之内涵。所以，儒家真正的"乐"，是《论语·季氏》所谓"乐节礼乐"③，以得到礼乐的调节为快乐，恰是《庄子·在宥》"无为也，而后安其性命之情"④。"淫乐"即"乐失其节"，导致悦聪而淫于声，悦乐而相于淫，这正是儒家礼乐所极力反对的。《礼记·仲尼燕居》中，孔子说："礼也者，理也。乐也者，节也。君子无理不动，无节不作。不能诗，于礼缪。不能乐，于礼素。薄于德，于礼虚"⑤，作而中节，就能达到"平"的状态，从而实现"中"，也为"和"奠定基础。综而论之，其实儒、道两家都对当时社会现状不满⑥，儒家从正面刚健有为地看待社会，而道家从反面阴柔无为地看待社会，儒家重在继承发扬，而道家重在反始批判，两者各执一端，实可互补。

儒家与法家皆尊君重名，法家后出，专欲富国强兵、裁抑贵族，源出东周列国治理实践，而脱胎于儒家⑦与道家⑧，文献以《商君书》《韩非子》为主。

---

① ［清］孙希旦．礼记集解：卷四十九［M］．北京：中华书局，1989：1269.
② ［清］孙希旦．礼记集解：卷四十九［M］．北京：中华书局，1989：1268.
③ 程树德．论语集释：卷三十三［M］．北京：中华书局，1990：1152.
④ ［清］王先谦．庄子集解：卷三［M］．北京：中华书局，1987：91.
⑤ ［清］孙希旦．礼记集解：卷四十九［M］．北京：中华书局，1989：1272.
⑥ 【按】《老子》："道常无为，而无不为"（黄怀信．老子汇校新解：上篇　三十七章［M］．南京：凤凰出版社，2016：42.），《庄子·在宥》："故君子不得已而临莅天下，莫若无为"（［清］王先谦．庄子集解：卷三［M］．北京：中华书局，1987：91.）；《论语·颜渊》："非礼勿视，非礼勿听，非礼勿言，非礼勿动"（程树德．论语集释：卷二十四　颜渊上［M］．北京：中华书局，1990：821.），《论语·子路》："狷者有所不为也"（论语集释：卷二十七　子路下，931.），《孟子·离娄下》："非礼之礼，非义之义，大人弗为""人有不为也，而后可以有为"（［清］焦循．孟子正义：卷十六［M］．北京：中华书局，1987：550、553.）。
⑦ 【按】如法家代表人物吴起、商鞅、韩非、李斯，都是学习儒家出身。又如慎到亦素习儒书，王叔岷论慎子之学，曰："慎子重位名分，与名之正统派合，与儒家亦有关。孔子亦极重正名。《论语·子路篇》：'子曰：名不正，则言不顺。言不顺，则事不成。事不成，则礼乐不兴。礼乐不兴，则刑罚不中。刑罚不中，则民无所措手足。'可注意者，'名不正'，由'礼乐不兴'，至'刑罚不中'，则与法家有关。《荀子》亦有《正名篇》，云：'析辞擅作，以乱正名，使民疑惑，人多辨讼，则谓之大奸。'盖评邓析、公孙龙、惠施诡辩、玄虚之徒。法家固极反对诡辩、玄虚也。《意林二》引《慎子》曰：'《诗》，往志也。《书》，往诰也。《春秋》，往事也。'志，谓情志；诰，谓诰示；事，谓历史。非深切了解儒家经典，决不能有此精辟简要之说明。慎到固素习儒书者，因习儒书而重德、礼"（［战国］慎到．慎子集校集注：附录六　慎子书与慎子之学·王叔岷慎子之学·儒家［M］．许富宏，校注．北京：中华书局，2013：246.）。
⑧ 【按】《史记·老子韩非列传》："申子（申不害）之学，本于黄老而主刑名"，韩非"喜刑名法术之学，而其归本于黄老""与李斯俱事荀卿，斯自以为不如非"（［汉］司马迁．史记：卷六十三［M］．北京：中华书局，1982：2146.）。

韩非作为周秦法家学说的集大成者，他是战国儒家荀子的弟子①，曾受到荀子"性恶""礼法"思想影响；而《韩非子》书中又有《解老》《喻老》专篇，司马迁《史记》作《老子韩非列传》，尤可为证。儒、法两家，都有强烈的入世心，但在理论走向上，存在重大差异，分别代表德治与法治两种治国理念，儒、法论争是战国诸子论战的重要内容。

《荀子·性恶》："人之性恶，其善者伪也"②，《韩非子·解老》："人无毛羽，不衣则不犯寒。上不属天，而下不著地，以肠胃为根本，不食则不能活。是以不免于欲利之心"③，韩非从人类本能出发，继承荀子性恶说。但是，荀子主张通过道德力量"化性而起伪"④，仍是道德本位原则⑤，而韩非子则将性恶推向极致，以兽性解释人性，走向政治本位原则，此乃儒、法论争的本质所在。法家全面排斥儒家思想，《商君书·去强》："国用诗、书、礼、乐、孝、弟、善、修治者，敌至必削，国不至必贫。国不用八者治，敌不敢至，虽至必却。兴兵而伐，必取，取必能有之；按兵而不攻，必富"⑥，《韩非子·五蠹》："是故乱国之俗，其学者，则称先王之道以籍仁义，盛容服而饰辩说，以疑当世之

---

① 【按】《荀子》具有总结诸子百家之意义，而归结为推崇孔子、冉雍之学说；《韩非子》亦有批判诸子百家之特征，《吕氏春秋》《韩非子》，实为诸子百家之终结。

② ［清］王先谦. 荀子集解：卷第十七［M］. 北京：中华书局，1988：434.

③ ［清］王先慎. 韩非子集解：卷六［M］. 北京：中华书局，1998：145-146.

④ 《荀子·性恶》："故圣人化性而起伪，伪起而生礼义，礼义生而制法度。然则礼义法度者，是圣人之所生也。故圣人之所以同于众，其不异于众者，性也；所以异而过众者，伪也。夫好利而欲得者，此人之情性也。假之人有弟兄资财而分者，且顺情性，好利而欲得，若是，则兄弟相拂夺矣；且化礼义之文理，若是则让乎国人矣。故顺情性则弟兄争矣，化礼义则让乎国人矣。凡人之欲为善者，为性恶也。夫薄愿厚，恶愿美，狭愿广，贫愿富，贱愿贵，苟无之中者，必求于外；故富而不愿财，贵而不愿势，苟有之中者，必不及于外。用此观之，人之欲为善者，为性恶也。今人之性，固无礼义，故强学而求有之也；性不知礼义，故思虑而求知之也。然则生而已，则人无礼义，不知礼义。人无礼义则乱，不知礼义则悖。然则生而已，则悖乱在己。用此观之，人之性恶明矣，其善者伪也。"（［清］王先谦. 荀子集解：卷第十七［M］. 北京：中华书局，1988：438-439.）

⑤ 《荀子·王制》："水火有气而无生，草木有生而无知，禽兽有知而无义，人有气、有生、有知，亦且有义，故最为天下贵也。力不若牛，走不若马，而牛马为用，何也？曰：人能群，彼不能群也。人何以能群？曰：分。分何以能行？曰：义。故义以分则和，和则一，一则多力，多力则强，强则胜物，故宫室可得而居也。故序四时，裁万物，兼利天下，无它故焉，得之分义也。故人生不能无群，群而无分则争，争则乱，乱则离，离则弱，弱则不能胜物，故宫室不可得而居也，不可少顷舍礼义之谓也。能以事亲谓之孝，能以事兄谓之弟，能以事上谓之顺，能以使下谓之君。君者，善群也。群道当则万物皆得其宜，六畜皆得其长，群生皆得其命。故养长时则六畜育，杀生时则草木殖，政令时则百姓一，贤良服。"（［清］王先谦. 荀子集解：卷第五［M］. 北京：中华书局，1988：164-165.）

⑥ ［战国］商鞅. 商君书锥指：卷一［M］. 蒋礼鸿，锥指. 北京：中华书局，1986：30.

法而贰人主之心"①，《韩非子·显学》："今世儒者之说人主，不言今之所以为治，而语已治之功；不审官法之事，不察奸邪之情，而皆道上古之传誉，先王之成功""宜去其身而息其端"②，采取赤裸裸的文化专制主义。儒家强调内心自觉的行为，《荀子·君道》："有治人，无治法""法者，治之端也，君子者，法之原也"③，《荀子·致士》："君子也者，道法之总要也""得之则治，失之则乱""故有良法而乱者有之矣，有君子而乱者，自古及今，未尝闻也"④，以"仁政"行"王道"，《孟子·梁惠王上》："保民而王，莫之能御也"⑤；法家则强调外在法制的约束，《商君书·定分》："法令者，民之命也，为治之本也，所以备民也。为治而去法令，犹欲无饥而去食也，欲无寒而去衣也，欲东西行也，其不几亦明矣"⑥，《韩非子·六反》："所谓重刑者，奸之所利者细，而上之所加焉者大也。民不以小利蒙大罪，故奸必止者也"⑦。秦汉以后，儒家的德治主张与法家的法治手段，由对立走向互补，阳儒而阴法，以儒济法之严苛，唯德治能长远，以法补儒之效用，法治可知利害，西汉宣帝所谓"霸、王道杂之"⑧，成为历代实际采用的治国方针。

---

① ［清］王先慎．韩非子集解：卷十九［M］．北京：中华书局，1998：456.
② ［清］王先慎．韩非子集解：卷十九［M］．北京：中华书局，1998：463、459.
③ ［清］王先谦．荀子集解：卷第八［M］．北京：中华书局，1988：230.
④ ［清］王先谦．荀子集解：卷第九［M］．北京：中华书局，1988：261.
⑤ ［清］焦循．孟子正义：卷三［M］．北京：中华书局，1987：79.
⑥ ［战国］商鞅．商君书锥指：卷五［M］．蒋礼鸿，锥指．北京：中华书局，1986：144-145.
⑦ ［清］王先慎．韩非子集解：卷十八［M］．北京：中华书局，1998：420.
⑧ 《汉书·元帝纪》："孝元皇帝，宣帝太子也。母曰共哀许皇后，宣帝微时生民间。年二岁，宣帝即位。八岁，立为太子。壮大，柔仁好儒。见宣帝所用多文法吏，以刑名绳下，大臣杨恽、（盍）［盖］宽饶等坐刺讥辞语为罪而诛，尝侍燕从容言：'陛下持刑太深，宜用儒生。'宣帝作色曰：'汉家自有制度，本以霸王道杂之，奈何纯（住）［任］德教，用周政乎！且俗儒不达时宜，好是古非今，使人眩于名实，不知所守，何足委任！'乃叹曰：'乱我家者，太子也！'繇是疏太子而爱淮阳王，曰：'淮阳王明察好法，宜为吾子。'而王母张婕妤尤幸。上有意欲用淮阳王代太子，然以少依许氏，俱从微起，故终不背焉。"（［汉］班固．汉书：卷九［M］．北京：中华书局，1962：277.）何谓"霸王道"，《孟子·公孙丑上》："以力假仁者霸，霸必有大国。以德行仁者王，王不待大，汤以七十里，文王以百里。以力服人者，非心服也，力不赡也。以德服人者，中心悦而诚服也"（［清］焦循．孟子正义：卷七［M］．北京：中华书局，1987：221.），《荀子·强国》："人君者隆礼尊贤而王，重法爱民而霸"（［清］王先谦．荀子集解：卷第十一［M］．北京：中华书局，1988：291.），《荀子·天论》："礼义不加于国家，则功名不白。故人之命在天，国之命在礼。君人者隆礼尊贤而王，重法爱民而霸"（荀子集解：卷第十一，317.），《荀子·大略》："君人者，隆礼尊贤而王，重法爱民而霸"（荀子集解：卷第十九，485.）。

## 第六节　稷下学宫与博士制度

六国不仅有私人养士之风，如"四公子"① 门客云集，也有国君以国家身份养士，战国时代官方扶植学术，于魏文侯之后，蔚为大观者，首推齐国稷下学宫。《史记·田敬仲完世家》裴骃《集解》，引刘向《别录》："齐有稷门，城门也。谈说之士期会于稷下也"②，徐幹《中论·亡国》："昔齐宣王立稷下之官，设大夫之号，招致贤人而尊宠之，自孟轲之徒皆游于齐"③，稷下学宫始于战国齐桓公田午，经威王、宣王、湣王、襄王，迄于齐王建，前后约一百五六十年。稷下学宫在齐宣王时达到极盛，《史记·田敬仲完世家》："宣王喜文学游说之士，自如驺衍、淳于髡、田骈、接予、慎到、环渊之徒七十六人，皆赐列第，为上大夫，不治而议论。是以齐稷下学士复盛，且数百千人"④。又据钱穆《先秦诸子系年·稷下通考》⑤，先后居稷下者，尚有彭蒙、宋钘、尹文、季真、王斗、兒说、荀况、邹奭、田巴、鲁仲连，稷下学宫作为当时学术文化中心，儒家、道家、法家、阴阳家、名家、兵家等，各派学者率徒众，荟萃聚集，争鸣交流，儒家学者在辩论中深化思想，最终走向多元融合。

稷下学宫之儒家学者，最著者为荀况、颜斶、鲁仲连，他们皆有稷下思想多元融合的学术特征。荀况，赵国人，游学于齐，是稷下学宫后期学术大师，也是先秦诸子之集大成者。《史记·孟子荀卿列传》："齐襄王时，而荀卿最为老师。齐尚修列大夫之缺，而荀卿三为祭酒焉。"《史记索隐》："按：礼，食必祭先，饮酒亦然，必以席中之尊者一人当祭耳，后因以为官名，故吴王濞为刘氏祭酒是也。而卿三为祭酒者，谓荀卿出入前后三度处列大夫康庄之位，而皆为其所尊，故云'三为祭酒'也。"⑥ 荀子久居齐国，熟悉稷下各家之学，为批判

---

① 魏国信陵君魏无忌，楚国春申君黄歇，齐国孟尝君田文，赵国平原君赵胜。《史记·吕不韦列传》："魏有信陵君，楚有春申君，赵有平原君，齐有孟尝君，皆下士喜宾客以相倾。"（［汉］司马迁. 史记：卷八十五［M］. 北京：中华书局，1982：2510.）

② ［汉］司马迁. 史记：卷四十六［M］. ［南朝宋］裴骃，集解. 北京：中华书局，1982：1895.

③ ［三国魏］徐幹. 中论解诂［M］. 孙启治，解诂. 北京：中华书局，2014：341. 详见附录二

④ ［汉］司马迁. 史记：卷四十六［M］. 北京：中华书局，1982：1895.

⑤ 钱穆. 钱宾四先生全集：第五册·先秦诸子系年·卷三　稷下通考［M］. 台北：台湾联经出版公司，1998：268-270.

⑥ ［汉］司马迁. 史记：卷七十四［M］. ［唐］司马贞，索隐. 北京：中华书局，1982：2348-2349.

总结先秦学术提供有利条件，与此同时，荀子学说也渗透稷下学术印记。如《荀子·正论》："子宋子曰：'人之情，欲寡，而皆以己之情为欲多，是过也。'故率其群徒，辨其谈说，明其譬称，将使人知情欲之寡也。应之曰：然则亦以人之情为欲。目不欲綦色，耳不欲綦声，口不欲綦味，鼻不欲綦臭，形不欲綦佚。此五綦者，亦以人之情为不欲乎？曰：'人之情欲是已。'曰：若是，则说必不行矣。以人之情为欲此五綦者而不欲多，譬之是犹以人之情为欲富贵而不欲货也，好美而恶西施也。"① 由此可见，稷下先生宋钘的人性理论，从反面激发荀子学说；又如《尹文子·大道上》，尹文曰："心、欲，人人有之""爱、憎、韵、舍、好、恶、嗜、逆，我之分也"，引田骈曰"人皆自为，而不能为人"，"天下之士，莫肯处其门庭，臣其妻子，必游宦诸侯之朝者，利引之也"②，《慎子·因循》："天道，因则大，化则细。因也者，因人之情也，人莫不自为也。""故用人之自为，不用人之为我，则莫不可得而用矣。此之谓因"③，可见稷下学者人性论，肯定"自为"本性存在之合理，并且主张"因人之情也"，以上论述与荀子人性学说相比较，其间学术联系非常明显。《荀子·性恶》："夫好利而欲得者，此人之情性也""是以为之起礼义、制法度，以矫饰人之情性而正之，以扰化人之情性而导之也"④，《荀子·荣辱》："凡人有所一同：饥而欲食，寒而欲暖，劳而欲息，好利而恶害，是人之所生而有也，是无待而然者也，是禹、桀之所同也"⑤，《荀子·解蔽》以盘水譬喻人心，"故导之以理，养之以清，物莫之倾，则足以定是非、决嫌疑矣"⑥。由此可见，稷下先生们的人性理论，也从正面启发荀子学说。

颜斶，齐国画邑人，是齐宣王后期至齐湣王时期之稷下先生，钱穆《田骈考》附有"王斶考"，考颜斶、王蠋、王斗、王升，实为一人⑦。其事迹见于《战国策·齐策四》，从颜斶与齐宣王的对话来看，主张"士贵耳，王者不

① ［清］王先谦．荀子集解：卷第十二［M］．北京：中华书局，1988：344-345.

② ［战国］尹文．尹文子［M］//［汉］仲长统，校定本．"诸子百家丛书"·邓析子、慎子、尹文子、鹖冠子．上海：上海古籍出版社，1990：1-7.

③ ［战国］慎到．慎子集校集注［M］．许富宏，校注．北京：中华书局，2013：24-25.

④ ［清］王先谦．荀子集解：卷第十七［M］．北京：中华书局，1988：438、435.

⑤ ［清］王先谦．荀子集解：卷第二［M］．北京：中华书局，1988：63.

⑥ ［清］王先谦．荀子集解：卷第十五［M］．北京：中华书局，1988：401.

⑦ 钱穆．钱宾四先生全集：第五册·先秦诸子系年·卷四　田骈考·附王斶考［M］．台北：台湾联经出版公司，1998：498.

贵"①，颇有孟子之风②，其间征引《易传》，又大量称引尧、舜、禹、汤、文王、周公之圣德，"是故成其道德，而扬功名于后世者，尧、舜、禹、汤、周文王是也"③，观其议论属于儒家学者，但是，其对话亦引老子，"夫上见其原，下通其流，至圣（人）明学，何不吉之有哉？老子曰：'虽贵必以贱为本，虽高必以下为基。是以侯王称孤、寡、不谷，是其贱之本与，非夫？'孤、寡者，人之困贱下位也，而侯王以自谓，岂非下人而（尊）贵士与？夫尧传舜，舜传禹，周成王任周公旦，而世世称曰明主。是以明乎士之贵也"④，此乃稷下学术之交融特征。《史记·田单列传》："燕之初入齐，闻画邑人王蠋贤，令军中曰'环画邑三十里无人'，以王蠋之故"，此王蠋即颜蠋，面对燕人威逼利诱，其慷慨陈词曰："忠臣不事二君，贞女不更二夫。齐王不听吾谏，故退而耕于野。国既破亡，吾不能存；今又劫之以兵为君将，是助桀为暴也。与其生而无义，固不如烹"，迫降宁死不从，"遂经其颈于树枝，自奋绝脰而死"⑤，最终殉国自刎而死，以生命坚守儒家信念，所谓"与其生而无义，固不如烹"，诚孟子"舍生而取义"⑥ 之旨，且践行之矣。

鲁仲连，齐国人，亦称鲁连，是齐湣王、襄王时期之稷下高士。《史记·鲁仲连邹阳列传》张守节《正义》引《鲁仲连子》云："齐辩士田巴，服狙丘，议稷下，毁五帝，罪三王，服五伯，离坚白，合同异，一日服千人。有徐劫者，其弟子曰鲁仲连，年十二，号'千里驹'，往请田巴曰：'臣闻堂上不奋，郊草不芸，白刃交前，不救流矢，急不暇缓也。今楚军南阳，赵伐高唐，燕人十万，聊城不去，国亡在旦夕，先生奈之何？若不能者，先生之言有似枭鸣，出城而人恶之。愿先生勿复言。'田巴曰：'谨闻命矣。'巴谓徐劫曰：'先生乃飞兔也，岂直千里驹！'巴终身不谈。"⑦ 所谓徐劫，即稷下先生，"其弟子曰鲁仲连"，则鲁仲连亦出身稷下学宫，其事迹见于《史记·鲁仲连邹阳列传》及《战国策·齐策三》《齐策六》《赵策三》。钱穆《鲁仲连考》认为其人系年在公

① 何建章．战国策注释：卷十一 齐策四·齐宣王见颜蠋章 ［M］．北京：中华书局，1990：396．

② 《孟子·尽心下》："民为贵，社稷次之，君为轻。"（［清］焦循．孟子正义：卷二十八 ［M］．北京：中华书局，1987：973．）

③ 何建章．战国策注释：卷十一 ［M］．北京：中华书局，1990：396．

④ 何建章．战国策注释：卷十一 ［M］．北京：中华书局，1990：396-397．

⑤ ［汉］司马迁．史记：卷八十二 ［M］．北京：中华书局，1982：2457．

⑥ 《孟子·告子上》："生，亦我所欲也；义，亦我所欲也。二者不可得兼，舍生而取义者也。"（［清］焦循．孟子正义：卷二十三 ［M］．北京：中华书局，1987：783．）

⑦ ［汉］司马迁．史记：卷八十三 ［M］．［唐］张守节，正义．北京：中华书局，1982：2459．

元前 305 年至前 245 年，《史记·鲁仲连邹阳列传》或取材于《鲁仲连子》十四篇①中，而《战国策》又袭取《史记》②。考《战国策》并非简单袭取《史记》，从战国末期至西汉，所流传记录纵横家事迹之文献，如《国策》《国事》《短长》《事语》《长书》《修书》等，司马迁撰《史记》已有所采录，迨及刘向编纂《战国策》，于众本去其重复、校其脱误，又有参考《史记》裁断史料处，当作如是观。复考鲁仲连之践履行事，《战国策·赵策三》："于是平原君欲封鲁仲连，鲁仲连辞让者三，终不肯受。平原君乃置酒，酒酣，起，前，以千金为鲁连寿。鲁连笑曰：'所贵于天下之士者，为人排患、释难，解纷乱而无所取也。即有所取者，是商贾之人也，仲连不忍为也。'遂辞平原君而去，终身不复见"③；《战国策·齐策六》："故解齐国之围，救百姓之死，仲连之说也"④，《史记·鲁仲连邹阳列传》田单"归而言鲁连，欲爵之。鲁连逃隐于海上，曰：'吾与富贵而诎于人，宁贫贱而轻世肆志焉'"⑤。所谓"为人排患、释难，解纷乱而无所取也""吾与富贵而诎于人，宁贫贱而轻世肆志焉"，颇具孟子"大丈夫"之风。《孟子·滕文公下》："居天下之广居，立天下之正位，行天下之大道，得志与民由之，不得志独行其道，富贵不能淫，贫贱不能移，威武不能屈，此之谓大丈夫。"⑥ 以其践履行事论之，诚儒家之侠者矣。再考其思想言论，鲁仲连"义不帝秦"，驳辛垣衍曰"昔齐威王尝为仁义矣，率天下诸侯而朝周"，指责秦国"弃礼义而上首功之国也"，又举例"昔者，鬼侯、（之）鄂侯、文王，纣之三公也。鬼侯有子而好，故入之于纣，纣以为恶，醢鬼侯。鄂侯争之急，辨之疾，故脯鄂侯。文王闻之，喟然而叹，故拘之于牖里之车百日，而欲舍之死"⑦，既标举"仁义""礼义"，又称引商纣、周文之事，显然具有儒家

① 【按】钱书所论"《鲁仲连子》十四篇"，盖亡于唐、宋之际，其书久湮不存。《汉书·艺文志》儒家著录《鲁仲连子》十四篇，《隋书·经籍志》著录《鲁连子》五卷、录一卷，《旧唐书·经籍志》作五卷，《新唐书·艺文志》作一卷。郑樵《通志·艺文略》著录与《隋书·经籍志》同，已然不见其书。唐马总《意林》录《鲁连子》五条、清严可均《全上古三代秦汉三国六朝文》有《鲁连子》辑佚卅余条，可供参考焉。

② 钱穆．钱宾四先生全集：第五册　先秦诸子系年·鲁仲连考［M］．台北：台湾联经出版公司，1998：545-550.

③ 何建章．战国策注释：卷二十　赵策三·秦围赵之邯郸章［M］．北京：中华书局，1990：737.

④ 何建章．战国策注释：卷十三　齐策六·燕攻齐取七十余城章［M］．北京：中华书局，1990：453.

⑤ ［汉］司马迁．史记：卷八十三［M］．北京：中华书局，1982：2469.

⑥ ［清］焦循．孟子正义：卷十二［M］．北京：中华书局，1987：419.

⑦ 何建章．战国策注释：卷二十　赵策三·秦围赵之邯郸章［M］．北京：中华书局，1990：736.

学者性质。且上文所引《鲁仲连子》有"臣闻堂上不奋，郊草不芸，白刃交前，不救流矢，急不暇缓也"，考之《荀子·强国》"堂上不粪，则郊草不瞻旷芸；白刃扞乎胸，则目不见流矢；拔戟加乎首，则十指不辞断；非不以此为务也，疾养缓急之有相先者也"①，尤可见鲁仲连取荀子之说。战国末期荀子曾长期主持稷下学宫，鲁仲连既受业于稷下，亦当受其学术影响，又"《鲁仲连子》十四篇"，《汉书·艺文志》即著录为"儒家者流"②，可为旁证。纯正儒家重义轻利，《论语·子罕》言孔子"罕言利"③，《论语·里仁》："君子喻于义，小人喻于利"④，上考鲁仲连践履行事符合；然其既有儒家操守，也讲利害变通，如"义不帝秦"，便以利害关系剖析帝秦之害⑤。如"遗聊城燕将书"，开篇即言"智者不倍时而弃利"⑥；又强调人君"知时""知行""知宜"⑦，深受黄老思想影响。可见此时儒家学者由纯趋驳⑧，这也符合稷下学术多元融合的时代特征。

　　"博士"即博学之士，"博者通于古今，士者辨于然否"⑨，本指"士"之"博学于文"⑩ 者，张守节《史记正义》引姚承云"儒谓博士，为儒雅之林，综理古文，宣明旧艺，咸劝儒者，以成王化者也"⑪。博士制度滥觞于周代学官，而直接发源于稷下先生。《宋书·百官志》："六国时往往有博士，掌通古今"⑫，《史记·循吏列传》："公仪休者，鲁博士也"⑬，《史记·龟策列传》言宋国

---

① 梁启雄. 荀子简释. 第十六篇 [M]. 北京：中华书局，1983：219.

② [汉] 班固. 汉书：卷三十 [M]. 北京：中华书局，1962：1726.

③ 程树德. 论语集释：卷十七　子罕上 [M]. 北京：中华书局，1990：565.

④ 程树德. 论语集释：卷八　里仁下 [M]. 北京：中华书局，1990：267.

⑤ [汉] 司马迁. 史记：卷八十三　鲁仲连邹阳列传第二十三 [M]. 北京：中华书局，1982：2460-2463.

⑥ 何建章. 战国策注释：卷十三　齐策六·燕攻齐取七十余城章 [M]. 北京：中华书局，1990：451.

⑦ 《鲁仲连子》："人君所察者三，不可以不知。不知时与不时，譬犹春不耕也；不知行与不行，譬以方为轮也；不知宜与不宜，譬以锦缘荐也。"《艺文类聚》六十九、《意林》一、《御览》七百九（[清] 严可均. 全上古三代秦汉三国六朝文·全上古三代文：卷八　鲁仲连 [M]. 北京：中华书局，1958：128.）。

⑧ 【按】如《荀子》有《议兵》篇，亦是其例证。

⑨ 金少英《秦官考》："秦有博士官。《北堂书钞》卷六七引《汉书仪》（陈本作《汉旧仪》）：'博士，秦官。博者通于古今，士者辨于然否。'《御览》卷二三六引《汉官仪》略同。"（[清] 孙楷，撰. 徐复，订补. 秦会要订补：附录　金少英　秦官考·博士 [M]. 北京：中华书局，1959：475.）

⑩ 程树德. 论语集释：卷十二　雍也下 [M]. 北京：中华书局，1990：417.

⑪ [汉] 司马迁. 史记：卷一百二十一　儒林列传第六十一 [M]. [唐] 张守节，正义. 北京：中华书局，1982：3115.

⑫ [梁] 沈约. 宋书：卷三十九 [M]. 北京：中华书局，1974：1228.

⑬ [汉] 司马迁. 史记：卷一百一十九 [M]. 北京：中华书局，1982：3101.

"博士卫平"①，《汉书·贾山传》："祖父（祛）［袪］，故魏王时博士弟子也"②。王国维《汉魏博士考》："博士一官，盖置于六国之末"③，公仪休为鲁缪公时人，而且早期稷下先生淳于髡，《说苑·尊贤》称为"博士淳于髡"④，可见博士制度在战国初期已经出现。齐国供养稷下先生，主要作用在于备作顾问咨询，从设置功能来看，秦汉博士制度直接发源于稷下先生。

秦国兼并六国，齐国最后灭亡，秦朝统一全国，仅维持 14 年，秦朝博士制度，盖沿用六国旧制，特别是齐国稷下学制。稷下先生之所以称作"先生"，因为各率弟子，《战国策·齐策四》田骈"设为不宦，訾养千钟，徒百人"⑤，《史记·孟子荀卿列传》："田骈之属皆已死。齐襄王时，而荀卿最为老师"⑥，《管子》有《弟子职》专篇，相当于稷下学宫的学生守则，可见《史记·田敬仲完世家》："是以齐稷下学士复盛，且数百千人。"⑦ 所谓"稷下学士"是对于稷下学宫师生的合称，人数总规模将近百千人。又《史记·田敬仲完世家》："自如邹衍、淳于髡、田骈、接予、慎到、环渊之徒七十六人，皆赐列第为上大夫，不治而议论"⑧，可见稷下先生人数当在七八十人。据《史记·秦始皇本纪》："始皇置酒咸阳宫，博士七十人前为寿""博士虽七十人，特备员弗用"⑨，则秦朝博士人数为七十人。又《史记·封禅书》：秦始皇"于是征从齐鲁之儒生博士七十人，至乎泰山下"⑩，至泰山下议封禅，无论从建制规模上，还是从人员来源上，都说明秦朝博士制度与齐国稷下学制存在直接联系。据《史记·刘敬叔孙通列传》，叔孙通为薛人，属于齐国故地，曾为秦朝博士，"叔孙通之降汉，从儒生弟子百余人"，合称为"博士诸生"，又"汉王拜叔孙通为博士，号稷嗣君"，裴骃《史记集解》引徐广曰"盖言其德业足以继踪齐稷下之风流也"⑪，

① ［汉］司马迁. 史记：卷一百二十八［M］. 北京：中华书局，1982：3229.
② ［汉］班固. 汉书：卷五十一　贾邹枚路传第二十一·贾山［M］. 北京：中华书局，1962：2327.
③ 王国维. 观堂集林：艺林四　汉魏博士考［M］//谢维扬，房鑫亮. 王国维全集：第八卷. 杭州：浙江教育出版社；广州：广东教育出版社，2010：106.
④ ［汉］刘向. 说苑校证：卷第八［M］. 向宗鲁，校证. 北京：中华书局，1987：201.
⑤ 何建章. 战国策注释：卷十一　齐策四·齐人见田骈章［M］. 北京：中华书局，1990：411.
⑥ ［汉］司马迁. 史记：卷七十四［M］. 北京：中华书局，1982：2348.
⑦ ［汉］司马迁. 史记：卷四十六［M］. 北京：中华书局，1982：1895.
⑧ ［汉］司马迁. 史记：卷四十六［M］. 北京：中华书局，1982：1895.
⑨ ［汉］司马迁. 史记：卷六［M］. 北京：中华书局，1982：254、258.
⑩ ［汉］司马迁. 史记：卷二十八［M］. 北京：中华书局，1982：1366.
⑪ ［汉］司马迁. 史记：卷九十九　刘敬叔孙通列传第三十九［M］. ［南朝宋］裴骃，集解. 北京：中华书局，1982：2721、2720、2722.

尤可见秦朝与汉初博士制度皆继承齐国稷下学制①。不同之处在于，齐国稷下先生是君主的顾问师友，所谓"不治而议论"，政统与学统分离；秦汉博士是君主的官员臣子，所谓"不可以妄言"②，以吏为师③，官师合一，学统被纳入政统之中。这种差异的背后，是春秋战国私学的衰落与秦汉官学的兴起。

博士制度对于秦代儒学文献传承，又具有特殊作用。作为秦代官学代表的博士，执掌官方所藏儒学典籍以及诸子"百家语"的研习、整理与教授，如淳于越、李克、伏胜、叔孙通、羊子、高堂生等，都是以学官身份传承儒学文献的博士儒生。逮及秦朝焚书禁私学，民间藏书遭受浩劫，纷纷藏匿，博士成为官方唯一允许的学术人员，作为君主"智囊团"，所掌政府藏书犹存，其中就有儒学典籍文献，在灭学时期仍得以不绝如缕，如伏胜传《尚书》29篇，叔孙通传礼乐仪轨④，高堂生传《士礼》17篇等，这些博士儒生，治经守望，存亡续绝，都为汉初儒学文献复出作出重要贡献。

## 第七节　秦代政治与儒学互动

秦国自孝公以来，用商鞅之法，以耕战为务，得以富国强兵，称霸西戎，势力不断壮大，虎视东方六国。及至秦王嬴政，承六世之余烈，兼并六国，一统天下。观《史记·老子韩非列传》，韩非法家学说深受秦王嬴政赏识，"人或传其书至秦。秦王见《孤愤》《五蠹》之书，曰：'嗟乎，寡人得见此人与之

---

① 【按】直到东汉，学者对于博士来自稷下学，仍有追忆记载，如《水经注·淄水》引《郑志》："张逸问《书赞》云：'我先师棘下生，何时人？'（郑玄）答云：'齐田氏时，善学者所会处也。齐人号之曰棘下生，无常人也。'"（［北魏］郦道元. 水经注校证：卷二十六 ［M］. 陈桥驿，校证. 北京：中华书局，2007：627.）此"棘下"即稷下，"棘下生"即稷下先生，汉初伏胜年老，尊称"伏生"，亦"先生"之义，所谓"无常人"，可见已经形成制度，即稷下学制也。

② ［汉］司马迁. 史记：卷九十七　郦生陆贾列传第三十七 ［M］. 北京：中华书局，1982：2705.

③ 【按】《韩非子·五蠹》："故明主之国，无书简之文，以法为教；无先（王）［生］之语，以吏为师。"（［清］王先慎. 韩非子集解：卷十九 ［M］. 北京：中华书局，1998：452.）

④ 【按】《史记·刘敬叔孙通列传》："徙为太常，定宗庙仪法。及稍定汉诸仪法，皆叔孙生为太常所论著也""叔孙通希世度务制礼，进退与时变化，卒为汉家儒宗。"（［汉］司马迁. 史记：卷九十九 ［M］. 北京：中华书局，1982：2725、2726.）又《论衡·谢短》："高祖诏叔孙通制作《仪品》，十六篇何在而复定《仪》？《礼》见在十六篇，秦火之余也。更秦之时，篇凡有几？"（［汉］王充. 论衡校读笺识：卷第十二 ［M］. 马宗霍，校笺. 北京：中华书局，2010：173.）

游，死不恨矣！'"① 《史记·秦始皇本纪》与《史记·李斯列传》，记载秦二世亦称引韩子之语，《秦始皇本纪》秦二世曰："吾闻之韩子曰：'尧舜采椽不刮，茅茨不翦，饭土塯，啜土形，虽监门之养，不觳于此。禹凿龙门，通大夏，决河亭水，放之海，身自持筑臿，胫毋毛，臣虏之劳不烈于此矣。'"② 观《史记·李斯列传》加详焉，秦二世责问李斯曰："吾有私议而有所闻于韩子也，曰：'尧之有天下也，堂高三尺，采椽不斲，茅茨不翦，虽逆旅之宿不勤于此矣。冬日鹿裘，夏日葛衣，粢粝之食，藜藿之羹，饭土匦，啜土铏，虽监门之养不觳于此矣。禹凿龙门，通大夏，疏九河，曲九防，决渟水致之海，而股无胈，胫无毛，手足胼胝，面目黧黑，遂以死于外，葬于会稽，臣虏之劳不烈于此矣。'"③ 而李斯以书对秦二世，亦引韩子，"故韩子曰'慈母有败子而严家无格虏'者，何也？则能罚之加焉必也""是故韩子曰'布帛寻常，庸人不释，铄金百溢，盗跖不搏'者，非庸人之心重，寻常之利深，而盗跖之欲浅也；又不以盗跖之行，为轻百镒之重也"④。可见秦代统治者以法家思想立国，这是众所周知的事实。除此之外，早在秦惠文王时，墨学中心已转入秦国，如《吕氏春秋·孟春纪·去私》："墨者有钜子腹䵍居秦，其子杀人。秦惠王曰：'先生之年长矣，非有他子也，寡人已令吏弗诛矣，先生之以此听寡人也。'腹䵍对曰：'墨者之法曰："杀人者死，伤人者刑。"此所以禁杀伤人也。夫禁杀伤人者，天下之大义也，王虽为之赐，而令吏弗诛，腹䵍不可不行墨者之法。'不许惠王而遂杀之。"⑤ 《吕氏春秋·先识览·去宥》：秦国墨者唐姑果谗毁东方墨者谢子，"东方之墨者谢子，将西见秦惠王。惠王问秦之墨者唐姑果，唐姑果恐王之亲谢子贤于己也，对曰：'谢子，东方之辩士也，其为人也甚险，将奋于说，以取少主也。'王因藏怒以待之。谢子至，说王，王弗听。谢子不说，遂辞而行。"⑥ 可见墨者受到秦王信用，墨学在秦国流行。秦之墨、法兴盛，都以儒学为批判对象，即便如此，儒学依旧与秦代政治产生互动关系。

秦帝国在文化领域曾对六国旧制多有承袭，《史记·礼书》："至秦有天下，悉内六国礼仪，采择其善，虽不合圣制，其尊君抑臣，朝廷济济，依古以来。"⑦

① ［汉］司马迁. 史记：卷六十三［M］. 北京：中华书局，1982：2155.
② ［汉］司马迁. 史记：卷六［M］. 北京：中华书局，1982：271.
③ ［汉］司马迁. 史记：卷八十七［M］. 北京：中华书局，1982：2553.
④ ［汉］司马迁. 史记：卷八十七［M］. 北京：中华书局，1982：2555.
⑤ ［秦］吕不韦. 吕氏春秋集释：卷第一［M］. 许维遹，集释. 北京：中华书局，2009：32.
⑥ ［秦］吕不韦. 吕氏春秋集释：卷第十六［M］. 许维遹，集释. 北京：中华书局，2009：424.
⑦ ［汉］司马迁. 史记：卷二十三［M］. 北京：中华书局，1982：1159.

据《史记·李斯列传》"谏逐客书"①，可知秦本有广纳天下贤士的传统，既是广纳天下贤士，则必定包容诸子学说，对诸子学说也是兼收并蓄，《史记·秦始皇本纪》李斯进言："非博士官所职，天下敢有藏《诗》、《书》、百家语者，悉诣守尉杂烧之。"② 可见秦代博士官职掌《诗》、《书》、百家语，又从《史记·秦始皇本纪》淳于越进言③，可见秦代博士制度包括参议政事，这也是受到齐国稷下学制的影响。纳贤传统与博士制度，都为秦代接纳儒家人物提供现实条件。

论秦统治者对儒学的接纳，秦相吕不韦养士④，很值得注意。吕不韦认识到，对于即将到来的大一统国家，仅用法家学说治理是远远不够的，必须"假人之长以补其短"⑤，于是提供优厚条件，招募儒生从事典籍整理，著书立说以总结百家学说，《史记·吕不韦列传》："是时诸侯多辩士，如荀卿之徒，著书布天下。吕不韦乃使其客人人著所闻，集论以为八览、六论、十二纪，二十余万言。以为备天地万物古今之事，号曰《吕氏春秋》。布咸阳市门，悬千金其上，延诸侯游士宾客有能增损一字者予千金。"⑥ 高诱《吕氏春秋序》"吕不韦乃集儒（书）［士］，使著其所闻"⑦，《吕氏春秋》成书于秦统一全国前夕，标志百家争鸣之结束，虽以杂家作为外在形式⑧，实则以儒家思想为主体，融会诸子学说，其中寄托吕不韦的治国施政大纲，服务于一统天下的现实需要。由此可见，面对秦一统天下的大势，战国儒家由纯转驳之趋势，愈演愈烈，如《孔丛子·

---

① ［汉］司马迁.史记：卷八十七［M］.北京：中华书局，1982：2541-2546.

② ［汉］司马迁.史记：卷六［M］.北京：中华书局，1982：255.

③ ［汉］司马迁.史记：卷六［M］.北京：中华书局，1982：254.

④ 《史记·吕不韦列传》："当是时，魏有信陵君，楚有春申君，赵有平原君，齐有孟尝君，皆下士喜宾客以相倾。吕不韦以秦之强，羞不如，亦招致士，厚遇之，至食客三千人。"（［汉］司马迁.史记：卷八十五［M］.北京：中华书局，1982：2510.）

⑤ 《吕氏春秋·孟夏纪·用众》："物固莫不有长，莫不有短，人亦然。故善学者，假人之长以补其短。故假人者，遂有天下。"（［秦］吕不韦.吕氏春秋集释：卷第四［M］.许维遹，集释.北京：中华书局，2009：101.）

⑥ ［汉］司马迁.史记：卷八十五［M］.北京：中华书局，1982：2510.

⑦ 高诱《吕氏春秋序》："庄襄王立三年而薨，太子正立，是为秦始皇帝，尊不韦为相国，号称仲父。不韦乃集儒书，使著其所闻。"梁玉绳曰："《意林》注作'儒士'，是也。'书'字讹。"许维遹案："'集儒书'，《御览》六百二引作'集诸儒'，《礼记·月令》孔疏谓'集诸儒士'。"（［秦］吕不韦.吕氏春秋集释·吕氏春秋序［M］.许维遹，集释.北京：中华书局，2009：2.）

⑧ 【按】《汉书·艺文志》："杂家者流，盖出于议官。兼儒、墨，合名、法，知国体之有此，见王治之无不贯，此其所长也。"（［汉］班固.汉书：卷三十［M］.北京：中华书局，1962：1742.）周秦学多专门，诸子纯粹者，各执一端，杂家综合诸家，由纯转驳，以祛其弊，即可自成一学，此乃后世通人通学之原。

独治》："秦始皇东并。子鱼（孔鲋）谓其徒叔孙通曰：'子之学可矣，盍仕乎？'对曰：'臣所学于先生者，不用于今，不可仕也。'子鱼曰：'子之材，能见时变，今为不用之学，殆非子情也。'叔孙通遂辞去，以法仕秦。"① 可见秦代儒学之新取向，开始主动融会诸子学说，以求运用于新时代的政治活动。

秦统一天下以后，尤其在制度建设方面，儒学皆有广泛参与和影响。从礼仪制度来看，《史记·封禅书》：秦始皇"即帝位三年，东巡郡县，祠驺峄山，颂秦功业。于是征从齐鲁之儒生博士七十人，至乎泰山下。诸儒生或议曰：'古者封禅为蒲车，恶伤山之土石草木；埽地而祭，席用菹秸，言其易遵也。'始皇闻此议各乖异，难施用，由此绌儒生。"② 于泰山下议论封禅礼仪，最终虽未见用，通礼儒生亦曾参与咨询。从博士制度来看，上文已论，秦始皇有博士七十人，从《史记·封禅书》可知，此博士多是齐鲁之儒，秦二世有博士三十余人③，《资治通鉴·秦纪二》"上问博士曰"，胡三省注"博士以儒学为官"④，可见有秦一代，博士官以儒生居多。

从廷议制度来看，据《史记·秦始皇本纪》，秦始皇二十六年，初并天下，博士即参议帝号，丞相绾、御史大夫劫、廷尉斯等皆曰："臣等谨与博士议曰：'古有天皇，有地皇，有泰皇，泰皇最贵。'臣等昧死上尊号，王为'泰皇'。"⑤ 秦始皇三十三年，倡议封侯师古，博士齐人淳于越进曰："臣闻殷周之王千余岁，封子弟功臣，自为枝辅。今陛下有海内，而子弟为匹夫，卒有田常、六卿之臣，无辅拂，何以相救哉？事不师古而能长久者，非所闻也"⑥；秦二世元年，议尊始皇庙"古者天子七庙，诸侯五，大夫三"⑦，即合于《礼记·王制》；据《史记·刘敬叔孙通列传》，秦二世曾议讨陈胜，博士诸儒生对以《春秋》之义："陈胜起山东，使者以闻，二世召博士诸儒生问曰：'楚戍卒攻蕲入陈，于公如何？'博士诸生三十余人前曰：'人臣无将，将即反，罪死无赦。愿陛下急

---

① 傅亚庶. 孔丛子校释：卷之六 [M]. 北京：中华书局，2011：410.

② [汉] 司马迁. 史记：卷二十八 [M]. 北京：中华书局，1982：1366.

③ 《史记·刘敬叔孙通列传》："二世召博士诸儒生问曰。""博士诸生三十余人前曰。"（[汉] 司马迁. 史记：卷九十九 [M]. 北京：中华书局，1982：2720.）

④ 《资治通鉴·秦纪二》："上问博士曰：'湘君何神？'对曰：'闻：尧女，舜之妻，葬此。'"胡三省注："博士以儒学为官。汉成帝诏曰：儒林之官，四海渊源。宜皆明于古今，温故知新，通达国体，故谓之博士。"（[宋] 司马光. 资治通鉴：卷第七 [M]. [元] 胡三省，音注. 北京：中华书局，1976：240.）

⑤ [汉] 司马迁. 史记：卷六 [M]. 北京：中华书局，1982：236.

⑥ [汉] 司马迁. 史记：卷六 [M]. 北京：中华书局，1982：254.

⑦ [汉] 司马迁. 史记：卷六 [M]. 北京：中华书局，1982：266.

发兵击之。'"①"博士诸生"所谓"人臣无将,将即反,罪死无赦","将"谓逆乱,见于《春秋公羊传·庄公三十二年》:"公子牙,今将尔,辞曷为与亲弑者同?君亲无将,将而诛焉。"② 诸如此类,可见秦代儒学有阐发主张之机会。

　　从文官制度来看,《史记·秦始皇本纪》:"悉召文学方术士甚众,欲以兴太平,方士欲练以求奇药"③,可见秦始皇是以"方术"之"士"炼药求长生,以"文学"之"士"兴太平,"文学"为孔门四科之一,本为儒家所长④,后多以"文学"指称"儒学"。《史记·刘敬叔孙通列传》叔孙通"秦时以文学征,待诏博士"⑤,汉代相沿,《史记·孝武本纪》:"上征文学之士公孙弘等"⑥,《史记·儒林列传》:"夫齐鲁之间于文学,自古以来,其天性也"⑦。秦代既以"文学"征召儒士,实际上为儒学参政提供了道路,而儒学议政也成了秦代制度建设之智囊团。

　　周秦儒学文献,经过秦代至于汉初,在这一传承过程中,秦代儒学呈现出官学与私学并存的局面。除了上文所论博士儒生,执掌官方儒学典籍的研习、整理与教授,秦代民间儒学,尚有一批以讲学授徒为业的儒家私学人物,如浮丘伯、申公、孔鲋等。秦代官方儒学文献,经项羽火烧咸阳,所剩无几,如伏胜为秦博士,其藏匿记诵《尚书》⑧,即属于秦代儒学之官学系统,此乃秦代官方儒学文献之硕果仅存者。战国秦汉间经典传授谱系,多为私学系统,汉初儒学经典复出,多得益于秦代民间私学师徒传授与文本保存,正如《史记·六国年表序》所论"秦既得意,烧天下《诗》《书》""《诗》《书》所以复见者,多藏人家"⑨,《汉书·艺文志》:"遭秦而全者,以其讽诵,不独在竹帛故也"⑩。

　　秦始皇焚书,并没有阻断儒家经典的流传,李学勤先生认为,"学术的复苏

① ［汉］司马迁．史记:卷九十九［M］．北京:中华书局,1982:2720.
② 刘尚慈．春秋公羊传译注［M］．北京:中华书局,2010:176.
③ ［汉］司马迁．史记:卷六［M］．北京:中华书局,1982:258.
④ 【按】《韩非子·五蠹》"儒以文乱法"(［清］王先慎．韩非子集解:卷十九［M］．北京:中华书局,1998:449.),即以"文学"为儒家专长.
⑤ ［汉］司马迁．史记:卷九十九［M］．北京:中华书局,1982:2720.
⑥ ［汉］司马迁．史记:卷十二［M］．北京:中华书局,1982:452.
⑦ ［汉］司马迁．史记:卷一百二十一［M］．北京:中华书局,1982:3117.
⑧ 《史记·袁盎晁错列传》:"孝文帝时,天下无治《尚书》者,独闻济南伏生故秦博士,治《尚书》,年九十余,老不可征,乃诏太常使人往受之,太常遣错受《尚书》伏生所。还,因上便宜事,以《书》称说。"(［汉］司马迁．史记:卷一百一［M］．北京:中华书局,1982:2745-2746.)
⑨ ［汉］司马迁．史记:卷十五［M］．北京:中华书局,1982:686.
⑩ ［汉］班固．汉书:卷三十［M］．北京:中华书局,1962:1708.

不能一蹴而就，因而西汉前期只能说是先秦文化的传流过渡的阶段"，"由惠帝四年到武帝之初，也不过五十多年；如果算到马王堆帛书、双古堆竹简埋藏的文帝前期，就只是二十多年。在古代的条件下，这样短促的时期是不能产生较多著作的。因此汉初的竹简帛书种种佚籍，大多是自先秦幸存下来的书籍的抄本"①；秦始皇"坑儒"，并非出于预谋，不当以"儒、法斗争"视之，南宋郑樵《通志·校雠略一》："陆贾，秦之巨儒也。郦食其，秦之儒生也。叔孙通，秦时以文学召，待诏博士。数岁，陈胜起，二世召博士诸儒生三十余人而问其故，皆引《春秋》之义以对，是则秦时未尝不用儒生与经学也。况叔孙通降汉时，自有弟子百余人，齐鲁之风亦未尝替。故项羽既亡之后，而鲁为守节礼义之国。则知秦时未尝废儒，而始皇所坑者，盖一时议论不合者耳"②，所谓秦之"坑儒"，犹如汉之"党锢"，借此钳制舆论，并非针对儒学；秦始皇禁私学，也没有阻断民间儒家师徒传授与文本保存，如《汉书·艺文志》："秦燔书禁学，济南伏生独壁藏之。汉兴亡失，求得二十九篇，以教齐鲁之间"③，则官学系统转为私学传授，文本借此得以保存，又如《孔丛子·独治》："陈馀谓子鱼曰：'秦将灭先王之籍，而子为书籍之主，其危矣！'子鱼曰：'顾有可惧者，必或求天下之书焚之，书不出则有祸。吾将先藏之，以待其求，求至，无患矣。'"④ 孔鲋，字子鱼，是孔子八世孙，以讲学授徒为业，安于民间儒学传习，《东观汉记》："孔鲋藏《尚书》《孝经》《论语》于夫子旧堂壁中"⑤，于秦代禁私学之际，仍有以孔鲋为代表的民间儒家人物，传授并保存儒学经典文献，使之不绝于世。

儒学作为周秦学术大宗，经春秋战国以至于秦，其价值观念与政治道德，几成社会共识⑥，并为学界所珍视，秦代儒学文献之传承与发展，自有其历史必然性，非人力所能禁绝，遂得以生生不息、薪火相传。

---

① 李学勤．简帛佚籍与学术史·通论·新出简帛与学术史［M］．南昌：江西教育出版社，2001：8.
② ［宋］郑樵．通志二十略·校雠略·秦不绝儒学论二篇［M］．北京：中华书局，1995：1803.
③ ［汉］班固．汉书：卷三十［M］．北京：中华书局，1962：1706.
④ 傅亚庶．孔丛子校释：卷之六［M］．北京：中华书局，2011：410.
⑤ ［汉］刘珍，等．东观汉记校注：卷十八 传十三·尹敏［M］．吴树平，校注．北京：中华书局，2008：831.
⑥ 【按】如云梦秦简《为吏之道》，是秦代官员培训教材，其中充分体现儒家政治道德，直接影响秦代政治文化与社会生活。可参见：《云梦睡虎地秦墓》编写组．云梦睡虎地秦墓［M］．北京：文物出版社，1981：21；王德成．从《为吏之道》看儒学与秦代政治道德［J］．中北大学学报（社会科学版），2008（3）；连劭名．睡虎地秦简《为吏之道》与古代思想［J］．江汉考古，2008（4）.

# 研习参考书

［1］章太炎．国故论衡［M］．《章氏丛书》本．上海：上海右文社，1915.

［2］胡适．说儒［J］．"中央研究院"历史语言研究所集刊，1934，4（3）.

［3］徐中舒．甲骨文中所见的儒［J］．四川大学学报（哲学社科版），1975（4）.

［4］蔡尚思．孔子思想体系［M］．上海：上海人民出版社，1982.

［5］钱穆．先秦诸子系年［M］．北京：中华书局，1985.

# 第二章　文献来源：演变历程与儒经初成

## 第一节　从造士文献到儒学文献

周秦儒家学派的形成过程，也是儒学文献的诞生历程，从造士文献到儒学文献的性质演变，其关键正在于孔子整理"六经"。儒家为孔子所创立，孔子周游列国返鲁，知"道之不行"①，遂潜心于授徒与整理古代造士文献，"笔则笔，削则削"②。经过孔子删定改造③，儒学文献的核心经典随之产生。

在孔子之前，早有"六艺"存在，《周礼·地官司徒·大司徒》："三曰六艺：礼、乐、射、御、书、数"④，《周礼·地官司徒·保氏》："乃教之六艺：一曰五礼、二曰六乐、三曰五射、四曰五驭、五曰六书⑤、六曰九数"⑥。这属于"养国子"的"小学"⑦课程，是西周官学的基础教育，如《礼记·王制》：

① 《礼记·中庸》："子曰：'道之不行，我知之矣。'"（［清］朱彬．礼记训纂：卷三十一［M］．北京：中华书局，1996：772．）
② ［汉］司马迁．史记：卷四十七　孔子世家第十七［M］．北京：中华书局，1982：1944．
③ 《论语·述而》"述而不作，信而好古"（程树德．论语集释：卷十三　述而上［M］．北京：中华书局，1990：431．），实际上孔子是以述为作，赋予仁义精神，颇有一番改造工夫。
④ ［清］孙诒让．周礼正义：地官司徒第二上［M］．北京：中华书局，2013：756．
⑤ 许慎《说文解字叙》："周礼，八岁入小学，保氏教国子，先以六书。一曰指事，指事者，视而可识，察而可见，上、下是也；二曰象形，象形者，画成其物，随体诘诎，日、月是也；三曰形声，形声者，以事为名，取譬相成，江、河是也；四曰会意，会意者，比类合谊，以见指㧑，武、信是也；五曰转注，转注者，建类一首，同意相受，考、老是也；六曰假借，假借者，本无其字，依声托事，令、长是也。"（［汉］许慎．说文解字：第十五［M］．王平、李建廷，整理．上海：上海书店，2016：395．）
⑥ ［清］孙诒让．周礼正义：地官司徒第二下［M］．北京：中华书局，2013：1010．
⑦ 《大戴礼记·保傅》："古者年八岁而出就外舍，学小艺焉，履小节焉；束发而就大学，学大艺焉，履大节焉。"（［清］王聘珍．大戴礼记解诂：卷三［M］．北京：中华书局，1983：61．）

67

"小学在公宫南之左"①，《礼记·内则》："小学在公宫南之左"，《礼记·内则》："六年，教之数与方名。七年，男女不同席，不共食。八年，出入门户及即席饮食，必后长者，始教之让。九年，教之数日。十年，出就外傅，居宿于外，学书计。衣不帛襦袴。礼帅初，朝夕学幼仪，请肄简谅。十有三年，学乐、诵诗、舞《勺》。成童舞《象》，学射御。二十而冠，始学礼，可以衣裘帛，舞《大夏》，惇行孝弟，博学不教，内而不出"②。可见官学基础教育，礼、乐、射、御、书、数皆备，多是在实践中学习，未必有固定课本教材。

至于西周官学的高等教育，谓之"大学"③。《礼记·王制》："大学在郊。天子曰辟雍，诸侯曰頖宫"④，官学高等教育⑤。与基础教育相比，在实践基础上重视学习理论⑥，其目的在于"造士"，《礼记·王制》："乐正崇四术、立四教，顺先王《诗》《书》《礼》《乐》以造士，春秋教以《礼》《乐》，冬夏教以《诗》《书》"⑦。所谓"先王《诗》《书》《礼》《乐》"，正是官学高等教育进

---

① [清]孙希旦. 礼记集解：卷十二　王制第五之一 [M]. 北京：中华书局，1989：332.

② [清]孙希旦. 礼记集解：卷二十八　内则第十二之二 [M]. 北京：中华书局，1989：768-771.

③ 【按】"大学"，见于小屯南地甲骨刻辞，则殷商已有之矣。参见：姚孝遂，肖丁. 小屯南地甲骨考释：释文　编号60（6）[M]. 北京：中华书局，1985：211.

④ [清]孙希旦. 礼记集解：卷十二　王制第五之一 [M]. 北京：中华书局，1989：332.

⑤ 《礼记·王制》："乐正崇四术、立四教，顺先王《诗》《书》《礼》《乐》以造士，春秋教以《礼》《乐》，冬夏教以《诗》《书》。王大子、王子，群后之大子，卿大夫、元士之适子，国之俊选，皆造焉。凡入学以齿"，郑玄注："乐正，乐官之长，掌国子之教，《虞书》曰'夔，命汝典乐，教胄子'。崇，高也，高尚其术，以作教也。幼者教之于小学，长者教之于大学""皆以四术成之。王子，王之庶子也。群后，公及诸侯""皆以长幼受学，不用尊卑"。（[清]阮元，校刻. 十三经注疏清嘉庆刊本·礼记正义：卷第十三 [M]. 北京：中华书局，2009：2905.）

⑥ 【按】西周大学教育，以涵养德性为宗旨，重视理论学习，实用之学无所有，是以求之官守，《礼记·曲礼》谓之"宦学事师"（[清]孙希旦. 礼记集解：卷一　曲礼上第一之一 [M]. 北京：中华书局，1989：9.）。历事观政，乃实习仕官之事，如《左传·襄公三十一年》："子皮欲使尹何为邑，子产曰：'少，未知可否?'子皮曰：'愿，吾爱之，不吾叛也。使夫往而学焉，夫亦愈知治矣。'"（[清]洪亮吉. 春秋左传诂：卷十四 [M]. 北京：中华书局，1987：628.）韩非、李斯所谓"以吏为师"（[清]王先慎. 韩非子集解：卷十九　五蠹第四十九 [M]. 北京：中华书局，1998：452；[汉]司马迁. 史记：卷六　秦始皇本纪第六；卷八十七　李斯列传第二十七 [M]. 北京：中华书局，1982：255、2546.），即源于此。《论语·子张》子夏曰："仕而优则学，学而优则仕"（程树德. 论语集释：卷三十八 [M]. 北京：中华书局，1990：1324.），可谓仕、学两途，《论语·先进》子路曰："有民人焉，有社稷焉，何必读书，然后为学?"孔子责之曰："是故恶夫佞者"（论语集释：卷二十三，796.），可见德性与事功，相辅相成，不可偏废，故《礼记·学记》曰："能为师，然后能为长，能为长，然后能为君，故师也者，所以学为君也""君子如欲化民成俗，其必由学乎"（礼记集解：卷三十六，968、956.）。

⑦ [清]孙希旦. 礼记集解：卷十三　王制第五之二 [M]. 北京：中华书局，1989：364.

行理论学习的课本教材，谓之"先王"，可见流传已久。《诗》是新设课程，训练辞令捷给，当时官方语言多引用；《书》属于训典故志，与"六艺"之"书"有别，"书"是六书造字法，用于初学识字，而《书》是政治文献，用于指导从政①；《礼》《乐》是关于礼乐制度的理论讲解，与"六艺"之演习"礼""乐"，亦复不同。西周"大学"以理论课程为主，是深入学习的阶段，理论艰深，并非演习模仿所能完成，因此不可能全凭言传身教，需要有固定的课本教材。《庄子·天下》："其明而在数度者，旧法世传之史，尚多有之。其在于《诗》《书》《礼》《乐》者，邹鲁之士、搢绅先生多能明之"②，这些"旧史"文本，是先王嘉言懿行之档案记录③。从西周到春秋末期，官学据此"旧史"造士，用于切磋琢磨④，可谓造士文献，是官学所用"旧课本"。

这些记录先王嘉言懿行的造士文献，本不出自一人之手，是从历代积累的档案材料中选编汇集而成，作为"旧课本"，辅助官学讲授而已，缺乏系统化的主旨，未免使人只知其然，而不知其所以然。孔子在长期教学研讨过程中，根据官学"旧课本"，赋予儒家思想主旨，整理为私学"新课本"，这是儒学文献的开端。孔子行教授徒，起初主要课程分为两类，入门科目为礼、乐、射、御、书、数，进阶科目为《诗》《书》《礼》《乐》。孔子晚年开始习《易》、修《春秋》，如此则《易》与《春秋》成为儒家研习科目，当在孔子之后，发展到战国时代，遂有"六经"之说⑤。

孔子整理儒学文献，首见于《庄子》。《庄子·天运》："孔子谓老聃曰：'丘治《诗》《书》《礼》《乐》《易》《春秋》六经，自以为久矣，孰知其故矣；以奸者七十二君，论先王之道而明周召之迹，一君无所钩用。甚矣夫！人之难说也，道之难明邪？'老子曰：'幸矣，子之不遇治世之君也！夫"六经"，先王之陈迹也，岂其所以迹哉！今子之所言，犹迹也。夫迹，履之所出，而迹岂

---

① 【按】《论语·宪问》子张问："《书》云'高宗谅阴，三年不言'，何谓也？"孔子曰："何必高宗，古之人皆然。君薨，百官总己以听于冢宰三年。"（程树德.论语集释：卷三十 宪问下 [M].北京：中华书局，1990：1038.）

② [清]王先谦.庄子集解：卷八 [M].北京：中华书局，1987：287-288.

③ 《墨子·尚贤下》："古者圣王既审尚贤，欲以为政，故书之竹帛，琢之槃盂，传以遗后世子孙。"（[清]孙诒让.墨子间诂：卷二 [M].北京：中华书局，2001：69.）

④ 《诗经·卫风·淇奥》："如切如磋，如琢如磨。"（程俊英，蒋见元.诗经注析 [M].北京：中华书局，1991：155.）

⑤ 吕思勉《先秦史》："孔子之道，具于六经。六经者，《诗》《书》《礼》《乐》《易》《春秋》《诗》《书》《礼》《乐》本大学之旧科，《易》《春秋》则孔门之大道也。"（吕思勉.先秦史：宗教学术·先秦诸子 [M].上海：上海古籍出版社，1982：476.）

履哉！'"① 又《庄子·天道》："孔子西藏书于周室，子路谋曰：'由闻周之征藏史有老聃者，免而归居，夫子欲藏书，则试往因焉。'孔子曰：'善。'往见老聃，而老聃不许，于是繙'六经'② 以说。老聃中其说，曰：'大谩，愿闻其要。'孔子曰：'要在仁义。'"③ 这说明孔子治学以"六经"为本，此"六经"既是"先王之陈迹"（"旧史"），又蕴含"先王之道""周召之迹"，而且宗旨在于"仁义"（儒学思想）。又《礼记·檀弓下》："有子与子游立，见孺子慕者。"

由此可见，孔子研治与称引之"六经"，是以先王史籍为依据，而又贯之以"仁义"思想，其中蕴含儒学导向。孔门"六经"，《诗》《书》《礼》《乐》《易》《春秋》，承载"先王之道"，明其所以然"要在仁义"，这正是"旧史"被孔子经典化之集中体现，"六经"作为儒学文献的核心经典，纂成于孔门之手，则儒学文献必自孔子而后始。

## 第二节　从"四经"到"六经"

何谓"经"，前人多有论述，争讼不已，今择其两种合观之。刘师培《经学教科书·经字之定义》："'六经'之名，始于三代，而'经'字之义，解释家各自不同。班固《白虎通》训'经'为'常'，以'五常'配'五经'。刘熙《释名》训'经'为'径'，以'经'为常典，犹径路无所不通。案：《白虎通》《释名》之说，皆'经'字引伸之义，惟许氏《说文》'经'字下云'织也，从系、巠声'④，盖'经'字之义，取象治丝，纵丝为经，衡丝为纬，引伸

---

① ［清］王先谦. 庄子集解：卷四［M］. 北京：中华书局，1987：130.

② 【按】此处"六经"，原作"十二经"。严灵峰《道家四子新编》："《释文》引说者云'《诗》《书》《礼》《乐》《易》《春秋》六经，又加六纬，合为十二经也'，一说云'《易》上下经，并十翼，为十二'，又一云'《春秋》十二公经也'，诸说并附会也。【按】孔子之时无纬书，十翼亦未成。《天运篇》云'丘治《诗》《书》《礼》《乐》《易》《春秋》六经'，又云'夫"六经"，先王之陈迹也'，《天下篇》云'《诗》以道志，《书》以道事，《礼》以道行，《乐》以道和，《易》以道阴阳，《春秋》以道名分'，皆举六经，未及六纬，则'十二经'之说，在先秦无有。又《天运篇》'不与化为人'，郭注'若播六经则疏也'，是郭注《庄》时，亦以六经为说。'十二'二字，疑系'六'字缺坏，折而为二，核者不察，改为'十二'耳，兹据《天运篇》文改。"（陈鼓应. 庄子今注今译：外篇　天道·四［M］. 北京：中华书局，2009：375-376.）

③ 陈鼓应. 庄子今注今译：外篇　天道·四［M］. 北京：中华书局，2009：374.

④ 段玉裁《说文解字注》："织之纵丝谓之经，必先有经，而后有纬，是故三纲、五常、六艺，谓之天地之常经。"（［汉］许慎. 说文解字注：糸部　经［M］.［清］段玉裁，注. 上海：上海古籍出版社，1988：644.）

之，则为组织之义。上古之时，字训为饰，又学术授受多凭口耳之流传，'六经'为上古之书，故经书之文，奇偶相生，声韵相协，以便记诵。而藻绘成章，有参伍错综之观。古人见经文之多文言也，于是假治丝之义而锡以'六经'之名。即群书之用文言者，亦称之为'经'，以与鄙词示异。后世以降，以'六经'为先王之旧典也，乃训'经'为'法'。又以'六经'为尽人所共习也，乃训'经'为'常'，此皆'经'字后起之义也。不明'经'字之本训，安知'六经'为古代文章之祖哉。"① 刘氏以文体辨"经"，学有根底，从文言特征角度，颇得古训深致。姜广辉《中国经学思想史·绪论一》："'经''径''茎''胫'数字在上古音韵中都在见系耕部，它们都有一共同的物象就是'直而长'，对先民而言，在未知路径之'径'与经线之'经'的物象之前，已先知人体之'胫'与植物之'茎'的物象，刘熙《释名·释形体》：'胫，茎也，直而长似物茎也。'先民有相当漫长的植物采集生活，对植物根、茎、花、果等早已相当熟悉，并有约定俗成的称呼。《汉书·礼乐志》说'颛顼作《六茎》，帝喾作《五英》'，这是反映先民植物崇拜的乐舞。以后先民凡称'直而长似物茎'的东西，皆作'茎'音。'经'作为织机上的纵线，是较晚起的物象；因纵线先绷直在织机上，先民据其'直而长'的物象，亦以'茎'音称之。以后编织活动在人民生活中日显重要，因而在造字时，在同音所表'直而长'的诸物象中，以织机经线最具代表意义。经典之'经'是一引申义，有典则法规、通用常行的意义。它可以是泛称，也可以是专称。在中国古代，儒家、墨家、道家、法家、医家及其他诸杂家，皆有其所称之'经'或经典，这种意义的'经'或经典是泛称。自汉武帝'罢黜百家，独尊儒术'之后，一般知识分子所称'读经'，则专指儒家《诗》《书》等重要典籍而言。这种意义的'经'或经典是专称。"② 姜氏以声训为基础，细究本末源流，从声旁得义角度，"经"名之来源，可谓庶几矣。

孔子之道，具于"六经"，《诗》《书》《礼》《乐》"四经"，本官学造士旧科课本，《礼记·王制》："乐正崇四术、立四教，顺先王《诗》《书》《礼》《乐》以造士"③，经孔子删定整理，贯彻儒家导向，以供授徒讲学，"子所雅

① 刘师培. 经学教科书：第一册 第二课 ［M］. 陈居渊，注. 上海：上海古籍出版社，2006：8-9.

② 姜广辉. 中国经学思想史：第一卷 绪论一·儒家六经的形成过程 ［M］. 北京：中国社会科学出版社，2003：27.

③ ［清］孙希旦. 礼记集解：卷十三 王制第五之二 ［M］. 北京：中华书局，1989：364.

言,《诗》《书》、执礼,皆雅言也"①,"不学《诗》,无以言","不学《礼》,无以立"②,"兴于《诗》,立于《礼》,成于《乐》"③。而《易》与《春秋》,经孔子阐发改造,则孔门大道存焉,《文献通考·经籍考一》引金华应氏曰:"乐正崇四术以训士,则先王之《诗》《书》《礼》《乐》,其设教固已久。《易》虽用于卜筮,而精微之理非初学所可语。《春秋》虽公其纪载,而策书亦非民庶所得尽窥,故《易象》《春秋》,韩宣子适鲁始得见之,则诸国之教未必尽备六者。盖自夫子删定赞系笔削之余,而后传习滋广,经术流行。"④

《史记·司马相如列传》:"太史公曰:《春秋》推见至隐,《易》本隐之以显。"裴骃《史记集解》引韦昭曰:"推见事至于隐讳,谓若晋文召天子,经言'狩河阳'之属""《易》本隐微妙,出为人事乃显著也";司马贞《史记索隐》引李奇曰:"隐犹微也。言其义彰而文微,若隐公见弑,而经不书,讳之",引韦昭曰:"《易》本阴阳之微妙,出为人事乃更昭著也",引虞喜《志林》曰:"《春秋》以人事通天道,是推见以至隐也,《易》以天道接人事,是本隐以之明显也"⑤。《易》推隐至显,《春秋》推显至隐,"故《易》者所以经天地、理人伦而明王道。是故八卦以建,五气以立,五常以之行。象法乾坤,顺阴阳,以正君臣父子夫妇之义"⑥,"孔子成《春秋》而乱臣贼子惧"⑦,"夫《春秋》,上明三王之道,下辨人事之纪,别嫌疑,明是非,定犹豫,善善恶恶,贤贤贱不肖,存亡国,继绝世,补敝起废,王道之大者也"⑧,从哲学到社会,从历史到政治,孔子阐发改造《易》与《春秋》,皆以明道⑨,互为表里。乐正"顺先王《诗》《书》《礼》《乐》以造士",可见西周官学高等教育,并没有《易》与《春秋》,这两门课程显系后设,是从"四经"到"六经"之关键所在。吕思勉《先秦史》"《诗》《书》《礼》《乐》本大学之旧科,《易》《春秋》则孔门之大道也。'《易》本隐以至显','《春秋》推见至隐',盖一以明道,一就行事示人

①　程树德. 论语集释:卷十四　述而下［M］. 北京:中华书局,1990:475.
②　程树德. 论语集释:卷三十三　季氏［M］. 北京:中华书局,1990:1168-1169.
③　程树德. 论语集释:卷十五　泰伯上［M］. 北京:中华书局,1990:529-530.
④　［元］马端临. 文献通考:卷一百七十四　经籍考一·总叙［M］. 北京:中华书局,2011:5186.
⑤　［汉］司马迁. 史记:卷一百一十七［M］. 北京:中华书局,1982:3073.
⑥　［清］赵在翰,辑. 七纬·易纬:卷二　易乾凿度·卷上［M］. 北京:中华书局,2012:31.
⑦　［清］焦循. 孟子正义:卷十三　滕文公章句下·九章［M］. 北京:中华书局,1987:459.
⑧　［汉］司马迁. 史记:卷一百三十　太史公自序第七十［M］. 北京:中华书局,1982:3297.
⑨　《论语·阳货》:"君子学道则爱人,小人学道则易使。"(程树德. 论语集释:卷三十四　阳货上［M］. 北京:中华书局,1990:1189.)

之措施，何如斯谓之合于道，二书实相表里也"①，其表里之说，良有以焉。

《易》原为卜筮书籍的泛称，《周礼·春官宗伯·筮人》"筮人掌三《易》，以辨九筮之名，一曰《连山》，二曰《归藏》，三曰《周易》。九筮之名，一曰巫更，二曰巫咸，三曰巫式，四曰巫目，五曰巫易，六曰巫比，七曰巫祠，八曰巫参，九曰巫环，以辨吉凶"②，《周礼·春官宗伯·大卜》"掌三《易》之法，一曰《连山》，二曰《归藏》，三曰《周易》。其经卦皆八，其别皆六十有四"③，由此可见，《周易》文本不是突然出现的，而是在前代易学基础上，逐步发展而来。孔子阐发改造所依据《周易》文本，应当萌芽于商、周之际，《周易·系辞下》："《易》之兴也，其于中古乎？作《易》者，其有忧患乎？""《易》之兴也，其当殷之末世，周之盛德邪？当文王与纣之事邪？"④ 从殷商筮占传统到《周易》形成，并非出于一时一人，是长期积累萃取之产物。《周易》经孔子论赞，从自然哲学⑤上升到人文理性，将卜筮吉凶之书阐发成儒学哲理之书，仿效天道来治理人道。

《春秋》原为编年史书之泛称，《墨子·明鬼下》论及"周之《春秋》""燕之《春秋》""宋之《春秋》""齐之《春秋》"⑥，《墨子》佚文"吾见百国《春秋》"⑦。各国《春秋》文本，在孔子以前，已作为贵族教科书，如《国语·楚语上》"（楚）庄王使士亹傅太子箴"，士亹问于申叔时，叔时曰："教之《春秋》，而为之耸善而抑恶焉，以戒劝其心"⑧，《国语·晋语七》："（司马侯）对曰：'诸侯之为，日在君侧，以其善行，以其恶戒，可谓德义矣。'（晋悼）公曰：'孰能？'对曰：'羊舌肸习于《春秋》。'乃召叔向使傅大子彪"⑨，各国以《春秋》作为历史教材，耸善而抑恶，可谓以史为鉴。

《左传·昭公二年》记载韩宣子使鲁，"观书于大史氏，见《易象》与鲁

① 吕思勉．先秦史．宗教学术·先秦诸子［M］．上海：上海古籍出版社，1982：476.
② ［清］孙诒让．周礼正义．春官宗伯第三下［M］．北京：中华书局，2013：1964.
③ ［清］孙诒让．周礼正义．春官宗伯第三下［M］．北京：中华书局，2013：1928-1932.
④ 黄寿祺，张善文．周易译注：卷九［M］．北京：中华书局，2016：527、537.
⑤ 《史记·太史公自序》："《易》著天地阴阳四时五行，故长于变。"（［汉］司马迁．史记：卷一百三十［M］．北京：中华书局，1982：3297.）
⑥ ［清］孙诒让．墨子间诂：卷八［M］．北京：中华书局，2001：224、228、230、231.
⑦ 【按】见于隋李德林重答魏收书。孙诒让案：见《隋书》本传，亦见《史通·六家篇》（［清］孙诒让．墨子间诂：墨子附录一卷·墨子佚文［M］．北京：中华书局，2001：658.）。
⑧ 徐元诰．国语集解：楚语上第十七　庄王使士亹傅大子箴［M］．北京：中华书局，2002：483、485.
⑨ 徐元诰．国语集解：晋语七第十三　悼公与司马侯升台而望［M］．北京：中华书局，2002：415.

《春秋》"①，所谓"大史氏"，即官学世守②，可见在春秋时代，于孔子之前，《易》与《春秋》，已被列入鲁国官学职掌。孔子正是根据鲁国官学文本，晚年论赞《周易》之哲学意蕴。《论语·述而》"子曰：'加我数年，五十以学《易》，可以无大过矣。'"③《论语·子路》："子曰：'不占而已矣。'"④ 可谓由天道到人道；晚年重修《春秋》，以惩恶劝善，《孟子·滕文公下》"世衰道微，邪说暴行有作，臣弑其君者有之，子弑其父者有之，孔子惧，作《春秋》《春秋》，天子之事也。是故孔子曰：'知我者其惟《春秋》乎，罪我者其惟《春秋》乎？'"⑤《孟子·离娄下》："王者之迹熄而《诗》亡，《诗》亡然后《春秋》作。晋之《乘》、楚之《梼杌》、鲁之《春秋》，一也。其事则齐桓、晋文，其文则史。孔子曰：'其义则丘窃取之矣。'"⑥ 可谓由论古到议今。

《论语·公冶长》："子贡曰：'夫子之文章，可得而闻也，夫子之言性与天道，不可得而闻也。'"⑦《史记·孔子世家》："孔子晚而喜《易》""读《易》，韦编三绝"⑧，孔子晚年研《易》以言"天道"，子贡叹之不可得而闻；《史记·孔子世家》："至于为《春秋》，笔则笔，削则削，子夏之徒不能赞一辞。弟子受《春秋》，孔子曰：'后世知丘者以《春秋》，而罪丘者亦以《春秋》。'"⑨ 孔子晚年修《春秋》以论"人道"⑩，子夏之徒受业秉承。如子贡与子夏者，皆孔门圣徒，可见《易》与《春秋》，以供高足隽才习学领会。从"四经"到"六经"的演变过程，不仅是儒家课程内容的扩展，更是儒学思想之全面渗透，儒学课本经孔子编纂而成，儒学文献的核心经典，从此诞生。

湖北荆门郭店战国楚墓出土竹简《六德》，曰"观诸《诗》《书》，则亦在矣，观诸《礼》《乐》，则亦在矣，观诸《易》《春秋》，则亦在矣"⑪，《诗》《书》《礼》《乐》《易》《春秋》并举，排列顺序与《庄子·天运》相合，可见

---

① ［清］洪亮吉. 春秋左传诂：卷十五［M］. 北京：中华书局，1987：646.
② 《左传·昭公二十九年》："官修其方，朝夕思之""失官不食，官宿其业"。（［清］洪亮吉. 春秋左传诂：卷十八［M］. 北京：中华书局，1987：794.）
③ 程树德. 论语集释：卷十四 述而下［M］. 北京：中华书局，1990：469.
④ 程树德. 论语集释：卷二十七 子路下［M］. 北京：中华书局，1990：934.
⑤ ［清］焦循. 孟子正义：卷十三［M］. 北京：中华书局，1987：452.
⑥ ［清］焦循. 孟子正义：卷十六［M］. 北京：中华书局，1987：572-574.
⑦ 程树德. 论语集释：卷九 公冶长上［M］. 北京：中华书局，1990：318.
⑧ ［汉］司马迁. 史记：卷四十七［M］. 北京：中华书局，1982：1937.
⑨ ［汉］司马迁. 史记：卷四十七［M］. 北京：中华书局，1982：1944.
⑩ 《汉书·艺文志》：孔子"故与左丘明观其史记，据行事，仍人道，因兴以立功，就败以成罚，假日月以定历数，藉朝聘以正礼乐。有所褒讳贬损，不可书见，口授弟子，弟子退而异言"（［汉］班固. 汉书：卷三十［M］. 北京：中华书局，1962：1715.）。
⑪ 荆门市博物馆. 郭店楚墓竹简：释文［M］. 北京：文物出版社，1998：188.

"六经"之结集与删定，在战国以前就已经形成。孔子将技能"六艺"提升为理论"六艺"①，将官学"旧课本"改造为儒学"新课本"，兴废起弊，以述为作，修起阐发，立教传道，其文化影响之深远，可谓难以估量。

# 第三节　旧史经典化与经典儒学化

儒学形成的历史，其实就是儒家"六经"形成及其不断诠释的历史，儒学发展进程，多是采取对儒家经典重新注释的形式展开，世所谓"学苟治本，六经皆我注脚""六经注我，我注六经"②，由此可见，"六经"在儒学文献史上的核心价值。而"六经"之性质，可划分为原始六经、西周六经、孔子六经③，实则经历旧史经典化与经典儒学化的演变过程。

"六经"起源甚古，考其原始形态，即原始六经。原始六经的性质，可归纳为三类：（一）天道阳健，《易》与《乐》乃天道。易道主阳健，阳刚阴柔，阳主而阴从，《周易正义·无妄·象》孔颖达疏："天道纯阳，刚而能健"④，《周易·系辞上》："天尊地卑，乾坤定矣。卑高以陈，贵贱位矣。动静有常，刚柔断矣。方以类聚，物以群分，吉凶生矣"⑤，又《礼记·乐记》："天尊地卑，君

---

① 钟肇鹏《孔子研究》："关于古代典籍六艺有三种：（一）古六艺，指孔子以前的六艺；（二）孔子编辑整理的六艺；（三）现在流传的六艺"，"孔子加工整理的'六艺'现在也不能见其全貌，今天所读的'五经'乃是战国末秦汉间儒者所传下来的本子。这个本子，经秦火之后有的残缺不全，只能说保存了孔子时'六艺'的一部分"。（钟肇鹏. 孔子研究：增订本上编 孔子的教育实践和文献整理工作［M］. 北京：中国社会科学出版社，1990：99-100.）

② 【按】此据后世通用义为解，然考诸陆九渊本义（［宋］陆九渊. 陆九渊集：卷三四　语录上［M］. 北京：中华书局，1980：395、399.），则并非如此。《语录》原文语境为"或问先生何不著书？对曰：六经注我，我注六经。韩退之是倒做，盖欲因学文而学道"，《宋史》引据《语录》，别裁为"或劝九渊著书，曰：六经注我，我注六经。又曰：学苟知道，六经皆我注脚"（［元］脱脱，等. 宋史：卷四三四　陆九渊传［M］. 北京：中华书局，1977：12881.），同是《陆九渊集》又有"理宗绍定三年己丑，夏四月，江东提刑赵彦悈重修象山精舍。云：道在笃行，不在空言，道在反求，不在外骛。彦悈壮岁从慈湖游，慈湖实师象山陆先生。尝闻或谓陆先生云：'胡不注六经？'先生云：'六经当注我，我何注六经。'又观先生与学子帖，有'反思自得''反而求之'之训，有朴实一途之说"（陆九渊集：卷三六　年谱，522.），赵彦悈所论甚是，此乃象山本义，与"世所谓"者有所区别，特予说明。

③ 【按】刘师培划分为古代之六经、西周之六经、孔子定六经（刘师培. 经学教科书［M］. 陈居渊，注. 上海：上海古籍出版社，2006：10-20.），笔者在此基础上有新发展，提出旧史经典化与经典儒学化，谓之六经形态演化论。

④ 李申、卢光明，整理. 吕绍纲，审定. 周易正义［M］. 北京：北京大学出版社，1999：115.

⑤ 李申、卢光明，整理. 吕绍纲，审定. 周易正义［M］. 北京：北京大学出版社，1999：257-258.

臣定矣。卑高已陈，贵贱位矣。动静有常，小大殊矣。方以类聚，物以群分，则性命不同矣”①，论易之语，亦可用于论乐。乐道亦主阳健，《礼记·郊特牲》：“乐，阳气也”“乐由阳来者也”“凡声，阳也”②，可见《易》与《乐》哲学性质相通，实际功能皆为天人通感，此《庄子·天下》所谓“独与天地精神往来，而不敖倪于万物”③。天道既阳健，阳健则至公，所以易道有“乾知大始”“乾以易知”“易则易知”“易知则有亲”“仁者见之谓之仁，知者见之谓之知，百姓日用而不知”④，乐道有“乐者为同”“同则相亲”“大乐与天地同和”“乐统同”⑤，两者皆起源于“民神同位”⑥时代，滥觞于中华文明之初。（二）王道圣治，《书》与《春秋》乃王道。《礼记·玉藻》：“动则左史书之，言则右史书之”⑦，《汉书·艺文志》：“古之王者世有史官，君举必书，所以慎言行、昭法式也。左史记言，右史记事，事为《春秋》，言为《尚书》，帝王靡不同之”⑧，脱胎于王室言行史籍，记载虽有所不同，实际功能皆由天人通感走向“绝地天通”⑨，知识开始垄断，官学由是产生。（三）人道文明，《诗》与《礼》乃人道。《论语·为政》：“子曰：‘《诗》三百，一言以蔽之，曰“思无邪”。’”⑩《礼记·礼运》：“孔子曰：‘夫礼，先王以承天之道，以治人之情，故失之者死，得之者生。’”⑪以人为本，来源于社会人性管理，实际功能皆由“绝地天通”走向“小康”“大同”⑫，知识开始下移，私学由是兴起，后世所谓“诗礼传家”，即肇乎此。

论《易》原始，为卜筮手册，夏《易》为《连山》，商《易》为《归藏》，文本虽逸失，其名犹存，《周易》总三代之《易》学，《汉书·艺文志》：“《易》曰‘宓戏氏仰观象于天，俯观法于地，观鸟兽之文，与地之宜，近取诸身，远

---

① 龚抗云，整理．王文锦，审定．礼记正义［M］．北京：北京大学出版社，1999：1094-1095.

② 龚抗云，整理．王文锦，审定．礼记正义［M］．北京：北京大学出版社，1999：774、776、815.

③ ［清］王先谦．庄子集解：卷八［M］．北京：中华书局，1987：295.

④ 李申、卢光明，整理．吕绍纲，审定．周易正义［M］．北京：北京大学出版社，1999：259、269.

⑤ 龚抗云，整理．王文锦，审定．礼记正义［M］．北京：北京大学出版社，1999：1085、1087、1116.

⑥ 徐元诰．国语集解：楚语下第十八　昭王问于观射父［M］．北京：中华书局，2002：515.

⑦ 龚抗云，整理．王文锦，审定．礼记正义［M］．北京：北京大学出版社，1999：877.

⑧ ［汉］班固．汉书：卷三十［M］．北京：中华书局，1962：1715.

⑨ 廖名春、陈明，整理．吕绍纲，审定．尚书正义［M］．北京：北京大学出版社，1999：539.

⑩ 朱汉民，整理．张岂之，审定．论语注疏［M］．北京：北京大学出版社，1999：14.

⑪ 龚抗云，整理．王文锦，审定．礼记正义［M］．北京：北京大学出版社，1999：662.

⑫ 龚抗云，整理．王文锦，审定．礼记正义［M］．北京：北京大学出版社，1999：658-661

取诸物，于是始作八卦，以通神明之德，以类万物之情'（汉志此据《系辞下》）。至于殷、周之际，纣在上位，逆天暴物，文王以诸侯顺命而行道，天人之占可得而效，于是重《易》六爻，作上下篇。孔氏为之《彖》《象》《系辞》《文言》《序卦》之属十篇。故曰《易》道深矣，人更三圣，世历三古"①，时代邈远，易学可谓尚矣，诞生于中华文明之初。

论《乐》原始，为乐舞脚本，《吕氏春秋·仲夏纪·古乐》："昔葛天氏（此为远古部落名）之乐，三人操牛尾，投足以歌八阕（'操'，持也；'投足'，即顿足，踏着脚；'阕'，指乐章）：一曰载民、二曰玄鸟、三曰遂草木、四曰奋五谷、五曰敬天常、六曰达帝功、七曰依地德、八曰总禽兽之极"②，伏羲、神农、黄帝、帝喾、尧、舜、禹、汤以来，皆有民族史诗乐舞，《乐记》"王者功成作乐""其功大者其乐备"③，五音六律，乐舞规制，乐学亦可谓尚矣，滥觞于华夏文明之初。

论《书》与《春秋》原始，可综论之，皆为王室起居注，《左传·昭公十二年》楚左史倚相"能读《三坟》《五典》《八索》《九丘》"④，据《周礼·春官宗伯·外史》，周代史官有外史"掌三皇五帝之书"⑤，此为史书之祖，《书》与《春秋》从中产生，《史记·乐毅列传》："贤圣之君，功立而不废，故著于《春秋》"⑥，《汉书·艺文志》："左史记言，右史记事，事为《春秋》，言为《尚书》"⑦，原始记录，掌于史官，可见脱胎于官方史籍。

论《诗》原始，为谣谚采风，《左传·襄公十四年》师旷曰："自王以下，各有父兄子弟，以补察其政。史为书，瞽为诗，工诵箴谏，大夫规诲，士传言，庶人谤，商旅于市，百工献艺。故《夏书》曰：'遒人以木铎⑧徇于路，官师相

---

① ［汉］班固.汉书：卷三十［M］.北京：中华书局，1962：1704.

② ［秦］吕不韦.吕氏春秋集释：卷第五［M］.许维遹，集释.北京：中华书局，2009：118.

③ 龚抗云，整理.王文锦，审定.礼记正义［M］.北京：北京大学出版社，1999：1091.

④ 浦卫忠，等整理.杨向奎，等审定.春秋左传正义［M］.北京：北京大学出版社，1999：1306.

⑤ 赵伯雄，整理.王文锦，审定.周礼注疏［M］.北京：北京大学出版社，1999：711.

⑥ ［汉］司马迁.史记：卷八十［M］.北京：中华书局，1982：2432.

⑦ ［汉］班固.汉书：卷三十［M］.北京：中华书局，1962：1715.

⑧ 【按】木铎，为金口木舌之铃，用于文教宣令，《周礼·天官冢宰·小宰》（赵伯雄，整理.王文锦，审定.周礼注疏［M］.北京：北京大学出版社，1999：63.）、《地官司徒·小司徒》（周礼注疏，286.）皆有"正岁""徇以木铎"，孙诒让《周礼正义》曰"全经凡言'正岁'者，并为夏正建寅之月，别于凡言'正月'者，为周正建子之月也"（［清］孙诒让.周礼正义：天官冢宰第一上　小宰［M］.北京：中华书局，2013：186.）。顾炎武《日知录》卷五有"木铎"条（［清］顾炎武.日知录校注［M］.陈垣，校注.合肥：安徽大学出版社，2007：254.），亦可参。

规，工执艺事以谏.' 正月孟春①，于是乎有之，谏失常也"，杜预注："遒人，行人之官也。木铎，木舌金铃。徇于路，求歌谣之言"②，又据《周礼·春官宗伯·大师》，周代乐官有大师之职"教六诗：曰风、曰赋、曰比、曰兴、曰雅、曰颂"③，《礼记·王制》："（天子）命大师陈诗，以观民风"，郑玄注曰："陈诗，谓采其诗而视之"④，又《汉书·食货志上》："孟春之月，群居者将散，行人振木铎徇于路，以采诗，献之大师，比其音律，以闻于天子，故曰王者不窥牖户而知天下"⑤，遒人巡行，求歌谣之言，乃民间原始素材，大师陈诗，比其音律，乃官方艺术加工，《毛诗大序》所谓"在心为志，发言为诗"⑥，《汉书·艺文志》："《书》曰：'诗言志，（哥）［歌］咏言.' 故哀乐之心感，而（哥）［歌］咏之声发。诵其言谓之诗，咏其声谓之（哥）［歌］。故古有采诗之官，王者所以观风俗，知得失，自考正也"⑦，社会上层谏言，载于史籍，社会下层谏言，存诸谣谚，经过采集加工，登闻于天子，艺术生动，以供考察民间舆情⑧，可见起源于信访采风。

论《礼》原始，为祭典制度，《尚书·舜典》："（舜）帝曰：'咨！四岳，有能典朕三礼？'金曰：'伯夷.' 帝曰：'俞，咨！伯，汝作秩宗。夙夜惟寅，直哉为清.'"⑨ 所谓"秩宗"，即宗伯之前身，据《周礼·春官宗伯·大宗伯》，周代礼官有大宗伯之职"掌建邦之天神、人鬼、地示之礼⑩，"三礼"即

---

① 【按】伪《古文尚书·胤征》"每岁孟春，遒人以木铎徇于路"（廖名春、陈明，整理. 吕绍纲，审定. 尚书正义 [M]. 北京：北京大学出版社，1999：182.），即取源于此。

② 浦卫忠，等整理. 杨向奎，等审定. 春秋左传正义 [M]. 北京：北京大学出版社，1999：927-929。

③ 赵伯雄，整理. 王文锦，审定. 周礼注疏 [M]. 北京：北京大学出版社，1999：610.

④ 龚抗云，整理. 王文锦，审定. 礼记正义 [M]. 北京：北京大学出版社，1999：363.

⑤ ［汉］班固. 汉书：卷二十四上 [M]. 北京：中华书局，1962：1123.

⑥ 龚抗云，等整理. 刘家和，审定. 毛诗正义 [M]. 北京：北京大学出版社，1999：6.

⑦ ［汉］班固. 汉书：卷三十 [M]. 北京：中华书局，1962：1708.

⑧ 【按】《孟子·离娄下》"王者之迹熄而《诗》亡"（廖名春、刘佑平，整理. 钱逊，审定. 孟子注疏 [M]. 北京：北京大学出版社，1999：226.），所谓"王者之迹"，当作"王者之迓"，即遒人也，《说文·辵部》："迓，古之遒人，以木铎记诗言"，徐锴《说文解字系传》："遒人行而求之，故从辵从丌，荐而进之于上也"，朱骏声《说文通训定声·颐部弟五·迓》："按《孟子》'王者之迹熄而《诗》亡'，'迹'盖'迓'之误字"，所论甚确，又如《公羊传》何休解诂"五谷毕入，民皆居宅，从十月尽正月止，男女相从而歌，饥者歌其食，劳者歌其事。男年六十女年五十无子者，官衣食之，使之民间求诗，乡移于邑，邑移于国，国以闻于天子，故王者不出牖户，尽知天下"（浦卫忠，整理. 杨向奎，审定. 春秋公羊传注疏 [M]. 北京：北京大学出版社，1999：361.），皆采诗观风之证。

⑨ 廖名春、陈明，整理. 吕绍纲，审定. 尚书正义 [M]. 北京：北京大学出版社，1999：78.

⑩ 赵伯雄，整理. 王文锦，审定. 周礼注疏 [M]. 北京：北京大学出版社，1999：450.

祀天、祭地、享鬼之礼，《尚书·舜典》："修五礼、五玉、三帛、二生、一死赘"①，此乃吉凶宾军嘉之礼，降及三代，继承发展，《论语·为政》孔子曰："殷因于夏礼，所损益可知也，周因于殷礼，所损益可知也，其或继周者，虽百世，可知也"②，制度条文，掌于礼官，可见来源于世传礼典。

以上所论，是"六经"的原始形态，属于文献积累阶段，素材杂乱无序，即所谓"旧法世传之史"，《庄子·天下》："其明而在数度者，旧法世传之史，尚多有之；其在于《诗》《书》《礼》《乐》者，邹鲁之士、搢绅先生多能明之。《诗》以道志，《书》以道事，《礼》以道行，《乐》以道和，《易》以道阴阳，《春秋》以道名分。其数散于天下而设于中国者，百家之学时或称而道之"③，章学诚《文史通义·易教上》总结为"六经皆史也"④，"六经"之原始形态有待荟萃成编。

"六经"从原始形态到汇编形态，正是旧史经典化之过程，"六经"的汇编形态，出于官学教育需要，有所谓"造士"⑤ 文献，即西周六经。《论语·八佾》："周监于二代，郁郁乎文哉！吾从周"⑥，西周制度灿然，源自文武周公之开辟奠基，文王研《易》，整理象文爻辞，以备卜筮之用。《尚书·多士》："惟殷先人，有册有典"⑦，此乃周公诰殷王旧臣于成周，既然周公得见殷人典册（笔者按：从殷墟卜辞可知，典册观念已经产生，甲骨上有钻孔编号痕迹，相当于巫史分类档案），可知武王伐纣成功后，曾经接收殷商官方文献，其中便包括大量有关《书》《春秋》与《诗》⑧ 的典册，"旧史"由殷王室转移到周王室。周公根据传统与文献，损益前代礼乐，"制礼作乐"⑨，法古开新，为冠、昏、

① 廖名春、陈明，整理．吕绍纲，审定．尚书正义［M］．北京：北京大学出版社，1999：60.
② 朱汉民，整理．张岂之，审定．论语注疏［M］．北京：北京大学出版社，1999：23-24.
③ ［清］王先谦．庄子集解：卷八［M］．北京：中华书局，1987：287-288.
④ ［清］章学诚．文史通义校注［M］．叶瑛，校注．北京：中华书局，2000：1.【按】：此说法明代王守仁已有之，可参：张舜徽．史学三书平议：文史通义平议［M］．北京：中华书局，1983：179-180.
⑤ 龚抗云，整理．王文锦，审定．礼记正义［M］．北京：北京大学出版社，1999：404.
⑥ 朱汉民，整理．张岂之，审定．论语注疏［M］．北京：北京大学出版社，1999：36.
⑦ 廖名春、陈明，整理．吕绍纲，审定．尚书正义［M］．北京：北京大学出版社，1999：426.
⑧ 【按】《昭明文选》张协《七命》："语不传于辀轩，地不被乎正朔"，李善注引《风俗通》："周秦常以八月辀轩使采异代方言，藏之秘府"（萧统．文选［M］．李善，注．北京：中华书局，1977：498.），《方言》所附刘歆《与扬雄书》："三代周秦轩车使者、遒人使者，以岁八月巡路，求代语僮谣歌戏"，扬雄《答刘歆书》："尝闻先代辀轩之使，奏籍之书皆藏于周秦之室"（见"戴疏刘歆扬雄往返书"，华学诚．扬雄方言校释汇证：附录二［M］．北京：中华书局，2006：1032.），由此可见，周秦亦有专司采风，风诗存焉，犹前代遒人巡行之制。
⑨ 龚抗云，整理．王文锦，审定．礼记正义［M］．北京：北京大学出版社，1999：934.

丧、祭、朝、聘、射、飨之礼，具于条文为《礼》《乐》，这些都为西周六经结集创造条件。

对于六经结集，更重要的是西周官学教育，"天子命之教，然后为学"①，司徒教民，是为平民之学，《礼记·王制》："无旷土，无游民，食节事时，民咸安其居，乐事劝功，尊君亲上，然后兴学。司徒修六礼以节民性，明七教以兴民德，齐八政以防淫，一道德以同俗，养耆老以致孝，恤孤独以逮不足，上贤以崇德，简不肖以绌恶。"② 乐正造士，是为贵族之学，而平民之学的优秀生员，称为"国之俊选"，也可以进入贵族之学深造，《礼记·王制》："命乡，论秀士，升之司徒，曰选士。司徒论选士之秀者而升之学，曰俊士。升于司徒者，不征于乡，升于学者，不征于司徒，曰造士。乐正崇四术、立四教，顺先王《诗》《书》《礼》《乐》以造士，春秋教以《礼》《乐》，冬夏教以《诗》《书》。王大子、王子、群后之大子，卿、大夫、元士之适（適）子，国之俊选，皆造焉。凡入学以齿。"③ 其间《诗》《书》《礼》《乐》，为西周官学主要课程，学有时限，原始六经庞杂无序，为了便于课程教学，需要去粗取精、汇编成帙，于是官学教本生焉。

从西周职官的司职情况来看，官学既有政事官与文化官兼管，也有乐官专司，根据周代金文以及《周礼》《礼记·王制》等相关记载，保氏（《周礼·地官司徒·保氏》，即《尚书》所谓"太保"）、师氏（《周礼·地官司徒·师氏》，金文《师嫠殷》有"师嫠，在昔先王小学"）、宰官④、司徒（金文作"司土"，《周礼·地官司徒》之"大司徒""小司徒""乡师""乡大夫""州长""党正""鼓人""舞师"），是作为政事官而兼掌官学教习，宗伯（《周礼·春官宗伯》之"大宗伯""小宗伯"，与金文之"大史寮"相近）、大史（《周礼·春官宗伯·大史》，金文见于《中方鼎》《大史垒》《大史友甗》等）、大祝（《周礼·春官宗伯·大祝》，金文见于《禽殷》《长由盉》《申殷盖》等）、大卜（金文作"司卜"，即"莅卜"之意，"以八命者，赞三兆、三

---

① 龚抗云，整理．王文锦，审定．礼记正义［M］．北京：北京大学出版社，1999：370.
② 龚抗云，整理．王文锦，审定．礼记正义［M］．北京：北京大学出版社，1999：401-403.
③ 龚抗云，整理．王文锦，审定．礼记正义［M］．北京：北京大学出版社，1999：403-404.
④ 【按】《周礼·天官冢宰》之"大宰""小宰""内宰""大宰之职，掌建邦之六典，以佐王治邦国""一曰治典""二曰教典""三曰礼典""四曰政典""五曰刑典""六曰事典"（赵伯雄，整理．王文锦，审定．周礼注疏［M］．北京：北京大学出版社，1999：24.），恰与《周礼》六官性质相合，孙诒让《周礼正义》曰"经例言'建'者，并谓修立其政法之书，颁而行之"（［清］孙诒让．周礼正义：天官冢宰第一上　大宰［M］．北京：中华书局，2013：58-59.），所谓"政法之书"，即制度条文。

《易》、三梦之占，以观国家之吉凶，以诏救政"①），是作为文化官而兼掌官学教习，大司乐以下二十职官②，是作为乐官而专司官学教习，俞正燮指出"虞命'教胄子'，止属典乐；周'成均之教'，大司成、小司成、乐胥皆主乐；《周官》大司乐、乐师、大胥、小胥皆主学。古人学有师，师名出于学""通检三代以上书，乐之外无所谓学"③，所论西周官学体制，乐官即教官。

章学诚《校雠通义·原道》："有官斯有法，故法具于官；有法斯有书，故官守其书"④，西周时代，治教无二、官师合一，官学教本皆掌于官府，《易》掌于大卜，《乐》掌于大司乐，《书》《春秋》掌于大史、外史，《诗》掌于大师，《礼》掌于大宗伯，此乃西周六经，于孔子之前，久已有之。这些官学教本，可统称为"周公之旧典"，如《文史通义·原道中》："夫子明教于万世，夫子未尝自为说也，表章六籍，存周公之旧典，故曰'述而不作，信而好古'""所谓明先王之道以导之也"⑤。以上所论"周公之旧典"，是"六经"的汇编形态，属于官学教本阶段，教材结集有序，荟萃成编，经典粗成，从而完成旧史经典化的演化进程。此阶段相当于教学资料类要，尚未形成思想体系，有待去粗取精、删定别裁，提炼宗旨纲领，进而明确指导意义。

"六经"从汇编形态到儒学形态，正是经典儒学化的过程，"六经"之儒学形态，出于儒家教学需要，《礼记·经解》："孔子曰：入其国，其教可知也。其为人也，温柔敦厚，《诗》教也；疏通知远，《书》教也；广博易良，《乐》教也；洁净精微，《易》教也；恭俭庄敬，《礼》教也；属辞比事，《春秋》教也。故《诗》之失，愚；《书》之失，诬；《乐》之失，奢；《易》之失，贼；《礼》之失，烦；《春秋》之失，乱。"⑥ 此就施教效果而言，兼及"六经"得失，《史记·滑稽列传序》："孔子曰：六艺于治一也。《礼》以节人，《乐》以发和，

---

① 赵伯雄，整理．王文锦，审定．周礼注疏［M］．北京：北京大学出版社，1999：640.

② 【按】《周礼·春官宗伯》之"大司乐"至"司干"，共二十职官，皆谓之"乐官"，亦称"乐人"，如《礼记·少仪》："问大夫之子长幼，长，则曰：能从乐人之事矣；幼，则曰：能正于乐人"（龚抗云，整理．王文锦，审定．礼记正义［M］．北京：北京大学出版社，1999：1028.），《仪礼·燕礼》："膳宰具官馔于寝东，乐人县"，胡培翚《仪礼正义》曰："是悬乐诸官皆有其事，故总称乐人"（胡培翚．仪礼正义［M］．南京：江苏古籍出版社，1993：665.）。

③ ［清］俞正燮．癸巳存稿：卷二　君子小人学道是弦歌义［M］．合肥：黄山书社，2005：87-88.

④ ［清］章学诚．文史通义校注［M］．叶瑛，校注．北京：中华书局，2000：951.

⑤ ［清］章学诚．文史通义校注［M］．叶瑛，校注．北京：中华书局，2000：131.

⑥ 龚抗云，整理．王文锦，审定．礼记正义［M］．北京：北京大学出版社，1999：1368.

《书》以道事，《诗》以达意，《易》以神化，《春秋》以义。"① 此所谓儒学核心文献②，即孔子六经。

章太炎认为"微孔子则学皆在官，民不知古""令人人知前世废兴、中夏所以创业垂统者，孔氏也""追惟仲尼闻望之隆，则在六籍"③，儒学新课本"六经"的编纂形成，正与孔子紧密相关。按《毛诗·商颂》小序，孔氏世传《诗》学，得诸远祖正考父，此乃孔子删《诗》之条件④；按《春秋公羊传注疏》，得百二十国宝书于周史，此乃孔子编《书》之储备⑤；按《礼记·曾子问》，孔子曾问礼于老聃，共有四次记载，此乃孔子订《礼》之咨询⑥；按《孔子家语·辩乐解》《礼记·乐记》与《论语》，曾学琴于师襄⑦、问乐于苌弘⑧、闻《韶》于齐⑨，击磬于卫⑩（笔者按：卫国多殷遗民，当存商乐，孔子亦属殷商之苗裔），正乐于鲁⑪，此乃孔子正《乐》之基础；按《左传·昭公二年》《易象》、鲁《春秋》掌于太史氏，此乃孔子论《易》、修《春秋》之依据⑫。

孔子"论次《诗》《书》，修起《礼》《乐》"，明见于司马迁《史记》，如《史记·儒林列传序》："夫周室衰而《关雎》作⑬，幽厉微而《礼》《乐》坏，诸侯恣行，政由强国，故孔子闵王路废而邪道兴，于是论次《诗》《书》，修起《礼》《乐》。适齐闻《韶》，三月不知肉味；自卫返鲁，然后《乐》正，《雅》

① ［汉］司马迁. 史记：卷一百二十六 ［M］. 北京：中华书局，1982：3197.

② 【按】《庄子·天下》："《诗》以道志，《书》以道事，《礼》以道行，《乐》以道和，《易》以道阴阳，《春秋》以道名分"（［清］王先谦. 庄子集解：卷八 ［M］. 北京：中华书局，1987：288.），与上文司马迁《史记·滑稽列传序》所引"六经"云云，其职能相近，皆就施教主旨而言。

③ 章太炎. 章太炎全集：第三册　检论·订孔上 ［M］. 上海：上海人民出版社，1984：423-425.

④ 龚抗云，等整理. 刘家和，审定. 毛诗正义 ［M］. 北京：北京大学出版社，1999：1430.

⑤ 浦卫忠，整理. 杨向奎，审定. 春秋公羊传注疏 ［M］. 北京：北京大学出版社，1999：1-2.

⑥ 龚抗云，整理. 王文锦，审定. 礼记正义 ［M］. 北京：北京大学出版社，1999：587-588、614、616、619.

⑦ ［清］陈士珂，辑. 孔子家语疏证：卷八 ［M］. 南京：凤凰出版社，2017：226-227.

⑧ 龚抗云，整理. 王文锦，审定. 礼记正义 ［M］. 北京：北京大学出版社，1999：1130.

⑨ 朱汉民，整理. 张岂之，审定. 论语注疏 ［M］. 北京：北京大学出版社，1999：89.

⑩ 朱汉民，整理. 张岂之，审定. 论语注疏 ［M］. 北京：北京大学出版社，1999：201.

⑪ 朱汉民，整理. 张岂之，审定. 论语注疏 ［M］. 北京：北京大学出版社，1999：118.

⑫ 浦卫忠，等整理. 杨向奎，等审定. 春秋左传正义 ［M］. 北京：北京大学出版社，1999：1172.

⑬ 【按】《毛诗·周南·关雎序》："《关雎》，后妃之德也，风之始也，所以风天下而正夫妇也"（龚抗云，等整理. 刘家和，审定. 毛诗正义 ［M］. 北京：北京大学出版社，1999：4-5.），《后汉书·皇后纪序》："故康王晚期，《关雎》作讽"（［南朝宋］范晔. 后汉书：卷十上 ［M］. 北京：中华书局，1965：397.）。

《颂》各得其所。"① 又如《史记·孔子世家》："孔子之时，周室微而《礼》《乐》废，《诗》《书》缺，追迹三代之《礼》，序《书》传，上纪唐虞之际，下至秦缪，编次其事。曰：'夏礼吾能言之，杞不足征也；殷礼吾能言之，宋不足征也。足，则吾能征之矣。'观殷夏所损益，曰：'后虽百世可知也。'以一文一质，'周监二代，郁郁乎文哉，吾从周。'故《书》传、《礼》记自孔氏。""孔子以《诗》《书》《礼》《乐》教②，弟子盖三千焉，身通六艺者七十有二人，如颜浊邹之徒，颇受业者甚众。""孔子语鲁大师：'乐其可知也，始作翕如，纵之纯如、皦如、绎如也，以成。''吾自卫反鲁，然后《乐》正，《雅》《颂》各得其所。'古者《诗》三千余篇，及至孔子③，去其重，取可施于礼义，上采契、后稷，中述殷周之盛，至幽厉之缺，始于衽席，故曰'《关雎》之乱以为风始，《鹿鸣》为小雅始，《文王》为大雅始，《清庙》为颂始'。三百五篇，孔子皆弦歌之④，以求合《韶》《武》《雅》《颂》之音。《礼》《乐》自此可得而述，以备王道，成六艺。"⑤ 关于孔子论及《诗》《书》《礼》《乐》，可靠材料首推《论语》，如"在齐闻《韶》"（笔者按：齐存舜乐，鲁存周乐），"《诗》、《书》、执礼"，见于《述而》⑥；"自卫反鲁，然后《乐》正"，见于《子罕》⑦；"夏礼吾能言之，而杞不足征也""殷礼吾能言之，而宋不足征也""周监于二代""语鲁太师乐"，见于《八佾》⑧；"兴于《诗》，立于《礼》，成于《乐》"，见于《泰伯》⑨；"不学《诗》，无以言""不学《礼》，无以立"，见于《季氏》⑩；两处引《书》，孔子引《书》，见于《为政》⑪，子张引《书》，

① ［汉］司马迁.史记：卷一百二十一［M］.北京：中华书局，1982：3115.
② 《史记·孔子世家》："是以鲁自大夫以下皆僭离于正道，故孔子不仕，退而修《诗》《书》《礼》《乐》，弟子弥众，至自远方，莫不受业焉。"（［汉］司马迁.史记：卷四十七［M］.北京：中华书局，1982：1914.）
③ 【按】《上海博物馆藏楚竹书》有《孔子诗论》（季旭升.上海博物馆藏战国楚竹书读本［M］.北京：北京大学出版社，2009），其中保留大量孔子说《诗》之断简遗篇，正是孔子学《诗》删《诗》的文献证据。
④ 《汉书·艺文志》："孔子纯取周诗，上采殷，下取鲁，凡三百五篇。"（［汉］班固.汉书：卷三十［M］.北京：中华书局，1962：1708.）
⑤ ［汉］司马迁.史记：卷四十七［M］.北京：中华书局，1982：1935－1936、1938、1936－1937.
⑥ 朱汉民，整理.张岂之，审定.论语注疏［M］.北京：北京大学出版社，1999：91.
⑦ 朱汉民，整理.张岂之，审定.论语注疏［M］.北京：北京大学出版社，1999：118.
⑧ 朱汉民，整理.张岂之，审定.论语注疏［M］.北京：北京大学出版社，1999：33、36、43－44.
⑨ 朱汉民，整理.张岂之，审定.论语注疏［M］.北京：北京大学出版社，1999：104.
⑩ 朱汉民，整理.张岂之，审定.论语注疏［M］.北京：北京大学出版社，1999：230.
⑪ 朱汉民，整理.张岂之，审定.论语注疏［M］.北京：北京大学出版社，1999：22.

孔子答之，见于《宪问》①。综上可见，孔子与《诗》《书》《礼》《乐》，存在千丝万缕的联系。孔子在长年讲学授徒的过程中，编纂儒学新课本，用于儒家教学需要，对《诗》《书》《礼》《乐》有过"论次"和"修起"，可谓水到渠成，实乃顺理成章之事。

至于孔子与《易》的关系，《史记·孔子世家》："孔子晚而喜《易》，序《彖》《系》《象》《说卦》《文言》，读《易》，韦编三绝。曰：'假我数年，若是，我于《易》则彬彬矣。'"② 又如马王堆帛书《要》篇："夫子老而好《易》，居则在席，行则在橐，子赣曰：'夫子它日教此弟子曰：德行亡者，神灵之趋，知谋远者，卜筮之繁，赐以此为然矣。以此言取之，赐缗行之为也。夫子何以老而好之乎？'夫子曰：'君子言以矩方也……《尚书》多于矣，《周易》未失也，且有古之遗言焉。予非安其用也，予乐［其辞也，予何］尤于此乎？'……子曰：'夫《易》，刚者使知惧，柔者使知刚，愚人为而不妄，渐人为而去诈。'……子赣曰：'夫子亦信其筮乎？'子曰：'吾百占而七十当……'子曰：'《易》，我后其祝卜矣，我观其德义耳也。幽赞而达乎数，明数而达乎德，又仁［守］者而义行之耳。赞而不达于数，则其为之巫。数而不达于德，则其为之史。史、巫之筮，乡之而未也，好之而非也。后世之士疑丘者，或以《易》乎？吾求其德而已，吾与史、巫同涂而殊归者也。君子德行焉求福，故祭祀而寡也；仁义焉求吉，故卜筮而希也。祝巫卜筮其后乎？'"③ 由此可见，孔子晚年潜心研《易》，"居则在席，行则在橐"，以至于"韦编三绝"，与专事占筮的官学祝卜不同，孔子爱好却不迷信，所谓"我后其祝卜矣"，即《论语·子路》"不占而已矣"④，目的在于得到人生启迪，"刚者使知惧，柔者使知刚，愚人为而不妄，渐人为而去诈"。

马王堆帛书《要》篇"我观其德义耳也"之"德义"，李学勤引《系辞上》："是故蓍之德圆而神，卦之德方以知，六爻之义易以贡。圣人以此洗心，退藏于密，吉凶与民同患。神以知来，知以藏往"，认为此处孔子所"观"之"德义"，乃"蓍""卦""之德"与"六爻之义"，亦即"神"、"知"（智）与"易"（变易），池田知久不同意李氏说解，认为此"德义"，乃儒教伦理思想（"德"）与政治思想（"义"）⑤。按马王堆帛书《要》篇下文，孔子又曰：

① 朱汉民，整理．张岂之，审定．论语注疏［M］．北京：北京大学出版社，1999：202.
② ［汉］司马迁．史记：卷四十七［M］．北京：中华书局，1982：1937.
③ 刘彬．帛书《要》篇校释：释文［M］．北京：光明日报出版社，2009：29-46.
④ 朱汉民，整理．张岂之，审定．论语注疏［M］．北京：北京大学出版社，1999：179.
⑤ 刘彬．帛书《要》篇校释［M］．北京：光明日报出版社，2009：42.

"幽赞而达乎数，明数而达乎德，又仁［守］者而义行之耳。赞而不达于数，则其为之巫；数而不达于德，则其为之史。史、巫之筮，乡之而未也，好之而非也。后世之士疑丘者，或以《易》乎？吾求其德而已，吾与史、巫同涂而殊归者也。君子德行焉求福，故祭祀而寡也；仁义焉求吉，故卜筮而希也。祝巫卜筮其后乎？"则以《要》篇本校之，"德义"即仁义之德行，而仁义即儒学之旨归。所谓"我观其德义耳也"，此乃孔子研《易》宗旨所在，诚如《周易·说卦》："是以立天之道曰阴与阳，立地之道曰柔与刚，立人之道曰仁与义"①，正是研《易》宗旨"贵其德义"之集中反映。

至于孔子与《春秋》的关系，首见于《孟子》记载，《孟子·滕文公下》："世衰道微，邪说暴行有作，臣弑其君者有之，子弑其父者有之，孔子惧，作《春秋》。《春秋》，天子之事也，是故孔子曰：'知我者其惟《春秋》乎，罪我者其惟《春秋》乎。'""昔者禹抑洪水而天下平，周公兼夷狄、驱猛兽而百姓宁，孔子成《春秋》而乱臣贼子惧"，《孟子·离娄下》："晋之《乘》、楚之《梼杌》、鲁之《春秋》，一也。其事则齐桓、晋文，其文则史，孔子曰：'其义则丘窃取之矣。'"②又司马迁《史记·儒林列传序》："西狩获麟，（孔子）曰：'吾道穷矣。'故因史记作《春秋》，以寓王法，其辞微而指博，后世学者多录焉"③，班固《汉书·艺文志》："周室既微，载籍残缺，仲尼思存前圣之业""以鲁周公之国，礼文备物，史官有法，故与左丘明观其史记，据行事，仍人道，因兴以立功，就败以成罚，假日月以定历数，藉朝聘以正礼乐。有所褒讳贬损，不可书见，口授弟子，弟子退而异言。丘明恐弟子各安其意，以失其真，故论本事而作《传》，明夫子不以空言说经也。《春秋》所贬损大人当世君臣，有威权势力，其事实皆形于《传》，是以隐其书而不宣，所以免时难也。及末世口说流行，故有公羊、穀梁、邹、夹之《传》"④。孔子根据鲁国《春秋》史籍，别裁而笔削之，所谓"春秋笔法""微言大义"，赋予儒家价值判断，经孔子修撰，《春秋》由"史"而"经"。

正是在孔子之后，出现所谓"儒书"专称，《左传·哀公二十一年》："秋八月，公与齐侯、邾子盟于顾。齐人责稽首，因歌之曰：'鲁人之皋，数年不

① 李申、卢光明，整理．吕绍纲，审定．周易正义［M］．北京：北京大学出版社，1999：326.
② 廖名春、刘佑平，整理．钱逊，审定．孟子注疏［M］．北京：北京大学出版社，1999：178、226.
③ ［汉］司马迁．史记：卷一百二十一［M］．北京：中华书局，1982：3115.
④ ［汉］班固．汉书：卷三十［M］．北京：中华书局，1962：1715.

觉，使我高蹈。唯其儒书，以为二国忧。'"杜预注"儒书"为"周礼"①，孔子以"周礼"作为"六经"评判取舍的准则，"儒书"合乎"周礼"，因此可以用来代指。"儒书"即儒家之书，儒家之书即儒学文献，周代礼乐制度为其外在特征，礼乐制度是仁义精神的文化载体，《礼记·乐记》："仁近于乐，义近于礼"②，仁义理念是其内在宗旨。此记载见于鲁哀公二十一年，即公元前474年，是时孔子已卒5年，此乃儒学文献业已形成之时代下限。

以上所论，是"六经"的儒学形态，属于儒学新课本，孔子以"仁义"改造"六经"，以"六经"讲学授徒，交相辅成，形成有经典、有思想的儒家学派。经典教材不仅结集成编，而且蕴含儒家理念，即所谓"孔子六经"，相当于教学指导用书。孔子去粗取精、删定别裁，辞微指博、以述为作，提炼宗旨纲领，明确指导意义，将记载"先王之陈迹"③的"旧法世传之史"④，改造成为立教传道的儒学经典，从而完成经典儒学化的演化进程。

# 研习参考书

[1] 刘师培. 经学教科书 [M]. 上海：上海古籍出版社，2006.

[2] 周予同. "六经"与孔子的关系问题 [J]. 复旦学报，1979（1）.

[3] 钟肇鹏. 孔子研究 [M]. 北京：中国社会科学出版社，1990.

[4] 金景芳. 孔子的这一份珍贵的遗产六经 [J]. 吉林大学社科学报，1991（1）.

[5] 舒大刚. 儒学文献通论 [M]. 福州：福建人民出版社，2012.

---

① 浦卫忠，等整理. 杨向奎，等审定. 春秋左传正义 [M]. 北京：北京大学出版社，1999：1704.
② 龚抗云，整理. 王文锦，审定. 礼记正义 [M]. 北京：北京大学出版社，1999：1093.
③ [清] 王先谦. 庄子集解：卷四 [M]. 北京：中华书局，1987：130.
④ [清] 王先谦. 庄子集解：卷八 [M]. 北京：中华书局，1987：287-288.

# 第三章　前经学时代的儒经传授

孔子去世以后，儒家学派开始分化，出现所谓"儒分为八"① 的局面，然而异中有所同，孔门弟子三千②，"身通六艺者七十有二人"③，儒家学派皆以"孔子六经"为根底，在"传经"基础上，提出新观点，增益新论著，经典内容与范围遂得以扩充延展。从春秋末到战国、从战国到秦朝，儒学经典的研习与传授，薪尽火传④，有迹可循，这也是周秦儒学文献的历史脉络。

---

① ［清］王先慎. 韩非子集解：卷十九　显学第五十［M］. 北京：中华书局，1998：457.
② 【按】周秦古籍数词未必实指，"三千"言其多，程树德曰："盖数至于三，阴阳极参错之变，将观其成。故古人于屡与多且久之数，皆以三言，如颜子三月不违，南容三复，季文子三思，太伯三让，柳下三黜，子文三仕三已，三年无改于父之道，三人行必有我师焉，三嗅而作，三年学，三月不知肉味，皆此意也。如一一而求之，若者一，若者二，若者三，则失之矣"（程树德. 论语集释：卷一　学而上［M］. 北京：中华书局，1990：19.），又汪中《述学·释三九》三篇（［清］汪中. 述学校笺：述学内篇一　释三九［M］. 李金松，校笺. 北京：中华书局，2014：12-22.），开卷即可了然，此不赘述。
③ ［汉］司马迁. 史记：卷四十七　孔子世家第十七［M］. 北京：中华书局，1982：1938.
④ 【按】《史记·儒林列传》："自孔子卒后，七十子之徒散游诸侯，大者为师傅卿相，小者友教士大夫，或隐而不见。故子路居卫，子张居陈，澹台子羽居楚，子夏居西河，子贡终于齐。如田子方、段干木、吴起、禽滑釐之属，皆受业于子夏之伦，为王者师。是时独魏文侯好学。后陵迟以至于始皇，天下并争于战国，儒术既绌焉，然齐鲁之闲，学者独不废也。于威、宣之际，孟子、荀卿之列，咸遵夫子之业而润色之，以学显于当世。"（［汉］司马迁. 史记：卷一百二十一［M］. 北京：中华书局，1982：3116.）《汉书·楚元王传》载刘歆《移让太常博士书》："汉兴，去圣帝明王遐远，仲尼之道又绝，法度无所因袭。时独有一叔孙通略定礼仪，天下唯有《易》卜，未有它书。至孝惠之世，乃除挟书之律，然公卿大臣绛、灌之属咸介胄武夫，莫以为意。至孝文皇帝，始使掌故朝错从伏生受《尚书》。《尚书》初出于屋壁，朽折散绝，今其书见在，时师传读而已。《诗》始萌芽。天下众书往往颇出，皆诸子传说，犹广立于学官，为置博士。在汉朝之儒，唯贾生而已。至孝武皇帝，然后邹、鲁、梁、赵颇有《诗》《礼》《春秋》先师，皆起于建元之间。当此之时，一人不能独尽其经，或为《雅》，或为《颂》，相合而成。《泰誓》后得，博士集而读之。故诏书称曰：'礼坏乐崩，书缺简脱，朕甚闵焉。'时汉兴已七八十年，离于全经，固已远矣。"（［汉］班固. 汉书：卷三十六　楚元王传第六　刘歆［M］. 北京：中华书局，1962：1968-1969.）

# 第一节　关于《诗》之传授

《论语·泰伯》"子曰:'兴于《诗》,立于《礼》,成于《乐》。'"① "子曰:'师挚之始,《关雎》之乱,洋洋乎盈耳哉!'"② 《论语·季氏》:"不学《诗》,无以言。"③ 《论语·子路》:"子曰:'诵《诗》三百,授之以政,不达;使于四方,不能专对;虽多,亦奚以为?'"④ 《论语·述而》:"子所雅言,《诗》《书》、执礼,皆雅言也。"⑤ 《论语·子罕》:"子曰:'吾自卫反鲁,然后乐正,《雅》《颂》各得其所。'"⑥ 《论语·阳货》:"小子何莫学夫《诗》?《诗》可以兴、可以观、可以群、可以怨。迩之事父,远之事君。多识于鸟兽草木之名。""子谓伯鱼曰:'女为《周南》《召南》矣乎?人而不为《周南》《召南》,其犹正墙面而立也与?'"⑦ 由此可见,孔子对《诗经》有过系统整理与研究。

孔门曾参、端木赐、卜商皆传《诗》学,《论语·泰伯》:"曾子有疾,召门弟子曰:'启予足!启予手!《诗》云:战战兢兢,如临深渊,如履薄冰。而今而后,吾知免夫!小子!'"⑧ 《论语·学而》:"子贡曰:'贫而无谄,富而无骄,何如?'子曰:'可也。未若贫而乐,富而好礼者也。'子贡曰:'《诗》云:如切如磋,如琢如磨。其斯之谓与?'子曰:'赐也,始可与言《诗》已矣,告诸往而知来者。'"⑨ 《论语·八佾》:"子夏问曰:'巧笑倩兮,美目盼兮,素以为绚兮,何谓也?'子曰:'绘事后素。'曰:'礼后乎?'子曰:'起予者商也,始可与言《诗》已矣。'"⑩ 由此可见,三子皆传孔门《诗》学,曾子传孝道,

---

① 程树德. 论语集释:卷十五　泰伯上 [M]. 北京:中华书局,1990:529-530.
② 程树德. 论语集释:卷十六　泰伯下 [M]. 北京:中华书局,1990:542.
③ 程树德. 论语集释:卷三十三 [M]. 北京:中华书局,1990:1168.
④ 程树德. 论语集释:卷二十六　子路上 [M]. 北京:中华书局,1990:900.
⑤ 程树德. 论语集释:卷十四　述而下 [M]. 北京:中华书局,1990:475.
⑥ 程树德. 论语集释:卷十八　子罕下 [M]. 北京:中华书局,1990:606.
⑦ 程树德. 论语集释:卷三十五　阳货下 [M]. 北京:中华书局,1990:1212、1213.
⑧ 程树德. 论语集释:卷十五　泰伯上 [M]. 北京:中华书局,1990:516-517.
⑨ 程树德. 论语集释:卷二　学而下 [M]. 北京:中华书局,1990:54-56.
⑩ 程树德. 论语集释:卷五　八佾上 [M]. 北京:中华书局,1990:157-159.

子贡擅事功，子夏以传文献为主①，后世《诗经》传授，即出子夏一脉。

子夏以后，五传而至荀子，《汉书·艺文志》："又有毛公之学，自谓子夏所传，而河间献王好之，未得立"②，陆玑《诗草木鸟兽虫鱼疏》："孔子删《诗》，授卜商。卜商为之《序》，以授鲁人曾申。申授魏人李克，克授鲁人孟仲子，仲子授根牟子，根牟子授赵人荀卿，卿授鲁国毛亨。毛亨作《故训传》③，以授赵国毛苌。时人谓亨为大毛公，苌为小毛公"④。郑玄《毛诗笺》："此三篇者⑤，乡饮酒、燕礼用焉""孔子论《诗》《雅》《颂》各得其所，时俱在耳。篇第当在于此。遭战国及秦之世而亡之，其义则与众篇之义合编⑥，故存。至毛公为《故训传》，乃分众篇之义各置于其篇端云。又阙其亡者，以见在为数，故推改什首，遂通耳。而下非孔子之旧"⑦，郑玄《诗谱·小雅谱》："汉兴之初，师移其第耳"⑧，由此可见，子夏所作《诗序》三百十一篇，战国以来遗失六篇，毛亨作《故训传》，推改什首，其时正当秦汉之际，荀子卒于秦初，毛亨为荀子弟子，其所处时代相符。

荀子可谓汉代《诗》学先师⑨，不仅《毛传》为其所传，《鲁诗》亦然。《汉书·楚元王传》："楚元王交，字游，高祖同父少弟也。好书，多材艺。少时

---

① 《后汉书·徐防传》："臣闻《诗》《书》《礼》《乐》，定自孔子；发明章句，始于子夏。其后诸家分析，各有异说。汉承乱秦，经典废绝，本文略存，或无章句。收拾缺遗，建立明经，博征儒术，开置太学。孔圣既远，微旨将绝，故立博士十有四家，设甲乙之科，以勉劝学者，所以示人好恶，改敝就善者也。"（［南朝宋］范晔. 后汉书：卷四十四　邓张徐张胡列传第三十四·徐防［M］. 北京：中华书局，1965：1500.）

② ［汉］班固. 汉书：卷三十［M］. 北京：中华书局，1962：1708.

③ 【按】毛亨为"大毛公"，秦汉之际鲁人，作《故训传》，尚无《毛诗》之名；毛苌为"小毛公"，西汉河间人，河间献王得毛亨《故训传》，以毛苌为《诗经》博士（此河间国所立学官），传授毛亨《故训传》，始有《毛诗》之名。《史记·五宗世家》："高祖时诸侯皆赋，得自除内史以下，汉独为置丞相，黄金印。诸侯自除御史、廷尉正、博士，拟于天子。"（［汉］司马迁. 史记：卷五十九［M］. 北京：中华书局，1982：2104.）

④ ［宋］王应麟. 困学纪闻注：卷三　诗［M］.［清］翁元圻，辑注. 北京：中华书局，2016：338.

⑤ 【按】《诗经》原本三百十一篇，《小雅·鹿鸣之什》之《南陔》《白华》《华黍》三篇，《小雅·南有嘉鱼之什》之《由庚》《崇丘》《由仪》三篇，有其义而无其辞，是以见在者三百五篇。

⑥ 【按】可见子夏《诗序》原总为一编。

⑦ ［清］阮元，校刻. 十三经注疏清嘉庆刊本·毛诗正义：卷第九　九之四·南陔、白华、华黍［M］. 北京：中华书局，2009：892-893.

⑧ ［清］阮元，校刻. 十三经注疏清嘉庆刊本·毛诗正义：卷第九　九之一·小大雅谱［M］. 北京：中华书局，2009：863.

⑨ 《汉书·楚元王传》："《诗》始萌牙。天下众书，往往颇出，皆诸子传说，犹广立于学官，为置博士。"（［汉］班固. 汉书：卷三十六　楚元王传第六　刘歆［M］. 北京：中华书局，1962：1969.）

尝与鲁穆生、白生、申公俱受《诗》于浮丘伯。伯者，孙卿门人也。及秦焚书，各别去。""元王既至楚，以穆生、白生、申公为中大夫。高后时，浮丘伯在长安，元王遣子郢客与申公俱卒业。文帝时，闻申公为《诗》最精，以为博士。元王好《诗》，诸子皆读《诗》，申公始为《诗传》，号《鲁诗》。元王亦次之《诗传》，号曰《元王诗》，世或有之。"① "孙卿"即荀卿，避西汉宣帝讳，陈乔枞《鲁诗遗说考叙》："《艺文志》：'《诗经》二十八卷，齐、鲁、韩三家。《鲁故》二十五卷。《鲁说》二十八卷。'……《鲁诗》授受源流，《汉书》可考，申公受《诗》于浮丘伯，服虔曰'浮丘伯，秦时儒生'②，伯乃荀卿门人，则《荀子》书中《诗》说大都为鲁说所本也。孔安国申公弟子，太史公从安国问故，刘向世习《鲁诗》③，白虎观会议诸儒如鲁恭、魏应，皆习《鲁诗》《尔雅》亦《鲁诗》之学，石经以《鲁诗》为主，互证参观，固可以考见家法矣。"④ 由此可见，《鲁诗》之学，亦出于荀子。汉代三家诗，《鲁诗》最先出现，传业最盛，《汉书·艺文志》："汉兴，鲁申公为《诗》训故，而齐辕固、燕韩生皆为之《传》，或取《春秋》、采杂说，咸非其本义。与不得已，鲁最为近之。三家皆列于学官"⑤，《鲁诗》近古，所以多与《尔雅》相应。在荀子与申公之间，其重要传承人是浮丘伯。《盐铁论·毁学》："昔李斯与包丘子俱事荀卿。既而李斯入秦，遂取三公，据万乘之权以制海内，功侔伊、望，名巨泰山；而包丘子不免于瓮牖蒿庐，如潦岁之蛙，口非不众也，卒死于沟壑而已"⑥，此包丘子即浮丘伯，古训"孚""包"通用。浮丘伯与毛亨，皆受业于荀子，此周秦《诗经》传授统绪，为汉代《鲁诗》《毛诗》师承之前缘。

## 第二节　关于《书》之传授

孔子授漆雕开，《孔子家语·七十二弟子解》："漆雕开，蔡人，字子若，少

① ［汉］班固. 汉书：卷三十六　楚元王传第六　楚元王刘交 ［M］. 北京：中华书局，1962：1921-1922.
② ［汉］班固. 汉书：卷三十六　楚元王传第六　楚元王刘交 ［M］. ［唐］颜师古，注引. 北京：中华书局，1962：1921.
③ 【按】所谓"世习"，为西汉楚元王之家学。
④ ［唐］陆德明. 经典释文序录疏证：注解传述人 ［M］. 吴承仕，疏证. 北京：中华书局，2008：73.
⑤ ［汉］班固. 汉书：卷三十 ［M］. 北京：中华书局，1962：1708.
⑥ ［汉］桓宽. 盐铁论校注：卷第四 ［M］. 王利器，校注. 北京：中华书局，1992：229.

孔子十一岁。习《尚书》，不乐仕，孔子曰：'子之齿，可以仕矣，时将过。'子若报其书曰：'吾斯之未能信。'孔子悦焉"①，《论语·公冶长》："子使漆雕开仕。对曰：'吾斯之未能信。'子说"②，《韩非子·显学》："自孔子之死也……有漆雕氏之儒""漆雕之议，不色挠，不目逃，行曲则违于臧获，行直则怒于诸侯，世主以为廉而礼之"③。漆雕开之后，师说无传。而孔氏家族世传《尚书》，可谓孔氏家学，对于藏《书》之人，历代记载各异。

据西汉孔安国所列孔氏谱系，孔子生伯鱼（孔鲤），鱼生子思（孔伋），思生子上（孔白），上生子家（孔傲，后名求），家生子直（孔箕），直生子高（孔穿），高生子顺（孔武，又名微、后名斌），顺生子鱼（孔鲋，后名甲④）及子襄（孔腾）、子文（孔祔）⑤。孔腾，字子襄，"子襄以好经书博学，畏秦法峻急，乃壁藏其家语《孝经》《尚书》及《论语》于夫子之旧堂壁中"，又"子文（孔祔）生最，字子产。子产后从高祖，以左司马将军从韩信破楚于垓下，以功封蓼侯，年五十三而卒，谥曰夷侯。长子灭嗣，官至太常。次子襄，字子士，后名让，为孝惠皇帝博士，迁长沙王太傅，年五十七而卒。生季中，名员，年五十七而卒。生武及子国⑥。子国（孔安国）少学《诗》于申公，受《尚书》于伏生，长则博览经传，问无常师，年四十为谏议大夫，迁侍中博士。天汉后，鲁恭王坏夫子故宅，得壁中《诗》《书》，悉以归子国。子国乃考论古今文字，撰众师之义，为《古文论语训》十一篇、《孝经传》二篇、《尚书传》五十八篇，皆所得壁中科斗本也。又集录《孔氏家语》为四十四篇，既成，会值巫蛊事，寝不施行"⑦，此说以为《古文尚书》乃孔腾所藏，孔祔之四世孙孔安国为之作《传》五十八篇。

---

① ［清］陈士珂，辑. 孔子家语疏证：卷九［M］. 南京：凤凰出版社，2017：253.

② 程树德. 论语集释：卷九 公冶长上［M］. 北京：中华书局，1990：296.

③ ［清］王先慎. 韩非子集解：卷十九［M］. 北京：中华书局，1998：456、458.

④ 《史记·儒林列传》："陈涉之王也，而鲁诸儒持孔氏之礼器往归陈王。于是孔甲为陈涉博士，卒与涉俱死。"（［汉］司马迁. 史记：卷一百二十一［M］. 北京：中华书局，1982：3116.）

⑤ ［清］陈士珂，辑. 孔子家语疏证：附录 后序［M］. 南京：凤凰出版社，2017：324-325.

⑥ 【按】《史记·孔子世家》："孔子生鲤，字伯鱼。伯鱼年五十，先孔子死。伯鱼生伋，字子思，年六十二，尝困于宋，子思作《中庸》。子思生白，字子上，年四十七。子上生求，字子家，年四十五。子家生箕，字子京，年四十六。子京生穿，字子高，年五十一。子高生慎，年五十七，尝为魏相。子慎生鲋，年五十七，为陈王涉博士，死于陈下。鲋弟子襄，年五十七。尝为孝惠皇帝博士，迁为长沙太守。长九尺六寸。子襄生忠，年五十七。忠生武，武生延年及安国"（［汉］司马迁. 史记：卷四十七［M］. 北京：中华书局，1982：1946-1947.），所载孔氏世系与此不同。

⑦ 杨朝明，宋立林. 孔子家语通解：附录 孔子家语后孔安国序［M］. 济南：齐鲁书社，2013：580.

据《孔子家语》孔安国《后序》，孔武字子顺，孔武生孔鲋，字子鱼，"子鱼为陈王涉博士、太师，卒陈下。生元路，一字符生，名育，后名随"①，《孔丛子·独治》："陈馀谓子鱼曰：'秦将灭先王之籍，而子为书籍之主，其危矣！'子鱼曰：'顾有可惧者，必或求天下之书焚之，书不出则有祸。吾将先藏之，以待其求，求至，无患矣"②，《汉书·艺文志》颜师古注引《东观汉记·尹敏传》："孔鲋藏《尚书》《孝经》《论语》于夫子旧堂壁中"③，此说以为孔鲋所藏。

《经典释文·序录》："及秦禁学，孔子之末孙惠壁藏之"④，《隋书·经籍志》："初汉武帝时，鲁恭王坏孔子旧宅，得其末孙惠所藏之书，字皆古文。孔安国以今文校之，得二十五篇。其《泰誓》与河内女子所献不同。又济南伏生所诵，有五篇相合。安国并依古文，开其篇第，以隶古字写之，合成五十八篇。其余篇简错乱，不可复读，并送之官府。安国又为五十八篇作《传》，会巫蛊事起，不得奏上。私传其业于都尉朝，朝授胶东庸生，谓之《尚书》古文之学，而未得立。后汉扶风杜林，传《古文尚书》，同郡贾逵为之作《训》，马融作《传》，郑玄亦为之《注》。然其所传，唯二十九篇，又杂以今文，非孔旧本。自馀绝无师说"⑤，《史通·古今正史》："尧、舜相承，已见坟、典，周监二代，各有书籍。至孔子讨论其义，删为《尚书》，始自唐尧，下终秦穆，其言百篇，而各为之《序》属。秦为不道，坑儒禁学，孔子之末孙曰惠，壁藏其书"⑥，此说以为孔惠所藏。

由此可见，孔腾、孔鲋、孔惠，三说各异。孔惠其人事迹无考，魏晋以后才见诸文献，此不敢辄定；孔腾曾为汉惠帝博士，若古《书》为其所藏，何不自发取之，如伏胜传《书》之例⑦，而必待鲁恭王坏孔壁，方重见天日，孔腾

---

① [清] 陈士珂，辑．孔子家语疏证：附录 [M]．南京：凤凰出版社，2017：325.
② 傅亚庶．孔丛子校释：卷之六 [M]．北京：中华书局，2011：410.
③ [汉] 班固．汉书：卷三十 [M]．[唐] 颜师古，注．北京：中华书局，1962：1707.
④ [唐] 陆德明．经典释文序录疏证：注解传述人 [M]．吴承仕，疏证．北京：中华书局，2008：50.
⑤ [唐] 魏徵，[唐] 令狐德棻．隋书：卷三十二 [M]．北京：中华书局，1973：915.
⑥ [唐] 刘知几．史通通释：下册卷十二外篇 [M]．[清] 浦起龙，释．上海：上海古籍出版社，1978：330.
⑦ 《史记·儒林列传》："伏生者，济南人也。故为秦博士。孝文帝时，欲求能治《尚书》者，天下无有，乃闻伏生能治，欲召之。是时伏生年九十余，老，不能行，于是乃诏太常使掌故朝错往受之。秦时焚书，伏生壁藏之。其后兵大起，流亡，汉定，伏生求其书，亡数十篇，独得二十九篇，即以教于齐鲁之间。学者由是颇能言《尚书》，诸山东大师无不涉《尚书》以教矣。"（[汉] 司马迁．史记：卷一百二十一 [M]．北京：中华书局，1982：3124－3125.）

藏《书》不可信；孔鲋藏《书》，见诸汉人《东观汉记》记载，时代较近，且《孔丛子》一书，并非伪书①，孔鲋藏《书》说，当可采信。

# 第三节　关于"三礼"之传授

"三礼"源于周代礼制，《汉书·艺文志》："《易》曰：'有夫妇、父子、君臣、上下，礼义有所错。'② 而帝王质文，世有损益，至周曲为之防，事为之制，故曰：'礼经三百，威仪三千。' 及周之衰，诸侯将逾法度，恶其害己，皆灭去其籍，自孔子时而不具③，至秦大坏"④，所谓"皆灭去其籍"⑤，可见周代礼制已然著于竹帛。《论语·为政》："子张问：'十世可知也？'子曰：'殷因于夏礼，所损益，可知也；周因于殷礼，所损益，可知也。其或继周者，虽百世，可知也。'"⑥ 《论语·八佾》："子曰：'周监于二代，郁郁乎文哉！吾从周。'"⑦ 《史记·孔子世家》："孔子之时，周室微而《礼》《乐》废、《诗》《书》缺。追迹三代之礼，序《书传》，上纪唐虞之际，下至秦缪，编次其事。曰：'夏礼，吾能言之，杞不足征也；殷礼，吾能言之，宋不足征也。足，则吾能征之矣。'⑧ 观殷夏所损益，曰：后虽百世，可知也，以一文一质。周监二代，郁郁乎文哉，吾从周。故《书传》《礼记》自孔氏。"⑨ 此《书传》指周秦《书》经，《礼记》指周秦《礼》经。可见周代礼制之来源，乃秉承夏商礼制，融合周人礼义观念，经损益而成，孔子推崇周礼，关于"礼"之典籍，发端于孔子整理上古文献。

又《史记·孔子世家》："三百五篇，孔子皆弦歌之，以求合《韶》《武》

---

① 黄怀信. 孔丛子的时代与作者［J］. 西北大学学报（哲学社会科学版），1987（1）.

② 【按】此节引《周易·序卦》。

③ 【按】《史记·儒林列传》："诸学者多言《礼》，而鲁高堂生最本。《礼》固自孔子时而其经不具，及至秦焚书，书散亡益多，于今独有《士礼》，高堂生能言之。"（［汉］司马迁. 史记：卷一百二十一［M］. 北京：中华书局，1982：3126.）《汉书·艺文志》："汉兴，鲁高堂生传《士礼》十七篇。"（［汉］班固. 汉书：卷三十［M］. 北京：中华书局，1962：1710.）此"《士礼》十七篇"即《仪礼》。

④ ［汉］班固. 汉书：卷三十［M］. 北京：中华书局，1962：1710.

⑤ 《孟子·万章下》："诸侯恶其害己也而皆去其籍。"（［清］焦循. 孟子正义：卷二十［M］. 北京：中华书局，1987：675.）

⑥ 程树德. 论语集释：卷四　为政下［M］. 北京：中华书局，1990：127.

⑦ 程树德. 论语集释：卷六　八佾下［M］. 北京：中华书局，1990：182.

⑧ 程树德. 论语集释：卷五　八佾上［M］. 北京：中华书局，1990：160.

⑨ ［汉］司马迁. 史记：卷四十七［M］. 北京：中华书局，1982：1935-1936.

《雅》《颂》之音。《礼》《乐》自此可得而述，以备王道、成六艺"①，《史记·儒林列传》："故孔子闵王路废而邪道兴，于是论次《诗》《书》，修起《礼》《乐》。适齐闻《韶》，三月不知肉味。自卫返鲁，然后乐正，《雅》《颂》各得其所"②，《后汉书·赵咨传》："爰暨暴秦，违道废德，灭三代之制，兴淫邪之法，国赀糜于三泉，人力单于郦墓，玩好穷于粪土，伎巧费于窀穸。自生民以来，厚终之敝，未有若此者。虽有仲尼重明周礼，墨子勉以古道，犹不能御也"③，吴承仕《经典释文序录疏证》引其师章太炎论曰："'三百''三千'制自周室，不下庶人。其后礼崩乐坏，儒者不得篇篇诵习。自孔子观书柱下，从师问礼，删定六籍，布之民间。《士丧》于是乎书者④，谓自此复著竹帛，故言'书'不言'作'。晚世尊公旦者，黜孔子以为先师；讼孔子者，又云周监二代，实无其礼。不悟著之版法，姬氏之功⑤；下之庶人，后圣之绩。成功盛德，各有所施，不得一概以论也。"⑥由此可见，所谓周礼，为西周损益夏殷二代所制，春秋时代，礼乐崩坏，孔子系修起之"述"，而非创制之"作"⑦。《礼记·檀弓下》："有子谓子游曰：'予壹不知夫丧之踊也，予欲去之久矣。情在于斯，其是也夫！'"⑧有若对于"丧之踊""欲去之久矣"，此乃孔门"述"礼之行为遗迹，可供旁证。

　　孔门弟子之中，曾子、子游、孺悲、子夏皆深造于礼学⑨，而战国时代之传授情况，《汉书·艺文志》礼类著录："《礼》古经五十六卷，《经》（七十）[十七]篇（后氏、戴氏）。《记》百三十一篇（七十子后学者所记也）。《明堂阴阳》三十三篇（古明堂之遗事）。《王史氏》二十一篇（七十子后学者）"⑩，

①　［汉］司马迁．史记：卷四十七［M］．北京：中华书局，1982：1936-1937．
②　［汉］司马迁．史记：卷一百二十一［M］．北京：中华书局，1982：3115．
③　［南朝宋］范晔．后汉书：卷三十九　刘赵淳于江刘周赵列传第二十九·赵咨［M］．北京：中华书局，1965：1315．
④　《礼记·杂记下》："恤由之丧，哀公使孺悲之孔子学士丧礼，《士丧礼》于是乎书。"（［清］孙希旦．礼记集解：卷四十二　杂记下第二十一之二［M］．北京：中华书局，1989：1115．）
⑤　杜预《春秋左传集解序》："韩宣子适鲁，见《易象》与《鲁春秋》，曰：'周礼尽在鲁矣，吾乃今知周公之德与周之所以王。'韩子所见，盖周之旧典礼经也。"（［日］竹添光鸿．左传会笺．春秋左氏传序［M］．沈阳：辽海出版社，2008：1．）
⑥　［唐］陆德明．经典释文序录疏证：注解传述人［M］．吴承仕，疏证．北京：中华书局，2008：87．
⑦　《论语·述而》："述而不作，信而好古。"（程树德．论语集释：卷十三　述而上［M］．北京：中华书局，1990：431．）
⑧　［清］孙希旦．礼记集解：卷十　檀弓下第四之一［M］．北京：中华书局，1989：270．
⑨　【按】例证甚多，详见《礼记·檀弓》《礼记·杂记》《礼记·曾子问》。
⑩　［汉］班固．汉书：卷三十［M］．北京：中华书局，1962：1709．

由此可见，周秦《礼》古经，原有56卷，卷帙较繁，多有亡佚，而"王史氏"，颜师古注引"刘向《别录》云：六国时人也"①，王史氏为"七十子后学者"②，于六国时所传《礼》古经及其讲义，汉代称为"《王史氏》二十一篇"，亦作"《王史氏记》"，其中多阐明天子、诸侯、卿、大夫之礼制③。延及汉代，《礼》古经56卷仅剩《经》17篇，即之《仪礼》④，内容以士礼为主，亦称为《士礼》。而用于讲解《礼》古经之《记》，原有一百三十一篇，经过汉代学者陆续分别编选增删⑤，可见部分文本者，即今之大小戴《礼记》⑥；至于《周礼》《汉书·艺文志》礼类著录"《周官经》六篇（王莽时刘歆置博士）。《周官传》

①　［汉］班固.汉书：卷三十［M］.［唐］颜师古，注.北京：中华书局，1962：1710.

②　据上引《汉书·艺文志》班固自注。

③　《汉书·艺文志》："及《明堂阴阳》《王史氏记》所见，多天子、诸侯、卿、大夫之制，虽不能备，犹瘉仓（后仓）等推《士礼》而致于天子之说。"（［汉］班固.汉书：卷三十［M］.［唐］颜师古，注.北京：中华书局，1962：1710.）

④　《隋书·经籍志》："自大道既隐，天下为家，先王制其夫妇、父子、君臣、上下、亲疏之节。至于三代，损益不同。周衰，诸侯僭忒，恶其害己，多被焚削。自孔子时，已不能具，至秦而顿灭。汉初，有高堂生传十七篇，又有古经，出于淹中，而河间献王，好古爱学，收集余烬，得而献之，合五十六篇，并威仪之事。而又得《司马穰苴兵法》一百五十五篇，及《明堂阴阳》之记，并无敢传之者。唯古经十七篇与高堂生所传不殊，而字多异。自高堂生至宣帝时后苍（《汉志》后仓），最明其业，乃为《曲台记》。苍授梁人戴德，及德从兄子圣、沛人庆普，于是有大戴、小戴、庆氏，三家并立。后汉唯曹元传庆氏，以授其子褒。然三家虽存并微，相传不绝。汉末，郑玄传小戴之学，后以古经校之，取其义长者作注，为郑氏学。其《丧服》一篇，子夏先传之，诸儒多为注解，今又别行。"（［唐］魏徵，［唐］令狐德棻.隋书：卷三十二［M］.北京：中华书局，1973：924–925.）

⑤　【按】《汉书·艺文志》著录"《中庸说》二篇"，颜师古注："今《礼记》有《中庸》一篇，亦非本礼经，盖此之流"（［汉］班固.汉书：卷三十［M］.［唐］颜师古，注.北京：中华书局，1962：1710.），由此可见，大小戴《礼记》，对于周秦所传《记》一百三十一篇，既有删汰，亦有增添篇章，如《中庸》然。

⑥　【按】汉人引大小戴《礼记》，皆径称《礼》，一概而视之，并不特意区分，如《白虎通义·谏诤》引用《大戴礼记·保傅》称作"《礼·保傅》"（［汉］班固，撰集.白虎通疏证：卷五　谏诤·论士不得谏［M］.［清］陈立，疏证.北京：中华书局，1994：233.），引用《小戴礼记·玉藻》称作"《礼·玉藻》"（［汉］班固，撰集.白虎通疏证：卷五　谏诤·论记过彻膳之义，237.）。《隋书·经籍志》："汉初，河间献王又得仲尼弟子及后学者所记一百三十一篇献之，时亦无传之者。至刘向考校经籍，检得一百三十篇，向因第而叙之。而又得《明堂阴阳记》三十三篇、《孔子三朝记》七篇、《王史氏记》二十一篇、《乐记》二十三篇，凡五种，合二百十四篇。戴德删其繁重，合而记之，为八十五篇，谓之《大戴记》。而戴圣又删大戴之书，为四十六篇，谓之《小戴记》。汉末马融，遂传小戴之学。融又定《月令》一篇、《明堂位》一篇、《乐记》一篇，合四十九篇；而郑玄受业于融，又为之注。今《周官》六篇、古经十七篇、《小戴记》四十九篇，凡三种。唯《郑注》立于国学，其余并多散亡，又无师说。"（［唐］魏徵，［唐］令狐德棻.隋书：卷三十二［M］.北京：中华书局，1973：925–926.）

四篇"，颜师古注："即今之《周官礼》也，亡其《冬官》，以《考工记》充之"①，即今之《周礼》②，所谓"《周官传》"，当是解释《周礼》之书。

又《汉书·儒林传》："汉兴，鲁高堂生传《士礼》十七篇"③，《汉书·艺文志》："汉兴，鲁高堂生传《士礼》十七篇。讫孝宣世，后仓最明。戴德、戴圣、庆普皆其弟子，三家立于学官。《礼》古经者，出于鲁淹中及孔氏，[与十七] 篇文相似，多三十九篇"④，由此可见，班固认为《仪礼》十七篇出自《礼》古经五十六卷，此处所谓"篇""卷"，两者可互通，所谓"多三十九篇"，刘歆称为《逸礼》《移让太常博士书》："及鲁恭王坏孔子宅，欲以为宫，而得古文于坏壁之中，《逸礼》有三十九，《书》十六篇。天汉之后，孔安国献之，遭巫蛊仓卒之难，未及施行"⑤，郑玄《六艺论》："汉兴，高堂生得《礼》十七篇。后得孔氏壁中、河间献王古文《礼》五十六篇，《记》百三十一篇，《周礼》六篇。其十七篇与高堂生所传同，而字多异。其十七篇外，则逸《礼》是也。"⑥ 西汉平帝时，《逸礼》一度立于学官，旋即废除，是以此三十九篇绝无师说，藏于秘府，文本亦不传。《逸礼》之文，有散见他书者，清代丁晏等有辑本⑦可参考。

《汉书·艺文志》："武帝末，鲁共王坏孔子宅，欲以广其宫，而得《古文尚书》及《礼记》《论语》《孝经》凡数十篇，皆古字也"⑧，《汉书·景十三王传》："河间献王德以孝景前二年立，修学好古，实事求是。从民得善书，必为好写与之，留其真，加金帛赐以招之。繇是四方道术之人不远千里，或有先祖旧书，多奉以奏献王者，故得书多，与汉朝等""献王所得书皆古文先秦旧书，《周官》《尚书》《礼》《礼记》《孟子》《老子》之属，皆经传说记，七十子之徒所论。其学举六艺，立《毛氏诗》《左氏春秋》博士。修礼乐，被服儒术，

---

① [汉] 班固. 汉书：卷三十 [M]. [唐] 颜师古，注. 北京：中华书局，1962：1710.
② 《隋书·经籍志》："而汉时有李氏得《周官》《周官》盖周公所制官政之法，上于河间献王，独阙《冬官》一篇。献王购以千金不得，遂取《考工记》以补其处，合成六篇奏之。至王莽时，刘歆始置博士，以行于世。河南缑氏及杜子春受业于歆，因以教授。是后马融作《周官传》以授郑玄，玄作《周官注》。"（[唐] 魏徵，[唐] 令狐德棻. 隋书：卷三十二 [M]. 北京：中华书局，1973：925.）
③ [汉] 班固. 汉书：卷八十八　儒林传第五十八·毛公 [M]. 北京：中华书局，1962：3614.
④ [汉] 班固. 汉书：卷三十 [M]. 北京：中华书局，1962：1710.
⑤ [汉] 班固. 汉书：卷三十六　楚元王传第六　刘歆 [M]. 北京：中华书局，1962：1969.
⑥ [汉] 郑玄. 六艺论疏证. 礼论 [M]. [清] 皮锡瑞，疏证. 北京：中华书局，2015：562.
⑦ [清] 丁晏. 佚礼扶微 [M]. 收于 [清] 王先谦，缪荃孙，编. 南菁书院丛书. 第三集. 江苏：南菁书院刊刻，1888.
⑧ [汉] 班固. 汉书：卷三十 [M]. 北京：中华书局，1962：1706.

造次必于儒者，山东诸儒（者）[多]从而游"①，由此可见，淹中与孔壁所出、河间所献者，关于《礼》与《礼记》，皆有迹可循。

　　而《周礼》之出，其时代最晚，导致后世疑窦丛生。汉武帝除挟书之律，开献书之路，河间献王得《周官》②（《周礼》）献诸朝廷，这是第一次发现，然《周礼》未立学官，藏于秘府，学者不得见，终无有师说。至汉成帝时，刘向、刘歆父子校理中秘书，重新发现《周礼》，始著录于《别录》《七略》。《汉纪·孝成皇帝纪二》："其《礼》古经五十六篇，出于鲁壁中，犹未能备。歆以《周官》六篇为《周礼》，王莽时，歆奏以为《礼经》，置博士"③，刘歆上奏以《周礼》取代《仪礼》，作为《礼经》立于学官，此为《周礼》设置博士之始，东汉初年，一度罢废，而章帝以后，复立学官④，传授渐广。《周礼》并非刘歆伪撰，为先秦故书，郑玄《三礼目录》："《司空》之篇亡，汉兴，购求千金不得。此前世识其事者记录以备大数，古《周礼》六篇毕矣"⑤，郑玄《六艺论》："《周官》，壁中所得六篇"⑥，《后汉书·儒林传》："孔安国所献《礼》古经五十六篇及《周官经》六篇，前世传其书，未有名家"⑦。由此可见，《冬官司空》亡于六国之时，以《考工记》补亡，亦在西汉出书之前，则《考工记》为先秦旧籍。无论孔壁所出，抑或河间所献，皆属先秦补本，因此《冬官司空》"购求

①　[汉]班固．汉书：卷五十三　景十三王传第二十三·河间献王刘德 [M]．北京：中华书局，1962：2410.

②　【按】《史记》《汉书》皆称《周官》《隋书·经籍志》："《周官》盖周公所制官政之法，上于河间献王，独阙《冬官》一篇。献王购以千金不得，遂取《考工记》以补其处，合成六篇奏之"（[唐]魏徵，[唐]令狐德棻．隋书：卷三十二 [M]．北京：中华书局，1973：925.），此与《汉书·艺文志》"《周官传》"相对而言，《传》以解《经》，又称"《周官经》六篇"（[汉]班固．汉书：卷三十 [M]．北京：中华书局，1962：1709.），皆指《周礼》六篇。

③　[汉]荀悦．汉纪：卷第二十五 [M]．北京：中华书局，2002：435.

④　《后汉书·孝章皇帝纪下》贾逵"又言《古文尚书》多与经、传、《尔雅》相应，于是《古文尚书》《毛诗》《周官》皆置弟子，学者益广"（[晋]袁宏．后汉纪：卷第十二 [M]．北京：中华书局，2002：230.）。

⑤　[清]阮元，校刻．十三经注疏清嘉庆刊本·周礼注疏：卷第三十九　冬官考工记第六 [M]．[唐]贾公彦，疏引．北京：中华书局，2009：1956.

⑥　[清]阮元，校刻．十三经注疏清嘉庆刊本·礼记正义：卷首　礼记正义序 [M]．[唐]孔颖达，疏引．北京：中华书局，2009：2656.

⑦　[南朝宋]范晔．后汉书：卷七十九下　儒林列传第六十九下·卫宏 [M]．北京：中华书局，1965：2576.

千金不得"①，并非汉人可得而补之者，郑说近是可从。

至于《礼记》，编辑成书于汉代，《大戴礼记》与《小戴礼记》为两种选本，而其中所收篇章，时代跨度从战国到汉代，内容较为驳杂，谓之学术论文集可也。郑玄《六艺论》："后得孔氏壁中、河间献王古文《礼》五十六篇，《记》百三十一篇②，《周礼》六篇"③，"今《礼》行于世者，戴德、戴圣之学也。'戴德传《记》八十五篇'，则《大戴礼》是也；'戴圣传《礼》四十九篇'，则此《礼记》是也"④。由此可见，周秦"三礼"，虽历经坎坷，却能不绝如缕，于汉世先后复出，为经学昌明时代之到来，提供礼学文献根基。

## 第四节　关于《乐》之传授

古《乐》文本失传，其师承传授之迹，亦无从具论，然蛛丝马迹，仍有迹可循。通观《论语》，玩味其辞，孔门乐教，灿然可识，如《述而》："子在齐，闻《韶》，三月不知肉味，曰：'不图为乐之至于斯也！'"⑤《卫灵公》："行夏

---

① 【按】《经典释文·序录》："或曰：河间献王开献书之路，时有李氏上《周官》五篇，失《事官》一篇，乃购千金不得，取《考工记》以补之"（［唐］陆德明. 经典释文序录疏证：注解传述人［M］. 吴承仕，疏证. 北京：中华书局，2008：87.），其说非也，汉初已求《冬官》不得，何待河间献王之时？《礼记正义·礼器》孔颖达疏："至汉孝文帝时，求得此书（周官），不见《冬官》一篇，乃使博士作《考工记》补之"（［清］阮元，校刻. 十三经注疏清嘉庆刊本·礼记正义：卷第二十三　礼器第十［M］. 北京：中华书局，2009：3108.），更属歧中之歧矣。

② 【按】考诸《汉书·景十三王传》与《说文解字叙》，孔壁所出、河间所献，皆有古文《记》，即此百三十一篇。

③ ［汉］郑玄. 六艺论疏证：礼论［M］.［清］皮锡瑞，疏证. 北京：中华书局，2015：562.

④ ［汉］郑玄. 六艺论疏证：礼论［M］.［清］皮锡瑞，疏证. 北京：中华书局，2015：565.

⑤ 程树德. 论语集释：卷十三　述而上［M］. 北京：中华书局，1990：456.

之时，乘殷之辂，服周之冕，乐则《韶》《舞》①。放郑声，远佞人。郑声淫，佞人殆。"②《八佾》："子谓《韶》：'尽美矣，又尽善也。'谓《武》：'尽美矣，未尽善也。'"③《阳货》："礼云礼云，玉帛云乎哉？乐云乐云，钟鼓云乎哉？"④《八佾》："子语鲁大师乐，曰：'乐其可知也：始作，翕如也；从之，纯如也，皦如也，绎如也，以成。'"⑤《子罕》："吾自卫反鲁，然后乐正，《雅》《颂》各得其所。"⑥ 综观全书，例证颇多。可见孔子所在时代，已有大量理论总结。孔子不仅深谙理论，而且亲身实践，曾学琴于师襄，问乐于苌弘，击磬于卫，正乐于鲁，其音乐修养极高。孔子之古乐实践与乐学理论，言传身教，授诸门徒，此即孔门乐教。⑦ 子夏、子贡皆深于乐学⑧，更有公孙尼子传孔门乐教，其研乐深造有得，亦得益于孔门乐教理论与实践的双向指导。

---

① 俞樾《群经平议》："'舞'当读为'武'。《周官·乡大夫》：'以乡射之礼五物询众庶，五曰兴舞'。《论语·八佾篇》'射不主皮'，马注引作'五曰兴武'。庄十年《左传》经文'以蔡侯献舞归'，《穀梁》作'献武'。《诗序》：'维清，奏象舞也。'《独断》曰：'《维清》，奏象武之所歌也。'皆古人舞、武通用之证。'乐则《韶》《武》'者，'则'之言'法'也，言乐当取法《韶》《武》也。子于四代之乐独于《韶》《武》有尽美之论。虽尽善微有低昂，然尚论古乐，《韶》之后即及《武》，而夏殷之乐不与焉。可知孔子之有取于《武》矣。夏时、殷辂、周冕皆以时代先后为次，若《韶》《武》专指舜乐，则当首及之。惟《韶》《武》非一代之乐，故列于后。且时言夏，辂言殷，冕言周，而《韶》《舞》不言虞，则非止舜乐明矣。"程树德按："俞说是也。《孔子世家》言孔子弦歌《诗》'以求合《韶》《武》《雅》《颂》之音'，《韶》《武》并言，皆孔子所取也。"（程树德．论语集释：卷三十一　卫灵公上［M］．北京：中华书局，1990：1086．）
② 程树德．论语集释：卷三十一　卫灵公上［M］．北京：中华书局，1990：1077-1087．
③ 程树德．论语集释：卷六　八佾下［M］．北京：中华书局，1990：222．
④ 程树德．论语集释：卷三十五　阳货下［M］．北京：中华书局，1990：1216．【按】陈旸《乐书·周易训义》："古之人致孝乎鬼神，以诚不以物"（［宋］陈旸．乐书：卷八十三［M］．郑州：中州古籍出版社，2019：384．），亦发明斯旨。
⑤ 程树德．论语集释：卷六　八佾下［M］．北京：中华书局，1990：216．
⑥ 程树德．论语集释：卷十八　子罕下［M］．北京：中华书局，1990：606．
⑦ 【按】《论语·先进》记载孔子与曾晳之对话，子路、曾晳、冉有、公西华侍坐。子曰："以吾一日长乎尔，毋吾以也。居则曰：'不吾知也！'如或知尔，则何以哉？""点！尔何如？"鼓瑟希，铿尔，舍瑟而作，对曰："异乎三子者之撰。"子曰："何伤乎？亦各言其志也。"曰："莫春者，春服既成，冠者五六人，童子六七人，浴乎沂，风乎舞雩，咏而归。"夫子喟然叹曰："吾与点也！"（程树德．论语集释：卷二十三　先进下［M］．北京：中华书局，1990：797-798、805-811．）即孔门乐教之证；又《论语·卫灵公》对乐师之态度，师冕见，及阶，子曰："阶也。"及席，子曰："席也。"皆坐，子告之曰："某在斯，某在斯。"师冕出。子张问曰："与师言之道与？"子曰："然，固相师之道也。"（论语集释：卷三十二　卫灵公下，1127-1128．）亦可见孔门重视乐教之程度。
⑧ 《礼记·乐记》："魏文侯问于子夏曰""子夏对曰"云云（［清］孙希旦．礼记集解：卷三十八　乐记第十九之二［M］．北京：中华书局，1989：1013-1020．），"子赣见师乙而问焉"云云（礼记集解：卷三十八　乐记第十九之二，1035-1039．）。

《史记·儒林列传》："故孔子闵王路废而邪道兴，于是论次《诗》《书》，修起《礼》《乐》"①，或许还有人怀疑，"修起《礼》《乐》"亦可作"修起礼乐"，则《礼》《乐》未成书，殊不知《史记·孔子世家》："故孔子不仕，退而修《诗》《书》《礼》《乐》，弟子弥众，至自远方，莫不受业焉"②。两相比较，上文"于是论次《诗》《书》，修起《礼》《乐》"，其实属于互文修辞，"论次"与"修起"，意无二致。同一语意，亦可合用之，"修《诗》《书》《礼》《乐》"，即互文之证，而《国语·周语上》有"修其《训典》"③，亦为其证。由此可知，司马迁认为，孔子之时，《诗》《书》《礼》《乐》皆已成书，《论语·述而》孔子"述而不作，信而好古""我非生而知之者，好古，敏以求之者也"④，实有编修之功，《后汉书·徐防传》："《诗》《书》《礼》《乐》，定自孔子；发明章句，始于子夏。"⑤ 《乐》即《乐经》，孔门乐教之教本，庶几在此。

公孙尼亲炙孔子之门，从学 5 年以上，属于孔子晚年弟子。《论语·泰伯》："兴于《诗》，立于《礼》，成于《乐》。"⑥ 孔子将人生修养之最高阶段，称为"成于《乐》"，可见其一生践履如此。时值孔子晚年，体现更为突出，这都为公孙尼子研乐提供有利条件。司马迁《史记·孔子世家》："孔子生鲤，字伯鱼，伯鱼年五十，先孔子死。伯鱼生伋，字子思，年六十二，尝困于宋。子思作《中庸》。"又司马贞《史记索隐》引《家语》："孔子年十九，娶于宋之并官氏之女，一岁而生伯鱼。伯鱼之生，鲁昭公使人遗之鲤鱼。夫子荣君之赐，因以名其子也。"⑦ 则孔子生孔鲤，为 20 岁左右。而孔鲤生孔伋（子思），是何年岁，史载不详。古人二十而冠，冠而后婚，礼也。婚而生子，若亦以 20 岁左右计之，孔鲤生孔伋时，孔子年约 40 岁。而《史记·仲尼弟子列传》："公孙龙，

① ［汉］司马迁．史记：卷一百二十一 ［M］．北京：中华书局，1982：3115.
② ［汉］司马迁．史记：卷四十七 ［M］．北京：中华书局，1982：1914.
③ 徐元诰．国语集解：周语上第一 穆王将征犬戎 ［M］．北京：中华书局，2002：5.
④ 程树德．论语集释：卷十四 述而下 ［M］．北京：中华书局，1990：480.
⑤ ［南朝宋］范晔．后汉书：卷四十四 邓张徐张胡列传第三十四·徐防 ［M］．北京：中华书局，1965：1500.
⑥ 程树德．论语集释：卷十五 泰伯上 ［M］．北京：中华书局，1990：529-530.
⑦ ［汉］司马迁．史记：卷四十七 ［M］．［唐］司马贞，索隐．北京：中华书局，1982：1946.

字子石，少孔子五十三岁"①，考此"公孙龙"即"公孙尼"②，则公孙尼少孔子 53 岁，公孙尼少子思 13 岁。此与《汉书·艺文志》《隋书·经籍志》记载相合，两志均将《公孙尼子》列于《子思》之后，《汉书·艺文志》作"《子思》二十三篇（名伋，孔子孙，为鲁缪公师）"③，《隋书·经籍志》作"《子思子》七卷（鲁穆公师孔伋撰）"④，其用意显而易见。孔子享年 72 岁，公孙尼少孔子 53 岁，则孔子去世时，公孙尼年已 19 岁，当及亲炙夫子之教。

且据《论语·子罕》："太宰问于子贡曰：'夫子圣者与？何其多能也？'子贡曰：'固天纵之将圣，又多能也。'子闻之，曰：'太宰知我乎！吾少也贱，故

① ［汉］司马迁. 史记：卷六十七［M］. 北京：中华书局，1982：2219.

② 【按】《史记·仲尼弟子列传》："公孙龙，字子石"，名之与字，义未比附。"尼""泥"二字，古可通用，公孙泥，字子石，意义相应。其类例甚夥，如司马耕，字子牛，"耕""牛"相系；孟轲，字子舆，"轲""舆"相应。此乃表里彰显者。亦有需训诂而明者，如曾子，名参，当读作"shēn"抑或"cān"，仅观其名，颇费踌躇，遂致读法各异。笔者认为，"参"与"骖"通，当读作"cān"。上古"骖乘"多作"参乘"，且曾参，字子舆，"骖""舆"二字，意义相关，亦可证之。由此可见，曾参，字子舆，"参（骖）""舆"相系；公孙尼，字子石，"尼（泥）""石"相连，理可互证，并无二致。从字形来看，"龙""尼"易讹。后世"龙"字形从䇂，或者从龱，如𥪡（《汉印文字征》），左旁变动不居，可见其右旁乃受义之本。考"龙"形字源，𠃉（《续甲骨文编》编号6819）𠃟（《续甲骨文编》编号6945）𠃌（《续甲骨文编》编号7040），皆无左旁，即是明证。因此可知，𪊽（《睡虎地秦简文字编》），𪊺、𪋄、𪊾、𪊼（《古玺文编》），在这些字形中，实际上只用右旁亦足以表义。"尼"字形有𡰥、𡰱（《侯马盟书字表》），𡰥、𡰦（《古孝经》），两者相较，（龙）𠃟、𠃌与（尼）𡰥、𡰦格局大同，且（龙）𪊺、𪋄与（尼）𡰱、𡰦何其相似！就是今体"龙"与"尼"，也受古源影响，仍属形近。从古音来看，Ⅰ韵：《尔雅·释丘》"水潦所止泥丘"，陆德明《释文》解释《尔雅·释丘》："泥，依字作尼"，可见"尼"与"泥"通。又《春秋·僖公七年》经文云"盟于宁（按：宁，本作宁）母"，杜预注"高平方与县东有泥母亭，音如宁"（《后汉书·郡国志》"泥母"作"宁母"，亦可为证），可见"泥"与"宁"音通。由此可知，古音通假，"尼""泥""宁"，可以通用。又"宁"上古韵属"耕"部，"龙"上古韵属"东"部，部居虽别，然两韵皆以"-ng"为韵尾。可见"宁""龙"两音收韵相近，言语易淆（按：《汉书·扬雄传》引《甘泉赋》"和氏珑玲"，萧统《文选》引作"玲珑"，又《文选·班固〈东都赋〉》："和鸾玲珑"，由是可见，"玲珑"属于联绵字，即所谓二文一命。至夫联绵字，形体不定而义存乎声，故两字之间多有语音联系。"宁"属耕韵来纽平声，"玲"属耕韵泥纽平声，两者古韵部居，同属耕韵，且声调相同、声纽相近；而"龙""珑"，两字更是形殊而音同。"玲珑"既为联绵字，"宁""龙"之语音关系，复易知晓，此可为证），而上文已证，"尼""宁"相通，故"尼""龙"易讹。Ⅱ调："尼""宁""龙"，皆读平声调。Ⅲ声："龙"属"来"纽，而"尼""宁"属"泥"纽。若论中古音，"来"母为舌边音，亦即半舌音，"泥"母为舌头音，音位有区别。若论上古音，"来""泥"二字，尚未细分，则其发音也相近。黄侃先生考定周秦两汉古音，统属"来""泥"于舌音，亦可明了。由此可见，从形、音、义三方面综合考察，"公孙龙"即"公孙尼"，为孔子及门弟子，皆有所取证。

③ ［汉］班固. 汉书：卷三十［M］. 北京：中华书局，1962：1724.

④ ［唐］魏徵，令狐德棻. 隋书：卷三十四［M］. 北京：中华书局，1973：997.

多能鄙事。君子多乎哉？不多也。'"① 又《论语·为政》记载，孔子曰："吾十有五而志于学。"② 由此可见，孔子虽幼时穷苦，多能鄙事，从学时日，有所延误，但15岁已立志向学，且《礼记·内则》古人"十有三年，学乐、诵诗、舞《勺》"③。孔子兴私学，授徒年岁，亦当类此。据此推之，公孙尼亲炙夫子之门，亦当有5年以上。既为孔子晚年弟子，于夫子兴《诗》、立《礼》、成《乐》之教，当深有领会，此为公孙尼研乐之有利条件。公孙尼传孔门乐教，以此为根基，阐发乐义，皆属顺理成章，更为《乐记》之成书④提供思想基础。

## 第五节　关于《易》之传授

李鼎祚《周易集解序》："自卜商入室，亲授微言，传注百家，绵历千古，虽竟有穿凿，犹未测渊深"⑤，按李氏集解序文之意，正在概论易学传承流衍。"自卜商入室"者，"卜商"非单指，古人行文避讳示敬，不当直呼先贤姓名，此乃合指卜子与商子。

卜子者，卜商也。《史记·仲尼弟子列传》："卜商，字子夏。少孔子四十四岁""孔子既没，子夏居西河教授，为魏文侯师。"⑥《孔子家语·六本》："孔子读《易》，至于《损》《益》，喟然而叹。子夏避席问曰：'夫子何叹焉？'孔子曰：'夫自损者必有益之，自益者必有决之，吾是以叹也。'子夏曰：'然则学者

---

① 程树德. 论语集释：卷十七　子罕上 ［M］. 北京：中华书局，1990：579-583.

② 程树德. 论语集释：卷三　为政上 ［M］. 北京：中华书局，1990：70.

③ ［清］孙希旦. 礼记集解：卷二十八　内则第十二之二 ［M］. 北京：中华书局，1989：770.

④ 【按】考《乐记》之名，可知其性质。"记"作为书名，即疏记之义，乃解经之体。"经传"多连言，"传"以解"经"，人所熟知，"记"犹"传"也，遂有"记传"之称。《后汉书·卢植传》：卢植"与谏议大夫马日磾、议郎蔡邕、杨彪、韩说等并在东观，校中书'五经'记传。"（［南朝宋］范晔. 后汉书：卷六十四　吴延史卢赵列传第五十四·卢植 ［M］. 北京：中华书局，1965：2117.）"记传"倒文为"传记"，其意相同。若将人比作经，解说其生平事迹，则犹如解经，故后世又有"传记"之体，其语盖源于此。又《汉书·儒林传》后仓"说《礼》数万言，号曰《后氏曲台记》"（［汉］班固. 汉书：卷八十八　儒林传第五十八·孟卿 ［M］. 北京：中华书局，1962：3615.），此类人物，可称之为"记家"（蔡邕《月令问答》），此种书籍，可名之为"记书"（《汉书·息夫躬传》），如此则"记"之义明矣。既然"记"以解"经""记"产生是否就一定很晚？未必。陆德明《经典释文·序录》："《礼记》者，本孔子门徒共撰所闻以为此《记》"（［唐］陆德明. 经典释文序录疏证：注解传述人 ［M］. 吴承仕，疏证. 北京：中华书局，2008：91.），可见记书之属，并非全出于汉代经师之手，周秦已有之。

⑤ ［唐］李鼎祚. 周易集解：周易集解原序 ［M］. 北京：中华书局，2016：8.

⑥ ［汉］司马迁. 史记：卷六十七 ［M］. 北京：中华书局，1982：2202、2203.

不可以益乎？'子曰：'非道益之谓也，道弥益而身弥损。夫学者损其自多，以虚受人，故能成其满博哉。天道成而必变，凡持满而能久者，未尝有也。故曰：自贤者，天下之善言不得闻于耳矣。昔尧治天下之位，犹允恭以持之，克让以接下，是以千岁而益盛，迄今而逾彰。夏桀、昆吾自满而极，亢意而不节，斩刈黎民，如草芥焉，天下讨之，如诛匹夫，是以千载而恶著，迄今而不灭。观此，如行，则让长不疾先；如在舆，遇三人则下之，遇二人则式之，调其盈虚，不令自满，所以能久也。'子夏曰：'商请志之，而终身奉行焉。'"①《说苑·敬慎》亦有类似记载，可见子夏传孔子易学。另有《子夏易传》《经典释文·序录》："子夏《易传》三卷。卜商，字子夏，卫人，孔子弟子，魏文侯师。《七略》云：汉兴，韩婴传。《中经簿录》云：丁宽所作。张璠云：或馯臂子弓所作，薛虞记。虞不详何许人"②，此乃王俭《七志》引刘向《七略》："《易传》子夏，韩氏婴也"③，荀勖《中经簿》："子夏《传》四卷，或云丁宽所作"④，而持《隋书·经籍志》核验："《周易》二卷（魏文侯师卜子夏传，残缺。梁六卷）"⑤，《隋志》既承《七录》而来，则阮孝绪《七录》著录为六卷。由是观之，考《子夏易传》流传著录，《七录》作六卷、《经典释文》作三卷、《隋志》作二卷，逐渐散佚，《玉函山房辑佚书》马国瀚序文曰："盖此书自馯臂传之，至丁宽、韩婴得而修之，载入己书中，如毛苌说《诗》，首列子夏小序之类，故班《志》《易》十三家，有《丁氏》八篇、《韩氏》二篇，而不云子夏，犹之《毛诗》，但言《毛诗》，而不别著小序之目也。薛虞不知何人，晋张璠称其有记，度必汉魏间儒，自其记述以后，《子夏传》乃单传，故晋有四卷，梁有六卷，隋唐有二卷也"⑥，所论平允，法古而开新，此乃先秦古籍流传方式，亦是中华文化传承道路，学者宜究心焉。

商子者，商瞿也。《史记·仲尼弟子列传》："商瞿，鲁人，字子木。少孔子

① ［清］陈士珂，辑. 孔子家语疏证：卷四［M］. 南京：凤凰出版社，2017：109.
② ［唐］陆德明. 经典释文序录疏证：注解传述人［M］. 吴承仕，疏证. 北京：中华书局，2008：37.
③ 《清儒学案》引《文苑英华》载唐司马贞议云："王俭《七志》引刘向《七略》云：'《易传》子夏，韩氏婴也。'今题不称韩氏，而载薛虞记。又今秘阁有《子夏传》，薛虞记。"（徐世昌，等编. 清儒学案：卷四十五 玉林学案下·玉林家学·臧先生庸·拜经日记［M］. 北京：中华书局，2008：1828.）
④ ［宋］王应麟. 玉海艺文校证：卷一 易上 子夏易传［M］. 武秀成、赵庶洋，校证. 南京：凤凰出版社，2013：26.
⑤ ［唐］魏徵，令狐德棻. 隋书：卷三十二［M］. 北京：中华书局，1973：909.
⑥ ［清］马国瀚，辑. 玉函山房辑佚书：经编易类 周易子夏传［M］. 补校本. 长沙：嫏嬛馆，1883（光绪九年）.

二十九岁。孔子传易于瞿，瞿传楚人馯臂子弘，弘传江东人矫子庸疵，疵传燕人周子家竖，竖传淳于人光子乘羽，羽传齐人田子庄何，何传东武人王子中同，同传菑川人杨何。何元朔中以治《易》为汉中大夫。"① 《史记·儒林列传》："自鲁商瞿受《易》孔子，孔子卒，商瞿传《易》，六世至齐人田何，字子庄，而汉兴。田何传东武人王同子仲，子仲传菑川人杨何。何以《易》，元光元年征，官至中大夫。齐人即墨成以《易》至城阳相。广川人孟但以《易》为太子门大夫。鲁人周霸，莒人衡胡，临菑人主父偃，皆以《易》至二千石。然要言《易》者，本于杨何之家。"② 《汉书·儒林传》："自鲁商瞿子木受《易》孔子，以授鲁桥庇子庸。子庸授江东馯臂子弓。子弓授燕周丑子家。子家授东武孙虞子乘。子乘授齐田何子装。及秦禁学，《易》为筮卜之书，独不禁，故传受者不绝也。汉兴，田何以齐田徙杜陵，号杜田生，授东武王同子中、雒阳周王孙、丁宽、齐服生，皆著《易传》数篇。同授淄川杨何，字叔元，元光中征为太中大夫。齐即墨成，至城阳相。广川孟但，为太子门大夫。鲁周霸、莒衡胡、临淄主父偃，皆以《易》至大官。要言《易》者本之田何。"③ 可见商瞿传《易》，实有枢纽之功，堪与子夏并称"卜、商"，皆孔子入室弟子，遂得亲授微言，传孔子易学。

另馯臂子弓，以上《史记》《汉书》引证，皆为商瞿易学一系，而据《史记·仲尼弟子列传》三家注，《史记·仲尼弟子列传》："瞿传楚人馯臂子弘"，司马贞《索隐》："按：《儒林传》《荀卿子》及《汉书》皆云馯臂字子弓，今此独作'弘'，盖误耳。应劭云：子弓是子夏门人"，张守节《正义》："颜师古云：'馯，姓也。'《汉书》及《荀卿子》皆云字子弓，此作'弘'，盖误也。应劭云：'子弓，子夏门人。'"④ 则馯臂子弓亦子夏门人，于卜商、商瞿两系兼善之，为南方易学师传之宗主。

李鼎祚《周易集解序》所谓"亲授微言"者，《逸周书·大戒》"微言入心，凤喻动众"⑤，《汉书·楚元王传》之刘歆《移让太常博士书》"及夫子没而微言绝，七十子终而大义乖"⑥，《晋书·隐逸列传》"虽受业门徒，非入室弟

---

① ［汉］司马迁. 史记：卷六十七 ［M］. 北京：中华书局，1982：2211.
② ［汉］司马迁. 史记：卷一百二十一 ［M］. 北京：中华书局，1982：3127.
③ ［汉］班固. 汉书：卷八十八 ［M］. 北京：中华书局，1962：3597.
④ ［汉］司马迁. 史记：卷六十七 ［M］. ［唐］司马贞，索隐，［唐］张守节，正义. 北京：中华书局，1982：2211.
⑤ 黄怀信. 逸周书校补注译：大戒解第五十 ［M］. 西安：三秦出版社，2006：245.
⑥ ［汉］班固. 汉书：楚元王传第六　刘歆 ［M］. 北京：中华书局，1962：1968.

子，莫得亲言"①，是以《周易集解序》有"卜、商入室，亲授微言"②，适可相互发明。

## 第六节　关于《春秋》之传授

鲁哀公十一年（前484）冬，孔子自卫返鲁，游说诸侯无果；哀公十四年春，西狩获麟，孔子叹道之不行③，乃因鲁史记作《春秋》，上起隐公元年，下讫哀公十四年，寄寓儒家价值观，勒成十二公之经文。

孔子曰："吾犹及史之阙文也"④，《公羊严氏春秋》引《观周篇》："孔子将修《春秋》，与左丘明乘如周，观书于周史，归而修《春秋》之《经》，丘明为之《传》，共为表里"⑤，《史记·十二诸侯年表序》："是以孔子明王道，干七十余君，莫能用，故西观周室，论史记旧闻，兴于鲁而次《春秋》，上记隐，下至哀之获麟，约其辞文，去其烦重，以制义法，王道备，人事浃"⑥，杜预《春秋左传集解序》："周德既衰，官失其守。上之人不能使《春秋》昭明，赴告策书诸所记注，多违旧章。仲尼因鲁史策书成文，考其真伪，而志其典礼，上以遵周公之遗制，下以明将来之法。其教之所存，文之所害，则刊而正之，以示劝诫。其余则皆即用旧史，史有文质，辞有详略，不必改也。故《传》曰'其善志'，又曰'非圣人孰能修之'，盖周公之志，仲尼从而明之"⑦，《春秋公羊

① ［唐］房玄龄，等.晋书：列传第六十四隐逸　杨轲［M］.北京：中华书局，1974：2449.
② ［唐］李鼎祚.周易集解：周易集解原序［M］.北京：中华书局，2016：8.
③ 杜预《春秋左传集解序》："仲尼曰：'文王既没，文不在兹乎？'此制作之本意也。叹曰：'凤鸟不至，河不出图，吾已矣夫！'盖伤时王之政也。麟凤五灵，王者之嘉瑞也。今麟出非其时，虚其应而失其归，此圣人所以为感也。绝笔于获麟之一句者，所感而起，固所以为终也。"（［日］竹添光鸿.左传会笺：春秋左氏传序［M］.沈阳：辽海出版社，2008：3.）
④ 程树德.论语集释：卷三十二　卫灵公下［M］.北京：中华书局，1990：1112.
⑤ 《春秋左传正义·春秋左传集解序》孔疏引沈氏云。（［清］阮元，校刻.十三经注疏清嘉庆刊本·春秋左传正义：卷第一　春秋序［M］.北京：中华书局，2009：3700.）【按】今《孔子家语·观周》未见此语，当属散佚内容。
⑥ ［汉］司马迁.史记：卷十四［M］.北京：中华书局，1982：509.
⑦ 浦卫忠，等整理.杨向奎，等审定.春秋左传正义［M］.北京：北京大学出版社，1999：10-12.

传注疏·隐公元年》徐彦疏引闵因叙云："昔孔子受端门之命①，制《春秋》之义，使子夏等十四人求周史记，得百二十国宝书"，"周史而言宝书者，宝者保也，以其可世世传保以为戒，故云宝书"②，由此可见，孔子取材鲁史而遵周制，褒贬二百四十二年间之历史，又与左丘明观书周室，比较各国记载异同，见闻周洽，评骘得失，此乃孔子修《春秋》笔削之志。

孔子修成十二公经文之后，《史记·十二诸侯年表序》："七十子之徒口受其传指，为有所刺讥褒讳挹损之文辞不可以书见也。鲁君子左丘明惧弟子人人异端，各安其意，失其真，故因孔子史记具论其语，成《左氏春秋》。铎椒为楚威王傅，为王不能尽观《春秋》，采取成败，卒四十章，为《铎氏微》。赵孝成王时，其相虞卿上采《春秋》，下观近势，亦著八篇，为《虞氏春秋》。吕不韦者，秦庄襄王相，亦上观尚古，删拾《春秋》，集六国时事，以为八览、六论、十二纪，为《吕氏春秋》。及如荀卿、孟子、公孙固、韩非之徒，各往往捃摭《春秋》之文以著书，不可胜纪。汉相张苍历谱五德，上大夫董仲舒推《春秋》义，颇著文焉。"③《汉书·艺文志》："以鲁周公之国，礼文备物，史官有法，故与左丘明观其史记，据行事，仍人道，因兴以立功，就败以成罚，假日月以定历数，藉朝聘以正礼乐。有所褒讳贬损，不可书见，口授弟子，弟子退而异言。丘明恐弟子各安其意，以失其真，故论本事而作《传》，明夫子不以空言说《经》也。《春秋》所贬损大人当世君臣，有威权势力，其事实皆形于《传》，是以隐其书而不宣，所以免时难也。及末世口说流行，故有《公羊》《穀梁》《邹》《夹》之《传》。四家之中，《公羊》《穀梁》立于学官，邹氏无师，夹氏未有书。"④ 杜预《春秋左传集解序》："左丘明受《经》于仲尼，以为《经》者不刊之书也，故《传》或先《经》以始事，或后《经》以终义，或依《经》以辩理，或错《经》以合异，随义而发。其例之所重，旧史遗文，略不尽举，非圣人所修之要故也。身为国史，躬览载籍，必广记而备言之。其文缓，其旨

---

① 《春秋公羊传注疏·隐公元年》徐彦疏："问曰：《左氏》以为鲁哀十一年夫子自卫反鲁，十二年告老，遂作《春秋》，至十四年经成，不审《公羊》之义，孔子早晚作《春秋》乎？答曰：《公羊》以为哀公十四年获麟之后，得端门之命，乃作《春秋》，至九月而止笔，《春秋说》具有其文。"（［清］阮元，校刻. 十三经注疏清嘉庆刊本·春秋公羊传注疏：卷第一 ［M］. 北京：中华书局，2009：4763.）

② 十三经注疏清嘉庆刊本·春秋公羊传注疏：卷第一，4763.

③ ［汉］司马迁. 史记：卷十四 ［M］. 北京：中华书局，1982：509-510.

④ ［汉］班固. 汉书：卷三十 ［M］. 北京：中华书局，1962：1715.

远，将令学者原始要终，寻其枝叶，究其所穷"①，桓谭《新论·正经》"《左氏传》遭战国寝藏，后百余年，鲁人穀梁赤为《春秋》，残略，多有遗失；又有齐人公羊高，缘《经》文作《传》，弥失本事矣。《左氏传》于《经》，犹衣之表里，相持而成。《经》而无《传》，使圣人闭门思之，十年不能知也。"②《春秋穀梁传》杨士勋疏论曰："仲尼卒而微言绝，秦正起而书记亡。其《春秋》之书，异端竞起，遂有邹氏、夹氏、左氏、公羊、穀梁五家之《传》。邹氏、夹氏，口说无文，师既不传，道亦寻废。左氏者，左丘明与圣同耻，恐诸弟子各安其意，为《经》作《传》，故曰《左氏传》。其传之者，有张苍、贾谊、张禹、翟方进、贾逵、服虔之徒。汉武帝置五经博士，《左氏》不得立于学官。至平帝时，王莽辅政，方始得立。公羊子，名高，齐人，受《经》于子夏，故《孝经说》云'《春秋》属商'是也；为《经》作《传》，故曰《公羊传》。其传之者，有胡母子都、董仲舒、严彭祖之类，其道盛于汉武帝。穀梁子，名淑，字元始，鲁人，一名赤，受《经》于子夏，为《经》作《传》，故曰《穀梁传》，传孙卿，孙卿传鲁人申公，申公传博士江翁。其后鲁人荣广大善《穀梁》，又传蔡千秋，汉宣帝好《穀梁》，擢千秋为郎，由是穀梁之《传》大行于世。然则三家之《传》，是非无取，自汉以来，废兴由于好恶而已。"③　由此可见，《铎氏微》《虞氏春秋》《吕氏春秋》皆《春秋》"经"之旁系，而《左传》《公羊传》《穀梁传》为《春秋》"传"之存者。

郑玄《六艺论》辨《春秋》三传分殊，曰"《左氏》善于礼，《公羊》善于谶，《穀梁》善于经"④。关于《春秋》三传之先后⑤，《左氏传》先出而隐其书，"《春秋》所贬损大人当世君臣，有威权势力，其事实皆形于《传》，是以隐其书而不宣，所以免时难也。及末世口说流行，故有公羊、穀梁、邹、夹之《传》"⑥，《公羊传》《穀梁传》以口耳相传，传授流行于六国时代，经过长期口头流传与增删修订之过程。至于登诸竹帛，《春秋公羊传注疏·何休解诂序》

---

① 浦卫忠，等整理．杨向奎，等审定．春秋左传正义［M］．北京：北京大学出版社，1999：12-13.

② ［汉］桓谭．新辑本桓谭新论：卷九　正经篇［M］．朱谦之，校辑．北京：中华书局，2009：39.

③ ［清］阮元，校刻．十三经注疏清嘉庆刊本·春秋穀梁传注疏：范宁集解序［M］．北京：中华书局，2009：5123.

④ ［汉］郑玄．六艺论疏证：春秋论［M］．［清］皮锡瑞，疏证．北京：中华书局，2015：574.

⑤ 《经典释文·序录》："左丘明受之于仲尼，公羊高受之于子夏，穀梁赤乃后代传闻，三传次第自显。"（［唐］陆德明．经典释文序录疏证：次第［M］．吴承仕，疏证．北京：中华书局，2008：24.）

⑥ ［汉］班固．汉书：卷三十　艺文志第十［M］．北京：中华书局，1962：1715.

徐彦疏引戴宏序："至汉景帝时，（公羊）寿乃共弟子齐人胡毋子都著于竹帛，与董仲舒皆见于图谶是也"①，可见《公羊传》由公羊寿与胡毋生整理定稿于汉景帝时代；《史记·儒林列传》："故汉兴至于五世之间，唯董仲舒名为明于《春秋》，其传公羊氏也。胡毋生，齐人也，孝景时为博士，以老归教授，齐之言《春秋》者多受胡毋生，公孙弘亦颇受焉。瑕丘江生为《穀梁春秋》。自公孙弘得用，尝集比其义，卒用董仲舒"②，《汉书·武五子传》戾太子刘据"少壮，诏受《公羊春秋》，又从瑕丘江公受《穀梁》"③，《汉书·儒林传》："申公卒以《诗》《春秋》授，而瑕丘江公尽能传之，徒众最盛"④，"瑕丘江公，受《穀梁春秋》及《诗》于鲁申公，传子至孙为博士""宣帝即位，闻卫太子好《穀梁春秋》，以问丞相韦贤、长信少府夏侯胜及侍中乐陵侯史高，皆鲁人也，言穀梁子本鲁学，公羊氏乃齐学也，宜兴《穀梁》。时千秋为郎，召见，与《公羊》家并说，上善《穀梁》说，擢千秋为谏大夫给事中，后有过，左迁平陵令。复求能为《穀梁》者，莫及千秋。上愍其学且绝，乃以千秋为郎中户将，选郎十人从受。汝南尹更始翁君本自事千秋，能说矣，会千秋病死，征江公孙为博士。刘向以故谏大夫通达待诏，受《穀梁》，欲令助之。江博士复死，乃征周庆、丁姓待诏保宫，使卒授十人。自元康中始讲，至甘露元年，积十余岁，皆明习"⑤，可见《穀梁传》由江公祖孙整理定稿于汉武帝宣帝时代。因此，《公羊传》与《穀梁传》整理形成卷帙，皆在后世汉代矣。另《汉书·儒林传》记载："武帝时，江公与董仲舒并。仲舒通五经，能持论，善属文。江公呐于口，上使与仲舒议，不如仲舒。而丞相公孙弘本为《公羊》学，比辑其议，卒用董生。于是上因尊《公羊》家，诏太子受《公羊春秋》，由是《公羊》大兴。太子既通，复私问《穀梁》而善之。其后浸微，唯鲁荣广王孙、皓星公二人受焉。广尽能传其《诗》《春秋》，高材捷敏，与《公羊》大师眭孟等论，数困之，故好学者颇复受《穀梁》。沛蔡千秋少君、梁周庆幼君、丁姓子孙皆从广受。千秋又事皓星公，为学最笃"，汉宣帝"乃召五经名儒太子太傅萧望之等大议殿中，平《公羊》《穀梁》同异，各以经处是非。时《公羊》博士严彭祖、侍郎申挽、

① [清]阮元，校刻．十三经注疏清嘉庆刊本·春秋公羊传注疏·汉司空掾任城樊何休序［M］．北京：中华书局，2009：4759.
② [汉]司马迁．史记：卷一百二十一［M］．北京：中华书局，1982：3128-3129.
③ [汉]班固．汉书：卷六十三 武五子传第三十三 戾太子刘据［M］．北京：中华书局，1962：2741.
④ [汉]班固．汉书：卷八十八 儒林传第五十八 申公［M］．北京：中华书局，1962：3608.
⑤ [汉]班固．汉书：卷八十八 儒林传第五十八 瑕丘江公［M］．北京：中华书局，1962：3618.

伊推、宋显，《穀梁》议郎尹更始、待诏刘向、周庆、丁姓并论。《公羊》家多不见从，愿请内侍郎许广，使者亦并内《穀梁》家中郎王亥，各五人，议三十余事。望之等十一人各以经谊对，多从《穀梁》。由是《穀梁》之学大盛"①。由此可见，汉代《公羊》《穀梁》两传，地位之消长状况，而且齐学、鲁学之分，亦启发晚清刘师培矣。

# 研习参考书

[1] 吴承仕. 经典释文序录疏证［M］. 北京：中华书局，1984.

[2] 张舜徽.《汉书·艺文志》通释［M］. 武汉：湖北教育出版社，1990.

[3] 兴膳宏，川合康三. 隋书经籍志详考［M］. 东京：日本汲古书院，1995.

[4] 张秋升，王洪军. 中国儒学史研究［M］. 济南：齐鲁书社，2004.

[5] 黄宣民，陈寒鸣. 中国儒学发展史［M］. 北京：中国文史出版社，2009.

---

① ［汉］班固. 汉书：卷八十八　儒林传第五十八　瑕丘江公［M］. 北京：中华书局，1962：3617-3618.

# 第四章 原生文献：周秦经典文献（文献主体之一）

## 第一节 周秦《诗》经

周秦《诗》经，原本径称《诗》，如《左传》《国语》引用时皆作"《诗》曰""《诗》云"，或者与诸侯国名合称"《郑诗》曰""《曹诗》曰""《周诗》有之曰"，直到经过孔子整理删定以后，又称《诗》三百。子曰："《诗》三百，一言以蔽之，曰：'思无邪。'"① 子曰："诵《诗》三百，授之以政，不达；使于四方，不能专对；虽多，亦奚以为？"② 孔子曰："诵《诗》三百，不足以一献；一献之礼，不足以大飨；大飨之礼，不足以大旅；大旅具矣，不足以飨帝。毋轻议礼。"③ 墨子曾接受儒家教育，既引用未经孔子删定的先王之《诗》，"先王之书《周颂》"④，"先王之书《大夏》"⑤，"先王之所书《大雅》"⑥，也见过孔子删定之版本，"或以不丧之间，诵《诗》三百，弦《诗》三百，歌《诗》三百，舞《诗》三百"⑦。尊《诗》为经之首倡者为荀子，"学恶乎始？恶乎终？曰：其数则始乎诵经，终乎读《礼》；其义则始乎为士，终乎为圣人。真积力久则入，学至乎没而后止也。故学数有终，若其义则不可须臾舍也。为之，人也；舍之，禽兽也。故《书》者，政事之纪也；《诗》者，中声之所止也⑧；《礼》

---

① 程树德. 论语集释：卷三　为政上 [M]. 北京：中华书局，1990：65.
② 程树德. 论语集释：卷二十六　子路上 [M]. 北京：中华书局，1990：900.
③ [清] 孙希旦. 礼记集解：卷二十四　礼器第十之二 [M]. 北京：中华书局，1989：668.
④ [清] 孙诒让. 墨子间诂：卷三　尚同中第十二 [M]. 北京：中华书局，2001：87.
⑤ [清] 孙诒让. 墨子间诂：卷七　天志下第二十八 [M]. 北京：中华书局，2001：218.
⑥ [清] 孙诒让. 墨子间诂：卷四　兼爱下第十六 [M]. 北京：中华书局，2001：124.
⑦ [清] 孙诒让. 墨子间诂：卷十二　公孟第四十八 [M]. 北京：中华书局，2001：455.
⑧ 【按】所谓"中声之所止"，此《诗》《乐》合论，《诗》经原本可供弦歌之。又《国语·楚语上》对于楚国太子教育问题，申叔时曰："教之《诗》，而为之导广显德，以耀明其志。"（徐元诰. 国语集解. 楚语上第十七·庄王使士亹傅大子葴 [M]. 北京：中华书局，2002：485.）

者，法之大分，类之纲纪也，故学至乎《礼》而止矣，夫是之谓道德之极。《礼》之敬文也，《乐》之中和也，《诗》《书》之博也，《春秋》之微也，在天地之间者毕矣"①，所"诵"之"经"，正包括《诗》在内，此乃周秦学者尊《诗》为经之始。

《诗》经原本可供弦歌之，与乐曲紧密结合，后来乐曲失传，仅剩歌词底本。《史记·孔子世家》："孔子语鲁大师：'乐其可知也。始作翕如，纵之纯如、皦如、绎如也，以成。''吾自卫反鲁，然后乐正，《雅》《颂》各得其所。'古者《诗》三千余篇，及至孔子，去其重，取可施于礼义，上采契、后稷，中述殷周之盛，至幽厉之缺，始于衽席，故曰：'《关雎》之乱以为《风》始，《鹿鸣》为《小雅》始，《文王》为《大雅》始，《清庙》为《颂》始。'三百五篇，孔子皆弦歌之，以求合《韶》《武》《雅》《颂》之音。礼乐自此可得而述，以备王道，成六艺。"②《史记·儒林列传》："夫周室衰而《关雎》作，幽厉微而礼乐坏，诸侯恣行，政由强国。故孔子闵王路废而邪道兴，于是论次《诗》《书》，修起《礼》《乐》。适齐闻《韶》，三月不知肉味。自卫返鲁，然后乐正，《雅》《颂》各得其所。"③何谓"然后乐正，《雅》《颂》各得其所"，孔子正乐以后，则《雅》《颂》各得其所，由此可见，《诗》经之风、雅、颂分类，是按照乐曲特点来划分。

风，风土之音，以乐观化，又称国风，指周代诸侯国所辖各地域④之土风，与周天子所辖京畿地区之正乐相区别，相当于今天所谓原生态土乐与地方歌谣，国风大多采集于民间，"采风"⑤之说，正由此而来。《诗》经15国风，共160篇，即《周南》《召南》《邶风》《鄘风》《卫风》《王风》《郑风》《齐风》《魏风》《唐风》《秦风》《陈风》《桧风》《曹风》《豳风》，大多都以诸侯国分封地域作为区分，而其中《周南》《召南》《王风》《豳风》稍有不同。"周南""召南"以地域方位统属若干诸侯国，指南方汝水、汉水一带的民间歌曲，西周时期周公与召公分别掌管南方各地诸侯，大致包括楚、申、随等国，"周南"指周公分掌之南方地区，"召南"指召公分掌之南方地区。《豳风》《王风》则是特定地域采集之歌曲，"豳"指周民族发祥地之一，即今陕西省郇邑、邠县地区，

① ［清］王先谦. 荀子集解：卷第一 劝学篇第一［M］. 北京：中华书局，1988：11-12.

② ［汉］司马迁. 史记：卷四十七［M］. 北京：中华书局，1982：1936-1937.

③ ［汉］司马迁. 史记：卷一百二十一［M］. 北京：中华书局，1982：3115.

④ 【按】"国风"，"国"与"域"通。

⑤ 王通《中说·问易》："诸侯不贡诗，天子不采风，乐官不达雅，国史不明变。呜呼！斯则久矣，《诗》可以不续乎！"（［隋］王通. 中说校注：第五 问易篇［M］. 张沛，校注. 北京：中华书局，2013：151-152.）

"王"指东周时期国都洛邑，即今河南省洛阳、孟县地区，平王东迁，东周微弱，政由强国，周王下列于诸侯，其诗不能复雅，所以将此没落王畿同于国风。

雅，正也，雅乐即正乐，指周天子京畿附近之乐曲歌谣，天子脚下，德政所被，沾染教化，首善之区，雅（京畿歌谣）相对于风（地方歌谣）而言，称为雅正之乐，显然是尊王思想之体现。有雅乐也有雅言，《论语·述而》："子所雅言，《诗》《书》、执礼，皆雅言也"①，周代以天子京畿附近之话语为通行标准语言，称为雅言（正言），与此同理，周代以京畿附近之乐曲歌谣为通行标准乐歌，称为雅乐（正乐）。"雅"又分为"大雅"31篇与"小雅"74篇两组乐歌，大多出于贵族士大夫之手，也有部分民歌，"小雅"时代晚于"大雅""大雅"为旧雅乐，作品风格纯正，"小雅"为新雅乐，风格接近国风，正是雅乐创作受到国风影响之产物。

颂，容也，《说文·页部》："颂，皃也"，段玉裁注："古作'颂皃'，今作'容皃'，古今字之异也""假'容'为'颂'，其来已久"②。阮元《揅经室集》有《释颂》专篇③，考"颂"之本义，推明古训，实事求是，其论甚确，此不备载。"颂"即舞容，乃乐舞情态之谓，特指宗庙祭祀所用歌舞曲调。王国维《观堂集林·艺林二·说周颂》补释其义，曰："盛德之形容，以皃表之可也，以声表之亦可也""'颂'之所以异于'风''雅'者，虽不可得而知，今就其著者言之，则'颂'之声较'风''雅'为缓也"④，这正是宗庙祭祀歌舞曲调之庄重特色。"颂"共40篇，取材详近而略远，包括《周颂》31篇、《鲁颂》4篇、《商颂》5篇。颂诗大多篇章较短，适合仪式场合呈现，而且宗庙祭祀歌舞史诗，庄重悠扬，所用曲调节奏缓慢，则歌词有韵与无韵，在听觉上并无区别，所以颂诗多不押韵、不重叠，这也都是由配乐特点决定的。

《诗》经诸篇歌词，作者已不可考⑤，大多是集体创作，口耳相传，不断增删修改，经过政府采集，最后由乐官加工润色而成，本不可归于某个人之作品。经过孔子整理删定以后，《诗》经"风""雅""颂"共305篇歌词，流传至今，而《小雅》类有《南陔》《白华》《华黍》《由庚》《崇丘》《由仪》6篇，有目

---

① 程树德. 论语集释：卷十四 述而下［M］. 北京：中华书局，1990：475.

② ［汉］许慎. 说文解字注：页部 颂［M］. ［清］段玉裁，注. 上海：上海古籍出版社，1988：416.

③ ［清］阮元. 揅经室集. 一集：卷一 释颂［M］. 北京：中华书局，1993：18-22.

④ 谢维扬，庄辉明，黄爱梅. 观堂集林：卷二 艺林二［M］. 王国维全集：第八卷. 杭州：浙江教育出版社，广州：广东教育出版社，2010：59-60.

⑤ 【按】《毛诗序》著作者名作品共35篇，多不可信。唯《鄘风·载驰》可确定为许穆夫人作品，有《左传·闵公二年》为证，记载《载驰》作者与诗本事。

无辞，称为"笙诗"，是否曾经有歌词，今已不得而知，抑或间奏曲之类，用于衔接前后乐章，过门器乐本无须歌词，径以《南陔》《白华》《华黍》《由庚》《崇丘》《由仪》指称器乐曲即可。《诗》三百删定本之外，尚有未收入选本之"逸诗"，多是零章残句，在周秦古籍如《左传》《国语》，以及诸子著作之中，还可以见到"逸诗"遗迹。在《诗》经文本形成过程中，各地歌谣必然经过齐整化，郭沫若《简单地谈谈诗经》："《风》《雅》《颂》的年代绵延了五六百年，《国风》所采的国家有十五国，主要虽在黄河流域，但也远及于长江流域。在这样长的年代里面，在这样宽的区域里，而表现在诗里面的变异性却很小，形式主要是用四言，而尤其值得注意的，是音韵差不多一律。音韵的一律就在今天都很难办到，南北东西有各地的方言，音韵有时相差甚远。但在《诗经》里面却呈现着一个统一性，这正说明《诗经》是经过一道加工。"① 所谓这道加工，正是齐整与雅言化，孔子删《诗》便处于其中决定性之环节。

## 第二节　周秦《书》经（附《逸周书》、清华简《书》篇）

周秦《书》经，原本径称《书》②，周秦典籍多引作"《书》曰"，"书"通"志"，"志"即"记"，本义是指文书记载。《左传·庄公二十三年》："君举，必书。书而不法，后嗣何观?"③《大戴礼记·保傅》："食以礼，彻以乐。失度，则史书之，工诵之，三公进而读之，宰夫减其膳，是天子不得为非也"④，既说

---

① 郭沫若. 郭沫若全集：第十七卷　文学论集 [M]. 北京：人民文学出版社，1989：228.
② 【按】周秦称"书"，有泛称与专称之别。《论语·先进》子路曰："有民人焉，有社稷焉，何必读书，然后为学"（程树德. 论语集释：卷二十三　先进下 [M]. 北京：中华书局，1990：795.），《墨子·明鬼下》："著在周之《春秋》……以若书之说观之""著在燕之《春秋》……以若书之说观之""著在宋之《春秋》……以若书之说观之""著在齐之《春秋》……以若书之说观之""周书《大雅》有之"（[清] 孙诒让. 墨子间诂：卷八 [M]. 北京：中华书局，2001：224-236.），《左传·昭公二年》韩宣子聘鲁"观书于大史氏，见《易象》与《鲁春秋》"（[清] 洪亮吉. 春秋左传诂：卷十五 [M]. 北京：中华书局，1987：646.），此皆泛称典籍文献；《论语》之《为政》《宪问》所引"《书》云"，一引逸《书》（"孝乎惟孝，友于兄弟，施于有政". 论语集释：卷四　为政下，121.），一引《尚书·无逸》（"高宗谅阴，三年不言." 论语集释：卷三十　宪问下，1036.），《国语》之《周语》《楚语》所引"《书》曰""《书》有之曰"，皆为逸《书》，《左传》所引"《书》曰"，既有逸《书》，亦有今本《尚书》，如是之类，皆《书》存逸诸篇之专称。另，于《左传》征引《书》篇，抑或称"《志》""志"与"书"通，如《左传·文公二年》引《周书》作《周志》（[清] 洪亮吉. 春秋左传诂. 卷九 [M]. 北京：中华书局，1987：353.）。
③ [清] 洪亮吉. 春秋左传诂：卷六 [M]. 北京：中华书局，1987：254.
④ [清] 王聘珍. 大戴礼记解诂：卷三 [M]. 北京：中华书局，1983：54.

明材料来源与史官记录①，又指出文书之政治作用②。《礼记·玉藻》："动则左史书之，言则右史书之"③，《汉书·艺文志》："左史记言，右史记事，事为《春秋》，言为《尚书》，帝王靡不同之"④，郑玄《六艺论》："《春秋》者，国史所记人君动作之事。左史所记为《春秋》，右史所记为《尚书》《春秋》者，古史所记动作之事。右史记事，左史记言"⑤，周秦以居左为尊，文书以记言为要，当从《汉志》之说。虽然左右史官执掌有区别，但是史官随侍君王身边，记录君王言行，可谓确实无疑。史官记录君王言行，日积月累，分门别类，经过整理，形成篇章，所记录整理之行事类文书，形成王朝编年史⑥，其汇编形态如《春秋》《竹书纪年》等，所记录整理之言论类文书⑦，形成诰、誓、命、谟等篇章，其汇编形态如《尚书》《逸周书》等。

　　《书》又称《尚书》《尚书》之名，周秦未见，"尚书"之义则有之，《墨子·明鬼下》："故尚者⑧《夏书》，其次商、周之《书》，语数鬼神之有也，重有重之""上观乎《商书》""上观乎《夏书》"⑨，《墨子·非命上》："尚观于

---

① 【按】许慎《说文解字叙》："著于竹帛谓之书"，《隋书·经籍志》："《书》之所兴，盖与文字俱起"，吴澄《书纂言》："书者，史之所记录也。从聿、从者。聿，古笔字，以笔画成文字，载之简册曰书。者谐声"，可见"书"由动词而名词之变化。

② 《白虎通义·谏诤》："明王所以立谏诤者，皆以重民而求已失也。《礼·保傅》曰：'于是立进善之旌，悬诽谤之木，建招谏之鼓。'王法立史记事者，以为臣下之仪样，人之所取法则也。动则当应礼，是以必有记过之史、撤膳之宰。《礼·玉藻》曰：'动则左史书之，言则右史书之。'《礼·保傅》曰：'王失度，则史书之，工诵之，三公进读之，宰夫撤其膳。是以天子不得以非也。'故史之义，不书过则死，宰不撤膳亦死。所以谓之史何？明王者使为之也。谓之宰何？宰，制也，使制法度也。"（［汉］班固，撰集. 白虎通疏证：卷五 谏诤·论记过彻膳之义［M］.［清］陈立，疏证. 北京：中华书局，1994：237-238.）

③ ［清］孙希旦. 礼记集解：卷二十九 玉藻第十三之一［M］. 北京：中华书局，1989：778.

④ ［汉］班固. 汉书：卷三十［M］. 北京：中华书局，1962：1715.

⑤ ［汉］郑玄. 六艺论疏证. 春秋论［M］.［清］皮锡瑞，疏证. 北京：中华书局，2015：568.

⑥ 《荀子·劝学》："故《书》者，政事之纪也。"（［清］王先谦. 荀子集解：卷第一［M］. 北京：中华书局，1988：11.）

⑦ 《汉书·艺文志》："《书》者，古之号令，号令于众，其言不立具，则听受施行者弗晓。古文读应尔雅，故解古今语而可知也。"（［汉］班固. 汉书：卷三十［M］. 北京：中华书局，1962：1706-1707.）贾公彦《周礼疏·序周礼废兴》引郑玄《周礼注序》："又《书》之所作，据时事为辞，君臣相诰命之语。"（［清］阮元，校刻. 十三经注疏清嘉庆刊本·周礼注疏：序［M］. 北京：中华书局，2009：1370-1371.）

⑧ "尚者"，据王念孙《读书杂志》七之三"尚书"条校正（［清］王念孙. 读书杂志［M］. 南京：江苏古籍出版社，1985：588.）。

⑨ ［清］孙诒让. 墨子间诂：卷八［M］. 北京：中华书局，2001：241、237、238.

先王之书"①，可见"尚"与"上"通。墨家引《书》，多分类举之，引作《夏书》②《商书》《周书》《左传》亦然，可见当时对于遗留《书》篇，已经按时代分别有所汇编，或者径称篇名，如《禹誓》《吕刑》《仲虺之告》等，或者径引文句而已③，并未出现统称。《尚书》之统称，盖起于西汉学者所称述④，董仲舒《春秋繁露》、司马迁《史记》、桓宽《盐铁论》皆称引《尚书》。前论"尚"与"上"通，王充《论衡·正说》申说其意："《春秋》之经，何以异《尚书》？［说］《尚书》者，以为上古帝王之书，或以为上所为下所书，授事相实而为名，不依违作意以见奇。说《尚书》者得经之实，说《春秋》者失圣之意矣"⑤，则此"上"兼有上古、君上之义，与《书》之年代范围与言论主体，皆相符合，可备一说。

于周秦时代典籍，征引《尚书》称作"《书》"或者"《传》"，如《孟子·尽心下》："尽信《书》，则不如无《书》，吾于《武成》，取二三策而已矣。"⑥ 又《孟子·梁惠王下》："齐宣王问曰：'文王之囿，方七十里，有诸？'

---

① ［清］孙诒让．墨子间诂：卷九［M］．北京：中华书局，2001：266.

② 【按】顾炎武《日知录》卷之二"古文尚书"条，论古时有《尧典》无《舜典》，有《夏书》无《虞书》（［清］顾炎武．顾炎武全集：第十八册［M］．上海：上海古籍出版社，2011：121.），甚确可参。则《左传·文公十八年》所引《虞书》，当属汉人窜乱所致，已非《左传》之旧貌。

③ 【按】《国语·晋语八》："昔者鲧违帝命，殛之于羽山"（徐元诰．国语集解：晋语八第十四 郑简公使公孙成子来聘［M］．北京：中华书局，2002：437.），此非直引，乃意引《尧典》（今本划入《舜典》）"流共工于幽洲，放驩兜于崇山，窜三苗于三危，殛鲧于羽山，四罪而天下咸服"（［清］阮元，校刻．十三经注疏清嘉庆刊本·尚书正义：卷第三 舜典［M］．北京：中华书局，2009：270.）。

④ 【按】《古文尚书》伪孔安国序："伏生以其上古之书，谓之《尚书》"（［清］阮元，校刻．十三经注疏清嘉庆刊本·尚书正义：卷第一 尚书序［M］．北京：中华书局，2009：240.），朱彝尊《经义考》卷七十三引刘歆曰："《尚书》，直言也，始欧阳氏先名之"（［清］朱彝尊．经义考新校：第四册 书二 "百篇尚书"条［M］．林庆彰，等校．上海：上海古籍出版社，2010：1375.），《汉书·儒林传》："伏生教济南张生及欧阳生"（［汉］班固．汉书：卷八十八 儒林传第五十八 伏生［M］．北京：中华书局，1962：3603.），"欧阳生，字和伯，千乘人也。事伏生，授倪宽""由是《尚书》世有欧阳氏学"（汉书：卷八十八 儒林传第五十八 欧阳生，3603-3604.），《隋书·经籍志》："伏生作《尚书传》四十一篇，以授同郡张生，张生授千乘欧阳生，欧阳生授同郡倪宽，宽授欧阳生之子，世世传之，至曾孙欧阳高，谓之《尚书》欧阳之学"（［唐］魏徵，［唐］令狐德棻．隋书：卷三十二［M］．北京：中华书局，1973：914.），伏生与欧阳生之关系，师弟相承或者学术再传，可见《尚书》之名定于西汉今文家之手。

⑤ ［汉］王充．论衡校释：卷第二十八 正说篇［M］．黄晖，校释．北京：中华书局，1990：1139-1140.

⑥ ［清］焦循．孟子正义：卷二十八［M］．北京：中华书局，1987：959.

孟子对曰：'于《传》有之。'"① "齐宣王问曰：'汤放桀，武王伐纣，有诸?'孟子对曰：'于《传》有之。'"② 此《传》亦属《书》之类，皆来源于前代之文书记载，是可以作为历史依据的文献记录，所以汉代又称《书》为《书传》，如《史记·孔子世家》："孔子之时，周室微而《礼》《乐》废、《诗》《书》缺。追迹三代之礼，序《书传》，上纪唐虞之际，下至秦缪，编次其事。曰'夏礼，吾能言之，杞不足征也，殷礼，吾能言之，宋不足征也'，'足，则吾能征之矣。'③ 观殷夏所损益，曰：后虽百世，可知也，以一文一质。周监二代，郁郁乎文哉，吾从周。故《书传》《礼记》④ 自孔氏"⑤，此《书传》即指《书》经文，孔子为之作序，方能称为"序《书传》"，后世所谓《尚书传》，属于注解之类，两者不可混同。称《书》为经，首倡者亦为荀子，"学恶乎始? 恶乎终? 曰：其数则始乎诵经，终乎读《礼》；其义则始乎为士，终乎为圣人。真积力久则入，学至乎没而后止也。故学数有终，若其义则不可须臾舍也。为之，人也；舍之，禽兽也。故《书》者，政事之纪也"⑥，《书》、"经"合称，出自汉代学者推尊，盖始于汉武帝"罢黜百家，表章六经"⑦ 以后，观诸《史记》，多作《书》或者《尚书》，至《汉书·律历志下》引作"《书经》"⑧，《汉书·云敞传》称"《尚书经》"⑨。

今传本《逸周书》，上自文、武，下终灵、景，列举标题70篇，末有《序》1篇，与《汉志》71篇之数相符，蔡邕《明堂月令论》："《周书》七十篇，《月令》第五十三"⑩，亦与今本次序相合，今本有目无书者十一篇，盖隋唐以后失传。朱右曾《周书集训校释序》："此书虽未必果出文、武、周、召之手，要亦

---

① ［清］焦循．孟子正义：卷四［M］．北京：中华书局，1987：106-107.

② ［清］焦循．孟子正义：卷五［M］．北京：中华书局，1987：145.

③ 程树德．论语集释：卷五 八佾上［M］．北京：中华书局，1990：160.

④ 【按】此《礼记》指《仪礼》《仪礼》书中有经亦有记，合称为《礼记》，与后世大小戴《礼记》，同名而异实。

⑤ ［汉］司马迁．史记：卷四十七［M］．北京：中华书局，1982：1935-1936.

⑥ ［清］王先谦．荀子集解：卷第一 劝学篇第一［M］．北京：中华书局，1988：11.

⑦ 《汉书·武帝纪》班固赞语："汉承百王之弊，高祖拨乱反正，文景务在养民，至于稽古礼文之事，犹多阙焉。孝武初立，卓然罢黜百家，表章六经。遂畴咨海内，举其俊茂，与之立功。兴太学，修郊祀，改正朔，定历数，协音律，作诗乐，建封禅，礼百神，绍周后，号令文章，焕焉可述。后嗣得遵洪业，而有三代之风。"（［汉］班固．汉书：卷六［M］．北京：中华书局，1962：212.）

⑧ ［汉］班固．汉书：卷二十一下［M］．北京：中华书局，1962：1013.

⑨ ［汉］班固．汉书：卷六十七 杨胡朱梅云传第三十七 云敞［M］．北京：中华书局，1962：2927.

⑩ ［清］黄奭．黄氏逸书考：第十六册［M］．民国二十三年补刻本，1934.

非战国秦汉人所能伪托，何者？庄生有言：圣人之法，以参为验，以稽为决，一二三四是也。周宣之初，箕子陈畴，《周官》分职，皆以数记，大致与此书相似，其证一也。《克殷》篇所叙，非亲见者不能；《商誓》《度邑》《皇门》《芮良夫》诸篇，大似今文《尚书》，非伪古文所能仿佛，其证二也。称引是书者，荀息①、狼瞫②、魏绛③，皆在孔子前，其证三也"④，所论允当。观于《左传》《战国策》，春秋战国时人征引《逸周书》篇章，多称之为《书》或《周书》，与征引后来《尚书》所收诸篇章，两者一体对待，不作区别，可见在古人看来，其史料价值同等重要，虽未得列于经传，今人宜合参之。

观今本《尚书》与《逸周书》，两编相互比较，内容无一篇重复雷同，《逸周书》为孔子所论百篇之余，且《尚书》28 篇源自孔子选本百篇，信不诬矣。汉代所传《逸周书》71 篇，编者已不可考，盖取材于孔子删订未录之《书》篇，以及其他传世周代文献，如《左传·文公二年》狼瞫称引《周志》⑤ 等，复增添当代《书》篇如《太子晋》等，如此种种，编者按照时代顺序，排列汇编为 70 篇，最后仿照孔子序《书传》之例，如《尚书·尧典》伪孔传："昔在帝尧，聪明文思，光宅天下。将逊于位，让于虞舜，作《尧典》"⑥，《尚书正义·尧典》孔颖达疏："此序郑玄、马融、王肃并云孔子所作，孔义或然""郑知孔子作者，依纬文而知也"⑦，持之与《逸周书》70 篇《序》文对比，其开首为"昔在文王，商纣并立，困于虐政，将弘道以弼无道，作《度训》"⑧，可谓亦步亦趋，仿效《书序》。编者为所辑《周书》逸篇作《序》一篇，合订而成《周书》71 篇，著录于《七略》《汉志》，东汉许慎增题《逸周书》，以与《尚书》之《周书》区分。两编辑成时间，虽有先后之别，然编纂体例存在关联性，今附论于斯，亦属研《书》之资，学者不可不察焉。

---

① 【按】《战国策·秦策一》，荀息引《武称》"美女破（舌）［后］"（何建章. 战国策注释：卷三　秦策一　田莘之为陈轸说秦惠王章［M］. 北京：中华书局，1990：108.）。

② 【按】《左传·文公二年》，狼瞫引《大匡》"勇则害上，不登于明堂"（［清］洪亮吉. 春秋左传诂：卷九［M］. 北京：中华书局，1987：353.）。

③ 【按】《左传·襄公十一年》，魏绛引《程典》"居安思危"（［清］洪亮吉. 春秋左传诂：卷十二［M］. 北京：中华书局，1987：524.）。

④ ［清］朱右曾. 周书集训校释［M］. 民国《万有文库》本. 北京：商务印书馆，1937：11-12.

⑤ ［清］洪亮吉. 春秋左传诂：卷九［M］. 北京：中华书局，1987：353.

⑥ ［清］阮元，校刻. 十三经注疏清嘉庆刊本·尚书正义：卷第二［M］. 北京：中华书局，2009：248.

⑦ ［清］阮元，校刻. 十三经注疏清嘉庆刊本·尚书正义：卷第二［M］. 北京：中华书局，2009：248.

⑧ 黄怀信. 逸周书校补注译：周书序［M］. 西安：三秦出版社，2006：412.

《逸周书》之名，始见于许慎《说文解字》，其征引有 7 处，班固《汉书》撰成时间，比《说文解字》早 19 年，《汉书·艺文志》所征引，径称《周书》，则书名"逸"字，为后加无疑。许慎《说文》博引群籍，引《尚书》之《周书》，达七十余处，《逸周书》不见于《尚书》，与《周书》以示区别，许慎增题"逸"字，《说文》另有征引《逸论语》之名，亦与《论语》区分，可作为旁证。谢墉为《逸周书》抱经堂本作序，曰"周书本以总名一代之书，犹之商书、夏书也"①，所论得之。今传本《逸周书》末有序 1 篇，列举 70 篇标题，70 篇加序 1 篇，共计 71 篇。上引蔡邕《明堂月令论》："《周书》七十篇，《月令》第五十三"，按之今传本排序，《月令》仍在第五十三。《汉书·艺文志》所著录"《周书》七十一篇"，班固自注为"周史记"，列于"六艺略"《书》九家之后，颜师古注"刘向云：'周时诰誓号令也，盖孔子所论百篇之余也。'今之存者四十五篇矣"②，段玉裁《说文解字注·示部·祒》："刘向曰：'盖孔子所论百篇之余。'故许君谓之《逸周书》，亦以别于称《商书》之《周书》，免学者惑也"③，所谓"今之存者四十五篇矣"，当为颜师古自道，所亡逸 25 篇之本，与今传本不同。今传本亡逸 11 篇，朱右曾《逸周书集训校释》所辑逸文，多出自唐宋人书，则今传本亡逸 11 篇，当在唐代以后。

清华大学所藏战国楚简，其中有《尚书》《逸周书》与逸书 20 余篇，清华简《金縢》与伏生所传今文《尚书》直接相关，清华简《尹诰》《尹至》诸多用词和语法，与今文《尚书》之《夏书》《商书》相互契合，而且更值得注意的是，清华简所见诸《书》篇，并没有《尚书》与《逸周书》之区分，因此今天对《逸周书》篇章的重视程度，应该提升到与《尚书》平等之地位。李学勤认为，"清华简的内容主要是经史类的，而且主要是和历史有关的""我们可以看到，一批随葬的竹简，反映了墓主的思想和学术倾向""清华简的墓主人，可能是史官一类的人""清华大学藏战国竹简对于古史研究有重要意义。现在我们初步估计全部清华简有 64 篇或更多一些书，内容和《诗》《书》《礼》《乐》《易》《春秋》都有一些关系，但与《书》的关系更重要。按照后世的分类，一种是真正的《尚书》，见于在今天传世的《尚书》④，或者由其标题或内容可以

---

① ［清］卢文弨，校.逸周书：谢墉序［M］.清乾隆五十一年《抱经堂丛书》刊本，1786.
② ［汉］班固.汉书：卷三十［M］.北京：中华书局，1962：1705－1706.
③ ［汉］许慎.说文解字注：示部 祒［M］.［清］段玉裁，注.上海：上海古籍出版社，1988：8.
④ 【按】如清华简《金縢》《说命》。

推定是《尚书》的①；第二种是不在《尚书》，可是见于传世的《逸周书》的②；还有一些，是我们从来不知道的，可是从其体裁来看是和《尚书》《逸周书》是一类的③。这三部分总共有 20 多篇，是清华简的主要内容"④，所论切实可从。

## 第三节　周秦《礼》经

周秦《礼》经，涵盖两类，分别为《周官》与《礼》（《礼记》则为经解之属），由周秦传至汉代而得以成为礼学经典，本节论述内容，可谓追溯经典之所从来。

《周礼》原名《周官》，以天地四季布局谋篇，分为天官冢宰、地官司徒、春官宗伯、夏官司马、秋官司寇、冬官司空 6 篇，分掌宫廷、民政、宗庙、军事、刑罚、营造，每篇又各自统辖诸多职官，例如地官司徒统领全国教化，司徒之下有乡师执掌六乡之教，乡师之下又依次有州长、党正、族师、闾胥、比长等属官，分掌州、党、族、闾、比等地方各级行政单位之教令职责。如是之类，6 篇共 360 官，正合周天之度数，出于以人法天之理念，所谓"周官"，盖周天之官⑤。《史记·封禅书》引《春官宗伯·大司乐》文，称"《周官》曰"⑥，司马氏世守史官之职，有机会阅览中秘书，早在汉武帝时代，太史公已过目《周官》篇章内容，非后世刘歆所伪撰明矣。《汉书·艺文志》著录"《周官经》六篇"，班固自注"王莽时，刘歆置博士"⑦，此当承自刘歆《七略》，乃尊《周官》为经之始。又荀悦《汉纪·孝成皇帝纪二》刘歆"以《周官》（十）六篇为《周礼》，王莽时，歆奏以为《礼经》，置博士"⑧，陆德明《经典释文·

---

① 【按】如清华简《尹至》《尹诰》《保训》。

② 【按】如清华简《皇门》《程寤》《祭公之顾命》。

③ 【按】如清华简《厚父》《封许之命》。

④ 李学勤. 清华简与《尚书》《逸周书》的研究［J］. 史学史研究，2011（2）：104-105.

⑤ 【按】陆德明《经典释文·周易》："周，代名也，周，至也，遍也，备也，今名书，义取周普"，取义类之，张舜徽论《周易》名义（张舜徽. 㓤庵学术讲论集. 致顾颉刚先生论《周官》《左传》标题书［M］. 长沙：岳麓书社，1992：711-713.），亦取此说。

⑥ ［汉］司马迁. 史记：卷二十八［M］. 北京：中华书局，1982：1357.

⑦ ［汉］班固. 汉书：卷三十［M］. 北京：中华书局，1962：1709.

⑧ ［汉］荀悦. 汉纪：卷第二十五［M］. 北京：中华书局，2002：435.

序录》："王莽时，刘歆为国师，始建立《周官经》，以为《周礼》"①，由此可见，《周官》更名《周礼》，始于刘歆奏立学官。刘歆好《左传》，《汉书·楚元王传》："及歆校秘书，见古文《春秋左氏传》，歆大好之。时丞相史尹咸以能治《左氏》，与歆共校经传。歆略从咸及丞相翟方进受，质问大义。初，《左氏传》多古字古言，学者传训故而已，及歆治《左氏》，引传文以解经，转相发明，由是章句义理备焉""歆以为左丘明好恶与圣人同，亲见夫子，而公羊、穀梁在七十子后，传闻之与亲见之，其详略不同""及歆亲近，欲建立《左氏春秋》及《毛诗》、《逸礼》、古文《尚书》皆列于学官。"② 观《左传》行文，多见"周礼"连言，如鲁"犹秉周礼，周礼，所以本也""鲁不弃周礼，未可动也"③，"周礼尽在鲁矣"④ 等，皆非书名，刘歆盖取意于此，以作为《周官》书名。新莽执政短暂，时至东汉，复有称《周官》之名者，如《汉书·礼乐志》："《周诗》既备，而其器用张陈，《周官》具焉"⑤，马融《周官传叙》："惟念前业未毕者唯《周官》，年六十有六，目瞑意倦，自力补之，谓之《周官传》也"⑥，郑众《周礼解诂》："《燕义》曰'古者周天子之官有庶子官'，与《周官》'诸子'职同文"⑦，至郑玄注"三礼"⑧，于正题及引经，皆以《周礼》指称《周官》《周礼》之名从此通行。

郑众以《周官》为《尚书》之《周官》篇，马融《周官传序》："然众时所解说，近得其实，独以《书序》言'成王既黜殷，命还归在丰，作《周官》，

---

① [唐] 陆德明. 经典释文序录疏证：注解传述人 [M]. 吴承仕，疏证. 北京：中华书局，2008：90.

② [汉] 班固. 汉书：卷三十六　楚元王传第六　刘歆 [M]. 北京：中华书局，1962：1967.

③ [清] 洪亮吉. 春秋左传诂：卷六　闵公　元年 [M]. 北京：中华书局，1987：263.

④ [清] 洪亮吉. 春秋左传诂：卷十五　昭公一　二年 [M]. 北京：中华书局，1987：646.

⑤ [汉] 班固. 汉书：卷二十二 [M]. 北京：中华书局，1962：1038.

⑥ 贾公彦《周礼疏·序周礼废兴》引。（[清] 阮元，校刻. 十三经注疏清嘉庆刊本·周礼注疏：序 [M]. 北京：中华书局，2009：1370.）

⑦ 郑玄《周礼注·夏官司马·诸子》引。（[清] 阮元，校刻. 十三经注疏清嘉庆刊本·周礼注疏：卷第三十一 [M]. 北京：中华书局，2009：1836.）

⑧ 【按】"三礼"合称之书名，当始于郑玄作注，其注书自序曰"凡著三礼七十二篇"，此"著"与"注"同。后世陈寿、范晔，皆沿用此合称概念，如《三国志·魏书·钟繇华歆王朗传》：王肃"善贾、马之学，而不好郑氏，采会同异，为《尚书》《诗》《论语》、三礼、《左氏》解，及撰定父朗所作《易传》，皆列于学官"（[晋] 陈寿. 三国志：卷十三　魏书　钟繇华歆王朗传第十三　孙叔然 [M]. 北京：中华书局，1982：419.），《后汉书·马融列传》："注《孝经》、《论语》、《诗》、《易》、三礼、《尚书》、《列女传》、《老子》、《淮南子》、《离骚》。"（[南朝宋] 范晔. 后汉书：卷六十上　马融列传第五十上 [M]. 北京：中华书局，1965：1972.）

则此《周官》也'，失之矣"①，郑玄《周礼注序》："案《尚书·盘庚》《康诰》《说命》《泰誓》之属，三篇《序》皆云'某作若干篇'，今多者不过三千言。又《书》之所作，据时事为辞，君臣相诰命之语。作《周官》之时，周公又作《立政》，上下之别，正有一篇。《周礼》乃六篇，文异数万，终始辞句，非《书》之类，难以属之，时有若兹，焉得从诸？"② 则郑众此说，马、郑皆持论非之。今所见《尚书·周官》为伪作，《周官》篇已亡佚，今所存《尚书》28篇，皆数百字而已，与西周青铜器铭文所载官方文告比对，可见当时篇幅，确实如此，《周礼》文近五万字，郑司农系之《尚书》篇章，无乃不可乎？当从马、郑之说为是。

《周礼》所属篇章，如前所论，不可能出于刘歆伪撰③，当陆续结撰于周王室东迁以后。《周礼》多存古字古义，其古字有奥奇难识不可读者，明代郎兆玉甚至专录《周礼奇字》，所录奇字，与甲骨文金文相比较，符合相近者甚多。朱谦之论曰："此书中所用古体文字，不见于其他古籍，而独与甲骨文金文相同，

---

① 贾公彦《周礼疏·序周礼废兴》引。（［清］阮元，校刻．十三经注疏清嘉庆刊本·周礼注疏：序［M］．北京：中华书局，2009：1370．）

② 贾公彦《周礼疏·序周礼废兴》引。（［清］阮元，校刻．十三经注疏清嘉庆刊本·周礼注疏：序［M］．北京：中华书局，2009：1370–1371．）

③ 《四库全书总目·周礼注疏》提要："《周礼》一书，上自河间献王。于诸经之中，其出最晚。其真伪亦纷如聚讼，不可缕举。惟《横渠语录》曰'《周礼》是的当之书，然其间必有末世增人者'""夫《周礼》作于周初，而周事之可考者，不过春秋以后，其东迁以前三百余年，官制之沿革，政典之损益，除旧布新，不知凡几。其初去成、康未远，不过因其旧章，稍为改易。而改易之人，不皆周公也。于是以后世之法窜入之，其书遂杂。其后去之愈远，时移势变，不可行者渐多，其书遂废。此亦如后世律令条格，率数十年而一修，修则必有所附益。特世近者可考，年远者无征，其增删之迹，遂靡所稽，统以为周公之旧耳。迨乎法制既更，简编犹在，好古者留为文献，故其书阅久而仍存。此又如开元《六典》、政和《五礼》，在当代已不行用，而今日尚有传本，不足异也。使其作伪，何不全伪六官，而必阙其一，至以千金购之不得哉？且作伪者必剽取旧文，借真者以实其赝，古文《尚书》是也。刘歆宗《左传》，而《左传》所云《礼经》，皆不见于《周礼》《仪礼》十七篇，皆在《七略》所载古经七十篇中；《礼记》四十九篇，亦在刘向所录二百十四篇中。而《仪礼·聘礼》宾行饔饩之物、禾米刍薪之数、笾豆簠簋之实、铏壶鼎瓮之列，与《掌客》之文不同。又《大射礼》天子、诸侯侯数、侯制与《司射》之文不同。《礼记·杂记》载子、男执圭与《典瑞》之文不同。《礼器》天子、诸侯席数与《司几筵》之文不同。如斯之类，与二《礼》多相矛盾。歆果赝托周公为此书，又何难牵就其文，使与经传相合，以相证验，而必留此异同，以启后人之攻击？然则《周礼》一书不尽原文，而非出依托，可概睹矣。《考工记》称郑之刀，又称秦无庐，郑封于宣王时，秦封于孝王时，其非周公之旧典，已无疑义。《南齐书》称：'文惠太子镇雍州，有盗发楚王冢，获竹简书，青丝编，简广数分，长二尺有奇，得十余简，以示王僧虔。僧虔曰：是科斗书《考工记》。'则其为秦以前书亦灼然可知。"（［清］永瑢，等．周礼：周礼注疏四十二卷［M］//四库全书总目：卷十九 经部十九礼类一．北京：中华书局，1965：149．）

又其所载官制与《诗经·大雅》《小雅》相合，可见非在西周文化发达的时代不能作"①，其切入点极好，但是时代范围过宽。洪诚继续论之，"今存之《周礼》中确有周公之典。殆无疑义。然谓五篇②皆周初书，亦有可疑者。《周礼》之语言与《尚书·立政》大不相类。全书用'其'不用'厥'，句末用'者'字，用'也'字，《地官·廪人》：'凡万民之食食者，人四鬴上也，人三鬴中也，人二鬴下也。'《秋官·大行人》：'凡诸侯之邦交，岁相问也，殷相聘也，世相朝也。'此非周初文字甚明。""《周礼》非周初之作，然亦非战国之书。""从语法看，文献中凡春秋以前之文，十数与零数之间，皆用'有'字连之，战国中期之文即不用。《尚书》《春秋经》《论语》《仪礼》经文、《易·系辞传》皆必用，《穆天子传》以用为常。《王制》《庄子》不定，《左传》《国语》以不用为常，《山海经》中之《五藏山经》不用，《孟子》除论述与《尚书》有关之事而外亦不用。《周礼》之经记全部用，此种语法与《尚书》《春秋经》同，故非战国时人之作"③，所论建立在语法用例之上，颇可信从。金景芳结合朱、洪之论，继续深化认识，"我们今日而欲考求中国古代的田制、兵制、学制、刑法、祀典诸大端，固舍是书莫属了"。"我认为《周礼》一书是东迁以后某氏所作。作者得见西周王室档案，故讲古制极为纤悉具体。但其中也增入作者自己的设想。例如封国之制、畿服之制一类的东西，就是作者自己设想所制定的方案。这个方案，具有时代特点，不但西周不能为此方案，即使春秋战国时人也不会为此方案。原因是春秋战国时，周室衰微已甚，降为二三等小国，当时不会幻想它会复兴。而在西周的历史条件下，则不可能产生这样的设想。至于郑玄所说'周公居摄而作六典之职，谓之《周礼》'，是没有根据的。""梁启超虽然说《考工记》是战末的书，但也不能不承认'其文体较古雅些，所叙之事也很结实，没有理想的话'。其实，这一点正可作为它是周室东迁后的人所作的一个证据。《考工记》举出'有虞氏上陶，夏后氏上匠，殷人上梓，周人上舆'，正因为此书是周人所作，所以对于车的构造记述特详。这一点也是考证《考工记》写作时代所应注意的"④，《考工记》后来补入《周礼》，其写作时代，可以作为《周礼》写作时代之参照系，此说综合前人合理分析，续有深化，较为允当。

---

① 朱谦之. 周礼的主要思想［N］. 光明日报，1961-11-12.

② 【按】《冬官司空》亡佚，《周官》六篇存五。

③ 洪诚. 读《周礼正义》［M］//杭州大学语言文学研究室. 孙诒让研究. 北京：中华书局，1963：25-26.

④ 《文史知识》编辑部. 经书浅谈：周礼［M］. 北京：中华书局，2005：43.

　　《仪礼》，原名《礼》，周秦两汉时代，皆无《仪礼》之名①。段玉裁《礼十七篇标题汉无仪字说》："郑君本传曰：'郑所注《周易》《尚书》《毛诗》《仪礼》《礼记》《论语》《孝经》《尚书中候》《乾象历》。'按此不应遗《周礼》，疑'仪礼礼记'四字，乃'周官礼礼记'五字转写之误，盖《仪礼》本但称《礼》无'仪'字，汉人无称《仪礼》者。""'仪礼'二字，盖因《记》云'威仪三千'者谓《礼经》，故冠'仪'于'礼'，使称说较便。大约梁陈以后，乃有此称"②，黄以周《礼书通故·礼书》："则郑氏师、弟子，并无《仪礼》之名也。　《礼》注大题《仪礼》，当是东晋人所加，东晋人盛称《仪礼》"③。所谓"东晋人所加"，盖《晋书·荀崧传》："宜为郑《易》置博士一人，郑《仪礼》博士一人，《春秋公羊》博士一人，《穀梁》博士一人"④，《宋书·礼志》："《周易》一经，有郑玄注，其书根源，诚可深惜，宜为郑《易》博士一人。《仪礼》一经，所谓曲礼，郑玄于《礼》特明，皆有证据，宜置郑《仪礼》博士一人。《春秋公羊》，其书精隐，明于断狱，宜置博士一人。《穀梁》简约隐要，宜存于世，置博士一人"⑤，此乃所据记载出处，东晋之时，开始出现《仪礼》之名，为曲礼⑥之意，然尚未确定为通称，如张参《五经文字》多引《礼》文，皆称"见《礼经》"⑦，《仪礼》之名通行，盖唐文宗开成石经见采以后，逐渐成通称，沿用至今。

①　《汉书·景十三王传》："献王所得书皆古文先秦旧书，《周官》《尚书》《礼》《礼记》《孟子》《老子》之属，皆经传说记，七十子之徒所论。"许慎《说文解字叙》："《礼》《周官》《春秋左氏》《论语》《孝经》，皆古文也。"可见时至东汉，《礼》与《周官》仍然并称，即今之《仪礼》与《周礼》。

②　［清］段玉裁．经韵楼集：卷二［M］．上海：上海古籍出版社，2007：29.

③　［清］黄以周．礼书通故：礼书通故第一［M］．北京：中华书局，2007：4.

④　［唐］房玄龄，等．晋书：卷七十五　列传第四十五　荀崧［M］．北京：中华书局，1974：1978.

⑤　［梁］沈约．宋书：卷十四［M］．北京：中华书局，1974：361.

⑥　【按】据《礼记·礼器》郑玄注，"曲礼"即"事礼"。［清］阮元，校刻．十三经注疏清嘉庆刊本·礼记正义　卷第二十三［M］．北京：中华书局，2009：3108.

⑦　【按】张参《五经文字》引《礼》文，以"见《礼经》"标识之者，三引于《十三经注疏校勘记》，可参：［清］阮元，校刻．十三经注疏清嘉庆刊本·周礼注疏：卷第二十五　校勘记　大祝［M］．北京：中华书局，2009：1756；仪礼注疏：卷第五十　校勘记　摘录，2644；论语注疏：卷第三　校勘记　八佾第三，5362.

其实，两汉学者亦称《士礼》①，周秦时代唯称《礼》而已，如《庄子·天运》："丘治《诗》《书》《礼》《乐》《易》《春秋》六经，自以为久矣，孰知其故矣"②，《荀子·劝学》："学恶乎始？恶乎终？曰：其数则始乎诵经，终乎读《礼》；其义则始乎为士，终乎为圣人""《礼》者，法之大分，类之纲纪也，故学至乎《礼》而止矣，夫是之谓道德之极"③。尊称《礼》为《礼经》者，周秦时代无有④，用例皆在汉代，如《史记·儒林列传》："而鲁徐生善为容，孝文帝时，徐生以容为礼官大夫。传子至孙徐延、徐襄。襄，其天姿善为容，不能通《礼经》；延颇能，未善也。襄以容为汉礼官大夫，至广陵内史；延及徐氏弟子公户满意、桓生、单次，皆尝为汉礼官大夫"⑤，《汉书·霍光金日磾传》："以安天下之命，数临正殿，延见群臣，讲习《礼经》"⑥，《汉书·王莽传》："莽独孤贫，因折节为恭俭。受《礼经》，师事沛郡陈参，勤身博学，被服如儒生"⑦。《礼》传至汉初，仅17篇，《汉书·艺文志》："汉兴，鲁高堂生传《士礼》十七篇"⑧，其中篇目或分上下，汉人称引篇数，偶有出入，如王充《论衡·谢短》："今《礼经》十六"⑨，荀悦《汉纪·孝成皇帝纪二》："《礼》，始于鲁高堂生，传《士礼》十八篇，多不备"⑩，皆指此高堂生传本。

高堂生传本《礼》17篇之中，除《士相见礼》《大射礼》《少牢馈食礼》《有司彻》4篇之外，其余13篇皆有"记"⑪，"经""记"均列于正文，且古人引用时，多不作区分，似将"经""记"一体视之。如《石渠礼议》引"《经》

---

① 《史记·儒林列传》："诸学者多言礼，而鲁高堂生最本。礼固自孔子时而其经不具，及至秦焚书，书散亡益多，于今独有《士礼》，高堂生能言之。"（［汉］司马迁.史记：卷一百二十一［M］.北京：中华书局，1982：3126.）《汉书·艺文志》："汉兴，鲁高堂生传《士礼》十七篇。讫孝宣世，后仓最明，戴德、戴圣、庆普皆其弟子，三家立于学官。"（［汉］班固.汉书：卷三十［M］.北京：中华书局，1962：1710.）《汉书·儒林传》："由是《礼》有大戴、小戴、庆氏之学。"（［汉］班固.汉书：卷八十八 儒林传第五十八 孟卿，3615.）

② ［清］王先谦.庄子集解：卷四［M］.北京：中华书局，1987：130.

③ ［清］王先谦.荀子集解：卷第一［M］.北京：中华书局，1988：11-12.

④ 【按】《左传·隐公七年》："凡诸侯同盟，于是称名，故薨则赴以名，告终称嗣也，以继好息民，谓之礼经"（［清］洪亮吉.春秋左传诂：卷五［M］.北京：中华书局，1987：200.），此"礼经"指礼之法则，并非书名。

⑤ ［汉］司马迁.史记：卷一百二十一［M］.北京：中华书局，1982：3126.

⑥ ［汉］班固.汉书：卷六十八 霍光金日磾传第三十八［M］.北京：中华书局，1962：2965.

⑦ ［汉］班固.汉书：卷九十九上 王莽传第六十九上［M］.北京：中华书局，1962：4039.

⑧ ［汉］班固.汉书：卷三十［M］.北京：中华书局，1962，第1710.

⑨ ［汉］王充.论衡校释：卷第十二［M］.黄晖，校释.北京：中华书局，1990：566.

⑩ ［汉］荀悦.汉纪：卷第二十五［M］.北京：中华书局，2002：435.

⑪ 【按】"记"为孔门七十子之徒所撰，年代稍晚于经文。而《仪礼·丧服》除"经""记"分别章节外，其下复有"传"。

云'宗子孤为殇'"①，何休《公羊传解诂》引"《士冠礼》曰'嫡子冠于阼以著代也'"②，所引乃《仪礼·丧服》与《仪礼·士冠礼》之"记"文，而径称作"《经》"与"《士冠礼》"；郑玄《毛诗笺》引"《礼记》'主妇髲鬄'"③，郭璞《尔雅注》引"《礼记》曰'厞用席'"④，所引乃《仪礼·少牢馈食礼》与《仪礼·有司彻》之"经"文，而皆称作"《礼记》"。由此可见，《仪礼》之"经""记"地位近同。沈文倬认为"记"应当是"把行文上不便插入正文的解释性、补充性文句，在后人可以用双行夹注或加括号来处理，在它就安排在篇末作附录而已"⑤，可谓洞微烛隐，丁鼎赞成沈说"'记'文当与'经'文一样，其编作权也应归于孔子及七十子后学。也就是说，'记'文大约与经文撰作于同一时代"⑥，所论通达，足资验证。

汉初高堂生所传《礼》17篇，郑玄又称为《今礼》《曲礼》《礼记》⑦，立于学官，盛行于两汉。除此之外，汉武帝时出现《礼》古经56篇，亦属于周秦传至西汉之《礼》经版本。此56篇本，为周秦古文，《汉书·艺文志》："《礼》古经五十六卷。《经》（七十）［十七］篇"（班固自注"后氏、戴氏"），"《礼》古经者，出于鲁淹中及孔氏，（学七十）［与十七］篇文相似，多三十九

---

① ［唐］杜佑. 通典：卷第七十三　礼三十三·沿革三十三·嘉礼十八·继宗子［M］. 北京：中华书局，1988：1998.

② ［清］阮元，校刻. 十三经注疏清嘉庆刊本·春秋公羊传注疏：卷第一　隐公元年［M］. 北京：中华书局，2009：4767.

③ ［清］马瑞辰. 毛诗传笺通释：卷三　召南　采蘩. "被之僮僮，夙夜在公"句郑笺［M］. 北京：中华书局，1989：74.

④ ［清］阮元，校刻. 十三经注疏清嘉庆刊本·尔雅注疏：卷第三　释言第二［M］. 北京：中华书局，2009：5615.

⑤ 沈文倬. 汉简服传考（下）［J］. 文史，二十五辑.

⑥ 丁鼎. 《仪礼·丧服》考论［M］. 北京：社会科学文献出版社，2003：106. 又【按】清儒黄以周《礼书通故》卷一，论之甚详，可供参考。

⑦ 【按】称《礼》17篇本为《今礼》者，如《礼记·礼器》："故《经礼》三百，《曲礼》三千，其致一也"，郑玄注："致之言至也，一谓诚也。《经礼》谓《周礼》也，《周礼》六篇，其官有三百六十。'曲'犹'事'也，事礼谓《今礼》也。礼篇多亡，本数未闻，其中事仪三千"（［清］阮元，校刻. 十三经注疏清嘉庆刊本·礼记正义：卷第二十三［M］. 北京：中华书局，2009：3108.）；称《礼》17篇本为《曲礼》者，如《礼记·投壶》孔颖达疏引郑玄《三礼目录》"实《曲礼》之正篇"（十三经注疏清嘉庆刊本·礼记正义：卷第五十八，3613.），《礼记·奔丧》孔疏引郑玄《三礼目录》"实逸《曲礼》之正篇也"（十三经注疏清嘉庆刊本·礼记正义：卷第五十六，3588.）；称《礼》17篇本为《礼记》者，如《诗经·召南·采蘩》郑玄笺引"《礼记》'主妇髲鬄'"（［清］马瑞辰. 毛诗传笺通释：卷三［M］. 北京：中华书局，1989：74.），此乃《仪礼·少牢馈食礼》经文，至两晋之际犹然，如《尔雅·释言》郭璞注引"《礼记》曰'厞用席'"（十三经注疏清嘉庆刊本·尔雅注疏：卷第三，5615.），亦属于《仪礼·有司彻》经文。

篇。及《明堂阴阳》《王史氏记》所见，多天子、诸侯、卿、大夫之制，虽不能备，犹瘖仓等推《士礼》而致于天子之说"，颜师古注"苏林曰'里名也'"①，此说《礼》古经出自鲁地淹中。《汉书·景十三王传》言鲁恭王"初好治宫室，坏孔子旧宅以广其宫，闻钟磬琴瑟之声，遂不敢复坏，于其壁中得古文经传"②，《汉书·楚元王传》中刘歆因移书太常博士，责让之曰："及鲁恭王坏孔子宅，欲以为宫，而得古文于坏壁之中，《逸礼》有三十九篇，《书》十六篇。天汉之后，孔安国献之，遭巫蛊仓卒之难，未及施行"③，此说《礼》古经出自孔壁所藏。《汉书·景十三王传》："河间献王德以孝景前二年立。修学好古，实事求是。从民得善书，必为好写与之，留其真，加金帛赐以招之。繇是四方道术之人不远千里，或有先祖旧书，多奉以奏献王者，故得书多，与汉朝等。""献王所得书皆古文先秦旧书，《周官》《尚书》《礼》《礼记》《孟子》《老子》之属，皆经传说记，七十子之徒所论。其学举六艺，立《毛氏诗》《左氏春秋》博士。修礼乐，被服儒术，造次必于儒者，山东诸儒［多］从而游"④，此说《礼》古经出自河间献王。河间献王所得而献之古文《礼》，即鲁地淹中所出，郑玄《六艺论》："后得孔氏壁中、河间献王古文《礼》五十六篇""其十七篇与高堂生所传同，而字多异"⑤，持之与上引《汉书·艺文志》："《礼》古经者，出于鲁淹中及孔氏⑥，（学七十）［与十七］篇文相似，多三十九篇"相较，显而易见，郑玄以"河间献王"代替"鲁淹中"，所以《隋书·经籍志》："又有古经，出于淹中，而河间献王好古爱学，收集余烬，得而献之，并威仪之事"⑦，更直接道出其中关联性。至于《礼》古经之淹中本与孔壁本，两者有无异同，文献已无可考。淹中所出与孔壁所藏，于周秦时代，皆曾在鲁地流传，其古文《礼》传本，内容应当近似。

---

① ［汉］班固.汉书：卷三十［M］.北京：中华书局，1962：1709-1711.

② ［汉］班固.汉书：卷五十三 景十三王传第二十三 鲁恭王刘馀［M］.北京：中华书局，1962：2414.

③ ［汉］班固.汉书：卷三十六 楚元王传第六 刘歆［M］.北京：中华书局，1962：1969.【按】《汉书·艺文志》："武帝末，鲁共王坏孔子宅，欲以广其宫，而得古文《尚书》及《礼记》《论语》《孝经》凡数十篇，皆古字也。共王往入其宅，闻鼓琴瑟钟磬之音，于是惧，乃止不坏。孔安国者，孔子后也，悉得其书""安国献之，遭巫蛊事，未列于学官"（汉书：卷三十，1706.）。

④ ［汉］班固.汉书：卷五十三 景十三王传第二十三 河间献王刘德［M］.北京：中华书局，1962：2410.

⑤ 陆德明《经典释文·序录》引。（［汉］郑玄.六艺论疏证：礼论［M］.［清］皮锡瑞，疏证.北京：中华书局，2015：562.）

⑥ 【按】可见班固已认为，《礼》古经出处有二，一为鲁淹中，一为孔氏所藏。

⑦ ［唐］魏徵，［唐］令狐德棻.隋书：卷三十二［M］.北京：中华书局，1973：925.

西汉所传《礼》17篇与《礼》古经56篇，在周秦实同出一源，一简一繁而已。在实际内容上，两本只有篇目多寡之区别，观郑玄注所校异同①，《礼》17篇与《礼》古经中对应之17篇，除个别文字外，其余大多相同，《礼》古经多出之39篇，称作《逸礼》，至魏晋已亡佚。《礼》17篇为简本，以士礼为主，略及大夫与诸侯之礼。《礼》古经56篇为繁本，除与17篇本相同内容之外，还包括诸侯与天子之礼。周秦诸多《礼》章，传至战国时代，周天子名存实亡，诸侯之礼亦久废不行，唯婚、冠、丧、祭诸礼，仍通行于民间，旧之儒者既以相礼为职事，则以传授贴近日用之17篇简本为主，56篇繁本作为学者研究资料，仅于特定小范围流传，此乃汉初高堂生仅传17篇而56篇后出之缘故。

关于《礼》之成书年代，《礼记·明堂位》："武王崩，成王幼弱，周公践天子之位，以治天下。六年，朝诸侯于明堂，制礼作乐，颁度量，而天下大服。七年，致政于成王。成王以周公为有勋劳于天下，是以封周公于曲阜，地方七百里，革车千乘，命鲁公世世祀周公以天子之礼乐"②，贾公彦《仪礼疏·序》："至于《周礼》《仪礼》，发源是一。理有终始，分为二部，并是周公摄政大平之书"③，观《仪礼》文辞特征，与西周金文不相符合，而且与《诗》《书》亦不相同，不可能成书于西周初期。从周代金文与《左传》等文献记载，周代已经出现比较程式化礼仪，这些程式化礼仪，内容步骤繁多，需要记录下来，才能方便学习与实践。《礼记·杂记下》："恤由之丧，哀公使孺悲之孔子学士丧礼，《士丧礼》于是乎书"，郑玄注："时人转而僭上，士之丧礼已废矣，孔子以教孺悲，国人乃复书而存之"④，孔子以六艺教弟子，礼、乐、射、御、书、

---

① 【按】马融为郑玄之师，曾校书于东观，当得见中秘所藏《礼》古经56篇，郑玄虽未必亲见原本，得自师承，必有《礼》古经之转写本，其注《礼》17篇，方能持古今互校，且能援引《逸礼》注解三礼。王国维《汉时古文诸经有转写本说》（王国维．观堂集林：卷七　艺林七［M］//谢维扬，庄辉明，黄爱梅．王国维全集：第八卷．杭州：浙江教育出版社，广州：广东教育出版社，2010：212-214.），可供参考。

② ［清］孙希旦．礼记集解：卷三十一［M］．北京：中华书局，1989：842.

③ ［清］阮元，校刻．十三经注疏清嘉庆刊本·仪礼注疏：卷第一［M］．北京：中华书局，2009：2037.

④ ［清］孙希旦．礼记集解：卷四十二　杂记下第二十一之二［M］．北京：中华书局，1989：1115.【按】孔子授徒内容，弟子现场记录成文，此非个例，如《论语·卫灵公》："子张问行。子曰：'言忠信，行笃敬，虽蛮貊之邦，行矣。言不忠信，行不笃敬，虽州里，行乎哉？立则见其参于前也，在舆则见其倚于衡也，夫然后行。'子张书诸绅"是也（程树德．论语集释：卷三十一　卫灵公上［M］．北京：中华书局，1990：1065-1067.）。又如《孔子家语·七十二弟子解》："叔仲会，鲁人，字子期。少孔子五十岁。与孔璇年相比，每孺子之执笔，记事于夫子，二人迭侍左右。孟武伯见孔子而问曰：'此二孺子之幼也，于学岂能识于壮哉？'孔子曰：'然，少成则若性也，习惯若自然也。'"（［清］陈士珂，辑．孔子家语疏证：卷九［M］．南京：凤凰出版社，2017：255.）

数，而以礼居首位，撰集礼文，形成篇章，作为施教之所本①，此乃孔门教材，亦为学礼读本，"《士丧礼》于是乎书"，即此类也。《论语·八佾》："子入大庙，每事问。或曰：'孰谓鄹人之子知礼乎？入大庙，每事问。'子闻之，曰：'是礼也。'"② 适可见当时孔子以"知礼"著称于世。《礼记·射义》："孔子射于矍相之圃，盖观者如堵墙"③，《史记·孔子世家》："孔子去曹适宋，与弟子习礼大树下"④，可见孔门习礼盛况。《论语·先进》孔子曰："赤！尔何如？"公西华对曰："非曰能之，愿学焉。宗庙之事，如会同，端章甫，愿为小相焉"⑤，此乃儒者分内之事。《礼记·曲礼下》："居丧，未葬，读丧礼；既葬，读祭礼；丧复常，读乐章"⑥，可见孔子传礼授徒，当有礼书篇章可供阅读。《史记·儒林列传》："《礼》固自孔子时而其经不具，及至秦焚书，书散亡益多，于今独有《士礼》，高堂生能言之"⑦，可见孔子之时，《礼》书未有成编，而是以分散篇章的形式存在，篇目必多于《礼》17 篇，是否为《礼》古经 56 篇，今已不可确知矣。观后世大小戴《礼记》所收诸篇，多为七十子后学所撰记书，其中很多篇援引《礼》17 篇之文句⑧，然皆为直接引用，并未称述《礼》17 篇之篇名，可见当时尚属未有篇题之分散篇章。又观《墨子·节葬下》《墨子·非儒》《孟子·离娄下》皆引《丧服》文句，《孟子·万章下》引《士相见礼》文句，亦为直接引用，未见称述《礼》17 篇之篇名，直到《荀子·礼论》《荀子·大略》，其间引《礼》文句甚多，其中一处引例，值得特别注意，《荀子·大略》引："《聘礼志》曰：'币厚则伤德，财侈则殄礼。'"⑨ "志"与

---

① 【按】《史记·孔子世家》"孔子之时，周室微而《礼》《乐》废、《诗》《书》缺。追迹三代之礼，序《书传》，上纪唐虞之际，下至秦缪，编次其事。曰：夏礼，吾能言之，杞不足征也；殷礼，吾能言之，宋不足征也。足，则吾能征之矣。观殷夏所损益，曰：后虽百世，可知也，以一文一质。周监二代，郁郁乎文哉，吾从周。故《书传》《礼记》自孔氏"（［汉］司马迁. 史记：卷四十七［M］. 北京：中华书局，1982：1935－1936.），此《书传》即《书》，此《礼记》即《礼》。

② 程树德. 论语集释：卷六　八佾下［M］. 北京：中华书局，1990：183－184.

③ ［清］孙希旦. 礼记集解：卷六十［M］. 北京：中华书局，1989：1442.

④ ［汉］司马迁. 史记：卷四十七［M］. 北京：中华书局，1982：1921.

⑤ 程树德. 论语集释：卷二十三　先进下［M］. 北京：中华书局，1990：801.

⑥ ［清］孙希旦. 礼记集解：卷五　曲礼下第二之一［M］. 北京：中华书局，1989：113.

⑦ ［汉］司马迁. 史记：卷一百二十一［M］. 北京：中华书局，1982：3126.

⑧ 沈文倬. 略论礼典的实行和《仪礼》书本的撰作［M］. 文史，第 15、16 辑. 其认为《仪礼》篇章在春秋至西汉之间陆续完成，其中有关丧礼 4 篇年代最早，约在春秋末期。

⑨ ［清］王先谦. 荀子集解：卷第十九［M］. 北京：中华书局，1988：488.

"记"通，此引自《礼》之《聘礼·记》："多货则伤于德，币美则没礼"①，由此可见，此时《礼》之篇章名已出现，而且篇章内部之"经""记"结构，亦已形成，《礼》篇章结集而成书，可谓顺理成章，后世稍有润色，《礼》之成书时代当在战国后期。观今本《仪礼》之文字风格，与《论语》多有相似之处，其内容与孔子礼学思想一致②，如孔子重视冠、昏、丧、祭、朝、聘、乡、射，《礼》17 篇正以此八礼作为主体。因此，于《礼》成书以前，诸多《礼》之篇章，已然经过孔门师弟整理与初步分类，此乃《礼》书之雏形，从而为篇章结集成书奠定基础。

## 第四节　周秦《乐》经

周秦儒家经典，最扑朔迷离者，莫过于《乐经》，争论焦点在于是否实有其书。历代学界分为两大阵营：一方认为《乐经》本有其书，理由是诸子多有论《乐》文字，周秦实有"六经"之说；一方认为《乐经》本无其书，怀疑"六经"之说，揣测"乐"仅就制度而言。《乐经》的确曾经存在过。首先应当申明，"经"名乃后世儒者所加，目的是推尊其书，周秦径称《乐》而已。我们常说"五经"，指的是汉代《易》《书》《诗》《礼》《春秋》③ 五类经典，考察从"五经"到"十三经"的发展历程，始终找不到《乐经》踪影，难怪乾隆皇帝慨叹："命夔教胄八音宣④，防过还因虑有偏。后代许多读书者，《乐经》何事独无传。"⑤

其实在"五经"前，本有"六经"，即《诗》《书》《礼》《乐》《易》《春秋》。从现存文献上看，"六经"之说，最早见于《庄子·天运》："丘治《诗》《书》《礼》《乐》《易》《春秋》六经，自以为久矣，孰知其故矣。"⑥ 主

---

① ［清］阮元，校刻.十三经注疏清嘉庆刊本·仪礼注疏：卷第二十四［M］.北京：中华书局，2009：2322.【按】所谓"币厚"与"多货""财侈"与"币美""珍"与"没"，周秦记诵之学，于口耳流传过程中，同义用语替换，盖难避免，如此之类，周秦故籍引例甚多。

② 【按】其具体论证，皮锡瑞《经学通论·三礼》、梁启超《古书真伪及其年代》，可供参考。

③ 【按】"五经"排序各异，反映不同学术流派观点，理应详究，此非本节重点，今暂从略。

④ 《尚书·尧典》："帝曰：'夔，命汝典乐，教胄子，直而温，宽而栗，刚而无虐，简而无傲。诗言志，歌永言，声依永，律和声。八音克谐，无相夺伦，神人以和。'夔曰：'於！予击石拊石，百兽率舞。'"（［清］孙星衍.尚书今古文注疏：卷一　虞夏书·尧典·下［M］.北京：中华书局，2004：69-71.）

⑤ ［清］乾隆.御制诗：四集卷十七　咏《乐经》［M］.影印文渊阁《四库全书》本.

⑥ ［清］王先谦.庄子集解：卷四［M］.北京：中华书局，1987：130.

"《乐》本无书论"者，认为《庄子》一书多用寓言，不足凭信，遂疑"六经"文本之真实性。然而，《庄子·寓言》说："寓言十九，藉外论之"，其上半句"寓言十九"，说的是《庄子》一书寓言所占十分之九；后半句"藉外论之"之"藉"乃训"借"。郭象注："言出于己，俗多不受，故借外耳"①，就是说借"外"以取信，使论证更有说服力。《庄子·寓言》又说："重言十七，所以已言也，是为耆艾"②，"重言"③ 即借重先贤时彦之言论，此类内容《庄子》书中占十分之七。这种情况，相当于后世著文引用名人名言一般，乃是为了使论证更有说服力。大家都知道，引用名人名言不可能凭空虚造，而应当是前有依凭，并为世人所普遍认同之历史材料。正如《文心雕龙》所论"事类者，盖文章之外，据事以类义，援古以证今者也"④，只有这样，才能具有说服力，从而达到较好论证效果。更值得注意的是，《庄子》既说"寓言十九"，又说"重言十七"，也就是说，《庄子》往往是重言中有寓言，寓言中亦有重言，"寓言十九"与"重言十七"并行不悖，不仅不相矛盾，而且互相借重。可见《庄子》所载，不可一概视作无稽之谈，其中多有可信之实，诚如赫胥黎所论"古代的传说，如用现代严密的科学方法去检验，大都是像梦一样平凡地消逝了。但是奇怪的是，这种像梦一样的传说，往往是一个半醒半睡的梦，预示着真实"⑤。王国维《古史新证》论及"二重证据法"时说："即百家不雅训之言，亦不无表示一面之事实。"又说："此二重证据法，惟在今日始得为之。虽古书之未得证明者，不能加以否定，而其已得证明者，不能不加以肯定，可断言也。"⑥ 此处读来，颇有启发。"寓言十九"是借"外"以取信；"重言十七"是借重先贤时彦之言，因此可以说，先贤时彦之言，大多蕴含在此"外"之中。

由于《庄子》成书过程被人为地划分为内篇、外篇、杂篇，前人往往视内篇为庄周本人所作，视外篇、杂篇为庄门后学甚或其他学派学者所增，认为内篇成文时间大致与庄子同时，外篇、杂篇则可能很晚。而与《乐》相关的材料出现在外篇、杂篇，所以判定有关《乐经》之记载，可能出于后世学者附会而

---

① ［清］王先谦.庄子集解：卷七［M］.北京：中华书局，1987：245.

② ［清］王先谦.庄子集解：卷七［M］.北京：中华书局，1987：245.

③ 【按】所谓"重言"，《汉书·艺文志》："游文于'六经'之中，留意于仁义之际。祖述尧舜，宪章文武，宗师仲尼以重其言，于道最为高"（［汉］班固.汉书：卷三十［M］.北京：中华书局，1962：1728.），可见不仅《庄子》有"重言"，儒家亦讲究"重其言"，论证通法，其义明矣。

④ ［梁］刘勰.增订文心雕龙校注：卷八  事类第三十八［M］.黄叔琳，注.李详，补注.杨明照，校注拾遗.北京：中华书局，2012：468.

⑤ ［英］赫胥黎.人类在自然界的位置［M］.北京：科学出版社，1971：1.

⑥ 王国维.古史新证：总论［M］.北京：清华大学出版社，1994：2-3.

掺入《庄子》书中。现在根据考古发现，这种观点也难以自圆其说，以杂篇《盗跖》为例，前人几乎公认伪作，不仅绝非庄周本人所作，亦非出自庄子后学之手，而是其他流派学者的作品，后来掺入《庄子》。江陵张家山 136 号墓出土古竹书，内容正与《庄子》杂篇之《盗跖》相符，其著作年代不可能晚于战国末期①，现在更有学者认为，《盗跖》就是庄子本人所作，对于《庄子》外篇、杂篇，应和内篇平等看待，而不可简单割裂。《庄子》关于《乐经》之记载，比较可信，确有史实存焉，这一论点，更有出土材料作为支撑。湖北荆门郭店楚墓出土战国竹简，《六德》云："观诸《诗》《书》，则亦在矣；观诸《礼》《乐》，则亦在矣；观诸《易》《春秋》，则亦在矣。"② 其《诗》《书》《礼》《乐》《易》《春秋》之顺序，与《庄子·天运》全同，可见至少在战国中叶，实有"六经"成说。

"《乐》本无书论"者又说，即使周秦实有"六经"之说，《乐》也可能没有成书。理由是古代典籍"礼乐"多连言并举，皆就制度而言。如《墨子·公孟》："今孔子博于《诗》《书》，察于礼、乐，详于万物"③，《荀子·修身》："愚款端悫，则合之以礼、乐，通之以思索"④，等等。依此推论，甚至认为《礼》也成书较晚。学术问题历来是"说有易，说无难"（赵元任语）⑤，学界关于《孙子兵法》与《孙膑兵法》之争论，就是典型例子，从银雀山汉墓中，两书同时出土，铁证如山，狐疑顿消。

《荀子·劝学》："学恶乎始？恶乎终？曰：其数则始于诵经，终乎读礼"，杨倞注："数，术也。经谓《诗》《书》，礼谓典礼之属也"⑥，也就是说《礼》未成书，于是将"礼"视作"典礼之属"，即典礼一类之仪节。但令人疑惑的是，如果没有现成文本，"读礼"又怎么讲得通呢？经清代学者卢文弨考证，认为杨倞注文"典礼"，当是"《曲礼》"之误⑦，由"典""曲"形似易讹可知。《曲礼》在今本《礼记》文本中，根据这种解释，周秦之时，《礼》已有成书，于是"读《礼》"可以讲得通。虽然今本《礼记》成书较晚，但是书中内容未必也迟，比如《奔丧》《投壶》两篇，就是古《逸礼》内容。所以，周秦典籍

① 廖名春. 中国学术史新证·竹简本《盗跖》篇管窥［M］. 成都：四川大学出版社，2005：275.
② 荆门市博物馆. 郭店楚墓竹简［M］. 北京：文物出版社，1998：188.
③ ［清］孙诒让. 墨子间诂：卷十二［M］. 北京：中华书局，2001：454.
④ ［清］王先谦. 荀子集解：卷第一［M］. 北京：中华书局，1988：26.
⑤ 王力. 中国现代语法：自序［M］. 北京：商务印书馆，1985：16.
⑥ ［清］王先谦. 荀子集解：卷第一［M］. 北京：中华书局，1988：11.
⑦ ［清］王先谦. 荀子集解：卷第一［M］. 北京：中华书局，1988：11.

"礼乐"连言并举，并不足以说明《乐经》未有成书。《礼》既有成书，"《礼》《乐》"连言并举，反而更可作为周秦《乐》有成书之旁证。

　　而且《荀子·儒效》本有呼应："故《诗》《书》《礼》《乐》之归是矣。《诗》言是，其志也；《书》言是，其事也；《礼》言是，其行也；《乐》言是，其和也；《春秋》言是，其微也"①，将《诗》《书》《礼》《乐》《春秋》并举，《礼》《乐》置于《诗》《书》与《春秋》之间。既然《诗》《书》《春秋》是书名，都无异议，则可知《礼》《乐》均为书名，当周秦之时，两者皆已成书。《庄子·徐无鬼》："吾所以说吾君者，横说之，则以《诗》《书》《礼》《乐》，从说之，则以金板《六弢》"②，揣摩文义，"横说之"与"从③说之"两句，属于互文对举。"《六弢》"通《六韬》，即《太公兵法》。"板"，相当于后世之"版""金板"④，即中秘所藏石室金匮之书，也就是朝廷官方藏书。这里既是"《诗》《书》《礼》《乐》"连言，又与"金板《六弢》"对举，"《诗》《书》"与"金板《六弢》"都是书籍，则"《礼》《乐》"也是书籍。而且郭店楚简《语丛一》记载，"《易》所以会天道、人道也。《诗》所以会古今之恃也者。《春秋》所以会古今之事也。《礼》，交之行述也。《乐》，或生或教者也"⑤，亦是明证。

　　如上所论，《乐经》文本，周秦之时，确尝存在。迨及汉初，业已失传，究其缘由，不外三端：或曰春秋之世，诸侯僭窃⑥，皆去其籍。《孟子·万章下》："北宫锜问曰：'周室班爵禄也，如之何？'孟子曰'其详不可得闻也，诸侯恶其害己也，而皆去其籍'"⑦，《汉书·艺文志》："及周之衰，诸侯将逾法度，恶其害己，皆灭去其籍"⑧，虽皆就礼制而言，韩邦奇认为，《乐》亡亦由此所致⑨。或曰秦始皇焚籍，《乐》罹秦火，遂致亡佚。《史记·儒林列传》："及至

---

① 〔清〕王先谦. 荀子集解：卷第四 [M]. 北京：中华书局，1988：133.
② 〔清〕王先谦. 庄子集解：卷六 [M]. 北京：中华书局，1987：210.
③ 【按】"从"通"纵"。
④ 〔唐〕陆德明《经典释文》："司马、崔云：'《金版》《六弢》，皆《周书》篇名。'或曰秘谶也。本又作《六韬》，谓《太公六韬》，文、武、虎、豹、龙、犬也。版，本又作板。"（〔清〕王先谦. 庄子集解：卷六　徐无鬼第二十四 [M]. 北京：中华书局，1987：210.）
⑤ 荆门市博物馆. 郭店楚墓竹简 [M]. 北京：文物出版社，1998：194-195.
⑥ 《论语·季氏》："孔子曰：'天下有道，则礼乐征伐自天子出；天下无道，则礼乐征伐自诸侯出。'"（程树德. 论语集释：卷三十三 [M]. 北京：中华书局，1990：1141.）
⑦ 〔清〕焦循. 孟子正义：卷二十 [M]. 北京：中华书局，1987：675.
⑧ 〔汉〕班固. 汉书：卷三十 [M]. 北京：中华书局，1962：1710.
⑨ 〔明〕韩邦奇. 苑洛志乐：周乐 [M]. 影印文渊阁《四库全书》本.

秦之季世，焚《诗》《书》，坑术士，'六艺'从此缺焉"①，刘勰（《文心雕龙·乐府》）、沈约（《宋书·乐志》），皆持斯论②。或判作乐谱之伦，古奥专深，其书用亡。吴澄《礼记纂言》："《礼经》之仅存者，犹有今《仪礼》十七篇，《乐经》则亡矣。其经疑多是声音、乐舞之节，少有辞句可读诵记识，故秦火之后无传，诸儒不过能言乐之义而已"③，周琦④、徐师曾⑤、陈启源⑥，亦主此说。

经焚而艺存⑦，若《乐经》但作器用谱录，或纯为义理教化，虽罹秦火，岂可遽亡？汉初窦公献书⑧，乐用⑨尚存；制氏世守，纪其铿锵鼓舞⑩，谱录可

① ［汉］司马迁．史记：卷一百二十一［M］．北京：中华书局，1982：3116．【按】度司马迁之意，"六艺"当包括《诗》《书》在内，则此处"六艺"即"六经"。

② 刘师培《六经残于秦火考》亦承此说而有所发展，曰："民间所存之经，亡于秦火；而博士所藏，又亡于项羽之火也。"载于：刘师培．刘师培史学论著选集［M］．上海：上海古籍出版社，2006：518-520.

③ ［元］吴澄．礼记纂言：卷三六［M］．元元统二年吴尚等刊刻本，1334.

④ ［明］周琦．东溪日谈录：经传谈［M］．影印文渊阁《四库全书》本.

⑤ ［清］朱彝尊．经义考：卷一六七．引徐师曾语［M］．中华书局《四部备要》本.

⑥ ［清］陈启源．毛诗稽古编：卷九、卷二五［M］．影印文渊阁《四库全书》本.

⑦ 【按】《汉纪·孝成皇帝纪二》："《乐》，自汉兴，制以知雅乐声律，世在乐官，但纪铿锵鼓舞而已，不能言其义。河间献王与毛公等共采《周官》与诸子乐事者乃为《乐记》。及刘向校秘书，得古《乐记》二十三篇，与献王《记》不同。"（［汉］荀悦．汉纪：卷第二十五［M］．北京：中华书局，2002：435-436.）又《续通典》卷九一："朱子曰：'古《乐》之亡久矣，然秦汉之间去周未远，其器与声犹有存者，故其道虽不行于当世，而其为法，犹未容有异论也。逮于东汉之末以接西晋之初，则已寖多说矣。历魏、周、齐、隋、唐五季，论者愈多而法愈不定。'"（影印文渊阁《四库全书》本）邢云路《古今律历考》卷三四："大都古乐渐亡，厥初犹未甚也。暴秦虽燔《乐经》，燔其文耳。乃其乐之器数、节奏犹存也。"（影印文渊阁《四库全书》本）论之甚详。

⑧ 【按】窦公献书，《汉书·艺文志》："六国之君，魏文侯最为好古。孝文时，得其乐人窦公，献其书乃《周官·大宗伯》之《大司乐》章也。"（［汉］班固．汉书：卷三十［M］．北京：中华书局，1962：1712.）

⑨ 《礼记·玉藻》："御瞽几声之上下。"（［清］孙希旦．礼记集解：卷二十九 玉藻第十三之一［M］．北京：中华书局，1989：778.）

⑩ 【按】制氏世守，《汉书·礼乐志》："汉兴，乐家有制氏，以雅乐声律世世在大乐官，但能纪其铿锵鼓舞，而不能言其义。"（［汉］班固．汉书：卷二十二［M］．北京：中华书局，1962：1043.）《汉书·艺文志》："汉兴，制氏以雅乐声律，世在乐官，颇能记其铿锵鼓舞，而不能言其义。"（汉书：卷三十，1712.）

续；小戴《乐记》，乐教精醇，洵义理之遗①。循上所言，《乐经》与"五经"同例，当有汉世之复兴，然古《乐》竟亡，何也？周秦多通人通学，《乐经》合为明义理、述律数、存谱录之书。迨及后世，乐家精其律而昧于理②，儒者明其义而绌于艺③，理艺兼通之才不世出，旷远日久，宜乎《乐经》散失而殆尽。后世纵有理艺兼通之才从事补经，然《乐经》既亡，历代补作，皆非古本《乐经》。古《乐》散佚，难复旧观，凤毛麟角，又经纷言淆乱，《乐经》遂成阙典，周秦"六经"之说，竟不之信，盖由此也。

《周礼·春官宗伯·大司乐》，正是古本《乐经》孑遗。何以见得？上古官学制度使然。《庄子·天下》："其明而在数度者，旧法世传之史，尚多有之。其在于《诗》《书》《礼》《乐》者，邹鲁之士、搢绅先生多能明之"④，这里的"史""士"，都是古代官吏，王国维《观堂集林·艺林六·释史》已指出，"史、吏、事三字，古可互通"⑤。《汉书·艺文志》所论儒家，甚得儒学精要，

---

① 【按】孙希旦论曰："乐以义理为本，以器数为用。古者乐为六艺之一，小学、大学莫不以此为教，其器数，人人之所习也，独其义理之精有未易知者，故此篇（指《乐记》）专言义理而不及器数。自古乐散亡，器数失传，而其言义理者，虽有赖是篇之存，而不可见之施用，遂为简上之空言矣。然而乐之理终未尝亡，苟能本其和乐、庄敬者以治一身，而推其同和、同节者以治一世，则孟子所谓'今乐犹古乐'者，而其用或亦可以渐复也。"（［清］孙希旦.礼记集解：卷三十七　乐记第十九之一［M］.北京：中华书局，1989：975-976.）此处可供反证，周秦《乐经》当论义理，至少可以说，其中不仅录器数，应有义理存焉。后世《乐经》散佚，其义理显传于《乐记》，器数待考于出土实物（亦属德先艺后之体现），而《大司乐》既有义理、也存器数，以文本性质论，当属《乐经》孑遗。又以上古官学制度论，可详见正文下段论证。邓元锡《〈礼记编绎〉小序》："《乐经》亡久矣，河间献王所上古雅乐又废。独刘子政所得二十三篇中十有一篇具存，今《乐记》是也。《记》通论礼乐之事""百工之事，至微末而道存。《考工记》非《冬官》而固《冬官》属也，则或《冬官》记也。事理烂然，精矣附焉"（［清］黄宗羲.明文海：卷二二三［M］.影印文渊阁《四库全书》本），此处已认为《乐记》乃《乐经》之记。

② 【按】乐业有世守，与天官同。《汉书·艺文志》："故自黄帝下至三代，乐各有名。孔子曰：'安上治民，莫善于礼；移风易俗，莫善于乐。'"二者相与并行。周衰俱坏，乐尤微眇，以音律为节，又为郑、卫所乱故无遗法。汉兴，制氏以雅乐声律，世在乐官，颇能纪其铿锵鼓舞，而不能言其义。"（［汉］班固.汉书：卷三十［M］.北京：中华书局，1962：1711-1712.）危素《送琴师张宏道序》："先王之泽熄，《乐经》沦亡，人亦莫知所以养其性、平其情，所谓天地之和者，往往变为乖沴，无可得而宣焉。是以其器虽存、其声虽尚可以追考，则亦吹竹、弹丝、敲金、击石而止耳。苟求其本，则何能得其依稀、存其仿佛哉？"（［明］危素.说学斋稿：卷二［M］.影印文渊阁《四库全书》本）

③ 王健《题覆进乐律疏》："今之教者以《诗》《书》为重，而《礼》犹习行之，间知其义，至于《乐》则绝无师受，律尺短长、声音清浊，学士大夫莫有知其说者。"（［清］黄宗羲.明文海：卷五六［M］.影印文渊阁《四库全书》本）

④ ［清］王先谦.庄子集解：卷八［M］.北京：中华书局，1987：287-288.

⑤ 王国维.观堂集林：卷六　艺林六［M］//谢维扬，庄辉明，黄爱梅.王国维全集：第八卷.杭州：浙江教育出版社，广州：广东教育出版社，2010：176.

"儒家者流，盖出于司徒之官，助人君顺阴阳明教化者也"①。所谓"司徒之官"，职掌教化，司徒职掌属于官学系统；所谓"助人君"，即《礼记·乐记》"礼乐刑政，其极一也，所以同民心而出治道也"②；所谓"顺阴阳明教化"，《礼记·郊特牲》："乐由阳来者也，礼由阴作者也，阴阳和而万物得"③，乐阳而礼阴，所以"顺阴阳明教化"即以礼乐兴教化。上古学术皆官学，《礼记·曲礼上》"宦学事师"④，所以秦代"以吏为师"，也是古制之遗迹。章学诚《校雠通义·原道》讲得更清楚："有官斯有法，故法具于官；有法斯有书，故官守其书"⑤，上古学在官府，所以"官守其书"。既然如此，下面这条史料就容易理解，《汉书·艺文志》："六国之君，魏文侯最为好古，孝文时得其乐人窦公，献其书乃《周官·大宗伯》之《大司乐》章也"⑥，乐人隶属乐官，"大司乐"又名"大乐正"，即上古掌乐之官，刘师培《经学教科书》也曾肯定"《乐经》掌于大司乐"⑦。《大司乐》既以官名作为书名，其书必是此官所守之书，以上古官学制度论，《大司乐》当属《乐经》遗文。

周秦古籍多以篇、卷流传，往往写成很早，编辑成书却较晚⑧。今天我们所读《周礼》，原名《周官》，编订成书时间亦在《大司乐》写成之后，《大司乐》当是周秦乐籍无疑。细玩《大司乐》白文，其间乐理逻辑，说明古乐已由具体实践上升到理论层面，《乐经》作为乐学经典，理应出现在相近时代。因此通过分析《大司乐》，进而考证《乐经》文本形成时代，这一做法比较可行。

《尚书·尧典》："诗言志，歌永言，声依永，律和声。八音克谐，无相夺

① ［汉］班固．汉书：卷三十［M］．北京：中华书局，1962：1728.
② ［清］孙希旦．礼记集解：卷三十七 乐记第十九之一［M］．北京：中华书局，1989：977.
③ ［清］孙希旦．礼记集解：卷二十五 郊特牲第十一之一［M］．北京：中华书局，1989：674.
④ ［清］孙希旦．礼记集解：卷一 曲礼上第一之一［M］．北京：中华书局，1989：9.
⑤ 《校雠通义·原道》："理大物博，不可殚也，圣人为之立官分守，而文字亦从而纪焉。有官斯有法，故法具于官；有法斯有书，故官守其书；有书斯有学，故师传其学；有学斯有业，故弟子习其业。官守学业皆出于一，而天下以同文为治，故私门无著述文字。私门无著述文字，则官守之分职，即群书之部次，不复别有著录之法也。"（［清］章学诚．校雠通义：卷一 原道第一 一之一［M］．北京：中华书局，1985：951.）
⑥ ［汉］班固．汉书：卷三十［M］．北京：中华书局，1962：1712.
⑦ 刘师培．经学教科书［M］．陈居渊，注．上海：上海古籍出版社，2006：15.
⑧ 【按】欲知其详，可参考：余嘉锡．古书通例：卷三 古书单篇别行之例［M］//余嘉锡．余嘉锡说文献学．上海：上海古籍出版社，2001；张舜徽．广校雠略：卷一 著述标题论［M］//张舜徽．张舜徽集：第一辑．武汉：华中师范大学出版社，2004.两文论说通达，畅发斯旨。

伦，神人以和"①，从中可见，我国乐学理论渊源甚远，早在《尚书》时代，已颇具雏形。举例言之，《尚书》所谓"律和声"，即用六律②来和谐五声③。古人把宫、商、角、徵、羽称作"五声"或"五音"，后来又加上变宫、变徵，称为"七音"。宫、商、角、变徵、徵、羽、变宫，都属于音级，只有相对音高，而没有绝对音高。也就是说，以上五音或七音，各音级相互之间的"间隔"（音程关系）确定，以此为框架，就可以构成调式。如以宫音作为起始主音，所构成的五声音阶或七声音阶，称为五声宫调式或七声宫调式；以徵音作为起始主音，所构成的五声音阶或七声音阶，称为五声徵调式④或七声徵调式，其他可依此类推⑤。根据不同的调式所创作的音乐，其感情色彩不同，因此也就具有不一样的音乐效果⑥。但是，仅确定各音级间的音程关系，仍不足以直接作为谱曲

---

① ［清］孙星衍. 虞夏书：尧典第一　下［M］//尚书今古文注疏：卷一. 北京：中华书局，2004：70.

② 【按】六律又有六阳律、六阴律之分，即"六律"与"六吕"（《大司乐》称"六同"），其实为十二律。

③ 【按】《国语·周语下》："声以和乐，律以平声"（徐元诰. 国语集解　周语下第三　王将铸无射而为之大林［M］. 北京：中华书局，2002：111.），"律所以立均出度也"（国语集解：周语下第三　王将铸无射，问律于伶州鸠，113.），《礼记·乐记》："天下大定，然后正六律，和五声"（［清］孙希旦. 礼记集解：卷三十八　乐记第十九之二［M］. 北京：中华书局，1989：1015.），《孟子·离娄上》："师旷之聪，不以六律，不能正五声"（［清］焦循. 孟子正义：卷十四［M］. 北京：中华书局，1987：475.），又《吕氏春秋·慎行论·察传》："夔于是正六律，和五声"（［秦］吕不韦. 吕氏春秋集释：卷第二十二［M］. 许维遹，集释. 北京：中华书局，2009：618.）。

④ 【按】详例可参《管子·地员》。

⑤ 【按】《孟子·梁惠王下》："（齐景公）召大师曰：'为我作君臣相说之乐！'盖徵招、角招是也。其诗（可见歌、乐、舞三位一体）曰'畜君何尤？'畜君者，好君也。"（［清］焦循. 孟子正义：卷四［M］. 北京：中华书局，1987：128-129.）"招"者，《韶》也。《论语·卫灵公》云："颜渊问为邦。子曰：'行夏之时，乘殷之辂，服周之冕，乐则《韶》《舞》。放郑声，远佞人。郑声淫，佞人殆。'"（程树德. 论语集释：卷三十一　卫灵公上［M］. 北京：中华书局，1990：1077-1087.）又《论语·八佾》有云："子谓《韶》：'尽美矣，又尽善也。'谓《武》：'尽美矣，未尽善也。'"（论语集释：卷六　八佾下，222.）《韶》《舞》即《韶》《武》，"舞"与"武"古音通假，"招"即《韶》《武》之《韶》。《周礼·春官·大司乐》郑玄注曰："《大韶》，舜乐也，言其德能绍尧之道也。"（［清］孙诒让. 周礼正义：春官宗伯第三下［M］. 北京：中华书局，2013：1725.）是以《韶》为虞舜之乐，承自上古，且《论语·述而》："子在齐，闻《韶》，三月不知肉味，曰：'不图为乐之至于斯也！'"（论语集释：卷十三　述而上，456.）可见齐地确有《韶》乐遗存，正与《孟子·梁惠王下》中齐国有"徵招、角招"之记载相印证。"徵招""角招"，即徵调式之《韶》乐与角调式之《韶》乐。

⑥ 【按】《史记·刺客列传》："高渐离击筑，荆轲和而歌，为变徵之声，士皆垂泪涕泣。又前而为歌曰：'风萧萧兮易水寒，壮士一去兮不复还！'复为羽声忼慨，士皆瞋目，发尽上指冠。于是荆轲就车而去，终已不顾"（［汉］司马迁. 史记：卷八十六［M］. 北京：中华书局，1982：2534.），足可证之。所云"变徵之声"即变徵调式，"羽声"即羽调式。

的基础，还需要确定调式起始主音的绝对音高，这时"十二律"就派上用场了。"律"，从字义可知，为标准、准绳之义①，"十二律"就是 12 个标准音高，用其中任何一律，都可以确定某一调式主音的绝对音高。起始主音的绝对音高确定后，其余各音级，根据它们相互间已确定的音程关系，就可以一一定音②。我们分析《大司乐》："凡乐，黄钟为宫，大吕为角，大蔟为徵，应钟为羽"③，即指以黄钟律为起始主音之宫调式，以大吕律为起始主音之角调式，等等依此类推④。

由《尚书·尧典》可知，上古乐官即教官，又《尚书·益稷》："予欲闻六律五声八音，在治忽，以出纳五言"⑤，可见乐之道与政通。我们再看《大司乐》："以乐德教国子：中、和、祇、庸、孝、友。以乐语教国子：兴、道、讽、诵、言、语。以乐舞教国子：舞《云门大卷》《大咸》《大韶》《大夏》《大濩》《大武》。以六律、六同、五声、八音、六舞大合乐，以致鬼神示，以和邦国，以谐万民，以安宾客，以说远人，以作动物。"⑥ 两相比较，《大司乐》乃承继《尚书》传统，丰富而发展之，所以《大司乐》时代当在《尚书》之后。

《乐经》文本之最终形成，应不晚于公元前 5 世纪。1978 年，湖北省随县

---

① 【按】蔡邕《月令章句》："钟难分别，乃截竹为管，谓之律。律者，清浊之率法也。声之清浊，以律长短为制。"（［清］孙诒让. 周礼正义：春官宗伯第三下　典同［M］. 北京：中华书局，2015：2263.）又云："故黄钟之管长九寸，孔径三分，围九分。其余皆稍短，为大小围，数无增减。以度量者，可以文载口传，与众共知，然不如耳决之明也"（［清］朱彬. 礼记训纂：卷六　月令第六［M］. 北京：中华书局，1996：278.），可知此"律"是指用来定音的竹管，后世称作"律管"，也见有铜制。《周礼·春官·大司乐》郑玄注曰："六律，合阳声者也；六同，合阴声者也。此十二者以铜为管，转而相生。黄钟为首，其长九寸，各因而三分之，上生者益一分，下生者去一焉。"（周礼正义：春官宗伯第三下，1731.）然以管定律，存在管口校正系数问题，不易精准，而弦律则优之。以弦定律，在固定基准音之情况下，弦长与音高存在明确对应关系，比例精准，更容易操作。三分损益法就弦律言之，郑玄将管律混同于弦律，误矣。《后汉书·律历志上》所引京房曰："竹声不可以度调，故作准以定数。准之状如瑟，长丈而十三弦，隐间九尺，以应黄钟之律九寸；中央一弦，下有画分寸，以为六十律清浊之节"（［南朝宋］范晔. 后汉书：志第一［M］. 北京：中华书局，1965：3001.），切中肯綮，可谓知言。

② 《淮南子·原道》："故音者，宫立而五音形矣。"（［汉］刘安. 淮南子集释：卷一　原道训［M］. 何宁，集释. 北京：中华书局，1998：59.）

③ ［清］孙诒让. 周礼正义：春官宗伯第三下［M］. 北京：中华书局，2013：1757.

④ 【按】此理若与西方音乐相较，亦极明了。如贝多芬第五交响曲为 C 小调，其小提琴协奏曲为 D 大调，"小调""大调"指小调式、大调式，即与上文所论调式相对应。而"C 小调"，即以 C 音为起始主音之小调式；"D 大调"，即以 D 音为起始主音之大调式。"C"音、"D"音，即与上文所论之"律"相对应。虽东、西术语不同，然个中道理，实可相通。

⑤ ［清］孙星衍. 虞夏书：皋陶谟第二　中［M］//尚书今古文注疏：卷二. 北京：中华书局，2004：103-105.

⑥ ［清］孙诒让. 周礼正义·春官宗伯第三下［M］. 北京：中华书局，2013：1723-1731.

（今随州市）擂鼓墩一号墓，出土曾侯乙编钟、编磬等古乐器，震惊海内外。尤其令人振奋的是，编钟、编磬上皆有铭文，这些成套钟磬铭文，其实本身就是极具学术价值的古乐文献。通过将编钟铭文研究与实际测音工作相结合，已经足以证明，关于"旋宫转调"①问题在我国春秋战国之际就早已不限于"纸上谈兵"，而是在实践中有较为广泛的运用②。其"旋宫"范围，也已经大大超过《大司乐》所记载内容③。由此可见，《大司乐》所反映律制必早于曾侯乙编钟，换句话说，《大司乐》成书时间当早于春秋战国之际，即使保守推算，也不应晚于公元前5世纪。既然《大司乐》成书时间不晚于公元前5世纪，那么将《乐经》文本形成时代，定为不晚于公元前5世纪，也是比较可靠的。

以此作为基础，能否得出更精确之时代定位？蛛丝马迹，广讨博搜，虽只言片语，亦犹零金碎玉，皆可宝也。《左传·僖公二十七年》："赵衰曰：'郤縠可。臣亟闻其言矣，说礼、乐而敦《诗》《书》《诗》《书》，义之府也；礼、乐，德之则也。德、义，利之本也。'"④ "说"与"敦"，用法不同。"说"者，悦也。《论语·学而》："学而时习之，不亦说乎？"⑤即是其例。"敦"者，治也。俞樾《春秋左传平议》读作《诗·鲁颂·閟宫》"敦商之旅"之"敦"，训作"治"⑥。然则"敦《诗》《书》"，也就是治《诗》《书》。所谓"读大书如克名城""克"之于"治"，其义近之。直到今天，我们还常说某人治某书，其用法正同。与此相异，"礼、乐，德之则也"，后面紧接"德、义，利之本也"，可见"说礼、乐"即"悦礼、乐"，是喜爱礼、乐的意思，不是治某书之义。此处所提到"礼、乐"，恐怕要解释为礼乐制度才合适。仔细体会文义，"礼、乐"在当时应该尚未成书。此为鲁僖公二十七年，换算成公元纪年，即公元前633年。

又《国语·楚语上》，记载申叔时论太子教育（此太子即楚恭王）："教之《春秋》，而为之耸善而抑恶焉，以戒劝其心；教之《世》，而为之昭明德而废幽昏焉，以休惧其动；教之《诗》，而为之导广显德，以耀明其志；教之《礼》，

---

① 【按】"旋宫"，指宫音之移位；"转调"，即宫音定位后，音列不变的情况下，调式主音之更替。

② 谭维四．曾侯乙墓［M］．北京：文物出版社，2001：129-130.

③ 黄翔鹏．先秦音乐文化的光辉创造——曾侯乙墓的古乐器［J］．文物，1979（7）.

④ ［清］洪亮吉．春秋左传诂：卷八［M］．北京：中华书局，1987：327.

⑤ 程树德．论语集释：卷一 学而上［M］．北京：中华书局，1990：1.

⑥ 杨伯峻．春秋左传注［M］．修订本．北京：中华书局，1990：445. 【按】郑玄《毛诗笺》："敦，治也。武王克商而治商之臣民"（［清］马瑞辰．毛诗传笺通释：卷三十一 鲁颂 閟宫［M］．北京：中华书局，1989：1141.），即主此解。

使之上下之则；教之《乐》，以疏其秽而镇其浮；教之《令》，使访物官；教之《语》，使明其德，而知先王之务，用明德于民也；教之《故志》，使知废兴者而戒惧焉；教之《训典》，使知族类，行比义焉。"① 申叔时这段话，实际上就是要对太子开展经典教育，"教之《春秋》""教之《世》""教之《诗》""教之《令》""教之《语》""教之《故志》""教之《训典》"，皆为授学教材，而"教之《礼》""教之《乐》"置于其中，独非书名，可乎？由是观之，《礼》《乐》皆有书本。春秋中叶，楚国已有如此完备的经典教育，而当时诸侯国，素视楚为"荆蛮"，则文化昌盛之中原地区，更应如此②。申叔时说这段话，在楚庄王时期，而楚庄王在位时间，为公元前 613 年至前 591 年，即使保守估算，亦属公元前 6 世纪，此可作为时代定位之坐标上限。

公元前 633 年，古《乐》尚未著于典册，则文本初步形成，当在公元前 7—前 6 世纪。据碳十四年代测定，曾侯乙墓下葬绝对年代是公元前 433—前 400 年，而曾侯乙编钟之制作年代定在曾侯乙墓下葬年代以前，换言之，曾侯乙编钟所反映律制时代，应该比这一时间更早。前文已证，《大司乐》之著作时代，远早于曾侯乙编钟，于是古《乐》文本形成之时间下限，定为公元前 433 年，是大可放心的。因此《乐经》之最终形成时间，应当定位于公元前 613 年至前 433 年这一年代范围之内。

据第三章第四节已论，孔门乐教，灿然可识，通观《论语》，例证颇多，孔子所在时代，已有大量理论总结；孔子不仅深谙理论，而且亲身实践，其音乐修养极高；孔子之古乐实践与乐学理论，言传身教，授诸门徒，此即孔门乐教；子夏、子贡皆深于乐学，更有公孙尼子传孔门乐教，其研乐深造有得，亦得益于孔门乐教理论与实践的双向指导。司马迁认为，孔子之时，《诗》《书》《礼》《乐》皆已成书，孔子实有编修之功。《乐》即《乐经》，孔门乐教之教本，庶几在此。

综上所述，《乐经》最终成书时间，已经呼之欲出。有关孔子之生卒年，生年有异说，一说生于鲁襄公二十一年（《春秋公羊传·襄公二十一年》《春秋穀梁传·襄公二十一年》），即公元前 551 年；一说生于鲁襄公二十二年（《史记·孔子世家》），即公元前 550 年，差别不大。而卒年比较一致，都是鲁哀公十六年，即公元前 479 年。所以《乐经》文本之最终形成时间，可进一步定位

---

① 徐元诰. 国语集解：楚语上第十七　庄王使士亹傅大子箴［M］. 北京：中华书局，2002：485-486.

② 李学勤. 中国古代文明十讲：清代学术的几个问题［M］. 上海：复旦大学出版社，2003：251.

为公元前613—前479年。

《乐经》虽然逸失，但是中华乐学已经客观形成，绵延2500余年，影响极为深远，中华乐学之灵魂，正在儒家乐教。儒家乐教是博大精深的思想体系，内容丰富深刻，由于章节篇幅所限，不可能展开论述。儒家乐教之核心思想，包括"古乐观"与"礼乐观"，通过概说儒家乐教两观，古今互证，以窥全豹。

乐与推行教化，关系极大①，《吕氏春秋·慎行论·察传》："昔者舜欲以乐传教于天下"②，从前舜想利用乐舞把教化传布到天下。上古乐官即教官，把乐看作移风易俗之工具，既然是工具论，所以其目的不在乐本身，而在治国，焦点不在形式美感，而在思想内容。古人眼中的乐，最先是通神的，后来是治国的③。欣赏享乐因素，被视为俗乐邪音，《荀子·乐论》："故先王贵礼乐而贱邪音"④，所贵者德音雅乐，当时称作"古乐"，《乐记》："魏文侯问于子夏曰：'吾端冕而听古乐，则唯恐卧；听郑、卫之音，则不知倦。敢问古乐之如彼何也？新乐之如此何也？'子夏对曰：'今夫古乐，进旅退旅，和正以广，弦、匏、笙、簧，会守拊、鼓，始奏以文，复乱以武，治乱以相，讯疾以雅。君子于是语，于是道古，修身及家，平均天下，此古乐之发也。今夫新乐，进俯退俯，奸声以滥，溺而不止，及优、侏儒，獶杂子女，不知父子。乐终，不可以语，不可以道古，此新乐之发也。今君之所问者乐也，所好者音也。夫乐者，与音相近而不同。'"⑤古乐虽然形式古拙，但具有教育作用，儒家甚至认为，只有

---

① 【按】乐与推行教化之关系，中西具有相通性，例如英国著名乐评人莱布雷希特（Norman Lebrecht），曾经研究过所有业已出版的英文、德文版有关亨德尔（Georg Friedrich Handel，与Johann Sebastian Bach同为欧洲巴洛克音乐的集大成者）之著作，他在接受《爱乐》杂志访谈时，论及亨德尔的音乐观："《弥赛亚》（Messiah，1741年）演出后，有人祝贺亨德尔写了这么好听的音乐，而亨德尔回答说：我的上帝告诉我，写这个音乐不是为了愉悦人，而是让人变得更好。"（爱乐［M］. 北京：生活·读书·新知三联书店，2007.）正如钱钟书《谈艺录·序》："东海西海，心理攸同。"（此引黄宗炎《周易寻门馀论·卷下》语），中西文化的确有许多相通之处。

② ［秦］吕不韦. 吕氏春秋集释：卷第二十二［M］. 许维遹，集释. 北京：中华书局，2009：618.

③ 【按】《礼记·郊特牲》："《武》，壮而不可乐也"（［清］孙希旦. 礼记集解：卷二十六 郊特牲第十一之二［M］. 北京：中华书局，1989：700.），《大武》舞是雄壮的，而不是可供娱乐的，因为上古乐舞献给神明，用于教化。《论语·卫灵公》，颜渊问为邦。子曰："行夏之时，乘殷之辂，服周之冕，乐则《韶》《舞》。放郑声，远佞人。郑声淫，佞人殆。"（程树德. 论语集释：卷三十一 卫灵公上［M］. 北京：中华书局，1990：1077-1087.）

④ ［清］王先谦. 荀子集解：卷第十四［M］. 北京：中华书局，1988：381.

⑤ ［清］孙希旦. 礼记集解：卷三十八 乐记第十九之二［M］. 北京：中华书局，1989：1013-1015.

古乐才称得上"乐"①，而对于新乐，即以郑、卫之音为代表之新兴乐风，根本称不上"乐"，只是"音"。由此可见，儒家乐教更重视乐之思想内涵。

郑、卫之音，将形式美感作为追求，歌唱爱情等细腻情感，抒发个人情绪，与古乐之史诗教育特点也是格格不入的。儒家乐教所推崇《韶》《武》，讲究历史情境之艺术再现，具有史诗性质。② 今天我们认为，艺术抒发情感是基本要求，不仅允许，而且必要，所以对郑、卫之音的评价，就会与古人迥异。但是，不可据此鄙夷前人"古乐观"，要做到"同情之理解"。古人崇尚古乐，立意在于追怀往昔，纪念祖先功德，在文字记载的历史尚未出现或不甚发达之远古时代，乐舞实质上具有历史教育功能。而且作为后世榜样，在先代杰出人物之事迹与精神感召下，后人学习修身，积极进取，"修身及家，平均天下，此古乐之发也"。榜样的力量是无穷的，更何况所讲述是自己部族祖先的伟大功业，更加具有感染力与奋发作用，受此影响，自然会移风易俗，《乐记》："是故乐之隆，非极音也""清庙之瑟，朱弦而疏越，一倡而三叹，有遗音者矣""是故先王之制礼乐也，非以极口腹耳目之欲也，将以教民平好恶而反人道之正也"③，最终达到凝聚族群、统一认识、奋发向上、安定族群之社会与政治目的。如此看来，儒家乐教可谓用心良苦，体现先人卓越智慧。虽古今变异，然道理相通，今世倡导和谐社会，"乐"可以起到融合与凝聚作用。④

儒家乐教之显著特点是兼论礼、乐，礼与乐实际上具有一体两面性，正如《周易·系辞上》"一阴一阳之谓道"⑤，所以有必要说明儒家乐教之礼乐观。礼与乐，紧密联系，既相互依存，又相互制约。《礼记·乐记》："乐者为同，礼者为异。同则相亲，异则相敬。乐胜则流，礼胜则离。合情饰貌者，礼乐之事也。

---

① 《礼记·乐记》："乐者，心之动也。声者，乐之象也。文采节奏，声之饰也。君子动其本，乐其象，然后治其饰。"（［清］孙希旦. 礼记集解：卷三十八　乐记第十九之二 ［M］. 北京：中华书局，1989：1006.）

② 【按】我国史诗性歌舞传统，可谓源远流长。直到新中国成立以后，还出现《东方红》大型史诗歌舞，其影响巨大，后来又上演大型史诗歌舞《复兴之路》，体现新时代主旋律。可见儒家乐教所提倡史诗性歌舞之社会功能，仍在发挥重要作用。

③ ［清］孙希旦. 礼记集解：卷三十七　乐记第十九之一 ［M］. 北京：中华书局，1989：982-983.

④ 【按】在国庆、党庆之际，全国上下一片"红歌"声，其实从形式美感上看，某些老歌曲不免粗糙，其艺术性甚至不及后世创作歌曲，但这些"红歌"，陪伴几代中国人成长，记录时代变迁，铭记新中国建立者与建设者的伟大业绩，其思想教育价值毋庸置疑，这也是当今努力提倡之原因所在。当整个社会逐渐现代化，虽然早已走过那些歌曲所反映历史阶段，但是值此举国同庆之时，老歌再现并且红遍全国，不就是儒家"古乐观"的现代版吗？因此可以说，儒家乐教"古乐观"，是走向和谐社会之一大助力，仍然具有重大现实价值。

⑤ ［宋］朱熹. 周易本义：卷之三　系辞上传　第五章 ［M］. 北京：中华书局，2009：228.

礼义立，则贵贱等矣。乐文同，则上下和矣""乐者，天地之和也。礼者，天地之序也。和，故百物皆化。序，故群物皆别"①。礼，讲的是秩序，乐，讲的是和谐，通过礼与乐之配合，实现秩序性与和谐性的统一。《礼记·郊特牲》："宾入大门而奏《肆夏》，示易以敬也。卒爵而乐阕。孔子屡叹之"②，孔子所叹为何？精读《礼记·礼器》，即可明了，"天道至教，圣人至德。庙堂之上，罍尊在阼，牺尊在西；庙堂之下，县鼓在西，应鼓在东。君在阼，夫人在房，大明生于东，月生于西，此阴阳之分，夫妇之位也。君西酌牺象，夫人东酌罍尊，礼交动乎上，乐交应乎下，和之至也"③，孔子赞叹的是礼与乐美妙配合，既秩序井然，又情感交融，儒家礼乐之意义，全在于此。

　　礼与乐又有所区别，试以易学文化观来审视。乐具有阳之属性，《国语·周语上》："史（此指太史）帅阳官以命我司事""先时五日，瞽告有协风至""是日也，瞽帅音官以省风土"④，可见音官属于阳官。音官即乐官，在《周礼》中属于春官，春季阳气趋盛，也是主阳的意思。《礼记·郊特牲》："凡声，阳也""乐由阳来者也""乐，阳气也"⑤，乐之本质在于内心情感抒发，《乐记》："乐由中出""是故情深而文明，气盛而化神，和顺积中，而英华发外，唯乐不可以为伪"⑥，方向是由内向外，乐舞本身具有宣发弘扬特点，《论语·泰伯》："子曰：'师挚之始，《关雎》之乱，洋洋乎盈耳哉'"⑦，《吕氏春秋·仲夏纪·古乐》："昔陶唐氏之始，阴多滞伏而湛积，水道壅塞，不行其原，民气郁阏而滞著，筋骨瑟缩不达，故作为舞以倡导之"⑧。这种向外生发、扩张的性质，称为

① ［清］孙希旦. 礼记集解：卷三十七　乐记第十九之一 ［M］. 北京：中华书局，1989：986-987、990.
② ［清］孙希旦. 礼记集解：卷二十五　郊特牲第十一之一 ［M］. 北京：中华书局，1989：674.
③ ［清］孙希旦. 礼记集解：卷二十四　礼器第十之二 ［M］. 北京：中华书局，1989：660.
④ 徐元诰. 国语集解：周语上第一　宣王即位不籍千亩 ［M］. 北京：中华书局，2002：17、19.
⑤ ［清］孙希旦. 礼记集解：卷二十五　郊特牲第十一之一 ［M］. 北京：中华书局，1989：671、674：卷二十六　郊特牲第十一之二 ［M］. 711.
⑥ ［清］孙希旦. 礼记集解：卷三十七　乐记第十九之一 ［M］. 北京：中华书局，1989：987.
⑦ 程树德. 论语集释：卷十六　泰伯下 ［M］. 北京：中华书局，1990：542.
⑧ ［秦］吕不韦. 吕氏春秋集释：卷第五 ［M］. 许维遹，集释. 北京：中华书局，2009：119.

阳健，与天德相合①。而礼具有约束人之作用，但约束不是目的，最终目的在于通过行为规范，实现内心诚敬之修养，方向是由外到内，礼主敬顺收敛，具有阴之属性，与地德相合②。所以，从文化学角度，可以总结为"乐由中出，礼自外作"③，"乐由天作，礼以地制"④，"乐由阳来者也，礼由阴作者也，阴阳和而万物得"⑤。"乐由阳来者也"，乐以舞动之节奏、跳动之音律感人，属阳。易学认为，天变地不变，阳变阴不变。阳主变化，《国语·郑语》言"声一无听"⑥，乐必须变化才能存在，所以乐属阳。"礼由阴作者也"，礼以无声的仪式教人，属阴。阴主不变，《左传·文公七年》："义而行之，谓之德礼"⑦，《左

---

① 【按】《周易·乾卦·象传》："天行健，君子以自强不息。"（黄寿祺，张善文．周易译注：卷一［M］．北京：中华书局，2016：7．）《说卦传》："乾，健也。"（周易译注：卷十，556．）健即强，《老子》："自胜者强"（朱谦之．老子校释：道经　三十三章［M］．北京：中华书局，1984：134．），含自发劝勉之义。天象自行运转，昼夜不懈，有刚强劲健之性质。君子效法天德，因此不停地自我奋发图强。《乐记》："奋至德之光"（［清］孙希旦．礼记集解：卷三十八　乐记第十九之二［M］．北京：中华书局，1989：1004．），"奋"即"发"，皆有动义，《庄子·寓言》："彼强阳则我与之强阳"，成玄英疏："强阳，运动之貌也"（［清］郭庆藩．庄子集释：卷九上［M］．北京：中华书局，2012：962．），可见"奋发图强"，即阳健主动。乐必须变化才能存在，以舞动之节奏、跳动之音律感染人心，宣发而弘扬，正与天之性质相合。

② 【按】《周易·坤卦·象传》："地势坤，君子以厚德载物。"（黄寿祺，张善文．周易译注：卷一［M］．北京：中华书局，2016：23．）《说卦传》："坤，顺也。"（周易译注：卷十，556．）尚秉和《周易尚氏学》据宋衷、王弼两家注文，均未引《说卦传》"坤，顺"为诂，认为宋、王所见版本皆作"地势顺"，"盖'坤'古文作'〣'，而'〣'为'顺'之假字，故宋、王皆读'〣'为'顺'。自《正义》改作'坤'，而'顺'字遂无由识"（尚秉和．周易尚氏学：卷二　坤卦第二［M］．北京：中华书局，2016：22．）。观《孔子家语·执辔》"此乾〣之美也"，王肃注"〣，地"，《玉篇·〣部》"〣，古为坤字"，《系辞》"天尊地卑，乾坤定矣"，地坤一也。"〣"乃"川"之古字，"顺"谐"川"声，古字通用。以《象传》观之，上文"天行健"，下文"地势顺"，似更为妥当。考之《乐记》，"使之阳而不散，阴而不密，刚气不怒，柔气不慑"，阳主动宣发，是以散而怒，阴主静收敛，是以密而慑，怒则刚健，慑则柔顺，可证阴阳刚柔之义。

③ 【按】《史记·乐书》所录古本《乐记》"夫礼由外入，乐自内出"，与今本《乐记》"乐由中出，礼自外作"，正好相互发明。"礼自外作"，由外部规范到内在修养，所以说"礼由外入""乐由中出"，由内在诚顺到外部宣发，所以说"乐自内出"。

④ ［清］孙希旦．礼记集解：卷三十七　乐记第十九之一［M］．北京：中华书局，1989：987、990．

⑤ ［清］孙希旦．礼记集解：卷二十五　郊特牲第十一之一［M］．北京：中华书局，1989：674．

⑥ 徐元诰．国语集解：郑语第十六　桓公为司徒［M］．北京：中华书局，2002：472．

⑦ ［清］洪亮吉．春秋左传诂：卷九［M］．北京：中华书局，1987：367．

传·僖公二十八年》《成公二年》："礼以行义"①，义即宜也，就是应当，就是内心之坚守，礼作为行为法则，必须不变才能取信，所以礼属阴。《乐记》总结为"故圣人作乐以应天，制礼以配地。礼乐明备，天地官矣"②。

乐、礼一体，亦一亦二，犹阴阳两仪，皆归于太极。《礼记·仲尼燕居》："行中规，还中矩，和、鸾中《采齐》，客出以《雍》，彻以《振羽》。是故君子无物而不在礼矣。"③易学思维，阴静阳动，礼主敬，默守规矩，是以属阴；乐主和，和者宣也，有向外发扬之义，彰显律动，是以属阳。《礼记·间传》："斩衰，唯而不对；齐衰，对而不言；大功，言而不议；小功、缌麻，议而不及乐。此哀之发于言语者也"④，这是悲哀在语言方面之表现。《礼记·丧服四制》："礼：斩衰之丧，唯而不对；齐衰之丧，对而不言；大功之丧，言而不议；缌、小功之丧，议而不及乐。"⑤"议而不及乐"，即不谈笑，丧礼属阴，以静默为宜，反之可证，声属阳。乐者乐也，性质阳健，向外发扬，《礼记·郊特牲》："凡声，阳也""乐由阳来者也，礼由阴作者也"⑥"昏礼不用乐，幽阴之义也。乐，阳气也""殷人尚声，臭味未成，涤荡其声。乐三阕，然后出迎牲。声音之号，所以诏告于天地之间也""魂气归于天，形魄归于地。故祭，求诸阴阳之义也。殷人先求诸阳，周人先求诸阴"⑦，《礼记·乐记》："及夫礼乐之极乎天而蟠乎地，行乎阴阳而通乎鬼神，穷高极远而测深厚。乐著大始，而礼居成物。著不息者天也，著不动者地也。一动一静者，天地之间也。故圣人曰'礼乐'云""春作夏长，仁也；秋敛冬藏，义也。仁近于乐，义近于礼。乐者敦和，率神而从天；礼者别宜，居鬼而从地。故圣人作乐以应天，制礼以配地。礼乐明备，天地官矣"⑧，论证精到，皆有礼阴乐阳之义。礼与乐，从哲学上看，正是阴阳和合，礼中有乐，乐中有礼，不可以礼统乐，也不可用乐括礼。阴中有阳，

---

① ［清］洪亮吉. 春秋左传诂：卷八 ［M］. 北京：中华书局，1987：337. 【按】《左传》"礼以行义"两见，《史记·乐书》所录古本《乐记》"乐音者，君子之所养义也"，由此可知，礼以行义，乐以养义。

② ［清］孙希旦. 礼记集解：卷三十七 乐记第十九之一 ［M］. 北京：中华书局，1989：992.

③ ［清］孙希旦. 礼记集解：卷四十九 ［M］. 北京：中华书局，1989：1269-1270.

④ ［清］孙希旦. 礼记集解：卷五十五 ［M］. 北京：中华书局，1989：1365.

⑤ ［清］孙希旦. 礼记集解：卷六十一 ［M］. 北京：中华书局，1989：1473.

⑥ ［清］孙希旦. 礼记集解：卷二十五 郊特牲第十一之一 ［M］. 北京：中华书局，1989：671、674.

⑦ ［清］孙希旦. 礼记集解：卷二十六 郊特牲第十一之二 ［M］. 北京：中华书局，1989：711、711-712、714.

⑧ ［清］孙希旦. 礼记集解：卷三十七 乐记第十九之一 ［M］. 北京：中华书局，1989：994、992.

就是施礼之乐；阳中有阴，就是行乐之礼。两者相须为用，不可偏废。礼乐相得，就是阴阳和合，而阴阳和合就是"仁"，"阴阳和"即生生之仁，是阴阳之分与阴阳之合的辩证统一。《周易·系辞上》言"天尊地卑，乾坤定矣"①，这是礼之精神，阴阳分蕴含秩序性；《周易·系辞下》"言天地絪缊，万物化醇"②，这是乐之精神，阴阳合蕴含和谐性。秩序性与和谐性双向互动，宇宙自然与人类社会，既秩序井然，又生生不息。从历史人文角度来看，"阴阳和"正是植根于中华礼乐文化土壤、经提炼而成的核心价值观。

礼离不开乐，《礼记·仲尼燕居》："不能乐，于礼素"③，这里的"素"，不仅在于乐可以营造氛围，使礼仪丰富多彩，更重要的是，如果没有乐之参与，礼义根本无法得到体现。《诗经·周颂·有瞽》："有瞽有瞽，在周之庭。设业设虡，崇牙树羽。应田县鼓，鞉磬柷圉。既备乃奏，箫管备举。喤喤厥声，肃雍和鸣，先祖是听"④，《诗经·周颂·执竞》："钟鼓喤喤，磬筦将将，降福穰穰。降福简简，威仪反反。既醉既饱，福禄来反"⑤，由此可见，祭祀与乐密不可分，融为一体。以考古学材料论之，西周乐器"瘨钟"，铭文有"敢乍（作）文人大宝协龢钟，用追孝享祀，邵各乐大神，大神其陟降严祜，竟妥厚多福""宗周钟"铭文有"乍宗周宝钟""用邵各丕显祖考先王""戜钟"铭文有"戜乍宝钟，孝于己白（伯），用享大宗，用乐好宗"⑥，这些乐器铭文记载，与《诗经·周颂》精神完全相符，乐广泛应用于祭祀活动，如果将乐抽离，祭礼则无法进行。又如经典文献经常提到飨（享）礼⑦，在乡饮酒礼原有礼节基础上加工而成，是一种更高级的乡饮酒礼，于是用乐规格得以提升，飨礼之步骤，包括迎宾、献宾、作乐、饮食、娱乐和习射、送宾等阶段⑧。《礼记·仲尼燕居》："礼犹有九焉，大飨（按：国君相见之飨礼，称为大飨）有四焉。苟知此矣，虽在畎亩之中，事之，圣人已⑨。两君相见（按：在祖庙举行飨礼来接待贵宾），

① 黄寿祺，张善文．周易译注：卷九［M］．北京：中华书局，2016：473.
② 黄寿祺，张善文．周易译注：卷九［M］．北京：中华书局，2016：519.
③ ［清］孙希旦．礼记集解：卷四十九［M］．北京：中华书局，1989：1272.
④ 程俊英，蒋见元．诗经注析［M］．北京：中华书局，1991：961.
⑤ 程俊英，蒋见元．诗经注析［M］．北京：中华书局，1991：950.
⑥ 三乐器铭文之今释［M］//杜廼松．青铜礼乐器．上海：上海科学技术出版社，2007.
⑦ 【按】飨礼，高一等贵族款待低一级贵族来见时之招待宴会。载于：沈文倬．略论礼典的实行和《仪礼》书本的撰作［J］．文史，第15、16辑.
⑧ 杨宽．"乡饮酒礼"与"飨礼"新探［M］//杨宽．古史新探．北京：中华书局，1965.
⑨ 【按】《论语·八佾》子曰："夷狄之有君，不如诸夏之亡也。"（程树德．论语集释：卷五八佾上［M］．北京：中华书局，1990：147.）何故？礼义之谓也。《礼记·仲尼燕居》："苟知此矣，虽在畎亩之中，事之，圣人已"，制度既成，可垂拱而治也。"

揖让而入门（按：庙门），入门而县兴①，揖让而升堂（按：宾主踩着节拍行进），升堂而乐阕（按：登堂就位后，《肆夏》正好停止。可见《肆夏》用以调节宾主行进速度，借此端正仪态）。下管《象》《武》《夏钥》序兴。陈其荐俎，序其礼乐②，备其百官。如此而后君子知仁③焉。行中规，还中矩，和、鸾中《采齐》，客出以《雍》，彻以《振羽》。是故君子无物而不在礼矣。入门而金作，示情也；升歌《清庙》，示德也；下而管《象》，示事也。是故古之君子不必亲相与言也，以礼乐相示而已"④。飨礼这样安排，目的在于仪式所达到之心理效果，使来访国君感受到主国的盛情厚意，乐是其中主体内容，几乎渗透到每一个环节。

　　再举个更为具体的例子，是国君与使臣相见之飨（享）礼。《左传·襄公四年》："穆叔如晋（按：事在公元前569年夏），报知武子之聘也。晋侯享之，金奏《肆夏》之三，不拜。工歌《文王》之三，又不拜。歌《鹿鸣》之三，三拜。韩献子使行人子员问之，曰：'子以君命辱于敝邑，先君之礼，藉之以乐，以辱吾子。吾子舍其大，而重拜其细，敢问何礼也？'对曰：'三《夏》，天子所以享元侯也，使臣弗敢与闻。《文王》，两君相见之乐也，［使］臣不敢及。《鹿鸣》，君所以嘉寡君也，敢不拜嘉？《四牡》，君所以劳使臣也，敢不重拜？《皇皇者华》，君教使臣曰："必咨于周。"臣闻之："访问于善为咨，咨亲为询，咨礼为度，咨事为诹，咨难为谋。"臣获五善，敢不重拜？'"⑤　其中"《肆夏》之三""《文王》之三""《鹿鸣》之三"，都是飨礼用乐，到底指什么，《左传》语焉不详，《国语·鲁语下》可以作为补充，"叔孙穆子聘于晋，晋悼公飨之，

---

① 【按】"入门而县兴"，可见乐悬设在庭中，奏《肆夏》《礼记·郊特牲》："宾入大门而奏《肆夏》，示易以敬也。卒爵而乐阕，孔子屡叹之。奠酬而工升歌，发德也。歌者在上，匏竹在下，贵人声也。乐由阳来者也，礼由阴作者也，阴阳和而万物得。"（［清］孙希旦．礼记集解：卷二十五　郊特牲第十一之一［M］．北京：中华书局，1989：674．）《左传·襄公四年》所谓"金奏《肆夏》之三"（［清］洪亮吉．春秋左传诂：卷十二［M］．北京：中华书局，1987：498．），用乐钟演奏，《诗经·小雅·彤弓》："钟鼓既设，一朝飨之"（程俊英、蒋见元．诗经注析［M］．北京：中华书局，1991：493．），可以为证。

② 【按】"序其礼乐"，按次序安排礼乐。《礼记·祭义》："反馈乐成，荐其荐、俎，序其礼乐，备其百官，君子致其济济漆漆""荐其荐、俎，序其礼乐，备其百官，奉承而进之。于是谕其志意，以其恍惚以与神明交，庶或飨之。庶或飨之，孝子之志也"（［清］孙希旦．礼记集解：卷四十六［M］．北京：中华书局，1989：1211、1212-1213．）。

③ 【按】《乐记》："唯君子为能知乐"，而"仁近于乐"（［清］孙希旦．礼记集解：卷三十七　乐记第十九之一［M］．北京：中华书局，1989：982、992．），是以《仲尼燕居》大飨之礼"如此而后君子知仁焉"，礼离不开乐。

④ ［清］孙希旦．礼记集解：卷四十九［M］．北京：中华书局，1989：1269-1270．

⑤ ［清］洪亮吉．春秋左传诂：卷十二［M］．北京：中华书局，1987：498．

乐及《鹿鸣》之三，而后拜乐三。晋侯使行人问焉，曰：'子以君命镇抚弊邑，不腆先君之礼，以辱从者，不腆之乐以节之。吾子舍其大而加礼于其细，敢问何礼也？'对曰：'寡君使豹来继先君之好，君以诸侯之故，贶使臣以大礼。夫先乐金奏《肆夏樊》《遏》《渠》，天子所以飨元侯也；夫歌《文王》《大明》《绵》，则两君相见之乐也。皆昭令德以合好也，皆非使臣之所敢闻也。臣以为肄业及之，故不敢拜。今伶箫咏歌及《鹿鸣》之三，君之所以贶使臣，臣敢不拜贶？夫《鹿鸣》，君之所以嘉先君之好也，敢不拜嘉？《四牡》，君之所以章使臣之勤也，敢不拜章？《皇皇者华》，君教使臣曰每怀靡及，诹、谋、度、询，必咨于周。敢不拜教？臣闻之曰：怀和为每怀，咨才为诹，咨事为谋，咨义为度，咨亲为询，忠信为周。君贶使臣以大礼，重之以六德，敢不重拜？'"①

　　原文虽长，不避遍引，两相对比，其义自现。"《肆夏》之三②"（"三《夏》"），指《肆夏樊》《韶夏遏》《纳夏渠》三章乐曲；"《文王》之三"，指《文王》《大明》《绵》三首乐歌；"《鹿鸣》之三"，指《鹿鸣》《四牡》《皇皇者华》三首乐歌。"先君之礼，藉之以乐""不腆先君之礼，以辱从者，不腆之乐以节之"，可见以乐节礼，作为飨宴行礼之进献内容，所以飨礼无乐不行。晋悼公设飨礼，招待叔孙穆叔（叔孙豹），"金奏《肆夏》之三，不拜。工歌《文王》之三，又不拜。歌《鹿鸣》之三，三拜"，乐器演奏《肆夏》等三曲，叔孙豹没有答拜；乐工歌唱《文王》等三曲，叔孙豹仍然没有答拜；乐工歌唱《鹿鸣》等三曲，每歌一曲，叔孙豹一答拜。所谓"吾子舍其大，而重拜其细""吾子舍其大而加礼于其细"，同样是配乐，为何有大细之分？因为《肆夏》等三曲，是天子用来招待诸侯领袖的乐曲，使臣不敢听到；《文王》等三曲，是两国国君相见的乐歌，使臣不敢参与；《鹿鸣》等三曲，才是国君赐给使臣的乐歌，岂敢不拜谢赏赐？乐之合理使用，完美体现出礼的精神。

　　以上这段享礼记载，非常珍贵，刘文淇《左传旧注疏证》说："享礼今亡，其用乐仅见于此传。"③ 其实享礼用乐，并非"仅见于此传"，亦见于《左传·襄公十年》，"宋公享晋侯于楚丘④（按：事在公元前563年），请以《桑林》。荀罃辞。荀偃、士匄曰：'诸侯宋、鲁，于是观礼。鲁有禘乐，宾祭用之。宋以

---

① 徐元诰．国语集解：鲁语下第五　叔孙穆子聘于晋［M］．北京：中华书局，2002：178-180．
② 【按】《肆夏》之三，指《肆夏》等三曲。《左传·襄公四年》，杜预注（［清］阮元，校刻．十三经注疏清嘉庆刊本·春秋左传正义：卷第二十九［M］．北京：中华书局，2009：4192.），可供参考。
③ 杨伯峻．春秋左传注［M］．修订本．北京：中华书局，1990：932．
④ 【按】宋平公"请以《桑林》"，即设享礼招待晋悼公。

《桑林》享君，不亦可乎？'舞，师题以旌夏。晋侯惧而退入于房。去旌，卒享而还。及著雍，疾。卜，桑林见。荀偃、士匄欲奔请祷焉。荀罃不可，曰：'我辞礼矣，彼则以之。犹有鬼神，于彼加之。'晋侯有间"①。所言"观礼""辞礼"，都是指《桑林》乐舞，可见观礼即观乐。而《左传·襄公二十九年》吴公子季札聘鲁，"请观于周乐"②，《左传·昭公二年》韩宣子聘鲁，赞叹"周礼尽在鲁矣。吾乃今知周公之德与周之所以王也"③，可见观乐即观礼。在周代诸侯国之中，宋国与鲁国地位比较特殊，鲁国是周公封国，因为周公有大功于周，周王室特许鲁国用周天子之禘礼，《左传·襄公十年》称禘礼为"鲁有禘乐，宾祭用之"；宋国是殷商后裔封国，延续商朝先王祭祀，周王室准许宋国用殷商王礼，以示优待，观殷商王礼，谓之"宋以《桑林》享君"。"桑林"本为地名，《桑林》乐舞源于商汤祈雨，"昔者汤克夏而正天下，天大旱，五年不收，汤乃以身祷于桑林"④，其后殷商及宋国将桑林奉为圣地，立神社用来祭祀，通过乐舞来歌颂纪念商汤，称为《桑林》乐舞。所谓"诸侯宋、鲁于是观礼""观礼"之实际内容，正是宋国《桑林》乐舞与鲁国禘乐，可见乐本身就蕴含礼。⑤ 综上可知，乐不仅是礼之主体环节，而且乐本身就蕴含礼，所以礼离不开乐。

以上讨论儒家乐教之核心思想，包括"古乐观"与"礼乐观"，既蕴含儒家哲学思想，也关系到儒家现实践行。研究儒家乐教，把握乐之本质精神、实体范畴与学术载体，不仅是探索儒家礼乐思想的重要组成部分，而且是进入中华古代文明殿堂的一把钥匙。纵观中华五千年文明长河，存在一个饶有趣味的文化现象：时代愈古，乐文化雄踞社会主流，发扬蹈厉、荦然大宗；时代愈近，乐文化渐趋支流，一部分供奉于庙堂，顶礼膜拜、敬而远之，一部分衍生于民间，世情百态、亦庄亦谐。纵观乐文化之历史演变，看似边缘化，实则内蕴化。远古夏商，是中华乐文化肇兴发展阶段，脱胎于原始宗教，沟通天人，巫风鼎盛。两周时期，在前代基础上，变革创新，终于形成一门重要学问——乐学，

---

① ［清］洪亮吉．春秋左传诂：卷十二 ［M］．北京：中华书局，1987：517．

② ［清］洪亮吉．春秋左传诂：卷十四 ［M］．北京：中华书局，1987：609．

③ ［清］洪亮吉．春秋左传诂：卷十五 ［M］．北京：中华书局，1987：646．

④ ［秦］吕不韦．吕氏春秋集释：卷第九　季秋纪第九·顺民 ［M］．许维遹，集释．北京：中华书局，2009：200．

⑤ 【按】《左传·襄公十一年》魏绛说："夫乐以安德，义以处之，礼以行之，信以守之，仁以厉之，而后可以殿邦国，同福禄，来远人，所谓乐也"（［清］洪亮吉．春秋左传诂：卷十二 ［M］．北京：中华书局，1987：524．），以乐括礼而言之。魏绛与晋悼公之对话，发生在公元前562年，《国语·晋语七》亦载此事。又《公羊传·昭公二十五年》："朱干、玉戚以舞《大夏》，八佾以舞《大武》，此皆天子之礼也"（刘尚慈．春秋公羊传译注 ［M］．北京：中华书局，2010：560．），亦是以乐括礼。

强调乐之社会功用，移风易俗，关乎教化。秦汉承其流衍、融汇各族，为大一统政治服务。魏晋以降，乐文化逐渐让位于音乐文化，开始强调乐之审美享受。①乐文化的历史演变，大致经历三个阶段：宗教—社会—艺术，从庙堂到江湖、从国家到个人，总体呈现由上至下的趋势，乐文化失去主流地位，乐学渐成绝学。尽管如此，"生民之道，乐为大焉"②，乐之所生，本乎情性，乐的文化精神，其实并未沦落，反而变外显为内敛，熔铸成文化品格，浃肤藏髓，虽旷日弥久，其遗风余烈，尚犹不绝，这就是儒家乐教。儒家乐教思想，讲究审乐知政、中和之德，奠定华夏文化核心价值观③，以内蕴化的方式，影响民族心理，持续发挥作用，具有深远的历史意义。"礼乐皆得，谓之有德"④，乐之教化功能，辅德启智、陶冶情性，时至今日，欲构筑和谐社会，诚由人之途，仍具有现实意义。

## 第五节　周秦《易》经（附上博简《易》、马王堆帛书《易》）

周秦《易》经，原本径称《易》。关于"易"之得名，甲骨文、金文多作𤰈、𤔪，郭沫若认为，"字在金文或作𤱭，可以看出易字是益字的简化，但易字在殷墟卜辞及殷彝铭中已通用，其结构甚奇简，当为象意，迄不知所象何意？今其繁体字乃发现于周初铜器铭文中，豁然可见其简化之痕迹"⑤。王宁认为，"郭说'易'和'益'在字形上有关联很正确，但说'易字是益字的简化'则不然，其实'益'像皿中盛水满溢之形，是'溢'之本字；而甲骨文、金文之'易'字就是用匜注水状，所以甲骨文、金文刻画匜之錾耳旁有水滴，就是比拟持匜之錾挹水倾注之状，《诗·大雅·泂酌》'泂酌彼行潦，挹彼注兹'，'易'

---

① 【按】"郑卫之音""俗乐"，已存在审美享受倾向，但从思想上强调乐之独立审美价值，魏晋时期才真正确立。

② ［清］孙希旦. 礼记集解：卷三十八　乐记第十九之二［M］. 北京：中华书局，1989：1007.

③ 【按】和合文化是中华文化的总特征，张立文言道："'和合'二字虽是'自家体贴出来'，但其实在在地是中国文化源远流长的人文精神，是民族精神的活生生的灵魂。"（张立文. 和合学概论：21世纪文化战略的构想·自序［M］. 北京：首都师范大学出版社，1996.）另有张立文《和合哲学论》阐释和合学之理论体系。

④ 【按】《礼记·乐记》："礼乐皆得，谓之有德"，其后《乐记》自注"德者，得也"（［清］孙希旦. 礼记集解：卷三十七　乐记第十九之一［M］. 北京：中华书局，1989：982.）。

⑤ 于省吾，姚孝遂. 甲骨文字诂林：第四册［M］. 北京：中华书局，1996：3384.

的本义也就是'挹彼注兹'的意思，所以窃意'易'本是'滴'之初文，字或作'渧'，《说文》'滴，水注也'，'注，灌也'，以匜注水曰'易（滴）'，水注入亦曰'滴'，其义略同，与今滴落、水滴之'滴'义不同。因为'易'本义是'挹彼注兹'，故后有更易、变易、交易等等的意思"①。《易》之得名，即取交互变更之本义。西汉易学论文《易乾凿度》所谓"孔子曰：易者，易也，变易也，不易也"②，即简易、变易、不易，又在交互变更之本义的基础上，结合易学思想引申扩展而来。《易》又称《周易》，《周易》之名，于《周礼》《左传》均有提及，所谓"周"，陆德明承郑玄《周礼注》之说，《经典释文·周易》："周，代名也。周，至也，遍也，备也。今名书，义取周普"③，而孔颖达《周易正义序》："《周易》称周，取岐阳地名，《毛诗》云'周原膴膴'是也。又文王作《易》之时，正在羑里，周德未兴，犹是殷世也，故题'周'别于殷，此文王所演，故谓之《周易》。其犹《周书》《周礼》，题周以别馀代"④，朱熹《周易本义》亦继承孔颖达此说。岐阳在陕西省岐山县，系周人发源地所在，《诗·大雅·绵》所谓"周原"⑤，即指周国土地，其时犹处西北，为殷商之邦国。于《周易》之"周"，应以周代名视之为宜，《左传·昭公二年》："二年春，晋侯使韩宣子来聘，且告为政而来见，礼也。观书于大史氏，见《易象》与鲁《春秋》，曰：'周礼尽在鲁矣。吾乃今知周公之德与周之所以王也。'"所谓"《易象》"⑥，此处杜预注"《易象》，上下经之《象辞》""《易象》《春秋》，文王周公之制。当此时，儒道废，诸国多阙，唯鲁备，故宣子适鲁而说之"，孔颖达疏："《易》有六十四卦，分为上下二篇。及孔子，又作《易传》

---

① 王宁. 卜辞"易日"与《尧典》"平在朔易"合解 [R/OL]. 武汉大学简帛网，2010-06-21.

② [清] 赵在翰，辑. 七纬附论语谶：易纬之二　易乾凿度卷上 [M]. 北京：中华书局，2012：30.

③ [清] 阮元，校刻. 十三经注疏清嘉庆刊本·周易正义：周易音义　经典释文卷第一 [M]. 北京：中华书局，2009：207.

④ [清] 阮元，校刻. 十三经注疏清嘉庆刊本·周易正义：序　论三代易名 [M]. 北京：中华书局，2009：18.

⑤ 程俊英，蒋见元. 诗经注析 [M]. 北京：中华书局，1991：760.

⑥ 【按】杨伯峻《春秋左传注》："《易》乃《周易》，其六十四卦与卦辞、爻辞，作于西周初，'十翼'则战国至西汉之作品，韩起不及见。人多以'易象'连读，为一事，今从宋王应麟《困学纪闻：卷六说分读，与《易》为二事，《象》即哀三年传'命藏《象魏》'之《象魏》，因其悬挂于象魏，故以名之，亦省称《象》。象魏亦名象阙，又名魏阙，又曰观，为空门外悬挂法令俾众周知之地。据《周礼·大宰》，正月一日公布政治法令于象魏，此法令谓之治象；地官亦悬《教象》，为教育法令；夏官公布《政象》，秋官公布《刑象》，即军政法令、司法法令。公布十日，然后藏之，此《象》当是鲁国历代之政令"（杨伯峻. 春秋左传注 [M]. 修订本. 北京：中华书局，1990：1226-1227.），《易》《象》并列，此亦成一说。

十篇以翼成之。后世谓孔子所作为传，谓本文为经，故云上下经也。《易》文推演爻卦，象物而为之辞，故《易·系辞》云'八卦成列，象在其中'，又云'易者，象也'，是故谓之'易象'。孔子述卦下总辞，谓之为'彖'，述爻下别辞，谓之为'象'。以其无所分别，故别立二名以辨之。其实卦下之语，亦是象物为辞，故三者俱为'象'也。"① 由此可见，早在春秋时代，韩宣子已认为《周易》经文是周代重要典籍②。

为了区别《易》与"十翼"，《周易》又有经、传之分，周秦时代《周易》原指《易经》而言，及至汉代，《周易》或指《易经》，或指《易经》与《易传》之整体，可见汉人混同《易》之经与传，认为经传皆具有典范意义。关于《易经》之原始性质，朱熹《朱子语类》认为，"《易》本卜筮之书，后人以为止卜筮。至王弼用老庄解，后人便只以为理，而不以为卜筮，亦非。想当初伏羲画卦之时，只是阳为吉，阴为凶，无文字，某不敢说，窃意如此。后文王见其不可晓，故为之作彖辞；或占得爻处不可晓，故周公为之作爻辞；又不可晓，故孔子为之作十翼，皆解当初之意"③，可见《易》本卜筮用书，其原始内容，包括卦象、卦辞、爻辞，均供卜筮之用，卦爻辞所谓"利涉大川""利有攸往"等，诸如此类，目的在于预测是否利于行舟、利于起行而已，与殷商甲骨卜辞作用近同，其中虽然体现朴素哲学观（按：预测准确性之实际来源），但是究其原始性质，并非特意要蕴含深远道理。朱熹于《朱子语类》又说："《易》中言帝乙归妹、箕子明夷、高宗伐鬼方之类，疑皆当时帝乙、高宗、箕子曾占得此爻，故后人因以记之，而圣人以入爻也"④，可见《易》卦爻辞之中，保留上古卜筮实例记录。所谓"帝乙归妹"，见于归妹卦九五爻辞与泰卦六五爻辞，所谓"箕子明夷"，见于明夷卦六五爻辞，所谓"高宗伐鬼方"，见于既济卦九三爻辞，这些爻辞出自帝乙、高宗、箕子所进行占筮记录，当时得以效验，后

① ［清］阮元，校刻．十三经注疏清嘉庆刊本·春秋左传正义：卷第四十二［M］．北京：中华书局，2009：4406.
② 【按】观诸《左传》《国语》，所记载讲论《周易》之地域，涉及周、陈、晋、鲁、齐、秦、郑、卫诸国，可见春秋时代《周易》流传之广泛，当时列国将《周易》奉为经典，称其为周代重要典籍，并不为过。
③ ［宋］黎靖德，编．朱子语类：卷第六十六 易二·纲领上之下·卜筮［M］．北京：中华书局，1986：1622.
④ ［宋］黎靖德，编．朱子语类：卷第六十六 易二·纲领上之下·卜筮［M］．北京：中华书局，1986：1638.

来编入《易》之爻辞。由此可见，《易经》之原始性质，就是供卜筮之用的参考书①，其中反映先人生活经验与教训，中医有所谓验方集成，《易经》原本也是卜筮效验实例之汇编②。

《易》作为上古哲学思想之渊薮，其以卜筮为外表，看似与哲学无关，实则不然。经过孔门不断整理阐发，《易》成为《易经》，儒家易学更将"易"与"礼"相联系。《礼记·礼运》："言偃③复问曰：'夫子之极言礼也，可得而闻与？'孔子曰：'我欲观夏道，是故之杞，而不足征也，吾得《夏时》焉。我欲观殷道，是故之宋，而不足征也，吾得《坤乾》焉。《坤乾》之义，《夏时》之等，吾以是观之。'"所谓"吾得《坤乾》焉"，郑玄注："得《坤乾》，得殷阴阳之书也，其书存者有《归藏》"④，《坤乾》是《周易》之前的易学书籍，《周礼·春官宗伯·簭人》："簭人掌三《易》，以辨九筮之名，一曰《连山》，二曰《归藏》，三曰《周易》"⑤，《周礼·春官宗伯·大卜》："掌三《易》之法，一曰《连山》，二曰《归藏》，三曰《周易》。其经卦皆八，其别皆六十有四"⑥，由此可见，《周易》文本不是突然出现，而是在前代易学基础上，逐步发展而来。《周易》特别重视乾坤二卦，认为是《易》之门户，这里所提到"《坤乾》"，与《归藏》同系统⑦，当与乾坤二卦来源有关。"《坤乾》之义"，指《坤乾》的义理，"吾以是观之"，是指孔子根据《坤乾》《夏时》这些材料，对古礼进行考察。所以，从源头上，孔子就认为"易"与"礼"本质相通。所谓"《夏时》之等"，"等"即次序，"《夏时》之等"即自然的秩序。《夏时》

---

① 《史记·田敬仲完世家》太史公曰："《易》之为术，幽明远矣，非通人达才孰能注意焉。故周太史之卦田敬仲完，占至十世之后；及完奔齐，懿仲卜之亦云。田乞及常所以比犯二君，专齐国之政，非必事势之渐然也，盖若遵厌兆祥云。"（［汉］司马迁．史记：卷四十六［M］．北京：中华书局，1982：1903．）

② 【按】观诸《左传》《国语》，仍得见筮例二十余条，占问吉凶，其中记载卜筮效验实例，可供参考。

③ 【按】言偃，字子游，孔门七十二贤唯一南方弟子（《史记·仲尼弟子列传》），擅文学（《论语·先进》）。曾任鲁国武城宰，阐扬孔子学说，用礼乐教化士民，治境闻弦歌之声，受到孔子称赞（《论语·阳货》）。

④ ［清］孙希旦．礼记集解：卷二十一 礼运第九之一［M］．北京：中华书局，1989：585-586．

⑤ ［清］孙诒让．周礼正义：春官宗伯第三下［M］．北京：中华书局，2013：1964．

⑥ ［清］孙诒让．周礼正义：春官宗伯第三下［M］．北京：中华书局，2013：1928-1932．

⑦ 【按】《周礼·春官宗伯·大卜》："大卜掌三《易》之法，一曰《连山》，二曰《归藏》，三曰《周易》"，贾公彦疏："此《归藏易》，以纯坤为首，坤为地，故万物莫不归而藏于中，故名为《归藏》也"（［清］阮元，校刻．十三经注疏清嘉庆刊本·周礼注疏：卷第二十四［M］．北京：中华书局，2009：1733．），《归藏易》以纯坤为首，正与《坤乾》书名契合。

之文本性质，类似于《大戴礼记·夏小正》《礼记·月令》，论其内容，诚可谓"自然法则"。西汉《易纬·乾凿度》，在易学史上以提出"易有三义"而著称，其中对于《易》之起源，也总结得很好，"孔子曰：方上古之时，人民无别，群物无殊，未有衣食器用之利，于是伏羲乃仰观象于天，俯观法于地，中观万物之宜，始作八卦，以通神明之德，以类万物之情。故《易》者，所以经天地、理人伦而明王道，是故八卦以建，五气以立，五常以之行。象法乾坤，顺阴阳，以正君臣父子夫妇之义。度时制宜，作网罟，以畋以渔，以赡人用。于是人民乃治，君亲以尊，臣子以顺，群生和洽，各安其性，八卦之用"①。所谓"仰观象于天，俯观法于地，中观万物之宜"，"宜"就是义，就是应该如此，就是"礼""万物之宜"即自然法则。所谓"以通神明之德，以类万物之情"，就是仿效天道来治理人道，所以"易"之起源，与"礼"之"自然法则"源头相合。由此可见，"易"与"礼"，同源同归，都是取象天地，以类万物，以征人事。两者的核心思想，都在于人效法天地，人间法则来源于自然法则，人间秩序来源于自然秩序，其来源本质相通②。

论《易经》卦爻辞之编纂时代，应当起于周初。《系辞下》："《易》之兴也，其当殷之末世、周之盛德邪？当文王与纣之事邪？""《易》之兴也，其于中古乎？作《易》者，其有忧患乎？"③ 对《易经》卦爻辞编纂时代之推测，审慎而可取。顾颉刚《周易卦爻辞中的故事》，提出从《易经》卦爻辞中的故事，来考证《易经》结集时代。例如卦辞"康侯用锡马蕃庶"之故事④，顾颉刚指出"康侯"即卫康叔，乃周武王之弟，封于卫国，称康叔，康叔事迹在武王之后，因此卦辞非文王所作，而且《易经》卦爻辞未见引用周成王以后之故事，从而有力支援周初说。《易经》之编纂，当是掌管卜筮之人，于每次占卜之后，记录所得卦象与对应之占断辞句，长年积累相关材料，再将已经应验的卦象与卜筮辞句，加以统计、筛选与整理，作为以后卜筮活动的参考依据。经过多人多时之筛选、编纂与辞句润色，最后形成《易经》文本。因为上古巫史不分，

---

① ［清］赵在翰，辑 . 七纬附论语谶：易纬之二　易乾凿度卷上［M］. 北京：中华书局，2012：31.【按】《周易·系辞下》："古者包牺氏之王天下也，仰则观象于天，俯则观法于地，观鸟兽之文与地之宜，近取诸身，远取诸物，于是始作八卦，以通神明之德，以类万物之情"（黄寿祺，张善文 . 周易译注：卷九［M］. 北京：中华书局，2016：510.），可见《易乾凿度》秉承《系辞》，而续有发展。

② 【按】近代学者胡朴安《周易古史观》，独辟蹊径，从《周易》来看上古历史，其中很多考证，如婚丧嫁娶等，所论正是古礼，是以可证，《周易》确与"礼"关系密切。

③ 黄寿祺，张善文 . 周易译注：卷九［M］. 北京：中华书局，2016：537、527.

④ 顾颉刚 . 周易卦爻辞中的故事［J］. 燕京学报，1929（6）：982. 此亦收入《古史辨》第三册。

《易经》之编纂成书，有可能出于周朝历任史官之手。《易》之经传，作者均非一人，是经过多人多时加工编纂而成①。随着周人对《易经》推崇与研究，陆续出现一批易学论文，此乃《易传》之文献来源，从而促进《易》由卜筮之书到哲学之书的性质转化。至于今本《易传》十篇，形成于战国时代②，又分为战国前期说与战国后期说。张岱年根据战国末至汉初著作对于《易传》之引述，以及哲学命题的立定与否定，基本范畴的提出与运用，借此考定《易传》时代，其《论〈易大传〉的著作年代和哲学思想》说："《易大传》的年代应在老子之后、庄子之前""《彖传》应在荀子以前""《文言》《象传》应当是战国中后期的作品"③，其《中国哲学史史料学》说："《系辞传》的若干章节，当成于梁惠王以前，即写成于战国前期"④，此为战国前期说兼及中后期。朱伯崑根据《易传》所提出概念、范畴、命题、术语、学说，如太极、道德、天尊地卑、时中、顺天应人、养贤等，持之与《中庸》《孟子》《商君书》《管子》《庄子》《吕氏春秋》等战国文献进行参照，其《易学哲学史》第一卷之"《易传》及其哲学"⑤，经过详细考证论断，得出《彖》文当在《孟子》以后，而处于孟子和荀子之间；《象》出于《彖》之后，《象》时代下限，当在秦汉之际以前，同样可以看作战国后期的作品；《文言》多引用《彖》《象》文意，并加以发挥，其时代下限当在《吕氏春秋》以前；《系辞》之时代上限，当在《彖》与《庄子·大宗师》之后，乃战国后期陆续形成，《系辞》之时代下限，可断在战国末年。如此论断，运用文献比对定位法，较为可靠，今可采信其说。

上海博物馆藏战国楚简《易》、马王堆帛书《易》，皆出自楚地，与今传本《易经》对比，各有所长。简本优于帛本者，如《大畜》六五，今本"豮豕之牙"，简本"豮"作"芬"，为音近通假，而书本作"哭"，又是"芬"之形误；《睽》上九，今本"匪寇婚媾"，简本"婚"作"昏"，帛本字形从"门"从

① 张立文. 周易思想研究［M］. 武汉：湖北人民出版社，1980. 关于《周易》经传作者及其时代，此书综述前人众说，并提出新看法，可供参考。

② 【按】《晋书·束皙传》："初，（西晋）太康二年，汲郡人不准盗发魏襄王墓，或言安釐王冢，得竹书数十车""其《易经》二篇，与《周易》上下经同。《易繇阴阳卦》二篇，与《周易》略同，繇辞则异。《卦下易经》一篇，似《说卦》而异。《公孙段》二篇，公孙段与邵陟论《易》"（［唐］房玄龄，等. 晋书：卷五十一　列传第二十一　束皙［M］. 北京：中华书局，1974：1432-1433.），既可见战国时代《易经》流传情况，亦可见在战国前中期，学者已对《易经》进行系统解释研究。

③ 张岱年. 论《易大传》的著作年代和哲学思想［C］//《中国哲学》编辑部. 中国哲学：第一辑. 北京：生活·读书·新知三联书店，1979：121.

④ 张岱年. 中国哲学史史料学［M］. 北京：生活·读书·新知三联书店，1982：24.

⑤ 朱伯崑. 易学哲学史：第一卷［M］. 北京：华夏出版社，1995：41-53.

"梦"，当属"闻"之误字。帛本优于简本者，如《井》九三，今传本"井渫不食"，帛本"渫"作"楚"，显系通假字，而简本作"朹"，为"收"字，文理不通，盖与下文上六"井收"淆误；《夬》九四，今本"牵羊"，帛本同，简本作"丧羊"，盖与《大壮》六五"丧羊"淆误。今本优于简本帛本者，《师》上六，今本"大君有命，开国承家"，帛本作"大人君有命"，简本作"大君子有命"，文义阻滞，皆有衍文；《咸》九五，今本"咸其"，帛书作"咸其股"，与上文九三重复，简本作"咸其拇"，与上文初六重复。由此可见，楚简本《易》与帛书本《易》，都是《易》经流传过程中的重要环节，两者并非直接承袭关系①。《易》经出现时代，早在西周已基本定型，持简本、帛本、今本，三者互勘，除字句通假差异外，并无根本性区别，于此可见一斑。

# 第六节　周秦《春秋》经

周秦《春秋》经，起源于周代各国政治大事记，《左传·宣公二年》："乙丑，赵穿攻灵公于桃园。宣子未出山而复。大史书曰：'赵盾弑其君。'以示于朝。宣子曰：'不然。'对曰：'子为正卿，亡不越竟，反不讨贼，非子而谁?'宣子曰：'乌呼！'我之怀矣，自诒伊慼'，其我之谓矣。'孔子曰：'董狐，古之良史也，书法不隐。赵宣子，古之良大夫也，为法受恶。惜也，越竟乃免。'"②《左传·襄公二十五年》："太史书曰：'崔杼弑其君。'崔子杀之。其弟嗣书，而死者二人。其弟又书，乃舍之。南史氏闻太史尽死，执简以往。闻既书矣，乃还"③，此乃晋国、齐国太史事迹，秉笔直书，为后世称道。由此可见，周代各国存在史官家族，负责政治大事记之记录。此种记录文书，内容不仅包括本国政治时事，也涉及其他列国政治大事。《左传·文公十五年》："三月，宋华耦来盟，其官皆从之。书曰'宋司马华孙'，贵之也。公与之宴，辞曰：'君之先臣督，得罪于宋殇公，名在诸侯之策。臣承其祀，其敢辱君？请承命于亚旅。'鲁人以为敏。"④ 宋国华督弑宋殇公之事，弑君事件"名在诸侯之策"。《左传·襄公二十年》："卫宁惠子疾，召悼子曰：'吾得罪于君，悔而无及也。名藏在诸侯之策，曰："孙林父、宁殖出其君。"君入则掩之。若能掩之，

① 以上参：李学勤．周易经传溯源［M］．长春：长春出版社，1992：1-14.
② ［清］洪亮吉．春秋左传诂：卷十［M］．北京：中华书局，1987：399.
③ ［清］洪亮吉．春秋左传诂：卷十三［M］．北京：中华书局，1987：574.
④ ［清］洪亮吉．春秋左传诂：卷九［M］．北京：中华书局，1987：380.

则吾子也。若不能，犹有鬼神，吾有馁而已，不来食矣。'悼子许诺，惠子遂卒。"① 卫国宁殖赶走国君之事，出君事件"名藏在诸侯之策"，由此可见，周代各国政治大事记也记录其他诸侯国的政治大事。

论"春秋"之名，原为史官编年史之通称②。《汉书·艺文志》："古之王者世有史官，君举必书③，所以慎言行、昭法式也。左史记言，右史记事④，事为《春秋》，言为《尚书》，帝王靡不同之。周室既微，载籍残缺，仲尼思存前圣之业，乃称曰：'夏礼吾能言之，杞不足征也；殷礼吾能言之，宋不足征也。文献不足故也，足则吾能征之矣。'以鲁周公之国，礼文备物，史官有法，故与左丘明观其史记，据行事，仍人道，因兴以立功，就败以成罚，假日月以定历数，藉朝聘以正礼乐。"⑤ 杜预《春秋左传集解序》："《春秋》者，鲁史记之名。""《周礼》有史官，掌邦国四方之事，达四方之志。诸侯亦各有国史，大事书之于策，小事简牍而已。《孟子》曰：'楚谓之《梼杌》，晋谓之《乘》，而鲁谓之《春秋》，其实一也。'"⑥《史通·六家》："案《汲冢琐语》记太丁时事，目为《夏殷春秋》"⑦，《墨子·明鬼下》有"周之《春秋》""燕之《春秋》""宋之《春秋》""齐之《春秋》"⑧，《左传·昭公二年》韩宣子聘鲁，"观书于大史氏，见《易象》与《鲁春秋》，曰：'周礼尽在鲁矣'"⑨。由此可见，"春秋"为早期史书之通称，其原始作用在于约束国君行为。《左传·襄公十四年》师旷曰："善则赏之，过则匡之，患则救之，失则革之。自王以下，各有父兄子弟，以补察其政。史为书，瞽为诗，工诵箴谏，大夫规诲，士传言，庶人谤，商旅于市，百工献艺。故《夏书》曰：'遒人以木铎徇于路，官师相规，工执艺事以谏。'正月孟春，于是乎有之，谏失常也。天之爱民甚矣，岂其使一人肆于

---

① ［清］洪亮吉. 春秋左传诂：卷十三［M］. 北京：中华书局，1987：551-552.
② 【按】亦可泛称为"史记"，如《史记·孔子世家》"乃因史记作《春秋》"。
③ 《左传·庄公二十三年》："夏，公如齐观社，非礼也。曹刿谏曰：'不可。夫礼，所以整民也。故会以训上下之则，制财用之节；朝以正班爵之义，帅长幼之序；征伐以讨其不然。诸侯有王，王有巡守，以大习之。非是，君不举矣。君举必书，书而不法，后嗣何观？'"（［清］洪亮吉. 春秋左传诂：卷六［M］. 北京：中华书局，1987：253-254.）
④ 《礼记·玉藻》："动则左史书之，言则右史书之。"（［清］孙希旦. 礼记集解：卷二十九　玉藻第十三之一［M］. 北京：中华书局，1989：778.）
⑤ ［汉］班固. 汉书：卷三十［M］. 北京：中华书局，1962：1715.
⑥ ［清］阮元，校刻. 十三经注疏清嘉庆刊本·春秋左传正义：卷第一　春秋序［M］. 北京：中华书局，2009：3695、3699.
⑦ ［唐］刘知几. 史通［M］. 白云，译注. 北京：中华书局，2014：9.
⑧ ［清］孙诒让. 墨子间诂：卷八［M］. 北京：中华书局，2001 年，224、228、230、231.
⑨ ［清］洪亮吉. 春秋左传诂：卷十五［M］. 北京：中华书局，1987：646.

民上，以从其淫，而弃天地之性？必不然矣。"① 由史官负责记录大事记，《说文解字》："史，记事者也"②，王国维《观堂集林》卷六《释史》认为，"史"字从又（手）持中（盛简策之器），会意为持书之人，"史之职专以藏书读书作书为事"③。各国史官以事系日，以日系月，以月系时，以时系年，故编年史之所记，必表年以首事，年有四时，古人错举"春""秋"代表四时，以为所记编年史书之名。《墨子》佚文有"吾见百国《春秋》"④，《战国策·燕策二》乐毅曰："臣闻贤明之君，功立而不废，故著于《春秋》"⑤，皆是《春秋》作为通称之证⑥。观西周青铜器铭文，未见以"春""秋"记时之例证，用"春秋"指称编年史册，其时限应当在西周之后。

　　周代精通《春秋》之人，有资格担任储君老师，《国语·楚语上》对于楚太子教育问题，申叔时曰："教之《春秋》，而为之耸善而抑恶焉，以戒劝其心"⑦，《国语·晋语七》对于晋太子教育问题，"悼公与司马侯升台而望曰：'乐夫！'对曰：'临下之乐则乐矣，德义之乐则未也。'公曰：'何谓德义？'对曰：'诸侯之为，日在君侧，以其善行，以其恶戒，可谓德义矣。'公曰：'孰能？'对曰：'羊舌肸习于《春秋》。'乃召叔向，使傅太子彪"⑧。由此可见，《春秋》作为史书记载，之所以当作政治读本，因为记载"诸侯之为"，即诸侯的行为，包括善举与恶行，其善恶必书，可以为国君提供借鉴，其中有"德义"存焉，可供教育人才，这也是《春秋》由"史"入"经"之思想根源所在。

　　从《春秋》到《春秋》经，是在《鲁春秋》基础上编纂而成的。《左传·昭公二年》晋国韩起聘鲁"观书于大史氏，见《易象》与《鲁春秋》"，《礼记·坊记》："故《鲁春秋》记晋丧曰'杀其君之子奚齐，及其君卓'"⑨，皆于《春秋》通名之前，另加鲁国名以别之，用来专指鲁国史官所记录编年史书。

① ［清］洪亮吉.春秋左传诂：卷十二［M］.北京：中华书局，1987：535.
② ［汉］许慎.说文解字注［M］.［清］段玉裁，注.上海：上海古籍出版社，1988：116.
③ 王国维.观堂集林：艺林六　释史［M］//谢维扬，房鑫亮.王国维全集：第八卷，浙江教育出版社、广东教育出版社，2010：171、175.
④ ［清］孙诒让.墨子间诂：墨子附录一卷　墨子佚文［M］.北京：中华书局，2001：658.
⑤ 何建章.战国策注释：卷三十　燕策二　昌国君乐毅为燕昭王合五国之兵而攻齐章［M］.北京：中华书局，1990：1160.
⑥ 【按】《春秋》又为鲁国史之名称。
⑦ 徐元诰.国语集解：楚语上第十七　庄王使士亹傅大子葴［M］.北京：中华书局，2002：485.
⑧ 徐元诰.国语集解：晋语七第十三　悼公与司马侯升台而望［M］.北京：中华书局，2002：415.
⑨ ［清］孙希旦.礼记集解：卷五十［M］.北京：中华书局，1989：1291.

《墨子》所谓"百国《春秋》",俱以不传,唯有《鲁春秋》,借《春秋》经得以保存部分内容。《鲁春秋》记事至简,仅涉及时间、地点、人物、事件,绝无枝蔓,少者几个字,多者也就三四十字,不记载人物对话,极少有解释性文字,不直接说明因果,几乎不着主体感情色彩,此种纲要式编年大事记,属于各国史官记事通例,上文所引晋太史"赵盾弑其君"、齐太史"崔杼弑其君"、诸侯之策"孙林父、宁殖出其君",皆属其例,可见史官记事,行文简要而客观,列国《春秋》确有此种特点。此种以"春秋"为通称之国史,亦有专名指称,如《孟子·离娄下》:"王者之迹熄而《诗》亡,《诗》亡然后《春秋》作。晋之《乘》,楚之《梼杌》,鲁之《春秋》,一也。"① 何谓"一也",即指此种纲要式编年大事记。与之类似的编年史书,古代历史上出土过,《晋书·束皙传》:"初,太康二年,汲郡人不准盗发魏襄王墓,或言安釐王冢,得竹书数十车。其《纪年》十三篇,记夏以来至周幽王为犬戎所灭,以事接之,三家分,仍述魏事至安釐王之二十年。盖魏国之史书,大略与《春秋》皆多相应。其中经传大异,则云夏年多殷;益干启位,启杀之;太甲杀伊尹;文丁杀季历;自周受命,至穆王百年,非穆王寿百岁也;幽王既亡,有共伯和者摄行天子事,非二相共和也。"② 此乃《竹书纪年》,杜预曾亲见之,其于《春秋经传集解后序》曰:"盖魏国之史记也""其著书文意大似《春秋》经,推此足见古者国史策书之常也。"③ 以出土之《竹书纪年》印证传世之《春秋》经,乃二重证据法,杜预已然指出《春秋》为国史之指代,纲要式编年大事记为各国史官记事通例,可谓当时《春秋》撰作之法。

《鲁春秋》为儒家素所研习,遂成为《春秋》经之所本。《孟子·滕文公下》:"世衰道微,邪说暴行有作,臣弑其君者有之,子弑其父者有之,孔子惧,作《春秋》《春秋》,天子之事也。是故孔子曰:'知我者其惟《春秋》乎,罪我者其惟《春秋》乎!'""昔者禹抑洪水而天下平,周公兼夷狄、驱猛兽而百姓宁,孔子成《春秋》而乱臣贼子惧。《诗》云'戎狄是膺,荆舒是惩,则莫我敢承',无父无君,是周公所膺也。我亦欲正人心、息邪说、距诐行、放淫辞,以承三圣者,岂好辩哉?予不得已也。能言距杨墨者,圣人之徒也。"④

① [清]焦循.孟子正义:卷十六 [M].北京:中华书局,1987:572-574.
② [唐]房玄龄,等.晋书:卷五十一 列传第二十一 束皙 [M].北京:中华书局,1974:1432.
③ [清]阮元,校刻.十三经注疏清嘉庆刊本·春秋左传正义:卷第六十 [M].北京:中华书局,2009:4751.
④ [清]焦循.孟子正义:卷十三 [M].北京:中华书局,1987:452、459-461.

《孟子·离娄下》："王者之迹熄而《诗》亡，《诗》亡然后《春秋》作""其事则齐桓、晋文，其文则史。孔子曰：'其义则丘窃取之矣'"①。《史记·孔子世家》："子曰：'弗乎弗乎，君子病没世而名不称焉。吾道不行矣，吾何以自见于后世哉？'乃因史记作《春秋》，上至隐公，下讫哀公十四年，十二公。据鲁，亲周，故殷，运之三代。约其文辞而指博，故吴楚之君自称王，而《春秋》贬之曰'子'；践土之会实召周天子，而《春秋》讳之曰'天王狩于河阳'，推此类以绳当世。贬损之义，后有王者举而开之。《春秋》之义行，则天下乱臣贼子惧焉。孔子在位听讼，文辞有可与人共者，弗独有也。至于为《春秋》，笔则笔，削则削，子夏之徒不能赞一辞。弟子受《春秋》，孔子曰：'后世知丘者以《春秋》，而罪丘者亦以《春秋》。'"② 由此可见，从鲁《春秋》到《春秋》经，经过孔子"笔""削"而成。何谓"笔""削"？杜预《春秋经传集解序》："仲尼因鲁史策书成文，考其真伪，而志其典礼，上以遵周公之遗制，下以明将来之法。其教之所存，文之所害，则刊而正之，以示劝戒。其余则皆即用旧史，史有文质，辞有详略，不必改也"③。

鲁《春秋》旧史，原是鲁国历代史官记录之编年体史书，本有礼义存焉，《左传·昭公二年》："春，晋侯使韩宣子来聘，且告为政而来见，礼也。观书于大史氏，见《易象》与《鲁春秋》，曰：'周礼尽在鲁矣。吾乃今知周公之德与周之所以王也。'"④ 既然韩起观《鲁春秋》赞叹"周礼尽在鲁矣"，此乃鲁国旧史得以笔削之思想基础。在孔子笔削旧史过程中，"述而不作，信而好古"⑤，"吾道一以贯之"⑥，寄寓儒家理念，阐发礼义判断，何休《春秋公羊解诂·序》："昔者孔子有云：'吾志在《春秋》，行在《孝经》。'⑦ 此二学者，圣人之

---

① ［清］焦循．孟子正义：卷十六［M］．北京：中华书局，1987：572、574．

② ［汉］司马迁．史记：卷四十七［M］．北京：中华书局，1982：1943-1944．

③ ［清］阮元，校刻．十三经注疏清嘉庆刊本·春秋左传正义　卷第一　春秋序［M］．北京：中华书局，2009：3699．

④ ［清］洪亮吉．春秋左传诂：卷十五［M］．北京：中华书局，1987：646．

⑤ 程树德．论语集释：卷十三　述而上［M］．北京：中华书局，1990：431．

⑥ 程树德．论语集释：卷八　里仁下［M］．北京：中华书局，1990：257．

⑦ 《春秋公羊传注疏》徐彦疏："案《孝经·钩命决》云'孔子在庶，德无所施，功无所就，志在《春秋》，行在《孝经》'是也。所以《春秋》言志在，《孝经》言行在，《春秋》者，赏善罚恶之书，见善能赏，见恶能罚，乃是王侯之事，非孔子所能行，故但言志在而已；《孝经》者，尊祖爱亲，劝子事父，劝臣事君，理关贵贱，臣子所宜行，故曰行在《孝经》也。"（［清］阮元，校刻．十三经注疏清嘉庆刊本·春秋公羊传注疏：序［M］．北京：中华书局，2009：4759．）

极致，治世之要务也。"① 经过孔子修订以后，赋予儒家政治思想，旧史演变为兼具历史学与政治学双重意义的儒家经典。孔子之笔削修订工作，主要就是将"礼"作为判断是非的标准，贯穿于《春秋》史事陈述之中，一字寓褒贬，称作"《春秋》笔法"②。其间"微言大义"③，褒贬善恶皆载诸史册，流传后世，诚如孟子所言"孔子成《春秋》而乱臣贼子惧"④，论其精神实质，以"礼"为纲纪，将"礼"作为评判褒贬之坐标系。司马迁更直接点明《春秋》与"礼"的深刻联系，《史记·太史公自序》："夫《春秋》，上明三王之道，下辨人事之纪""万物之散聚，皆在《春秋》""故《春秋》者，礼义之大宗也"⑤，所以说《春秋》精神实质归于"礼"，这也是孔子笔削修订工作之重点所在。

---

① ［清］阮元，校刻. 十三经注疏清嘉庆刊本·春秋公羊传注疏：序［M］. 北京：中华书局，2009：4759.

② 【按】《史记·孔子世家》："孔子在位听讼，文辞有可与人共者，弗独有也。至于为《春秋》，笔则笔，削则削，子夏之徒不能赞一辞。弟子受《春秋》，孔子曰：'后世知丘者以《春秋》，而罪丘者亦以《春秋》。'"所谓"《春秋》笔法"，是指行文不直接阐述对人物与事件的看法，而通过细节描写、材料筛选、修辞手法（如词汇选取等），委婉而微妙地表达作者的褒贬评价。举例论之，《春秋·隐公元年》"郑伯克段于鄢"（［清］洪亮吉. 春秋左传诂：卷一 春秋经一［M］. 北京：中华书局，1987：2.），经文里面有哪些讲究呢？《春秋左氏传·隐公元年》加以解释"段不弟，故不言弟；如二君，故曰克；称郑伯，讥失教也；谓之郑志。不言出奔，难之也"（春秋左传诂：卷五，186.）。意思是说，共叔段不遵守做弟弟的本分，不符合兄弟之礼，所以不以"弟"字相称；兄弟相争，如同两个国君敌对作战，不顾手足之情，所以用"克"字；称郑庄公为"郑伯"，兄长本有教育弟弟之责任，郑庄公对弟弟共叔段，不但不教诲劝止，反而故意姑息纵容，也不符合兄弟之礼，所以不称"兄"而称爵位，讥讽他对弟弟有失教诲；事态之发展，是郑庄公蓄意安排，《春秋》如此记载，揭露郑庄公之本意，就是要赶走共叔段。不写共叔段"出奔"，《春秋》称有罪之人逃离为"出奔"，此处不言"出奔"，意指在兄弟相争这件事情上，郑庄公也有罪责，这里有各打五十大板的意味。"《春秋》笔法"，微言大义，类似之例子，于《春秋》经文还有很多。

③ 【按】《荀子·劝学》："《礼》之敬文也，《乐》之中和也，《诗》《书》之博也，《春秋》之微也，在天地之间者毕矣"（［清］王先谦. 荀子集解：卷第一［M］. 北京：中华书局，1988：12.），《汉书·楚元王传》附刘歆移书太常博士，责让之曰："周室既微而礼乐不正，道之难全也如此。是故孔子忧道之不行，历国应聘。自卫反鲁，然后乐正，《雅》《颂》乃得其所。修《易》、序《书》、制作《春秋》，以纪帝王之道。及夫子没而微言绝，七十子终而大义乖。"（［汉］班固. 汉书：卷三十六 楚元王传第六 刘歆［M］. 北京：中华书局，1962：1968.）又《昭明文选》卷四三引刘歆《移书让太常博士》作"周室既微而礼乐不正，道之难全也如此。是故孔子忧道不行，历国应聘，自卫反鲁，然后乐正，《雅》《颂》乃得其所。修《易》、序《书》、制作《春秋》，以记帝王之道。及夫子没而微言绝，七十子卒而大义乖"。李善注："《论语谶》曰：'自卫反鲁，删《诗》《书》，修《春秋》。'《春秋元命苞》：'孔子曰：丘作《春秋》，王道成。'""《论语谶》曰：'子夏六十四人，共撰仲尼微言。'"（［梁］萧统. 六臣注文选：卷四三 书下［M］.［唐］李善，等注. 北京：中华书局，1987：814.）

④ ［清］焦循. 孟子正义：卷十三 滕文公章句下［M］. 北京：中华书局，1987：459.

⑤ ［汉］司马迁. 史记：卷一百三十［M］. 北京：中华书局，1982：3297、3298.

　　《礼记·经解》孔子曰：“入其国，其教可知也：其为人也，温柔、敦厚，《诗》教也；疏通、知远，《书》教也；广博、易良，《乐》教也；絜静、精微，《易》教也；恭俭、庄敬，《礼》教也；属辞、比事，《春秋》教也。故《诗》之失，愚；《书》之失，诬；《乐》之失，奢；《易》之失，贼；《礼》之失，烦；《春秋》之失，乱。其为人也，温柔、敦厚而不愚，则深于《诗》者也；疏通、知远而不诬，则深于《书》者也；广博、易良而不奢，则深于《乐》者也；絜静、精微而不贼，则深于《易》者也；恭俭、庄敬而不烦，则深于《礼》者也；属辞、比事而不乱，则深于《春秋》者也。”① 所谓“属辞、比事而不乱”，因为其中有礼义存焉。《史记·滑稽列传》孔子曰：“六艺于治一也：《礼》以节人，《乐》以发和，《书》以道事，《诗》以达意，《易》以神化，《春秋》以义。”② 所谓“《春秋》以义”，亦即《孟子·离娄下》：“其事则齐桓、晋文，其文则史。孔子曰：‘其义则丘窃取之矣’”③，皆指《春秋》经蕴含“义”，又称“微言大义”，此“义”包括“德义”（《国语·晋语七》）：“公曰：‘何谓德义？’对曰：‘诸侯之为，日在君侧，以其善行，以其恶戒，可谓德义矣。’公曰：‘孰能？’对曰：‘羊舌肸习于《春秋》。’”④ ）与“礼义”（《史记·太史公自序》：“故《春秋》者，礼义之大宗也。”⑤ 《汉书·艺文志》：“事为《春秋》，言为《尚书》，帝王靡不同之。周室既微，载籍残缺，仲尼思存前圣之业，乃称曰：‘夏礼吾能言之，杞不足征也；殷礼吾能言之，宋不足征也。文献不足故也，足则吾能征之矣。’以鲁周公之国，礼文备物，史官有法，故与左丘明观其史记，据行事，仍人道，因兴以立功，就败以成罚，假日月以定历数，借朝聘以正礼乐”⑥ ）。所谓“德”与“礼”，同样蕴含于《诗》《书》《礼》《乐》之中，《左传·僖公二十七年》：“《诗》《书》，义之府也；《礼》《乐》，德之则也。德、义，利之本也。”⑦ 正因为《春秋》经文寄托“德义”与“礼义”，所以“孔子成《春秋》而乱臣贼子惧”，方有此种现实作用。而对于今本《春秋》经，其中或有体例不统一之处，甚至记载“孔丘卒”，不排除后学对孔子笔削之本续加增删，盖后世窜入之迹，非圣人笔削之过也。

---

① ［清］孙希旦. 礼记集解：卷四十八［M］. 北京：中华书局，1989：1254-1255.
② ［汉］司马迁. 史记：卷一百二十六［M］. 北京：中华书局，1982：3197.
③ ［清］焦循. 孟子正义：卷十六［M］. 北京：中华书局，1987：574.
④ 徐元诰. 国语集解：晋语七第十三　悼公与司马侯升台而望［M］. 北京：中华书局，2002：415.
⑤ ［汉］司马迁. 史记：卷一百三十［M］. 北京：中华书局，1982：3298.
⑥ ［汉］班固. 汉书：卷三十［M］. 北京：中华书局，1962：1715.
⑦ ［清］洪亮吉. 春秋左传诂：卷八［M］. 北京：中华书局，1987：327.

《春秋》经既然有"微言大义"存焉，为了表达其中之"义"，于笔削整理之时，就会采取必要之体例，古人称为"书法"或"书例"。"义"与"例"，两者相辅相成，"例"是形式，"义"是内容。《春秋》经之"例"，在《左传》《公羊传》《穀梁传》中各有揭示，发凡起例，扩充内容，此乃《春秋》"三传"之功效。所谓《左传》《公羊传》《穀梁传》，亦可称为《春秋》左氏学、《春秋》公羊学、《春秋》穀梁学，实为揭示《春秋》经书写体例与微言大义之三家言①，如《汉书·艺文志》："（《春秋》经）有所褒讳贬损，不可书见，口授弟子，弟子退而异言。丘明恐弟子各安其意，以失其真，故论本事而作《传》，明夫子不以空言说《经》也。《春秋》所贬损大人当世君臣，有威权势力，其事实皆形于《传》，是以隐其书而不宣，所以免时难也。及末世口说流行，故有《公羊》《穀梁》《邹》《夹》之《传》。四家之中，《公羊》《穀梁》立于学官，邹氏无师，夹氏未有书"② 是也。《春秋》三传以训释文辞、揭示书例、补充史实、发挥大义为宗旨，亦各有区别，《左传》重在补充史实，《公羊传》《穀梁传》重在发挥大义；而《公羊传》《穀梁传》又有所不同，《公羊传》强调发挥，《穀梁传》则相对墨守。关于《春秋》三传总体特征，桓谭《新论·正经》："《左氏传》遭战国寝藏③，后百余年，鲁人穀梁赤为《春秋》，残略，多有遗失；又有齐人公羊高，缘《经》文作《传》，弥失本事矣。《左氏传》于《经》，犹衣之表里，相持而成。《经》而无《传》，使圣人闭门思之，十年不能知也"④，所论甚辩，于《春秋》三传之区别，及其与《春秋》经之关系，庶几得之。

---

① 《宋书·礼志》荀崧上疏东晋元帝，曰："三传虽同一《春秋》，而发端异趣。案如三家异同之说，此乃义则战争之场，辞亦剑戟之锋，于理不可得共。"（［梁］沈约.宋书：卷十四［M］.北京：中华书局，1974：362.）

② ［汉］班固.汉书：卷三十［M］.北京：中华书局，1962：1715.

③ 《汉书·楚元王传》引刘歆《移让太常博士书》："及鲁恭王坏孔子宅，欲以为宫，而得古文于坏壁之中，《逸礼》有三十九，《书》十六篇。天汉之后，孔安国献之，遭巫蛊仓卒之难，未及施行。及《春秋》左氏丘明所修，皆古文旧书，多者二十余通，臧于秘府，伏而未发。孝成皇帝闵学残文缺，稍离其真，乃陈发秘臧，校理旧文，得此三事，以考学官所传，经或脱简，传或间编。传问民间，则有鲁国（柏）［桓］公、赵国贯公、胶东庸生之遗学与此同，抑而未施。此乃有识者之所惜闵，士君子之所嗟痛也。往者缀学之士不思废绝之阙，苟因陋就寡，分文析字，烦言碎辞，学者罢老且不能究其一艺。信口说而背传记，是末师而非往古，至于国家将有大事，若立辟雍、封禅、巡狩之仪则幽冥而莫知其原。犹欲保残守缺，挟恐见破之私意，而无从善服义之公心，或怀妒嫉，不考情实，雷同相从，随声是非，抑此三学，以《尚书》为备，谓左氏为不传《春秋》，岂不哀哉！"（［汉］班固.汉书：卷三十六 楚元王传第六 刘歆［M］.北京：中华书局，1962：1969-1970.）

④ ［汉］桓谭，撰.朱谦之，校辑.新辑本桓谭新论：卷九 正经篇［M］.北京：中华书局，2009：39.

# 研习参考书

［1］皮锡瑞．经学历史［M］．周予同注释本．北京：中华书局，1959.

［2］钱基博．经学通志［M］．北京：中华书局，1936.

［3］刘大钧．今、帛、竹书《周易》综考［M］．上海：上海古籍出版社，2005.

［4］郭伟川．先秦六经与中国主体文化［M］．北京：北京图书馆出版社，2007.

［5］姚小鸥．清华简与先秦经学文献研究［M］．北京：生活·读书·新知三联书店，2016.

# 第五章　孔门圣贤与儒学经解文献

## 第一节　关于《诗》（附上博简《孔子诗论》）

孔子对《诗》有过整理与研究，《论语·为政》子曰："《诗》三百，一言以蔽之，曰'思无邪'"①，《论语·八佾》子曰："《关雎》，乐而不淫，哀而不伤"②，《史记·孔子世家》："古者《诗》三千余篇，及至孔子，去其重，取可施于礼义，上采契、后稷，中述殷周之盛，至幽厉之缺，始于衽席，故曰'《关雎》之乱以为风始，《鹿鸣》为小雅始，《文王》为大雅始，《清庙》为颂始'。三百五篇，孔子皆弦歌之，以求合《韶》《武》《雅》《颂》之音。《礼》《乐》自此可得而述，以备王道，成六艺"③，《汉书·艺文志》："孔子纯取周诗，上采殷，下取鲁，凡三百五篇。遭秦而全者，以其讽诵，不独在竹帛故也"④，孔子之整理与研究工作，可谓全面而深入。

《郑志》："又此《序》，子夏所为，亲受圣人，足自明矣"⑤，魏晋以来，皆承此说，认为子夏作《诗序》《经典释文·诗经》引沈重曰："案郑《诗谱》意，《大序》是子夏作，《小序》是子夏、毛公合作。卜商意有不尽，毛更足成之"⑥，《毛诗指说》引《文选·诗大序》萧统序言曰："《大序》是子夏全制。其余众篇之首《序》，子夏唯裁初句，至'也'字而止，其下是大毛公自以

---

① 程树德. 论语集释：卷三　为政上 [M]. 北京：中华书局，1990：65.
② 程树德. 论语集释：卷六　八佾下 [M]. 北京：中华书局，1990：198.
③ [汉] 司马迁. 史记：卷四十七 [M]. 北京：中华书局，1982：1936-1937.
④ [汉] 班固. 汉书：卷三十 [M]. 北京：中华书局，1962：1708.
⑤ 《诗经·小雅·棠棣》孔颖达疏引. [清] 阮元，校刻. 十三经注疏清嘉庆刊本·毛诗正义：卷第九　九之二 [M]. 北京：中华书局，2009：870.
⑥ 《诗经·周南·关雎》郑玄笺引. [清] 阮元，校刻. 十三经注疏清嘉庆刊本·毛诗正义：卷第一 [M]. 北京：中华书局，2009：562.

《诗》中之意而系其辞"①，此又在《郑志》基础上加以补充说明②。至于卫宏作《毛诗序》《后汉书·卫宏传》："初，九江谢曼卿善《毛诗》，乃为其训。宏从曼卿受学，因作《毛诗序》，善得《风》《雅》之旨，于今传于世"③，后人误读《后汉书》而致讹，如《经典释文·诗经》："或云《小序》是东海卫敬仲所作"④，《隋书·经籍志》："汉初又有赵人毛苌善《诗》，自云子夏所传，作《诂训传》，是为'《毛诗》古学'，而未得立。后汉有九江谢曼卿，善《毛诗》，又为之训。东海卫敬仲，受学于曼卿。先儒相承，谓之《毛诗》《序》，子夏所创，毛公及敬仲又加润益。郑众、贾逵、马融，并作《毛诗传》，郑玄作《毛诗笺》"⑤，《释文》《隋志》因调停《后汉书》致讹。郑玄与卫宏为东汉学者，时代相距不远，郑玄《毛诗笺》《诗谱》所论《诗序》，皆与卫宏无关，可见此序非彼序，不可混淆视之⑥。

　　孔子关于《诗》之整理工作，最要者莫过于"正乐"与"删诗"。鲁襄公二十九年（公元前544），吴公子季札聘鲁，"请观于周乐。使工为之歌《周南》《召南》，曰：'美哉！始基之矣，犹未也。然勤而不怨矣。'为之歌《邶》《鄘》《卫》，曰：'美哉，渊乎！忧而不困者也。吾闻卫康叔、武公之德如是，是其《卫风》乎？'为之歌《王》，曰：'美哉！思而不惧，其周之东乎？'为之歌《郑》，曰：'美哉！其细已甚，民弗堪也，是其先亡乎！'为之歌《齐》，曰：'美哉！泱泱乎！大风也哉！表东海者，其大公乎！国未可量也。'为之歌

---

① ［唐］陆德明．经典释文序录疏证：注解传述人［M］．吴承仕，疏证．北京：中华书局，2008：71.

② 【按】《周易·丰卦》九三"丰其沛"，《经典释文·周易》"子夏作'芾'，《传》云'小也'"（［清］阮元，校刻．十三经注疏清嘉庆刊本·周易正义：引《经典释文》卷第一［M］．北京：中华书局，2009：216.），则《子夏易传》"沛"作"芾"，释"芾"为"小"义。此与《诗经·召南·甘棠》之毛传同，"蔽芾甘棠"，毛传："蔽芾，小貌。"孔颖达疏："《我行其野》云'蔽芾其樗'，笺云'樗之蔽芾始生'，谓樗叶之始生形亦小也。"（［清］阮元，校刻．十三经注疏清嘉庆刊本·毛诗正义：卷第一　召南·甘棠［M］．北京：中华书局，2009：605.）为毛亨《训诂传》出于子夏师传之一证。

③ ［南朝宋］范晔．后汉书：卷七十九下　儒林列传第六十九下　卫宏［M］．北京：中华书局，1965：2575.

④ 《诗经·周南·关雎》郑玄笺引．［清］阮元，校刻．十三经注疏清嘉庆刊本·毛诗正义：卷第一［M］．北京：中华书局，2009：562.

⑤ ［唐］魏徵，［唐］令狐德棻．隋书：卷三十二［M］．北京：中华书局，1973：918.

⑥ 【按】朱彝尊曰"所谓有其义者，据子夏之《序》也，而论者多谓《序》作于卫宏。夫《毛诗》虽后出，亦在汉武时，《诗》必有《序》而后可授受，韩、鲁皆有《序》《毛诗》岂独无《序》，直至东汉之世，俟宏之《序》以为《序》乎"（徐世昌，等．竹垞学案：朱先生彝尊　文集　诗论二［M］//清儒学案：卷三十二．北京：中华书局，2008：1175.），所论甚辩。

《豳》，曰：'美哉！荡乎！乐而不淫，其周公之东乎？'为之歌《秦》，曰：'此之谓夏声。夫能夏则大，大之至也，其周之旧乎？'为之歌《魏》，曰：'美哉！沨沨乎！大而婉，险而易行，以德辅此，则明主也。'为之歌《唐》，曰：'思深哉！其有陶唐氏之遗民乎？不然，何忧之远也？非令德之后，谁能若是？'为之歌《陈》，曰：'国无主，其能久乎？'自《郐》以下无讥焉。为之歌《小雅》，曰：'美哉！思而不贰，怨而不言，其周德之衰乎？犹有先王之遗民焉。'为之歌《大雅》，曰：'广哉！熙熙乎！曲而有直体，其文王之德乎？'为之歌《颂》，曰：'至矣哉！直而不倨，曲而不屈，迩而不逼，远而不携，迁而不淫，复而不厌，哀而不愁，乐而不荒，用而不匮，广而不宣，施而不费，取而不贪，处而不底，行而不流，五声和，八风平，节有度，守有序，盛德之所同也。'"①。时年孔子方八岁。季札所观"周乐"，即《诗》篇之歌舞展示，其《国风》次序为：《周南》《召南》《邶》《鄘》《卫》《王》《郑》《齐》《豳》《秦》《魏》《唐》《陈》，"自《郐》以下无讥焉"；今本《诗经·国风》次序为：《周南》《召南》《邶》《鄘》《卫》《王》《郑》《齐》《魏》《唐》《秦》《陈》《桧》《曹》《豳》。两相比较，《豳风》与《秦风》次序发生变化，说明季札观周乐以后，乐次仍有调整，此即孔子"正乐"之证明。

　　《左传·襄公二十九年》："为之歌《秦》"，杜预注："《诗》第十一，后仲尼删定，故不同"②，为何将《秦风》移于《魏》《唐》之后？春秋后期的秦国，既非周王室同姓诸侯，亦未取得如齐桓公全局伯主地位，作为异姓诸侯国，《秦风》位于《魏风》《唐风》之前，有悖于儒家"亲亲""尊尊"③之旨，调整乐次以后，尊卑得所，显然更符合周礼要求。又为何将《豳风》置于国风之末？《豳风》原为周人居豳时之乐歌，伴随周人迁徙，传至岐周，伴随周公封鲁，又传至鲁国，所以季札聘鲁观周乐，"为之歌《豳》，曰：'美哉！荡乎！乐而不淫，其周公之东乎？'"当时学者普遍认为《豳风》与周公紧密相关，将《豳风》置于国风之末，亦是移至《小雅》之前，作为特出之例，模糊其地域概念，推尊其典范地位，《郑志》答张逸云："以周公专为一国，上冠先公之

---

① ［清］洪亮吉. 春秋左传诂：卷十四 [M]. 北京：中华书局，1987：609-612.

② ［清］阮元，校刻. 十三经注疏清嘉庆刊本·春秋左传正义：卷第三十九 [M]. 北京：中华书局，2009：4357.

③ 《礼记·大传》："其不可得变革者则有矣。亲亲也，尊尊也，长长也，男女有别，此其不可得与民变革者也。"（［清］孙希旦. 礼记集解：卷三十四 [M]. 北京：中华书局，1989：907.）

业，亦为优矣，所以在《风》下，次于《雅》前"①，不与诸国同列可知矣，如此调整之背后动机，出于孔子推崇周公之德②，特别提出强调，这也可以作为孔子"正乐"之佐证。

孔子"正乐"与"删诗"，是删定《诗》三百的两个侧面，乐曲与歌词原本需要相互配合。关于"删诗"之迹，可观《论语·为政》与《论语·子罕》为例，子曰："《诗》三百，一言以蔽之，曰：'思无邪'"③ 所谓"思无邪"，见于今本《诗》三百《鲁颂·駉》，孔子引用发挥，亦当收入此选本，篇章流传至今；"'唐棣之华，偏其反而。岂不尔思？室是远尔。'子曰：'未之思也，夫何远之有？'"④ 所谓"唐棣之华，偏其反而。岂不尔思？室是远尔"，此为逸诗，不见于今本《诗》三百，孔子持批评态度，遂全诗删削不存。孔子对于《诗》篇，不仅删削，亦有增添，如《鲁颂》当属孔子增添收入选本。《鲁颂》以歌颂鲁僖公为对象，与《周颂》《商颂》相比，实有僭越之嫌疑，在孔子之前，即使《诗》篇赋引现象鼎盛如襄公、昭公时期，皆未见公卿士大夫赋引《鲁颂》诗句，《论语·为政》所谓"《诗》三百，一言以蔽之，曰：'思无邪'"，此乃《鲁颂》用例之始，可见孔子对于《鲁颂》的推崇态度。孔子曰："齐一变，至于鲁；鲁一变，至于道"⑤，《鲁颂》虽然僭越，可是到春秋末年，已属不可多得，如"孔子谓季氏，'八佾舞于庭，是可忍也，孰不可忍也？'""三家者以《雍》彻。子曰：'"相维辟公，天子穆穆"，奚取于三家之堂？'"⑥ 又如孔子曰："天下有道，则礼乐征伐自天子出；天下无道，则礼乐征伐自诸侯出。自诸侯出，盖十世希不失矣；自大夫出，五世希不失矣；陪臣执国命，三世希不失矣。天下有道，则政不在大夫；天下有道，则庶人不议。"⑦ 而且孔子对鲁国恢复西周礼乐文化，曾经寄予厚望，孔子曰："于呼哀哉！我观周道，幽、厉伤之，吾舍鲁何适矣？鲁之郊、禘，非礼也。周公其衰矣"⑧。在如此思

---

① ［清］马瑞辰．杂考各说：诗谱次序考　引［M］//毛诗传笺通释：卷一．北京：中华书局，1989：6.

② 《论语·述而》："子曰：'甚矣！吾衰也。久矣！吾不复梦见周公。'"（程树德．论语集释：卷十三　述而上［M］．北京：中华书局，1990：441.）

③ 程树德．论语集释：卷三　为政上［M］．北京：中华书局，1990：65.

④ 程树德．论语集释：卷十八　子罕下［M］．北京：中华书局，1990：630-632.

⑤ 程树德．论语集释：卷十二　雍也下［M］．北京：中华书局，1990：411.

⑥ 程树德．论语集释：卷五　八佾上［M］．北京：中华书局，1990：136-140.

⑦ 程树德．论语集释：卷三十三　季氏［M］．北京：中华书局，1990：1141-1144.

⑧ ［清］孙希旦．礼记集解：卷二十一　礼运第九之一［M］．北京：中华书局，1989：597-598.

想背景下，鲁僖公成为"复周公之宇"① 的希望所在，与春秋末年礼坏乐崩相比，歌颂鲁僖公之《鲁颂》，成为追怀过往礼乐盛况的标本②。孔子将《鲁颂》收入《诗》三百，既是对于当政者的苦心劝勉，也是出于复兴西周礼乐文明的深切寄托，诚可谓顺理成章。

战国时代学术，有齐国与楚国两大重镇，《文心雕龙·时序》已明言之，曰："春秋以后，角战英雄，六经泥蟠，百家飙骇。方是时也，韩、魏力政，燕、赵任权，五蠹六虱，严于秦令。唯齐、楚两国，颇有文学，齐开庄衢之第，楚广兰台之宫，孟轲宾馆，荀卿宰邑，故稷下扇其清风，兰陵郁其茂俗，邹子以谈天飞誉，驺奭以雕龙驰响，屈平联藻于日月，宋玉交彩于风云。"③ 近代刘师培《南北文化不同论》、梁启超《中国学术思想变迁之大势》，亦倡导战国时代学分南北，但仅以老子、庄子、屈原为南方学术代表，仍然不够全面。郭店楚简、上博楚简、清华楚简之相继出土与深入研究，为我们展示出南方学术的另一面，在儒家经解领域，也能够与北方学术比肩。《史记·孟子荀卿列传》："田骈之属皆已死。齐襄王时，而荀卿最为老师。齐尚修列大夫之缺，而荀卿三为祭酒焉。齐人或谗荀卿，荀卿乃适楚。而春申君以为兰陵令。春申君死而荀卿废，因家兰陵"④，荀卿作为当时大儒，在齐国稷下学宫"三为祭酒"，其学术成就突出，遭人嫉恨谗谮，荀子乃真学者，不屑与宵小逐利益而争论是非，遂去齐适楚。由此可见，战国时代齐国与楚国学术地位相当，而且，荀子作为儒家传经统绪之关键，愿意南下楚国，楚国原有儒家阵营亦应有相当规模。《国语·楚语上》记载，楚庄王请士亹教导太子葴，而士亹向申叔时询问教导之法，申叔时曰："教之《春秋》，而为之耸善而抑恶焉，以戒劝其心；教之《世》，而为之昭明德而废幽昏焉，以休惧其动；教之《诗》，而为之导广显德，以耀明其志；教之《礼》，使知上下之则；教之《乐》，以疏其秽而镇其浮；教之《令》，使访物官；教之《语》，使明其德，而知先王之务，用明德于民也；教

---

① 《诗经·鲁颂·閟宫》："天锡公纯嘏，眉寿保鲁。居常与许，复周公之宇"，且此篇《毛序》曰"颂僖公能复周公之宇也"（程俊英，蒋见元. 诗经注析 [M]. 北京：中华书局，1991：1010、1020.）。

② 《孟子·离娄下》："王者之迹熄而《诗》亡。"（[清] 焦循. 孟子正义：卷十六 [M]. 北京：中华书局，1987：572.）

③ [梁] 刘勰. 增订文心雕龙校注：卷九 时序第四十五 [M]. 黄叔琳，注. 李详，补注. 杨明照，校注拾遗. 北京：中华书局，2012：535-536.

④ [汉] 司马迁. 史记：卷七十四 [M]. 北京：中华书局，1982：2348.

之《故志》，使知废兴者而戒惧焉；教之《训典》，使知族类，行比义焉"①，申叔时这段话，实际上就是要对太子开展经典教育，其中《春秋》《诗》《礼》《乐》《训典》，皆与儒家经典传统紧密相关，可见其重视程度。其中所谓"教之《诗》，而为之导广显德，以耀明其志"，教《诗》的事业，正是解《诗》的过程。而关于《诗》之经解，另有上博楚简所存《孔子诗论》，亦可借此略窥南方经解概况。

上博楚简所存《孔子诗论》，采取散论说《诗》之形式，在周秦《诗》学方法论方面，实现创新性发展。在《孔子诗论》之前，儒家断章取义式说《诗》方法流传已久，引用《诗》句仅作为工具或媒介，目的是借此说明政治、外交、礼义或其他观点。孔子如此，孔门弟子亦仍之，如《论语·学而》记载，子贡曰："贫而无谄，富而无骄，何如？"子曰："可也。未若贫而乐，富而好礼者也。"子贡曰："《诗》云：'如切如磋，如琢如磨'，其斯之谓与？"子曰："赐也，始可与言《诗》已矣，告诸往而知来者。"② 又如《论语·八佾》记载，子夏问曰："'巧笑倩兮，美目盼兮，素以为绚兮'，何谓也？"子曰："绘事后素。"子夏曰："礼后乎？"子曰："起予者商也！始可与言《诗》已矣。"③ 自《孔子诗论》出现，开始改变这一状况，这种说《诗》方法之新动向，恰好可以说明此篇散论的撰作，并非出于孔子及弟子之手，简文中有"孔子曰"，若为孔子本人，定然不会如此自称，当是儒家后学研《诗》之创新性成果。

《孔子诗论》共29支简文，根据马承源所编排竹简顺序，其内容概而论之，第一简为总述诗、乐、文之性质，第二简至第五简为提纲《诗》"风""雅""颂"之类别旨趣，其余二十四简则分别解说《诗》之单篇作品，以此作为说《诗》实例。马承源拟定篇名，第一简至第四简为"诗序"，第五简至第六简为"讼"，"讼"与"颂"通，"讼"即《颂》，第七简为"大夏"，"夏"与"雅"通，"大夏"即《大雅》，第八简至第九简为"少夏"，"少夏"即《小雅》，第十简至第二十九简为"邦风"，"邦风"即《国风》。由此可见，其中八成为解说单篇作品，而解说《风》诗又占六成以上。在单篇作品解说中，撰作者已不再是断章取义与借题发挥，而是从《诗》篇作品出发，总结全篇主旨，其总结简明扼要，部分《诗》篇在点明诗旨以后，更进一步展开议论，如第五简有

---

① 徐元诰．国语集解：楚语上第十七　庄王使士亹傅大子箴［M］．北京：中华书局，2002：485-486.

② 程树德．论语集释：卷二　学而下［M］．北京：中华书局，1990：54-56.

③ 程树德．论语集释：卷五　八佾上［M］．北京：中华书局，1990：157-159.

"《清庙》，王德也，至矣。敬宗庙之礼，以为其本，秉文之德，以为其蘗"①，有的简文则是合论诸篇，如第十简有"《关雎》之怡，《樛木》之时，《汉广》之知，《雀巢》之归，《甘棠》之报，《绿衣》之思，《燕燕》之情，盖曰终而皆贤于其初者也"②，有的简文转述孔子说《诗》之义，如第十六简有"孔子曰：吾以《葛覃》得氏初之诗，民性固然，见其美必欲反其本"③，如第二十一简有"孔子曰：《宛丘》，吾善之；《猗嗟》，吾喜之；《鸤鸠》，吾信之；《文王》，吾美之"④，以阅读主体的情感态度，提炼《诗》篇之抒情特征，皆围绕《诗》篇内容，并不涉及借题发挥的过度推衍。

总而言之，简文以评论《诗》篇内容为主，并没有以《诗》证彼，这是从周秦赋《诗》断章到汉代四家诗说的过渡形态，简文评论风格与《毛诗序》接近，由此可知，汉代《毛诗序》之出现，并非一蹴而就，在其成书过程中，得益于《孔子诗论》的理论铺垫与思想升华。

# 第二节　关于《书》

夏商周三代，历时近两千年，统治阶层进行各种重大活动，都会有各类诰令讲话文稿，既然"君举必书"⑤，以供后嗣观法，其原始材料数量，肯定非常庞大。汉代《书》学论文《尚书璇机钤》："孔子求《书》，得黄帝玄孙帝魁之书，迄于秦穆公，凡三千二百四十篇。断远取近，定可以为世法者，百二十篇。以百二篇为《尚书》，十八篇为《中候》"⑥，所谓"定可以为世法者"，即有一番选取功夫。《史记·儒林列传》："故孔子闵王路废而邪道兴，于是论次《诗》《书》，修起《礼》《乐》"⑦，《汉书·艺文志》："故《书》之所起远矣，

---

①　马承源．上海博物馆藏战国楚竹书：第一册　《孔子诗论》马承源释文［M］．上海：上海古籍出版社，2001：131.

②　马承源．上海博物馆藏战国楚竹书：第一册　《孔子诗论》马承源释文［M］．上海：上海古籍出版社，2001：139.

③　马承源．上海博物馆藏战国楚竹书：第一册　《孔子诗论》马承源释文［M］．上海：上海古籍出版社，2001：145.

④　马承源．上海博物馆藏战国楚竹书：第一册　《孔子诗论》马承源释文［M］．上海：上海古籍出版社，2001：150.

⑤　［清］洪亮吉．春秋左传诂：卷六　庄公·二十三年［M］．北京：中华书局，1987：254.

⑥　［清］赵在翰，辑．七纬附论语谶·尚书纬·尚书璇机钤［M］．北京：中华书局，2012：189.【按】郑玄《六艺论·书论》引，亦见于《史记·伯夷列传》司马贞《索隐》引。

⑦　［汉］司马迁．史记：卷一百二十一［M］．北京：中华书局，1982：3115.

至孔子纂焉，上断于尧，下讫于秦，凡百篇，而为之序，言其作意"①，《隋书·经籍志》："《书》之所兴，盖与文字俱起。孔子观《书》周室，得虞、夏、商、周四代之典，删其善者，上自虞，下至周，为百篇，编而序之"②，孔子所整理《书》之选集，成为后世《尚书》篇章的直接来源。在孔子之前，《书》之众多篇章，长期作为"先王之书"流传，如"先王之书《吕刑》"③，"先王之书《仲虺之告》""先王之书《太誓》"④，等等。周秦时代诸子百家，大多引《书》作为论证依据，据刘起釪统计⑤，考察周秦 20 种文献，称引《书》达 350 次以上，所见称引篇名近 60 篇。例如《左传》引《书》最多，共 80 多次，涉及篇名 13 篇；《墨子》引《书》47 次，涉及篇名 22 篇；《礼记》引《书》43 次，涉及篇名 13 篇；《孟子》引《书》38 次，涉及篇名 7 篇；《国语》《荀子》皆引《书》20 多次，《论语》引《书》8 次，此周秦典籍引《书》之大宗。至于引《书》数次之文献，于周秦典籍，更在在可见，此不悉数。作为历史文献之《书》，与作为文学文献之《诗》，并称《诗》《书》，成为周秦时代官私教育的入门典籍。

经过秦始皇焚禁《诗》《书》⑥，到西汉初年，拾取灰烬之余，民间壁藏，

---

① ［汉］班固. 汉书：卷三十 ［M］. 北京：中华书局，1962：1706. 【按】《汉志》此说，本于刘歆《七略》。

② ［唐］魏徵，［唐］令狐德棻. 隋书：卷三十二 ［M］. 北京：中华书局，1973：914.

③ ［清］孙诒让. 墨子间诂：卷二　尚贤中第九 ［M］. 北京：中华书局，2001：62.

④ ［清］孙诒让. 墨子间诂：卷九　非命中第三十六 ［M］. 北京：中华书局，2001：275、276.

⑤ 刘起釪. 尚书学史：第二章 ［M］. 北京：中华书局，1989：11-61.

⑥ 《史记·秦始皇本纪》："（李斯曰）：'臣请史官非秦记皆烧之。非博士官所职，天下敢有藏《诗》《书》、百家语者，悉诣守尉杂烧之。有敢偶语《诗》《书》者弃市。以古非今者族。吏见知不举者与同罪。令下三十日不烧，黥为城旦。所不去者，医药卜筮种树之书。若欲有学法令，以吏为师。'制曰：'可。'"（［汉］司马迁. 史记：卷六 ［M］. 北京：中华书局，1982：255.）

口耳记诵，《书》篇之可信者，唯有秦博士伏生传习 28 篇①，今以周秦典籍引《书》篇目观之，引用次数最多的《书》篇，正在儒家所传承 28 篇范围之内，其余《书》篇，引用次数较少，其出现概率，皆不及此 28 八篇。由此可知，伏生所传习 28 篇汇编本，曾广泛流行于六国时代，至秦犹然，成为秦官方博士所守之版本，良有以焉。除 28 篇之外，尚存《史记·殷本纪》所传《汤诰》、《墨子·明鬼下》所传《禹誓》，与《甘誓》近似，其大宗为《汉书·艺文志》所著录"《周书》七十一篇"，班固自注"周史记"，颜师古注"刘向云：'周时诰誓号令也，盖孔子所论百篇之馀也。'今之存者四十五篇矣"②，许慎《说文解字》引作《逸周书》，原因正在于此。

春秋末期，礼坏乐崩，王纲解纽，政由强国。孔子处此世变，向往复兴周公礼乐德教之治，弘扬儒家仁义内核，以救时弊乱象，游说列国诸侯，谋求政治实践，终无有见用者，退而"好古敏以求之"③，通过编订教材，传授教诲弟子，影响时君人主，大力向社会传布儒家政治主张。《书》篇作为上古政治文书

①　《隋书·经籍志》："遭秦灭学，至汉，唯济南伏生口传 28 篇。又河内女子得《泰誓》一篇，献之。"（［唐］魏徵，［唐］令狐德棻. 隋书：卷三十二 ［M］. 北京：中华书局，1973：914.）所谓"河内女子得《泰誓》一篇"，刘歆《移让太常博士书》："当此之时，一人不能独尽其经，或为《雅》或为《颂》，相合而成。《泰誓》后得，博士集而读之。故诏书称曰'礼坏乐崩，书缺简脱，朕甚闵焉'，时汉兴已七八十年，离于全经，固已远矣。"（［汉］班固. 汉书：卷三十六　楚元王传第六　刘歆 ［M］. 北京：中华书局，1962：1969.）《尚书正义·泰誓上》孔疏："《尚书》遭秦而亡，汉初不知篇数，武帝时有太常蓼侯孔臧者，安国之从兄也，与安国书云：'时人惟闻《尚书》二十八篇，取象二十八宿，谓为信然，不知其有百篇也。'然则汉初惟有二十八篇，无《泰誓》矣。后得伪《泰誓》三篇，诸儒多疑之。马融《书序》曰：'《泰誓》后得，案其文似若浅露。又云八百诸侯，不召自来，不期同时，不谋同辞及火复于上，至于王屋，流为雕，至五，以谷俱来，举火神怪，得无在子所不语中乎？又《春秋》引《泰誓》曰：民之所欲，天必从之。《国语》引《泰誓》曰：朕梦协朕卜，袭于休祥，戎商必克。《孟子》引《泰誓》曰：我武惟扬，侵于之疆，取彼凶残，我伐用张，于汤有光。《孙卿》引《泰誓》曰：独夫受。《礼记》引《泰誓》曰：予克受，非予武，惟朕文考无罪。受克予，非朕文考有罪，惟予小子无良。今文《泰誓》，皆无此语。吾见《书传》多矣，所引《泰誓》而不在《泰誓》者甚多，弗复悉记，略举五事以明之，亦可知矣。'王肃亦云：'《泰誓》近得，非其本经。'马融惟言后得，不知何时得之。《汉书》娄敬说高祖云：'武王伐纣，不期而会盟津之上者八百诸侯。'伪《泰誓》有此文，不知其本出何书也。武帝时董仲舒对策云：'《书》曰："白鱼入于王舟，有火入于王屋，流为乌。"周公曰："复哉！复哉！"'今引其文，是武帝之时已得之矣。"（［清］阮元，校刻. 十三经注疏清嘉庆刊本·尚书正义：卷第十一 ［M］. 北京：中华书局，2009：381—382.）

②　［汉］班固. 汉书：卷三十 ［M］. ［唐］颜师古，注. 北京：中华书局，1962：1705、1706.

③　《论语·述而》："子曰：'我非生而知之者，好古，敏以求之者也。'"（程树德. 论语集释：卷十四　述而下 ［M］. 北京：中华书局，1990：480.）

载体，孔子删选汇编读本，自然首当其冲。孔子早年成名①，曾适周问礼②，论春秋时代《书》篇保存之全，莫过于周王室，孔子既有其志其才，亦得观周室典藏。《史记·孔子世家》："孔子之时，周室微而《礼》《乐》废、《诗》《书》缺。追迹三代之礼，序《书传》，上纪唐虞之际，下至秦缪，编次其事"③，司马迁将"追迹三代之礼"与"序《书传》"相联系，孔子于适周问礼之时，编订《书》之选本，亦不无可能。首先，孔子收集以周公文诰为主之周代《书》篇，次及春秋所流传记载夏商二代之《书》篇孑遗，然后，上溯三代以前，探求有关尧、舜、禹圣道王功之传说资料，旁及人文与自然地理等资料，择取其中重要者，加以系统化，传说与历史，神灵与人文，相互连缀融合，如今本《尚书》首三篇，渲染尧、舜、禹之盛德大业，从而与其后商汤、周文、武、周公之仁德统绪，一脉相承，王道政治主张，可谓渊源有自。孔子如此整理别裁《书》篇，与删《诗》目的一致，完全适合儒家教材读本，以《诗》三百熏陶品性，以《书》百篇表彰道德，作育人材，用心良苦。

关于《书》之经解，其核心问题在于周秦所传《书序》，为孔子《书》学研究成果，《史记·孔子世家》孔子"追迹三代之礼，序《书传》，上纪唐、虞之际，下至秦缪，编次其事""故《书传》《礼记》自孔氏"④，此《书传》即《书》之经文。《汉书·艺文志》："故《书》之所起远矣，孔子纂焉，上断自

---

① 《左传·昭公七年》（孟僖子）及其将死也，召其大夫曰："礼，人之干也。无礼，无以立。吾闻将有达者曰孔丘，圣人之后也，而灭于宋。其祖弗父何，以有宋而授厉公。及正考父，佐戴、武、宣，三命兹益共。故其鼎铭云：'一命而偻，再命而伛，三命而俯，循墙而走，亦莫余敢侮。饘于是，粥于是，以糊余口。'其共也如是。臧孙纥有言曰：'圣人有明德者，若不当世，其后必有达人。'今其将在孔丘乎？我若获没，必属说与何忌于夫子，使事之，而学礼焉，以定其位。"（[清]洪亮吉.春秋左传诂：卷十六[M].北京：中华书局，1987：682-683.）《史记·孔子世家》孔子年十七，鲁大夫孟釐子病且死，诫其嗣懿子曰："孔丘，圣人之后，灭于宋。其祖弗父何始有宋而嗣让厉公。及正考父佐戴、武、宣公，三命兹益恭，故鼎铭云：'一命而偻，再命而伛，三命而俯，循墙而走，亦莫敢余侮。饘于是，粥于是，以糊余口。'其恭如是。吾闻圣人之后，虽不当世，必有达者。今孔丘年少好礼，其达者欤？吾即没，若必师之。"（[汉]司马迁.史记：卷四十七[M].北京：中华书局，1982：1907-1908.）
② 《史记·孔子世家》："鲁南宫敬叔言鲁君曰：'请与孔子适周。'鲁君与之一乘车，两马，一竖子俱，适周问礼，盖见老子云""孔子自周反于鲁，弟子稍益进焉。是时也，晋平公淫，六卿擅权，东伐诸侯；楚灵王兵强，陵轹中国；齐大而近于鲁。鲁小弱，附于楚则晋怒；附于晋则楚来伐；不备于齐，齐师侵鲁。鲁昭公之二十年，而孔子盖年三十矣"（[汉]司马迁.史记：卷四十七[M].北京：中华书局，1982：1909-1910.）。
③ [汉]司马迁.史记：卷四十七[M].北京：中华书局，1982：1935-1936.
④ [汉]司马迁.史记：卷四十七[M].北京：中华书局，1982：1935-1936.

尧，下讫于秦，凡百篇，而为之序，言其作意"①，《汉书·楚元王传》载刘歆《移让太常博士书》，孔子"自卫反鲁，然后乐正，《雅》《颂》乃得其所；修《易》、序《书》、制作《春秋》，以纪帝王之道"②，马融、郑玄、王肃皆认为孔子作《书序》《尚书》百篇之中，有数篇合序，是以《书序》有 67 篇，《经典释文·尚书》："今马、郑之徒，百篇之《序》总为一卷，孔以各冠其篇首，而亡篇之《序》即随其次篇，居见存者之间"③，此乃孔门关于《书》经解之发端。

## 第三节　关于"三礼"（合论《大戴礼记》《大学》《中庸》，附郭店简《性自命出》、上博简《性情论》）

礼学为儒学根基，孔子认为，"安上治民，莫善于礼。礼者，敬而已矣。故敬其父，则子悦；敬其兄，则弟悦；敬其君，则臣悦。敬一人，而千万人悦，所敬者寡，而悦者众，此之谓要道也"④，"哀公问于孔子曰：'大礼何如？君子之言礼，何其尊也！'""孔子曰：丘闻之，民之所由生，礼为大。非礼无以节事天地之神也，非礼无以辨君臣上下长幼之位也，非礼无以别男女父子兄弟之亲、昏姻疏数之交也，君子以此之为尊敬然"⑤，可见孔子对礼之重视程度。《礼记·中庸》："礼仪三百，威仪三千"⑥，《礼记·礼器》："经礼三百，曲礼三千"⑦，

① ［汉］班固．汉书：卷三十 ［M］．北京：中华书局，1962：1706．

② ［汉］班固．汉书：卷三十六　楚元王传第六　刘歆 ［M］．北京：中华书局，1962：1968．

③ ［清］阮元，校刻．十三经注疏清嘉庆刊本·尚书正义：卷第三　舜典 ［M］．北京：中华书局，2009：278．

④ ［清］阮元，校刻．十三经注疏清嘉庆刊本·孝经注疏：卷第六　广要道章第十二 ［M］．北京：中华书局，2009：5558．

⑤ ［清］孙希旦．礼记集解：卷四十八　哀公问第二十七 ［M］．北京：中华书局，1989：1258．

⑥ ［清］朱彬．礼记训纂：卷三十一 ［M］．北京：中华书局，1996：778．

⑦ ［清］孙希旦．礼记集解：卷二十四　礼器第十之二 ［M］．北京：中华书局，1989：651．

章太炎认为，"礼仪、经礼谓《周礼》也①，威仪、曲礼谓《仪礼》也②。《仪礼》篇目不至有三千，故郑康成云：其中事仪三千。然《汉志》言礼自孔子时而不具，《杂记》言恤由之丧，哀公使孺悲之孔子学士丧礼，《士丧礼》于是乎书。然则在孔子时，《仪礼》早有亡失。三百三千云者，约举其大数云尔"③。

　　孔门弟子复为《仪礼》作《传》，如子夏《丧服传》④，今本《仪礼·丧服》分为"经""记""传"，可谓经、记、传之合编本。《仪礼·丧服》于缌麻章后，标有"记"字，以此为界，前为经文，后为记文，而经、记皆有标注"传曰"之解释文字，相传为子夏所"传"，此乃《丧服传》。直到汉代，《丧服传》与《丧服经》（含记文）别本单行，以单经本与单传本分别流传，如《白虎通》卷四《封公侯·为人后》、卷七《王者不臣·不臣诸父兄弟》与《子为父臣异说》、卷九《姓名·论名》、卷十《嫁娶·事舅姑与夫之义》，引用《仪礼·丧服》传文五次，皆称"《礼·服传》"，卷八《宗族·论五宗》、卷十一

①　【按】章太炎此说用郑玄《礼记注》《礼记·礼器》："故《经礼》三百"，郑玄注："《经礼》谓《周礼》也，《周礼》六篇，其官有三百六十"（［清］阮元，校刻．十三经注疏清嘉庆刊本·礼记正义：卷第二十三［M］．北京：中华书局，2009：3108．）。

②　【按】章太炎此说用郑玄《三礼目录》《礼记·投壶》孔颖达疏引郑玄《三礼目录》："实《曲礼》之正篇"（［清］阮元，校刻．十三经注疏清嘉庆刊本·礼记正义：卷第五十八［M］．北京：中华书局，2009：3613．），《礼记·奔丧》孔疏引郑玄《三礼目录》："实逸《曲礼》之正篇也"（十三经注疏清嘉庆刊本·礼记正义：卷第五十六，3588．），皆称《仪礼》为《曲礼》。

③　章太炎．章太炎国学讲演录：经学略说［M］．诸祖耿等，记录．北京：中华书局，2013：185-186．

④　【按】《礼记·檀弓上》："子夏问诸夫子曰'居君之母与妻之丧'，（夫子曰）'居处、言语、饮食衍尔'。""狄仪有同母异父之昆弟死，问于子夏，子夏曰：'我未之前闻也。鲁人则为之齐衰。'狄仪行齐衰。今之齐衰，狄仪之问也。"（［清］孙希旦．礼记集解：卷九　檀弓上第三之三［M］．北京：中华书局，1989：226、219．）又《礼记·曾子问》记载，子夏问曰："三年之丧卒哭，金革之事无辟也者，礼与？初有司与？"孔子曰："夏后氏三年之丧，既殡而致事，殷人既葬而致事。《记》曰'君子不夺人之亲，亦不可夺亲也'，此之谓乎？"子夏曰："金革之事无辟也者，非与？"孔子曰："吾闻诸老聃曰：'昔者鲁公伯禽有为为之也。今以三年之丧从其利者，吾弗知也。'"（礼记集解：卷十九　曾子问第七之二，549．）又《礼记·檀弓上》记载，孔子之丧，有自燕来观者，舍于子夏氏。子夏曰："圣人之葬人与？人之葬圣人也。子何观焉？昔者夫子言之曰：'吾见封之若堂者矣，见若坊者矣，见若覆夏屋者矣，见若斧者矣，从若斧者焉。'马鬣封之谓也。今一日而三斩板、而已封，尚行夫子之志乎哉！"（礼记集解：卷九　檀弓上第三之三，227-228．）由此可见，子夏对丧服制度确有研究，其西河授徒甚众，子夏讲解口授，弟子代代相承，后世著于竹帛，此盖《丧服传》云。《丧服传》行文引用《礼记》之《丧服小记》《大传》《丧大记》《问丧》《服问》《间传》《三年问》《檀弓》《丧服四制》诸篇，以上论礼诸篇为七十子后学所记，沈文倬《汉简〈服传〉考·〈服传〉撰作时代的探讨》（沈文倬．宗周礼乐文明考论［M］．杭州：浙江大学出版社，2001：182．）认为，《丧服传》时代上限在《礼记》论礼诸篇成书以后，即周慎靓王以后（公元前315年），其时代下限在秦始皇三十四年（公元前213年）焚书以前。

《丧服·诸侯为天子》，引用《仪礼·丧服》经文两次，皆称"《丧服经》"，卷十《嫁娶·卿大夫妻妾之制》引用《仪礼·丧服》经文一次，称"《礼·服经》"①，由此可见，汉代学者严格区分《仪礼·丧服》与《丧服传》②。

《周礼》重见天日之时，已是汉代，于周秦未见单行之经解文献，《礼记·聘义》③ 与《大戴礼记·朝事》④ 本自《周礼》之《典命》《大行人》《小行人》《司仪》《掌客》诸职文，可能属于周秦时代《周礼》经解之遗。《周礼》篇章为先秦故籍，经文非刘歆所能伪撰⑤，而《汉书·艺文志》所著录"《周官传》四篇"⑥，盖向歆父子所为⑦。

"记"，有疏记的意思，作为书名，是解释经书的一种体裁。"经传"通常连言，"传"用来解"经"，如《易传》等，人所熟知。"记"也就是"传"，后来统称为"记传"，如《后汉书·卢植传》："并在东观，校中书'五经'记传。"⑧"记传"倒文为"传记"，若将人比作"经"，解说其生平事迹，则犹如解经，所以后世又有"传记"体。大小戴《礼记》，即"礼"之"记"，其所收诸篇⑨，来源较为复杂，取材分为十端：其一，《汉书·艺文志》著录"《记》百三十一篇"，班固自注"七十子后学者所记也"，又著录"《明堂阴阳》三十

---

① 皆载 [汉] 班固，撰集. 白虎通疏证 [M]. [清] 陈立，疏证. 北京：中华书局，1994 年。
② 【按】东汉熹平石经《仪礼》，仅刻《丧服》经文，而无《丧服传》，可见《仪礼·丧服》经、传，于东汉亦别本而行。
③ [清] 孙希旦. 礼记集解：卷六十一 [M]. 北京：中华书局，1989：1456-1464.
④ [清] 王聘珍. 大戴礼记解诂：卷十二 [M]. 北京：中华书局，1983：225-239.
⑤ 【按】《汉书·艺文志》："六国之君，魏文侯最为好古。孝文时，得其乐人窦公，献其书乃《周官·大宗伯》之《大司乐》章也"（[汉] 班固. 汉书：卷三十 [M]. 北京：中华书局，1962：1712.），张舜徽《〈汉书·艺文志〉通释》："窦公之年，以时考之，当不止百八十岁，昔人早有辨证，学者于此等处，但知其老寿即可，不必深究也""乐人但得《大司乐》章，即足以精理其事，故窦公守之勿失。有此一事，可证《周官》非西汉末年刘歆所伪撰也"（张舜徽. 《汉书·艺文志》通释 [M]. 武汉：湖北教育出版社，1990：59.）。窦公年岁，盖欲神其人而言之，如此类例，古籍屡见，不足嗔怪，故曰："学者于此等处，但知其老寿即可，不必深究也。"因其老寿而遽疑其人，未足取也。窦公在汉文帝时献书，其人既老寿，生于周秦之世，应无疑义。窦公所守之书，乐人得之则"足以精理其事"，其成书时间又当更早，定为周秦旧籍，亦为妥当。至于其人身世，是否果为魏文侯时乐工，可另当别论，内涵史事，学者宜深措意焉。又钱穆《刘向歆父子年谱》（钱穆. 钱宾四先生全集. 第八册. 两汉经学今古文平议 [M]. 台北：台湾联经出版公司，1998：77-80.），论证《左传》等古文经不可能出于刘歆伪造，其说可从。
⑥ [汉] 班固. 汉书：卷三十 [M]. 北京：中华书局，1962：1709.
⑦ 【按】马融《周官传》晚出，不可能著录于《汉书·艺文志》。
⑧ [南朝宋] 范晔. 后汉书：卷六十四　吴延史卢赵列传第五十四　卢植 [M]. 北京：中华书局，1965：2117.
⑨ 【按】大小戴《礼记》，实乃钞纂而成，间有删节，如《礼记·乐记》取 11 篇而删其 12 篇，《大戴礼记》之"曾子十篇"，未取《曾子》另外 8 篇。

三篇"，班固自注"古明堂之遗事"①，所谓《记》百三十一篇，为大小戴《礼记》撷录之渊薮，而《礼记》之《月令》《明堂位》、《大戴礼记》之《盛德》，皆记古明堂之遗事，当为《明堂阴阳》之遗存，此乃孔子门徒共撰所闻以为《记》②，皆属《礼》家之记书，其中有专释《仪礼》者，如《礼记》之《丧服》诸篇、《冠义》《昏义》以下诸篇，亦有泛论礼学者，如郑玄《三礼目录》所称"此于《别录》属'通论'"③ 之篇章。其二，《汉书·艺文志》著录"《乐记》二十三篇"④，《礼记·乐记》孔疏"此于《别录》属《乐记》，盖十一篇合为一篇"，"至刘向为《别录》时，更载所入《乐记》十一篇，又载余十二篇，总为二十三篇也。其二十三篇之目，今总存焉"⑤，《隋书·音乐志上》引沈约对梁武帝《思弘古乐诏》之奏答曰"《乐记》取《公孙尼子》"⑥，《史记·乐书》张守节《正义》"其《乐记》者，公孙尼子次撰也"⑦，此为《乐》家之记书。其三，《汉书·艺文志》著录"《孔子三朝》七篇"，颜师古注"今《大戴礼》有其一篇，盖孔子对［鲁］哀公语也。三朝见公，故曰三朝"⑧，又《三国志·蜀志·秦宓传》注引刘向《别录》"孔子三见哀公，作《三朝记》七篇，今在《大戴礼》"，裴松之案曰"《中经部》有《孔子三朝》八卷，一卷目录，余者所谓七篇"⑨，所指为《大戴礼记》之《千乘》《四代》《虞戴德》《诰志》《小辨》《用兵》《少闲》七篇，此乃《论语》家之记书。其四，《大戴礼记·文王官人》⑩ 即《逸周书·官人》⑪，此乃《书》家之遗篇。其五，《礼记》之《坊记》《中庸》《表记》《缁衣》，沈约奏答曰"《中庸》《表记》《防记》

---

① ［汉］班固．汉书：卷三十［M］．北京：中华书局，1962：1709.

② 陆德明《经典释文·序录》："《礼记》者，本孔子门徒共撰所闻以为此《记》。后人通儒各有损益，故《中庸》是子思伋所作，《缁衣》是公孙尼子所制。郑玄云．月令》是吕不韦所撰。卢植云．王制》是汉时博士所为。"（［唐］陆德明．经典释文序录疏证：注解传述人［M］．吴承仕，疏证．北京：中华书局，2008：91.）

③ 【按】考《礼记正义》孔疏所引，郑玄《三礼目录》称"此于《别录》属'通论'"者，为《檀弓》《礼运》《学记》《经解》《哀公问》《仲尼燕居》《孔子闲居》《坊记》《中庸》《表记》《缁衣》《儒行》《大学》十三篇。

④ ［汉］班固．汉书：卷三十［M］．北京：中华书局，1962：1711.

⑤ ［清］阮元，校刻．十三经注疏清嘉庆刊本·礼记正义：卷第三十七［M］．北京：中华书局，2009：3310.

⑥ ［唐］魏徵，令狐德棻．隋书：卷十三［M］．北京：中华书局，1973：288.

⑦ ［汉］司马迁．史记：卷二十四［M］．［唐］张守节，正义．北京：中华书局，1982：1234.

⑧ ［汉］班固．汉书：卷三十［M］．北京：中华书局，1962：1717.

⑨ ［晋］陈寿．三国志：卷三十八 蜀书八 秦宓［M］．［南朝宋］裴松之，注．北京：中华书局，1982：974.

⑩ ［清］王聘珍．大戴礼记解诂：卷十［M］．北京：中华书局，1983：187-197.

⑪ 黄怀信．逸周书校补注译：官人解第五十八［M］．西安：三秦出版社，2006：314.

《缁衣》皆取《子思子》"①，而《经典释文》引刘瓛曰"公孙尼子所作也"②，
又《大戴礼记》之《曾子立事》《曾子本孝》《曾子立孝》《曾子大孝》《曾子
事父母》《曾子制言上》《曾子制言中》《曾子制言下》《曾子疾病》《曾子天
圆》，所谓"曾子十篇"本自《曾子》，而《礼记·三年问》《大戴礼记·礼三
本》皆本自《荀子·礼论》，《大戴礼记·哀公问五义》本自《荀子·哀公》，
《大戴礼记·劝学》本自《荀子》之《劝学》《宥坐》，此乃儒家者言③；其六，
《大戴礼记·武王践阼》本自《太公阴谋》，《汉书·艺文志》著录"《太公》
二百三十七篇：《谋》八十一篇，《言》七十一篇，《兵》八十五篇"④，此合称
《太公三书》。《隋书·经籍志》著录《太公阴谋》，即源于其中《谋》八十一
篇，此乃黄老道家者言⑤。其七，《礼记·月令》孔疏引郑玄《三礼目录》曰
"本《吕氏春秋》十二月纪之首章也⑥，以礼家好事者抄合之，后人因题之名曰
《礼记》"⑦，《月令》行文有"太尉"，而太尉系秦官，后人以《月令》为周公
所作，并非切实之说，此乃杂家者言⑧。其八，《礼记·王制》为汉文帝时博士
所作，《大戴礼记·公符》⑨有汉昭帝冠辞窜入，此乃汉人接续经解之作，由大
小戴收入论文集，并非周秦故书原貌。其九，本节前文已论，《礼记·聘义》与

---

① ［唐］魏徵，令狐德棻．隋书：卷十三　志第八音乐上［M］．北京：中华书局，1973：288．
② 《礼记正义·缁衣》篇首引。（［清］阮元，校刻．十三经注疏清嘉庆刊本·礼记正义：卷第
　　五十五［M］．北京：中华书局，2009：3575．）
③ 《汉书·艺文志》："儒家者流，盖出于司徒之官，助人君顺阴阳明教化者也。游文于六经之
　　中，留意于仁义之际，祖述尧、舜，宪章文、武，宗师仲尼，以重其言，于道最为高。孔子
　　曰：'如有所誉，其有所试。'唐、虞之隆，殷、周之盛，仲尼之业，已试之效者也。"（［汉］
　　班固．汉书：卷三十［M］．北京：中华书局，1962：1728．）
④ ［汉］班固．汉书：卷三十［M］．北京：中华书局，1962：1729．班固自注："吕望为周师尚
　　父，本有道者。或有近世又以为太公术者所增加也。"
⑤ 《汉书·艺文志》："道家者流，盖出于史官，历记成败存亡祸福古今之道，然后知秉要执本，
　　清虚以自守，卑弱以自持，此君人南面之术也。合于尧之克攘，《易》之嗛嗛，一谦而四益，
　　此其所长也。"（［汉］班固．汉书：卷三十［M］．北京：中华书局，1962：1732．）
⑥ 【按】《隋书·音乐志上》引沈约《思弘古乐诏》奏答曰："《月令》取《吕氏春秋》。"
　　（［唐］魏徵，令狐德棻．隋书：卷十三［M］．北京：中华书局，1973：288．）
⑦ ［清］阮元，校刻．十三经注疏清嘉庆刊本·礼记正义：卷第十四［M］．北京：中华书局，
　　2009：2927．
⑧ 《汉书·艺文志》："杂家者流，盖出于议官。兼儒、墨，合名、法，知国体之有此，见王治
　　之无不贯，此其所长也。"（［汉］班固．汉书：卷三十［M］．北京：中华书局，1962：
　　1742．）
⑨ 【按】今本作《公符》，《通典·嘉礼一》注引谯周《五经然否论》："《礼·公冠记》'周公
　　冠成王'"（［唐］杜佑．通典：卷第五十六　礼十六·沿革十六·嘉礼一·天子加元服
　　［M］．北京：中华书局，1988：1571．），可见古本篇名当作《公冠》，又观《皇清经解》本，
　　皆题作《公冠》。

《大戴礼记·朝事》，皆本自《周礼》之《典命》《大行人》《小行人》《司仪》《掌客》本职文，此乃周秦时代《周礼》经解之遗。其十，《礼记》之《奔丧》《投壶》，《大戴礼记》之《诸侯迁庙》《诸侯衅庙》，《礼记·奔丧》孔疏引郑玄《三礼目录》"实逸《曲礼》之正篇"①，第四章第三节按语已证，郑《目录》"《曲礼》"，即《仪礼》17 篇本，则所谓"逸《曲礼》"者，犹言《逸礼》，此乃《逸礼》39 篇之遗。由此可见，《礼记》篇章来源多端，原不可一概而论，其诸篇作者时代相去甚远②。

大小戴《礼记》，分别编辑选本，因此存在重复之内容，如《礼记·哀公问》与《大戴礼记·哀公问于孔子》、《礼记·经解》与《大戴礼记·礼察》、《礼记·祭义》与《大戴礼记·曾子大孝》、《礼记·杂记》与《大戴礼记·诸侯衅庙》，虽篇名各异，其文字略同，大小戴《礼记》皆有《投壶》，文字亦同，而且《礼记》之《礼器》《祭法》，《大戴礼记》亦有《礼器》《祭法》逸文，可证大小戴编选论文集，其选本各不相谋，并非互通消息，所以重复之处甚多。由此可知，大小戴《礼记》之性质，不啻经解丛书，荦荦大宗，故于此详论之。

《大学》收入《小戴礼记》，居于第 42 篇，篇首有"大学之道"，故以"大学"为名，后世将其抽出表彰，列为经学"四书"之首。朱熹认为《大学》是"圣《经》贤《传》"③，《经》为"孔子之言，而曾子述之"④，《传》为"曾子之意而门人记之"⑤，后人以为朱熹割裂经义。李学勤通过出土文献，又有支援朱熹说之趋势，如关于《大学章句》第六章，李学勤认为，"此章专解'诚意'，而明记曾子。案汉赵岐《孟子题辞》称孟子'退而论集所与高第弟子公孙丑、万章之徒难疑答问，又自撰其法度之言，著书七篇'，是《孟子》一书内已有门人所记，也有孟子自撰，而《题辞》直称：'此书孟子之所作也，故总谓之《孟子》。'至于书中通呼'孟子'，乃是当时著书通例，和《墨子》书中的'子墨子'、《史记》篇末的'太史公'是一样的。因此，朱子说《大学》系曾

①　[清] 阮元，校刻. 十三经注疏清嘉庆刊本·礼记正义：卷第五十六 [M]. 北京：中华书局，2009：第 3588.

②　【按】大小戴《礼记》诸篇时代，以《夏小正》为最早，《史记·夏本纪》："孔子正夏时，学者多传《夏小正》云"（[汉] 司马迁. 史记：卷二 [M]. 北京：中华书局，1982：89.）；以《公符》为最晚，因有汉昭帝冠辞窜入。

③　[宋] 朱熹. 四书章句集注：大学章句　序 [M]. 北京：中华书局，1983：2.

④　[宋] 朱熹. 四书章句集注：大学章句 [M]. 北京：中华书局，1983：4.

⑤　[宋] 朱熹. 四书章句集注：大学章句 [M]. 北京：中华书局，1983：4.

子所作，绝非无因"①。对于朱熹此《经》《传》分立说，李学勤进一步推论，"前人为什么说《大学》是'圣经贤传'，经的部分是孔子之言而曾子述之，传的部分是曾子之意而其门人记之呢？这是由于传文明记有'曾子曰'，而曾子的话又和整个传文不能分割。按战国时的著书通例，这是曾子门人记录曾子的论点，和孟子著书有与其弟子的讨论相同，所以《大学》的传应认为是曾子作品。曾子是孔子弟子，因而经的部分就一定是曾子所述孔子之言"②，又认为"子思学于曾子，《中庸》与传为曾子所作的《大学》思想相通，如上面提到的'慎独'之论，就也见于《大学》。除了'慎独'，帛书《五行》还有一些地方有曾子学说的影响痕迹"。"这还可以参看《大戴礼记》中的《王言》，《王言》篇是很少有人注意的文字，篇首'孔子闲居，曾子侍'，和《孝经》'仲尼居，曾子侍'相似。帛书《五行》也反复引《诗》，而且像《大学》那样，将《诗》句串在本文之中。引《诗》特多的，还有《荀子》某些篇和受《荀子》影响的《韩诗外传》。这大概是晚周到汉初儒家著作的流行体例。文献记载，曾子、子思、孟子是相传承的三代学者，帛书《五行》有源自三人的内容，正说明他们是一脉相传的儒家支派，这一点对学术文化史的研究颇为重要。宋儒以《学》《庸》《论》《孟》为四书，就是推崇先秦儒家的这个支派"③。由此可见，后世儒经"四书"之结集，并非空穴来风，其思想脉络，应该追至周秦思孟学派。

《中庸》之记载，正是从孔子到子思的思想反映。孔伋字子思，受学于曾子，继承孔子"克己复礼"之"克己"，孟子又接续子思的思想，一脉相承，所以思孟学派偏于"尊德性"，强调心性修养。《中庸》亦收入《小戴礼记》，居于第31篇，对于"中庸"之义，历代附会甚多，孙钦善认为，"综考《论语》中有关言论，中庸之义主要指折中、适当、不走极端。中庸即以中为用、取用其中的意思。如孔子反对过头或不及：'过犹不及'，'乐而不淫，哀而不伤'；主张执中、中行：'允执厥中'，'不得中行而与之，必也狂狷乎'；力戒片面：'我叩其两端而竭焉'。《礼记·中庸》本此而作，但《中庸》发挥中庸思想不全符合孔子本意。孔子中庸思想的社会实践标准是礼义，如非礼不得视、听、言、动，'恭而不礼则劳，慎而无礼则葸，勇而无礼则乱，直而无礼则绞'，'礼乐不兴，则刑法不中'，'无适也，无莫也，义之与比'等"④。由此可见，

① 李学勤. 重写学术史［M］. 石家庄：河北教育出版社，2002：112-113.
② 李学勤. 荆门郭店楚简中的《子思子》［M］//《中国哲学》编辑部. 郭店楚简研究. 沈阳：辽宁教育出版社，1999：75.
③ 李学勤. 简帛佚籍与学术史［M］. 南昌：江西教育出版社，2001：278.
④ 孙钦善，译注. 论语注译：雍也［M］. 宗福邦，审阅. 南京：凤凰出版社，2017：108.

"中庸"作为周秦儒学之处世态度，倡导以中为用的哲学原则，即朱熹所谓"无过不及之名"①。

《中庸》有言："今天下车同轨，书同文，行同伦"②，学界大多认为，至秦朝大一统以后，才会出现此种说法。李学勤认为，"孔子生当春秋晚年，周室衰微，在政治、文化上趋于分裂，已经没有'车同轨，书同文，行同伦'的实际"。"按《中庸》此句的'今'应训为'若'，《经传释词》曾列举许多古书中的例子""都是假设的口气，孔子所说，也是假设，并非当时的事实，不能因这段话怀疑《中庸》的年代"③，所论可从，《中庸》与《大学》一样，也是周秦思孟学派的经典论文。

孔伋作品结集为《子思子》，《礼记》之《中庸》《缁衣》《表记》《坊记》四篇，原先就是《子思子》篇章。根据传统目录学，《子思子》在《汉书·艺文志》《隋书·经籍志》《旧唐书·经籍志》《新唐书·艺文志》历代都有著录，直到宋代才亡逸。湖北荆门郭店楚墓出土周秦文献，其中一篇《性自命出》，与《中庸》"天命之谓性，率性之谓道，修道之谓教"④ 有很多相近之处，应该划归思孟学派（亦有孔荀之间等说）。郭店简《性自命出》与上博简《性情论》同出楚地，两者内容近似，仅文本略有出入，可能是同一著作之不同钞本，据学界研究，皆属于思孟学派作品。庞朴进一步认为，《性自命出》可以填补从孔子到孟子之中间环节，是孟子性善论的重要来源⑤。而且，此篇儒家文献以高规格竹书之载体形式，于楚国贵族墓葬重复出现，可见《性自命出》与《性情论》在楚国学术界颇有影响，楚国贵族充分认识到此篇文献之重要价值，古人"事死如事生"⑥，所以将其作为随葬品入葬地宫，还要在阴间提供文本，供墓主人继续"阅读"。

《性自命出》与《性情论》，作为楚学之性情学说著作，其中提出"礼作于情"的思想，这一点很重要，也就是礼乐背后之合理性。郭店楚简《性自命

---

① ［宋］朱熹. 四书章句集注：中庸章句 ［M］. 北京：中华书局，1983：17.

② ［宋］朱熹. 四书章句集注：中庸章句 ［M］. 北京：中华书局，1983：36.

③ 李学勤. 失落的文明 ［M］. 上海：上海文艺出版社，1997：344-345.

④ ［宋］朱熹. 四书章句集注：中庸章句 ［M］. 北京：中华书局，1983：17.

⑤ 马宝珠. 郭店楚简：终于揭开一个谜——访庞朴 ［J］. 光明日报，1998-10-29.

⑥ 【按】《礼记·中庸》："事死如事生，事亡如事存，孝之至也。"（［宋］朱熹. 四书章句集注：中庸章句 ［M］. 北京：中华书局，1983：27.）《左传·哀公十五年》："且臣闻之，曰'事死如事生，礼也'。"（［清］洪亮吉. 春秋左传诂：卷二十 ［M］. 北京：中华书局，1987：879.）《荀子·礼论》："丧礼者，以生者饰死者也，大象其生以送其死也。故如死如生，如亡如存，终始一也。"（［清］王先谦. 荀子集解：卷第十三 ［M］. 北京：中华书局，1988：366.）

出》："凡人虽有性，心无定志，待物而后作，待悦而后行，待习而后定。喜怒哀悲之气，性也。及其见于外，则物取之也。性自命出，命自天降。道始于情，情生于性。始者近情，终者近义。知情［者能］出之，知义者能入之。好恶，性也。所好所恶，物也。善［不善，性也］，所善所不善，势也。"① 核之上博楚竹书《性情论》②，两者内容近似，考诸《礼记·中庸》："天命之谓性，率性之谓道，修道之谓教""喜怒哀乐之未发，谓之中；发而皆中节，谓之和。中也者，天下之大本也；和也者，天下之达道也。致中和，天地位焉，万物育焉"，朱熹《中庸章句》曰："喜、怒、哀、乐，情也。其未发，则性也，无所偏倚，故谓之中。发皆中节，情之正也，无所乖戾，故谓之和。大本者，天命之性，天下之理皆由此出，道之体也。达道者，循性之谓，天下古今之所共由，道之用也。此言性情之德，以明道不可离之意。"③ 由此可见，《中庸》与《性自命出》（《性情论》）思想类似，"喜怒哀悲之气，性也"即"喜怒哀乐之未发"，"情生于性"即喜怒哀乐之已发，两者皆以情释性，《性自命出》（《性情论》）主"气"，《中庸》主"中"，《中庸》将《性自命出》（《性情论》）虚无缥缈的"喜怒哀悲之气"，落实到"喜怒哀乐之未发"的状态"中"，《中庸》对《性自命出》（《性情论》）之理论继承与创新，其发展态势荦荦可见。

孔子儒学关于"礼乐"谈论很多，其核心思想，是希望弘扬周公"人文礼乐"精神，至于"礼乐"对于人生之意义何在，"礼乐"与人心关系如何，孔子尚未来得及详细论述。孔子之后，思孟学派继续发展"心性"论，"心性"论之主旨，是要从内到外解决人性与道德相一致的难题，今天可以叫作人性管理，诚如《左传·成公十三年》所言"礼，身之干也"④。从孔子、曾子到子思再到孟子，强调修身，走向心性之路，将其作为治国、平天下的起点，修身、

① 荆门市博物馆. 郭店楚墓竹简·性自命出·释文［M］. 北京：文物出版社，2002：179.
② 马承源. 上海博物馆藏战国楚竹书：第一册 《性情论》濮茅左释文［M］. 上海：上海古籍出版社，2001：220-224.
③ ［宋］朱熹. 四书章句集注 中庸章句［M］. 北京：中华书局，1983：17、18.
④ ［清］洪亮吉. 春秋左传诂：卷十一［M］. 北京：中华书局，1987：466.

齐家、治国、平天下①，认为关键在于"求诸己"②，"致中和，天地位焉，万物育焉"③，沿着"求诸己"之方向去寻找"中道"④，是以顺理成章，就会发现性、情、心、志等范畴，这是周秦儒家"道德性"发展的必然趋势。

## 第四节　关于《乐》

《乐经》散逸失传，与文本特殊性质有关，首先需要分析《乐经》内容属于何种性质，回答这个问题，要先从《乐记》说起。《汉书·艺文志》分别著录"《乐记》23篇""《王禹记》二十四篇"⑤，说明两书相异。"武帝时，河间献王好儒，与毛生等共采《周官》及诸子言乐事者，以作《乐记》。献八佾之舞，与制氏不相远。其内史丞王定传之，以授常山王禹。禹，成帝时为谒者，数言其义，献二十四卷《记》。刘向校书，得《乐记》二十三篇，与禹不同，其道浸以益微。"⑥ 仔细阅读史料，"其道浸以益微"指的是《王禹记》。西汉《乐记》有两类版本，一是《王禹记》，来源于河间献王刘德"与毛生等共采《周官》及诸子言乐事者，以作《乐记》"，这是刘德本《乐记》，而非古本《乐记》，"其道浸以益微"，原书早逸；一是刘向所得古本《乐记》23篇。又《礼记·乐记》孔颖达疏："案《别录》《礼记》四十九篇，《乐记》第十九，则《乐记》十一篇入《礼记》也，在刘向前矣。至《刘向》为《别录》时，更载所入《乐记》十一篇，又载余十二篇，总为二十三篇也。其二十三篇之目，今总存焉。"⑦ 按此文义，《礼记·乐记》先于刘向已有成书，乃古本《乐记》之

---

① 《礼记·大学》："古之欲明明德于天下者，先治其国；欲治其国者，先齐其家；欲齐其家者，先修其身；欲修其身者，先正其心；欲正其心者，先诚其意；欲诚其意者，先致其知；致知在格物。物格而后知至，知至而后意诚，意诚而后心正，心正而后身修，身修而后家齐，家齐而后国治，国治而后天下平。自天子以至于庶人，壹是皆以修身为本。"（［宋］朱熹．四书章句集注：大学章句［M］．北京：中华书局，1983：3．）

② 《孟子·公孙丑上》："仁者如射：射者正己而后发，发而不中，不怨胜己者，反求诸己而已矣。"（［清］焦循．孟子正义：卷七［M］．北京：中华书局，1987：239．）《孟子·离娄上》："爱人不亲反其仁，治人不治反其智，礼人不答反其敬，行有不得者，皆反求诸己，其身正而天下归之。《诗》云'永言配命，自求多福'。"（孟子正义：卷十四，492-493．）

③ 《礼记·中庸》。（［宋］朱熹．四书章句集注：中庸章句［M］．北京：中华书局，1983：18．）

④ 【按】《中庸》所提倡"中道"，同时也是《周易》之核心思想，其观念来源甚早。

⑤ ［汉］班固．汉书：卷三十［M］．北京：中华书局，1962：1711．

⑥ ［汉］班固．汉书：卷三十　艺文志第十［M］．北京：中华书局，1962：1712．

⑦ ［清］阮元，校刻．十三经注疏清嘉庆刊本·礼记正义　卷第三十七［M］．北京：中华书局，2009：3310．

传本，自然"与禹不同"。又《史记·乐书》作者阙疑，未有定论，其所录《乐记》，与《礼记·乐记》并不尽同。两者前十一章内容大体相当，皆为古本《乐记》传本。余嘉锡《〈太史公书〉亡篇考》："吾独爱其所录《乐记》，可正小戴《记》之误，且使已亡之古书，藉以多存二篇，是则深为可宝。不必以其非太史公之笔，遂耳食而议之也。"① 若详观之，《史记·乐书》多出的文字内容，恰好与古本《乐记》之"《奏乐》第十二，《乐器》第十三"② 相合。《史记·乐书》与《礼记·乐记》，篇次不同，征引有异，当为古本《乐记》之不同传本，并非简单援引关系。也就是说，到西汉司马迁以后，补书之人仍得见古本《乐记》之一种传本，而《礼记·乐记》所据乃另一传本。这两种汉代传本的祖本，是周秦古本《乐记》。

而且《乐记》所在《礼记》，本身就有古本、今本之分，陆德明《经典释文·序录》："《礼记》者，本孔子门徒共撰所闻以为此《记》"③，并非始成书于汉儒。"记书"体例，乃解经之属，门徒各记师说，撰集而成编；质言之，就是弟子的课堂笔记，有时还会加上个人感想，你一篇我一篇，去其重复，取其精义，汇编而成；周秦典籍形成，多有此种情况，《论语》之成书，即可作为类证。湖北荆门郭店出土战国中期楚墓竹简，有保存完好的单篇《缁衣》，也同样收入《礼记》，而且郭店简《性自命出》篇④，在用语与思想上，也与《乐记》关系密切⑤。这些都说明《乐记》主体内容形成于周秦，与《乐经》存世时代相合。今本《礼记·乐记》有天人感应之思想元素，出自汉儒"再造"周秦古籍，但不影响古本《乐记》主体内容仍然保存其中。

"记"既然用来解"经"，《乐记》就可能用来解读《乐经》，这是从逻辑上推论。接下来分析，《乐记》是否具有记书体例，即解经特点，如果具有解经特点，《乐记》所解读对象，就应当是《乐经》。而且，从对《乐记》解读之中，也可以探知《乐经》内容性质，到底是否成书，在《乐经》失传条件下，此乃唯一可行之办法。观《乐记》本文⑥，多类记书体例：第一，"凡音之起，由人心生也""凡音者，生人心者也""凡音者，生于人心者也"，"是故先王之制礼乐，人为之节""是故先王之制礼乐也，非以极口腹耳目之欲也"，若是整篇一

① 余嘉锡. 余嘉锡文史论集［M］. 长沙：岳麓书社，1997：45.
② 《礼记正义·乐记》孔疏引题。
③ ［唐］陆德明. 经典释文序录疏证：注解传述人［M］. 吴承仕，疏证. 北京：中华书局，2008：91.
④ 荆门市博物馆. 郭店楚墓竹简·性自命出·释文［M］. 北京：文物出版社，2002：179-181.
⑤ 邹华. 郭店楚简与《乐记》［M］. 西北师范大学学报（社会科学版），2004（6）：37-42.
⑥ ［清］朱彬. 礼记训纂：卷十九［M］. 北京：中华书局，1996：559-606.

气呵成，不当如此反复其辞，此乃解读笔记之汇集，故呈斯状。第二，"大章，章之也。咸池，备矣。韶，继也。夏，大也"。"作者之谓圣，述者之谓明。明圣者，述作之谓也""礼乐皆得，谓之有德。德者，得也"，辅翼经文，解释经义，通晓训诂，语意直接，具有明显的解读意味。第三，"故曰：'乐者，乐也。'君子乐得其道，小人乐得其欲"。"君子以好善，小人以听过。故曰：'生民之道，乐为大焉。'""故德辉动于内而民莫不承听，理发诸外而民莫不承顺。故曰：'致礼乐之道，举而错之，天下无难矣。'""使亲疏、贵贱、长幼、男女之理皆形见于乐，故曰：'乐观其深矣。'"可见《乐记》之解"经"痕迹，"故曰"诸所引述，极可能属于《乐经》遗文。且《乐记》末尾注明"《子贡问乐》"，孙希旦《礼记集解》曰："此篇题之名。古书篇题皆在篇末，此十一篇盖皆有之。先儒合十一篇为一篇（按：此经汉儒编辑），而删去其每篇末篇题之名，独此失于删去，故尚存耳。"① 由此可知，《乐记》并非铁板一块，而是汇集成篇，这正是记书之特征。又《乐记》记载有"魏文侯问于子夏""宾牟贾侍坐于孔子""子赣见师乙而问焉"，这些属于师弟问难，学者探讨，兼及采访乐师，皆为论乐文字。《乐记》将其置于篇末，以作附录，补充经文，诠释经义。周秦典籍，有"记"则有"经"，无"经""记"从何来？因此《乐记》当有所承系、有所依凭，古本《乐记》存在解读《乐经》的内容。

周秦实有"六经"之说，皆以书籍来看待。② 周秦"乐"之存在形态，是歌、舞、乐三位一体的乐舞，据此是否就可以推导出乐经是乐舞呢？《乐经》内容会涉及乐舞，但是说其本身就是乐舞③，现在看来，恐怕不太妥当。"德成而上，艺成而下"④，声音、乐舞之节属于技艺，而周秦时期技艺主要靠师徒亲身传授，古代重"德"轻"艺"，《乐经》作为周秦经典，其中记载的内容，应当是乐之义理体制，从《乐记》通篇不讲具体的乐奏舞步，可以逆探《乐经》内

---

① ［清］孙希旦. 礼记集解：卷三十八　乐记第十九之二［M］. 北京：中华书局，1989：1039.

② 《庄子·天运》："丘治《诗》《书》《礼》《乐》《易》《春秋》六经，自以为久矣，孰知其故矣"（［清］王先谦. 庄子集解：卷四［M］. 北京：中华书局，1987：130.），《郭店楚墓竹简·六德》："观诸《诗》《书》，则亦在矣；观诸《礼》《乐》，则亦在矣；观诸《易》《春秋》，则亦在矣"（荆门市博物馆. 郭店楚墓竹简［M］. 北京：文物出版社，1998：188.）。

③ 项阳. "六代乐舞"为《乐经》说［J］. 中国文化，2010（1）.

④ 《礼记·乐记》："乐者，非谓黄钟、大吕、弦歌、干扬也，乐之末节也，故童者舞之。铺筵席，陈尊俎，列笾豆，以升降为礼者，礼之末节也，故有司掌之。乐师辨乎声诗，故北面而弦；宗祝辨乎宗庙之礼，故后尸；商祝辨乎丧礼，故后主人。是故德成而上，艺成而下，行成而先，事成而后。是故先王有上有下、有先有后，然后可以有制于天下也。"（［清］朱彬. 礼记训纂：卷十九［M］. 北京：中华书局，1996：587.）

容之性质，主要是讲"乐德"（《大司乐》："教国子"① 以"乐德"居首）与乐制，发挥理论指导与行为规范作用，兼及乐律技艺等内容。

《乐经》何以失传？上古乐舞作为综合艺术，脱胎于巫术祭舞，是元文化体，可谓上古文化大宗，具有历史教育职能，"君子于是语，于是道古"②，可以作为社会史的教本。我国六代之大舞③、西方荷马之史诗，一为拟态象意、一为浪漫叙事，功用其实近似，从此种意义上讲，六代乐舞具有上古史诗的性质，而且比史诗更加生动、更富感染力。《韶》《武》为历代儒家推尊，正由于乐舞内容，可以发思古之幽情，起到凝聚族群、巩固王权的社会功能。随着历史演进，各项制度逐渐健全，特别是秦汉以后，政府控制力大为加强，冠冕黼黻、仪仗法驾、高阶峻殿，俱以齐备，王者威灵，于斯尽显，不再仅仅借助乐舞凝

① 《周礼·春官宗伯·大司乐》："大司乐掌成均之法，以治新中国成立之学政，而合国之子弟焉。凡有道有德者，使教焉，死则以为乐祖，祭于瞽宗。以乐德教国子，中、和、祗、庸、孝、友。以乐语教国子，兴、道、讽、诵、言、语。以乐舞教国子，舞《云门大卷》《大咸》《大磬》《大夏》《大濩》《大武》。以六律、六同、五声、八音、六舞大合乐，以致鬼神示，以和邦国，以谐万民，以安宾客，以说远人，以作动物"，贾公彦疏"案《乐记》云'《大章》，章之也'。注云：'尧乐名也。《周礼》阙之，或作《大卷》。'又云'《咸池》，备矣'，注云：'黄帝所作乐名也。尧增修而用之。《周礼》曰《大咸》。'与此经注乐名不同者，本黄帝乐名曰《咸池》，以'五帝殊时，不相沿乐'，尧若增修黄帝乐体者，存其本名，犹曰《咸池》，则此《大咸》也。若乐体依旧，不增修者，则改本名名曰《大章》，故云《大章》尧乐也。周公作乐，更作《大卷》《大卷》则《大章》《大章》名虽尧乐，其体是黄帝乐，故此《大卷》亦为黄帝乐也。周公以尧时存黄帝《咸池》为尧乐名，则更为黄帝乐立名，名曰《云门》，则《云门》与《大卷》为一名，故下文'分乐而序之'，更不序《大卷》也。"（［清］阮元，校刻．十三经注疏清嘉庆刊本·周礼注疏：卷第二十二［M］．北京：中华书局，2009：1700-1701．）

② ［清］朱彬．礼记训纂：卷十九　乐记第十九［M］．北京：中华书局，1996：588．

③ 【按】"乐舞"，朱载堉《乐学新说》解说曰"舞以乐为节"（［明］朱载堉．乐律全书．卷一［M］．万历二十三年郑藩刊刻本，1593．）。周人全面继承前代乐舞，再加上自己周民族的创业史诗性乐舞，整理为六代之乐，即黄帝、尧、舜、禹、汤、周武王六代的乐舞，《周礼·春官·大司乐》："以乐舞教国子，舞《云门大卷》《大咸》《大磬》《大夏》《大濩》《大武》"（［清］阮元，校刻．十三经注疏清嘉庆刊本·周礼注疏：卷第二十二［M］．北京：中华书局，2009：1700-1701．），《周礼·地官·大司徒》："以六乐防万民之情，而教之和"，郑玄注引郑众曰"六乐，谓《云门》《咸池》《大韶》《大夏》《大濩》《大武》"（十三经注疏清嘉庆刊本·周礼注疏：卷第十，1524-1525．）。"六乐"最终成为周代乐舞的主体，所以说研讨周代乐舞，必须从远古乐舞谈起，方能得其门而入。《吕氏春秋·仲夏纪·古乐》："故乐之所由来者尚矣，非独为一世之所造也"（［秦］吕不韦．吕氏春秋集释：卷第五［M］．许维遹，集释．北京：中华书局，2009：128．），乐之由来，相当久远，不单单是哪一个时代所创制。上古乐舞历代累积，每个时代在继承与修订前代乐舞的基础上，再创制自己时代的乐舞，如此继承与创作相结合，实现积淀式发展，形成上古文化之独特传承方式。而且，孔子"述而不作，信而好古"之观念（实际上是寓"作"于"述"，后世经学传统的形成，即昉于此），董仲舒"先圣为后世立法"之理论，考其思想来源，亦与此相关，值得学者注意。

聚族群、巩固王权。而史学观念之早熟，使文字记载的历史占据主流，远古历史也逐渐形诸文字。古乐肩负的社会职能，被一一划分出去，只剩下乐舞仪式的躯壳，后世作乐者，徒示正统而已。古乐内容趋于离析，这是自身性质使然，即便《乐经》文本免遭焚燹，也难逃最终散逸的命运。《乐经》规定乐制，各级贵族用乐规制具有等差性。周室东迁，王纲解纽，实权贵族兴起，不满原有分封待遇，自我僭越，提升等级，在用乐规制上突破爵位限制，如春秋鲁国季氏"八佾舞于庭"，孔子认为"是可忍也，孰不可忍也?"① 正是这一现象的写照。而此时若有《乐经》之明文规定，以经典的地位时刻提醒，实权贵族如芒在背，于是"皆去其籍"②，采取文化放逐政策，《乐经》已被打入"冷宫"。后来秦始皇焚书，其实只起到推波助澜的作用，使民间藏书遭受浩劫，政府藏书犹存。到秦末刘邦入咸阳，萧何只关心秦丞相、御史之"律令图书"，即法令规章与图籍文书，紧接项羽又一把火，焚烧秦都咸阳，政府藏书也付之一炬。③ 然而，汉初诸经复出，何故《乐经》独无? 秦汉九卿官制，设太常④辖太乐、少府辖乐府，《乐经》有关律数技艺之内容，有太乐、乐府机构专司其事，乐官家族世守其业，历代相沿，乐学遂得以浴火重生，甚或《乐经》内容以此种方式存留，而不为学者所知。《乐经》有关义理体制之内容，汉代已有《大司乐》《乐记》传世，备载乐教，论述精醇，可谓名逸而实不逸，此亦铸成《乐经》文本反而湮没无闻。回顾《乐经》失传缘由，既有自身性质的必然原因，也遭遇到历史的偶然因素，两相逸加，最终造成经学史上一大阙典。

古本《乐经》虽然亡逸，但清代辑逸名家辈出，集历代研究之大成，如王谟、马国翰皆有辑逸成果，他们收集的内容，是古本真迹抑或后世补作，至今鲜有论者，逐条考证，以辨真伪，庶几重现上古遗珍。如王谟《汉魏遗书钞·〈乐经〉序录》："按《乐经》本亡，书无可掇拾，《隋志》亦不著撰人姓名。今姑据《论衡》作阳城子长撰，并从《困学纪闻》说，钞出《书大传》一条，《周礼疏》二条，《续汉志》二条，《白虎通》二条"⑤，又马国翰《玉函山房辑佚书·经部·乐类·序》："李厚庵（李光地）相国有《古乐经传》五卷，取《周礼·大司乐》以下二十官为经，与《汉志》不合，不敢采入"⑥。至夫辑逸

---

① 程树德. 论语集释：卷五 八佾上［M］. 北京：中华书局，1990：136.
② ［清］焦循. 孟子正义：卷二十 万章章句下［M］. 北京：中华书局，1987：675.
③ ［汉］司马迁. 史记：卷五十三 萧相国世家第二十三［M］. 北京：中华书局，1982：2014.
④ 【按】秦代称奉常，即奉尝之义。
⑤ ［清］王谟. 汉魏遗书钞：经翼钞 经翼二［M］. 金溪王氏钞本.
⑥ ［清］马国翰. 玉函山房辑佚书：经部 乐类［M］. 娜嬛馆补校本.

所得，将作逐条考证，以明其旨。

考古《乐》遗文，《大司乐》一章，传世最早。《汉书·艺文志》："六国之君，魏文侯最为好古，孝文时得其乐人窦公，献其书乃《周官·大宗伯》之《大司乐》章也。"① 而唐代杜佑更为彻底直接，径以《乐经》指称《大司乐》。《通典·乐七》："又以乐治身心，礼移风俗，请立乐教以化兆民。《周礼》曰'以乐德教国子，中、和、祇、庸、孝、友'，其国子诸生请教以《乐经》，同于《礼》传，则人人知礼，家家知乐，自然风移俗易，灾害不生。其《乐经》章目虽详，稍乖旨要，请委通明博识修撰讫，然后颁下。"② 《孟子·万章下》："孔子之谓集大成。集大成也者，金声而玉振之也。金声也者，始条理也；玉振之也者，终条理也。始条理者，智之事也；终条理者，圣之事也"③，《礼记·中庸》有"振河海而不洩"，郑玄注"振犹收也"④，朱熹《孟子集注》曰："八音之中，金石为重，故特为众音之纲纪。又金始震而玉终诎然也，故并奏八音，则于其未作，而先击镈钟以宣其声；俟其既阕，而后击特磬以收其韵。宣以始之，收以终之。二者之间，脉络通贯，无所不备，则合众小成而为一大成，犹孔子之知无不尽而德无不全也"⑤。钟、磬成组，谓之编钟、编磬，钟、磬特悬，即单独悬挂，谓之镈钟、特磬。"金声玉振"，谓以镈钟发声，以特磬收韵，奏乐从始至终。考诸文义，乃喻有始有终，皆具条理。朱熹《孟子集注》又曰："金声玉振，始终条理，疑古《乐经》之言。故兒宽云'惟天子建中和之极，兼总条贯，金声而玉振之'，亦此意也"⑥，朱熹视作古《乐经》，未详所据。《朱子语类》卷五十八："'金声'者，洪纤高下有许多节目；'玉振'者，其始末如一。兒宽亦引'金声''玉振'，欲天子自致其知。是时未有《孟子》之书，此必古曲中有此语，非孟子知德之奥，焉能语此?"⑦ 兒宽处汉武之世，朱子言"是时未有《孟子》之书"，说法有误。董仲舒《春秋繁露》卷十《深察

① [汉] 班固. 汉书：卷三十 [M]. 北京：中华书局，1962：1712.
② [唐] 杜佑. 通典：卷第一百四十七　乐七　郊庙宫悬备舞议 [M]. 北京：中华书局，1988：3748.
③ [清] 焦循. 孟子正义：卷二十 [M]. 北京：中华书局，1987：672-673.
④ [清] 阮元，校刻. 十三经注疏清嘉庆刊本·礼记正义：卷第五十三 [M]. 北京：中华书局，2009：3545.
⑤ [宋] 朱熹. 四书章句集注：孟子集注卷十　万章章句下 [M]. 北京：中华书局，1983：315.
⑥ [宋] 朱熹. 四书章句集注：孟子集注卷十　万章章句下 [M]. 北京：中华书局，1983：315.
⑦ [宋] 黎靖德. 孟子八：万章下　伯夷目不视恶色章 [M] //朱子语类：卷第五十八. 北京：中华书局，1986：1370.

名号》《实性》，卷十六《循天之道》，皆引及《孟子》，是时已有其书，甚为明了。

除前文所辨以外，唯余四条引文，吉光片羽，屈指可数。第一，《尚书大传》卷一引"《乐》曰：'舟张辟雍，鸧鸧相从，八风回回，凤凰喈喈。'"①第二，《后汉书·律历志上》刘昭注，东汉章帝建初二年七月，太常乐丞鲍邺上言，引"《乐经》曰：'十二月行之，所以宣气丰物也。月开斗建之门，而奏歌其律'"②。第三，《周礼·考工记·磬氏》贾公彦疏："案《乐》云'磬前长三律，二尺七寸；后长二律，尺八寸'。"③ 第四，《三礼图集注》："《旧图》引《乐经》云'黄钟磬前长三律，二尺七寸；后长二律，尺八寸'。"④ 上引诸条，古《乐》之遗文欤？抑或后世拟经之余绪欤？考证如下。

《后汉书·律历志》刘昭注，东汉章帝建初二年七月，太常乐丞鲍邺上言，引"《乐经》曰：'十二月行之，所以宣气丰物也。月开斗建之门，而奏歌其律'"。古时以北斗运转计算月令，斗柄所指之辰，谓之斗建。如正月指寅，为建寅之月，二月指卯，为建卯之月，依此类推。鲍邺身处东汉，引文乃阳成子长所作《乐经》⑤，王应麟《困学纪闻》卷五阎若璩注⑥，亦主此说，系汉代补作。《周礼·考工记·磬氏》贾公彦疏："案《乐》云'磬前长三律，二尺七寸；后长二律，尺八寸⑦'。"聂崇义《三礼图集注》："《旧图》引《乐经》云'黄钟磬前长三律，二尺七寸；后长二律，尺八寸'。"持聂书与贾疏相较：一为"《乐》云"，一为"《乐经》云"；聂书所引，首有"黄钟"二字，余皆相同。可见两引出自一处，聂氏晚于贾氏，当是转引关系。至于贾公彦所引《乐》，因为李玄楚生卒年代，史文阙载，无由比较李玄楚与贾公彦之先后关系。因此，贾氏所引《乐》文，有两种可能：一是汉代阳成子长所补《乐经》，二是唐代

---

①　[汉] 伏胜. 尚书大传疏证：卷二　虞夏传 [M]. [清] 皮锡瑞, 疏证. 北京：中华书局，2015：65.

②　[南朝宋] 范晔. 后汉书：志第一律历上　律准 [M]. 北京：中华书局，1965：3015.

③　[清] 阮元, 校刻. 十三经注疏清嘉庆刊本·周礼注疏：卷第四十一 [M]. 北京：中华书局，2009：1997.

④　[宋] 聂崇义. 三礼图集注：卷五 [M]. 影印文渊阁《四库全书》本.

⑤　【按】《论衡·超奇》："阳成子长作《乐经》，杨子云作《太玄经》，造于助思，极窅冥之深，非庶几之才，不能成也。孔子作《春秋》，二子作两经，所谓卓尔蹈孔子之迹，鸿茂参贰圣之才者也。"（[汉] 王充. 论衡校释：卷第十三　超奇篇 [M]. 黄晖, 校释. 北京：中华书局，1990：608. ）

⑥　[宋] 王应麟. 困学纪闻注：卷五　乐 [M]. [清] 翁元圻, 辑注. 北京：中华书局，2016：759.

⑦　【按】此"律"，乃律长之义。此处记载，以律长九寸计之，故二律为一尺八寸，三律为二尺七寸。

李玄楚所补《乐经》①。《尚书大传》卷一引："《乐》曰：'舟张辟雍，鸧鸧相从，八风回回，凤皇喈喈。'"《尚书大传》，伏胜所述，伏胜早于司马迁，《史记·袁盎晁错列传》记载："孝文帝时，天下无治《尚书》者，独闻济南伏生故秦博士，治《尚书》，年九十余，老不可征，乃诏太常使人往受之，太常遣错受《尚书》伏生所"②，"伏生"即伏胜，"生"，儒生也。汉文帝之时，伏胜已年逾九旬，故曰伏胜早于司马迁。又阳成子长曾经续补《史记》（《后汉书·班彪列传》李贤注③），其时代当晚于司马迁，是以可知，伏胜远早于阳成子长，也就是说，《尚书大传》所引《乐》文，不可能出于阳成子长所补《乐经》。由是可见，此处引文来源较早，与后世补作无涉，可能出自古《乐》遗文。

至于"舟张辟雍，鸧鸧相从，八风回回，凤皇喈喈"，细审引文，表而出之，抽丝剥茧，试作考辨。"舟张"，通"周章"，周流往来貌。"辟雍"，《礼记·王制》："大学在郊。天子曰辟雍，诸侯曰頖宫"④，《白虎通·辟雍》："天子立辟雍何？辟雍所以行礼乐、宣德化也。辟者，璧也。象璧圆，以法天也。雍者，壅之以水，象教化流行也。辟之言积也，积天下之道德；雍之为言壅也。天下之仪则，故谓之辟雍也"⑤，即城郊之学宫。屈原《九歌·云中君》："龙驾兮帝服，聊翱游兮周章"⑥，意指驾车周游，与"舟张辟雍"相较，尤足相发。所谓"舟张辟雍"，盖驾车前往城郊之学宫，以行礼乐之事。《诗经·大雅·灵台》："於论鼓钟，於乐辟雍"⑦，《庄子·天下》："文王有辟雍之乐"⑧，是以辟雍学宫可以奏乐，则"辟雍"又可作乐名。

① 【按】《旧唐书·经籍志上》："《乐经》三十卷，季玄楚撰"（［后晋］刘昫，等.旧唐书：卷四十六［M］.北京：中华书局，1975：1975.），《新唐书·艺文志一》："李玄楚《乐经》三十卷"（［宋］欧阳修，宋祁.新唐书：卷五十七［M］.北京：中华书局，1975：1435.），季玄楚即李玄楚。

② ［汉］司马迁.史记：卷一百一［M］.北京：中华书局，1982：2745.

③ 【按】《后汉书·班彪列传》："武帝时，司马迁著《史记》，自太初以后，阙而不录，后好事者颇或缀集时事，然多鄙俗，不足以踵继其书"，李贤等注："好事者谓杨雄、刘歆、阳城衡、褚少孙、史孝山之徒也"（［南朝宋］范晔.后汉书：卷四十上 班彪列传第三十上 班彪［M］.［唐］李贤，等注.北京：中华书局，1965：1324、1325.），阳城衡即阳成子长。

④ ［清］孙希旦.礼记集解：卷十二 王制第五之一［M］.北京：中华书局，1989：332.

⑤ ［汉］班固，撰集.白虎通疏证：卷六 辟雍 论辟雍泮宫［M］.［清］陈立，疏证.北京：中华书局，1994：259.

⑥ ［战国］屈原.楚辞补注：卷第二 九歌章句第二 云中君［M］.［宋］洪兴祖，补注.北京：中华书局，1983：58.

⑦ 程俊英，蒋见元.诗经注析［M］.北京：中华书局，1991：789.

⑧ ［清］王先谦.庄子集解：卷八［M］.北京：中华书局，1987：289.

"鸧"，本为鸟名，摹其声鸣而通"锵"，故"鸧鸧"可作象声词①，指金属撞击声。《诗经·商颂·烈祖》："约軧错衡，八鸾鸧鸧"，郑玄《笺》："其鸾鸧鸧然，声和，言车服之得其正也"，陆德明《释文》："鸧，七羊反，本又作锵"②。"八鸾鸧鸧"，"鸾"通"銮"，本指结在马衔上的铃铛，《诗经·小雅·蓼萧》："和鸾雍雍，万福攸同"，《毛传》："在轼曰和，在镳曰鸾"③。古人驾车，一车四马，称为"驷"，每马镳端可系两铃，四马八铃，谓之"八鸾"。《诗经·小雅·采芑》："约軧错衡，八鸾玱玱"④，又《诗经·大雅·烝民》："四牡彭彭，八鸾锵锵"⑤，"鸧鸧""玱玱""锵锵"，古音通假，皆属象声词。所谓"鸧鸧相从""从"亦是拟声。战国宋玉《九辩》："前轻辌之锵锵兮，后辎乘之从从"，朱熹《集注》："锵锵、从从，皆其鸾声也"⑥，可以为证。由是可知，"鸧鸧相从"乃摹拟铃声。

所谓"八风回回"，"八风"，可指八方之风，如《吕氏春秋·有始览》⑦《淮南子·墬形》⑧，此处当指"八音"，《左传·襄公二十九年》有"五声和，八风平"⑨，王引之《经义述闻》卷一八："古者八音谓之八风。襄二十九年《左传》'五声和，八风平'，谓八音平也。五声、八风相对为文"⑩。所谓"八音平"，即"八音克谐"，《尚书·尧典》："八音克谐，无相夺伦，神人以

① 【按】《尚书·益稷》："鸟兽跄跄，箫韶九成，凤凰来仪。"（［清］阮元，校刻．十三经注疏清嘉庆刊本·尚书正义：卷第五［M］．北京：中华书局，2009：302．）"跄跄""鸧鸧""锵锵"，亦通。

② ［清］阮元，校刻．十三经注疏清嘉庆刊本·毛诗正义：卷第二十 二十之三 烈祖［M］．北京：中华书局，2009：1341．

③ ［清］阮元，校刻．十三经注疏清嘉庆刊本·毛诗正义：卷第十 十之一 蓼萧［M］．北京：中华书局，2009：899．【按】《毛传》此解，取自《大戴礼记·保傅》："在衡为鸾，在轼为和"（［清］王聘珍．大戴礼记解诂：卷三［M］．北京：中华书局，1983：61．）

④ 程俊英，蒋见元．诗经注析［M］．北京：中华书局，1991：507．

⑤ 程俊英，蒋见元．诗经注析［M］．北京：中华书局，1991，第900．

⑥ ［宋］朱熹．楚辞集注：卷第六 九辩第八［M］．长沙：岳麓书社，2013：105．

⑦ 《吕氏春秋·有始览》："何谓八风？东北曰炎风，东方曰滔风，东南曰熏风，南方曰巨风，西南曰凄风，西方曰飂风，西北曰厉风，北方曰寒风。"（［秦］吕不韦．吕氏春秋集释：卷第十三 有始览第一 有始览［M］．许维遹，集释．北京：中华书局，2009：280-281．）

⑧ 《淮南子·墬形》："何谓八风？东北曰炎风，东方曰条风，东南曰景风，南方曰巨风，西南曰凉风，西方曰飂风，西北曰丽风，北方曰寒风。"（［汉］刘安．淮南鸿烈集解：卷四 墬形训［M］．刘文典，集解．北京：中华书局，2013：132．）

⑨ ［清］洪亮吉．春秋左传诂：卷十四［M］．北京：中华书局，1987：612．

⑩ ［清］王引之．经义述闻：卷十五 礼记中 八风从律而不奸［M］．上海：上海书店出版社，2012：377．

和"①，此"八音"，指各种不同材质的乐器。"回回"，乃迂回曲折貌，此处与
"八音"相配，是乐声描述之辞。

所谓"凤皇喈喈"，"凤皇"指车，因以凤凰为饰，故名之。《汉书·扬雄
传上》："于是乘舆乃登夫凤皇兮翳华芝"，颜师古注"凤皇者，车以凤凰为饰
也"②，"喈喈"，亦与"鸧鸧"相类，本指鸟鸣声，而用以摹铃声。《诗经·大
雅·烝民》："四牡彭彭，八鸾锵锵"，又曰"四牡骙骙，八鸾喈喈"③，即是明
证。"凤皇喈喈"之搭配，源于《诗经·大雅·卷阿》："凤凰鸣矣，于彼高冈。
梧桐生矣，于彼朝阳。菶菶萋萋，雍雍喈喈。君子之车，既庶且多。君子之马，
既闲且驰"④。其由鸟鸣而车声，荦荦可见。无论是"喈喈"，还是前面的"鸧
鸧""锵锵"，都既可摹铃声，又可指乐声，如《诗经·周颂·执竞》："钟鼓喤
喤，磬管将将"⑤，《诗经·小雅·鼓钟》："鼓钟将将，淮水汤汤""鼓钟喈喈，
淮水湝湝"⑥。其原因当是铃、钟同类，铃似小钟，本身既能作车饰，又可作乐
器，故"舟张辟雍，鸧鸧相从，八风回回，凤皇喈喈"，既状行车之态，更指其
铃声合于音律。铃声合于音律，即有所节，以合于中和之德。所以，"喈喈"又
可指融洽、和洽，如《尔雅·释训》："噰噰喈喈，民协服也"⑦。

君子以玉比德，《诗经·秦风·小戎》："言念君子，温其如玉"⑧，《礼记·
聘义》载孔子曰："夫昔者君子比德于玉焉：温润而泽，仁也。缜密以栗，知
也。廉而不刿，义也。垂之如队，礼也。叩之，其声清越以长，其终诎然，乐
也。瑕不掩瑜，瑜不掩瑕，忠也。孚尹旁达，信也。气如白虹，天也。精神见
于山川，地也。珪、璋特达，德也。天下莫不贵者，道也。《诗》云'言念君
子，温其如玉'，故君子贵之也"⑨。笔者想起古代佩玉制度，立意与此相近，
《礼记·玉藻》："古之君子必佩玉，右徵角、左宫羽，趋以《采齐》、行以《肆
夏》，周还中规、折还中矩，进则揖之、退则扬之，然后玉锵鸣也。故君子在车

① ［清］阮元，校刻．十三经注疏清嘉庆刊本·尚书正义：卷第三　舜典［M］．北京：中华书
　局，2009：276.
② ［汉］班固．汉书：卷八十七上［M］．［唐］颜师古，注．北京：中华书局，1962：3524.
③ 程俊英，蒋见元．诗经注析［M］．北京：中华书局，1991，第900.
④ 程俊英，蒋见元．诗经注析［M］．北京：中华书局，1991：835-836.
⑤ 程俊英，蒋见元．诗经注析［M］．北京：中华书局，1991：950.
⑥ 程俊英，蒋见元．诗经注析［M］．北京：中华书局，1991：653.
⑦ ［清］阮元，校刻．十三经注疏清嘉庆刊本·尔雅注疏：卷第四［M］．北京：中华书局，
　2009：5634.
⑧ 程俊英，蒋见元．诗经注析［M］．北京：中华书局，1991：340.
⑨ ［清］孙希旦．礼记集解：卷六十一［M］．北京：中华书局，1989：1466.

则闻鸾和之声，行则鸣佩玉，是以非辟之心无自入也"①，《大戴礼记·保傅》：
"居则习礼文，行则鸣佩玉，升车则闻和鸾之声，是以非僻之心无自入也。在衡
为鸾，在轼为和，马动而鸾鸣，鸾鸣而和应，声曰和，和则敬，此御之节也。
上车以和鸾为节，下车以佩玉为度，上有双衡，下有双璜，冲牙、玭珠以纳其
间，琚瑀以杂之。行以《采茨》，趋以《肆夏》，步环中规，折还中矩，进则揖
之，退则扬之，然后玉锵鸣也"②。

由此可见，《尚书大传》所引"舟张辟雍，鸧鸧相从，八风回回，凤皇喈
喈"，文意蕴藉，符合儒家乐教思想，体现中华古乐精神，其语势甚古，当属
《乐经》遗文。

# 第五节　关于《易》（附马王堆帛书《易传》）

既然《易经》作为卜筮效验实例汇编，祭司卜筮正是上古智识母体，其中
反映先人生活经验与教训，也承载先人智慧，包含天下万事万物之理，这就为
《易经》哲学解读及其性质转化提供文本解读资源与奠定思想基础，古人所谓
"寡过之书"③，信不诬矣。观诸《易经》篇章组织，显然是以卜筮活动查询方
便为目的。虽然出于卜筮之书，朱熹认为《易》与《诗》《书》不同，"盖
《易》不比《诗》《书》，它是说尽天下后世无穷无尽的事理，只一两字便是一
个道理。又人须是经历天下许多事变，读《易》方知各有一理，精审端正"④，
已经指出《易经》潜在的哲学属性。今人黄寿祺、张善文《周易译注》也认
为，"《周易》的'经'部分，虽以占筮为表，实以哲学为里，应当视为一部独
具体系的哲学著作"⑤，金景芳、吕绍纲更进一步阐发，认为在孔子赞《易》以
后，《周易》已由卜筮之书变成哲学之书，其核心是人生论，并且指出"《易》
自产生而发展到《周易》，已是一部哲学著作。卜筮只是它死的躯壳而已。它产
生于卜筮，保留着卜筮的形式而实质是哲学"⑥。由《易》到《周易》，由卜筮

---

① ［清］孙希旦. 礼记集解：卷三十　玉藻第十三之二 ［M］. 北京：中华书局，1989：820.
② ［清］王聘珍. 大戴礼记解诂：卷三 ［M］. 北京：中华书局，1983：61.
③ 【按】《论语·述而》子曰："加我数年，五十以学《易》，可以无大过矣。"（程树德. 论语
集释：卷十四　述而下 ［M］. 北京：中华书局，1990：469.）
④ ［宋］黎靖德，编. 朱子语类：卷第六十七　易三·纲领下·读易之法 ［M］. 北京：中华书
局，1986：1659.
⑤ 黄寿祺，张善文. 周易译注：卷首　前言 ［M］. 北京：中华书局，2016：18.
⑥ 吕绍纲. 周易阐微 ［M］. 长春：吉林大学出版社，1990：154.

之书到哲学之书①，而周秦《易传》，正是此转化过程之关键所在。

　　周秦时代孔门解《易》，集中于孔子身上，《史记·孔子世家》："孔子晚而喜《易》，序《彖》《系》《象》《说卦》《文言》"②，《汉书·艺文志》："孔氏为之《彖》《象》《系辞》《文言》《序卦》之属十篇"③，汉人泛称为《易传》或《易大传》，与上下两篇经文相区别，后世易学论文《易乾坤凿度》称孔子"五十究《易》，作'十翼'明也"④。其实，"十翼"之名，始见于东晋释道安《二教论》："伏羲作八卦，文王重六爻，孔子弘十翼"⑤，《春秋左氏传·昭公二年》孔颖达疏："《易》有六十四卦，分为上下二篇。及孔子，又作《易传》十篇以翼成之。后世谓孔子所作为《传》，谓本文为《经》，故云上下《经》也。《易》文推演爻卦，象物而为之辞，故《易·系辞》云：'八卦成列，象在其中。'又云：'易者，象也。'是故谓之'《易象》'。孔子述卦下总辞，谓之为'《彖》'。述爻下别辞，谓之为'《象》'。以其无所分别，故别立二名以辨之。其实卦下之语，亦是象物为辞，故三者俱为《象》也"⑥，孔颖达《周易正义序》："其《彖》《象》等'十翼'之辞，以为孔子所作，先儒更无异论，但数'十翼'亦有多家。既文王《易经》本分为上下二篇，则区域各别，《彖》《象》释卦，亦当随《经》而分。故一家数'十翼'云：《上象》一、《下象》二、

---

①　【按】近代还有学者认为，《易经》是用谐隐文体和卜筮外形写成的一部特殊历史著作，其中反映三代史实，以胡朴安《周易古史观》为代表。考此以史证《易》之法，盖源于南宋以来易学义理派之史事宗，王宗传《童溪易传》、李光《读易详说》、胡宏《易外传》发其端，而杨万里《诚斋易传》、李杞《用易详解》、李中正《泰轩易传》明其旨。

②　[汉] 司马迁. 史记：卷四十七 [M]. 北京：中华书局，1982：1937.

③　[汉] 班固. 汉书：卷三十 [M]. 北京：中华书局，1962：1704.

④　[清] 赵在翰. 七纬附论语谶：易纬之一·易乾坤凿度卷下　圣人法物 [M]. 北京：中华书局，2012：28.【按】考诸郑樵《通志·艺文略》，始分别著录"《乾坤凿度》二卷""《乾凿度》二卷（郑玄注）"（[宋] 郑樵. 通志：二十略　艺文略第一　经类第一　易　谶纬 [M]. 北京：中华书局，1995：1456.），晁公武《郡斋读书志》分别著录"《易乾凿度》二卷""《坤凿度》二卷"，其"《坤凿度》二卷"叙录曰"按隋、唐《志》及《崇文总目》皆无之，至元祐《田氏书目》始载焉，当是国朝人依托为之"（[宋] 晁公武. 郡斋读书志校证：卷一　易类 [M]. 孙猛，校证. 上海：上海古籍出版社，1990：7-8.），由是观之，此书盖出于宋代。今本《易乾坤凿度》二卷，复从《永乐大典》辑出，上卷题《乾凿度》，与《易纬乾凿度》同名而异实，下卷题《坤凿度》。晁公武似未见原书，故《郡斋读书志》著录有误，其"《易乾凿度》二卷"，即郑玄所注《易纬乾凿度》；而其"《坤凿度》二卷"，据《通志·艺文略》，当作"《乾坤凿度》二卷"，即今《易乾坤凿度》之宋本，孙猛校证亦未指出，笔者遂考以正之。

⑤　[唐] 释道宣. 广弘明集：第三册卷八 [M]. 南宋《思溪藏》本影印本. 北京：国家图书馆出版社，2018：10.

⑥　[清] 阮元，校刻. 十三经注疏清嘉庆刊本·春秋左传正义：卷第四十二 [M]. 北京：中华书局，2009：4406.

《上象》三、《下象》四、《上系》五、《下系》六、《文言》七、《说卦》八、《序卦》九、《杂卦》十。郑学之徒，并同此说，故今亦依之"①。由此可见，周秦时代《易》经解之核心问题，全在《易传》。

《易传》又称《易大传》②，共七种十篇，统称"十翼"，用来辅翼经文，汉以后合入经文并行，而在周秦时代，尚属单篇别行之易学论文。还原周秦《易》之本来面貌，《易经》与《易传》应当分开看待。《经》《传》相较而言，既有先后之别，亦有性质区分。朱熹《书伊川先生〈易传〉版本后》："《易》之为书，更历三圣而制作不同。若庖羲氏之象，文王之辞，皆依卜筮以为教，而其法则异。至于孔子之赞，则又一以义理为教③而不专于卜筮也。"④ 朱熹认为，有伏羲氏之易、文王周公之易、孔子之易，伏羲氏之易只有八种卦象，文王重为六十四卦、编辑卦辞，周公增添爻辞，孔子为《易》作传，也就是说，《周易》之《经》《传》形成于众手，经过历代圣贤编订阐发，《易经》用于卜筮，《易传》阐发义理，两者用途并不相同。

朱熹所谓"更历三圣而制作不同"，《汉书·艺文志》："《易》曰'宓戏氏仰观象于天，俯观法于地，观鸟兽之文，与地之宜，近取诸身，远取诸物，于是始作八卦，以通神明之德，以类万物之情'⑤。至于殷、周之际，纣在上位，逆天暴物，文王以诸侯顺命而行道，天人之占可得而效，于是重《易》六爻，作上下篇。孔氏为之《彖》《象》《系辞》《文言》《序卦》之属十篇。故曰《易》道深矣，人更三圣，世历三古。及秦燔书，而《易》为筮卜之事，传者不绝"⑥，皮锡瑞《经学历史》："若《易》象则伏羲画卦、文王重卦、孔子系

---

① ［清］阮元，校刻．十三经注疏清嘉庆刊本·周易正义：序　论夫子十翼［M］．北京：中华书局，2009：19．

② 【按】考诸李心传《丙子学易编》，据《汉书·郊祀志下》刘向封事所引《易大传》文，论《易大传》并非《系辞》别称，当为伏胜《尚书大传》之属，盖秦汉诸儒所编集，其间引用《系辞》之文，而非《系辞》本身，所论庶几得之，然李氏以此论，驳司马谈《论六家要指》所引《易大传》，笔者以为，《易大传》既间引《系辞》之文，则司马谈所引《系辞》文，指称《易大传》亦不为误，李氏称"谈不考详，误以为《大传》耳"（［宋］李心传．丙子学易编：一卷［M］．［元］俞琰，节选．清康熙《通志堂经解》原刻本．），则矫枉过正矣。

③ 《论语·子路》："子曰：'不占而已矣。'"（程树德．论语集释：卷二十七　子路下［M］．北京：中华书局，1990：934．）

④ ［宋］朱熹．晦庵先生朱文公文集：卷八一［M］．明嘉靖十一年张大轮、胡岳刻本//曾枣庄．宋代序跋全编：卷一五一　题跋　书伊川先生《易传》版本后．济南：齐鲁书社，2015：4314．

⑤ 《周易·系辞下》："古者包牺氏之王天下也，仰则观象于天，俯则观法于地，观鸟兽之文与地之宜，近取诸身，远取诸物，于是始作八卦，以通神明之德，以类万物之情。"（黄寿祺，张善文．周易译注：卷九［M］．北京：中华书局，2016：510．）

⑥ ［汉］班固．汉书：卷三十［M］．北京：中华书局，1962：1704．

辞，故曰'《易》历三圣'，而郑众、贾逵、马融等皆以为周公作爻辞，或亦据韩宣子之说，与'《易》历三圣'不合矣"①，皆以《易传》属之孔子。然学者亦有质疑，其代表为欧阳修《易童子问》："昔之学《易》者，杂取以资其讲说，而说非一家，是以或同或异，或是或非""余之所以知《系辞》而下非圣人之作者，以其言繁衍丛脞而乖戾也。""至于何谓'子曰'者，讲师之言也。《说卦》《杂卦》者，筮人之占书也。此又不待辨而可以知者。"② 可见欧阳修所疑，为《易传》之《文言》《系辞》《说卦》《序卦》《杂卦》五种六篇，指出《文言》《系辞》《说卦》有相互抵牾之处，而且《系辞》上下文自相矛盾，认为此五种六篇并非出自一人之手，不可属之孔子一人，而对于《彖传》《象传》两种四篇，欧阳修似仍属之孔子。

观诸文献记载，《史记·田敬仲完世家》太史公曰："盖孔子晚而喜《易》《易》之为术，幽明远矣，非通人达才孰能注意焉"③，《孔子世家》："孔子晚而喜《易》，序《彖》《系》《象》《说卦》《文言》。读《易》，韦编三绝。曰：'假我数年，若是，我于《易》则彬彬矣'"④，马王堆帛书《要》篇也记载："夫子老而好《易》，居则在席，行则在橐"⑤，而且《论语·子路》子曰："南人有言曰：'人而无恒，不可以作巫医。'善夫！'不恒其德，或承之羞。'"子曰："不占而已矣。"⑥ 此处引述南人之语，用来解释恒卦九三爻辞"不恒其德，或承之羞"，可见孔子认为，善于学《易》之人，不必占筮，强调阐发卦爻辞所蕴含道德修养意义。《论语·述而》子曰："加我数年，五十以学《易》，可以无大过矣"⑦，又认为《易》之哲学，对于提高道德境界具有重要作用。是以可知，孔子之于《易经》，必有过一番钻研整理功夫，此为儒家易学经解开端，也是《易》由卜筮之书向哲学之书转化的重要环节。

---

① ［清］皮锡瑞. 经学历史：经学昌明时代［M］. 北京：中华书局，2015：33.
② ［宋］欧阳修. 欧阳修全集：卷七十八　《易童子问》卷三［M］. 北京：中华书局，2001：1123.
③ ［汉］司马迁. 史记：卷四十六［M］. 北京：中华书局，1982：1903.
④ ［汉］司马迁. 史记：卷四十七［M］. 北京：中华书局，1982：1937.
⑤ 刘彬. 帛书《要》篇校释·释文［M］. 北京：光明日报出版社，2009：29.
⑥ 程树德. 论语集释：卷二十七　子路下［M］. 北京：中华书局，1990：932-934.【按】《礼记·缁衣》子曰："南人有言曰：'人而无恒，不可以为卜筮。'古之遗言与？龟筮犹不能知也，而况于人乎？《诗》云：'我龟既厌，不我告犹。'《兑命》曰：'爵无及恶德，民立而正事纯，而祭祀是为不敬。事烦则乱，事神则难。'《易》曰：'不恒其德，或承之羞。''恒其德侦。妇人吉，夫子凶。'"（［清］朱彬. 礼记训纂：卷三十三［M］. 北京：中华书局，1996：816.）
⑦ 程树德. 论语集释：卷十四　述而下［M］. 北京：中华书局，1990：469.

马王堆汉墓帛书《周易》于经文之外，还有《易传》六篇，分别为《系辞》《二三子问》《易之义》《要》《缪和》《昭力》，皆有其特点，大体成书于战国初期至中期或稍后时代①，与今传本《易传》相比较，属于不同系统，在成篇与流传过程中，又互有渗透。

帛书《系辞》与今传本《系辞》相较，大部分异文属于读音通假与同义替代，除此之外，有两处异文引起学界注意：一是今本"象"字，帛本皆作"马"，或曰钞讹（朱伯崑《帛书本〈系辞〉文读后》），或曰避讳（魏启鹏《帛书〈易传〉窥管》），或曰难以理解（张岱年《初观帛书〈系辞〉》），至今未有定论；二是今本"易有太极"，帛本作"易有大恒"，饶宗颐《帛书〈系辞传〉"易有大恒"说》认为，帛本是汉以前《系辞》之本来面目，余敦康《帛书〈系辞〉"易有大恒"的文化意蕴》认为，"太极"原作"大恒"，在哲学思想上非道非儒，自成一体，陈鼓应《〈系辞传〉的道论及太极、大恒说》②认为，"太极"源自《庄子》，而帛书作"大恒"，更能显示《系辞》与《老子》的联系，而廖名春《论帛书〈系辞〉的学派性质》③《帛书〈系辞〉与今本〈系辞〉的关系及其学派性质问题续论》④认为，《系辞》是儒家作品，并非道家作品，吕绍纲《〈系辞传〉属儒不属道论》⑤进一步论证，《系辞》所说"道"为儒家之"道""太极"或"大恒"不是"道""天尊地卑，乾坤定矣"，属于儒家本色，《系辞》所说仁、义、礼、知，亦属儒家主张，帛书《易》经也可证明《系辞传》思想属于孔子。所论甚辩，帛书《系辞》与今本《系辞》皆出于儒家思想。

帛书《二三子问》《易之义》《要》三篇，体现周秦儒家易学之两种取向。《二三子问》与《易之义》，讲究趋吉避凶，可谓外王取向，如《二三子问》解释《乾卦》上九"亢龙有悔"，曰"此言为上而骄下，骄下而不伤⑥者，未之有

---

① 张立文. 帛书《易传》的时代和人文精神［C］//朱伯崑. 国际易学研究：第一期. 北京：华夏出版社，1995.

② 朱伯崑、魏启鹏、张岱年、饶宗颐、余敦康、陈鼓应诸文载于李学勤主编《简帛研究（第二辑）》（法律出版社1996年版）.

③ 廖名春. 论帛书《系辞》的学派性质［J］. 哲学研究，1993（7）.

④ 朱伯崑. 国际易学研究：第一辑［M］. 北京：华夏出版社，1995.

⑤ 朱伯崑. 国际易学研究：第二辑［M］. 北京：华夏出版社，1996.

⑥ 【按】伤，通殆。

也。圣人之立正①也，若循木，俞②高俞畏下"③，又如解释《坤卦》六四"括囊，无咎无誉"，曰"此言箴小人之口也。小人多言，多过；多事，多患"④，《衷》（《易之义》）亦是如此取向，如"子曰：万物之义，不刚则不能动，不动则无功，恒动而弗中则〔亡，此刚〕之失也。不柔则不静，不静则不安，久静不动则沈⑤，此柔之失也"，又如"是故天之义，刚健动发而不息，其吉保功也。无柔救之，不死必亡。（动）〔重〕阳者亡，故火不吉也。〔地〕之义，柔弱沈静不动，其吉〔保安也，无刚〕文之，则穷贱遗亡。重阴者沈，故水不吉也。故武之义保功而恒死，文之义保安而恒穷。是故柔而不枉，然后文而能朕⑥也；刚而不折，然后武而能安也"⑦。而《要》篇，则体现周秦儒家易学的另一种取向，讲究尊德义，可谓内圣取向，如子贡曰："夫子它日教此弟子曰：'德行亡者，神灵之趋，知谋远者，卜筮之繁。'赐以此为然矣。以此言取之，赐缗行之为也。夫子何以老而好之乎？"夫子曰："《尚书》多于矣，《周易》未失也，且又古之遗言焉，予非安其用也"，子贡曰"夫子今不安其用而乐其辞，则是用倚于人也"，子曰："后世之士疑丘者，或以《易》乎？吾求其德而已，吾与史巫同涂而殊归者也。君子德行焉求福，故祭祀而寡也；仁义焉求吉，故卜筮而希也。祝巫卜筮其后乎"⑧。观今本《系辞上》，"是故君子居则观其象而玩其辞，动则观其变而玩其占""易有圣人之道四焉：以言者尚其辞，以动者尚其变，以制器者尚其象，以卜筮者尚其占"⑨，则《二三子问》与《易之义》以"玩其占""尚其占"为主，而《要》以"玩其辞""尚其辞"为主，共同构成周秦儒家易学的完整面貌。

　　帛书《缪和》《昭力》两篇，属于古逸易说，丁四新通过文献比勘与思想比较，认为两篇帛书与传世文献所载孔子言论，其思想主张相通，《缪和》《昭

---

① 【按】正，通政。
② 【按】俞，通愈。
③ 廖名春. 马王堆帛书《周易》经传释文 [M] //杨世文，等. 易学集成 [M]. 成都：四川大学出版社，1998：3025-3026.
④ 廖名春. 马王堆帛书《周易》经传释文 [M] //杨世文，等. 易学集成 [M]. 成都：四川大学出版社，1998：3027.
⑤ 【按】沈，通沉。
⑥ 【按】朕，通胜。
⑦ 廖名春. 马王堆帛书《周易》经传释文 [M] //杨世文，等. 易学集成 [M]. 成都：四川大学出版社，1998：3038.
⑧ 廖名春. 马王堆帛书《周易》经传释文 [M] //杨世文，等. 易学集成 [M]. 成都：四川大学出版社，1998：3044.
⑨ 黄寿祺，张善文. 周易译注：卷九 [M]. 北京：中华书局，2016：476、495.

力》两篇中"子曰"之"子"，当指孔子，缪和、昭力是孔子晚年弟子，此两篇帛书为儒家《易》解之作①。帛书《缪和》《昭力》出土于楚地，其中弟子"缪和""昭力"等，姓氏皆有楚国特点，学者将帛书《缪和》《昭力》两篇与荀子学派及汉初楚地学术相互联系，是以可供窥见从周秦易学到汉初易学之衔接形态与演进过程。详情可参李学勤《周易经传溯源》、王葆玹《今古文经学新论》及王博《从帛书〈缪和篇〉到〈淮南子·缪称训〉》② 等。

# 第六节　关于《春秋》三传（附《国语》）

《春秋左氏传》《春秋公羊传》《春秋穀梁传》三传③，皆《春秋》之经解。关于《左传》之传授，《左传》所载史实，在诸子著作多见引用，如《孟子》《荀子》《韩非子》《吕氏春秋》等，引用时大多以《春秋》为名，其间或有详略出入，引文不见于今本《春秋》经，而史实保存于《左传》，刘师培、章太炎、徐仁甫皆论及之，此不赘述，具体引例，详参诸公相关论著，可见《左传》于周秦时代已广泛传播，不仅为儒家所传授，对法家、杂家学说，亦有影响。于《春秋》三传之中，《左传》所起最早而发掘最晚。刘向《别录》："左丘明授曾申，申授吴起，起授其子期，期授楚人铎椒，铎椒作钞撮八卷授虞卿，虞卿作钞撮九卷授荀卿，荀卿授张苍。"④ 《汉书·刘歆传》："歆及向始皆治《易》，宣帝时，诏向受《穀梁春秋》，十余年，大明习。及歆校秘书，见古文《春秋左氏传》，歆大好之。时丞相史尹咸以能治《左氏》，与歆共校经传。歆略从咸及丞相翟方进受，质问大义。初，《左氏传》多古字古言，学者传训故而

---

① 丁四新. 帛书《缪和》《昭力》子曰辨 [J]. 中国哲学史，2001（3）：丁四新. 论帛书《缪和》《昭力》的内在分别及其成书过程 [J]. 周易研究，2002（3）.

② 朱伯崑. 国际易学研究：第二辑 [M]. 北京：华夏出版社，1996.

③ 《宋书·礼志一》荀崧上疏东晋元帝，曰："昔周之衰，下陵上替，臣弑其君，子弑其父，上无天子，下无方伯，善者谁赏，恶者谁罚，纲纪乱矣。孔子惧而作《春秋》，诸侯讳妬，惧犯时禁，是以微辞妙旨，义不显明，故曰'知我者其唯春秋，罪我者其唯春秋'。时左丘明、子夏造膝亲受，无不精究。孔子既没，微言将绝，于是丘明退撰所闻而为之《传》。其书善礼，多膏腴美辞，张本继末，以发明《经》意，信多奇伟，学者好之。儒者称公羊高亲受子夏，立于汉朝，辞义清俊，断决明审，多可采用，董仲舒之所善也。穀梁赤师徒相传，暂立于汉时刘向父子，汉之名儒犹执一家，莫肯相从。其书文清义约，诸所发明，或是《左氏》《公羊》所不载，亦足有所订正，是以三传并行于先代，通才未能孤废。"（[梁] 沈约. 宋书：卷十四 [M]. 北京：中华书局，1974：361-362.）

④ 《春秋左传正义·杜预集解序》孔颖达疏引。（[清] 阮元，校刻. 十三经注疏清嘉庆刊本·春秋左传正义：卷第一　春秋序 [M]. 北京：中华书局，2009：3695.）

已，及歆治《左氏》，引传文以解经，转相发明，由是章句义理备焉。歆亦湛靖有谋，父子俱好古，博见强志，过绝于人。歆以为左丘明好恶与圣人同，亲见夫子，而公羊、穀梁在七十子后，传闻之与亲见之，其详略不同。歆数以难向，向不能非间也，然犹自持其《穀梁》义。及歆亲近，欲建立《左氏春秋》及《毛诗》《逸礼》《古文尚书》皆列于学官。"① 范宁《春秋穀梁传集解·序》杨士勋疏："左氏者，左丘明与圣同耻②，恐诸弟子各安其意，为《经》作《传》，故曰《左氏传》。其传之者，有张苍、贾谊、张禹、翟方进、贾逵、服虔之徒。汉武帝置五经博士，《左氏》不得立于学官。至平帝时，王莽辅政，方始得立。"③ 上引《别录》所谓"铎椒作钞撮八卷"，为铎氏《左传》节选本，原本无题，刘向称作"钞撮"，后定名为《铎氏微》，八卷四十章，《史记·十二诸侯年表序》："鲁君子左丘明惧弟子人人异端，各安其意，失其真，故因孔子史记具论其语，成《左氏春秋》。铎椒为楚威王傅，为王不能尽观《春秋》，采取成败，卒四十章，为《铎氏微》"④；所谓"虞卿作钞撮九卷"，为虞氏《左传》节选本，原本亦无题，刘向称作"钞撮"，后定名为《虞氏春秋》，九卷八篇，《史记·十二诸侯年表序》："赵孝成王时，其相虞卿上采《春秋》，下观近势，亦著八篇，为《虞氏春秋》。"⑤ 此乃《左传》授受之迹。

关于《公羊传》之传授，桓谭《新论·正经》："又有齐人公羊高，缘《经》文作《传》，弥失本事矣"⑥，《春秋公羊传注疏》徐彦疏曰："孔子至圣，却观无穷""故《春秋》之说口授子夏。度秦至汉，乃著竹帛，故《说题辞》云'传我书者，公羊高也'。戴宏序云'子夏传与公羊高，高传与其子平，平传与其子地，地传与其子敢，敢传与其子寿。至汉景帝时，寿乃共弟子齐人胡毋子都著于竹帛，与董仲舒皆见于图谶'是也"⑦，范宁《春秋穀梁传集解·序》杨士勋疏："公羊子名高，齐人，受经于子夏，故《孝经说》云'《春秋》属

---

① ［汉］班固. 汉书：卷三十六　楚元王传第六　刘歆［M］. 北京：中华书局，1962：1967.
② 《论语·公冶长》："子曰：'巧言令色，足恭，左丘明耻之，丘亦耻之。匿怨而友其人，左丘明耻之，丘亦耻之。'"（程树德. 论语集释：卷十　公冶下［M］. 北京：中华书局，1990：348.）
③ ［清］阮元，校刻. 十三经注疏清嘉庆刊本·春秋穀梁传注疏：范宁集解序［M］. 北京：中华书局，2009：5123.
④ ［汉］司马迁. 史记：卷十四［M］. 北京：中华书局，1982：509-510.
⑤ ［汉］司马迁. 史记：卷十四［M］. 北京：中华书局，1982：510.
⑥ ［汉］桓谭. 新辑本桓谭新论：卷九　正经篇［M］. 朱谦之，校辑. 北京：中华书局，2009：39.
⑦ 《春秋公羊传注疏·何休解诂序》徐彦疏引。（［清］阮元，校刻. 十三经注疏清嘉庆刊本·春秋公羊传注疏：序［M］. 北京：中华书局，2009：4759.）

商'是也；为经作传，故曰《公羊传》。其传之者，有胡母子都、董仲舒、严彭祖之类，其道盛于汉武帝"①。由此可见，孔子之后，子夏传《春秋》经解与公羊高，公羊高五世家学传经解，谓之《春秋》公羊学，经师弟口耳相授，至汉代方著于竹帛，胡毋生、董仲舒皆承其学，此乃《公羊传》授受之迹。

关于《穀梁传》之传授，桓谭《新论·正经》："鲁人穀梁赤为《春秋》，残略，多有遗失"②，蔡邕《正交论》："穀梁子赤曰：'心志既通，名誉不闻，友之罪也'"③。范宁《春秋穀梁传集解·序》杨士勋疏："穀梁子，名淑④，字元始，鲁人，一名赤，受《经》于子夏，为《经》作《传》，故曰《穀梁传》，传孙卿，孙卿传鲁人申公，申公传博士江翁。其后鲁人荣广大善《穀梁》，又传蔡千秋，汉宣帝好《穀梁》，擢千秋为郎，由是穀梁之《传》大行于世。然则三家之《传》，是非无取，自汉以来，废兴由于好恶而已"⑤。由此可见，穀梁学亦出于子夏，子夏授《春秋》经解与穀梁赤，穀梁赤传荀子，荀子授申公，此乃《穀梁传》授受之迹⑥，亦可见卜商、荀况实为传经枢纽，堪称孔门经解之集大成者⑦。

考《穀梁传》出现必在《公羊传》之后。《仪礼注疏·丧服》贾公彦疏："第六明作《传》之人，又明作《传》之义。《传》曰者，不知是谁人所作，人皆云孔子弟子卜商字子夏所为。案《公羊传》是公羊高所为，公羊高是子夏弟子，今案《公羊传》有云'者何''何以''曷为''孰谓'之等，今此《传》

---

① ［清］阮元，校刻．十三经注疏清嘉庆刊本·春秋穀梁传注疏　序 ［M］．北京：中华书局，2009：5123.

② ［汉］桓谭．新辑本桓谭新论：卷九　正经篇 ［M］．朱谦之，校辑．北京：中华书局，2009：39.

③ ［清］严可均．全上古三代秦汉三国六朝文：全后汉文卷七十四　蔡邕　正交论 ［M］．北京：中华书局，1958：1750.

④ 【按】穀梁子之名，桓谭《新论·正经》、蔡邕《正交论》、应劭《风俗通义》皆云名"赤"，王充《论衡·案书》作"置"，阮孝绪《七录》作"俶"，杨士勋《穀梁传序疏》作"淑"，《汉书·艺文志》颜师古注作"喜"，吴承仕依据章太炎声转理论，解释为"未与赤声相近，寂寞之寂前历反，赤音昌石反，是其比；未又与喜声近，饎昌志反，字亦作𩞇，与饎同音；置即置之异文，置、喜同部。赤、淑、俶、置、喜五文声转通作，故字异而人同。《汉书》颜《注》本或作'嘉'（见于钱大昭《汉书辨疑》），则喜形之讹也。皮锡瑞曰：'一人岂有四名，抑如公羊之祖孙父子相传非一人乎？'不明声类而妄为说，其过弘矣。陈汉章说亦然，真所谓不谋同辞者也"（［唐］陆德明．经典释文序录疏证：注解传述人 ［M］．吴承仕，疏证．北京：中华书局，2008：104.）。

⑤ ［清］阮元，校刻．十三经注疏清嘉庆刊本·春秋穀梁传注疏：范宁集解序 ［M］．北京：中华书局，2009：5123.

⑥ 【按】钱穆《先秦诸子系年·孔门传经辨》，受当时疑古思潮影响，对于《春秋》三传传授，皆有攻讦，其间质疑多于举证，未可推翻古说。

⑦ 【按】陈玉树《卜子年谱序》、汪中《荀卿子通论》可参。

亦云‘者何’‘何以’‘孰谓’‘曷为’等之问。师徒相习，语势相遵，以弟子却本前师，此《传》得为子夏所作，是以师师相传，盖不虚也。其《传》内更云传者是子夏，引他旧传以证己义。《仪礼》见在一十七篇，余不为《传》，独为《丧服》作传者，但《丧服》一篇总包天子已下，五服差降、六术精粗、变除之数既繁，出入正殇交互，恐读者不能悉解其义，是以特为传解。"① 持《穀梁传》行文相比较，其句式用法特点亦同，以师弟问答体例结构成书，多用"者何""何以""孰谓""曷为"设问，然后解释回答，按诸其他周秦故书，未见此类体例，唯《丧服传》《公羊传》《穀梁传》为特出之例，可见三书之渊源有自，亦即子夏与公羊高、穀梁赤之师承传授关系。子夏传孔门经典，解经授徒，内容多为口授，诸弟子世代相传，润色损益，发挥师说，逐渐分别流派，以至于汉初，然论其学术脉络，皆源于子夏西河传经讲学。

《国语》与《左传》相表里，有《春秋外传》之称，亦属于广义《春秋》经解范畴。《左传》依鲁君次序系年，记事以鲁国为主体中心，《国语》以国别分目，分国纪年，事件以所记国为中心，记语对话为主，晋代傅玄、隋代刘炫、唐代啖助与陆淳，皆认为《国语》与《左传》文体不类②，宋代陈振孙《直斋书录解题》："《春秋》类"著录"《国语》二十一卷"，其叙录认为"意必非出一人之手也"③，清代赵翼《陔馀丛考》以为"《国语》本列国史书原文，左氏特料简而存之，非手撰也"④。经历代学者甄辨，《左传》《国语》同一作者说，已基本予以澄清。韦昭《国语解叙》曰："其文不主于（《春秋》）经，故号曰'外传'"⑤，所以《国语》被称为《春秋外传》，只能说是广义上的《春秋》经解。

《国语》所记史实，与《左传》相较，皆以春秋时代历史为主体，两者多有存在同记一事的情况，但是取材重点与陈述详略互有差异之处，两书可谓"和而不同"。有《左传》简省而《国语》详赡者，如《左传·庄公二十三年》："二十三年，夏，公如齐观社，非礼也。曹刿谏曰：'不可。夫礼，所以整民也。故会以训上下之则，制财用之节；朝以正班爵之义，帅长幼之序；征伐以讨其不然。诸侯有王，王有巡守，以大习之。非是，君不举矣。君举必书，书而不

① ［清］阮元，校刻. 十三经注疏清嘉庆刊本·仪礼注疏：卷第二十八［M］. 北京：中华书局，2009：2373.
② ［清］姚际恒《古今伪书考》引（林庆彰. 姚际恒著作集：第五册 古今伪书考 有未足定其著书之人者［M］. 台北：台湾"中研院"文哲研究所，1994：325.）。
③ ［宋］陈振孙. 直斋书录解题：卷三［M］. 上海：上海古籍出版社，1987：54.
④ ［清］赵翼. 陔馀丛考：卷二 《国语》非左邱明所撰［M］. 北京：中华书局，1963：48.
⑤ 徐元诰. 国语集解：附录 国语解叙［M］. 北京：中华书局，2002：594.

法，后嗣何观？'"①《国语·鲁语上》："庄公如齐观社。曹刿谏曰：'不可。夫礼，所以正民也。是故先王制诸侯，使五年四王、一相朝。终则讲于会，以正班爵之义，帅长幼之序，训上下之则，制财用之节，其间无由荒怠。夫齐弃大公之法而观民于社，君为是举，而往观之，非故业也，何以训民？土发而社，助时也。收攟而蒸，纳要也。今齐社而旅往观，非先王之训也。天子祀上帝，诸侯会之受命焉。诸侯祀先王、先公，卿大夫佐之受事焉。臣不闻诸侯相会祀也，祀又不法。君举必书，书而不法，后嗣何观？'公不听，遂如齐。"②

又有《左传》详赡而《国语》简省者，如《左传·文公十八年》："莒纪公生大子仆，又生季佗，爱季佗而黜仆，且多行无礼于国。仆因国人以弑纪公，以其宝玉来奔，纳诸宣公。公命与之邑，曰：'今日必授。'季文子使司寇出诸竟，曰：'今日必达。'公问其故。季文子使大史克对曰：'先大夫臧文仲教行父事君之礼，行父奉以周旋，弗敢失队。曰：见有礼于其君者，事之如孝子之养父母也。见无礼于其君者，诛之如鹰鹯之逐鸟雀也。先君周公制《周礼》曰：则以观德，德以处事，事以度功，功以食民。作《誓命》曰：毁则为贼，掩贼为藏，窃贿为盗，盗器为奸。主藏之名，赖奸之用，为大凶德，有常无赦，在《九刑》不忘。行父还观莒仆，莫可则也。孝敬忠信为吉德，盗贼藏奸为凶德。夫莒仆，则其孝敬，则弑君父矣；则其忠信，则窃宝玉矣。其人，则盗贼也；其器，则奸兆也，保而利之，则主藏也。以训则昏，民无则焉。不度于善，而皆在于凶德，是以去之。昔高阳氏有才子八人，苍舒、隤敱、梼戭、大临、尨降、庭坚、仲容、叔达，齐圣广渊，明允笃诚，天下之民谓之八恺。高辛氏有才子八人，伯奋、仲堪、叔献、季仲、伯虎、仲熊、叔豹、季狸，忠肃共懿，宣慈惠和，天下之民谓之八元。此十六族也，世济其美，不陨其名，以至于尧，尧不能举。舜臣尧，举八恺，使主后土，以揆百事，莫不时序，地平天成。举八元，使布五教于四方，父义、母慈、兄友、弟共、子孝，内平外成。昔帝鸿氏有不才子，掩义隐贼，好行凶德，丑类恶物，顽嚚不友，是与比周，天下之民谓之浑敦。少暤氏有不才子，毁信废忠，崇饰恶言，靖谮庸回，服谗搜慝，以诬盛德，天下之民谓之穷奇。颛顼有不才子，不可教训，不知话言，告之则顽，舍之则嚚，傲很明德，以乱天常，天下之民谓之梼杌。此三族也，世济其凶，增其恶名，以至于尧，尧不能去。缙云氏有不才子，贪于饮食，冒于货贿，侵欲崇侈，不可盈厌，聚敛积实，不知纪极，不分孤寡，不恤穷匮，天下之民

---

① ［清］洪亮吉. 春秋左传诂：卷六［M］. 北京：中华书局，1987：253-254.

② 徐元诰. 国语集解：鲁语上第四　庄公如齐观社［M］. 北京：中华书局，2002：144-146.

以比三凶，谓之饕餮。舜臣尧，宾于四门，流四凶族浑敦、穷奇、梼杌、饕餮，投诸四裔，以御魑魅。是以尧崩而天下如一，同心戴舜以为天子，以其举十六相，去四凶也。故《虞书》数舜之功，曰慎徽五典，五典克从，无违教也。曰纳于百揆，百揆时序，无废事也。曰宾于四门，四门穆穆，无凶人也。舜有大功二十而为天子，今行父虽未获一吉人，去一凶矣，于舜之功，二十之一也，庶几免于戾乎！'"①《国语·鲁语上》："莒大子仆弑纪公，以其宝来奔。宣公使仆人以书命季文子曰：'夫莒太子不惮以吾故杀其君，而以其宝来，其爱我甚矣。为我予之邑。今日必授，无逆命矣。'里革遇之，而更其书曰：'夫莒太子杀其君而窃其宝来，不识强固又求自迩，为我流之于夷。今日必通，无逆命矣。'明日，有司复命，公诘之。仆人以里革对。公执之，曰：'违君命者，女亦闻之乎？'对曰：'臣以死奋笔，奚啻其闻之也！臣闻之曰：毁则者为贼，掩贼者为藏，窃宝者为宄，用宄之财者为奸，使君为藏奸者，不可不去也。臣违君命者，亦不可不杀也。'公曰：'寡人实贪，非子之罪。'乃舍之。"② 由此可见，《国语》与《左传》对春秋同一史事，记载各有详略，两者可互相参正，《国语》对《春秋》及《左传》，皆有补充印证之功效，遂于此附论之。

# 第七节　关于《论语》《孝经》

《论语》以语录记言为主，故谓之"语"，此与《国语》命名同例，其文本经编纂而成，故谓之"论（論）"。"論"本字为"侖"，此会意字，会集合简册之意，因此有纂辑的意思。《汉书·艺文志》秉承《七略》而来，将《论语》类附于《六艺略》，其经典地位初现雏形，曰："《论语》者，孔子应答弟子时人及弟子相与言而接闻于夫子之语也。当时弟子各有所记，夫子既卒，门人相与辑而论纂③，故谓之《论语》"④，《汉志》所论，甚为妥当。皇侃《论语义疏·发题》继《汉志》而论之，曰"门人痛大山长毁，哀梁木永摧，隐几非昔，离索行泪，微言一绝，景行莫书。于是弟子金陈往训，各记旧闻，撰为此

---

① ［清］洪亮吉 . 春秋左传诂：卷九 ［M］. 北京：中华书局，1987：388-392.
② 徐元诰 . 国语集解：鲁语上第四　莒大子仆弑纪公 ［M］. 北京：中华书局，2002：167.
③ 【按】颜师古注曰："辑与集同，纂与撰同。"（［汉］班固 . 汉书：卷三十　艺文志第十［M］.［唐］颜师古，注 . 北京：中华书局，1962：1717.）
④ ［汉］班固 . 汉书：卷三十 ［M］. 北京：中华书局，1962：1717.

书。成而实录，上以尊仰圣师，下则垂轨万代"①，《经典释文·序录》综合《汉志》与《义疏》所论，曰："《论语》者，孔子应答弟子及时人所言，或弟子相与言而接闻于夫子之语也。当时弟子各有所记，夫子既终，微言已绝，恐离居已后，各生异见，而圣言永灭，故相与论撰，因辑时贤及古明王之语，合成一法②，谓之《论语》"③。至于具体编辑者，历代众说纷纭，柳宗元《〈论语〉辨》："或问曰：儒者称《论语》孔子弟子所记，信乎？曰：未然也。孔子弟子，曾参最少，少孔子四十六岁（〔韩曰〕夫子生于周灵王二十年，曾子生于周敬王十五年。〔孙曰〕孔子卒时七十二，曾子年二十六），曾子老而死。是书记曾子之死，则去孔子也远矣。曾子之死，孔子弟子略无存者矣，吾意曾子弟子之为之也。何哉？且是书载弟子必以字，独曾子、有子不然。由是言之，弟子之号之也④。然则有子何以称'子'？曰：孔子之殁也，诸弟子以有子为似夫子，立而师之。其后不能对诸子之问，乃叱避而退（〔孙曰〕孔子既殁，诸弟子思慕，有若状似孔子，弟子相与立为师，师之如夫子时也。他日，弟子有所问，有若默然无以应。弟子起曰：有子避之，此非子之座也），则固尝有师之号矣。今所记独曾子最后死，余是以知之，盖乐正子春、子思之徒（〔孙曰〕二人曾子弟子）与为之尔。或曰：孔子弟子尝杂记其言，然而卒成其书者，曾氏之徒也。"⑤ 此说较合乎实际，《论语》成书时代，当在战国初期。

《论语》以记载孔子言行为主，兼记孔门弟子言行，按其文本性质，就是经过编纂的孔门师弟语录，与"六经"文本相较，《论语》后出，在周秦至两汉时代作为"传"而存在，直到唐代，《论语》正式列入经书，迟至宋代，才进入现行"十三经"序列。《论衡·正说》："说《论》者，皆知说文解语而已，不知《论语》本几何篇；但〔知〕周以八寸为尺，不知《论语》所独一尺之意。夫《论语》者，弟子共纪孔子之言行，敕己之时甚多，数十百篇，以八寸

① 〔梁〕皇侃．论语义疏：自序〔M〕．北京：中华书局，2013：1-2．
② 【按】据卢文弨校正，"法"疑作"秩"。〔唐〕陆德明．经典释文叙录〔M〕．〔清〕卢文弨，校正．光绪刊花雨楼丛钞本．
③ 〔清〕阮元，校刻．十三经注疏清嘉庆刊本·论语注疏：序〔M〕．北京：中华书局，2009：5332．
④ 【按】《论语》于孔门弟子，或称其字，或称为子，学者以为孔门后学之所为，（《古文辞类纂·柳子厚论语辨二首》姚鼐注《檀弓》）于子游称字，曾子、有子称子，似圣门相沿称皆如此，非以字与子为重轻也"（〔清〕姚鼐．古文辞类纂：卷七〔M〕．北京：中国书店，1986：146．），又钱基博专门撰文，辨"《论语》之记者"（钱基博．四书解题及其读法：《论语》第二〔M〕．长沙：岳麓书社，2013：15-21．），其搜讨甚详，可补充柳宗元之说。
⑤ 〔唐〕柳宗元．议辩：论语辩二篇 上篇〔M〕//柳宗元集：卷四．北京：中华书局，1979：110-111．

为尺，纪之约省，怀持之便也。以其遗非经，传文纪识恐忘，故但以八寸尺，不二尺四寸也。汉兴失亡。至武帝发取孔子壁中古文，得二十一篇，齐、鲁二，河间九篇，三十篇。至昭帝女读二十一篇。宣帝下太常博士，时尚称书难晓，名之曰传；后更隶写以传诵"，"今时称《论语》二十篇，又失齐、鲁、河间九篇。本三十篇，分布亡失；或二十一篇。［篇］目或多或少，文赞或是或误。说《论》语者，但知以剥解之问，以织微之难，不知存问本根篇数章目。温故知新，可以为师；今不知古，称师如何？"① 可见简长"二尺四寸"为经，简短"八寸尺"为传。

周秦引用《论语》例，仅见于《礼记·坊记》子云："君子弛其亲之过，而敬其美。《论语》曰：'三年无改于父之道，可谓孝矣。'高宗云：'三年其惟不言，言乃讙。'"② 其中《论语》之名与《论语》之文同时出现，由此可见，《论语》于战国时代已成书。关于《礼记·坊记》"子云"与"《论语》曰"，李学勤认为，"《坊记》曾明引《论语》，有关的一段是这样的：'子云：君子弛其亲之过，而敬其美。《论语》曰：三年无改于父之道，可谓孝矣。高宗云：三年其惟不言，言乃讙。'这是先秦文献中直引《论语》的唯一实例。《坊记》的'子云'之'子'，恐怕不是孔子。如这一段，元代陈澔的《礼记集说》引石梁王氏说即称：'既有子云又引《论语》曰，不应孔子自言，因知皆后人为之。''子'应当是指子思，乃是子思门人对他的尊称"③，其说得之，如《汉书·艺文志·诸子略·儒家类》著录"《子思》二十三篇"，班固自注"名伋，孔子孙，为鲁缪公师"④，《隋书·音乐志上》引南朝梁沈约曰"《中庸》《表记》《防记》《缁衣》，皆取《子思子》"⑤。

又《论衡·正说》："初，孔子孙孔安国以教鲁人扶卿，官至荆州刺史，始曰《论语》"⑥，其说失之，翟灏《四书考异·〈论语〉称传考》："按《论语》名，见《礼·坊记》及今《家语·弟子解》，今《家语》不可信，《坊记》可信也。盖自孔氏门人相论纂毕，随题之为《论语》矣。汉文帝朝已置《论语》博

① ［汉］王充．论衡校释：卷第二十八　正说篇［M］．黄晖，校释．北京：中华书局，1990：1135-1139.
② ［清］孙希旦．礼记集解：卷五十［M］．北京：中华书局，1989：1287.
③ 李学勤．《语从》与《论语》［M］//廖名春．清华大学思想文化研究所集刊：第二辑．北京：清华大学出版社，2002：7.
④ ［汉］班固．汉书：卷三十［M］．北京：中华书局，1962：1724.
⑤ ［唐］魏徵，令狐德棻．隋书：卷十三［M］．北京：中华书局，1973：288.
⑥ ［汉］王充．论衡校释：卷第二十八　正说篇［M］．黄晖，校释．北京：中华书局，1990：1138.

士，王充云'孔安国以授扶卿，始曰《论语》'，非也"①，已详辨之。

朱熹《四书章句集注·读〈论语〉〈孟子〉法》引程颐曰："学者当以《论语》《孟子》为本，《论语》《孟子》既治，则'六经'可不治而明矣。读书者当观圣人所以作经之意，与圣人所以用心，圣人之所以至于圣人，而吾之所以未至者、所以未得者。句句而求之，昼诵而味之，中夜而思之，平其心，易其气，阙其疑，则圣人之意可见矣。"② 由此可见，《论语》与"六经"之关系，不啻引导书籍③，孔子以儒家理念整理"六经"，而《论语》正是儒家理念之集中反映，所谓"《论语》《孟子》既治，则'六经'可不治而明"，信不诬也。

《孝经》之名，周秦已有，未归入儒家"六经"之列，因为《孝经》之"经"，另有所指，与"六经"之"经"内涵不同。《孝经》之"经"，并非经典之义。《孝经·三才章》引孔子曰："夫孝，天之经也，地之义也，民之行也。天地之经，而民是则之"④，此"经"为天经地义，名"孝经"者，"夫孝，天之经也"之省称而已。如《汉书·艺文志》曰："《孝经》者，孔子为曾子陈孝道也。夫孝，天之经，地之义，民之行也，举大者言，故曰《孝经》。汉兴，长孙氏、博士江翁、少府后仓、谏大夫翼奉、安昌侯张禹传之，各自名家。经文皆同，唯孔氏壁中古文为异。'父母生之，续莫大焉'，'故亲生之膝下'，诸家说不安处，古文字读皆异。"⑤《孝经》在周秦至西汉是作为"传"而存在，赵岐《孟子题辞》："汉兴，除秦虐禁，开延道德，孝文皇帝欲广游学之路，《论

① ［清］刘宝楠. 论语正义：附录 郑玄《论语序》逸文 刘疏引［M］. 北京：中华书局，1990：793；［汉］王充. 论衡校释：卷第二十八 正说篇 黄释引［M］. 黄晖，校释. 北京：中华书局，1990：1138.
② ［宋］朱熹. 四书章句集注：读《论语》《孟子》法［M］. 北京：中华书局，1983：44.
③ 【按】朱熹曰："人自有合读底书，如《大学》《语》《孟》《中庸》等书，岂可不读！读此四书，便知人之所以不可不学的道理，与其为学之次序，然后更看《诗》《书》《礼》《乐》"（［宋］黎靖德. 易三：纲领下 读易之法［M］//朱子语类：卷第六十七. 北京：中华书局，1986：1658.），"今学者不如且看《大学》《语》《孟》《中庸》四书，且就见成道理精心细求，自应有得。待读此四书精透，然后去读他经，却易为力"（朱子语类：卷第一百一十五 朱子十二 训门人三，2778.）。
④ ［清］阮元，校刻. 十三经注疏清嘉庆刊本·孝经注疏：卷第三［M］. 北京：中华书局，2009：5543.
⑤ ［汉］班固. 汉书：卷三十［M］. 北京：中华书局，1962：1719.

语》《孝经》《孟子》《尔雅》皆置博士，后罢传记博士，独立五经而已。"①
《孝经》取得经典地位，则晚在东汉，已超出周秦时代讨论范围。

　　《史记·仲尼弟子列传》："曾参，南武城人，字子舆，少孔子四十六岁。孔子以为能通孝道，故授之业，作《孝经》，死于鲁"②，《汉书·艺文志·六艺略》："《孝经》者，孔子为曾子陈孝道也"③，《经典释文·序录》："《孝经》者，孔子为弟子曾参说孝道，因明天子庶人五等之孝、事亲之法"④，此乃曾子师承孔子撰作说，其制作本意出自孔子口授，谓孔子作亦可，是以汉儒径以《孝经》为孔子所作，如《六艺论》曰："孔子以六艺题目不同，指意殊别，恐道离散，后世莫知根源，故作《孝经》以总会之"⑤，郑玄更以《孝经》为"六艺"之总会，实则指出孝道在周秦儒家思想体系中的重要性。综观《孝经》全篇，其与今《礼记》之《大学》《中庸》《孔子闲居》《仲尼燕居》《坊记》《表记》行文风格类似，章末引证经典方式亦同，应当为七十子后学的孝道专题论文。

　　《孝经》正式被尊为儒经虽是在汉代，但是文本应当出于周秦，《汉书·艺文志》将《孝经》类附于《六艺略》，则其经典地位，已经初现雏形，《吕氏春秋·先识览·察微》："楚之边邑曰卑梁，其处女与吴之边邑处女桑于境上，戏而伤卑梁之处女。卑梁人操其伤子以让吴人，吴人应之不恭，怒，杀而去之。吴人往报之，尽屠其家。卑梁公怒，曰：'吴人焉敢攻吾邑？'举兵反攻之，老弱尽杀之矣。吴王夷昧闻之，怒，使人举兵侵楚之边邑，克夷而后去之。吴、楚以此大隆。吴公子光又率师与楚人战于鸡父，大败楚人，获其帅潘子臣、小帷子、陈夏啮。又反伐郢，得荆平王之夫人以归，实为鸡父之战。凡持国，太上知始，其次知终，其次知中。三者不能，国必危，身必穷，《孝经》曰：'高

① ［清］焦循．孟子正义：卷一［M］．北京：中华书局，1987：17．【按】臧琳《经义杂记》卷六"文帝始置博士"条，曰"刘歆书'诸子传说'，'说'字误，当从《孟子题辞》作'传记'。诸子谓《孟子》也，传谓《论语》《孝经》也，记谓《尔雅》也。"（徐世昌，等．玉林学案上：臧先生琳　经义杂记　文帝始置博士引［M］//清儒学案：卷四十四．北京：中华书局，2008：1753．）高步瀛认为，"'传说'盖统《论语》《孝经》《尔雅》言之，似不必改字"（高步瀛，选注．两汉文举要：刘子骏移让太常博士书［M］．北京：中华书局，1990：192．）。
② ［汉］司马迁．史记：卷六十七［M］．北京：中华书局，1982：2205．
③ ［汉］班固．汉书：卷三十［M］．北京：中华书局，1962：1719．
④ ［唐］陆德明．经典释文序录疏证：注解传述人［M］．吴承仕，疏证．北京：中华书局，2008：118．
⑤ ［清］阮元，校刻．十三经注疏清嘉庆刊本·孝经注疏：御制孝经注序　邢昺疏引［M］．北京：中华书局，2009：5518．

而不危，所以长守贵也；满而不溢，所以长守富也。富贵不离其身，然后能保其社稷，而和其民人。'楚不能之也。"① 由此可见，《孝经》之名与《孝经》之文，至迟于战国末年，已然出现，而且引用作为总结论据，必在当时具有说服力，其由"传"到"经"之抬升过程，亦已萌动。

上例也并非孤证，除了明确征引者以外，还有在行文之间镕铸暗引者，即融合《孝经》文本于论证行文之中，《吕氏春秋·孝行览·孝行》："夫执一术而百善至、百邪去、天下从者，其惟孝也。故论人必先以所亲，而后及所疏；必先以所重，而后及所轻。今有人于此，行于亲重，而不简慢于轻疏，则是笃谨孝道，先王之所以治天下也。故：爱其亲，不敢恶人；敬其亲，不敢慢人。爱敬尽于事亲，光耀加于百姓，究于四海，此天子之孝也。曾子曰：'身者，父母之遗体也。行父母之遗体，敢不敬乎？居处不庄，非孝也；事君不忠，非孝也；莅官不敬，非孝也；朋友不笃，非孝也；战陈无勇，非孝也。五行不遂，灾及乎亲，敢不敬乎？'"② 此例值得注意，不仅引据《孝经·天子章》孔子曰："爱亲者，不敢恶于人；敬亲者，不敢慢于人。爱敬尽于事亲，而德教加于百姓、刑于四海，盖天子之孝也"③，以此作为论理行文的有机组成部分，引例径用其文，不举其名，而且下文又引"曾子曰"云云，此乃今《礼记·祭义》文字，《祭义》引曾子曰："身也者，父母之遗体也。行父母之遗体，敢不敬乎？居处不庄，非孝也；事君不忠，非孝也；莅官不敬，非孝也；朋友不信，非孝也；战陈无勇，非孝也。五者不遂，灾及于亲，敢不敬乎？"④ 前文第四章第四节已论，周秦古籍多以篇卷流传，往往写成得很早，编辑成书却较晚，《礼记》在周秦时代也属于单篇流传类型。由此可见，《吕氏春秋》仍将《孝经》视作"传记"之属，与单篇流传之《记》书置诸同列，而且，《孝经》正是记载孔子与曾子的对话，又与《祭义》所引类似。是以可知，《孝经》在周秦时代尚居于"传记"地位，与记书文本特征相近，都是具有圣贤语录性质的经解文献。

---

① ［秦］吕不韦．吕氏春秋集释：卷第十六［M］．许维遹，集释．北京：中华书局，2009：419-420.
② ［秦］吕不韦．吕氏春秋集释：卷第十四［M］．许维遹，集释．北京：中华书局，2009：307.
③ ［清］阮元，校刻．十三经注疏清嘉庆刊本·孝经注疏：卷第一［M］．北京：中华书局，2009：5526.
④ ［清］孙希旦．礼记集解：卷四十六［M］．北京：中华书局，1989：1226.

# 第八节　关于《孟子》《荀子》

《孟子》是周秦儒家要籍，其语录体例，虽拟《论语》而作①，行文却更为系统化。赵岐认为《孟子》："包罗天地，揆叙万类，仁义、道德、性命、祸福粲然，靡所不载。帝王公侯遵之，则可以致隆平，颂清庙；卿、大夫、士蹈之，则可以尊君父，立忠信；守志厉操者仪之，则可以崇高节，抗浮云。有风人之托物，二雅之正言，可谓直而不倨，曲而不屈，命世亚圣之大才者也"②，历代推崇之论，以此为溯且尽者矣。

关于《孟子》作者，历代有三种观点。第一，《史记·孟子荀卿列传》"天下方务于合从连衡，以攻伐为贤，而孟轲乃述唐、虞、三代之德，是以所如者不合。退而与万章之徒序《诗》《书》，述仲尼之意，作《孟子》七篇"③，魏源《孟子年表考》继而论之，曰："又公都子、屋庐子、乐正子、徐子皆不书名，而万章、公孙丑独名，《史记》谓退而与万章之徒作七篇者，其为二人亲承口授而笔之书甚明（咸丘蒙、浩生不害、陈臻等偶见，或亦得预记述之列）④。与《论语》成于有子、曾子门人故独称子者，殆同一间，此其可知者"⑤，此说认为《孟子》是孟子与弟子万章、公孙丑等人共同编著，主要作者仍是孟子本人。

第二，赵岐《孟子题辞》："此书，孟子之所作也，故总谓之《孟子》。""于是退而论集所与高第弟子公孙丑、万章之徒难疑答问，又自撰其法度之言，著书七篇，二百六十一章，三万四千六百八十五字"⑥，朱熹认为，"《论语》多门弟子所集，故言语时有长长短短不类处。《孟子》疑自著之书，故首尾文字一

---

①　赵岐《孟子题辞》："孔子自卫反鲁，然后乐正，《雅》《颂》各得其所，乃删《诗》、定《书》、系《周易》、作《春秋》。孟子退自齐、梁，述尧、舜之道而著作焉，此大贤拟圣而作者也。七十子之畴，会集夫子所言，以为《论语》《论语》者，五经之錧辖，六艺之喉衿也，《孟子》之书，则而象之。"（［清］焦循.孟子正义：卷一［M］.北京：中华书局，1987：13-14.）

②　［清］焦循.孟子正义：卷一　孟子题辞［M］.北京：中华书局，1987：13.

③　［汉］司马迁.史记：卷七十四［M］.北京：中华书局，1982：2343.

④　【按】此魏源自注。

⑤　［清］魏源.魏源集：杂篇　孟子年表考第五［M］.北京：中华书局，2009：313-314.

⑥　［清］焦循.孟子正义：卷一［M］.北京：中华书局，1987：3、11-12.

体，无些子瑕疵。不是自下手，安得如此好"①，"熟读七篇，观其笔势如镕铸
而成，非缀缉可就也。《论语》便是记录缀辑所为，非一笔文字矣"②，焦循
《孟子正义》引元代何异孙《十一经问对》，继而论之曰："《论语》是诸弟子记
诸善言而成编集，故曰《论语》，而不号《孔子》《孟子》是孟轲所自作之书，
如《荀子》，故谓之《孟子》"，清代阎若璩《孟子生卒年月考》认为，"《论
语》成于门人之手，故记圣人容貌甚悉；七篇成于己手，故但记言语或出处
耳"③，此说认为《孟子》由孟子生前自著完成。

　　第三，韩愈《答张籍书》："夫所谓著书者，义止于辞耳。宣之于口，书之
于简，何择焉？孟轲之书，非轲自著，轲既殁，其徒万章、公孙丑相与记轲所
言焉耳"④，晁公武《郡斋读书志》著录"赵岐《孟子》十四卷"，继而论之
曰："按韩愈以此书为弟子所汇集，与岐之言不同。今考其书载孟子所见诸侯，
皆称谥，如齐宣王、梁惠王、梁襄王、滕定公、滕文公、鲁平公是也。夫死然
后有谥，轲无恙时所见诸侯，不应即称谥。且惠王元年至平公之卒，凡七十七
年，轲始见惠王，目之曰'叟'，必已老矣，决不见平公之卒也。后人追为之明
矣，则岐之言非也。《荀子》载'孟子三见齐王而不言，弟子问之，曰：我先攻
其邪心。'扬子载《孟子》曰：'夫有意而不至者有矣，未有无意而至者也。'
今书皆无之，则知散佚也多矣。岐谓秦焚书得不泯绝，亦非也"⑤，崔述《孟子
事实录》追加论证，曰："《孟子》七篇之文，往往有可议者，如禹决汝汉排淮
泗而注之江，伊尹五就汤五就桀之属，皆于事理未合。果孟子自著，不应疏略
如是。""七篇中于孟子门人多以子称之，如乐正子、公都子、屋庐子、徐子、
陈子皆然，不称子者无几。果孟子所自著，恐未必自称其门人皆曰子。细玩此
书，盖孟子门人万章、公孙丑等所追述，故二子问答之言在七篇中为最多，而

① ［宋］黎靖德．论语一：语孟纲领［M］//朱子语类：卷第十九．北京：中华书局，1986：
　　433．
② ［明］丘浚．大学衍义补·治国平天下之要（上）·崇教化·本经术以为教（下）．引朱熹
　　曰［M］．上海：上海书店，中国经学史基本丛书本，2012：569．【按】《大学衍义补》卷七
　　七，又引韩愈曰："孔子之道大而能博，门弟子不能遍观而尽识也，故学焉而皆得其性之所
　　近，其后离散分处诸侯之国，又各以其能授弟子，源远而末益分，惟孟轲师子思，而子思之
　　学出于曾子，自孔子没，独孟氏之传得其宗，故求观圣人之道者必自孟子始。"（大学衍义
　　补［M］．569．）
③ ［清］焦循．孟子正义：卷一　孟子题辞［M］．北京：中华书局，1987：3、11．
④ ［唐］韩愈．韩愈文集汇校笺注：卷四　答张籍书［M］．刘真伦、岳珍，校注．北京：中华
　　书局，2010：553．
⑤ ［宋］晁公武．郡斋读书志校证：卷十　儒家类［M］．孙猛，校证．上海：上海古籍出版社，
　　1990：415．

二子在书中皆不以子称也"①，此说认为《孟子》非孟子自著，为身后弟子缀辑编定而成。

以上三种观点，周广业《孟子出处时地考》进一步推论，调停其说曰："此书叙次数十年之行事，综述数十人之问答，断非辑自一时，出自一手，其始章、丑之徒追随左右，无役不从，于孟子之言动，无不熟察而详记之。每章冠以'孟子曰'者，重师训，谨授受，兼法《论语》也。""迫还自青齐，既难必于行道，而孟子亦欲垂教后世②，取向所进说时王、传授弟子者润饰而删定之。""至其后编次遗义，又疑乐正子及公都子、屋庐子、孟仲子之门人与为之。何也？诸子皆孟门高弟，七篇中无斥其名，与滕更呼名之例不同，当是其徒所追改。而首篇以孟子始，以乐正子终，未必不由此也。"③ 综合以上观点，我们认为，《孟子》应当由孟子与弟子共同初撰，在孟子逝世后，经过门人编辑整理，最终由弟子或后学写定，所涉及诸侯王谥号，是《孟子》叙定时代之显明证据。

《孟子》成书以后，在周秦时代是作为诸子之书而存在的，赵岐《孟子题辞》："孟子既没之后，大道遂绌，逮至亡秦，焚灭经术，坑戮儒生，孟子徒党尽矣。其书号为诸子，故篇籍得不泯绝。汉兴，除秦虐禁，开延道德，孝文皇帝欲广游学之路，《论语》《孝经》《孟子》《尔雅》皆置博士。后罢传记博士，独立五经而已。"④ 由此可见，《孟子》地位之起落，由周秦诸子之书，到汉文帝时传记之书，其地位低于经书而高于诸子之书，汉武帝时"罢黜百家，表章六经"⑤，《孟子》又由传记之书退居诸子之书。

《孟子》之书，虽居于诸子传记之属，其价值实可与儒经比肩，赵岐《孟子题辞》评曰："讫今诸经通义，得引《孟子》以明事，谓之博文。孟子长于譬喻，辞不迫切，而意以独至，其言曰：'说《诗》者不以文害辞，不以辞害志；以意逆志，为得之矣。'斯言殆欲使后人深求其意，以解其文，不但施于说《诗》也。今诸解者，往往撷取而说之，其说又多乖异不同"⑥。吕思勉进一步认为，"后人率重'经'而轻'传''说'，其实二者皆汉初经师所传，若信今

---

① ［清］崔述. 孟子事实录：卷上［M］. 清王灏汇刻《畿辅丛书》本.
② 赵岐《孟子题辞》："孟子亦自知遭苍姬以讫录，值炎刘之未奋，进不得佐兴唐虞雍熙之和，退不能信三代之余风，耻没世而无闻焉，是故垂宪言以诒后人。仲尼有云：'我欲托之空言，不如载之行事之深切著明也。'"（［清］焦循. 孟子正义：卷一［M］. 北京：中华书局，1987：10-11.）
③ ［清］周广业. 孟子出处时地考. 一卷［M］. 清王先谦辑刻《皇清经解续编》本.
④ ［清］焦循. 孟子正义：卷一［M］. 北京：中华书局，1987：16-17.
⑤ ［汉］班固. 汉书：卷六 武帝纪第六［M］. 北京：中华书局，1962：212.
⑥ ［清］焦循. 孟子正义：卷一［M］. 北京：中华书局，1987：17-18.

文，则先师既不伪'经'，岂肯伪'传'""而古籍之口耳相传，历久而不失其辞者，亦未必不存于'传''说''记'之中也。然则欲考古事者，偏重'经'文，亦未必遂得矣""大义存于'传'，不存于'经'，试举一事为征，《尧典》究有何义？试读《孟子·万章上》篇，则禅让之大义存焉。夷考伏生《书传》《史记·五帝本纪》，说皆与《孟子》同，盖同用孔门《书》说也"①。由此可见，《孟子》其书在周秦儒经体系中的独特地位与经解价值。

《荀子》也是周秦儒家要籍，胡适认为，"荀子学问很博，曾研究同时诸家的学说。因为他这样博学，所以他的学说在儒家中别开生面，独创一种很激烈的学派"②，冯友兰评曰"孟子以后，儒者无杰出之士，至荀卿而儒家壁垒始又一新"，认为荀子构筑新的儒学体系，称其为"儒家中之荀学"③。《荀子》对儒家有深入剖析，其学派反省意识非常强烈，如《荀子·儒效》："故有俗人者，有俗儒者，有雅儒者，有大儒者④。不学问，无正义，以富利为隆，是俗人者也。逢衣浅带，解果其冠，略法先王而足乱世术，缪学杂举，不知法后王而一制度，不知隆礼义而杀《诗》《书》；其衣冠行伪已同于世俗矣，然而不知恶者；其言议谈说已无以异于墨子矣，然而明不能别；呼先王以欺愚者而求衣食焉，得委积足以揜其口，则扬扬如也；随其长子，事其便辟，举其上客，儢然若终身之虏而不敢有他志：是俗儒者也。法后王，一制度，隆礼义而杀《诗》《书》，其言行已有大法矣，然而明不能齐法教之所不及，闻见之所未至，则知不能类也，知之曰知之，不知曰不知，内不自以诬，外不自以欺，以是尊贤畏法而不敢怠傲：是雅儒者也。法先王，统礼义，一制度，以浅持博，以古持今，以一持万，苟仁义之类也，虽在鸟兽之中，若别白黑，倚物怪变，所未尝闻也，所未尝见也，卒然起一方，则举统类而应之，无所儗怍，张法而度之，则晻然若合符节：是大儒者也。故人主用俗人则万乘之国亡，用俗儒则万乘之国存，

---

① 吕思勉. 吕思勉读史札记［M］. 上海：上海古籍出版社，1982：688-689.

② 胡适. 中国哲学史大纲：卷上 第十一篇"《荀子》"［M］. 蓬莱阁丛书本. 上海：上海古籍出版社，1997：222.

③ 冯友兰. 中国哲学史：子学时代 荀子及儒家中之荀学［M］. 上海：商务印书馆，1947. 北京：中华书局，据之重印，1961：349.

④【按】荀子此说，东汉王充续申之，《论衡·超奇》："故夫能说一经者为儒生，博览古今者为通人，采掇传书以上书奏记者为文人，能精思著文连结篇章者为鸿儒。故儒生过俗人，通人胜儒生，文人踰通人，鸿儒超文人。故夫鸿儒，所谓超而又超者也。以超之奇，退与儒生相料，文轩之比于敝车，锦绣之方于缊袍也，其相过，远矣。如与俗人相料，太山之巅壔，长狄之项跖，不足以喻。故夫丘山以土石为体，其有铜铁，山之奇也。铜铁既奇，或出金玉。然鸿儒，世之金玉也，奇而又奇矣"（［汉］王充. 论衡校释：卷第十三 超奇篇［M］. 黄晖，校释. 北京：中华书局，1990：607.）。

用雅儒则千乘之国安，用大儒则百里之地久，而后三年，天下为一，诸侯为臣，用万乘之国则举错而定，一朝而伯"①，由此可见荀子对于"儒"之分化的独特看法。《荀子》以儒家为核心，扬弃诸子百家学说，实则集诸子思想之大成，荀子作为周秦儒家最后一位大师，而《荀子》历来被视为诸子之书，韩愈《读〈荀子〉》所谓"孟氏，醇乎醇者也；荀与杨，大醇而小疵"②，其原因正在于此。

论儒家传经之功，以卜商（子夏）、荀况（荀子）为翘楚，对于周秦儒经，卜商承孔子之教而发扬之③，荀况排诸子之议而巩固之。至于荀子之儒家师承关系，范宁《春秋穀梁传集解·序》杨士勋疏："穀梁子，名淑，字元始，鲁人，一名赤，受《经》于子夏，为《经》作《传》，故曰《穀梁传》，传孙卿"④，孙卿即荀卿，又汪中《述学》之《荀卿子通论》曰："盖荀卿于诸经无不通，而古籍阙亡，其授受不可尽知矣。《史记》载孟子受业于子思之门人，于荀卿则未详焉。今考其书，始于《劝学》，终于《尧问》（刘向所编《尧问》第三十，其下仍有《君子》《赋》二篇，然《尧问》末附荀卿弟子之词，则为末篇无疑。当以杨倞改订为是），篇次实仿《论语》《六艺论》云：'《论语》，子夏、仲弓合撰。'《风俗通》云：'穀梁为子夏门人。'而《非相》《非十二子》《儒效》三篇每以仲尼、子弓并称。子弓之为仲弓，犹子路之为季路，知荀卿之学实出于子夏、仲弓也。《宥坐》《子道》《法行》《哀公》《尧问》五篇，杂记孔子及诸弟子言行，盖据其平日之闻于师友者，亦由渊源所渐，传习有素而然也。故曰荀卿之学出于孔氏，而尤有功于诸经"⑤，所论近是。由此可见，荀子其人传孔门儒经，而《荀子》其书作为周秦经解之载体，亦有理据前提矣。

在周秦儒学谱系中，荀子与孟子并驾齐驱。《史记·儒林列传》："后陵迟以至于始皇，天下并争于战国，儒术既绌焉，然齐、鲁之间，学者独不废也。于

① ［清］王先谦.荀子集解：卷第四 ［M］.北京：中华书局，1988：138-141.
② ［唐］韩愈.韩愈文集汇校笺注：卷一 读《荀子》［M］.刘真伦、岳珍，校注.北京：中华书局，2010：112.
③ 《史记·儒林列传》："自孔子卒后，七十子之徒散游诸侯，大者为师傅卿相，小者友教士大夫，或隐而不见。故子路居卫，子张居陈，澹台子羽居楚，子夏居西河，子贡终于齐。如田子方、段干木、吴起、禽滑釐之属，皆受业于子夏之伦，为王者师，是时独魏文侯好学。"（［汉］司马迁.史记：卷一百二十一 ［M］.北京：中华书局，1982：3116.
④ ［清］阮元，校刻.十三经注疏清嘉庆刊本·春秋穀梁传注疏：序 ［M］.北京：中华书局，2009：5123.
⑤ ［清］汪中.述学校笺·述学补遗 荀卿子通论 ［M］.李金松，校笺.北京：中华书局，2014：453-454.

威、宣之际，孟子、荀卿之列，咸遵夫子之业而润色之，以学显于当世。"① 然两者亦有区别，孟子偏于"尊德性（内圣）"，而荀子偏于"道问学（外王）"，尤其对于周秦儒经有传承之功，刘向《孙卿新书三十二篇叙录》："孙卿善为《诗》《礼》《易》《春秋》"②，而且《荀子》其书，具有羽翼六经之作用。杨倞《荀子序》："昔周公稽古三五之道，损益夏殷之典，制礼作乐，以仁义理天下，其德化刑政存乎诗。至于幽厉失道始，变风变雅作矣。平王东迁，诸侯力政，逮五霸之后，则王道不绝如线。故仲尼定礼乐、作《春秋》，然后三代遗风弛而复张，而无时无位，功烈不得被于天下，但门人传述而已。陵夷至于战国，于是申商苛虐，孙吴变诈，以族论罪，杀人盈城，谈说者又以慎、墨、苏、张为宗，则孔氏之道，几乎息矣，有志之士所为痛心疾首也。故孟轲阐其前，荀卿振其后，观其立言指事，根极理要，敷陈往古，捃挈当世，拨乱兴理，易于反掌，真名世之士、王者之师。又其书亦所以羽翼六经、增光孔氏，非徒诸子之言也。盖周公制作之，仲尼祖述之，荀孟赞成之，所以胶固王道，至深至备，虽春秋之四夷交侵，战国之三纲弛绝，斯道竟不坠矣。"③ 汪中《荀卿子通论》继而论之曰："荀卿之学，出于孔氏，而尤有功于诸经""六艺之传，赖以不绝者，荀卿也。周公作之，孔子述之，荀卿子传之，其揆一也"④。皮锡瑞《经学历史》："惟荀卿传经之功甚巨""是荀子能传《易》《诗》《礼》《乐》《春秋》，汉初传其学者极盛。"⑤ 由此可见，荀子传经之功，《荀子》对于儒经之意义，亦非其他诸子之书可比拟。

关于《荀子》之经解价值，《荀子·儒效》："圣人也者，道之管也。天下之道管是矣，百王之道一是矣，故《诗》《书》《礼》《乐》之归是矣。《诗》言是，其志也；《书》言是，其事也；《礼》言是，其行也；《乐》言是，其和也；《春秋》言是，其微也。故《风》之所以为不逐者，取是以节之也；《小雅》之所以为《小雅》者，取是而文之也；《大雅》之所以为《大雅》者，取是而光之也；《颂》之所以为至者，取是而通之也：天下之道毕是矣。乡是者臧，倍是者亡。乡是如不臧，倍是如不亡者，自古及今，未尝有也。"⑥ 《荀子·劝学》："学恶乎始？恶乎终？曰：其数则始乎诵经，终乎读《礼》；其义

---

① ［汉］司马迁. 史记：卷一百二十一［M］. 北京：中华书局，1982：3116.
② ［清］王先谦. 荀子集解：荀卿新书三十二篇［M］. 北京：中华书局，1988：557.
③ ［清］王先谦. 荀子集解：荀子序［M］. 北京：中华书局，1988，第51.
④ ［清］汪中. 述学校笺：述学补遗　荀卿子通论［M］. 李金松，校笺. 北京：中华书局，2014：451、453.
⑤ ［清］皮锡瑞. 经学历史：经学流传时代［M］. 周予同，注释. 北京：中华书局，1959：55.
⑥ ［清］王先谦. 荀子集解：卷第四［M］. 北京：中华书局，1988：133-134.

则始乎为士，终乎为圣人。真积力久则入，学至乎没而后止也。故学数有终，若其义则不可须臾舍也。为之，人也；舍之，禽兽也。故《书》者，政事之纪也；《诗》者，中声之所止也；《礼》者，法之大分，类之纲纪也，故学至乎《礼》而止矣，夫是之谓道德之极。《礼》之敬文也，《乐》之中和也，《诗》《书》之博也，《春秋》之微也，在天地之间者毕矣。"① 如此理论高度，可见《荀子》经解之总体主张。

《荀子》经解以礼学为大宗，发扬周秦儒家之"外王"取向，沈文倬认为"荀况是战国后期的礼学大师。《礼论》篇、《大略》篇是他的述礼专著，《礼论》篇当属自撰，《大略》篇则出于弟子杂录，都是论述昏、丧、祭、飨诸礼的。其体裁与《礼记》很相似，往往前引《仪礼》之文而后申以己说，对原文颇多剪裁、删节，但并列对照，并疏解其文，就能看出荀况是依《仪礼》立说的"②，又如《荀子·乐论》之行文，可分为据《乐记》、引《墨子》、荀子自撰文三部分，承转分明，界限秩然，荀子征引发挥，其归宿是反驳墨子，行文结构，十分清楚。惟古人论说，熔铸贯连，不属引文③，后人不察，遂致湮没。《乐论》第一章，内容可分为四节，与今本《乐记》"乐化章"之第三、第四段同，每节先引《乐记》文为据，续以"而墨子非之，奈何"句，章末小结"故曰：墨子之于道也，犹瞽之于白黑也，犹聋之于清浊也，犹欲之楚而北求之也"④，此乃第一章总体结构；《乐论》第二章，先自撰其说，"夫声乐之入人也深，其化人也速"⑤ 云云，继而瞄准《墨子》加以辩驳，"墨子曰'乐者，圣王之所非也，而儒者为之，过也'⑥。君子以为不然，乐者，圣人之所乐也，而可

① ［清］王先谦．荀子集解：卷第一［M］．北京：中华书局，1988：11-12.

② 沈文倬．宗周礼乐文明考论［M］．增补本．杭州：浙江大学出版社，2006：25-27.

③ 张舜徽《著述体例论》："既删群籍之要以成吾书，则原书皆可土苴视之，又吾所裁取者，悉天下之所共有，世人之所公知，不烦称举而自明，又何庸一一条列以为之注。"（张舜徽．广校雠略：卷一　著述体例论［M］．北京：中华书局，1963：10.）

④ ［清］王先谦．荀子集解：卷第十四　乐论篇第二十［M］．北京：中华书局，1988：379-380.

⑤ 《孟子·尽心上》："仁言，不如仁声之入人深也。"（［清］焦循．孟子正义：卷二十六　尽心章句上　十四章［M］．北京：中华书局，1987：897.）

⑥ 【按】《墨子·三辩》程繁问于子墨子曰"今夫子曰'圣王不为乐'"，子墨子曰"乐非所以治天下也"（［清］孙诒让．墨子间诂：卷一　三辩第七［M］．北京：中华书局，2001：42.），《墨子·非乐》墨子六论"为乐非也"（墨子间诂：卷八　非乐上第三十二，249-258.），盖为荀子所本。

以善民心，其感人深，其移风易俗①，故先王导之以礼乐而民和睦"②，其中"乐者"至"民和睦"，见于今本《乐记》"乐施章"末段，荀子称之"君子以为不然"，引据驳斥墨子之说；《乐论》第三章，摘引文句，可见于今本《乐记》"乐象章""乐情章"，皆继之"而墨子非之"③句，然后自圆其说，用以反驳墨子。由此可见，《荀子》经解之基本特征，或者疏解经典申明己说，或者称述传记反驳异说，要之，其经解与议论融为一体，儒家经解已从零散走向整合，经解为议论提供论据，议论为经解提炼论点，两者交相为用，此乃周秦儒家经解之体系化阶段。

# 研习参考书

[1] 李启谦，骆承烈，王式伦. 孔子资料汇编 [M]. 济南：山东友谊书社，1991.

[2] 李启谦，王式伦. 孔子弟子资料汇编 [M]. 济南：山东友谊书社，1991.

[3] 杨朝明，修建军. 孔子与孔门弟子研究 [M]. 济南：齐鲁书社，2004.

[4] 梁涛. 郭店竹简与思孟学派 [M]. 北京：中国人民大学出版社，2008.

[5] 晁福林. 上博简《诗论》研究 [M]. 北京：商务印书馆，2013.

---

① 【按】《史记·乐书》引作"其风移俗易"（[汉] 司马迁. 史记：卷二十四　乐书第二 [M]. 北京：中华书局，1982：1206.），《汉书·礼乐志》引作"其移风易俗易"（[汉] 班固. 汉书：卷二十二　礼乐志第二 [M]. 北京：中华书局，1962：1036.），汉志所引，语意完整，当从。

② [清] 王先谦. 荀子集解：卷第十四　乐论篇第二十 [M]. 北京：中华书局，1988：380-381.

③ [清] 王先谦. 荀子集解：卷第十四　乐论篇第二十 [M]. 北京：中华书局，1988：382.

# 第六章 次生文献：周秦经解文献
## （文献主体之二）

## 第一节 周秦《诗》经解实录

周秦文献引《诗》至夥，何谓《诗》之经解？首先应当作一辨析，其畛域范围，需要加以界定。周秦盛行赋诗引诗言志之风，周秦时代赋诗引诗，其目的既不是为《诗》作经解，也不是对《诗》义进行发挥，而是根据应对场合，以言志为旨归。姚文田《邃雅堂集》卷十六《读〈诗〉论》，指出"春秋时，列国大夫赋诗见志，其所取往往非作者之意。余尝考《有女同车》、《山有扶苏》、《箨兮》、'子惠思我'① 诸诗，《小序》皆以为刺君，后儒则举而归之淫乱，乃当日其国之卿方并歌以为宾荣，宾亦称曰数世主"②，此乃《诗》之运用，并非《诗》之研究，又魏源《诗古微》卷二《〈毛诗〉义例篇中》，论赋诗引诗之类型有四，或"可不计采诗之世"，或"不必问作诗之事"，或"引《诗》者与诗人之意可以违反乖刺"，或"不必用作《诗》者之本意"③。诸如此类，皆深知赋诗引诗难证《诗》之本义，为了达到应对言志之实用目的，可以对《诗》句任意曲解，断章取义（已非"六经注我"之合理范畴），成为周秦赋诗引诗之辞令常态。因此，周秦赋诗引诗言志，不属于《诗》之经解范畴。关于周秦《诗》之经解，论其大宗，在《左传》《国语》《论语》《孟子》《荀

---

① 【按】此取《郑风·箨裳》。程俊英，蒋见元. 诗经注析［M］. 北京：中华书局，1991：246.
② 秋农学案：姚先生文田 文集 读《诗》论［M］//徐世昌，等. 清儒学案. 卷一百十五. 北京：中华书局，2008：4586-4587.
③ ［清］魏源. 诗古微：上编之二 通论《毛诗》《毛诗》义例篇中［M］. 长沙：岳麓书社，2004：169-170.

子》《吕氏春秋》，本节以《诗》之经解为对象，逐条分类整理，庶几可谓实录焉。

### 《周南·关雎》

《论语·八佾》："子曰：'《关雎》，乐而不淫，哀而不伤。'"①

《论语·泰伯》："子曰：'师挚之始，《关雎》之乱，洋洋乎盈耳哉！'"②

### 《周南·卷耳》

《荀子·解蔽》："《诗》云'采采卷耳，不盈顷筐。嗟我怀人，寘彼周行'，顷筐易满也，卷耳易得也，然而不可以贰周行。故曰：心枝则无知，倾则不精，贰则疑惑。以赞稽之，万物可兼知也。身尽其故则美，类不可两也，故知者择一而壹焉。"③

### 《周南·兔罝》

《左传·成公十二年》："享以训共俭，宴以示慈惠。共俭以行礼，而慈惠以布政。政以礼成，民是以息。百官承事，朝而不夕，此公侯之所以扞城其民也，故《诗》曰'赳赳武夫，公侯干城'。及其乱也，诸侯贪冒，侵欲不忌，争寻常以尽其民，略其武夫以为己腹心、股肱、爪牙，故《诗》曰'赳赳武夫，公侯腹心'。天下有道，则公侯能为民干城，而制其腹心，乱则反之。"④

《吕氏春秋·慎大览·报更》："宣孟德一士，犹活其身，而况德万人乎！故《诗》曰'赳赳武夫，公侯干城'；'济济多士，文王以宁'⑤。"⑥

### 《召南·采蘩》《采蘋》

《左传·隐公三年》："《风》⑦有《采蘩》《采蘋》，《雅》⑧有《行苇》《泂酌》，昭忠信也。"⑨

---

① 程树德. 论语集释：卷六　八佾下［M］. 北京：中华书局，1990：198.
② 程树德. 论语集释：卷十六　泰伯下［M］. 北京：中华书局，1990：542.
③ ［清］王先谦. 荀子集解：卷第十五［M］. 北京：中华书局，1988：398-399.
④ ［清］洪亮吉. 春秋左传诂：卷十一［M］. 北京：中华书局，1987：465-466.
⑤ 【按】此取《大雅·文王》。程俊英，蒋见元. 诗经注析［M］. 北京：中华书局，1991：748.
⑥ ［秦］吕不韦. 吕氏春秋集释：卷第十五［M］. 许维遹，集释. 北京：中华书局，2009：375.
⑦ 【按】此指《召南》。
⑧ 【按】此指《大雅》。
⑨ ［清］洪亮吉. 春秋左传诂：卷五［M］. 北京：中华书局，1987：191.

《左传·文公三年》："君子是以知秦穆公之为君也，举人之周也，与人之壹也……《诗》曰'于以采蘩，于沼于沚。于以用之，公侯之事'，秦穆有焉。"①

《左传·襄公二十八年》："敬，民之主也，而弃之，何以承守？郑人不讨，必受其辜。济泽之阿，行潦之萍藻，寘诸宗室，季兰尸之②，敬也，敬可弃乎？"③

### 《召南·甘棠》

《左传·定公九年》："故用其道，不弃其人。《诗》云'蔽芾甘棠，勿翦勿伐，召伯所芨'，思其人，犹爱其树，况用其道而不恤其人乎？"④

《左传·襄公十四年》："武子之德在民，如周人之思召公焉，爱其甘棠，况其子乎？"⑤

### 《召南·羔羊》

《左传·襄公七年》："为臣而君，过而不悛，亡之本也。《诗》曰'退食自公，委蛇委蛇'，谓从者也，衡而委蛇必折。"⑥

### 《召南·驺虞》

《墨子·三辩》："周成王因先王之乐，又自作乐，命曰《驺虞》。"⑦

### 《邶风·柏舟》

《左传·襄公三十一年》："《卫诗》曰'威仪棣棣，不可选也'，言君臣、上下、父子、兄弟、内外、大小，皆有威仪也。"⑧

---

① ［清］洪亮吉．春秋左传诂：卷九［M］．北京：中华书局，1987：356．
② 见于《召南·采蘋》："于以采蘋？南涧之滨。于以采藻？于彼行潦""于以奠之？宗室牖下。谁其尸之？有齐季女"（程俊英，蒋见元．诗经注析［M］．北京：中华书局，1991：36-37．）．【按】所谓"济泽之阿，行潦之萍藻"，即"于以采蘋？南涧之滨。于以采藻？于彼行潦"，所谓"寘诸宗室，季兰尸之"，即"于以奠之？宗室牖下。谁其尸之？有齐季女"，所谓"季兰"，即"季女"。
③ ［清］洪亮吉．春秋左传诂：卷十四［M］．北京：中华书局，1987：605．
④ ［清］洪亮吉．春秋左传诂：卷十九［M］．北京：中华书局，1987：829．
⑤ ［清］洪亮吉．春秋左传诂：卷十二［M］．北京：中华书局，1987：531-532．
⑥ ［清］洪亮吉．春秋左传诂：卷十二［M］．北京：中华书局，1987：506．
⑦ ［清］孙诒让．墨子间诂：卷一［M］．北京：中华书局，2001：41．
⑧ ［清］洪亮吉．春秋左传诂：卷十四［M］．北京：中华书局，1987：630．

《孟子·尽心下》："士憎兹多口。《诗》云'忧心悄悄，愠于群小'，孔子也。"①

《荀子·宥坐》："《诗》曰'忧心悄悄，愠于群小'，小人成群，斯足忧也。"②

### 《邶风·凯风》

《孟子·告子下》："曰：'《凯风》何以不怨?'曰：'《凯风》，亲之过小者也。"③

### 《邶风·雄雉》

《论语·子罕》："子曰：'衣敝缊袍，与衣狐貉者立，而不耻者，其由也与? "不忮不求，何用不臧?"'子路终身诵之。子曰：'是道也，何足以臧?'"④

### 《邶风·匏有苦叶》

《论语·宪问》："子击磬于卫，有荷蒉而过孔氏之门者，曰：'有心哉，击磬乎!'既而曰：'鄙哉，硁硁乎，莫己知也，斯己而已矣。"深则厉，浅则揭。"'"

### 《邶风·谷风》

《左传·襄公二十五年》："乌乎!《诗》所谓'我躬不说，皇恤我后'⑤者，宁子可谓不恤其后矣。"⑥

### 《邶风·简兮》

《吕氏春秋·季春纪·先己》："《诗》曰：'执辔如组。'孔子曰：'审此言也，可以为天下。'子贡曰：'何其躁也?'孔子曰：'非谓其躁也，谓其为之于

---

① ［清］焦循．孟子正义：卷二十八［M］．北京：中华书局，1987：979-980.
② ［清］王先谦．荀子集解：卷第二十［M］．北京：中华书局，1988：521.
③ ［清］焦循．孟子正义：卷二十四［M］．北京：中华书局，1987：820.
④ 程树德．论语集释：卷十八　子罕下［M］．北京：中华书局，1990：619-622.
⑤ 【按】《邶风·谷风》："我躬不阅，遑恤我后?"程俊英，蒋见元．诗经注析［M］．北京：中华书局，1991：93．又《小雅·小弁》亦见之，诗经注析［M］．北京：中华书局，1991：606.
⑥ ［清］洪亮吉．春秋左传诂：卷十三［M］．北京：中华书局，1987：580.

此而成文于彼也。'圣人组修其身而成文于天下矣,故子华子曰:'丘陵成而穴者安矣,大水深渊成而鱼鳖安矣,松柏成而涂之人已荫矣。'"①

### 《邶风·泉水》

《左传·文公二年》:"《诗》曰"问我诸姑,遂及百姊②",君子曰礼,谓其姊亲而先姑也。"③

### 《邶风·静女》

《左传·定公九年》:"苟有可以加于国家者,弃其邪可也。《静女》之三章,取彤管焉。"④

### 《鄘风·桑中》

《左传·成公二年》:"异哉!夫子有三军之惧,而又有《桑中》之喜,宜将窃妻以逃者也。"⑤

### 《鄘风·鹑之奔奔》

《左传·宣公二年》:"羊斟,非人也。以其私憾,败国殄民,于是刑孰大焉?《诗》所谓'人之无良'⑥者,其羊斟之谓乎!残民以逞。"⑦

### 《鄘风·相鼠》

《左传·昭公三年》:"礼,其人之急也乎!伯石之汰也,一为礼于晋,犹荷其禄,况以礼终始乎?《诗》曰'人而无礼,胡不遄死',其是之谓乎!"⑧

《左传·定公十年》:"此之谓弃礼,必不钧。《诗》曰'人而无礼,胡不遄死',涉佗亦遄矣哉。"⑨

---

① [秦]吕不韦.吕氏春秋集释:卷第三[M].许维遹,集释.北京:中华书局,2009:73.
② 【按】《邶风·泉水》:"遂及伯姊。"程俊英,蒋见元.诗经注析[M].北京:中华书局,1991:107.
③ [清]洪亮吉.春秋左传诂:卷九[M].北京:中华书局,1987:355.
④ [清]洪亮吉.春秋左传诂:卷十九[M].北京:中华书局,1987:829.
⑤ [清]洪亮吉.春秋左传诂:卷十一[M].北京:中华书局,1987:444.
⑥ 【按】《小雅·角弓》:"民之无良。"程俊英,蒋见元.诗经注析[M].北京:中华书局,1991:711.
⑦ [清]洪亮吉.春秋左传诂:卷十[M].北京:中华书局,1987:395.
⑧ [清]洪亮吉.春秋左传诂:卷十五[M].北京:中华书局,1987:653.
⑨ [清]洪亮吉.春秋左传诂:卷十九[M].北京:中华书局,1987:833.

### 《鄘风·干旄》

《左传·定公九年》："《竿旄》'何以告之'，取其忠也。故用其道，不弃其人。"①

### 《卫风·淇奥》

《论语·学而》："子贡曰：'贫而无谄，富而无骄，何如？'子曰：'可也。未若贫而乐，富而好礼者也。'子贡曰：'《诗》云：如切如磋，如琢如磨，其斯之谓与？'子曰：'赐也，始可与言《诗》已矣，告诸往而知来者。'"②

《荀子·大略》："人之于文学也，犹玉之于琢磨也。《诗》曰'如切如磋，如琢如磨'，谓学问也。和之璧，井里之厥也，玉人琢之，为天子宝。子赣、季路，故鄙人也，被文学，服礼义，为天下列士。"③

### 《卫风·硕人》

《论语·八佾》："子夏问曰：'巧笑倩兮，美目盼兮，素以为绚兮，何谓也？'子曰：'绘事后素。'曰：'礼后乎？'子曰：'起予者商也，始可与言《诗》已矣。'"④

### 《卫风·氓》

《左传·成公八年》："《诗》曰：'女也不爽，士贰其行。士也罔极，二三其德。'七年之中，一与一夺，二三孰甚焉？士之二三，犹丧妃耦，而况霸主？霸主将德是以，而二三之，其何以长有诸侯乎？"⑤

### 《郑风·将仲子》

《国语·晋语四》："《郑诗》云：'仲可怀也，人之多言，亦可畏也。'昔管敬仲有言，小妾闻之，曰：'畏威如疾，民之上也。从怀如流，民之下也。见怀思威，民之中也。畏威如疾，乃能威民。威在民上，弗畏有刑。从怀如流，去

① ［清］洪亮吉.春秋左传诂：卷十九［M］.北京：中华书局，1987：829.
② 程树德.论语集释：卷二　学而下［M］.北京：中华书局，1990，第54-56.
③ ［清］王先谦.荀子集解：卷第十九［M］.北京：中华书局，1988：508.
④ 程树德.论语集释：卷五　八佾上［M］.北京：中华书局，1990：157-159.
⑤ ［清］洪亮吉.春秋左传诂：卷十一［M］.北京：中华书局，1987：456.

威远矣，故谓之下。其在辟也，吾从中也。'《郑诗》之言，吾其从之。"①

### 《齐风·南山》

《孟子·万章上》："万章问曰：'《诗》云娶妻如之何？必告父母，信斯言也，宜莫如舜。舜之不告而娶，何也？'孟子曰：'告则不得娶。男女居室，人之大伦也。如告，则废人之大伦，以怼父母，是以不告也。'"②

### 《齐风·东方未明》

《荀子·大略》："诸侯召其臣，臣不俟驾，颠倒衣裳而走，礼也。《诗》曰：'颠之倒之，自公召之。'"③

### 《魏风·伐檀》

《孟子·尽心上》："公孙丑曰：'《诗》曰不素餐兮，君子之不耕而食，何也？'孟子曰：'君子居是国也，其君用之，则安富尊荣；其子弟从之，则孝悌忠信。不素餐兮，孰大于是！'"④

### 《秦风·小戎》

《荀子·法行》："夫玉者，君子比德焉。温润而泽，仁也；栗而理，知也；坚刚而不屈，义也；廉而不刿，行也；折而不挠，勇也；瑕适并见，情也；扣之，其声清扬而远闻，其止辍然，辞也。故虽有珉之雕雕，不若玉之章章。《诗》曰'言念君子，温其如玉'，此之谓也。"⑤

### 《曹风·候人》

《左传·僖公二十四年》："服之不衷，身之灾也。《诗》曰'彼其之子，不称其服'，子臧之服，不称也夫。"⑥

《国语·晋语四》："《曹诗》曰：'彼己之子，不遂其媾'，邮之也。夫邮而效之，邮又甚焉。效邮，非礼也。"⑦

---

①　徐元诰.国语集解：晋语四第十　文公在狄十二年［M］.北京：中华书局，2002：324-325.
②　［清］焦循.孟子正义：卷十八［M］.北京：中华书局，1987：618.
③　［清］王先谦.荀子集解：卷第十九［M］.北京：中华书局，1988：486.
④　［清］焦循.孟子正义：卷二十七［M］.北京：中华书局，1987：925-926.
⑤　［清］王先谦.荀子集解：卷第二十［M］.北京：中华书局，1988：535-536.
⑥　［清］洪亮吉.春秋左传诂：卷八［M］.北京：中华书局，1987：320.
⑦　徐元诰.国语集解：晋语四第十　文公在狄十二年［M］.北京：中华书局，2002：333.

### 《曹风·鸤鸠》

《荀子·劝学》："《诗》曰'尸鸠在桑，其子七兮。淑人君子，其仪一兮。其仪一兮，心如结兮'，故君子结于一也。"①

《荀子·富国》："人皆乱，我独治；人皆危，我独安；人皆失丧之，我按起而治之。故仁人之用国，非特将持其有而已也，又将兼人。《诗》曰'淑人君子，其仪不忒。其仪不忒，正是四国'，此之谓也。"②

《荀子·议兵》："故近者亲其善，远方慕其德，兵不血刃，远迩来服，德盛于此，施及四极。《诗》曰'淑人君子，其仪不忒'，此之谓也。"③

《荀子·君子》："故仁者，仁此者也；义者，分此者也；节者，死生此者也；忠者，惇慎此者也。兼此而能之，备矣。备而不矜，一自善也，谓之圣。不矜矣，夫故天下不与争能而致善用其功。有而不有也，夫故为天下贵矣。《诗》曰'淑人君子，其仪不忒。其仪不忒，正是四国'，此之谓也。"④

《吕氏春秋·季春纪·先己》："昔者，先圣王成其身而天下成，治其身而天下治。故善响者不于响于声，善影者不于影于形，为天下者不于天下于身。《诗》曰'淑人君子，其仪不忒。其仪不忒，正是四国'，言正诸身也。故反其道而身善矣；行义则人善矣；乐备君道而百官已治矣，万民已利矣。"⑤

### 《豳风·七月》

《左传·昭公四年》："今藏川池之冰弃而不用，风不越而杀，雷不发而震。雹之为灾，谁能御之？《七月》之卒章，藏冰之道也。"⑥

《孟子·滕文公上》："滕文公问为国，孟子曰：'民事不可缓也。《诗》云：昼尔于茅，宵尔索绹，亟其乘屋，其始播百谷。民之为道也，有恒产者有恒心，无恒产者无恒心。'"⑦

《荀子·大略》："孔子曰：'《诗》云"昼尔于茅，宵尔索绹，亟其乘屋，其始播百谷"，耕难，耕焉可息哉！'"⑧

---

① ［清］王先谦. 荀子集解：卷第一［M］. 北京：中华书局，1988：10.

② ［清］王先谦. 荀子集解：卷第六［M］. 北京：中华书局，1988：199.

③ ［清］王先谦. 荀子集解：卷第十［M］. 北京：中华书局，1988：280.

④ ［清］王先谦. 荀子集解：卷第十七［M］. 北京：中华书局，1988：453-454.

⑤ ［秦］吕不韦. 吕氏春秋集释：卷第三［M］. 许维遹，集释. 北京：中华书局，2009：70.

⑥ ［清］洪亮吉. 春秋左传诂：卷十五［M］. 北京：中华书局，1987：659.

⑦ ［清］焦循. 孟子正义：卷十［M］. 北京：中华书局，1987：332-333.

⑧ ［清］王先谦. 荀子集解：卷第十九［M］. 北京：中华书局，1988：510.

### 《豳风·鸱鸮》

《孟子·公孙丑上》："《诗》云'迨天之未阴雨，彻彼桑土，绸缪牖户。今此下民①，或敢侮予'，孔子曰'为此诗者，其知道乎！能治其国家，谁敢侮之？'"②

### 《豳风·伐柯》

《晋语·越语下》："天节不远，五年复反，小凶则近，大凶则远，先人有言曰'伐柯者，其则不远'③。"④

### 《豳风·狼跋》

《左传·昭公二十年》："声亦如味，一气、二体、三类、四物、五声、六律、七音、八风、九歌，以相成也。清浊、小大、短长、疾徐、哀乐、刚柔、迟速、高下、出入、周疏，以相济也。君子听之，以平其心。心平，德和，故《诗》曰'德音不瑕'。今据不然，君所谓可，据亦曰可；君所谓否，据亦曰否。若以水济水，谁能食之？若琴瑟之专一，谁能听之？同之不可也如是。"⑤

### 《小雅·鹿鸣》

《左传·昭公七年》："故孟懿子与南宫敬叔师事仲尼。仲尼曰：'能补过者，君子也。《诗》曰"君子是则是效"，孟僖子可则效已矣。'"⑥

《左传·昭公十年》："周公其不飨鲁祭乎！周公飨义，鲁无义。《诗》曰'德音孔昭，视民不佻'，佻之谓甚矣，而壹用之，将谁福哉？"⑦

### 《小雅·四牡》

《左传·襄公二十九年》："葬灵王，郑上卿有事，子展使印段往，伯有曰：

---

① 【按】《豳风·鸱鸮》："今女下民。"程俊英，蒋见元．诗经注析［M］．北京：中华书局，1991：418．
② ［清］焦循．孟子正义：卷七［M］．北京：中华书局，1987：224．
③ 【按】《豳风·伐柯》："伐柯伐柯，其则不远。"程俊英，蒋见元．诗经注析［M］．北京：中华书局，1991：429．
④ 徐元诰．国语集解：越语下第二十一 居军三年吴师自溃［M］．北京：中华书局，2002：586-587．
⑤ ［清］洪亮吉．春秋左传诂：卷十七［M］．北京：中华书局，1987：746．
⑥ ［清］洪亮吉．春秋左传诂：卷十六［M］．北京：中华书局，1987：683．
⑦ ［清］洪亮吉．春秋左传诂：卷十六［M］．北京：中华书局，1987：692．

'弱，不可。'子展曰：'与其莫往，弱不犹愈乎？《诗》曰：王事靡盬，不皇启处①，东西南北，谁敢宁处？坚事晋、楚，以蕃王室也。王事无旷，何常之有？'遂使印段如周。"②

### 《小雅·皇皇者华》

《国语·鲁语下》："《皇皇者华》，君教使臣曰'每怀靡及'，诹、谋、度、询，必咨于周，敢不拜教！臣闻之曰：'怀和为每怀，咨才为诹，咨事为谋，咨义为度，咨亲为询，忠信为周。'君贶使臣以大礼，重之以六德，敢不重拜！"③

《国语·晋语四》："《周诗》曰'莘莘征夫，每怀靡及'，夙夜征行，不遑启处，犹惧无及，况其顺身纵欲怀安，将何及矣！人不求及，其能及乎？日月不处，人谁获安？"④

《墨子·尚同中》："当此之时，本无有敢纷天子之教者。《诗》曰'我马维骆，六辔沃若。载驰载驱，周爰咨度'，又曰'我马维骐，六辔若丝。载驰载驱，周爰咨谋'，即此语也。古者国君诸侯之闻见善与不善也，皆驰驱以告天子，是以赏当贤，罚当暴，不杀不辜，不失有罪，则此尚同之功也。"⑤

### 《小雅·常棣》

《左传·僖公二十四年》："召穆公思周德之不类，故纠合宗族于成周而作《诗》，曰'常棣之华，鄂不韡韡⑥。凡今之人，莫如兄弟'，其四章曰'兄弟阋于墙，外御其侮'，如是，则兄弟虽有小忿，不废懿亲。"⑦

《左传·昭公七年》："卫事晋为睦，晋不礼焉，庇其贼人而取其地，故诸侯贰。《诗》曰'鹡鸰在原，兄弟急难'，又曰'死丧之威，兄弟孔怀'，兄弟之不睦，于是乎不吊，况远人，谁敢归之？今又不礼于卫之嗣，卫必叛我，是绝诸侯也。"⑧

---

① 【按】《小雅·四牡》："不遑启处。"程俊英，蒋见元.诗经注析［M］.北京：中华书局，1991：442.

② ［清］洪亮吉.春秋左传诂：卷十四［M］.北京：中华书局，1987：607.

③ 徐元诰.国语集解：鲁语下第五 叔孙穆子聘于晋［M］.北京：中华书局，2002：179-180.

④ 徐元诰.国语集解：晋语四第十 文公在狄十二年［M］.北京：中华书局，2002：324.

⑤ ［清］孙诒让.墨子间诂：卷三［M］.北京：中华书局，2001：88.

⑥ 【按】《小雅·常棣》："鄂不韡韡。"程俊英，蒋见元.诗经注析［M］.北京：中华书局，1991：448.

⑦ ［清］洪亮吉.春秋左传诂：卷八［M］.北京：中华书局，1987：3.

⑧ ［清］洪亮吉.春秋左传诂：卷十六［M］.北京：中华书局，1987：681.

《国语·周语中》："古人有言曰'兄弟谗阋，侮人百里'，周文公之《诗》曰'兄弟阋于墙，外御其侮'，若是，则阋乃内侮，而虽阋不败亲也。"①

### 《小雅·出车》

《左传·闵公元年》："戎狄豺狼，不可厌也。诸夏亲昵，不可弃也。宴安鸩毒，不可怀也。《诗》云'岂不怀归，畏此简书'，简书，同恶相恤之谓也，请救邢以从简书。"②

《荀子·大略》："天子召诸侯，诸侯辇舆就马，礼也。《诗》曰'我出我舆③，于彼牧矣。自天子所，谓我来矣'。"④

### 《小雅·鱼丽》

《荀子·大略》："《聘礼》志曰'币厚则伤德，财侈则殄礼'⑤，'礼云礼云，玉帛云乎哉！'《诗》曰'物其指矣，唯其偕矣'，不时宜，不敬交⑥，不骥欣，虽指，非礼也。"⑦

《荀子·不苟》："君子行不贵苟难，说不贵苟察，名不贵苟传，唯其当之为贵。《诗》曰'物其有矣，唯其时矣'，此之谓也。"⑧

### 《小雅·南山有台》

《左传·昭公十三年》："子产归，未至，闻子皮卒，哭，且曰：'吾已！无为为善矣，惟夫子知我。'仲尼谓：'子产于是行也，足以为国基矣。《诗》曰：乐只君子，邦家之基，子产，君子之求乐者也。'且曰：'合诸侯，艺贡事，礼也。'"⑨

---

① 徐元诰. 国语集解：周语中第二. 襄王十七年郑人伐滑［M］. 北京：中华书局，2002：44-45.

② ［清］洪亮吉. 春秋左传诂：卷六［M］. 北京：中华书局，1987：262.

③ 【按】《小雅·出车》："我出我车。"程俊英，蒋见元. 诗经注析［M］. 北京：中华书局，1991：470.

④ ［清］王先谦. 荀子集解：卷第十九［M］. 北京：中华书局，1988：486.

⑤ 【按】《仪礼·聘礼》："多货则伤于德，币美则没礼。"［清］阮元，校刻. 十三经注疏. 清嘉庆刊本. 仪礼注疏：卷第二十四［M］. 北京：中华书局，2009：2322.

⑥ 【按】《荀子·劝学》："礼之敬文也"（［清］王先谦. 荀子集解：卷第一［M］. 北京：中华书局，1988：12.），"不敬交"当作"不敬文"，与下文"非礼也"相合。

⑦ ［清］王先谦. 荀子集解：卷第十九［M］. 北京：中华书局，1988：488.

⑧ ［清］王先谦. 荀子集解：卷第二［M］. 北京：中华书局，1988：39.

⑨ ［清］洪亮吉. 春秋左传诂：卷十六［M］. 北京：中华书局，1987：713.

《左传·襄公二十四年》："夫令名，德之舆也。德，国家之基也。有基无坏，无亦是务乎！有德则乐，乐则能久。《诗》曰'乐旨君子，邦家之基'，有令德也夫！"①

### 《小雅·六月》

《左传·宣公十二年》："进之！宁我薄人，无人薄我。《诗》曰'元戎十乘，以先启行'，先人也。《军志》曰'先人有夺人之心'，薄之也。"②

### 《小雅·车攻》

《孟子·滕文公下》："（王良）曰：'吾为之范我驰驱，终日不获一；为之诡遇，一朝而获十。《诗》云：不失其驰，舍矢如破，我不贯与小人乘，请辞。'御者且羞与射者比，比而得禽兽，虽若丘陵，弗为也。如枉道而从彼，何也？且子过矣！枉己者，未有能直人者也。"③

### 《小雅·鹤鸣》

《荀子·儒效》："君子隐而显，微而明，辞让而胜，《诗》曰'鹤鸣于九皋，声闻于天'，此之谓也。"④

### 《小雅·节南山》

《左传·成公七年》："七年，春，吴伐郯，郯成。季文子曰：'中国不振旅，蛮夷入伐而莫之或恤，无吊者也夫！《诗》曰：不吊昊天，乱靡有定，其此之谓乎！有上不吊，其谁不受乱？吾亡无日矣！'君子曰：'如惧如是，斯不亡矣。'"⑤

《左传·襄公十三年》："吴侵楚，养由基奔命，子庚以师继之。养叔曰：'吴乘我丧，谓我不能师也，必易我而不戒。子为三覆以待我，我请诱之。'子庚从之。战于庸浦，大败吴师，获公子党。君子以吴为不吊，《诗》曰'不吊昊天，乱靡有定'。"⑥

---

① ［清］洪亮吉.春秋左传诂：卷十三［M］.北京：中华书局，1987：568.
② ［清］洪亮吉.春秋左传诂：卷十［M］.北京：中华书局，1987：420.
③ ［清］焦循.孟子正义：卷十二［M］.北京：中华书局，1987：412-415.
④ ［清］王先谦.荀子集解：卷第四［M］.北京：中华书局，1988：128.
⑤ ［清］洪亮吉.春秋左传诂：卷十一［M］.北京：中华书局，1987：454-455.
⑥ ［清］洪亮吉.春秋左传诂：卷十二［M］.北京：中华书局，1987：528.

《国语·楚语上》："《周诗》有之曰'弗躬弗亲，庶民弗信'，臣惧民之不信君也，故不敢不言。不然，何急其以言取罪也？"①

《荀子·富国》："故墨术诚行，则天下尚俭而弥贫，非斗而日争，劳苦顿萃而愈无功，愀然忧戚非乐而日不和。《诗》曰'天方荐瘥，丧乱弘多。民言无嘉，憯莫惩嗟'，此之谓也。"②

《荀子·宥坐》："《诗》曰'尹氏大师，维周之氐，秉国之均，四方是维，天子是庳，卑民不迷'③，是以威厉而不试，刑错而不用，此之谓也。"④

《韩非子·外储说左上》："《诗》曰'不躬不亲，庶民不信'，傅说之以'无衣紫'，援之以郑简、宋襄，责之以尊厚耕战。夫不明分，不责诚，而以躬亲位下，且为'下走''睡卧'，与去'掔弊''微服'。孔丘不知，故称'犹盂'；邹君不知，故先自僇。明主之道，如叔向赋猎，与昭侯之奚听也。"⑤

## 《小雅·正月》

《左传·僖公二十二年》："《诗》曰：'协比其邻，昏姻孔云。'吾兄弟之不协，焉能怨诸侯之不睦？"⑥

《左传·襄公二十九年》："若之何哉？晋国不恤周宗之阙，而夏肄是屏。其弃诸姬，亦可知也已。诸姬是弃，其谁归之？吉也闻之，弃同即异，是谓离德，《诗》曰'协比其邻，昏姻孔云'，晋不邻矣，其谁云之？"⑦

《左传·昭公元年》："强以克弱而安之，强不义也。不义而强，其毙必速。《诗》曰'赫赫宗周，褒姒灭之'，强不义也。"⑧

《孟子·梁惠王下》："老而无妻曰鳏，老而无夫曰寡，老而无子曰独，幼而无父曰孤，此四者，天下之穷民而无告者。文王发政施仁，必先斯四者，《诗》云'哿矣富人，哀此茕独'。"⑨

① 徐元诰. 国语集解：楚语上第十七　灵王虐，白公子张骤谏 [M]. 北京：中华书局，2002：505.
② [清] 王先谦. 荀子集解：卷第六 [M]. 北京：中华书局，1988：188.
③ 【按】《小雅·节南山》："天子是毗，俾民不迷。"程俊英，蒋见元. 诗经注析 [M]. 北京：中华书局，1991：556.
④ [清] 王先谦. 荀子集解：卷第二十 [M]. 北京：中华书局，1988：523.
⑤ [清] 王先慎. 韩非子集解：卷十一 [M]. 北京：中华书局，1998：264-265.
⑥ [清] 洪亮吉. 春秋左传诂：卷七 [M]. 北京：中华书局，1987：306.
⑦ [清] 洪亮吉. 春秋左传诂：卷十四 [M]. 北京：中华书局，1987：608.
⑧ [清] 洪亮吉. 春秋左传诂：卷十五 [M]. 北京：中华书局，1987：635.
⑨ [清] 焦循. 孟子正义：卷四 [M]. 北京：中华书局，1987：136.

### 《小雅·十月之交》

《左传·昭公七年》：晋侯曰："《诗》所谓'彼日而食，于何不臧'者，何也？"士文伯对曰："不善政之谓也。国无政，不用善，则自取谪于日月之灾，故政不可不慎也。务三而已，一曰择人，二曰因民，三曰从时。"①

《左传·昭公三十二年》："社稷无常奉，君臣无常位，自古以然，故《诗》曰'高岸为谷，深谷为陵'，三后之姓，于今为庶，主所知也。"②

《左传·僖公十五年》："龟，象也；筮，数也。物生而后有象，象而后有滋，滋而后有数。先君之败德，及可数乎？史苏是占，勿从何益？《诗》曰'下民之孽，匪降自天。僔沓背憎，职竞由人'。"③

《荀子·君子》："乱世则不然：刑罚怒罪，爵赏逾德，以族论罪，以世举贤。故一人有罪而三族皆夷，德虽如舜，不免刑均，是以族论罪也。先祖当贤，后子孙必显，行虽如桀、纣，列从必尊，此以世举贤也。以族论罪，以世举贤，虽欲无乱，得乎哉！《诗》曰'百川沸腾，山冢崒崩。高岸为谷，深谷为陵。哀今之人，胡憯莫惩'，此之谓也。"④

《荀子·正论》："尧、舜，至天下之善教化者也，南面而听天下，生民之属莫不振动从服以化顺之；然而朱、象独不化，是非尧、舜之过，朱、象之罪也。尧、舜者，天下之英也；朱、象者，天下之嵬，一时之琐也。今世俗之为说者不怪朱、象而非尧、舜，岂不过甚矣哉！夫是之谓嵬说。羿、蠭门者、天下之善射者也，不能以拨弓、曲矢中；王梁、造父者、天下之善驭者也，不能以辟马、毁舆致远；尧、舜者，天下之善教化者也，不能使嵬琐化。何世而无嵬，何时而无琐，自太皞、燧人莫不有也。故作者不祥，学者受其殃，非者有庆。《诗》曰'下民之孽，匪降自天。噂沓背憎，职竞由人'，此之谓也。"⑤

### 《小雅·雨无正》

《左传·文公十五年》："礼以顺天，天之道也，己则反天，而又以讨人，难以免矣。《诗》曰'胡不相畏？不畏于天'，君子之不虐幼贱，畏于天也。"⑥

①　[清] 洪亮吉. 春秋左传诂：卷十六 [M]. 北京：中华书局，1987：678.
②　[清] 洪亮吉. 春秋左传诂：卷十八 [M]. 北京：中华书局，1987：803.
③　[清] 洪亮吉. 春秋左传诂：卷七 [M]. 北京：中华书局，1987：297-298.
④　[清] 王先谦. 荀子集解：卷第十七 [M]. 北京：中华书局，1988：452.
⑤　[清] 王先谦. 荀子集解：卷第十二 [M]. 北京：中华书局，1988：336-338.
⑥　[清] 洪亮吉. 春秋左传诂：卷九 [M]. 北京：中华书局，1987：382.

《左传·昭公八年》："君子之言，信而有征，故怨远于其身。小人之言，僭而无征，故怨咎及之。《诗》曰'哀哉不能言，匪舌是出，唯躬是瘁。哿矣能言，巧言如流，俾躬处休'，其是之谓乎!"①

《左传·昭公十六年》："诸侯之无伯，害哉! 齐君之无道也，兴师而伐远方，会之，有成而还，莫之亢也，无伯也夫!《诗》曰'宗周既灭，靡所止戾。正大夫离居，莫知我肄'，其是之谓乎!"②

## 《小雅·小旻》

《左传·僖公二十二年》："国无小，不可易也。无备，虽众不可恃也。《诗》曰'战战兢兢，如临深渊，如履薄冰'。"③

《左传·宣公十六年》："吾闻之'禹称善人，不善人远'，此之谓也夫。《诗》曰'战战兢兢，如临深渊，如履薄冰'，善人在上也。善人在上，则国无幸民。谚曰'民之多幸，国之不幸也'，是无善人之谓也。"④

《论语·泰伯》："曾子有疾，召门弟子曰：'启予足! 启予手!《诗》云：战战兢兢，如临深渊，如履薄冰。而今而后，吾知免夫! 小子!'"⑤

《荀子·修身》："小人反是，致乱而恶人之非己也，致不肖而欲人之贤己也，心如虎狼、行如禽兽而又恶人之贼己也。谄谀者亲，谏争者疏，修正为笑，至忠为贼，虽欲无灭亡，得乎哉!《诗》曰'噏噏呰呰，亦孔之哀。谋之其臧，则具是违；谋之不臧，则具是依'，此之谓也。"⑥

《荀子·臣道》："仁者必敬人。凡人非贤则案不肖也。人贤而不敬，则是禽兽也；人不肖而不敬，则是狎虎也。禽兽则乱，狎虎则危，灾及其身矣。《诗》曰'不敢暴虎，不敢冯河。人知其一，莫知其他。战战兢兢，如临深渊，如履薄冰'，此之谓也。"⑦

《吕氏春秋·孟冬纪·安死》："《诗》曰'不敢暴虎，不敢冯河。人知其一，莫知其他'，此言不知邻类也。故反以相非，反以相是。其所非方其所是也，其所是方其所非也。是非未定，而喜怒斗争，反为用矣。"⑧

---

① ［清］洪亮吉. 春秋左传诂：卷十六 ［M］. 北京：中华书局，1987：685.
② ［清］洪亮吉. 春秋左传诂：卷十七 ［M］. 北京：中华书局，1987：722.
③ ［清］洪亮吉. 春秋左传诂：卷七 ［M］. 北京：中华书局，1987：306.
④ ［清］洪亮吉. 春秋左传诂：卷十 ［M］. 北京：中华书局，1987：431.
⑤ 程树德. 论语集释：卷十五 泰伯上 ［M］. 北京：中华书局，1990：516-517.
⑥ ［清］王先谦. 荀子集解：卷第一 ［M］. 北京：中华书局，1988：21.
⑦ ［清］王先谦. 荀子集解：卷第九 ［M］. 北京：中华书局，1988：255.
⑧ ［秦］吕不韦. 吕氏春秋集释：卷第十 ［M］. 许维遹，集释. 北京：中华书局，2009：228.

《吕氏春秋·慎大览》："故贤主于安思危，于达思穷，于得思丧。《周书》曰'若临深渊，若履薄冰'，以言慎事也。"①

### 《小雅·小弁》

《左传·襄公二十五年》："乌乎！《诗》所谓'我躬不说，皇恤我后'②者，宁子可谓不恤其后矣。"③

《孟子·告子下》："公孙丑问曰：'高子曰：《小弁》，小人之诗也。'孟子曰：'何以言之？'曰：'怨。'曰：'固哉，高叟之为诗也！有人于此，越人关弓而射之，则己谈笑而道之，无他，疏之也。其兄关弓而射之，则己垂涕泣而道之，无他，戚之也。《小弁》之怨，亲亲也。亲亲，仁也。固矣夫，高叟之为诗也！'"④

### 《小雅·巧言》

《左传·桓公十二年》："苟信不继，盟无益也。《诗》云'君子屡盟，乱是用长'，无信也。"⑤

《左传·襄公二十九年》："是盟也，其与几何？《诗》曰'君子屡盟，乱是用长'，今是长乱之道也。祸未歇也，必三年而后能纾。"⑥

《左传·文公二年》："狼瞫于是乎君子，《诗》曰'君子如怒，乱庶遄沮'……怒不作乱，而以从师，可谓君子矣。"⑦

《左传·宣公十七年》："吾闻之，喜怒以类者鲜，易者实多。《诗》曰'君子如怒，乱庶遄沮。君子如祉，乱庶遄已'，君子之喜怒，以已乱也。弗已者，必益之。"⑧

《孟子·梁惠王上》：齐宣王笑曰："是诚何心哉？我非爱其财而易之以羊也，宜乎百姓之谓我爱也。"孟子曰："无伤也，是乃仁术也，见牛未见羊也。

---

① ［秦］吕不韦. 吕氏春秋集释：卷第十五［M］. 许维遹，集释. 北京：中华书局，2009：353.
② 【按】《小雅·小弁》："我躬不阅，遑恤我后？"程俊英，蒋见元. 诗经注析［M］. 北京：中华书局，1991：606. 又《邶风·谷风》亦见之，诗经注析［M］. 北京：中华书局，1991：93.
③ ［清］洪亮吉. 春秋左传诂：卷十三［M］. 北京：中华书局，1987：580.
④ ［清］焦循. 孟子正义：卷二十四［M］. 北京：中华书局，1987：817-818.
⑤ ［清］洪亮吉. 春秋左传诂：卷五［M］. 北京：中华书局，1987：226.【按】洪亮吉曰："诸本作'屡'，今从《释文》改正。"
⑥ ［清］洪亮吉. 春秋左传诂：卷十四［M］. 北京：中华书局，1987：615.
⑦ ［清］洪亮吉. 春秋左传诂：卷九［M］. 北京：中华书局，1987：353.
⑧ ［清］洪亮吉. 春秋左传诂：卷十［M］. 北京：中华书局，1987：433.

君子之于禽兽也，见其生，不忍见其死；闻其声，不忍食其肉。是以君子远庖厨也。"王说，曰："《诗》云'他人有心，予忖度之'，夫子之谓也。夫我乃行之，反而求之，不得吾心；夫子言之，于我心有戚戚焉。"①

《荀子·大略》："不足于行者说过，不足于信者诚言。故《春秋》善胥命，而《诗》非'屡盟'②，其心一也。善为《诗》者不说，善为《易》者不占，善为礼者不相，其心同也。"③

### 《小雅·何人斯》

《荀子·儒效》："不知无害为君子，知之无损为小人。工匠不知无害为巧，君子不知无害为治。王公好之则乱法，百姓好之则乱事。而狂惑戆陋之人，乃始率其群徒，辩其谈说，明其辟称，老身长子，不知恶也。夫是之谓上愚，曾不如相鸡狗之可以为名也，《诗》曰'为鬼为蜮，则不可得。有靦面目，视人罔极。作此好歌，以极反侧'，此之谓也。"④

《荀子·正名》："故知者之言也，虑之易知也，行之易安也，持之易立也，成则必得其所好而不遇其所恶焉。而愚者反是，《诗》曰'为鬼为蜮，则不可得。有靦面目，视人罔极。作此好歌，以极反侧'，此之谓也。"⑤

### 《小雅·蓼莪》

《左传·昭公二十四年》："今王室日蠢蠢焉，吾小国惧矣。然大国之忧也，吾侪何知焉？吾子其早图之！《诗》曰'瓶之罄矣，惟罍之耻'，王室之不宁，晋之耻也。"⑥

### 《小雅·大东》

《墨子·兼爱下》："《周诗》曰'王道荡荡，不偏不党。王道平平，不党不偏。其直若矢，其易若厎。君子之所履，小人之所视'，若吾言非语道之谓也？古者文、武为正，均分赏贤罚暴，勿有亲戚弟兄之所阿，即此文、武兼也。"⑦

---

① ［清］焦循. 孟子正义：卷三［M］. 北京：中华书局，1987：84.
② 【按】《小雅·巧言》："君子屡盟，乱是用长。"程俊英，蒋见元. 诗经注析［M］. 北京：中华书局，1991：608.
③ ［清］王先谦. 荀子集解：卷第十九［M］. 北京：中华书局，1988：506-507.
④ ［清］王先谦. 荀子集解：卷第四［M］. 北京：中华书局，1988：124-125.
⑤ ［清］王先谦. 荀子集解：卷第十六［M］. 北京：中华书局，1988：426.
⑥ ［清］洪亮吉. 春秋左传诂：卷十八［M］. 北京：中华书局，1987：763.
⑦ ［清］孙诒让. 墨子间诂：卷四［M］. 北京：中华书局，2001：123.

《孟子·万章下》："夫义，路也；礼，门也。惟君子能由是路，出入是门也。《诗》云'周道如厎，其直如矢。君子所履，小人所视'。"①

《荀子·宥坐》："数仞之墙而民不逾也，百仞之山而竖子冯而游焉，陵迟故也。今夫世之陵迟亦久矣，而能使民勿逾乎！《诗》曰'周道如砥，其直如矢。君子所履，小人所视。眷焉顾之，潸焉出涕'，岂不哀哉！"②

### 《小雅·四月》

《左传·宣公十二年》："史佚所谓'毋怙乱'者，谓是类也。《诗》曰'乱离瘼矣，爰其适归'，归于怙乱者也夫。"③

### 《小雅·北山》

《左传·襄公十三年》："及（周）其衰也，其《诗》曰'大夫不均，我从事独贤'，言不让也。"④

《左传·昭公七年》："天子经略，诸侯正封，古之制也。封略之内，何非君土？食土之毛，谁非君臣？故《诗》曰'普天之下，莫非王土。率土之滨，莫非王臣'。……六物⑤不同，民心不壹，事序不类，官职不则，同始异终，胡可常也？《诗》曰'或燕燕居息，或憔悴事国'，其异终也如是。"⑥

《孟子·万章上》：咸丘蒙曰："《诗》云'普天之下，莫非王土。率土之滨，莫非王臣'，而舜既为天子矣，敢问瞽瞍之非臣如何？"孟子曰："是《诗》也，非是之谓也，劳于王事，而不得养父母也。曰'此莫非王事，我独贤劳也'⑦。故说《诗》者，不以文害辞，不以辞害志。以意逆志，是为得之。"⑧

《荀子·君子》："天子也者，执至重，形至佚，心至愈，志无所诎，形无所劳，尊无上矣，《诗》曰'普天之下，莫非王土。率土之滨，莫非王臣'，此之

---

① ［清］焦循．孟子正义：卷二十一 ［M］．北京：中华书局，1987：723.
② ［清］王先谦．荀子集解：卷第二十 ［M］．北京：中华书局，1988：524.
③ ［清］洪亮吉．春秋左传诂：卷十 ［M］．北京：中华书局，1987：423.
④ ［清］洪亮吉．春秋左传诂：卷十二 ［M］．北京：中华书局，1987：527.
⑤ 【按】《左传·昭公七年》："公曰：'何谓六物？'（伯瑕）对曰：'岁、时、日、月、星、辰，是谓也。'公曰：'多语寡人辰而莫同，何谓辰？'对曰：'日月之会，是谓辰，故以配日。'"（［清］洪亮吉．春秋左传诂：卷十六 ［M］．北京：中华书局，1987：683.）
⑥ ［清］洪亮吉．春秋左传诂：卷十六 ［M］．北京：中华书局，1987：676、683.
⑦ 【按】《小雅·北山》："大夫不均，我从事独贤。"程俊英，蒋见元．诗经注析 ［M］．北京：中华书局，1991：643.
⑧ ［清］焦循．孟子正义：卷十八 ［M］．北京：中华书局，1987：637-638.

谓也。"①

《韩非子·说林上》："臣少也诵《诗》，曰'普天之下，莫非王土。率土之滨，莫非王臣'，今君天子，则我天子之臣也，岂有为人之臣而又为之客哉？故曰主人也。"②

《韩非子·忠孝》："《诗》云'普天之下，莫非王土。率土之滨，莫非王臣'，信若《诗》之言也，是舜出则臣其君，入则臣其父，妾其母，妻其主女也。"③

《吕氏春秋·孝行览·慎人》："舜之耕渔，其贤不肖与为天子同。其未遇时也，以其徒属，掘地财，取水利，编蒲苇，结罘网，手足胼胝不居，然后免于冻馁之患。其遇时也，登为天子，贤士归之，万民誉之，丈夫女子，振振殷殷，无不戴说。舜自为《诗》曰'普天之下，莫非王土。率土之滨，莫非王臣'，所以见尽有之也。尽有之，贤非加也；尽无之，贤非损也，时使然也。"④

### 《小雅·小明》

《左传·僖公二十四年》："子臧之服，不称也夫，《诗》曰'自诒伊慼'，其子臧之谓矣。"⑤

《左传·襄公八年》："《诗》曰'靖共尔位，好是正直。神之听之，介尔景福'，恤民为德，正直为正，正曲为直，参和为仁。如是，则神听之，介福降之。"⑥

《荀子·劝学》："故不登高山，不知天之高也；不临深溪，不知地之厚也；不闻先王之遗言，不知学问之大也。干、越、夷、貉之子，生而同声，长而异俗，教使之然也。《诗》曰'嗟尔君子，无恒安息。靖共尔位，好是正直。神之听之，介尔景福'，神莫大于化道，福莫长于无祸。"⑦

### 《小雅·无将大车》

《荀子·大略》："君人者不可以不慎取臣，匹夫不可以不慎取友。友者，所

---

① ［清］王先谦. 荀子集解：卷第十七 ［M］. 北京：中华书局，1988：450.
② ［清］王先慎. 韩非子集解：卷七 ［M］. 北京：中华书局，1998：175.
③ ［清］王先慎. 韩非子集解：卷二十 ［M］. 北京：中华书局，1998：467.
④ ［秦］吕不韦. 吕氏春秋集释：卷第十四 ［M］. 许维遹，集释. 北京：中华书局，2009：336-337.
⑤ ［清］洪亮吉. 春秋左传诂：卷八 ［M］. 北京：中华书局，1987：320.
⑥ ［清］洪亮吉. 春秋左传诂：卷十二 ［M］. 北京：中华书局，1987：505.
⑦ ［清］王先谦. 荀子集解：卷第一 ［M］. 北京：中华书局，1988：2-4.

以相有也。道不同，何以相有也？均薪施火，火就燥；平地注水，水流湿。夫类之相从也，如此之著也，以友观人，焉所疑？取友善人，不可不慎，是德之基也。《诗》曰'无将大车，维尘冥冥'，言无与小人处也。"①

### 《小雅·楚茨》

《荀子·修身》："故人无礼则不生，事无礼则不成，国家无礼则不宁。《诗》曰'礼仪卒度，笑语卒获'，此之谓也。"②

《荀子·礼论》："故厚者，礼之积也；大者，礼之广也；高者，礼之隆也；明者，礼之尽也。《诗》曰'礼仪卒度，笑语卒获'，此之谓也。"③

### 《小雅·大田》

《孟子·滕文公上》："夫世禄，滕固行之矣。《诗》云'雨我公田，遂及我私'，惟助为有公田。由此观之，虽周亦助也。"④

《吕氏春秋·有始览·务本》："《诗》云'有晻凄凄，兴云祁祁。雨我公田，遂及我私'，三王之佐，皆能以公及其私矣。俗主之佐，其欲名实也，与三王之佐同，而其名无不辱者，其实无不危者，无公故也。"⑤

### 《小雅·裳裳者华》

《左传·襄公三年》："解狐得举，祁午得位，伯华得官，建一官而三物成，能举善也夫！惟善，故能举其类。《诗》云'惟其有之，是以似之'，祁奚有焉。"⑥

《荀子·不苟》："（君子）以义变应，知当曲直故也，诗曰'左之左之，君子宜之。右之右之，君子有之'，此言君子能以义屈信变应故也。"⑦

### 《小雅·桑扈》

《左传·成公十四年》："古之为享食也，以观威仪、省祸福也，故《诗》

---

① ［清］王先谦. 荀子集解：卷第十九［M］. 北京：中华书局，1988：514.
② ［清］王先谦. 荀子集解：卷第一［M］. 北京：中华书局，1988：23.
③ ［清］王先谦. 荀子集解：卷第十三［M］. 北京：中华书局，1988：358.
④ ［清］焦循. 孟子正义：卷十［M］. 北京：中华书局，1987：341-342.
⑤ ［秦］吕不韦. 吕氏春秋集释：卷第十三［M］. 许维遹，集释. 北京：中华书局，2009：297-298.
⑥ ［清］洪亮吉. 春秋左传诂：卷十二［M］. 北京：中华书局，1987：496.
⑦ ［清］王先谦. 荀子集解：卷第二［M］. 北京：中华书局，1988：42.

曰'兕觥其觩，旨酒思柔，彼交匪傲，万福来求'。"①

《左传·襄公二十七年》："公孙段赋《桑扈》，赵孟曰：'匪交匪敖②，福将焉往？若保是言也，欲辞福禄，得乎？'"③

### 《小雅·车𦊰》

《左传·昭公二十六年》："公厚敛焉，陈氏厚施焉，民归之矣。《诗》曰'虽无德与女，式歌且舞'，陈氏之施，民歌舞之矣。后世若少惰，陈氏而不亡，则国其国也已。"④

《韩非子·外储说右上》："《诗》曰'虽无德与女，式歌且舞'，今田成氏之德而民之歌舞，民德归之矣。"⑤

### 《小雅·采菽》

《左传·襄公十一年》："抑臣愿君安其乐而思其终也！《诗》曰'乐旨君子，殿天子之邦。乐旨君子，福禄攸同。便蕃左右，亦是帅从'，夫乐以安德，义以处之，礼以行之，信以守之，仁以厉之，而后可以殿邦国、同福禄、来远人，所谓乐也。"⑥

《荀子·劝学》："故君子不傲，不隐，不瞽，谨顺其身，《诗》曰'匪交匪舒，天子所予'，此之谓也。"⑦

《荀子·儒效》："故明主谲德而序位，所以为不乱也；忠臣诚能然后敢受职，所以为不穷也。分不乱于上，能不穷于下，治辩之极也。《诗》曰'平平左右，亦是率从'，是言上下之交不相乱也。"⑧

### 《小雅·角弓》

《左传·宣公二年》："羊斟，非人也。以其私憾，败国殄民，于是刑孰大

---

① ［清］洪亮吉. 春秋左传诂：卷十一 ［M］. 北京：中华书局，1987：470-471.
② 【按】《小雅·桑扈》："彼交匪敖。"程俊英，蒋见元. 诗经注析［M］. 北京：中华书局，1991：683."彼"通"匪"，"敖"通"傲"。
③ ［清］洪亮吉. 春秋左传诂：卷十四 ［M］. 北京：中华书局，1987：595.
④ ［清］洪亮吉. 春秋左传诂：卷十八 ［M］. 北京：中华书局，1987：780.
⑤ ［清］王先慎. 韩非子集解：卷十三 ［M］. 北京：中华书局，1998：312-313.
⑥ ［清］洪亮吉. 春秋左传诂：卷十二 ［M］. 北京：中华书局，1987：524.
⑦ ［清］王先谦. 荀子集解：卷第一 ［M］. 北京：中华书局，1988：17-18.
⑧ ［清］王先谦. 荀子集解：卷第四 ［M］. 北京：中华书局，1988：129.

焉？《诗》所谓'人之无良'① 者，其羊斟之谓乎！残民以逞。"②

《左传·昭公六年》："楚辟我衷，若何效辟？《诗》曰'尔之教矣，民胥效矣'，从我而已，焉用效人之辟？"③

《荀子·儒效》："鄙夫反是，比周而誉俞少，鄙争而名俞辱，烦劳以求安利，其身俞危，《诗》曰'民之无良，相怨一方。受爵不让，至于己斯亡'，此之谓也。"④

《荀子·非相》："人有三不祥：幼而不肯事长，贱而不肯事贵，不肖而不肯事贤，是人之三不祥也。人有三必穷：为上则不能爱下，为下则好非其上，是人之一必穷也；乡则不若，偝则谩之，是人之二必穷也；知行浅薄，曲直有以相县矣，然而仁人不能推，知士不能明，是人之三必穷也。人有此三数行者，以为上则必危，为下则必灭，《诗》曰'雨雪瀌瀌，宴然聿消，莫肯下隧，式居屡骄'，此之谓也。"⑤

### 《小雅·都人士》

《左传·襄公十四年》："子囊忠，君薨不忘增其名，将死不忘卫社稷，可不谓忠乎？忠，民之望也，《诗》曰'行归于周，万民所望'，忠也。"⑥

### 《小雅·黍苗》

《荀子·富国》："故仁人在上，百姓贵之如帝，亲之如父母，为之出死断亡而愉者，无它故焉，其所是焉诚美，其所得焉诚大，其所利焉诚多，《诗》曰'我任我辇，我车我牛，我行既集，盖云归哉'，此之谓也。故曰：君子以德，小人以力，力者，德之役也。"⑦

### 《小雅·绵蛮》

《荀子·大略》："不富无以养民情，不教无以理民性。故家五亩宅，百亩田，务其业而勿夺其时，所以富之也。立大学，设庠序，修六礼，明十教，所

---

① 【按】亦见于《鄘风·鹑之奔奔》。程俊英，蒋见元．诗经注析［M］．北京：中华书局，1991：135.
② ［清］洪亮吉．春秋左传诂：卷十［M］．北京：中华书局，1987：395.
③ ［清］洪亮吉．春秋左传诂：卷十六［M］．北京：中华书局，1987：675.
④ ［清］王先谦．荀子集解：卷第四［M］．北京：中华书局，1988：128-129.
⑤ ［清］王先谦．荀子集解：卷第三［M］．北京：中华书局，1988：76-77.
⑥ ［清］洪亮吉．春秋左传诂：卷十二［M］．北京：中华书局，1987：536.
⑦ ［清］王先谦．荀子集解：卷第六［M］．北京：中华书局，1988：181-182.

以道之也。《诗》曰'饮之食之，教之诲之'，王事具矣。"①

### 《大雅·文王》

《左传·桓公六年》："公之未昏于齐也，齐侯欲以文姜妻郑大子忽，大子忽辞，人问其故，大子曰：'人各有耦，齐大，非吾耦也。《诗》云，自求多福，在我而已，大国何为？'君子曰：'善自为谋。'"②

《左传·昭公二十八年》："仲尼闻魏子之举也，以为义，曰：'近不失亲，远不失举，可谓义矣。'又闻其命贾辛也，以为忠：'《诗》曰永言配命，自求多福，忠也。魏子之举也义，其命也忠，其长有后于晋国乎！'"③

《左传·文公二年》："秦伯犹用孟明。孟明增修国政，重施于民。赵成子言于诸大夫曰：'秦师又至，将必辟之，惧而增德，不可当也。《诗》曰毋念尔祖，聿修厥德，孟明念之矣，念德不怠，其可敌乎？'"④

《左传·宣公十五年》："士伯庸中行伯，君信之，亦庸士伯，此之谓明德矣。文王所以造周，不是过也，故《诗》曰'陈锡载周'，能施也，率是道也，其何不济？"⑤

《左传·昭公十年》："桓子召子山，私具帷幕、器用、从者之衣屦，而反棘焉。子商亦如之，而反其邑。子周亦如之，而与之夫于。反子城、子公、公孙捷，而皆益其禄。凡公子、公孙之无禄者，私分之邑。国之贫约孤寡者，私与之粟。曰：'《诗》云陈锡载周，能施也，桓公是以霸。'"⑥

《左传·成公二年》："君弱，群臣不如先大夫，师众而后可。《诗》曰'济济多士，文王以宁'，夫文王犹用众，况吾侪乎？且先君庄王属之曰：'无德以及远方，莫如惠恤其民而善用之。'"⑦

《左传·庄公六年》："君子以二公子之立黔牟为不度矣。夫能固位者，必度于本末，而后立衷焉。不知其本，不谋，知本之不枝，弗强，《诗》云'本枝百

① ［清］王先谦．荀子集解：卷第十九［M］．北京：中华书局，1988：498-499.
② ［清］洪亮吉．春秋左传诂：卷五［M］．北京：中华书局，1987：220.
③ ［清］洪亮吉．春秋左传诂：卷十八［M］．北京：中华书局，1987：790.
④ ［清］洪亮吉．春秋左传诂：卷九［M］．北京：中华书局，1987：353.
⑤ ［清］洪亮吉．春秋左传诂：卷十［M］．北京：中华书局，1987：430-431.
⑥ ［清］洪亮吉．春秋左传诂：卷十六［M］．北京：中华书局，1987：692.
⑦ ［清］洪亮吉．春秋左传诂：卷十一［M］．北京：中华书局，1987：445.

世①'。"②

《左传·襄公十三年》："周之兴也，其《诗》曰'仪刑文王，万邦作孚'，言刑善也。"③

《左传·昭公六年》："今吾子（子产）相郑国，作封洫，立谤政，制参辟，铸刑书，将以靖民，不亦难乎？《诗》曰'仪式刑文王之德，日靖四方'，又曰'仪刑文王，万邦作孚'，如是，何辟之有？民知争端矣，将弃礼而征于书。"④

《左传·襄公三十年》："信，其不可不慎乎！澶渊之会，卿不书，不信也夫！诸侯之上卿，会而不信，宠名皆弃，不信之不可也如是！《诗》曰'文王陟降，在帝左右'，信之谓也。"⑤

《国语·周语上》："《大雅》曰'陈锡载周'，是不布利而惧难乎，故能载周以至于今。"⑥

《孟子·滕文公上》："人伦明于上，小民亲于下，有王者起，必来取法，是为王者师也。《诗》云'周虽旧邦，其命惟新'，文王之谓也。"⑦

《孟子·离娄上》："师文王，大国五年，小国七年，必为政于天下矣。《诗》云'商之孙子，其丽不亿，上帝既命，侯于周服。侯服于周，天命靡常，殷士肤敏，裸将于京'，孔子曰："'仁，不可为众也。夫国君好仁，天下无敌。'"⑧

《孟子·公孙丑上》："今国家闲暇，及是时，般乐怠敖，是自求祸也。祸福无不自己求之者，《诗》云'永言配命，自求多福'，《太甲》曰'天作孽，犹可违；自作孽，不可活'，此之谓也。"⑨

《孟子·离娄上》："爱人不亲，反其仁；治人不治，反其智；礼人不答，反其敬。行有不得者皆反求诸己，其身正而天下归之，《诗》云'永言配命，自求多福'。"⑩

《荀子·君道》："故人主无便嬖左右足信者谓之暗，无卿相辅佐足任者谓之

---

① 【按】《大雅·文王》："本支百世。"程俊英，蒋见元. 诗经注析［M］. 北京：中华书局，1991：747.

② ［清］洪亮吉. 春秋左传诂：卷六［M］. 北京：中华书局，1987：236.

③ ［清］洪亮吉. 春秋左传诂：卷十二［M］. 北京：中华书局，1987：527.

④ ［清］洪亮吉. 春秋左传诂：卷十六［M］. 北京：中华书局，1987：673.

⑤ ［清］洪亮吉. 春秋左传诂：卷十四［M］. 北京：中华书局，1987：621.

⑥ 徐元诰. 国语集解：周语上第一　厉王说荣夷公［M］. 北京：中华书局，2002：14.

⑦ ［清］焦循. 孟子正义：卷十［M］. 北京：中华书局，1987：347.

⑧ ［清］焦循. 孟子正义：卷十四［M］. 北京：中华书局，1987：496-497.

⑨ ［清］焦循. 孟子正义：卷七［M］. 北京：中华书局，1987：224-225.

⑩ ［清］焦循. 孟子正义：卷十四［M］. 北京：中华书局，1987：492-493.

独，所使于四邻诸侯者非其人谓之孤，孤独而晻谓之危。国虽若存，古之人曰亡矣。《诗》曰'济济多士，文王以宁'，此之谓也。"①

《墨子·明鬼下》："今执无鬼者之言曰：先王之书，慎无一尺之帛，一篇之书，语数鬼神之有，重有重之，亦何书之有哉？子墨子曰：《周书·大雅》有之。《大雅》曰'文王在上，於昭于天。周虽旧邦，其命维新。有周不显，帝命不时。文王陟降，在帝左右。穆穆文王，令闻不已'，若鬼神无有，则文王既死，彼岂能在帝之左右哉？此吾所以知《周书》之鬼也。"②

《吕氏春秋·仲夏纪·古乐》："周文王处岐，诸侯去殷三淫而翼文王，散宜生曰：'殷可伐也。'文王弗许。周公旦乃作《诗》曰'文王在上，於昭于天。周虽旧邦，其命维新'，以绳文王之德。"③

《吕氏春秋·慎大览·报更》："宣孟德一士，犹活其身，而况德万人乎！故《诗》曰'赳赳武夫，公侯干城'，'济济多士，文王以宁'。人主胡可以不务哀士？士其难知，唯博之为可，博则无所遁矣。"④

### 《大雅·大明》

《左传·昭公二十六年》："齐有彗星，齐侯使禳之。晏子曰："无益也，只取诬焉。天道不谄，不贰其命，若之何禳之？且天之有彗也，以除秽也。君无秽德，又何禳焉？若德之秽，禳之何损？《诗》曰'惟此文王，小心翼翼。昭事上帝，聿怀多福。厥德不回，以受方国'，君无违德，方国将至，何患于彗？"⑤

《左传·襄公二十四年》："夫令名，德之舆也。德，国家之基也。有基无坏，无亦是务乎！有德则乐，乐则能久……'上帝临女，无贰尔心'，有令名也夫！恕思以明德，则令名载而行之，是以远至迩安。"⑥

《国语·晋语四》："子必从之，不可以贰，贰无成命。《诗》云'上帝临女，无贰尔心'，先王其知之矣，贰将可乎？子去晋难而极于此，自子之行，晋无宁岁，民无成君。天未丧晋，无异公子，有晋国者，非子而谁？子其勉之！上帝临子，贰必有咎。"⑦

① ［清］王先谦．荀子集解：卷第八［M］．北京：中华书局，1988：245.
② ［清］孙诒让．墨子间诂：卷八［M］．北京：中华书局，2001：236-237.
③ ［秦］吕不韦．吕氏春秋集释：卷第五［M］．许维遹，集释．北京：中华书局，2009：127.
④ ［秦］吕不韦．吕氏春秋集释：卷第十五［M］．许维遹，集释．北京：中华书局，2009：375-376.
⑤ ［清］洪亮吉．春秋左传诂：卷十八［M］．北京：中华书局，1987：780.
⑥ ［清］洪亮吉．春秋左传诂：卷十三［M］．北京：中华书局，1987：568.
⑦ 徐元诰．国语集解：晋语四第十 文公在狄十二年［M］．北京：中华书局，2002：324.

《荀子·正论》："故上易知则下亲上矣，上难知则下畏上矣。下亲上则上安，下畏上则上危。故主道莫恶乎难知，莫危乎使下畏己。传曰'恶之者众则危'，《书》曰'克明明德'，《诗》曰'明明在下'，故先王明之，岂特玄之耳哉！"①

《荀子·解蔽》："君人者宣则直言至矣，而谗言反矣，君子迩而小人远矣。《诗》曰'明明在下，赫赫在上'，此言上明而下化也。"②

《吕氏春秋·恃君览·行论》："昔者，纣为无道，杀梅伯而醢之，杀鬼侯而脯之，以礼诸侯于庙，文王流涕而咨之。纣恐其畔，欲杀文王而灭周，文王曰：'父虽无道，子敢不事父乎？君虽不惠，臣敢不事君乎？孰王而可畔也？'纣乃赦之。天下闻之，以文王为畏上而哀下也，《诗》曰'惟此文王，小心翼翼。昭事上帝，聿怀多福'。"③

《吕氏春秋·有始览·务本》："古之事君者，必先服能，然后任；必反情，然后受。主虽过与，臣不徒取。《大雅》曰'上帝临汝，无贰尔心'，以言忠臣之行也。"④

### 《大雅·绵》

《左传·哀公二年》："《诗》曰'爰始爰谋，爰契我龟'，谋协以故，兆询可也。"⑤

《孟子·梁惠王下》：齐宣王曰："寡人有疾，寡人好色。"孟子对曰："昔者太王好色，爰厥妃，《诗》云'古公亶父，来朝走马。率西水浒，至于岐下。爰及姜女，聿来胥宇'，当是时也，内无怨女，外无旷夫。王如好色，与百姓同之，于王何有？"⑥

《孟子·尽心下》："貉稽曰：'稽大不理于口。'孟子曰：'无伤也。士憎兹多口……"肆不殄厥愠，亦不殒厥问"，文王也。'"⑦

### 《大雅·棫朴》

《荀子·富国》："故为之雕琢、刻镂、黼黻、文章，使足以辨贵贱而已，不

---

①　［清］王先谦．荀子集解：卷第十二［M］．北京：中华书局，1988：322.

②　［清］王先谦．荀子集解：卷第十五［M］．北京：中华书局，1988：410.

③　［秦］吕不韦．吕氏春秋集释：卷第二十［M］．许维遹，集释．北京：中华书局，2009：569.

④　［秦］吕不韦．吕氏春秋集释：卷第十三［M］．许维遹，集释．北京：中华书局，2009：301.

⑤　［清］洪亮吉．春秋左传诂：卷二十［M］．北京：中华书局，1987：848.

⑥　［清］焦循．孟子正义：卷四［M］．北京：中华书局，1987：139.

⑦　［清］焦循．孟子正义：卷二十八［M］．北京：中华书局，1987：979-980.

求其观；为之钟鼓、管磬、琴瑟、竽笙，使足以辨吉凶、合欢定和而已，不求其馀；为之宫室台榭，使足以避燥湿、养德辨轻重而已，不求其外。《诗》曰'雕琢其章，金玉其相。亹亹我王，纲纪四方'，此之谓也。"①

### 《大雅·旱麓》

《左传·僖公十二年》："管氏之世祀也宜哉！让不忘其上，《诗》曰'恺悌君子，神所劳矣'。"②

《左传·成公八年》："从善如流，宜哉！《诗》曰：'恺悌君子，遐不作人？'求善也夫！'作人'，斯有功绩矣。"③

《国语·周语中》："君子不自称也，非以让也，恶其盖人也。夫人性，陵上者也，不可盖也。求盖人，其抑下滋甚，故圣人贵让。且谚曰'兽恶其网，民恶其上'，故《书》曰'民可近也，而不可上也'，《诗》曰'恺悌君子，求福不回'，在礼，敌必三让，是则圣人知民之不可加也。故王天下者必先诸民，然后庇焉，则能长利。"④

《国语·周语下》："《诗》亦有之曰'瞻彼旱麓，榛楛济济。恺悌君子，干禄恺悌'，夫旱麓之榛楛殖，故君子得以乐易干禄焉。若夫山林匮竭，林麓散亡，薮泽肆既，民力彫尽，田畴荒芜，资用乏匮，君子将险哀之不暇，而何乐易之有焉？"⑤

### 《大雅·思齐》

《左传·僖公十九年》："宋人围曹，讨不服也。子鱼言于宋公曰：'文王闻崇德乱而伐之，军三旬而不降，退修教而复伐之，因垒而降。《诗》曰"刑于寡妻，至于兄弟，以御于家邦"，今君德毋乃犹有所阙，而以伐人，若之何？盍姑内省德乎？无阙而后动。'"⑥

《国语·晋语四》："臣闻昔者大任娠文王不变，少溲于豕牢而得文王，不加疾焉。文王在母不忧，在傅弗勤，处师弗烦，事王不怒，孝友二虢，而惠慈二

---

① ［清］王先谦. 荀子集解：卷第六［M］. 北京：中华书局，1988：180.

② ［清］洪亮吉. 春秋左传诂：卷七［M］. 北京：中华书局，1987：290.

③ ［清］洪亮吉. 春秋左传诂：卷十一［M］. 北京：中华书局，1987：457.

④ 徐元诰. 国语集解：周语中第二　晋既克楚于鄢，使郤至告庆于周［M］. 北京：中华书局，2002：74-75.

⑤ 徐元诰. 国语集解：周语下第三　景王二十一年将铸大钱［M］. 北京：中华书局，2002：106-107.

⑥ ［清］洪亮吉. 春秋左传诂：卷七［M］. 北京：中华书局，1987：303.

蔡，刑于大姒，比于诸弟，《诗》云'刑于寡妻，至于兄弟，以御于家邦'。于是乎用四方之贤良，及其即位也，询于'八虞'，而咨于'二虢'，度于闳夭，而谋于南宫，诹于蔡、原，而访于辛、尹，重之以周、邵、毕、荣，亿宁百神，而柔和万民，故《诗》云'惠于宗公，神罔时恫'，是则文王非专教诲之力也。"①

《孟子·梁惠王上》："老吾老，以及人之老；幼吾幼，以及人之幼：天下可运于掌。《诗》云'刑于寡妻，至于兄弟，以御于家邦'，言举斯心加诸彼而已。故推恩足以保四海，不推恩无以保妻子。古之人所以大过人者，无他焉，善推其所为而已矣。"②

《荀子·大略》：孔子曰："《诗》云'刑于寡妻，至于兄弟，以御于家邦'，妻子难，妻子焉可息哉！"③

### 《大雅·皇矣》

《左传·僖公九年》："臣闻之：'惟则定国'，《诗》曰'不识不知，顺帝之则'，文王之谓也。"④

《左传·文公二年》："狼瞫于是乎君子……又曰'王赫斯怒，爰整其旅'，怒不作乱，而以从师，可谓君子矣。"⑤

《左传·文公四年》："楚人灭江，秦伯为之降服、出次、不举、过数。大夫谏，公曰：'同盟灭，虽不能救，敢不矜乎！吾自惧也。'君子曰：'《诗》云"惟彼二国，其政不获。惟此四国，爰究爰度"，其秦穆之谓矣。'"⑥

《左传·襄公三十一年》："《周书》数文王之德曰'大国畏其力，小国怀其德'⑦，言畏而爱之也。《诗》云'不识不知，顺帝之则'，言则而象之也。纣囚文王七年，诸侯皆从之囚。纣于是乎惧而归之，可谓爱之。文王伐崇，再驾而降为臣，蛮夷帅服，可谓畏之。文王之功，天下诵而歌舞之，可谓则之。文王之行，至今为法，可谓象之。"⑧

①　徐元诰. 国语集解：晋语四第十　文公问于胥臣曰［M］. 北京：中华书局，2002：360-362.
②　［清］焦循. 孟子正义：卷三［M］. 北京：中华书局，1987：86-87.
③　［清］王先谦. 荀子集解：卷第十九［M］. 北京：中华书局，1988：510.
④　［清］洪亮吉. 春秋左传诂：卷七［M］. 北京：中华书局，1987：287.
⑤　［清］洪亮吉. 春秋左传诂：卷九［M］. 北京：中华书局，1987：353.
⑥　［清］洪亮吉. 春秋左传诂：卷九［M］. 北京：中华书局，1987：357-358.
⑦　【按】《尚书·武成》取于此。［清］阮元，校刻. 十三经注疏清嘉庆刊本·尚书正义：卷第十一［M］. 北京：中华书局，2009：391.
⑧　［清］洪亮吉. 春秋左传诂：卷十四［M］. 北京：中华书局，1987：630.

《左传·昭公二十八年》："《诗》曰'惟此文王，帝度其心。莫其德音，其德克明。克明克类，克长克君。王此大国，克顺克比。比于文王，其德靡悔。既受帝祉，施于孙子'，心能制义曰度，德正应和曰莫，照临四方曰明，勤施无私曰类，教诲不倦曰长，赏庆刑威曰君，慈和遍服曰顺，择善而从之曰比，经纬天地曰文。九德不愆，作事无悔，故袭天禄，子孙赖之。主之举也，近文德矣，所及其远哉！"①

《孟子·梁惠王下》："《诗》云'王赫斯怒，爰整其旅，以遏徂莒，以笃周祜，以对于天下'，此文王之勇也，文王一怒而安天下之民。"②

《荀子·修身》："故非礼，是无法也。非师，是无师也。不是师法而好自用，譬之是犹以盲辨色、以聋辨声也，舍乱妄无为也。故学也者，礼法也。夫师，以身为正仪而贵自安者也。《诗》云'不识不知，顺帝之则'，此之谓也。"③

《墨子·天志中》："观其事，上利乎天，中利乎鬼，下利乎人。三利无所不利，是谓天德。聚敛天下之美名而加之焉，曰：此仁也、义也。爱人利人，顺天之意，得天之赏者也。不止此而已，书于竹帛，镂之金石，琢之槃④盂，传遗后世子孙，曰：将何以为？将以识夫爱人利人，顺天之意，得天之赏者也。《皇矣》道之曰：'帝谓文王，予怀明德，不大声以色，不长夏以革，不识不知，顺帝之则。'帝善其顺法则也，故举殷以赏之，使贵为天子，富有天下，名誉至今不息。故夫爱人利人，顺天之意，得天之赏者，既可得留而已。"⑤

《墨子·天志下》："故子墨子置天之，以为仪法。非独子墨子以天之志为法也，于先王之书《大夏》之道之然：'帝谓文王，予怀明德，毋大声以色，毋长夏以革，不识不知，顺帝之则。'此诰文王之以天志为法也，而顺帝之则也。"⑥

## 《大雅·灵台》

《左传·昭公九年》："冬，筑郎囿。书，时也。季平子欲其速成也，叔孙昭子曰：《诗》曰'经始勿亟，庶民子来'，焉用速成？其以剿民也？无囿，犹

---

① ［清］洪亮吉．春秋左传诂：卷十八［M］．北京：中华书局，1987：789-790.

② ［清］焦循．孟子正义：卷四［M］．北京：中华书局，1987：114.

③ ［清］王先谦．荀子集解：卷第一［M］．北京：中华书局，1988：34.

④ 【按】《墨子·非命下》："琢之盘盂。"［清］孙诒让．墨子间诂：卷九［M］．北京：中华书局，2001：279.

⑤ ［清］孙诒让．墨子间诂：卷七［M］．北京：中华书局，2001：202-203.

⑥ ［清］孙诒让．墨子间诂：卷七［M］．北京：中华书局，2001：217-218.

可；无民，其可乎?"①

《国语·楚语上》："故先王之为台榭也，榭不过讲军实，台不过望氛祥，故榭度于大卒之居，台度于临观之高。其所不夺穑地，其为不匮财用，其事不烦官业，其日不废时务。瘠境之地，于是乎为之；城守之木，于是乎用之；官僚之暇，于是乎临之；四时之隙，于是乎成之，故《周诗》曰'经始灵台，经之营之。庶民攻之，不日成之。经始勿亟，庶民子来。王在灵囿，麀鹿攸伏'。夫为台榭，将以教民利也，不知其以匮之也。"②

《孟子·梁惠王上》："《诗》云'经始灵台，经之营之，庶民攻之，不日成之。经始勿亟，庶民子来。王在灵囿，麀鹿攸伏，麀鹿濯濯，白鸟鹤鹤。王在灵沼，于牣鱼跃'，文王以民力为台为沼，而民欢乐之，谓其台曰灵台，谓其沼曰灵沼，乐其有麋鹿鱼鳖。古之人与民偕乐，故能乐也。"③

### 《大雅·下武》

《孟子·万章上》："孝子之至，莫大乎尊亲；尊亲之至，莫大乎以天下养。为天子父，尊之至也；以天下养，养之至也。《诗》曰'永言孝思，孝思惟则'，此之谓也。"④

《荀子·仲尼》："富则施广，贫则用节。可贵可贱也，可富可贫也，可杀而不可使为奸也，是持宠处位终身不厌之术也。虽在贫穷徒处之埶，亦取象于是矣，夫是之谓吉人，《诗》曰'媚兹一人，应侯顺德。永言孝思，昭哉嗣服'，此之谓也。"⑤

### 《大雅·文王有声》

《左传·文公三年》："子桑之忠也，其知人也，能举善也……'诒阙孙谋，以燕翼子'，子桑有焉。"⑥

《孟子·公孙丑上》："以力假仁者霸，霸必有大国。以德行仁者王，王不待大，汤以七十里，文王以百里。以力服人者，非心服也，力不赡也。以德服人者，中心悦而诚服也，如七十子之服孔子也。《诗》云'自西自东，自南自北，

---

① ［清］洪亮吉．春秋左传诂：卷十六［M］．北京：中华书局，1987：690-691．

② 徐元诰．国语集解：楚语上第十七　灵王为章华之台［M］．北京：中华书局，2002：496-497．

③ ［清］焦循．孟子正义：卷二［M］．北京：中华书局，1987：45-49．

④ ［清］焦循．孟子正义：卷十八［M］．北京：中华书局，1987：640-641．

⑤ ［清］王先谦．荀子集解：卷第三［M］．北京：中华书局，1988：110．

⑥ ［清］洪亮吉．春秋左传诂：卷九［M］．北京：中华书局，1987：356．

无思不服'，此之谓也。"①

《荀子·儒效》："故近者歌讴而乐之，远者竭蹶而趋之，四海之内若一家，通达之属莫不从服，夫是之谓人师，《诗》曰'自西自东，自南自北，无思不服'，此之谓也。"②

《荀子·王霸》："故百里之地，足以竭埶矣，致忠信，著仁义，足以竭人矣，两者合而天下取，诸侯后同者先危，《诗》曰'自西自东，自南自北，无思不服'，一人之谓也。"③

《荀子·议兵》："故近者歌讴而乐之，远者竭蹶而趋之，无幽间辟陋之国，莫不趋使而安乐之，四海之内若一家，通达之属莫不从服，夫是之谓人师，《诗》曰'自西自东，自南自北，无思不服'，此之谓也。"④

### 《大雅·行苇》

《左传·隐公三年》："《雅》有《行苇》《泂酌》，昭忠信也。"⑤

### 《大雅·既醉》

《左传·隐公元年》："颍考叔，纯孝也，爱其母，施及庄公，《诗》曰'孝子不匮，永锡尔类'，其是之谓乎！"⑥

《左传·成公二年》："吾子布大命于诸侯，而曰：'必质其母以为信。'其若王命何？且是以不孝令也。《诗》曰'孝子不匮，永锡尔类'，若以不孝令于诸侯，其无乃非德类也乎？"⑦

《左传·襄公三十一年》："《周诗》曰'朋友攸摄，摄以威仪'，言朋友之道，必相教训以威仪也。"⑧

《国语·周语下》："《诗》曰'其类维何？室家之壸。君子万年，永锡祚胤'，类也者，不忝前哲之谓也。壸也者，广裕民人之谓也。万年也者，令闻不忘之谓也。胤也者，子孙蕃育之谓也。"⑨

① ［清］焦循．孟子正义：卷七［M］．北京：中华书局，1987：222.
② ［清］王先谦．荀子集解：卷第四［M］．北京：中华书局，1988：121.
③ ［清］王先谦．荀子集解：卷第七［M］．北京：中华书局，1988：215.
④ ［清］王先谦．荀子集解：卷第十［M］．北京：中华书局，1988：279.
⑤ ［清］洪亮吉．春秋左传诂：卷五［M］．北京：中华书局，1987：191.
⑥ ［清］洪亮吉．春秋左传诂：卷五［M］．北京：中华书局，1987：188.
⑦ ［清］洪亮吉．春秋左传诂：卷十一［M］．北京：中华书局，1987：441.
⑧ ［清］洪亮吉．春秋左传诂：卷十四［M］．北京：中华书局，1987：630.
⑨ 徐元诰．国语集解：周语下第三　晋羊舌肸聘于周［M］．北京：中华书局，2002：104.

《孟子·告子上》："《诗》云'既醉以酒，既饱以德'，言饱乎仁义也，所以不愿人之膏粱之味也。"①

《荀子·大略》："孔子曰：'《诗》云"孝子不匮，永锡尔类"，事亲难，事亲焉可息哉！'""孔子曰：'《诗》云"朋友攸摄，摄以威仪"，朋友难，朋友焉可息哉！'"②

《荀子·子道》："故劳苦彫萃而能无失其敬，灾祸患难而能无失其义，则不幸不顺见恶而能无失其爱，非仁人莫能行，《诗》曰'孝子不匮'，此之谓也。"③

### 《大雅·假乐》

《左传·成公二年》："位其不可不慎也乎！蔡、许之君，一失其位，不得列于诸侯，况其下乎？《诗》曰'不解于位，民之攸塈'，其是之谓矣。"④

《左传·昭公二十一年》："蔡其亡乎！若不亡，是君也必不终。《诗》曰'不解于位，民之攸塈'，今蔡侯始即位而适卑，身将从之。"⑤

《左传·哀公五年》："子思曰：'《诗》曰"不解于位，民之攸塈"，不守其位而能久者，鲜矣。'"⑥

《孟子·离娄上》："故曰徒善不足以为政，徒法不能以自行。《诗》云'不愆不忘，率由旧章'，遵先王之法而过者，未之有也。"⑦

### 《大雅·公刘》

《孟子·梁惠王下》：齐宣王曰："寡人有疾，寡人好货。"孟子对曰："昔者公刘好货，《诗》云'乃积乃仓，乃裹糇粮，于橐于囊。思戢用光。弓矢斯张，干戈戚扬，爰方启行'，故居者有积仓，行者有裹囊也，然后可以爰方启行。王如好货，与百姓同之，于王何有？"⑧

---

① ［清］焦循. 孟子正义：卷二十三［M］. 北京：中华书局，1987：797.
② ［清］王先谦. 荀子集解：卷第十九［M］. 北京：中华书局，1988：510.
③ ［清］王先谦. 荀子集解：卷第二十［M］. 北京：中华书局，1988：530.
④ ［清］洪亮吉. 春秋左传诂：卷十一［M］. 北京：中华书局，1987：445.
⑤ ［清］洪亮吉. 春秋左传诂：卷十七［M］. 北京：中华书局，1987：749.
⑥ ［清］洪亮吉. 春秋左传诂：卷二十［M］. 北京：中华书局，1987：854.
⑦ ［清］焦循. 孟子正义：卷十四［M］. 北京：中华书局，1987：484.
⑧ ［清］焦循. 孟子正义：卷四［M］. 北京：中华书局，1987：137.

### 《大雅·泂酌》

《左传·隐公三年》："《雅》有《行苇》《泂酌》，昭忠信也。"①

《荀子·礼论》："君子丧所以取三年，何也？曰：君者，治辨之主也，文理之原也，情貌之尽也，相率而致隆之，不亦可乎！《诗》曰'恺悌君子，民之父母'，彼君子者，固有为民父母之说焉。父能生之，不能养之，母能食之，不能教诲之，君者，已能食之矣，又善教诲之者也，三年毕矣哉！"②

《吕氏春秋·审应览·不屈》："《诗》曰'恺悌君子，民之父母'，恺者大也，悌者长也，君子之德，长且大者，则为民父母。"③

### 《大雅·卷阿》

《荀子·正名》："有兼听之明而无奋矜之容，有兼覆之厚而无伐德之色，说行则天下正，说不行则白道而冥穷，是圣人之辨说也，《诗》曰'颙颙卬卬，如珪如璋，令闻令望。岂弟君子，四方为纲'，此之谓也。"④

### 《大雅·民劳》

《左传·僖公二十八年》："文公其能刑矣，三罪而民服，《诗》云'惠此中国，以绥四方'，不失赏刑之谓也。"⑤

《左传·昭公二十年》："仲尼曰：'善哉！政宽则民慢，慢则纠之以猛；猛则民残，残则施之以宽。宽以济猛，猛以济宽，政是以和。《诗》曰民亦劳止，汔可小康。惠此中国，以绥四方，施之以宽也。毋从诡随，以谨无良。式遏寇虐，惨不畏明，纠之以猛也。柔远能迩，以定我王，平之以和也。'"⑥

《左传·文公十年》："或谓子舟曰：'国君不可戮也。'子舟曰：'当官而行，何强之有？《诗》曰刚亦不吐，柔亦不茹。毋纵诡随，以谨罔极，是亦非辟强也。敢爱死以乱官乎？'"⑦

《左传·昭公二年》："子叔子知礼哉！吾闻之曰：'忠信，礼之器也。卑

---

① ［清］洪亮吉．春秋左传诂：卷五［M］．北京：中华书局，1987：191．
② ［清］王先谦．荀子集解：卷第十三［M］．北京：中华书局，1988：374．
③ ［秦］吕不韦．吕氏春秋集释：卷第十八［M］．许维遹，集释．北京：中华书局，2009：498-499．
④ ［清］王先谦．荀子集解：卷第十六［M］．北京：中华书局，1988：424．
⑤ ［清］洪亮吉．春秋左传诂：卷八［M］．北京：中华书局，1987：336-337．
⑥ ［清］洪亮吉．春秋左传诂：卷十七［M］．北京：中华书局，1987：747-748．
⑦ ［清］洪亮吉．春秋左传诂：卷九［M］．北京：中华书局，1987：371．

让，礼之宗也。'辞不忘国，忠信也。先国后己，卑让也。《诗》曰'敬慎威仪，以近有德'，夫子近德矣。"①

《荀子·致士》："故礼及身而行修，义及国而政明，能以礼挟而贵名白，天下愿，令行禁止，王者之事毕矣，《诗》曰'惠此中国，以绥四方'，此之谓也。"②

### 《大雅·板》

《左传·僖公五年》："《诗》云'怀德惟宁，宗子惟城'，君其修德而固宗子，何城如之？"③

《左传·昭公六年》："女夫也必亡。女丧而宗室，于人何有？人亦于女何有？《诗》曰'宗子维城，无俾城坏，毋独斯畏'，女其畏哉！"④

《左传·成公八年》："《诗》曰'犹之未远，是用大简'，行父惧晋之不远犹而失诸侯也，是以敢私言之。"⑤

《左传·襄公三十一年》："辞之不可以已也如是夫！子产有辞，诸侯赖之，若之何其释辞也？《诗》曰'辞之辑矣，民之协矣。辞之绎矣，民之莫矣'，其知之矣。"⑥

《左传·昭公三十二年》："魏子必有大咎，干位以令大事，非其任也。《诗》曰'敬天之怒，不敢戏豫。敬天之渝，不敢驰驱'，况敢干位以作大事乎？"⑦

《孟子·离娄上》："《诗》曰'天之方蹶，无然泄泄'，泄泄犹沓沓也，事君无义，进退无礼，言则非先王之道者，犹沓沓也。"⑧

《荀子·大略》："天下、国有俊士，世有贤人。迷者不问路，溺者不问遂，亡人好独。《诗》曰'我言维服，勿用为笑。先民有言，询于刍荛'，言博问也。"⑨

《荀子·君道》："故君人者爱民而安，好士而荣，两者无一焉而亡，《诗》

---

① ［清］洪亮吉．春秋左传诂：卷十五［M］．北京：中华书局，1987：647．
② ［清］王先谦．荀子集解：卷第九［M］．北京：中华书局，1988：260．
③ ［清］洪亮吉．春秋左传诂：卷七［M］．北京：中华书局，1987：277．
④ ［清］洪亮吉．春秋左传诂：卷十六［M］．北京：中华书局，1987：674．
⑤ ［清］洪亮吉．春秋左传诂：卷十一［M］．北京：中华书局，1987：456-457．
⑥ ［清］洪亮吉．春秋左传诂：卷十四［M］．北京：中华书局，1987：626．
⑦ ［清］洪亮吉．春秋左传诂：卷十八［M］．北京：中华书局，1987：802-803．
⑧ ［清］焦循．孟子正义：卷十四［M］．北京：中华书局，1987：489．
⑨ ［清］王先谦．荀子集解：卷第十九［M］．北京：中华书局，1988：499．

曰'介人维藩，大师为垣'，此之谓也。"①

## 《大雅·荡》

《左传·宣公二年》："人谁无过？过而能改，善莫大焉。《诗》曰'靡不有初，鲜克有终'，夫如是，则能补过者鲜矣。"②

《左传·襄公三十一年》："令尹以君矣，将有他志，虽获其志，不能终也。《诗》云'靡不有初，鲜克有终'，终之实难，令尹其将不免。"③

《孟子·离娄上》："孔子曰：'道二，仁与不仁而已矣。暴其民，甚则身弑国亡，不甚则身危国削。名之曰幽、厉，虽孝子慈孙，百世不能改也。'《诗》云'殷鉴不远，在夏后之世'，此之谓也。"④

《荀子·非十二子》："无不爱也，无不敬也，无与人争也，恢然如天地之苞万物，如是则贤者贵之，不肖者亲之。如是而不服者，则可谓訞怪狡猾之人矣，虽则子弟之中，刑及之而宜。《诗》云'匪上帝不时，殷不用旧。虽无老成人，尚有典刑。曾是莫听，大命以倾'，此之谓也。"⑤

## 《大雅·抑》

《左传·僖公九年》："臣闻之：'惟则定国。'……又曰'不僭不贼，鲜不为则'，无好无恶，不忌不克之谓也。"⑥

《左传·襄公二年》："礼无所逆，妇，养姑者也，亏姑以成妇，逆莫大焉。《诗》曰'其惟哲人，告之话言，顺德之行'，季孙于是为不哲矣。"⑦

《左传·襄公二十一年》："乐王鲋，从君者也，何能行？祁大夫外举不弃仇，内举不失亲，其独遗我乎？《诗》曰'有觉德行，四国顺之'，夫子，觉者也。"⑧

① [清] 王先谦. 荀子集解：卷第八 [M]. 北京：中华书局，1988：236；荀子集解：卷第十一强国篇第十六 [M]. 北京：中华书局，1988：299-300.
② [清] 洪亮吉. 春秋左传诂：卷十 [M]. 北京：中华书局，1987：397.
③ [清] 洪亮吉. 春秋左传诂：卷十四 [M]. 北京：中华书局，1987：629.
④ [清] 焦循. 孟子正义：卷十四 [M]. 北京：中华书局，1987：491.
⑤ [清] 王先谦. 荀子集解：卷第三 [M]. 北京：中华书局，1988：100.
⑥ [清] 洪亮吉. 春秋左传诂：卷七 [M]. 北京：中华书局，1987：287.
⑦ [清] 洪亮吉. 春秋左传诂：卷十二 [M]. 北京：中华书局，1987：493.
⑧ [清] 洪亮吉. 春秋左传诂：卷十三 [M]. 北京：中华书局，1987：554.

《左传·襄公二十二年》："善戒，《诗》曰'慎尔侯度①，用戒不虞'。"②

《左传·昭公元年》："《诗》曰'不僭不贼，鲜不为则'，信也。能为人则者，不为人下矣。"③

《左传·昭公元年》："莒展之不立，弃人也夫！人可弃乎？《诗》曰'无竞惟人'，善矣。"④

《左传·昭公五年》：仲尼曰："叔孙昭子之不劳，不可能也。周任有言曰：'为政者不赏私劳，不罚私怨。'《诗》曰：'有觉德行，四国顺之。'"⑤

《左传·哀公二十六年》："《诗》曰'无竞惟人，四方其顺之'，若得其人，四方以为主，而国于何有？"⑥

《荀子·富国》："是以臣或弑其君，下或杀其上，粥其城，倍其节，而不死其事者，无它故焉，人主自取之，《诗》曰'无言不雠，无德不报'，此之谓也。"⑦

《荀子·致士》："水深而回，树落则粪本，弟子通利则思师，《诗》曰'无言不雠，无德不报'，此之谓也。"⑧

《荀子·臣道》："忠信以为质，端悫以为统，礼义以为文，伦类以为理，喘而言，臑而动，而一可以为法则，《诗》曰'不僭不贼，鲜不为则'，此之谓也。"⑨

《荀子·不苟》："君子宽而不僈，廉而不刿，辩而不争，察而不激，寡立而不胜，坚强而不暴，柔从而不流，恭敬谨慎而容，夫是之谓至文，《诗》曰'温温恭人，惟德之基'，此之谓矣。"⑩

《荀子·非十二子》："是以不诱于誉，不恐于诽，率道而行，端然正己，不为物倾侧，夫是之谓诚君子，《诗》云'温温恭人，维德之基'，此之谓也。"⑪

《荀子·君道》："故天子不视而见，不听而聪，不虑而知，不动而功，块然

① 【按】《大雅·抑》："谨尔侯度。"程俊英，蒋见元．诗经注析［M］．北京：中华书局，1991：859.
② ［清］洪亮吉．春秋左传诂：卷十三［M］．北京：中华书局，1987：559.
③ ［清］洪亮吉．春秋左传诂：卷十五［M］．北京：中华书局，1987：632.
④ ［清］洪亮吉．春秋左传诂：卷十五［M］．北京：中华书局，1987：640.
⑤ ［清］洪亮吉．春秋左传诂：卷十五［M］．北京：中华书局，1987：666.
⑥ ［清］洪亮吉．春秋左传诂：卷二十［M］．北京：中华书局，1987：901.
⑦ ［清］王先谦．荀子集解：卷第六［M］．北京：中华书局，1988：183.
⑧ ［清］王先谦．荀子集解：卷第九［M］．北京：中华书局，1988：264.
⑨ ［清］王先谦．荀子集解：卷第九［M］．北京：中华书局，1988：256.
⑩ ［清］王先谦．荀子集解：卷第二［M］．北京：中华书局，1988：40-41.
⑪ ［清］王先谦．荀子集解：卷第三［M］．北京：中华书局，1988：102.

独坐而天下从之如一体，如四肢之从心，夫是之谓大形。《诗》曰'温温恭人，维德之基'，此之谓也。"①

《墨子·兼爱下》："姑尝本原之先王之所书《大雅》之所道曰'无言而不雠，无德而不报。投我以桃，报之以李'，即此言爱人者必见爱也，而恶人者必见恶也。"②

## 《大雅·桑柔》

《左传·文公元年》："殽之役，晋人既归秦帅，秦大夫及左右皆言于秦伯曰：'是败也，孟明之罪也，必杀之。'秦伯曰：'是孤之罪也。周芮良夫之《诗》曰：大风有隧，贪人败类。听言则对，诵言如醉。匪用其良，覆俾我悖。是贪故也，孤之谓矣。孤实贪以祸夫子，夫子何罪？'复使为政。"③

《左传·襄公三十一年》："郑有礼，其数世之福也，其无大国之讨乎！《诗》曰：'谁能执热，逝不以濯？'礼之于政，如热之有濯也，濯以救热，何患之有？"④

《国语·周语下》："《诗》曰'四牡骙骙，旟旐有翩，乱生不夷，靡国不泯'，又曰'民之贪乱，宁为荼毒'，夫见乱而不惕，所残必多，其饰弥章。民有怨乱，犹不可遏，而况神乎？"⑤

《孟子·离娄上》："孔子曰：'仁，不可为众也。夫国君好仁，天下无敌。'今也欲无敌于天下而不以仁，是犹执热而不以濯也，《诗》云'谁能执热，逝不以濯？'"⑥"苟不志于仁，终身忧辱，以陷于死亡，《诗》云'其何能淑，载胥及溺'，此之谓也。"⑦

《荀子·儒效》："凡人莫不欲安荣而恶危辱，故唯君子为能得其所好，小人则日徼其所恶，《诗》曰'维此良人，弗求弗迪。维彼忍心，是顾是复。民之贪乱，宁为荼毒'，此之谓也。"⑧

《墨子·尚贤中》："故古圣王高予之爵，重予之禄，任之以事，断予之令，夫岂为其臣赐哉？欲其事之成也。《诗》曰：'告女忧恤，诲女予爵。孰能执热，

① ［清］王先谦．荀子集解：卷第八［M］．北京：中华书局，1988：239.
② ［清］孙诒让．墨子间诂：卷四［M］．北京：中华书局，2001：124.
③ ［清］洪亮吉．春秋左传诂：卷九［M］．北京：中华书局，1987：352.
④ ［清］洪亮吉．春秋左传诂：卷十四［M］．北京：中华书局，1987：627.
⑤ 徐元诰．国语集解：周语下第三 灵王二十二年谷洛斗［M］．北京：中华书局，2002：99.
⑥ ［清］焦循．孟子正义：卷十四［M］．北京：中华书局，1987：497.
⑦ ［清］焦循．孟子正义：卷十五［M］．北京：中华书局，1987：506.
⑧ ［清］王先谦．荀子集解：卷第四［M］．北京：中华书局，1988：144.

鲜不用濯？'则此语古者国君、诸侯之不可以不执善承嗣辅佐也，譬之犹执热之有濯也，将休其手焉。"①

### 《大雅·云汉》

《孟子·万章上》："如以辞而已矣，《云汉》之诗曰：'周馀黎民，靡有孑遗。'信斯言也，是周无遗民也。"②

### 《大雅·烝民》

《左传·文公三年》："孟明之臣也，其不解也，能惧思也……'夙夜匪解，以事一人'，孟明有焉。"③

《左传·襄公二十五年》："君子之行，思其终也，思其复也……《诗》曰'夙夜匪解，以事一人'。"④

《左传·文公十年》："或谓子舟曰：'国君不可戮也。'子舟曰：'当官而行，何强之有？《诗》曰：刚亦不吐，柔亦不茹⑤……是亦非辟强也。敢爱死以乱官乎？'"⑥

《左传·定公四年》："君讨臣，谁敢雠之？君命，天也，若死天命，将谁雠？《诗》曰'柔亦不茹，刚亦不吐。不侮矜寡，不畏强御'，惟仁者能之。违强陵弱，非勇也。乘人之约，非仁也。"⑦

《左传·昭公元年》："且夫以千乘去其国，强御已甚，《诗》曰'不侮鳏寡，不畏强御'。"⑧

《左传·宣公二年》："又曰'衮职有阙，惟仲山甫补之'，能补过也。君能补过，衮不废矣。"⑨

① ［清］孙诒让. 墨子间诂：卷二［M］. 北京：中华书局，2001：52.
② ［清］焦循. 孟子正义：卷十八［M］. 北京：中华书局，1987：638.
③ ［清］洪亮吉. 春秋左传诂：卷九［M］. 北京：中华书局，1987：356.
④ ［清］洪亮吉. 春秋左传诂：卷十三［M］. 北京：中华书局，1987：580.
⑤ 【按】《大雅·烝民》："柔亦不茹，刚亦不吐。"程俊英，蒋见元. 诗经注析［M］. 北京：中华书局，1991：899.
⑥ ［清］洪亮吉. 春秋左传诂：卷九［M］. 北京：中华书局，1987：371.
⑦ ［清］洪亮吉. 春秋左传诂：卷十九［M］. 北京：中华书局，1987，第817.
⑧ ［清］洪亮吉. 春秋左传诂：卷十五［M］. 北京：中华书局，1987：645.
⑨ ［清］洪亮吉. 春秋左传诂：卷十［M］. 北京：中华书局，1987：397.

《孟子·告子上》："《诗》曰：'天生蒸民①，有物有则。民之秉夷②，好是懿德。'孔子曰：'为此《诗》者，其知道乎！故有物必有则，民之秉夷也，故好是懿德。'"③

《荀子·尧问》："当是时也，知者不得虑，能者不得治，贤者不得使，故君上蔽而无睹，贤人距而不受。然则孙卿怀将圣之心，蒙佯狂之色，视天下以愚。《诗》曰'既明且哲，以保其身'，此之谓也。是其所以名声不白，徒与不众，光辉不博也。"④

《荀子·强国》："财物货宝以大为重，政教功名反是，能积微者速成，《诗》曰'德輶如毛，民鲜克举之'，此之谓也。"⑤

### 《大雅·瞻卬》

《左传·文公六年》："秦穆之不为盟主也，宜哉！死而弃民。先王违世，犹诒之法，而况夺之善人乎！《诗》曰'人之云亡，邦国殄瘁'，无善人之谓，若之何夺之？"⑥

《左传·襄公二十六年》："无善人，则国从之，《诗》曰'人之云亡，邦国殄瘁'，无善人之谓也。"⑦

《左传·昭公十年》："丧夫人之力，弃德旷宗，以及其身，不亦害乎？《诗》曰'不自我先，不自我后'，其是之谓乎！"⑧

《左传·昭公二十五年》："无民而能逞其志者，未之有也，国君是以镇抚其民。《诗》曰'人之云亡，心之忧矣'，鲁君失民矣，焉得逞其志？靖以待命犹可，动必忧。"⑨

### 《周颂·烈文》

《左传·襄公二十一年》："《诗》曰'惠我无疆，子孙保之'……夫谋而鲜

---

① 【按】《大雅·烝民》："天生烝民。"程俊英，蒋见元.诗经注析［M］.北京：中华书局，1991：896.
② 【按】《大雅·烝民》："民之秉彝。"程俊英，蒋见元.诗经注析［M］.北京：中华书局，1991：896.
③ ［清］焦循.孟子正义：卷二十二［M］.北京：中华书局，1987：758.
④ ［清］王先谦.荀子集解：卷第二十［M］.北京：中华书局，1988：553.
⑤ ［清］王先谦.荀子集解：卷第十一［M］.北京：中华书局，1988：305.
⑥ ［清］洪亮吉.春秋左传诂：卷九［M］.北京：中华书局，1987：360-361.
⑦ ［清］洪亮吉.春秋左传诂：卷十四［M］.北京：中华书局，1987：587.
⑧ ［清］洪亮吉.春秋左传诂：卷十六［M］.北京：中华书局，1987：693.
⑨ ［清］洪亮吉.春秋左传诂：卷十八［M］.北京：中华书局，1987：765.

过，惠训不倦者，叔向有焉，社稷之固也。"①

《左传·昭公元年》："莒展之不立，弃人也夫！人可弃乎？《诗》曰'无竞惟人'②，善矣。"③

《左传·哀公二十六年》："《诗》曰'无竞惟人，四方其顺之'④，若得其人，四方以为主，而国于何有？"⑤

### 《周颂·天作》

《国语·晋语四》："在《周颂》曰'天作高山，大王荒之'，荒，大之也，大天所作，可谓亲有天矣。"⑥

《荀子·王制》："故天之所覆，地之所载，莫不尽其美、致其用，上以饰贤良，下以养百姓而安乐之，夫是之谓大神，《诗》曰'天作高山，大王荒之，彼作矣，文王康之'，此之谓也。"⑦

《荀子·天论》："得地则生，失地则死，是又禹、桀之所同也，禹以治，桀以乱，治乱非地也。《诗》曰'天作高山，大王荒之，彼作矣，文王康之'，此之谓也。"⑧

### 《周颂·昊天有成命》

《国语·周语下》："且其语说《昊天有成命》，颂之盛德也。其诗曰'昊天有成命，二后受之，成王不敢康。夙夜基命宥密，於缉熙，亶厥心⑨，肆其靖之'，是道成王之德也。成王能明文昭、能定武烈者也。夫道成命而称昊天，翼其上也。二后受之，让于德也。成王不敢康，敬百姓也。夙夜，恭也。基，始也。命，信也。宥，宽也。密，宁也。缉，明也。熙，广也。亶，厚也。肆，固也。靖，龢也。其始也，翼上德让，而敬百姓。其中也，恭俭信宽，帅归于

① ［清］洪亮吉.春秋左传诂：卷十三［M］.北京：中华书局，1987：554.
② 【按】《周颂·烈文》："无竞维人。"程俊英，蒋见元.诗经注析［M］.北京：中华书局，1991：939.亦见于《大雅·抑》，诗经注析［M］.北京：中华书局，1991：856.
③ ［清］洪亮吉.春秋左传诂：卷十五［M］.北京：中华书局，1987：640.
④ 【按】亦见于《大雅·抑》："无竞维人，四方其训之。"程俊英，蒋见元.诗经注析［M］.北京：中华书局，1991：856.
⑤ ［清］洪亮吉.春秋左传诂：卷二十［M］.北京：中华书局，1987：901.
⑥ 徐元诰.国语集解：晋语四第十　文公在狄十二年［M］.北京：中华书局，2002：330.
⑦ ［清］王先谦.荀子集解：卷第五［M］.北京：中华书局，1988：162.
⑧ ［清］王先谦.荀子集解：卷第十一［M］.北京：中华书局，1988：311.
⑨ 【按】《周颂·昊天有成命》："单厥心。"程俊英，蒋见元.诗经注析［M］.北京：中华书局，1991：943.

宁，其终也，广厚其心，以固龢之。始于德让，中于信宽，终于固和，故曰成。"①

### 《周颂·我将》

《左传·文公四年》："《诗》曰'畏天之威，于时保之'，敬主之谓也。"②

《左传·文公十五年》："君子之不虐幼贱，畏于天也。在《周颂》曰'畏天之威，于时保之'，不畏于天，将何能保？以乱取国，奉礼以守，犹惧不终。多行无礼，弗能在矣。"③

《左传·昭公六年》："今吾子（子产）相郑国，作封洫，立谤政，制参辟，铸刑书，将以靖民，不亦难乎？《诗》曰'仪式刑文王之德，日靖四方'……如是，何辟之有？民知争端矣，将弃礼而征于书。"④

《孟子·梁惠王下》："畏天者保其国，《诗》云'畏天之威，于时保之'。"⑤

### 《周颂·时迈》

《左传·宣公十二年》："夫文，止戈为武。武王克商，作《颂》曰'载戢干戈，载櫜弓矢。我求懿德，肆于时夏，允王保之'……夫武，禁暴、戢兵、保大、定功、安民、和众、丰财者也。"⑥

《国语·周语上》："先王耀德不观兵。夫兵戢而时动，动则威，观则玩，玩则无震。是故周文公之《颂》曰：'载戢干戈，载櫜弓矢。我求懿德，肆于时夏，允王保之。'先王之于民也，懋正其德而厚其性，阜其财求而利其器用，明利害之乡，以文修之，使务时而避害，怀德而畏威，故能保世以滋大。"⑦

《荀子·礼论》："天能生物，不能辨物也；地能载人，不能治人也；宇中万物、生人之属，待圣人然后分也。《诗》曰'怀柔百神，及河乔岳'，此之谓也。"⑧

---

① 徐元诰．国语集解：周语下第三　晋羊舌肸聘于周 ［M］．北京：中华书局，2002：103-104.
② ［清］洪亮吉．春秋左传诂：卷九 ［M］．北京：中华书局，1987：357.
③ ［清］洪亮吉．春秋左传诂：卷九 ［M］．北京：中华书局，1987：382.
④ ［清］洪亮吉．春秋左传诂：卷十六 ［M］．北京：中华书局，1987：673.
⑤ ［清］焦循．孟子正义：卷四 ［M］．北京：中华书局，1987：112.
⑥ ［清］洪亮吉．春秋左传诂：卷十 ［M］．北京：中华书局，1987：422.
⑦ 徐元诰．国语集解：周语上第一　穆王将征犬戎 ［M］．北京：中华书局，2002：1-3.
⑧ ［清］王先谦．荀子集解：卷第十三 ［M］．北京：中华书局，1988：366.

### 《周颂·执竞》

《荀子·富国》："故儒术诚行，则天下大而富，使而功，撞钟击鼓而和，《诗》曰'钟鼓喤喤，管磬玱玱①，降福穰穰。降福简简，威仪反反。既醉既饱，福禄来反'，此之谓也。"②

### 《周颂·思文》

《左传·成公十六年》："民生厚而德正，用利而事节，时顺而物成，上下和睦，周旋不逆，求无不具，各知其极，故《诗》曰'立我烝民，莫匪尔极'。"③

《国语·周语上》："夫王人者，将导利而布之上下者也，使神人百物无不得其极，犹日怵惕，惧怨之来也，故《颂》曰'思文后稷，克配彼天。立我蒸民，莫匪尔极'。"④

### 《周颂·丰年》

《左传·襄公二年》："且姜氏，君之妣也，《诗》曰'为酒为醴，烝畀祖妣，以洽百礼，降福孔偕'。"⑤

### 《周颂·雍》

《论语·八佾》："三家者，以《雍》彻⑥。子曰：''"相维辟公，天子穆穆"，奚取于三家之堂？'"⑦

### 《周颂·载见》

《墨子·尚同中》："是以先王之书《周颂》之道之曰'载来见彼王，聿求厥章'，则此语古者国君、诸侯之以春秋来朝聘天子之廷，受天子之严教。退而治国，政之所加，莫敢不宾。"⑧

---

① 【按】《周颂·执竞》："磬管将将。"程俊英，蒋见元．诗经注析［M］．北京：中华书局，1991：950．"管磬"即"磬筦"，"玱玱"通"将将"。
② ［清］王先谦．荀子集解：卷第六［M］．北京：中华书局，1988：187．
③ ［清］洪亮吉．春秋左传诂：卷十一［M］．北京：中华书局，1987：475．
④ 徐元诰．国语集解：周语上第一　厉王说荣夷公［M］．北京：中华书局，2002：13-14．
⑤ ［清］洪亮吉．春秋左传诂：卷十二［M］．北京：中华书局，1987：493．
⑥ 【按】《荀子·正论》："雍而彻乎五祀。"［清］王先谦．荀子集解：卷第十二［M］．北京：中华书局，1988：334．
⑦ 程树德．论语集释：卷五　八佾上［M］．北京：中华书局，1990：136-140．
⑧ ［清］孙诒让．墨子间诂：卷三［M］．北京：中华书局，2001：87-88．

### 《周颂·武》

《左传·宣公十二年》："《武》曰'无竞惟烈'，抚弱耆昧，以务烈所，可也。"①

《左传·宣公十二年》："夫文，止戈为武。武王克商……又作《武》，其卒章曰'耆定尔功'……夫武，禁暴、戢兵、保大、定功、安民、和众、丰财者也②，故使子孙无忘其章。"③

《论语·八佾》："子谓《韶》：'尽美矣，又尽善也。'谓《武》：'尽美矣，未尽善也。'"④

《荀子·礼论》："故钟鼓、管磬、琴瑟、竽笙，《韶》《夏》《护》《武》《汋》《桓》《箾》简《象》，是君子之所以为惕诡其所喜乐之文也。"⑤

《荀子·乐论》："绅端章甫，[舞]《韶》歌《武》，使人之心庄。"⑥

### 《周颂·敬之》

《左传·僖公二十二年》："又曰'敬之敬之，天惟显思，命不易哉'，先王之明德，犹无不难也，无不惧也。"⑦

《左传·成公四年》："《诗》曰'敬之敬之，天惟显思，命不易哉'，夫晋侯之命在诸侯矣，可不敬乎?"⑧

### 《周颂·酌》

《左传·宣公十二年》："《汋》曰'於铄王师，遵养时晦'，耆昧也。"⑨

《荀子·礼论》："故钟鼓、管磬、琴瑟、竽笙，《韶》、《夏》、《护》、《武》、《汋》、《桓》、《箾》、简《象》，是君子之所以为惕诡其所喜乐之文也。"⑩

---

① ［清］洪亮吉. 春秋左传诂：卷十［M］. 北京：中华书局，1987：415.
② 《左传·宣公十二年》："武有七德。"［清］洪亮吉. 春秋左传诂：卷十［M］. 北京：中华书局，1987：423.
③ ［清］洪亮吉. 春秋左传诂：卷十［M］. 北京：中华书局，1987：422-423.
④ 程树德. 论语集释：卷六 八佾下［M］. 北京：中华书局，1990：222.
⑤ ［清］王先谦. 荀子集解：卷第十三［M］. 北京：中华书局，1988：376-377.
⑥ ［清］王先谦. 荀子集解：卷第十四［M］. 北京：中华书局，1988：381.
⑦ ［清］洪亮吉. 春秋左传诂：卷七［M］. 北京：中华书局，1987：306.
⑧ ［清］洪亮吉. 春秋左传诂：卷十一［M］. 北京：中华书局，1987：449.
⑨ ［清］洪亮吉. 春秋左传诂：卷十［M］. 北京：中华书局，1987：415.
⑩ ［清］王先谦. 荀子集解：卷第十三［M］. 北京：中华书局，1988：376-377.

### 《周颂·桓》

《左传·宣公十二年》："夫文，止戈为武。武王克商……又作《武》……其六曰'绥万邦，娄丰年'，夫武，禁暴、戢兵、保大、定功、安民、和众、丰财者也，故使子孙无忘其章。"①

《荀子·礼论》："故钟鼓、管磬、琴瑟、竽笙，《韶》、《夏》、《护》、《武》、《汋》、《桓》、《箾》、简《象》，是君子之所以为愓诡其所喜乐之文也。"②

### 《周颂·赉》

《左传·宣公十一年》："吾闻之：'非德莫如勤。'非勤，何以求人？能勤，有继，其从之也。《诗》曰'文王既勤止'，文王犹勤，况寡德乎？"③

《左传·宣公十二年》："夫文，止戈为武。武王克商……又作《武》……其三曰'铺时绎思，我徂惟求定'④……夫武，禁暴、戢兵、保大、定功、安民、和众、丰财者也，故使子孙无忘其章。"⑤

### 《鲁颂·駉》

《论语·为政》："子曰：'《诗》三百，一言以蔽之，曰'思无邪'。'"⑥

### 《鲁颂·泮水》

《左传·襄公三十一年》：北宫文子对曰："《诗》云'敬慎威仪，惟民之则'，令尹无威仪，民无则焉，民所不则，以在民上，不可以终。"卫侯曰："善哉！何谓威仪？"对曰："有威而可畏谓之威，有仪而可象谓之仪。君有君之威仪，其臣畏而爱之，则而象之，故能有其国家，令闻长世。臣有臣之威仪，其下畏而爱之，故能守其官职，保族宜家。顺是以下皆如是，是以上下能相固也。"⑦

---

①　［清］洪亮吉．春秋左传诂：卷十［M］．北京：中华书局，1987：422-423．
②　［清］王先谦．荀子集解：卷第十三［M］．北京：中华书局，1988：376-377．
③　［清］洪亮吉．春秋左传诂：卷十［M］．北京：中华书局，1987：411．
④　【按】《周颂·赉》："敷时绎思，我徂维求定。"程俊英，蒋见元．诗经注析［M］．北京：中华书局，1991：994．
⑤　［清］洪亮吉．春秋左传诂：卷十［M］．北京：中华书局，1987：422-423．
⑥　程树德．论语集释：卷三　为政上［M］．北京：中华书局，1990：65．
⑦　［清］洪亮吉．春秋左传诂：卷十四［M］．北京：中华书局，1987：630．

### 《鲁颂·閟宫》

《左传·文公二年》："是以《鲁颂》曰'春秋匪解，享祀不忒。皇皇后帝，皇祖后稷'，君子曰礼，谓其后稷亲而先帝也。"①

《孟子·滕文公上》："吾闻出于幽谷迁于乔木者，未闻下乔木而入于幽谷者，《鲁颂》曰'戎狄是膺，荆舒是惩'，周公方且膺之，子是之学，亦为不善变矣。"②

《孟子·滕文公下》："《诗》云'戎狄是膺，荆舒是惩，则莫我敢承'，无父无君，是周公所膺也。"③

### 《商颂·那》

《国语·鲁语下》："昔正考父校商之名《颂》十二篇于周大师，以《那》为首，其辑之乱曰'自古在昔，先民有作。温恭朝夕，执事有恪'，先圣王之传恭，犹不敢专，称曰'自古'，古曰'在昔'，昔曰'先民'。"④

《荀子·大略》："孔子曰：'《诗》云：温恭朝夕，执事有恪。事君难，事君焉可息哉！'"⑤

### 《商颂·烈祖》

《左传·昭公二十二年》："和如羹焉，水、火、醯、醢、盐、梅，以烹鱼肉，燀之以薪，宰夫和之，齐之以味，济其不及，以泄其过。君子食之，以平其心。君臣亦然，君所谓可而有否焉，臣献其否以成其可，君所谓否而有可焉，臣献其可以去其否，是以政平而不干，民无争心。故《诗》曰'亦有和羹，既戒既平。鬷嘏无言，时靡有争'，先王之济五味，和五声也，以平其心，成其政也。"⑥

### 《商颂·玄鸟》

《左传·隐公三年》："宋宣公可谓知人矣，立穆公，其子飨之，命以义夫，

① ［清］洪亮吉．春秋左传诂：卷九［M］．北京：中华书局，1987，第355.
② ［清］焦循．孟子正义：卷十一［M］．北京：中华书局，1987：396-397.
③ ［清］焦循．孟子正义：卷十三［M］．北京：中华书局，1987：461.
④ 徐元诰．国语集解：鲁语下第五　齐闾丘来盟［M］．北京：中华书局，2002：205.
⑤ ［清］王先谦．荀子集解：卷第十九［M］．北京：中华书局，1988：509-510.
⑥ ［清］洪亮吉．春秋左传诂：卷十七［M］．北京：中华书局，1987：745-746.

《商颂》曰'殷受命咸宜，百禄是何'，其是之谓乎！"①

### 《商颂·长发》

《左传·成公二年》："今吾子求合诸侯，以逞无疆之欲，《诗》曰'布政优优，百禄是遒'，子实不优，而弃百禄，诸侯何害焉？"②

《左传·昭公二十年》："又曰'不竞不絿，不刚不柔。布政优优，百禄是遒'，和之至也。"③

《国语·晋语四》："树于有礼，必有艾。《商颂》曰'汤降不迟，圣敬日跻'，降，有礼之谓也。"④

《荀子·臣道》："过而通情，和而无经，不恤是非，不论曲直，偷合苟容，迷乱狂生，夫是之谓祸乱之从声，飞廉、恶来是也。传曰'斩而齐，枉而顺，不同而壹'，《诗》曰'受小球大球，为下国缀旒'，此之谓也。"⑤

《荀子·荣辱》："故或禄天下而不自以为多，或监门、御旅、抱关、击柝而不自以为寡。故曰'斩而齐，枉而顺，不同而壹'，夫是之谓人伦，《诗》曰'受小共大共，为下国骏蒙'⑥，此之谓也。"⑦

《荀子·议兵》："故仁人用，国日明，诸侯先顺者安，后顺者危，虑敌之者削，反之者亡。《诗》曰'武王载发，有虔秉钺，如火烈烈，则莫我敢遏'，此之谓也。"⑧

### 《商颂·殷武》

《左传·襄公二十六年》："《商颂》有之曰'不僭不滥，不敢怠皇。命于下国，封建厥福'，此汤所以获天福也。古之治民者，劝赏而畏刑，恤民不倦。"⑨

《左传·哀公五年》："不守其位而能久者，鲜矣！《商颂》曰'不僭不滥，不敢怠皇，命以多福'。"⑩

---

①　[清] 洪亮吉. 春秋左传诂：卷五 [M]. 北京：中华书局，1987：192.

②　[清] 洪亮吉. 春秋左传诂：卷十一 [M]. 北京：中华书局，1987：441.

③　[清] 洪亮吉. 春秋左传诂：卷十七 [M]. 北京：中华书局，1987：748.

④　徐元诰. 国语集解：晋语四第十　文公在狄十二年 [M]. 北京：中华书局，2002：329-330.

⑤　[清] 王先谦. 荀子集解：卷第九 [M]. 北京：中华书局，1988：257.

⑥　【按】《商颂·长发》："受小球大球，为下国缀旒。"程俊英，蒋见元. 诗经注析 [M]. 北京：中华书局，1991：1036.

⑦　[清] 王先谦. 荀子集解：卷第二 [M]. 北京：中华书局，1988：71.

⑧　[清] 王先谦. 荀子集解：卷第十 [M]. 北京：中华书局，1988：269-270.

⑨　[清] 洪亮吉. 春秋左传诂：卷十四 [M]. 北京：中华书局，1987：587.

⑩　[清] 洪亮吉. 春秋左传诂：卷二十 [M]. 北京：中华书局，1987：854-855.

## 第二节　周秦《书》经解实录

周秦《书》经解之可见者，分散于《礼记》《左传》《国语》《墨子》《孟子》《荀子》六书，其具体畛域范围，则需加以界定，如《墨子·明鬼下》曰："今执无鬼者之言曰：'先王之书，慎无①一尺之帛，一篇之书，语数鬼神之有，重有重之，亦何书有之哉？'子墨子曰：'周书《大雅》有之，《大雅》曰："文王在上，於昭于天。周虽旧邦，其命维新。有周不显，帝命不时。文王陟降，在帝左右。穆穆文王，令问不已②。"若鬼神无有，则文王既死，彼岂能在帝之左右哉？此吾所以知周书之鬼也。且周书独鬼而商书不鬼，则未足以为法也，然则姑尝上观乎商书，曰："呜呼！古者有夏，方未有祸之时，百兽贞虫，允及飞鸟，莫不比方。矧隹人面，胡敢异心？山川鬼神，亦莫敢不宁。若能共允，隹天下之合，下土之葆。"察山川鬼神之所以莫敢不宁者，以佐谋禹也。此吾所以知商书之鬼也。'"③ 子墨子又曰：'故尚者夏书④，其次商、周之书，语数鬼神之有也，重有重之。此其故何也？则圣王务之。以若书之说观之，则鬼神之有，岂可疑哉？'"⑤ 此处所谓"夏书""商书""周书"，泛指夏代文献、商代

---

① 王念孙《读书杂志》七之三"慎无"条："'慎无'二字义不可通，'慎无'当为'圣人'。上文曰'故先王之书，圣人（此下脱二字，或当云'圣人之言'），一尺之帛，一篇之书'，是其证。"（［清］王念孙．读书杂志［M］．南京：江苏古籍出版社，1985：588．）

② 【按】《大雅·文王》："亹亹文王，令闻不已。"程俊英，蒋见元．诗经注析［M］．北京：中华书局，1991：747．

③ ［清］孙诒让．墨子间诂：卷八［M］．北京：中华书局，2001：236-238．

④ 【按】"夏书"又称"夏训"，《左传·襄公四年》："（魏绛曰：）'夏训（杜预注"夏训，夏书"）有之曰："有穷后羿……"'（晋悼）公曰：'后羿何如？'对曰：'昔有夏之方衰也，后羿自鉏迁于穷石，因夏民以代夏政。恃其射也，不修民事，而淫于原兽。弃武罗、伯困、熊髡、龙圉，而用寒浞。寒浞，伯明氏之谗子弟也，伯明后寒弃之，夷羿收之，信而使之，以为己相。浞行媚于内，而施赂于外，愚弄其民，而虞羿于田，树之诈慝，以取其国家，外内咸服。羿犹不悛，将归自田，家众杀而亨之，以食其子，其子不忍食诸，死于穷门。靡奔有鬲氏。浞因羿室，生浇及豷，恃其谗慝诈伪，而不德于民，使浇用师，灭斟灌及斟寻氏。处浇于过，处豷于戈，靡自有鬲氏，收二国之烬，以灭浞而立少康。少康灭浇于过，后杼灭豷于戈，有穷由是遂亡，失人故也。昔周辛甲之为大史也，命百官，官箴王阙。于《虞人之箴》曰："芒芒禹迹，画为九州，经启九道。民有寝庙，兽有茂草，各有攸处，德用不扰。在帝夷羿，冒于原兽，忘其国恤，而思其麀牡。武不可重，用不恢于夏家。兽臣司原，敢告仆夫。"《虞箴》如是，可不惩乎？'于是晋侯好田，故魏绛及之。"（［清］阮元，校刻．十三经注疏清嘉庆刊本·春秋左传正义：卷第二十九［M］．北京：中华书局，2009：4195-4197．）

⑤ ［清］孙诒让．墨子间诂：卷八　明鬼下第三十一［M］．北京：中华书局，2001：241．

文献、周代文献，三代文献统称为"先王之书"，并非特指《书》经，后世学者皆以逸《书》视之，无乃不可乎。周秦文献引《书》甚夥，足见《书》经于周秦学术之重要地位，其《书》之经解，多有可观之处。本节以《书》之经解为对象，逐条分类整理，庶几可谓实录焉。

### 《尧典》

《礼记·大学》："《康诰》曰'克明德'，《大甲》曰'顾諟天之明命'①，《帝典》曰'克明峻德'②，皆自明也。"③

《荀子·正论》："故上者，下之本也，上宣明则下治辨矣，上端诚则下愿悫矣，上公正则下易直矣。治辨则易一，愿悫则易使，易直则易知。易一则强，易使则功，易知则明，是治之所由生也。上周密则下疑玄矣，上幽险则下渐诈矣，上偏曲则下比周矣。疑玄则难一，渐诈则难使，比周则难知。难一则不强，难使则不功，难知则不明，是乱之所由作也。故主道利明不利幽，利宣不利周。故主道明则下安，主道幽则下危。故下安则贵上，下危则贱上。故上易知则下亲上矣，上难知则下畏上矣。下亲上则上安，下畏上则上危。故主道莫恶乎难知，莫危乎使下畏己。传曰'恶之者众则危'，《书》曰'克明明德'④，《诗》曰'明明在下'，故先王明之，岂特玄之耳哉。"⑤

《左传·文公十八年》："昔高阳氏有才子八人，苍舒、隤敱、梼戭、大临、龙降、庭坚、仲容、叔达，齐圣广渊，明允笃诚，天下之民谓之八恺。高辛氏有才子八人，伯奋、仲堪、叔献、季仲、伯虎、仲熊、叔豹、季狸，忠肃共懿，宣慈惠和，天下之民谓之八元。此十六族也，世济其美，不陨其名，以至于尧，尧不能举。舜臣尧，举八恺，使主后土，以揆百事，莫不时序，地平天成。举八元，使布五教于四方，父义、母慈、兄友、弟共、子孝，内平外成。昔帝鸿氏有不才子，掩义隐贼，好行凶德，丑类恶物，顽嚚不友，是与比周，天下之民谓之浑敦。少皥氏有不才子，毁信废忠，崇饰恶言，靖谮庸回，服谗搜慝，以诬盛德，天下之民谓之穷奇。颛顼有不才子，不可教训，不知话言，告之则

---

① 【按】《大甲》即《太甲》。

② 【按】《帝典》即《尧典》，晚清廖平经学著作屡称《帝典》，据此。

③ ［清］朱彬.礼记训纂：卷四十二［M］.北京：中华书局，1996：867.

④ 【按】《尧典》有"克明俊德"（［清］孙星衍.尚书今古文注疏：卷一　虞夏书一［M］.北京：中华书局，2004：6.《礼记·大学》"俊"作"峻"），《康诰》有"克明德"（尚书今古文注疏：卷十五　周书六［M］.北京：中华书局，2004：359)，《大学》有"明明德"（［清］朱彬.礼记训纂：卷四十二［M］.北京：中华书局，1996：866）。

⑤ ［清］王先谦.荀子集解：卷第十二［M］.北京：中华书局，1988：321-322.

顽，舍之则嚚，傲很明德，以乱天常，天下之民谓之梼杌。此三族也，世济其凶，增其恶名，以至于尧，尧不能去。缙云氏有不才子，贪于饮食，冒于货贿，侵欲崇侈，不可盈厌，聚敛积实，不知纪极，不分孤寡，不恤穷匮，天下之民以比三凶，谓之饕餮。舜臣尧，宾于四门，流四凶族浑敦、穷奇、梼杌、饕餮，投诸四裔，以御魑魅。是以尧崩而天下如一，同心戴舜以为天子，以其举十六相，去四凶也。故《虞书》数舜之功，曰'慎徽五典，五典克从'，无违教也。曰'纳于百揆，百揆时序'，无废事也。曰'宾于四门，四门穆穆'①，无凶人也。舜有大功二十而为天子，今行父虽未获一吉人，去一凶矣，于舜之功，二十之一也，庶几免于戾乎！"②

《孟子·万章上》：万章曰："舜流共工于幽州，放驩兜于崇山，杀三苗于三危，殛鲧于羽山，四罪而天下咸服③，诛不仁也。"④

《孟子·万章上》："尧老而舜摄也。《尧典》曰'二十有八载，放勋乃徂落，百姓如丧考妣。三年，四海遏密八音'，孔子曰'天无二日，民无二王'，舜既为天子矣，又帅天下诸侯以为尧三年丧，是二天子矣。"⑤

### 《大禹谟》，附《汤誓》

《孟子·万章上》："《书》曰'祗载见瞽瞍，夔夔齐栗，瞽瞍亦允若'⑥，是为父不得而子也。"⑦

《左传·文公七年》："晋郤缺言于赵宣子曰：'日卫不睦，故取其地，今已睦矣，可以归之。叛而不讨，何以示威？服而不柔，何以示怀？非威非怀，何

---

① 【按】见于《舜典》（［清］阮元，校刻．十三经注疏清嘉庆刊本·尚书正义：卷第三 ［M］．北京：中华书局，2009：264-278．下引同），《舜典》由《虞夏书·尧典》分出（［清］孙星衍．尚书今古文注疏：卷一　虞夏书一 ［M］．北京：中华书局，2004：33），《礼记·大学》称《帝典》（［清］朱彬．礼记训纂：卷四十二 ［M］．北京：中华书局，1996：867）。
② ［清］洪亮吉．春秋左传诂．卷九 ［M］．北京：中华书局，1987：389-392．
③ 《尚书·尧典》："流共工于幽州，放驩兜于崇山，窜三苗于三危，殛鲧于羽山，四罪而天下咸服。"（［清］孙星衍．尚书今古文注疏：卷一　虞夏书一 ［M］．北京：中华书局，2004：56-57．）《墨子·非攻下》："昔者三苗大乱，天命殛之，日妖宵出，雨血三朝，龙生于庙，（大）［犬］哭乎市，夏冰，地坼及泉，五谷变化，民乃大振。高阳乃命玄宫，禹亲把天之瑞令，以征有苗。四电诱祗，有神人面鸟身，若瑾以侍，搤矢有苗之祥。苗师大乱，后乃遂几。禹既已克有三苗，焉磨为山川，别物上下，卿制大极，而神民不违，天下乃静，则此禹之所以征有苗也。"（［清］孙诒让．墨子间诂：卷五 ［M］．北京：中华书局，2001：145-147．）
④ ［清］焦循．孟子正义：卷十八 ［M］．北京：中华书局，1987：628．
⑤ ［清］焦循．孟子正义：卷十八 ［M］．北京：中华书局，1987：635-637．
⑥ 【按】《大禹谟》（［清］阮元，校刻．十三经注疏清嘉庆刊本·尚书正义：卷第四 ［M］．北京：中华书局，2009：282-288．）取于此，下引同。
⑦ ［清］焦循．孟子正义：卷十八 ［M］．北京：中华书局，1987：641．

以示德？无德，何以主盟？子为正卿以主诸侯，而不务德，将若之何？《夏书》曰：“戒之用休，董之用威，劝之以九歌，勿使坏。”① 九功之德皆可歌也，谓之九歌。六府、三事，谓之九功。水、火、金、木、土、谷，谓之六府。正德、利用、厚生，谓之三事。义而行之，谓之德礼。无礼不乐，所由叛也。若吾子之德莫可歌也，其谁来之？盍使睦者歌吾子乎？’宣子说之。”②

《左传·庄公八年》：“夏，师及齐师围郕。郕降于齐师。仲庆父请伐齐师。公曰：‘不可。我实不德，齐师何罪？罪我之由。《夏书》曰：“皋陶迈种德，德乃降。”③ 姑务修德，以待时乎。’秋，师还。君子是以善鲁庄公。”④

《左传·襄公二十一年》：“邾庶其以漆、闾丘来奔。季武子以公姑姊妻之，皆有赐于其从者。于是鲁多盗。季孙谓臧武仲曰：‘子盍诘盗？’武仲曰：‘不可诘也，纥又不能。’季孙曰：‘我有四封，而诘其盗，何故不可？子为司寇，将盗是务去，若之何不能？’武仲曰：‘子召外盗而大礼焉，何以止吾盗？子为正卿，而来外盗，使纥去之，将何以能？庶其窃邑于邾以来，子以姬氏妻之，而与之邑，其从者皆有赐焉。若大盗，礼焉以君之姑姊与其大邑，其次皁牧舆马，其小者衣裳剑带，是赏盗也。赏而去之，其或难焉。纥也闻之，在上位者，洒濯其心，壹以待人，轨度其信，可明征也，而后可以治人。夫上之所为，民之归也。上所不为，而民或为之，是以加刑罚焉，而莫敢不惩。若上之所为，而民亦为之，乃其所也，又可禁乎？《夏书》曰：“念兹在兹，释兹在兹，名言兹在兹，允出兹在兹，惟帝念功。”⑤ 将谓由己壹也。信由己壹，而后功可念也。’”⑥

《左传·哀公十八年》：“巴人伐楚，围鄾。初，右司马子国之卜也，观瞻曰：‘如志。’故命之。及巴师至，将卜帅。王曰：‘宁如志，何卜焉？’使帅师而行。请承，王曰：‘寝尹、工尹，勤先君者也。’三月，楚公孙宁、吴由于、薳固败巴师于鄾，故封子国于析。君子曰：‘惠王知志。《夏书》曰：官占，惟能蔽志，昆命于元龟。⑦ 其是之谓乎。《志》曰圣人不烦卜筮，惠王其有焉。’”⑧

---

① 【按】《大禹谟》取于此，下文郊缺经解之语，亦采入《大禹谟》。
② ［清］洪亮吉. 春秋左传诂：卷九 ［M］. 北京：中华书局，1987：367-368.
③ 【按】《大禹谟》取于此。
④ ［清］洪亮吉. 春秋左传诂：卷六 ［M］. 北京：中华书局，1987：237-238.
⑤ 【按】《大禹谟》取于此。
⑥ ［清］洪亮吉. 春秋左传诂：卷十三 ［M］. 北京：中华书局，1987：552-553.
⑦ 【按】《大禹谟》取于此。
⑧ ［清］洪亮吉. 春秋左传诂：卷二十 ［M］. 北京：中华书局，1987：891-892.

《墨子·兼爱下》：“子墨子曰：吾非与之并世同时，亲闻其声、见其色也，以其所书于竹帛、镂于金石、琢于槃盂，传遗后世子孙者知之。《泰誓》① 曰：'文王若日若月乍照，光于四方，于西土。'即此言文王之兼爱天下之博大也，譬之日月兼照天下之无有私也，即此文王兼也。虽子墨子之所谓兼者，于文王取法焉。且不唯《泰誓》为然，虽《禹誓》② 即亦犹是也。禹曰：'济济有众，咸听朕言，非惟小子敢行称乱，蠢兹有苗，用天之罚，若予既率尔群对诸群以征有苗。'禹之征有苗也，非以求以重富贵、干福禄、乐耳目也，以求兴天下之利、除天下之害，即此禹兼也。虽子墨子之所谓兼者，于禹求焉。且不唯《禹誓》为然，虽《汤说》③ 即亦犹是也。汤曰：'惟予小子履，敢用玄牡，告于上天后曰：今天大旱，即当朕身履，未知得罪于上下。有善不敢蔽，有罪不敢赦，简在帝心。万方有罪，即当朕身；朕身有罪，无及万方。'④ 即此言汤贵为天子，富有天下，然且不惮以身为牺牲，以祠说于上帝鬼神，即此汤兼也。虽子墨子之所谓兼者，于汤取法焉。”⑤

《墨子·非命下》：“昔者暴王作之，穷人术之，此皆疑众迟朴，先圣王之患之也，固在前矣。是以书之竹帛、镂之金石、琢之盘盂，传遗后世子孙。曰：何书焉存？禹之《总德》有之曰：'允不著，惟天民而葆。既防凶心，天加之咎，不慎厥德，天命焉葆？'《仲虺之告》曰：'我闻有夏人矫天命［布命］于下，帝式是增，用爽厥师。'彼用无为有，故谓矫，若有而谓有，夫岂谓矫哉！昔者，桀执有命而行，汤为《仲虺之告》以非之。《太誓》之言也，于去发⑥ 曰：'恶乎君子！天有显德，其行甚章。为鉴不远，在彼殷王。谓人有命，谓敬不可行，谓祭无益，谓暴无伤。上帝不常，九有以亡。上帝不顺，祝降其丧。惟我有周，受之大帝。'昔纣执有命而行，武王为《太誓》去发以非之。曰：子

---

① 【按】《墨子》诸篇所引，皆作《太誓》，伪古文作《泰誓》，此处疑后人篡改。

② 【按】《大禹谟》取于此。

③ 【按】即《商书·汤誓》（［清］阮元，校刻．十三经注疏清嘉庆刊本·尚书正义：卷第八［M］．北京：中华书局，2009：338-340.），下引同。

④ 《论语·尧曰》：“（汤）曰：'予小子履，敢用玄牡，敢昭告于皇皇后帝：有罪不敢赦。帝臣不蔽，简在帝心。朕躬有罪，无以万方；万方有罪，罪在朕躬。'”（程树德．论语集释：卷三十九［M］．北京：中华书局，1990：1350.）《国语·周语上》：“在《汤誓》曰：'余一人有罪，无以万夫；万夫有罪，在余一人。'”（徐元诰．国语集解：周语上第一　襄王使邵公过及内史过赐晋惠公命［M］．北京：中华书局，2002：32.）

⑤ ［清］孙诒让．墨子间诂：卷四［M］．北京：中华书局，2001：120-123.

⑥ 孙星衍《尚书今古文注疏》卷卅：“'去发'未详，或'太子发'三字之误。”（［清］孙星衍．尚书今古文注疏：书序第卅　周书［M］．北京：中华书局，2004：591.）【按】周武王对于文王而言，自称太子发。

胡不尚考之乎商周、虞夏之记，从十简之篇以尚皆无之，将何若者也？"①

《国语·周语上》：襄王使邵公过及内史过赐晋惠公命，吕甥、郤芮相晋侯不敬，晋侯执玉卑，拜不稽首。内史过归，以告王曰："晋不亡，其君必无后。且吕、郤将不免。"王曰："何故？"对曰："《夏书》有之曰：'众非元后，何戴？后非众，无与守邦。'② 在《汤誓》曰：'余一人有罪，无以万夫；万夫有罪，在余一人。'③ 在《盘庚》曰：'国之臧，则惟女众；国之不臧，则惟余一人是有逸罚。'④ 如是则长众使民，不可不慎也。民之所急在大事，先王知大事之必以众济也，是故被除其心，以和惠民。考中度衷以莅之，昭明物则以训之，制义庶孚以行之。被除其心，精也；考中度衷，忠也；昭明物则，礼也；制义庶孚，信也。然则长众使民之道，非精不和，非忠不立，非礼不顺，非信不行。今晋侯即位而背外内之赂，虐其处者，弃其信也；不敬王命，弃其礼也；施其所恶，弃其忠也，以恶实心，弃其精也。四者皆弃，则远不至而近不和矣，将何以守国？古者，先王既有天下，又崇立上帝、明神而敬事之，于是乎有朝日、夕月以教民事君。诸侯春秋受职于王以临其民，大夫、士日恪位著以儆其官，庶人、工、商各守其业以共其上。犹恐其有坠失也，故为车服、旗章以旌之，为赞币、瑞节以镇之，为班爵、贵贱以列之，为令闻嘉誉以声之。犹有散迁懈慢，而著在刑辟，流在裔土。于是乎有蛮夷之国，有斧钺、刀墨之民，而况可以淫纵其身乎！"⑤

## 《益稷》⑥

《左传·僖公二十七年》：晋国于是乎蒐于被庐，作三军。谋元帅，赵衰曰："郤縠可。臣亟闻其言矣，说礼、乐而敦《诗》《书》《诗》《书》，义之府也。礼、乐，德之则也。德、义，利之本也。《夏书》曰：'赋纳以言，明试以功，车服以庸。'⑦ 君其试之"⑧。

---

① ［清］孙诒让. 墨子间诂：卷九［M］. 北京：中华书局，2001：279-282.

② 【按】《大禹谟》"后非众，罔与守邦"取于此。

③ 【按】今本《汤誓》无，三国吴韦昭《国语解》称"已散亡矣"，此二句三国时代前已佚。

④ 【按】此处"国"本作"邦"，汉人避汉高祖讳改。

⑤ 徐元诰. 国语集解：周语上第一  襄王使邵公过及内史过赐晋惠公命［M］. 北京：中华书局，2002：31-34.

⑥ 【按】《益稷》由《虞夏书·皋陶谟》分出。

⑦ 【按】见于《益稷》（［清］阮元，校刻. 十三经注疏清嘉庆刊本·尚书正义：卷第五［M］. 北京：中华书局，2009：296-304.），下引同。

⑧ ［清］洪亮吉. 春秋左传诂：卷八  僖公二·二十七年［M］. 北京：中华书局，1987：327.

## 《五子之歌》

《国语·晋语九》："三卿宴于蓝台，知襄子戏韩康子而侮段规。知伯国闻之，谏曰：'主不备，难必至矣。'曰：'难将由我，我不为难，谁敢兴之？'对曰：'异于是。夫郤氏有车辕之难，赵有孟姬之谗，栾有叔祁之愬，范、中行有函冶之难，皆主之所知也。《夏书》有之曰：一人三失，怨岂在明？不见是图。[①]《周书》有之曰：怨不在大，亦不在小。[②] 夫君子能勤小物，故无大患。今主一宴而耻人之君相，又弗备，曰不敢兴难，无乃不可乎？夫谁不可喜，而谁不可惧？蜹蚁蜂虿，皆能害人，况君相乎！'"[③]

《左传·成公十六年》："晋侯使郤至献楚捷于周，与单襄公语，骤称其伐。单子语诸大夫曰：'温季其亡乎！位于七人之下，而求掩其上。怨之所聚，乱之本也。多怨而阶乱，何以在位？《夏书》曰：怨岂在明？不见是图。[④] 将慎其细也。今而明之，其可乎？'"[⑤]

《左传·哀公六年》："初，昭王有疾。卜曰：'河为祟。'王弗祭。大夫请祭诸郊，王曰：'三代命祀，祭不越望。江、汉、雎、漳，楚之望也。祸福之至，不是过也。不穀虽不德，河非所获罪也。'遂弗祭。孔子曰：'楚昭王知大道矣，其不失国也，宜哉！《夏书》曰：惟彼陶唐，帅彼天常，有此冀方。今失其行，乱其纪纲，乃灭而亡。[⑥] 又曰：允出兹在兹。[⑦] 由己率常，可矣。'"[⑧]

## 《胤征》

《左传·襄公十四年》：师旷对曰："自王以下，各有父兄子弟，以补察其政。史为书，瞽为诗，工诵箴谏，大夫规诲，士传言，庶人谤，商旅于市，百

---

① 【按】《五子之歌》（［清］阮元，校刻．十三经注疏清嘉庆刊本·尚书正义：卷第七［M］．北京：中华书局，2009：329-331）取于此，下引同。

② 【按】见于《周书·康诰》（［清］阮元，校刻．十三经注疏清嘉庆刊本·尚书正义：卷第十四［M］．北京：中华书局，2009：430-436.），下引同。

③ 徐元诰．国语集解：晋语九第十五 还自卫，三卿宴于蓝台［M］．北京：中华书局，2002：455-456.

④ 【按】《五子之歌》取于此。

⑤ ［清］洪亮吉．春秋左传诂：卷十一［M］．北京：中华书局，1987：483.

⑥ 【按】《五子之歌》取于此。

⑦ 【按】《大禹谟》取于此。

⑧ ［清］洪亮吉．春秋左传诂：卷二十［M］．北京：中华书局，1987：856-857.

工献艺。故《夏书》曰：'遒人以木铎徇于路，官师相规，工执艺事以谏。'①正月孟春，于是乎有之，谏失常也。天之爱民甚矣，岂其使一人肆于民上，以从其淫，而弃天地之性？必不然矣。"②

《左传·昭公十七年》："夏六月甲戌朔，日有食之。祝史请所用币，昭子曰：'日有食之，天子不举，伐鼓于社；诸侯用币于社，伐鼓于朝，礼也。'平子御之，曰：'止也。唯正月朔，慝未作，日有食之，于是乎有伐鼓用币，礼也。其馀则否。'太史曰：'在此月也。日过分而未至，三辰有灾。于是乎百官降物，君不举，辟移时，乐奏鼓，祝用币，史用辞。故《夏书》曰：辰不集于房③，瞽奏鼓，啬夫驰，庶人走。此月朔之谓也。当夏四月，是谓孟夏。'平子弗从。昭子退曰：'夫子将有异志，不君君矣。'"④

## 《甘誓》

《墨子·明鬼下》："且商书独鬼，而夏书不鬼，则未足以为法也。然则姑尝上观乎夏书，《禹誓》⑤曰：'大战于甘，王乃命左右六人，下听誓于中军。曰：有扈氏威侮五行，怠弃三正，天用剿绝其命。有曰：日中，今予与有扈氏争一日之命。且尔卿大夫庶人，予非尔田野葆士⑥之欲也，予共行天之罚也。左不共于左，右不共于右，若不共命；御非尔马之政，若不共命。是以赏于祖而僇于社。'赏于祖者何也？言分命之均也。僇于社者何也？言听狱之事也。故古圣王必以鬼神为赏贤而罚暴，是故赏必于祖而僇必于社。此吾所以知夏书之鬼也。"⑦

## 《仲虺之诰》

《孟子·梁惠王下》："齐人伐燕，取之。诸侯将谋救燕。宣王曰：'诸侯多谋伐寡人者，何以待之？'孟子对曰：'臣闻七十里为政于天下者，汤是也。未

①　【按】《胤征》（［清］阮元，校刻．十三经注疏清嘉庆刊本·尚书正义：卷第七［M］．北京：中华书局，2009：331-335．）取于此，下引同。

②　［清］洪亮吉．春秋左传诂：卷十二［M］．北京：中华书局，1987：535.

③　【按】《胤征》"辰弗集于房"取于此。

④　［清］洪亮吉．春秋左传诂：卷十七［M］．北京：中华书局，1987：726.

⑤　【按】见于《虞夏书·甘誓》（［清］阮元，校刻．十三经注疏清嘉庆刊本·尚书正义：卷第七［M］．北京：中华书局，2009：328．），下引同。

⑥　【按】俞樾《诸子平议》："'葆士'无义，'士'疑'玉'字之误，'葆士'即'宝玉'也。《史记·周本纪》'展九鼎葆玉'，徐广曰'葆，一作宝'，即其例也。"（［清］孙诒让．墨子间诂：卷八　明鬼下第三十一［M］．北京：中华书局，2001：240.）

⑦　［清］孙诒让．墨子间诂：卷八［M］．北京：中华书局，2001：238-241.

闻以千里畏人者也。《书》曰："汤一征，自葛始。"① 天下信之，东面而征，西夷怨；南面而征，北狄怨，曰："奚为后我？"民望之，若大旱之望云霓也。归市者不止，耕者不变，诛其君而吊其民，若时雨降。民大悦。《书》曰："徯我后，后来其苏。'② 今燕虐其民，王往而征之，民以为将拯己于水火之中也，箪食壶浆以迎王师。若杀其父兄，系累其子弟，毁其宗庙，迁其重器，如之何其可也？天下固畏齐之强也，今又倍地而不行仁政，是动天下之兵也。王速出令，反其旄倪，止其重器，谋于燕众，置君而后去之，则犹可及止也。'"③

《孟子·滕文公下》："万章问曰：'宋，小国也，今将行王政，齐、楚恶而伐之，则如之何？'孟子曰：'汤居亳，与葛为邻。葛伯放而不祀，汤使人问之曰：何为不祀？曰：无以供牺牲也。汤使遗之牛羊，葛伯食之，又不以祀。汤又使人问之曰：何为不祀？曰：无以供粢盛也。汤使亳众往为之耕，老弱馈食。葛伯率其民，要其有酒食黍稻者夺之，不授者杀之。有童子以黍肉饷，杀而夺之。《书》曰葛伯仇饷④，此之谓也。为其杀是童子而征之，四海之内皆曰：非富天下也，为匹夫匹妇复雠也。汤始征，自葛载⑤，十一征而无敌于天下。东面而征，西夷怨；南面而征，北狄怨，曰：奚为后我？民之望之，若大旱之望雨也。归市者弗止，芸者不变，诛其君，吊其民，如时雨降，民大悦。《书》曰：徯我后，后来其无罚！⑥ 有攸不惟臣，东征绥厥士女，匪厥玄黄，绍我周王见休，惟臣附于大邑周。⑦ 其君子实玄黄于匪以迎其君子，其小人箪食壶浆以迎其小人；救民于水火之中，取其残而已矣。《太誓》曰：我武惟扬，侵于之疆，则取于残，杀伐用张，于汤有光。⑧，不行王政云尔；苟行王政，四海之内皆举首

---

① 【按】《汤征》逸文。据《孟子·滕文公下》"汤始征，自葛载"（［清］焦循．孟子正义：卷十二［M］．北京：中华书局，1987：434），"一"者，"始"也。

② 【按】《仲虺之诰》"徯予后，后来其苏"取于此。据《孟子·滕文公下》引《书》曰"徯我后，后来其无罚"（［清］焦循．孟子正义：卷十二［M］．北京：中华书局，1987：434），"苏"者，"无罚"也。

③ ［清］焦循．孟子正义：卷五［M］．北京：中华书局，1987：152-156．

④ 【按】《仲虺之诰》（［清］阮元，校刻．十三经注疏清嘉庆刊本·尚书正义：卷第八［M］．北京：中华书局，2009：340-342．）取于此，下引同。

⑤ 【按】《汤征》逸文。据《孟子·梁惠王下》引《书》曰"汤一征，自葛始"（［清］焦循．孟子正义：卷五［M］．北京：中华书局，1987：152），"载"者，"始"也。

⑥ 【按】《仲虺之诰》取于此。据《孟子·梁惠王下》引《书》曰"徯我后，后来其苏"（［清］焦循．孟子正义：卷五［M］．北京：中华书局，1987：152），"无罚"者，"苏"也。

⑦ 【按】《武成》（［清］阮元，校刻．十三经注疏清嘉庆刊本·尚书正义：卷第十一［M］．北京：中华书局，2009：389-393．）取于此，下引同。

⑧ 【按】《泰誓中》（［清］阮元，校刻．十三经注疏清嘉庆刊本·尚书正义：卷第十一［M］．北京：中华书局，2009：384-386．）取于此，下引同。

而望之，欲以为君，齐、楚虽大，何畏焉？'"①

《墨子·尚贤中》："今王公大人中实将欲治其国家，欲修保而勿失，胡不察尚贤为政之本也？且以尚贤为政之本者，亦岂独子墨子之言哉！此圣王之道，先王之书《距年》之言也。传曰：'求圣君哲人，以裨辅而身。'《汤誓》曰：'聿求元圣，与之戮力同心，以治天下。'② 则此言圣之不失以尚贤使能为政也。故古者圣王唯能审以尚贤使能为政，无异物杂焉，天下皆得其利。"③

《孟子·梁惠王上》："古之人与民偕乐，故能乐也。《汤誓》曰：'时日害丧？予及女皆亡！'④ 民欲与之皆亡，虽有台池鸟兽，岂能独乐哉？"⑤

《左传·宣公十二年》："见可而进，知难而退，军之善政也。兼弱攻昧，武之善经也。子姑整军而经武乎！犹有弱而昧者，何必楚？仲虺有言曰：'取乱侮亡。'⑥ 兼弱也。"⑦

《左传·襄公十四年》："晋侯问卫故于中行献子，对曰：'不如因而定之。卫有君矣，伐之，未可以得志而勤诸侯。史佚有言曰：因重而抚之。仲虺有言曰：亡者侮之，乱者取之，推亡固存，国之道也。⑧ 君其定卫，以待时乎！'"⑨

### 《伊训》

《孟子·万章上》："圣人之行不同也，或远或近，或去或不去，归絜其身而已矣。吾闻其⑩以尧、舜之道要汤，未闻以割烹也。《伊训》曰：'天诛造攻自

---

① ［清］焦循. 孟子正义：卷十二［M］. 北京：中华书局，1987：430-437.
② 【按】今本《商书·汤誓》无。
③ ［清］孙诒让. 墨子间诂：卷二［M］. 北京：中华书局，2001：56-57.
④ 【按】《商书·汤誓》："时日曷丧？予及汝皆亡。"（［清］孙星衍. 尚书今古文注疏：卷五［M］. 北京：中华书局，2004：218.）
⑤ ［清］焦循. 孟子正义：卷二［M］. 北京：中华书局，1987：49-50.
⑥ 【按】《仲虺之诰》取于此。
⑦ ［清］洪亮吉. 春秋左传诂：卷十［M］. 北京：中华书局，1987：415.
⑧ 【按】《仲虺之诰》取于此。上引《左传·宣公十二年》作"仲虺有言曰：'取乱侮亡'"，又《左传·襄公三十年》"《仲虺之志》云：'乱者取之，亡者侮之，推亡固存，国之利也'"（［清］洪亮吉. 春秋左传诂：卷十四［M］. 北京：中华书局，1987：619.），此《仲虺之志》即《仲虺之诰》。
⑨ ［清］洪亮吉. 春秋左传诂：卷十二［M］. 北京：中华书局，1987：536.
⑩ 【按】此指伊尹。

牧宫，朕载自亳①。'② "③

## 《太甲》

《礼记·缁衣》："子曰：小人溺于水，君子溺于口，大人溺于民，皆在其所亵也。夫水近于人而溺人，德易狎而难亲也，易以溺人。口费而烦，易出难悔，易以溺人。夫民闭于人而有鄙心，可敬不可慢，易以溺人。故君子不可以不慎也。《大甲》曰：'毋越厥命以自覆也；若虞机张，往省括于厥度则释。'④《兑命》曰：'惟口起羞，惟甲胄起兵，惟衣裳在笥，惟干戈省厥躬。'⑤《大甲》曰：'天作孽，可违也；自作孽，不可以逭。'⑥《尹吉》曰：'惟尹躬天见于西邑夏，自周有终，相亦惟终。'⑦ "⑧

《孟子·公孙丑上》："今国家闲暇，及是时，般乐怠敖，是自求祸也。祸福无不自己求之者，《诗》云：'永言配命，自求多福。'《太甲》曰：'天作孽，犹可违；自作孽，不可活。'⑨ 此之谓也。"⑩

《孟子·离娄上》："夫人必自侮，然后人侮之；家必自毁，而后人毁之；国必自伐，而后人伐之。《太甲》曰：'天作孽，犹可违；自作孽，不可活。'⑪ 此之谓也。"⑫

---

① 《墨子·非攻下》："汤奉桀众以克有，属诸侯于薄，荐章天命，通于四方，而天下诸侯莫敢不宾服，则此汤之所以诛桀也。"（［清］孙诒让.墨子间诂：卷五［M］.北京：中华书局，2001：149.）【按】：此"薄"即"亳"。

② 【按】《伊训》："皇天降灾，假手于我有命，造攻自鸣条，朕哉自亳"（［宋］蔡沈，撰.朱熹，授旨.书集传：卷三 商书 伊训［M］.上海：华东师范大学出版社，2010：95.），取于此。

③ ［清］焦循.孟子正义：卷十九［M］.北京：中华书局，1987：655.

④ 【按】《太甲上》（［清］阮元，校刻.十三经注疏清嘉庆刊本·尚书正义：卷第八［M］.北京：中华书局，2009：346-347.）取于此，下引同。

⑤ 【按】《说命中》（［清］阮元，校刻.十三经注疏清嘉庆刊本·尚书正义：卷第十［M］.北京：中华书局，2009：370-371.）取于此，下引同。

⑥ 【按】《太甲中》："天作孽，犹可违；自作孽，不可逭"（［宋］蔡沈，撰.朱熹，授旨.书集传：卷三 商书 太甲中［M］.上海：华东师范大学出版社，2010：99.），取于此。

⑦ 【按】《礼记·缁衣》郑玄注："《尹吉》，亦《尹诰》也。'天'当为'先'字之误"（［清］阮元，校刻.十三经注疏清嘉庆刊本·礼记正义：卷第五十五［M］.北京：中华书局，2009：3580.），此为《书》之逸篇。

⑧ ［清］孙希旦.礼记集解：卷五十二［M］.北京：中华书局，1989：1328.

⑨ 【按】《太甲中》（［清］阮元，校刻.十三经注疏清嘉庆刊本·尚书正义：卷第八［M］.北京：中华书局，2009：347-348.）取于此，下引同。

⑩ ［清］焦循.孟子正义：卷七［M］.北京：中华书局，1987：224-225.

⑪ 【按】《太甲中》取于此。

⑫ ［清］焦循.孟子正义：卷十四［M］.北京：中华书局，1987：500.

《礼记·表记》："子曰：以德报德，则民有所劝；以怨报怨，则民有所惩。《诗》曰：'无言不雠，无德不报。'《大甲》曰：'民非后，无能胥以宁；后非民，无以辟四方。'① "②

## 《盘庚》

《左传·哀公十一年》："吴将伐齐，越子率其众以朝焉，王及列士，皆有馈赂。吴人皆喜，惟子胥惧，曰：'是豢吴也夫！'谏曰：'越在我，心腹之疾也。壤地同，而有欲于我。夫其柔服，求济其欲也，不如早从事焉。得志于齐，犹获石田也，无所用之。越不为沼，吴其泯矣。使医除疾，而曰：必遗类焉者，未之有也。《盘庚之诰》曰：其有颠越不共，则劓殄无遗育，无俾易种于兹邑。③ 是商所以兴也。今君易之，将以求大，不亦难乎？'弗听，使于齐，属其子于鲍氏，为王孙氏。反役，王闻之，使赐之属镂以死。将死，曰：'树吾墓槚，槚可材也。吴其亡乎！三年，其始弱矣。盈必毁，天之道也。'"④

## 《说命》

《礼记·学记》："玉不琢，不成器；人不学，不知道。是故古之王者新中国成立君民，教学为先。《兑命》曰：'念终始典于学。'⑤ 其此之谓乎！"⑥

《礼记·文王世子》："天子视学，大昕鼓征，所以警众也。众至，然后天子至，乃命有司行事，兴秩节，祭先师、先圣焉。有司卒事反命，始之养也。适东序，释奠于先老，遂设三老、五更、群老之席位焉。适馔省醴，养老之珍具，遂发咏焉。退，修之以孝养也。反，登歌《清庙》，既歌而语，以成之也。言父子、君臣、长幼之道，合德音之致，礼之大者也。下管《象》，舞《大武》，大合众以事，达有神，兴有德也。正君臣之位，贵贱之等焉，而上下之义行矣。有司告以乐阕，王乃命公、侯、伯、子、男及群吏，曰：'反，养老幼于东序'，终之以仁也。是故圣人之记事也，虑之以大，爱之以敬，行之以礼，修之以孝养，纪之以义，终之以仁。是故古之人一举事，而众皆知其德之备也。古之君

---

① 【按】《太甲中》："民非后，罔克胥匡以生；后非民，罔以辟四方"，取于此。
② ［清］孙希旦．礼记集解：卷五十一［M］．北京：中华书局，1989：1300.
③ 【按】见于《商书·盘庚中》（［清］阮元，校刻．十三经注疏清嘉庆刊本·尚书正义：卷第九［M］．北京：中华书局，2009：360-363.），相较有节略，古籍引文常如是。
④ ［清］洪亮吉．春秋左传诂：卷二十［M］．北京：中华书局，1987：867-868.
⑤ 【按】《说命下》（［清］阮元，校刻．十三经注疏清嘉庆刊本·尚书正义：卷第十［M］．北京：中华书局，2009：371-372.）取于此，下引同。
⑥ ［清］孙希旦．礼记集解：卷三十六［M］．北京：中华书局，1989：957.

子，举大事，必慎其终始，而众安得不喻焉？ 《兑命》曰： '念终始典于学。'① "②

《礼记·缁衣》："子曰：南人有言曰：人而无恒，不可以为卜筮。古之遗言与？龟筮犹不能知也，而况于人乎？《诗》云：'我龟既厌，不我告犹。'《兑命》曰：'爵无及恶德，民立而正事'，'纯而祭祀，是为不敬；事烦则乱，事神则难'③。《易》曰'不恒其德，或承之羞'，'恒其德侦，妇人吉，夫子凶'。"④

《礼记·学记》："虽有嘉肴，弗食，不知其旨也；虽有至道，弗学，不知其善也。是故学然后知不足，教然后知困。知不足，然后能自反也；知困，然后能自强也。故曰：教学相长也。《兑命》曰：'学学半。'⑤ 其此之谓乎！"⑥

《国语·楚语上》："灵王虐，白公子张骤谏。王患之，谓史老曰：'吾欲已子张之谏，若何？'对曰：'用之实难，已之易矣。若谏，君则曰：余左执鬼中，右执殇宫，凡百箴谏，吾尽闻之矣，宁闻他言？'白公又谏，王如史老之言。对曰：'昔殷武丁能耸其德，至于神明，以入于河，自河徂亳，于是乎三年，默以思道。卿士患之，曰：王言以出令也，若不言，是无所禀令也。武丁于是作书，曰：以余正四方，余恐德之不类，兹故不言。⑦ 如是而又使以象梦旁求四方之贤，得傅说以来，升以为公，而使朝夕规谏，曰：若金，用女作砺。若津水，用女作舟。若天旱，用女作霖雨。启乃心，沃朕心。若药不瞑眩，厥疾不瘳。若跣不视地，厥足用伤。若武丁之神明也，其圣之睿广也，其智之不疚也，犹自谓未义，故三年默以思道。既得道，犹不敢专制，使以象旁求圣人。既得以为辅，又恐其荒失遗忘，故使朝夕规诲箴谏，曰：必交修余，无余弃也。今君或者未及武丁，而恶规谏者，不亦难乎！'"⑧

---

① 【按】《说命下》取于此。

② ［清］孙希旦．礼记集解：卷二十 ［M］．北京：中华书局，1989：576-579．

③ 【按】《说命中》："爵罔及恶德，惟其贤。虑善以动，动惟厥时。有其善，丧厥善；矜其能，丧厥功。惟事事，乃其有备，有备无患。无启宠纳侮，无耻过作非。惟厥攸居，政事惟醇。黩予祭祀，时谓弗钦。礼烦则乱，事神则难"，取于此。

④ ［清］孙希旦．礼记集解：卷五十二 ［M］．北京：中华书局，1989：1332-1333．

⑤ 【按】《说命下》"惟敩学半"取于此。

⑥ ［清］孙希旦．礼记集解：卷三十六 ［M］．北京：中华书局，1989：957．

⑦ 【按】《说命上》："王庸作书以诰曰：'以台正于四方，惟恐德弗类，兹故弗言。'"（［清］阮元，校刻．十三经注疏清嘉庆刊本·尚书正义：卷第十 ［M］．北京：中华书局，2009：369.）取于此。

⑧ 徐元诰．国语集解：楚语上第十七　灵王虐，白公子张骤谏 ［M］．北京：中华书局，2002：502-504．

《礼记·学记》："大学之教也，时教必有正业，退息必有居。学，不学操缦，不能安弦；不学博依，不能安诗；不学杂服，不能安礼；不兴其艺，不能乐学。故君子之于学也，藏焉，修焉，息焉，游焉。夫然，故安其学而亲其师，乐其友而信其道。是以虽离师辅而不反。《兑命》曰：'敬孙务时敏，厥修乃来。'① 其此之谓乎！"②

### 《泰誓》

《左传·襄公三十一年》："公作楚宫。穆叔曰：'《太誓》云：民之所欲，天必从之。③ 君欲楚也夫！故作其宫。若不复适楚，必死是宫也。'六月辛巳，公薨于楚宫。叔仲带窃其拱璧，以与御人，纳诸其怀而从取之，由是得罪。"④

《左传·昭公元年》："三月甲辰，盟。楚公子围设服离卫。叔孙穆子曰：'楚公子美矣，君哉！'郑子皮曰：'二执戈者前矣！'蔡子家曰：'蒲宫有前，不亦可乎？'楚伯州犁曰：'此行也，辞而假之寡君。'郑行人挥曰：'假不反矣！'伯州犁曰：'子姑忧子皙之欲背诞也。'子羽曰：'当璧犹在，假而不反，子其无忧乎？'齐国子曰：'吾代二子愍矣！'陈公子招曰：'不忧何成？二子乐矣。'卫齐子曰：'苟或知之，虽忧何害？'宋合左师曰：'大国令，小国共，吾知共而已。'晋乐王鲋曰：'《小旻》之卒章善矣，吾从之。'退会，子羽谓子皮曰：'叔孙绞而婉，宋左师简而礼，乐王鲋字而敬，子与子家持之，皆保世之主也。齐、卫、陈大夫其不免乎！国子代人忧，子招乐忧，齐子虽忧弗害。夫弗及而忧，与可忧而乐，与忧而弗害，皆取忧之道也，忧必及之。《大誓》曰：民之所欲，天必从之。⑤ 三大夫兆忧，忧能无至乎？言以知物，其是之谓矣。'"⑥

《国语·周语中》：单襄公曰："虽吾王叔，未能违难。在《大誓》曰：'民之所欲，天必从之。'⑦ 王叔欲郤至，能勿从乎？"⑧

《国语·郑语》："公曰：'周其弊乎？'对曰：'殆于必弊者也。《泰誓》曰：

---

① 【按】《说命下》："逊志务时敏，厥修乃来"，取于此。

② ［清］孙希旦. 礼记集解：卷三十六［M］. 北京：中华书局，1989：962.

③ 【按】《泰誓上》（［清］阮元，校刻. 十三经注疏清嘉庆刊本·尚书正义：卷第十一［M］. 北京：中华书局，2009：381–384.）取于此，下引同。

④ ［清］洪亮吉. 春秋左传诂：卷十四［M］. 北京：中华书局，1987：623.

⑤ 【按】《泰誓上》取于此。

⑥ ［清］洪亮吉. 春秋左传诂：卷十五［M］. 北京：中华书局，1987：632–633.

⑦ 【按】《泰誓上》取于此。

⑧ 徐元诰. 国语集解：周语中第二　晋既克楚于鄢，使郤至告庆于周［M］. 北京：中华书局，2002：76.

民之所欲，天必从之。① 今王弃高明昭显，而好谗慝暗昧；恶角犀丰盈，而近顽童穷固。去和而取同。夫和实生物，同则不继。以他平他谓之和，故能丰长而物归之；若以同裨同，尽乃弃矣。'"②

《左传·昭公二十四年》："二十四年，春，王正月辛丑，召简公、南宫嚚以甘桓公见王子朝。刘子谓苌弘曰：'甘氏又往矣。'对曰：'何害？同德度义。《大誓》曰：纣有亿兆夷人，亦有离德。余有乱（臣）十人，同心同德。③ 此周所以兴也。君其务德，无患无人。'戊午，王子朝入于邬。"④

《论语·泰伯》："舜有臣五人而天下治。武王曰：'予有乱臣十人。'⑤ 孔子曰：'才难，不其然乎？唐虞之际，于斯为盛。有妇人焉，九人而已。三分天下有其二，以服事殷。周之德，其可谓至德也已矣。'"⑥

《国语·周语下》："成公之归也，吾闻晋之筮之也，遇《乾》之《否》，曰：'配而不终，君三出焉。'一既往矣，后之不知，其次必此。且吾闻成公之生也，其母梦神规其臀以墨，曰：'使有晋国，三而畀驩之孙。'故名之曰'黑臀'，于今再矣。襄公曰驩，此其孙也。而令德孝恭，非此其谁？且其梦曰'必驩之孙，实有晋国。'其卦曰：'必三取君于周。'其德又可以君国，三袭焉。吾闻之《大誓故》⑦ 曰

---

① 【按】《泰誓上》取于此。
② 徐元诰. 国语集解：郑语第十六　桓公为司徒［M］. 北京：中华书局，2002：470.
③ 【按】《泰誓中》："受有亿兆夷人，离心离德。予有乱臣十人，同心同德"，取于此。《左传·襄公二十八年》："释卢蒲嫳于北竟。求崔杼之尸，将戮之，不得。叔孙穆子曰：'必得之。武王有乱十人，崔杼其有乎？不十人，不足以葬。'既，崔氏之臣曰：'与我其拱璧，吾献其柩。'于是得之。十二月乙亥朔，齐人迁庄公，殡于大寝。以其棺尸崔杼于市，国人犹知之，皆曰：'崔子也。'"（［清］洪亮吉. 春秋左传诂：卷十四［M］. 北京：中华书局，1987：604-605.）《左传·成公二年》："楚师及宋，公衡逃归。臧宣叔曰：'衡父不忍数年之不宴，以弃鲁国，国将若之何？谁居？后之人必有任是夫！国弃矣。'是行也，晋辟楚，畏其众也。君子曰：'众之不可以已也。大夫为政，犹以众克，况明君而善用其众乎？《大誓》所谓'商兆民离，周十人同'者，众也。'"（春秋左传诂：卷十一，445-446.）
④ ［清］洪亮吉. 春秋左传诂：卷十八［M］. 北京：中华书局，1987：762.
⑤ 【按】《泰誓中》取于此。
⑥ 程树德. 论语集释：卷十六　泰伯下［M］. 北京：中华书局，1990：552-556.
⑦ 俞樾曰："既云'《大誓》'，又云'故'者，'故'即'诂'字。《尔雅·释诂》《释文》引樊光、李巡本作'释故'是也。毛公释《诗》，谓之《故训传》。盖周公所作《尔雅》，有《释故》《释言》《释训》诸篇，皆是解释《诗》义，毛公承之而作《传》，故谓之《故训传》也。以《诗》例《书》，疑当时亦必有'故训'，单襄公所引《大誓故》即是矣。其曰'朕梦协朕卜，袭于休祥，戎商必克'，乃《大誓》之正文，其曰'以三袭也'，则故训之词也。襄公特引之以证其三袭之语耳。《尔雅》每举《诗》句而释之，与此体例正同，可见自古说经之例。韦以'故事'解之，未得也。"（徐元诰. 国语集解：周语下第三　晋孙谈之子周适周，事单襄公［M］. 北京：中华书局，2002：91.）

'朕梦协朕卜，袭于休祥，戎商必克。'① 以三袭也。晋仍无道而鲜胄，其将失之矣。必早善晋子，其当之也。"②

《礼记·坊记》：子云："善则称亲，过则称己，则民作孝。《大誓》曰：'予克纣，非予武，惟朕文考无罪；纣克予，非朕文考有罪，惟予小子无良。'③ "④

《孟子·万章上》："使之主祭，而百神享之，是天受之；使之主事而事治，百姓安之，是民受之也。天与之，人与之，故曰天子不能以天下与人。舜相尧二十有八载，非人之所能为也，天也。尧崩，三年之丧毕，舜避尧之子于南河之南，天下诸侯朝觐者，不之尧之子而之舜；讼狱者，不之尧之子而之舜；讴歌者，不讴歌尧之子而讴歌舜：故曰天也。夫然后之中国，践天子位焉。而居尧之宫，逼尧之子，是篡也，非天与也。《泰誓》曰：'天视自我民视，天听自我民听。'⑤ 此之谓也。"⑥

《孟子·滕文公下》："其君子实玄黄于匪以迎其君子，其小人箪食壶浆以迎其小人。救民于水火之中，取其残而已矣。《太誓》曰 '我武惟扬，侵于之疆，则取于残，杀伐用张，于汤有光'⑦，不行王政云尔；苟行王政，四海之内皆举首而望之，欲以为君，齐、楚虽大，何畏焉？"⑧

《墨子·非命上》："古者桀之所乱，汤受而治之。纣之所乱，武王受而治之。此世未易，民未渝，在于桀、纣则天下乱，在于汤、武则天下治。岂可谓有命哉！然而今天下之士君子，或以命为有，盖尝尚观于先王之书⑨？先王之书，所以出国家、布施百姓者，宪也。先王之宪亦尝有曰"福不可请，而祸不可讳，敬无益、暴无伤"⑩ 者乎？所以听狱制罪者，刑也。先王之刑亦尝有曰"福不可请，祸不可讳，敬无益、暴无伤"者乎？所以整设师旅、进退师徒者，

---

① 【按】《泰誓中》取于此。

② 徐元诰. 国语集解：周语下第三　晋孙谈之子周适周，事单襄公［M］. 北京：中华书局，2002：90-91.

③ 【按】《泰誓下》："予克受，非予武，惟朕文考无罪；受克予，非朕文考有罪，惟予小子无良"（［清］阮元，校刻. 十三经注疏清嘉庆刊本·尚书正义：卷第十一［M］. 北京：中华书局，2009：387.），取于此。

④ ［清］孙希旦. 礼记集解：卷五十［M］. 北京：中华书局，1989：1287.

⑤ 【按】《泰誓中》取于此。

⑥ ［清］焦循. 孟子正义：卷十九［M］. 北京：中华书局，1987：644-646.

⑦ 【按】《泰誓中》："我武维扬，侵于之疆，取彼凶残，我伐用张，于汤有光"，取于此。

⑧ ［清］焦循. 孟子正义：卷十二［M］. 北京：中华书局，1987：434-437.

⑨ 【按】此即《尚书》取名之义。

⑩ 【按】《泰誓中》："谓己有天命，谓敬不足行，谓祭无益，谓暴无伤"，取于此。

誓也。先王之誓亦尝有曰"福不可请，祸不可讳，敬无益、暴无伤"者乎？"①

　　《墨子·非命下》："《太誓》之言也，于去发曰：'恶乎君子！天有显德，其行甚章。为鉴不远，在彼殷王。谓人有命，谓敬不可行，谓祭无益，谓暴无伤。上帝不常，九有以亡，上帝不顺，祝降其丧。惟我有周，受之大帝。'② 昔纣执有命而行，武王为《太誓》去发以非之。"③

　　《墨子·天志中》："《大誓》之道之曰：'纣越厥夷居，不肯事上帝，弃厥先神祇不祀，乃曰吾有命，无廖僷务。（天下）天亦纵弃纣而不葆。'④ 察天以纵弃纣而不葆者，反天之意也。故夫憎人贼人，反天之意，得天之罚者，既可得而知也。"⑤

　　《墨子·非命上》："于《太誓》曰：'纣夷处，不肯事上帝鬼神，祸厥先神禔不祀，乃曰吾民有命，无廖排漏。天亦纵弃之而弗葆。'⑥ 此言武王所以非纣执有命也。"⑦

　　《墨子·非命中》："先王之书《太誓》之言然，曰：'纣夷之居，而不肯事上帝，弃阙其先神而不祀也，曰我民有命，毋僇其务⑧。天不亦弃纵而不葆。'⑨ 此言纣之执有命也，武王以《太誓》非之。"⑩

---

① ［清］孙诒让．墨子间诂：卷九［M］．北京：中华书局，2001：266.
② 【按】《泰誓中》："王乃徇师而誓曰：'呜呼！西土有众，咸听朕言。我闻吉人为善，惟日不足。凶人为不善，亦惟日不足。今商王受，力行无度，播弃犁老，昵比罪人。淫酗肆虐，臣下化之，朋家作仇，胁权相灭。无辜吁天，秽德彰闻。惟天惠民，惟辟奉天。有夏桀弗克若天，流毒下国。天乃佑命成汤，降黜夏命。惟受罪浮于桀。剥丧元良，贼虐谏辅。谓己有天命，谓敬不足行，谓祭无益，谓暴无伤。厥监惟不远，在彼夏王。天其以予乂民"，取于此。
③ ［清］孙诒让．墨子间诂：卷九［M］．北京：中华书局，2001：280-282.
④ 【按】《泰誓上》："惟受罔有悛心，乃夷居，弗事上帝神祇，遗厥先宗庙弗祀。牺牲粢盛，既于凶盗。乃曰：'吾有民有命。'罔惩其侮。天佑下民，作之君，作之师，惟其克相上帝，宠绥四方。有罪无罪，予曷敢有越厥志"（［清］阮元，校刻．十三经注疏清嘉庆刊本·尚书正义：卷第十一［M］．北京：中华书局，2009：383），取于此。
⑤ ［清］孙诒让．墨子间诂：卷七［M］．北京：中华书局，2001：204-205.
⑥ 【按】《周书·泰誓上》（［清］阮元，校刻．十三经注疏清嘉庆刊本·尚书正义：卷第十一［M］．北京：中华书局，2009：381-384.）取于此，下引同。
⑦ ［清］孙诒让．墨子间诂：卷九［M］．北京：中华书局，2001：271-272.
⑧ 【按】此句多异文，《墨子·天志中》作"无廖僷务"，《非命上》作"无廖排漏"，《非命中》作"毋僇其务"，《泰誓上》引作"罔惩其侮"。孙诒让《墨子间诂》引毕沅校语，"廖""僇"为"惩"之误，"僷"为"其"之讹，"无""罔"音义同，"务""侮"音同；又引江声校语，认为"僇"读为"戮"，戮力之义；孙诒让按语认为，"无"当读为"侮"，详《非命中》篇（［清］孙诒让．墨子间诂：卷七　天志中第二十七［M］．北京：中华书局，2001：204-205.），可备一说。
⑨ 【按】《泰誓上》取于此。
⑩ ［清］孙诒让．墨子间诂：卷九［M］．北京：中华书局，2001：276.

《墨子·兼爱下》："《泰誓》曰：'文王若日若月乍照，光于四方，于西土。'① 即此言文王之兼爱天下之博大也，譬之日月兼照天下之无有私也，即此文王兼也。虽子墨子之所谓兼者，于文王取法焉。"②

《墨子·尚同下》："于先王之书也《大誓》之言然，曰：'小人见奸巧乃闻，不言也，发罪钧。'③ 此言见淫辟不以告者，其罪亦犹淫辟者也。"④

## 《武成》

《孟子·尽心下》："孟子曰：'尽信《书》，则不如无《书》，吾于《武成》⑤，取二三策而已矣。仁人无敌于天下，以至仁伐至不仁，而何其血之流杵也？'"⑥

《孟子·滕文公下》："'有攸不惟臣，东征绥厥士女，匪厥玄黄，绍我周王见休，惟臣附于大邑周。'⑦ 其君子实玄黄于匪以迎其君子，其小人箪食壶浆以迎其小人。救民于水火之中，取其残而已矣。"⑧

## 《洪范》

《左传·襄公三年》："祁奚请老，晋侯问嗣焉。称解狐，其雠也，将立之而卒。又问焉，对曰：'午也可。'于是羊舌职死矣，晋侯曰：'孰可以代之？'对曰：'赤也可。'于是使祁午为中军尉，羊舌赤佐之。君子谓：祁奚于是能举善矣。称其雠，不为谄。立其子，不为比。举其偏，不为党。《商书》曰：'无偏

---

① 【按】伪古文《泰誓》未取于此，为古《泰誓》逸文。《墨子·兼爱中》亦有"昔者文王之治西土，若日若月，乍光于四方，于西土，不为大国侮小国，不为众庶侮鳏寡，不为暴势夺穑人黍稷狗彘。天屑临文王慈，是以老而无子者，有所得终其寿；连独无兄弟者，有所杂于生人之间；少失其父母者，有所放依而长。此文王之事，则吾今行兼矣"（［清］孙诒让. 墨子间诂：卷四［M］. 北京：中华书局，2001：110-111.）。

② ［清］孙诒让. 墨子间诂：卷四［M］. 北京：中华书局，2001：120.

③ 【按】伪古文《泰誓》未取于此，为古《泰誓》逸文。

④ ［清］孙诒让. 墨子间诂：卷三［M］. 北京：中华书局，2001：95.

⑤ 【按】伪古文《武成》取名于此。《尚书序》曰："武王伐殷，往伐归兽，识其政事，作《武成》。"（［清］阮元，校刻. 十三经注疏清嘉庆刊本·尚书正义：卷第十一［M］. 北京：中华书局，2009：389.）

⑥ ［清］焦循. 孟子正义：卷二十八［M］. 北京：中华书局，1987：959.

⑦ 【按】《武成》取于此。

⑧ ［清］焦循. 孟子正义：卷十二［M］. 北京：中华书局，1987：434-435.

无党，王道荡荡。'① 其祁奚之谓矣！解狐得举，祁午得位，伯华得官，建一官而三物成，能举善也夫！唯善，故能举其类。《诗》云：'惟其有之，是以似之。'祁奚有焉。"②

《荀子·天论》："万物为道一偏，一物为万物一偏，愚者为一物一偏，而自以为知道，无知也。慎子有见于后，无见于先；老子有见于诎，无见于信；墨子有见于齐，无见于畸；宋子有见于少，无见于多。有后而无先，则群众无门；有诎而无信，则贵贱不分；有齐而无畸，则政令不施；有少而无多，则群众不化。《书》曰：'无有作好，遵王之道；无有作恶，遵王之路。'③ 此之谓也。"④

《左传·文公五年》："晋阳处父聘于卫，反过宁，宁嬴从之，及温而还。其妻问之，嬴曰：'以刚。《商书》曰：沈渐刚克，高明柔克。⑤ 夫子壹之，其不没乎。天为刚德，犹不干时，况在人乎？且华而不实，怨之所聚也，犯而聚怨，不可以定身。余惧不获其利而离其难，是以去之。'"⑥

《左传·成公六年》："于是军帅之欲战者众，或谓栾武子曰：'圣人与众同欲，是以济事。子盍从众？子为大政，将酌于民者也。子之佐十一人，其不欲战者三人而已，欲战者可谓众矣。《商书》曰：三人占，从二人。⑦ 众故也。'武子曰：'善钧，从众。夫善，众之主也。三卿为主，可谓众矣。从之，不亦可乎？'"⑧

---

① 【按】《周书·洪范》："无偏无党，王道荡荡，无党无偏，王道平平，无反无侧，王道正直。"（［清］孙星衍．尚书今古文注疏：卷十二　周书三　洪范第十二　下［M］．北京：中华书局，2004：305．）《左传》凡三引《洪范》，皆作《商书》曰，由此可见，古人以《洪范》为《商书》。而今《洪范》在《周书》类，《墨子·兼爱下》亦引作："《周诗》曰：'王道荡荡，不偏不党，王道平平，不党不偏。其直若矢，其易若底，君子之所履，小人之所视。'"（［清］孙诒让．墨子间诂：卷四［M］．北京：中华书局，2001：123．）两说并不矛盾，究其因由，盖《洪范》源于商末周初之时，《尚书序》曰"武王胜殷，杀受，立武庚，以箕子归，作《洪范》"（［清］阮元，校刻．十三经注疏清嘉庆刊本·尚书正义：卷第十二　洪范［M］．北京：中华书局，2009：397．），所论相符。
② ［清］洪亮吉．春秋左传诂：卷十二［M］．北京：中华书局，1987：496．
③ 【按】见于《周书·洪范》（［清］阮元，校刻．十三经注疏清嘉庆刊本·尚书正义：卷第十二［M］．北京：中华书局，2009：397-409．），下引同。
④ ［清］王先谦．荀子集解：卷第十一［M］．北京：中华书局，1988：319-320．
⑤ 【按】《洪范》："沈潜刚克，高明柔克。"［清］孙星衍．尚书今古文注疏：卷十二　周书三　洪范第十二　下［M］．北京：中华书局，2004：308．
⑥ ［清］洪亮吉．春秋左传诂：卷九［M］．北京：中华书局，1987：359．
⑦ 【按】《洪范》："三人占，则从二人之言。"［清］孙星衍．尚书今古文注疏：卷十二　周书三　洪范第十二　下［M］．北京：中华书局，2004：312．
⑧ ［清］洪亮吉．春秋左传诂：卷十一［M］．北京：中华书局，1987：454．

《礼记·大学》："《康诰》曰'克明德'①，《大甲》曰'顾諟天之明命'②，《帝典》曰'克明峻德'③，皆自明也。"④

## 《康诰》⑤

《左传·成公二年》："楚之讨陈夏氏也，庄王欲纳夏姬，申公巫臣曰：'不可。君召诸侯，以讨罪也。今纳夏姬，贪其色也。贪色为淫，淫为大罚。《周书》曰明德慎罚，文王所以造周也⑥。明德，务崇之之谓也；慎罚，务去之之谓也。若兴诸侯以取大罚，非慎之也。君其图之！'王乃止。"⑦

《左传·成公八年》："六月，晋讨赵同、赵括。武从姬氏畜于公宫。以其田与祁奚。韩厥言于晋侯曰：'成季之勋，宣孟之忠，而无后，为善者其惧矣。三代之令王，皆数百年保天之禄。夫岂无辟王？赖前哲以免也。《周书》曰：不敢侮鳏寡。⑧ 所以明德也。'乃立武而反其田焉。"⑨

《荀子·富国》："足国之道，节用裕民而善臧其余。节用以礼，裕民以政。彼裕民，故多余。裕民则民富，民富则田肥以易，田肥以易则出实百倍。上以法取焉，而以礼节用之，余若丘山，不时焚烧，无所臧之，夫君子奚患乎无余？

---

① 【按】《康诰》："克明德慎罚。"［清］孙星衍. 尚书今古文注疏：卷十五 周书六 康诰第十五［M］. 北京：中华书局，2004：359.
② 【按】《太甲上》取于此。
③ 【按】《尧典》："克明俊德。"［清］孙星衍. 尚书今古文注疏：卷一 虞夏书一 尧典第一上［M］. 北京：中华书局，2004：6. 又《礼记·大学》"俊"作"峻"。
④ ［清］朱彬. 礼记训纂：卷四十二［M］. 北京：中华书局，1996：867.
⑤ 【按】《左传·定公四年》子鱼曰："以先王观之，则尚德也。昔武王克商，成王定之，选建明德，以蕃屏周。故周公相王室，以尹天下，于周为睦。分鲁公以大路、大旗、夏后氏之璜、封父之繁弱，殷民六族：条氏、徐氏、萧氏、索氏、长勺氏、尾勺氏，使帅其宗氏，辑其分族，将其类丑，以法则周公，用即命于周。是使之职事于鲁，以昭周公之明德。分之土田、陪敦，祝、宗、卜、史，备物、典策，官司、彝器，因商奄之民，命以伯禽，而封于少皞之虚。分康叔以大路、少帛、綪茷、旃旌、大吕，殷民七族：陶氏、施氏、繁氏、锜氏、樊氏、饥氏、终葵氏。封畛土略，自武父以南，及圃田之北竟，取于有阎之土，以共王职；取于相土之东都，以会王之东搜。聃季授土，陶叔授民，命以《康诰》，而封于殷虚。皆启以商政，疆以周索。分唐叔以大路、密须之鼓、阙巩、沽洗，怀姓九宗，职官五正，命以《唐诰》，而封于夏虚。启以夏政，疆以戎索。"（［清］洪亮吉. 春秋左传诂：卷十九［M］. 北京：中华书局，1987：810-812.）所谓"命以伯禽而封于少皞之虚"，此为《伯禽之命》之由来，已亡逸；所谓"以《康诰》而封于殷虚"，此为《康诰》之由来，今存；所谓"命以《唐诰》而封于夏虚"，此为《唐诰》之由来，已亡逸。
⑥ 【按】《康诰》："惟乃丕显考文王，克明德慎罚，不敢侮鳏寡，庸庸祗祗，威威显民，用肇造我区夏"，此处"造周"，即所谓"造区夏"。
⑦ ［清］洪亮吉. 春秋左传诂：卷十一［M］. 北京：中华书局，1987：443.
⑧ 【按】见于《康诰》。
⑨ ［清］洪亮吉. 春秋左传诂：卷十一［M］. 北京：中华书局，1987：457.

故知节用裕民，则必有仁义圣良之名，而且有富厚丘山之积矣。此无它故焉，生于节用裕民也。不知节用裕民则民贫，民贫则田瘠以秽，田瘠以秽则出实不半，上虽好取侵夺，犹将寡获也，而或以无礼节用之，则必有贪利纠譑之名，而且有空虚穷乏之实矣。此无它故焉，不知节用裕民也。《康诰》曰：'弘覆乎天，若德裕乃身。'① 此之谓也。"②

《左传·宣公六年》："秋，赤狄伐晋，围怀，及邢丘。晋侯欲伐之，中行桓子曰：'使疾其民，以盈其贯，将可殪也。《周书》曰殪戎殷③，此类之谓也。'"④

《左传·宣公十五年》："晋侯赏桓子狄臣千室，亦赏士伯以瓜衍之县，曰：'吾获狄土，子之功也。微子，吾丧伯氏矣。'羊舌职说是赏也，曰：'《周书》所谓庸庸祗祗⑤者，谓此物也夫。士伯庸中行伯，君信之，亦庸士伯，此之谓明德矣。文王所以造周，不是过也。故《诗》曰陈锡载周，能施也。率是道也，其何不济？'"⑥

《左传·昭公八年》："七月甲戌，齐子尾卒。子旗欲治其室。丁丑，杀梁婴。八月庚戌，逐子成、子工、子车，皆来奔，而立子良氏之宰。其臣曰：'孺子长矣，而相吾室，欲兼我也。'授甲，将攻之。陈桓子善于子尾，亦授甲，将助之。或告子旗，子旗不信。则数人告，将往，又数人告于道，遂如陈氏。桓子将出矣，闻之而还，游服而逆之，请命。对曰：'闻强氏授甲，将攻子，子闻诸？'曰：'弗闻。''子盍亦授甲？无宇请从。'子旗曰：'子胡然？彼，孺子也。吾诲之，犹惧其不济，吾又宠秩之，其若先人何？子盍谓之？《周书》曰：惠不惠，茂不茂。⑦ 康叔所以服弘大也。'桓子稽颡曰：'顷、灵福子，吾犹有望。'遂和之如初。"⑧

《礼记·大学》："汤之《盘铭》曰：'苟日新，日日新，又日新。'《康诰》曰：'作新民。'⑨ 《诗》云：'周虽旧邦，其命维新。'是故君子无所不用其极。"⑩

---

① 【按】《康诰》："宏于天，若德裕乃身。"
② ［清］王先谦. 荀子集解：卷第六 ［M］. 北京：中华书局，1988：177-178.
③ 【按】《康诰》："天乃大命文王，殪戎殷，诞受厥命。"
④ ［清］洪亮吉. 春秋左传诂：卷十 ［M］. 北京：中华书局，1987：406.
⑤ 【按】见于《康诰》。
⑥ ［清］洪亮吉. 春秋左传诂：卷十 ［M］. 北京：中华书局，1987：430-431.
⑦ 【按】《康诰》："惠不惠，懋不懋。"
⑧ ［清］洪亮吉. 春秋左传诂：卷十六 ［M］. 北京：中华书局，1987：686.
⑨ 【按】见于《康诰》。
⑩ ［清］朱彬. 礼记训纂：卷四十二 ［M］. 北京：中华书局，1996：867.

《礼记·缁衣》：子曰："政之不行也，教之不成也，爵禄不足劝也，刑罚不足耻也。故上不可以亵刑而轻爵。《康诰》曰：'敬明乃罚。'① 《甫刑》曰：'播刑之不迪'。"②

《左传·僖公二十三年》："九月，晋惠公卒。怀公命无从亡人，期，期而不至，无赦。狐突之子毛及偃从重耳在秦，弗召。冬，怀公执狐突，曰：'子来则免。'对曰：'子之能仕，父教之忠，古之制也。策名、委质，贰乃辟也。今臣之子，名在重耳，有年数矣。若又召之，教之贰也。父教子贰，何以事君？刑之不滥，君之明也，臣之愿也。淫刑以逞，谁则无罪？臣闻命矣。'乃杀之。卜偃称疾不出，曰：'《周书》有之：乃大明服。③ 己则不明，而杀人以逞，不亦难乎？民不见德，而惟戮是闻，其何后之有？'"④

《荀子·富国》："故古人为之不然，使民夏不宛暍，冬不冻寒，急不伤力，缓不后时，事成功立，上下俱富，而百姓皆爱其上，人归之如流水，亲之欢如父母，为之出死断亡而愉者，无它故焉，忠信调和均辨之至也。故君国长民者欲趋时遂功，则和调累解，速乎急疾；忠信均辨，说乎赏庆矣，必先修正其在我者，然后徐责其在人者，威乎刑罚。三德者诚乎上，则下应之如景向，虽欲无明达，得乎哉！《书》曰：'乃大明服，惟民其力懋和，而有疾。'⑤ 此之谓也。"⑥

《礼记·大学》："所谓治国必先齐其家者，其家不可教而能教人者，无之。故君子不出家而成教于国。孝者，所以事君也；弟者，所以事长也；慈者，所以使众也。《康诰》曰：'如保赤子。'⑦ 心诚求之，虽不中不远矣。未有学养子而后嫁者也。"⑧

《荀子·致仕》："临事接民而以义，变应宽裕而多容，恭敬以先之，政之始也；然后中和察断以辅之，政之隆也；然后进退诛赏之，政之终也。故一年与之始，三年与之终。用其终为始，则政令不行而上下怨疾，乱所以自作也。

---

① 【按】见于《康诰》。
② ［清］孙希旦. 礼记集解：卷五十二［M］. 北京：中华书局，1989：1326.
③ 【按】见于《康诰》。
④ ［清］洪亮吉. 春秋左传诂：卷七［M］. 北京：中华书局，1987：309.
⑤ 【按】《康诰》："乃大明服，惟民其勑懋和，若有疾。"
⑥ ［清］王先谦. 荀子集解：卷第六［M］. 北京：中华书局，1988：189-191.
⑦ 【按】《康诰》："若保赤子。"《孟子·滕文公上》："夷子曰：'儒者之道，古之人"若保赤子"，此言何谓也？之则以为爱无差等，施由亲始。'徐子以告孟子，孟子曰：'夫夷子信以为人之亲其兄之子为若亲其邻之赤子乎？彼有取尔也。赤子匍匐将入井，非赤子之罪也。'"（［清］焦循. 孟子正义：卷十一［M］. 北京：中华书局，1987：403.）
⑧ ［清］朱彬. 礼记训纂：卷四十二［M］. 北京：中华书局，1996：871-872.

《书》曰："义刑义杀，勿庸以即，女惟曰'未有顺事'。"① 言先教也。"②

《荀子·宥坐》："孔子为鲁司寇，有父子讼者，孔子拘之，三月不别。其父请止，孔子舍之。季孙闻之不说，曰：'是老也欺予，语予曰：为国家必以孝。今杀一人以戮不孝，又舍之。'冉子以告。孔子慨然叹曰：'呜呼！上失之，下杀之，其可乎！不教其民而听其狱，杀不辜也。三军大败，不可斩也；狱犴不治，不可刑也，罪不在民故也。嫚令谨诛，贼也；今生也有时，敛也无时，暴也；不教而责成功，虐也。已此三者，然后刑可即也。《书》曰：义刑义杀，勿庸以即，予维曰未有顺事。言先教也。'"③

《荀子·君子》："圣王在上，分义行乎下，则士大夫无流淫之行，百吏官人无怠慢之事，众庶百姓无奸怪之俗，无盗贼之罪，莫敢犯大上之禁。天下晓然皆知夫盗窃之不可以为富也，皆知夫贼害之不可以为寿也，皆知夫犯上之禁不可以为安也。由其道，则人得其所好焉；不由其道，则必遇其所恶焉：是故刑罚綦省而威行如流。世晓然皆知夫为奸则虽隐窜逃亡之由不足以免也，故莫不服罪而请。《书》曰：'凡人自得罪。'④ 此之谓也。"⑤

《孟子·万章下》："万章曰：'今有御人于国门之外者，其交也以道，其馈也以礼，斯可受御与？'曰：'不可。《康诰》曰：杀越人于货，闵不畏死，凡民罔不譈。⑥ 是不待教而诛者也。殷受夏，周受殷，所不辞也。于今为烈，如之何其受之？'"⑦

《左传·僖公三十三年》："公曰：'其父有罪，可乎？'对曰：'舜之罪也殛鲧，其举也兴禹。管敬仲，桓之贼也，实相以济。《康诰》曰：父不慈，子不祗，兄不友，弟不共，不相及也。⑧ 《诗》曰：采葑采菲，无以下体。君取节焉，可也。'"⑨

---

① 【按】《康诰》："用其义刑义杀，勿庸以次汝封。乃汝尽逊曰时叙，惟曰未有逊事。"

② ［清］王先谦．荀子集解：卷第九［M］．北京：中华书局，1988：262.

③ ［清］王先谦．荀子集解：卷第二十［M］．北京：中华书局，1988：521-522.

④ 【按】见于《康诰》。

⑤ ［清］王先谦．荀子集解：卷第十七［M］．北京：中华书局，1988：450-451.

⑥ 【按】《康诰》："杀越人于货，暋不畏死，罔弗憝。"

⑦ ［清］焦循．孟子正义：卷二十一［M］．北京：中华书局，1987：698.

⑧ 【按】未见于今《康诰》，为古《康诰》逸文。又《左传·昭公二十年》："卫侯告宁于齐，且言子石。齐侯将饮酒，遍赐大夫曰：'二三子之教也。'苑何忌辞曰：'与于青之赏，必及于其罚。在《康诰》曰："父子兄弟，罪不相及。"况在群臣？臣敢贪君赐以干先王？'"（［清］洪亮吉．春秋左传诂：卷十七［M］．北京：中华书局，1987：741-742.）两者相较，所引当为节略版本。

⑨ ［清］洪亮吉．春秋左传诂：卷八［M］．北京：中华书局，1987：347.

《荀子·君道》："有乱君，无乱国；有治人，无治法。羿之法非亡也，而羿不世中；禹之法犹存，而夏不世王。故法不能独立，类不能自行，得其人则存，失其人则亡。法者、治之端也；君子者，法之原也。故有君子则法虽省，足以遍矣；无君子则法虽具，失先后之施，不能应事之变，足以乱矣。不知法之义而正法之数者，虽博，临事必乱。故明主急得其人，而闇主急得其势。急得其人，则身佚而国治，功大而名美，上可以王，下可以霸；不急得其人而急得其埶，则身劳而国乱，功废而名辱，社稷必危。故君人者劳于索之，而休于使之。《书》曰：'惟文王敬忌，一人以择。'① 此之谓也。"②

《左传·成公十六年》："晋入楚军，三日谷。范文子立于戎马之前，曰：'君幼，诸臣不佞，何以及此？君其戒之！《周书》曰惟命不于常③，有德之谓。'"④

《左传·襄公二十三年》："陈侯如楚。公子黄诉二庆于楚，楚人召之。使庆乐往，杀之。庆氏以陈叛。夏，屈建从陈侯围陈。陈人城，版队而杀人。役人相命，各杀其长。遂杀庆虎、庆寅。楚人纳公子黄。君子谓：庆氏不义，不可肆也。故《书》曰：'惟命不于常。'"⑤

《礼记·大学》："《康诰》曰：'惟命不于常。'道善则得之，不善则失之矣。"⑥

## 《酒诰》

《墨子·非攻中》："是故子墨子言曰：古者有语曰'君子不镜于水，而镜于人'⑦，'镜于水，见面之容，镜于人，则知吉与凶'。今以攻战为利，则盖尝鉴之于智伯之事乎？此其为不吉而凶，既可得而知矣。"⑧

---

① 【按】《康诰》："惟文王之敬忌；乃裕民曰：'我惟有及。'则予一人以怿。"
② ［清］王先谦．荀子集解：卷第八［M］．北京：中华书局，1988：230．
③ 【按】见于《康诰》。
④ ［清］洪亮吉．春秋左传诂：卷十一［M］．北京：中华书局，1987：480．
⑤ ［清］洪亮吉．春秋左传诂：卷十三［M］．北京：中华书局，1987：560．
⑥ ［清］朱彬．礼记训纂：卷四十二［M］．北京：中华书局，1996：869．
⑦ 【按】《酒诰》："古人有言曰：'人无于水监，当于民监。'"（［清］阮元，校刻．十三经注疏清嘉庆刊本·尚书正义：卷第十四［M］．北京：中华书局，2009：440．）《国语·吴语》载申胥谏吴王夫差曰："王盍亦鉴于人，无鉴于水"（徐元诰．国语集解：吴语第十九　吴王夫差既许越成［M］．北京：中华书局，2002：541．），亦引此意。
⑧ ［清］孙诒让．墨子间诂：卷五［M］．北京：中华书局，2001：138．

## 《雒诰》

《孟子·告子下》："《书》曰'享多仪，仪不及物，曰不享，惟不役志于享'①，为其不成享也。"②

## 《无逸》

《礼记·坊记》：子云："君子弛其亲之过，而敬其美。《论语》曰：'三年无改于父之道，可谓孝矣。'高宗云：'三年其惟不言，言乃讙。'③"④

《礼记·丧服四制》："始死，三日不怠，三月不解。期悲哀，三年忧，恩之杀也。圣人因杀以制节，此丧之所以三年，贤者不得过，不肖者不得不及，此丧之中庸也，王者之所常行也。《书》曰'高宗谅闇，三年不言'，善之也。王者莫不行此礼。何以独善之也？曰：高宗者武丁。武丁者，殷之贤王也。继世即位而慈良于丧，当此之时，殷衰而复兴，礼废而复起，故善之。善之，故载之书中而高之，故谓之高宗。三年之丧，君不言，《书》云'高宗谅闇，三年不言'⑤，此之谓也。"⑥

《国语·楚语上》：左史倚相曰："《周书》曰：'文王至于日中昃，不皇暇食。惠于小民，唯政之恭。'⑦文王犹不敢骄。"⑧

## 《君奭》

《礼记·缁衣》："子曰：言从而行之，则言不可饰也；行从而言之，则行不可饰也。故君子寡言，而行以成其信，则民不得大其美而小其恶。《诗》云：'白圭之玷，尚可磨也；斯言之玷，不可为也。'《小雅》曰：'允也君子，展也

---

① 【按】《洛诰》："享多仪，仪不及物，惟曰不享。惟不役志于享。"［清］阮元，校刻．十三经注疏清嘉庆刊本·尚书正义：卷第十五［M］．北京：中华书局，2009：457．
② ［清］焦循．孟子正义：卷二十四［M］．北京：中华书局，1987：827．
③ 【按】《无逸》（［清］阮元，校刻．十三经注疏清嘉庆刊本·尚书正义：卷第十六［M］．北京：中华书局，2009：469-474．下引同）："其在高宗……三年不言。其惟不言，言乃雍。"
④ ［清］孙希旦．礼记集解：卷五十［M］．北京：中华书局，1989：1287．
⑤ 【按】《无逸》："其在高宗……作其即位，乃或亮阴，三年不言。"
⑥ ［清］孙希旦．礼记集解：卷六十一［M］．北京：中华书局，1989：1472．
⑦ 【按】《无逸》："文王卑服，即康功田功。徽柔懿恭，怀保小民，惠鲜鳏寡。自朝至于日中昃，不遑暇食，用咸和万民。"所谓"惠于小民，唯政之恭"，即"徽柔懿恭，怀保小民"。
⑧ 徐元诰．国语集解：楚语上第十七　左史倚相迁见申公子亹［M］．北京：中华书局，2002：502．

大成。'《君奭》曰：'在昔上帝，周田观文王之德，其集大命于厥躬。'①"②

### 《蔡仲之命》

《左传·定公四年》："管、蔡启商，惎间王室。王于是乎杀管叔而蔡蔡叔③，以车七乘，徒七十人。其子蔡仲改行帅德，周公举之，以为己卿士，见诸王，而命之以蔡，其命书云：'王曰："胡！无若尔考之违王命也。"④ '"⑤

### 《君牙》

《礼记·缁衣》：子曰："民以君为心，君以民为体。心庄则体舒，心肃则容敬。心好之，身必安之；君好之，民必欲之。心以体全，亦以体伤，君以民存，亦以民亡。《诗》云：'昔吾有先正，其言明且清，国家以宁，都邑以成，庶民以生。谁能秉国成？不自为正，卒劳百姓。'《君雅》曰：'夏日暑雨，小民惟曰怨；资冬祁寒，小民亦惟曰怨。'⑥ "⑦

### 《吕刑》

《礼记·缁衣》："子曰：夫民，教之以德，齐之以礼，则民有格心；教之以政，齐之以刑，则民有遁心。故君民者，子以爱之，则民亲之；信以结之，则民不倍；恭以莅之，则民有孙心。《甫刑》曰：'苗民匪用命，制以刑，惟作五

---

① 【按】《君奭》："在昔上帝割申劝宁王之德，其集大命于厥躬？惟文王尚克修和我有夏。"（［清］阮元，校刻．十三经注疏清嘉庆刊本·尚书正义：卷第十六［M］．北京：中华书局，2009：477.）所谓"周田观文"，依郑玄注，读为"割申劝宁"。（［清］阮元，校刻．十三经注疏清嘉庆刊本·礼记正义：卷第五十五  缁衣第三十三［M］．北京：中华书局，2009：3583.）

② ［清］孙希旦．礼记集解：卷五十二［M］．北京：中华书局，1989：1332.

③ 《左传·昭公元年》："五月庚辰，郑放游楚于吴，将行子南，子产咨于大叔。大叔曰：'吉不能亢身，焉能亢宗？彼，国政也，非私难也。子图郑国，利则行之，又何疑焉？周公杀管叔而蔡蔡叔，夫岂不爱？王室故也。吉若获戾，子将行之，何有于诸游？'"（［清］洪亮吉．春秋左传诂：卷十五［M］．北京：中华书局，1987：638.）

④ 【按】《蔡仲之命》："王若曰：'小子胡……无若尔考之违王命。'"（［清］阮元，校刻．十三经注疏清嘉庆刊本·尚书正义：卷第十七［M］．北京：中华书局，2009：483-484）取于此。

⑤ ［清］洪亮吉．春秋左传诂：卷十九［M］．北京：中华书局，1987：813.

⑥ 【按】《君牙》："夏暑雨，小民惟曰怨咨；冬祁寒，小民亦惟曰怨咨"，取于此。《尚书序》曰："穆王命君牙，为周大司徒，作《君牙》。"（［清］阮元，校刻．十三经注疏清嘉庆刊本·尚书正义：卷第十九［M］．北京：中华书局，2009：523.）

⑦ ［清］孙希旦．礼记集解：卷五十二［M］．北京：中华书局，1989：1329.

虐之刑，曰法。'① 是以民有恶德，而遂绝其世也。"②

《国语·楚语下》："昭王问于观射父，曰：'《周书》所谓重、黎实使天地不通者③，何也若无然，民将能登天乎？'对曰：'非此之谓也。古者民神不杂。民之精爽不携贰者，而又能齐肃衷正，其智能上下比义，其圣能光远宣朗，其明能光照之，其聪能月彻之，如是则明神降之，在男曰觋，在女曰巫。是使制神之处位次主，而为之牲器时服，而后使先圣之后之有光烈，而能知山川之号、高祖之主、宗庙之事、昭穆之世、齐敬之勤、礼节之宜、威仪之则、容貌之崇、忠信之质、禋洁之服，而敬恭明神者，以为之祝。使名姓之后，能知四时之生、牺牲之物、玉帛之类、采服之仪、彝器之量、次主之度、屏摄之位、坛场之所、上下之神、氏姓之出，而心率旧典者为之宗。于是乎有天地神民类物之官，是谓五官，各司其序，不相乱也。民是以能有忠信，神是以能有明德，民神异业，敬而不渎，故神降之嘉生，民以物享，祸灾不至，求用不匮。及少皞之衰也，九黎乱德，民神杂糅，不可方物。夫人作享，家为巫史，无有要质。民匮于祀，而不知其福。烝享无度，民神同位。民渎齐盟，无有严威。神狎民则，不蠲其为。嘉生不降，无物以享。祸灾荐臻，莫尽其气。颛顼受之，乃命南正重司天以属神，命火正黎司地以属民，使复旧常，无相侵渎，是谓绝地天通。其后，三苗复九黎之德，尧复育重、黎之后，不忘旧者，使复典之。以至于夏、商，故重、黎氏世叙天地，而别其分主者也。其在周，程伯休父其后也，当宣王时，失其官守，而为司马氏。宠神其祖，以取威于民，曰：重寔上天，黎寔下地。遭世之乱，而莫之能御也。不然，夫天地成而不变，何比之有？'"④

《墨子·尚贤中》："然则天之所使能者，谁也？曰：若昔者禹、稷、皋陶是也。何以知其然也？先王之书《吕刑》道之曰：'皇帝清问下民，有辞有苗。曰：群后之肆在下，明明不常，鳏寡不盖，德威维威，德明维明。乃名三后，

---

① 【按】《吕刑》（［清］阮元，校刻．十三经注疏清嘉庆刊本·尚书正义：卷第十九［M］．北京：中华书局，2009：525-534．下引同）："苗民弗用灵，制以刑，惟作五虐之刑曰法。"《墨子·尚同中》："今天下之人曰：方今之时，天下之正长犹未废乎天下也，而天下之所以乱者，何故之以也？子墨子曰：方今之时之以正长，则本与古者异矣，譬之若有苗之以五刑然。昔者圣王制为五刑，以治天下，逮至有苗之制五刑，以乱天下。则此岂刑不善哉？用刑则不善也。是以先王之书《吕刑》之道曰：'苗民否用练，折则刑，唯作五杀之刑，曰法。'则此言善用刑者以治民，不善用刑者以为五杀。则此岂刑不善哉？用刑则不善，故遂以为五杀。"（［清］孙诒让．墨子间诂：卷三［M］．北京：中华书局，2001：82-84．）
② ［清］孙希旦．礼记集解：卷五十二［M］．北京：中华书局，1989：1323．
③ 【按】《吕刑》："乃命重、黎，绝地天通，罔有降格。"
④ 徐元诰．国语集解：楚语下第十八　昭王问于观射父［M］．北京：中华书局，2002：512-516．

恤功于民。伯夷降典，哲民维刑。禹平水土，主名山川。稷降播种，农殖嘉谷。三后成功，维假于民。'① 则此言三圣人者，谨其言，慎其行，精其思虑，索天下之隐事遗利以上事天，则天乡其德，下施之万民，万民被其利，终身无已。"②

《礼记·表记》：子言之曰："后世虽有作者，虞帝弗可及也已矣；君天下，生无私，死不厚其子；子民如父母，有憯怛之爱，有忠利之教；亲而尊，安而敬，威而爱，富而有礼，惠而能散；其君子尊仁畏义，耻费轻实，忠而不犯，义而顺，文而静，宽而有辨。《甫刑》曰'德威惟威，德明惟明'③，非虞帝其孰能为此乎？"④

《礼记·表记》：子曰："君子不失足于人，不失色于人，不失口于人，是故君子貌足畏也，色足惮也，言足信也。 《甫刑》曰：'敬忌而罔有择言在躬。'⑤ "⑥

《礼记·缁衣》：子曰："政之不行也，教之不成也，爵禄不足劝也，刑罚不足耻也。故上不可以亵刑而轻爵。《康诰》曰：'敬明乃罚。'《甫刑》曰：'播刑之不迪。'⑦ "⑧

《左传·襄公十三年》："晋侯搜于绵上以治兵。使士匄将中军，辞曰：'伯游长。昔臣习于知伯，是以佐之，非能贤也。请从伯游。'荀偃将中军，士匄佐之。使韩起将上军，辞以赵武。又使栾黡，辞曰：'臣不如韩起。韩起愿上赵武，君其听之。'使赵武将上军，韩起佐之。栾黡将下军，魏绛佐之。新军无帅，晋侯难其人，使其什吏率其卒乘官属，以从于下军，礼也。晋国之民是以大和，诸侯遂睦。君子曰：'让，礼之主也。范宣子让，其下皆让。栾黡为汰，弗敢违也。晋国以平，数世赖之，刑善也夫。一人刑善，百姓休和，可不务乎？《书》曰：一人有庆，兆民赖之，其宁惟永。⑨ 其是之谓乎！周之兴也，其《诗》曰：仪刑文王，万邦作孚。言刑善也。及其衰也，其《诗》曰：大夫不

---

① 【按】《吕刑》："皇帝清问下民鳏寡有辞于苗。德威惟畏，德明惟明。乃命三后，恤功于民。伯夷降典，折民惟刑；禹平水土，主名山川；稷降播种，农殖嘉谷。三后成功，惟殷于民。"
② ［清］孙诒让．墨子间诂：卷二［M］．北京：中华书局，2001：62－63．
③ 【按】《吕刑》："德威惟畏，德明惟明。"
④ ［清］孙希旦．礼记集解：卷五十一［M］．北京：中华书局，1989：1312．
⑤ 【按】《吕刑》："敬忌，罔有择言在身。"
⑥ ［清］孙希旦．礼记集解：卷五十一［M］．北京：中华书局，1989：1298．
⑦ 【按】《吕刑》："非时伯夷播刑之迪。"
⑧ ［清］孙希旦．礼记集解：卷五十二［M］．北京：中华书局，1989：1326．
⑨ 【按】见于《吕刑》《秦誓》："邦之杌陧，曰由一人；邦之荣怀，亦尚一人之庆"（［清］阮元，校刻．十三经注疏清嘉庆刊本·尚书正义：卷第二十［M］．北京：中华书局，2009：545．），所论近之。

均，我从事独贤。言不让也。世之治也，君子尚能而让其下，小人农力以事其上，是以上下有礼，而谗慝黜远，由不争也，谓之懿德。及其乱也，君子称其功以加小人，小人伐其技以冯君子，是以上下无礼，乱虐并生，由争善也，谓之昏德。国家之敝，恒必由之。'"①

《礼记·缁衣》：子曰："禹立三年，百姓以仁遂焉，岂必尽仁？《诗》云：'赫赫师尹，民具尔瞻。'《甫刑》曰：'一人有庆，兆民赖之。'②《大雅》曰：'成王之孚，下土之式。'"③

《荀子·君子》："古者刑不过罪，爵不逾德，故杀其父而臣其子，杀其兄而臣其弟。刑罚不怒罪，爵赏不逾德，分然各以其诚通。是以为善者劝，为不善者沮，刑罚綦省而威行如流，政令致明而化易如神。《传》曰：'一人有庆，兆民赖之。'④ 此之谓也。"⑤

《墨子·尚贤下》："惟法其言，用其谋，行其道，上可而利天，中可而利鬼，下可而利人，是故推而上之。古者圣王既审尚贤，欲以为政，故书之竹帛，琢之槃盂，传以遗后世子孙。于先王之书《吕刑》之书然，王曰：'於！来，有国有土，告女讼刑，在今而安百姓，女何择言人？何敬不刑？何度不及？'⑥ 能择人而敬为刑，尧、舜、禹、汤、文、武之道可及也。是何也？则以尚贤及之。"⑦

《荀子·正论》："世俗之为说者曰：'治古无肉刑而有象刑：墨黥；慅婴；共，艾毕；菲，对屦；杀，赭衣而不纯。治古如是。'是不然。以为治邪？则人固莫触罪，非独不用肉刑，亦不用象刑矣。以为人或触罪矣，而直轻其刑，然则是杀人者不死，伤人者不刑也。罪至重而刑至轻，庸人不知恶矣，乱莫大焉。凡刑人之本，禁暴恶恶，且征其未也。杀人者不死而伤人者不刑，是谓惠暴而宽贼也，非恶恶也。故象刑殆非生于治古，并起于乱今也。治古不然。凡爵列、官职、赏庆、刑罚，皆报也，以类相从者也。一物失称，乱之端也。夫德不称位，能不称官，赏不当功，罚不当罪，不祥莫大焉。昔者武王伐有商，诛纣，断其首，县之赤旆。夫征暴诛悍，治之盛也。杀人者死，伤人者刑，是百王之

---

① ［清］洪亮吉. 春秋左传诂：卷十二 ［M］. 北京：中华书局，1987：526-527.

② 【按】见于《吕刑》。

③ ［清］孙希旦. 礼记集解：卷五十二 ［M］. 北京：中华书局，1989：1323.

④ 【按】见于《吕刑》。此处《荀子》所引《吕刑》称《传》。

⑤ ［清］王先谦. 荀子集解：卷第十七 ［M］. 北京：中华书局，1988：451.

⑥ 【按】《吕刑》："王曰：'吁！来，有邦有土，告尔祥刑。在今尔安百姓，何择，非人？何敬，非刑？何度，非及？'"

⑦ ［清］孙诒让. 墨子间诂：卷二 ［M］. 北京：中华书局，2001：68-70.

所同也，未有知其所由来者也。刑称罪则治，不称罪则乱。故治则刑重，乱则刑轻，犯治之罪固重，犯乱之罪固轻也。《书》曰：'刑罚世轻世重。'① 此之谓也。"②

《荀子·王制》："分均则不偏，埶齐则不壹，众齐则不使。有天有地而上下有差，明王始立而处国有制。夫两贵之不能相事，两贱之不能相使，是天数也。埶位齐而欲恶同，物不能澹则必争，争则必乱，乱则穷矣。先王恶其乱也，故制礼义以分之，使有贫富贵贱之等，足以相兼临者，是养天下之本也。《书》曰：'维齐非齐。'③ 此之谓也。"④

### 《秦誓》

《公羊传·文公十二年》："秦伯使遂来聘。遂者何？秦大夫也。秦无大夫，此何以书？贤缪公也。何贤乎缪公？以为能变也。其为能变奈何？惟谖谖善诤言。俾君子易怠，而况乎我多有之；惟一介断断焉无他技。其心休休，能有容⑤，是难也。"⑥

《礼记·大学》："《秦誓》曰：'若有一个臣，断断兮无他技，其心休休焉，其如有容焉。人之有技，若己有之；人之彦圣，其心好之，不啻若自其口出；寔能容之，以能保我子孙黎民。尚亦有利哉！人之有技，媢疾以恶之；人之彦圣，而违之俾不通；寔不能容，以不能保我子孙黎民。亦曰殆哉！'⑦ 唯仁人放流之，迸诸四夷，不与同中国。此谓唯仁人为能爱人，能恶人。"⑧

---

① 【按】见于《吕刑》。
② ［清］王先谦．荀子集解：卷第十二［M］．北京：中华书局，1988：326-328.
③ 【按】《吕刑》："惟齐非齐。"
④ ［清］王先谦．荀子集解：卷第五［M］．北京：中华书局，1988：152.
⑤ 【按】《秦誓》："惟截截善谝言，俾君子易辞，我皇多有之！昧昧我思之，如有一介臣，断断猗无他技，其心休休焉，其如有容。人之有技，若己有之；人之彦圣，其心好之，不啻若自其口出。是能容，以保我子孙黎民，亦职有利哉。"［清］阮元，校刻．十三经注疏清嘉庆刊本·尚书正义：卷第二十［M］．北京：中华书局，2009：543-545. 下引同。
⑥ ［清］阮元，校刻．十三经注疏清嘉庆刊本·春秋公羊传注疏：卷第十四［M］．北京：中华书局，2009：4933.
⑦ 【按】《秦誓》："如有一介臣，断断猗无他技，其心休休焉，其如有容。人之有技，若己有之；人之彦圣，其心好之，不啻若自其口出。是能容，以保我子孙黎民，亦职有利哉！人之有技，冒疾以恶之；人之彦圣，而违之，俾不达。是不能容，以不能保我子孙黎民，亦曰殆哉。"
⑧ ［清］朱彬．礼记训纂：卷四十二［M］．北京：中华书局，1996：873.

## 第三节 周秦《礼》经解概论

关于周秦《礼》经解，概论其思想走向，可划分为西周"人文之礼"与东周"观念之礼"两大历史类型。从远古殷商以"致敬鬼神"为核心的宗教之礼，到西周以"人文道德"为核心的制度之礼，周公"制礼作乐"是一大关键；从西周以"人文道德"为核心的制度之礼，到东周以"礼缘情而作"① 为核心的观念之礼，孔子"克己复礼"是一大关键。所以，后世崇奉"先圣先师"②，先圣即周公，先师即孔子（汉魏以来，先圣周公与先师孔子，一直分为二科，至明嘉靖改孔子为先圣先师，始合为一），正源于周、孔，对礼学发展史做出重大贡献，也就是说，在中华文化史上有永不磨灭之历史功绩。

远古殷商宗教之礼，讲的是"天命"，所重在鬼神，是神灵祭祀（宗教属性）；西周人文之礼，讲的是"外王"，所重在社会，是社会管理（制度属性）；东周观念之礼，讲的是"内圣"，所重在人，是人格修养（道德属性）。这是先秦礼学形成的三个主要发展阶段。西周"制礼作乐"，实现从天道到人道之转折，直接扭转中国文化走向；东周礼乐思想，实现"礼"之学术化，深刻影响中国学术史与思想史。而且，从后世两千余年礼学发展轨迹来看，先秦礼学已

---

① 【按】《礼记·乐记》："礼乐之说，管乎人情矣""故知礼乐之情者能作""而礼，反其所自始""礼报情、反始也""是故先王本之情性，稽之度数，制之礼义"（［清］孙希旦. 礼记集解：乐记第十九［M］. 北京：中华书局，1989：1009、989、1008、1000.），《礼记·坊记》"礼者，因人之情而为之节文，以为民坊者也"（礼记集解：卷五十 坊记第三十，1281.），《史记·礼书》："观三代损益，乃知缘人情而制礼，依人性而作仪，其所由来尚矣"（［汉］司马迁. 史记：卷二十三［M］. 北京：中华书局，1982：1157.），《汉书·叔孙通传》："五帝异乐，三王不同礼。礼者，因时世人为之节文者也。故夏、殷、周礼所因损益可知者，谓不相复也"（［汉］班固. 汉书：卷四十三 郦陆朱刘叔孙传第十三［M］. 北京：中华书局，1962：2126.）。又出土郭店楚简，值得我们注意，《性自命出》："道始于情，情生于性。始者近情，终者近义。知［情者能］出之，知义者能纳之"，《语丛二》："情生于性，礼生于情"（荆门市博物馆. 郭店楚墓竹简［M］. 北京：文物出版社，1998：179、203.），此说上承孔子以情释礼，如《论语·八佾》："子曰：'人而不仁，如礼何？'""林放问礼之本，子曰：'大哉问！礼，与其奢也，宁俭；丧，与其易也，宁戚。'"（程树德. 论语集释：卷五 八佾上［M］. 北京：中华书局，1990：142 、143-145.）；下启孟子善端之说，如《孟子·公孙丑上》："无辞让之心，非人也""辞让之心，礼之端也"（［清］焦循. 孟子正义：卷七［M］. 北京：中华书局，1987：233、234.），《孟子·告子上》："恭敬之心，人皆有之""恭敬之心，礼也"（孟子正义：卷二十二，757.）。由是观之，周秦儒家之缘情制礼，其思想脉络可知矣。

② 《礼记·文王世子》："祭先师、先圣焉"（［清］孙希旦. 礼记集解：卷二十［M］. 北京：中华书局，1989：576.）。

经为其奠定规模，后世礼学只是在先秦礼学确定的大方向上，细化深入、继续发展而已，中华文化之早熟，在这里体现得尤为突出。礼学在先秦即已实现关键性变革，由秦汉迄于清代，皆循其轨而续有发展，终未脱其规范。

### 西周"人文之礼"

西周《礼》经解思想，主体特征是"人文之礼"，体现为"制礼作乐"①。如此强大的"天邑商"②，沉迷于祭祀活动，竟然顷刻覆灭，"小邦周"③ 瞬得天下，虽然表面宣扬周得天命④，实际内心却是诚惶诚恐，高度警惕重蹈覆辙。"殷鉴不远"，周人吸取殷商灭亡的历史教训⑤，在很多方面反其道而行之⑥，从

---

① 《礼记·明堂位》周公摄政"六年，朝诸侯于明堂，制礼作乐，颁度量，而天下大服"。（［清］孙希旦．礼记集解：卷三十一［M］．北京：中华书局，1989：842．）《尚书大传·嘉禾》："周公居摄六年，制礼作乐，天下和平。"（［汉］伏胜．尚书大传疏证：卷五　周传嘉禾［M］．［清］皮锡瑞，疏证．北京：中华书局，2015：244．）。

② ［清］孙星衍．尚书今古文注疏：卷廿　周书十一　多士第廿［M］．北京：中华书局，2004：429.

③ ［清］孙星衍．尚书今古文注疏：卷十四　周书五　大诰第十四［M］．北京：中华书局，2004：348.

④ 【按】《尚书·康诰》："天乃大命文王，殪戎殷，诞受天命，越厥邦厥民，惟时叙。"（［清］孙星衍．尚书今古文注疏：卷十五　周书六　康诰第十五［M］．北京：中华书局，2004：360；顾颉刚，刘起釪．尚书校释译论：周书　康诰［M］．北京：中华书局，2005：1300.）《尚书·多士》："尔殷遗多士！弗吊旻天，大降丧于殷。我有周佑命，将天明威，致王罚，敕殷命终于帝。肆尔多士，非我小国敢弋殷命，惟天不畀，允罔固乱，弼我。我其敢求位？惟帝不畀，惟我下民秉为，惟天明畏。"（尚书今古文注疏：卷廿　周书十一　多士第廿，425；尚书校释译论：周书　多士，1512.）

⑤ 【按】《诗经·大雅·荡》："殷鉴不远，在夏后之世。"（程俊英，蒋见元．诗经注析［M］．北京：中华书局，1991：854.）《诗经·大雅·文王》："殷之未丧师，克配上帝。宜鉴于殷，骏命不易。"（程俊英，蒋见元．诗经注析，750.）《尚书·召诰》："我不可不监于有夏，亦不可不监于有殷。我不敢知曰：有夏服天命惟有历年；我不敢知曰：不其延，惟不敬厥德乃早坠厥命。我不敢知曰：有殷受天命惟有历年；我不敢知曰：不其延，惟不敬厥德乃早坠厥命。今王嗣受厥命，我亦惟兹二国命，嗣若功。"（［清］孙星衍．尚书今古文注疏：卷十八　周书九　召诰第十八［M］．北京：中华书局，2004：399；顾颉刚，刘起釪．尚书校释译论：周书　召诰［M］．北京：中华书局，2005：1441.）

⑥ 《礼记·表记》："殷人尊神，率民以事神，先鬼而后礼""周人尊礼尚施，事鬼敬神而远之，近人而忠焉"（［清］孙希旦．礼记集解：卷五十一［M］．北京：中华书局，1989：1310.）。

而产生"天命靡常""以德配天"① 之观念。天命无常，天佑有德，这是从"宗教之礼"向"人文之礼"转变的思想根源。西周时期，以周公"制礼作乐"为标志，由鬼神之道转向人道，认为"天道远，人道迩"（《左传·昭公十八年》），实现从"宗教之礼"到"人文之礼"的转变，并不断加以巩固，"鬼神非人实亲，惟德是依。故《周书》曰：'皇天无亲，惟德是辅。'又曰：'黍稷非馨，明德惟馨。'又曰：'民不易物，惟德繄物。'如是，则非德，民不和、神不享矣。神所冯依，将在德矣"（《左传·僖公五年》），中华文化也从此产生大转向，具有重大的历史与文化意义。

王国维在《殷周制度论》中说："殷周之兴亡，乃有德与无德之兴亡"，周

---

① 【按】《诗经·大雅·文王》："侯服于周，天命靡常""无念尔祖，聿修厥德。永言配命，自求多福"（程俊英，蒋见元.诗经注析［M］.北京：中华书局，1991：749、750.），商周君臣易位，可见天命无常，须知自强求福，敬天可矣，更应法祖；何以自强求福，唯在于德治。《尚书·康诰》："惟乃丕显考文王，克明德慎罚，不敢侮鳏寡，庸庸，祗祗，威威，显民。用肇造我区夏，越我一二邦，以修我西土。惟时怙冒，闻于上帝，帝休。天乃大命文王。"（［清］孙星衍.尚书今古文注疏：卷十五　周书六　康诰第十五［M］.北京：中华书局，2004：359-360；顾颉刚，刘起釪.尚书校释译论：周书　康诰［M］.北京：中华书局，2005：1300.）《尚书·召诰》："不可不敬德""肆惟王其疾敬德！王其德之，用祈天永命。""其惟王位在德元，小民乃惟刑用于天下，越王显。上下勤恤，其曰：'我受天命，丕若有夏历年，式勿替有殷历年！欲王以小民受天永命。'"（尚书今古文注疏：卷十八　周书九　召诰第十八，398、399、400；尚书校释译论：周书　召诰，1438、1442.）只有重视德行，才能感动上天，从而长保天命，此即以德配天，通过"明德""敬德"之现实途径，追求"受天永命"之政治目的；而德治何以能长保天命。《尚书·君奭》："又曰：'天不可信。'我道惟宁王德延，天不庸释于文王受命。"（尚书今古文注疏：卷十二　周书十三　君奭第廿二，448；尚书校释译论：周书　君奭，1554.）《尚书·皋陶谟》："天聪明，自我民聪明，天明畏，自我民明威。"（尚书校释译论：虞夏书　皋陶谟，400.）又《泰誓》："天视自我民视，天听自我民听"（见于伪古文《尚书·泰誓》［M］//［清］阮元，校刻.十三经注疏清嘉庆刊本·尚书正义：卷第十一　泰誓中［M］.北京：中华书局，2009：385.考此语，本引自孟子·万章上［M］//［清］焦循.孟子正义：卷十九.北京：中华书局，1987：646.），《尚书·无逸》"昔在殷王中宗，严恭寅畏，天命自度，治民祗惧，不敢荒宁"（尚书今古文注疏：卷廿一　周书十二　无逸第廿一，434-435；尚书校释译论：周书　无逸，1532.）。所谓天意即民意，以德配天即明德保民。明德，修明德行也，如《尚书·梓材》："先王既勤用明德"（尚书今古文注疏：卷十七　周书八　梓材第十七，388；尚书校释译论：周书　梓材，1424.），《逸周书·本典》"（命）［今］朕不知明德所则、政教所行、字民之道、礼乐所生，非不念，［念］而［不］知，故问伯父"（黄怀信.逸周书校补注译：本典解第五十七［M］.西安：三秦出版社，2006：300.），而《逸周书》此引文亦有"字民"，即抚育百姓，为爱民、保民之义。至于"保民"，安养兆民，如《尚书·梓材》："惟曰：欲至于万年，惟王子子孙孙永保民"（尚书今古文注疏：卷十七　周书八　梓材第十七［M］.389；尚书校释译论：周书　梓材，1424.），《国语·周语上》："至于文王、武王，昭前之光明，而加之以慈和，事神保民，莫弗欣喜"（徐元诰.国语集解：周语上第一　穆王将征犬戎［M］.北京：中华书局，2002：5.）。是可以知：天命靡常→自求多福→敬天法祖→以德配天→明德保民→祈天永命，此乃西周文化转向之思想理路所在。

公用以纲纪天下的宗旨，是要"纳上下于道德，而合天子、诸侯、卿、大夫、士、庶民以成一道德之团体，周公制作之本意，实在于此"①，可谓一针见血。周人之礼，并非全部独创，有不少借鉴殷商之礼的地方，但都不是简单移用，而是巧妙地在殷人仪式中植入人文精神，宗教道德化（后来汉代董仲舒儒学又有道德宗教化倾向。当然，那是一种对皇权的制约机制，已经与原始宗教的虔诚信仰有所不同），而这一切都蕴含在"制礼作乐"的具体制度规定之中，潜移默化，诚如《礼记·乐记》所论"移风易俗，天下皆宁"②。

### 东周"观念之礼"

东周《礼》经解思想，主体特征是"观念之礼"（礼观念），"礼"走入理论之域（礼学），开始成为严格意义上的学术。历史车轮行进到春秋战国，社会发生巨大变革，这是从封邦建国成立的宗法制度，逐渐向专制中央集权制度过渡的历史时期，社会阶层流动加剧，原有等级秩序被打破，"礼坏乐崩"③，是这一时期显著的社会问题。由于西周建立的外部礼法遭到破坏，东周所提到的"礼"，开始向内发展，成为判断是非的标准，《左传》触目皆是"礼也"④、"非礼也"⑤，对西周"人文礼制"进行理论探讨，从而向"观念之礼"的深化发展。

孔子提出"克己复礼为仁"（《论语·颜渊》），并不是主张完全照搬周礼，春秋战国的社会现实不允许，这一点孔子当然明白⑥。其实，孔子的原意是，

———————

① 王国维．观堂集林：卷十　史林二［M］//谢维扬，庄辉明，黄爱梅．王国维全集：第八卷．杭州：浙江教育出版社，广州：广东教育出版社，2010：303.

② ［清］孙希旦．礼记集解：卷三十八　乐记第十九之二［M］．北京：中华书局，1989：1005.

③ 《论语·阳货》："君子三年不为礼，礼必坏；三年不为乐，乐必崩。"（程树德．论语集释．卷三十五《阳货下》［M］．北京：中华书局，1990：1232.）

④ 【按】《左传》"礼也"之正面价值判断，共93次，以春秋后期《襄公》25次、《昭公》25次独多，此"礼坏乐崩"之际，故满篇强调"礼也"。《老子·德经》："失道而后德，失德而后仁，失仁而后义，失义而后礼。夫礼者，忠信之薄，而乱之首"（黄怀信．老子汇校新解：下篇　三十八章［M］．南京：凤凰出版社，2016：43-44.），考《老子》原意，乃衰世所致，非"礼"之过，当作如是观。

⑤ 【按】《左传》"非礼也"之反面价值判断，共49次。

⑥ 《论语·宪问》："子路宿于石门。晨门曰：'奚自？'子路曰：'自孔氏。'曰：'是知其不可而为之者与？'"（程树德．论语集释：卷三十　宪问下［M］．北京：中华书局，1990：1029.）《礼记·中庸》："道之不行也，我知之矣。"（［清］朱彬．礼记训纂：卷三十一［M］．北京：中华书局，1996：772.）

"复礼"要以"克己"为前提，"复礼"是"克己"的目标①。营造起内心的秩序，才是重建社会秩序的根本，所以孔子说："礼云礼云，玉帛云乎哉？乐云乐云，钟鼓云乎哉？"（《论语·阳货》）"人而不仁，如礼何？人而不仁，如乐何？"（《论语·八佾》）怎样实现"仁"呢？就是"克己复礼"。东周的"观念之礼"到孔子手中得到理论提升，严格意义上的"礼学"从而诞生。

礼学由孔子发其源，孟子、荀子各得一端，皆进行深入探究。荀学是孔学分支，荀子受"复礼"②的启发，所以荀子儒学偏于"道问学"③，主张"隆礼"④，是西周"礼乐法度"的继承者⑤。"隆礼"的极致，到荀子学生韩非那里，成为"重法"⑥，这是"礼"之"制度性"发展的必然趋势。

孟子受"克己"⑦的启发，所以孟子礼学偏于"尊德性"⑧，营造内心的秩序，强调心性的修养，是东周"观念之礼"的继承者。其实，在孔子与孟子之间，还有一个关键人物，那就是子思。子思，即孔伋，是孔子之孙，也是孔子学术的重要传人，孟子接续子思的思想⑨，一脉相承，历史上也称作"思孟学派"。《中庸》的记载，如"礼仪三百，威仪三千，待其人然后行"⑩，是从孔子到子思的思想反映，他的作品结集为《子思子》，《礼记》中的《中庸》《缁衣》《表记》《坊记》四篇，原先就是《子思子》这部书的篇章。根据传统目录学，《子思子》在《汉书·艺文志》《隋书·经籍志》《旧唐书·经籍志》《新唐

---

① 《论语·卫灵公》："知及之，仁不能守之，虽得之，必失之；知及之，仁能守之，不庄以莅之，则民不敬；知及之，仁能守之，庄以莅之，动之不以礼，未善也。"（程树德. 论语集释：卷三十二　卫灵公下［M］. 北京：中华书局，1990：1120.）

② 程树德. 论语集释：卷二十四　颜渊上［M］. 北京：中华书局，1990：817.

③ 《礼记·中庸》："故君子尊德性而道问学，致广大而尽精微，极高明而道中庸，温故而知新，敦厚以崇礼。"（［清］朱彬. 礼记训纂：卷三十一［M］. 北京：中华书局，1996：778.）

④ 《荀子·天论》："君人者，隆礼尊贤而王，重法爱民而霸，好利多诈而危，权谋、倾覆、幽险而尽亡矣。"（［清］王先谦. 荀子集解：卷第十一［M］. 北京：中华书局，1988：317.）吕思勉《先秦史》："荀子晚出，持论少近刻覈，然其隆礼、明分之论，亦极精辟也。"（吕思勉. 先秦史：宗教学术　先秦诸子［M］. 上海：上海古籍出版社，1982：476.）

⑤ 《荀子·天论》《荀子·大略》："君人者，隆礼尊贤而王，重法爱民而霸，好利多诈而危"（［清］王先谦. 荀子集解：卷第十一、卷第十九［M］. 北京：中华书局，1988：317、485.），《荀子·富国》《荀子·礼论》：礼者，"贵贱有等，长幼有差，贫富轻重皆有称者也"（荀子集解：卷第六、卷第十三，178、347.）。

⑥ ［清］王先谦. 荀子集解：卷第十一　天论篇第十七［M］. 北京：中华书局，1988：317.

⑦ 程树德. 论语集释：卷二十四　颜渊上［M］. 北京：中华书局，1990：817.

⑧ ［清］朱彬. 礼记训纂：卷三十一　中庸第三十一［M］. 北京：中华书局，1996：778.

⑨ 《孟子·离娄下》孟子曰："予未得为孔子徒也，予私淑诸人也。"（［清］焦循. 孟子正义：卷十六［M］. 北京：中华书局，1987：577.）

⑩ ［清］朱彬. 礼记训纂：卷三十一［M］. 北京：中华书局，1996：778.

书·艺文志》历代都有著录，直到宋代才亡逸。1993 年，湖北荆门郭店楚墓出土周秦文献，其中《性自命出》与《中庸》"天命之谓性，率性之谓道，修道之谓教"①相较，有很多相近的地方，是思孟学派作品，《性自命出》提出"礼作于情"②的思想，也就是"礼"背后之合理性。

孔子关于礼乐的谈论很多，其核心思想是希望弘扬周公人文礼制的精神，至于"礼"对于人生的意义何在，"礼"与人心关系如何，孔子尚未来得及详细论述。孔子之后，思孟学派进一步发展"观念之礼"，而"观念之礼"的主旨，是要从内到外解决人性与道德相一致的难题，即"礼的起源"所谈人性管理③，诚如鲁国孟献子所言"礼，身之干也；敬，身之基也"（《左传·成公十三年》）。从孔子到子思再到孟子，强调修身，走向心性之路，将其作为治国、平天下的起点，"修身、齐家、治国、平天下"④，认为关键在于"求诸己"⑤，沿着"求诸己"的方向去寻找"中道"⑥，如此顺理成章，就会发现性、情、心、志等范畴，这是"礼"之"道德性"发展的必然趋势。

## 第四节　周秦《乐》经解概论

关于周秦《乐》经解，概论其大宗，当属《乐记》无疑。对于《乐记》的历史地位，长期界定为音乐专篇，研究者也集中在音乐学界，这样一来，就大大局限了《乐记》之文化价值。为什么周秦诸子乐论尽皆警惕"淫声诱耳"⑦？究其根源在于，如此强大的"天邑商"顷刻覆灭，"小邦周"瞬得天下，表面宣扬天命所归，内心反思殷商教训，时刻警惕重蹈覆辙。因此，周人在很多方

---

① ［清］朱彬. 礼记训纂：卷三十一 ［M］. 北京：中华书局，1996：772.

② 荆门市博物馆. 郭店楚墓竹简：性自命出　释文 ［M］. 北京：文物出版社，2002：179.

③ 可参：田君. 论"礼"的字源、起源、属性与结构 ［J］. 四川大学学报（哲学社会科学版），2014（5）：41.

④ 《礼记·大学》："古之欲明明德于天下者，先治其国；欲治其国者，先齐其家；欲齐其家者，先修其身"（［清］朱彬. 礼记训纂：卷四十二 ［M］. 北京：中华书局，1996：866.）.

⑤ 《论语·卫灵公》："君子求诸己，小人求诸人"（程树德. 论语集释：卷三十二　卫灵公下 ［M］. 北京：中华书局，1990：1103.）.

⑥ 【按】"中道"，正是《周易》核心思想，如《周易·蛊卦》九二《象传》："'干母之蛊'，得中道也"（黄寿祺，张善文. 周易译注：卷三 ［M］. 北京：中华书局，2016：143.），《周易·解卦》九二《象传》"九二'贞吉'，得中道也"（周易译注：卷六，295.），例证甚夥，不胜枚举。

⑦ 【按】《管子·五辅》："淫声诱耳，淫观诱目，耳目之所好诱心，心之所好伤民，民伤而身不危者，未之尝闻也"（黎翔凤. 管子校注：卷第三 ［M］. 北京：中华书局，2004：201.）.

面反其道而行之，如《礼记·郊特牲》："殷人尚声，臭味未成，涤荡其声。乐三阕，然后出迎牲。声音之号，所以诏告于天地之间也。周人尚臭，灌用鬯臭，郁合鬯，臭阴达于渊泉。灌以圭璋，用玉气也。既灌然后迎牲，致阴气也。萧合黍、稷，臭阳达于墙屋，故既奠然后焫萧合膻、芗。凡祭慎诸此。魂气归于天，形魄归于地，故祭，求诸阴阳之义也。殷人先求诸阳，周人先求诸阴"①；《乐记》："是故审声以知音，审音以知乐，审乐以知政，而治道备矣"②；《吕氏春秋·贵直论·贵直》："殷之鼎陈于周之廷，其社盖于周之屏，其干戚之音在人之游③。亡国之音不得至于庙④，亡国之社不得见于天，亡国之器陈于廷，所以为戒"⑤。以上引证皆可见，从商代浓厚的宗教意识，周代开始向人本转变。周代人本转变，体现在"乐"方面，就是将"殷人尚声"之神鬼祭典，改造为"审乐以知政"的乐学体系。这一历史跨越，完成"乐"由原始宗教向礼乐教化之转型⑥，也使得中华文化走上独特的人文道路。中华文化，一切一切，实质不在神鬼，而在教化。礼乐刑政是外部教化，修心养性是内部教化，内外并非割裂，而是浑然一体。中华教化之理，恰似易有太极，阴中有阳，阳中有阴，进则济世安邦，退则涵养人生。实施礼乐刑政，可以内化为道德力量；追求修心养性，可以外化为践履能力。两者互动融通，内圣外王，全在于兹。因此"教化"二字，可谓中华文化的核心精神，而这一核心精神之奠定，关键时期正在周代。周人实现教化的主要途径，就是礼乐制度，这也成为后来诸子争论的焦点问题。关于礼乐之建构与讨论，绵延两周 800 年，为中华文化熔铸成型，发挥重大作用，在理论上与实践上具有双重影响。

如上所论，"教化"是中华文化的核心精神，《乐记》正是这一核心精神的哲学纲领，"是故情深而文明，气盛而化神，和顺积中而英华发外"⑦，对于"中华"之精义、"教化"之要旨，皆有高度阐发。考察《乐记》思想本质，即礼乐教化，关于"礼"之意义，散诸"三礼"群典，没有任何一篇像《乐记》

---

① [清] 孙希旦. 礼记集解：卷二十六　郊特牲第十一之二 [M]. 北京：中华书局，1989：711-714.

② [清] 孙希旦. 礼记集解：卷三十七　乐记第十九之一 [M]. 北京：中华书局，1989：982.

③ 【按】由此可见，商朝舞乐被民众用于游乐，商乐之特点"尚声"，既然可供游乐，则颇具艺术感染力，节奏活泼热情，旋律富于变化。所谓"干戚之音"，此处代指殷商宫廷音乐，到周代"干戚之音"，变为特指武舞配乐。

④ 【按】此皆周人针对殷商而言，时刻警惕，以为鉴戒。

⑤ [秦] 吕不韦. 吕氏春秋集释：卷第二十三 [M]. 许维遹，集释. 北京：中华书局，2009：621-622.

⑥ 【按】从虞舜时代开始转向，至周代完成转型。

⑦ [清] 孙希旦. 礼记集解：卷三十八　乐记第十九之二 [M]. 北京：中华书局，1989：1006.

这样，如此集中而精要，具有哲学化高度，而关于"乐"之意义，更是以《乐记》为专主，全篇将礼乐教化的人文架构展示在我们面前，中华文化的早熟发展，在其中体现得尤为突出。后世两千余年，儒家教化思想之展开流衍，基本上沿着《乐记》足迹，处处体现人文精神。作为周秦乐学经典，《乐记》与各种乐学典籍之间的学术关系很值得研究。本书将从"公孙尼子与《乐记》""《乐记》与《史记·乐书》""《乐记》与《荀子·乐论》""《乐记》与《乐经》"四方面，考实古本《乐记》。古本《乐记》的形成，与公孙尼关系甚大，《荀子·乐论》多引公孙尼论乐文字，《史记·乐书》也大量采用古本《乐记》，《乐记》本身包含经解性质，从中更可窥探《乐经》遗迹。因此，《乐记》之文化价值，应当重新估量。

### 公孙尼子与《乐记》

《乐记》作为承载周秦乐学思想的重要文献，其作者问题，长期争论不休，以郭沫若"公孙尼子说"① 与蔡仲德"刘德说"② 为代表，迄今尚无定论。下面从学术史角度，梳理公孙尼子史料，为《乐记》成书时代提供新视角。考证公孙尼即公孙龙，在周秦儒家学术传承中，公孙尼处于子夏到孟荀之间，承上而启下，是春秋战国之际儒家学派传人，公孙尼与古本《乐记》成书关系甚密，考证如下。

孙希旦《礼记集解·乐记》："此篇郑、孔皆不言作者之人，惟《史记正义》以为公孙尼子所作，未知何据。"③ 所谓"《史记正义》以为公孙尼子所作"，出自《史记·乐书》"子贡问乐"句张守节《正义》，曰"结此前事，悉是答子贡问之事。其《乐记》者，公孙尼子次撰也。为《乐记》通天地，贯人情，辩政治，故细解之"④。至于张守节认为《乐记》"公孙尼子次撰"，孙希旦"未知何据"，就愚所知，张守节此说当源于沈约，《隋书·音乐志上》记载沈约对梁武帝《思弘古乐诏》之奏答："《月令》取《吕氏春秋》，《中庸》《表记》《防记》《缁衣》皆取《子思子》，《乐记》取《公孙尼子》。"⑤

所言《防记》（《坊记》）、《中庸》、《表记》、《缁衣》诸篇，今皆存于

① 郭沫若.公孙尼子与其音乐理论［M］//郭沫若.青铜时代.上海：上海新文艺出版社，1944.
② 蔡仲德.《乐记》作者辨证［J］.中央音乐学院学报，1980（1）：3-11.
③ ［清］孙希旦.礼记集解：卷三十七　乐记第十九之一［M］.北京：中华书局，1989：975.
④ ［汉］司马迁.史记：卷二十四［M］.北京：中华书局，1982：1234.
⑤ ［唐］魏徵，令狐德棻.隋书：卷十三［M］.北京：中华书局，1973：288.

《礼记》。以《表记》《缁衣》举例，作为类证，如《太平御览》引《子思子》："天下有道，则行有枝叶；天下无道，则言有枝叶"①，此与《礼记·表记》文相合。又如郭店楚墓出土竹简，确有《缁衣》出自《子思子》②。由此可见，沈约奏答内容，可信度比较高。

陆德明《经典释文》："《礼记》者，本孔子门徒共撰所闻以为此《记》。后人通儒各有损益，故《中庸》是子思伋所作，《缁衣》是公孙尼子所制，郑玄云《月令》是吕不韦所撰。"③ 笔者阅读《礼记正义》时，于《礼记·缁衣》篇首发现，陆德明《释文》引刘瓛曰"公孙尼子所作也"④，《缁衣》乃公孙尼子所作，《经典释文》两处记载，皆是如此，可见不存在后世传本讹误问题。陆德明"《缁衣》是公孙尼子所制"与沈约"《缁衣》取《子思子》"，两说有异，当属刘瓛⑤之失，而陆德明承其讹。若换位度之，以刘瓛、陆德明之博学，犹不免混淆公孙尼与子思之著作，更可见得，公孙尼与子思学派渊源甚深。张舜徽认为，《子思》其他逸篇"亦当多在两戴《礼记》中，但不易识别耳"⑥。既然公孙尼思想与子思同脉，因此《礼记》存《公孙尼子》遗文，亦属情理之中，不足为怪。

而且，出土文献亦可证之，郭店一号楚墓，有《性自命出》67简，此67简原非一篇，而分两篇。其中第1号简至第36号简，以论乐为中心，词语、思想皆类似《礼记·乐记》，李学勤认为，《乐记》为公孙尼子所作，"公孙尼子的观点倾向，正是有似子思的"⑦。

考诸今本《礼记·乐记》，确实多存《公孙尼子》遗文。徐坚《初学记》

---

① ［宋］李昉，等辑. 太平御览：卷四〇三［M］//张元济. 四部丛刊：三编子部. 上海：商务印书馆，1936.

② 郭沂. 郭店竹简与先秦学术思想［M］. 上海：上海教育出版社，2001：420.

③ ［唐］陆德明. 经典释文序录疏证：注解传述人［M］. 吴承仕，疏证. 北京：中华书局，2008：91.

④ ［清］阮元，校刻. 十三经注疏清嘉庆刊本·礼记正义：卷第五十五［M］. 北京：中华书局，2009：3575.

⑤ 【按】刘瓛，《南齐书·列传第二十》有本传（［梁］萧子显. 南齐书：卷三十九　列传第二十　刘瓛［M］. 北京：中华书局，1972：677.），又《梁书·列传第三十四》："沛国刘瓛为儒者宗"（［唐］姚思廉. 梁书：卷四十　列传第三十四　司马褧［M］. 北京：中华书局，1973：567.），《梁书·列传第四十五》："（何胤）师事沛国刘瓛，受《易》及《礼记》《毛诗》"（梁书：卷五十一　列传第四十五处士　何胤，735.）。沈约，《梁书·列传第七》有本传（梁书：卷十三　列传第七　沈约，232-243.），按刘瓛与沈约，两人时代相近，其论说值得比较。

⑥ 张舜徽.《汉书·艺文志》通释［M］. 武汉：华中师范大学出版社，2004：257.

⑦ 李学勤. 郭店简与《乐记》［C］//北京大学哲学系. 中国哲学的诠释与发展：张岱年先生90寿庆纪念文集. 北京：北京大学出版社，1999.

引公孙尼子论曰："乐者，审一以定和，比物以饰节。"① 《礼记·乐记》云："故乐者，审一以定和，比物以饰节。节奏合以成文，所以合和父子君臣、附亲万民也，是先王立乐之方也。"② 其文相合。马总《意林》引《公孙尼子》："乐者，先王所以饰喜也。军旅者，先王所以饰怒也。"③ 《礼记·乐记》云："夫乐者，先王之所以饰喜也。军旅鈇钺者，先王之所以饰怒也。"④ 其文亦合。由此可见，沈约之说较为可靠，所载"《乐记》取《公孙尼子》"，值得注意。

《韩非子·显学》："自孔子之死也，有子张之儒，有子思之儒，有颜氏之儒，有孟氏之儒，有漆雕氏之儒，有仲良氏之儒，有孙氏之儒，有乐正氏之儒。"⑤ 此论孔子逝世后，儒家之流衍，所谓某氏之儒，非谓某一人，而意指以某氏为宗主的一个学术分支。子张即颛孙师，乃孔子学生。子思为孔伋，乃孔子之孙。⑥ 乐正氏当为乐正子春，乃曾参弟子⑦。其中孟氏、孙氏为谁，向来有

---

① ［唐］徐坚，等辑．初学记：卷十五　乐部上　雅乐第一［M］．北京：中华书局，2004：367.

② ［清］孙希旦．礼记集解：卷三十八　乐记第十九之二［M］．北京：中华书局，1989：1033.

③ ［唐］马总辑．意林：卷二［M］//张元济．四编丛刊．初编子部．上海：商务印书馆，1922.

④ ［清］孙希旦．礼记集解：卷三十八　乐记第十九之二［M］．北京：中华书局，1989：1035.
【按】考此可见，《礼记·乐记》当承《公孙尼子》而加详焉。

⑤ ［清］王先慎．韩非子集解：卷十九［M］．北京：中华书局，1998：456.

⑥ 【按】孔伋师事曾子，按《礼记·檀弓上》："曾子谓子思曰：'伋！吾执亲之丧也，水浆不入于口者七日。'子思曰：'先王之制礼也，过之者，俯而就之；不至焉者，跂而及之。故君子之执亲之丧也，水浆不入于口者三日，杖而后能起。'"（［清］孙希旦．礼记集解：卷八　檀弓上第三之二［M］．北京：中华书局，1989：189.）另一说为原宪，字子思，乃孔子弟子，见于《史记·仲尼弟子列传》（［汉］司马迁．史记：卷六十七［M］．北京：中华书局，1982：2207.）。

⑦ 《礼记·檀弓上》："曾子寝疾，病，乐正子春坐于床下"，郑玄注："子春，曾参弟子"（［清］孙希旦．礼记集解：卷七　檀弓上第三之一［M］．北京：中华书局，1989：177.）。又《孟子·离娄上》："乐正子见孟子"，赵岐注："鲁人乐正克，孟子弟子也"（［清］焦循．孟子正义：卷十五［M］．北京：中华书局，1987：529.）。【按】乐正克与孟轲同时，其年代太晚，影响未及乐正子春之大，与孔子身后八家地位不符，且前引孟氏也非孟轲，详见正文考证。《礼记·祭义》："乐正子春下堂而伤其足，数月不出，犹有忧色。门弟子曰：'夫子之足瘳矣，数月不出，犹有忧色，何也？'乐正子春曰：'善如尔之问也！善如尔之问也！吾闻诸曾子，曾子闻诸夫子曰"天之所生，地之所养，无人为大。父母全而生之，子全而归之，可谓孝矣。不亏其体，不辱其身，可谓全矣。故君子顷步而弗敢忘孝也"。今予忘孝之道，予是以有忧色也。壹举足而不敢忘父母，壹出言而不敢忘父母。壹举足而不敢忘父母，是故道而不径，舟而不游，不敢以先父母之遗体行殆。壹出言而不敢忘父母，是故恶言不出于口，忿言不反于身。不辱其身，不羞其亲，可谓孝矣。'"（礼记集解：卷四十六，1228.）又《礼记·檀弓下》："乐定子春之母死，五日而不食。曰：'吾悔之。自吾母而不得吾情，吾恶乎用吾情。'"（礼记集解：卷十一　檀弓下第四之二，306.）由此可见，乐正子春传孔门孝道，得其精义。

争论。有人认为是孟轲、荀况①，其说未妥。据《汉书·艺文志》著录，"《漆雕子》十三篇"列于"《子思》二十三篇"之后②，此与《韩非子》记载相合；然《汉书·艺文志》"《漆雕子》十三篇"远在"《孟子》十一篇"之前③，《韩非子·显学》排序"有孟氏之儒，有漆雕氏之儒"，又与此相违。可见"孟氏"不当解为孟轲，然则解"孙氏"为荀况，也值得怀疑。称荀况为孙况，乃汉宣帝以后，避刘询名讳，韩非战国时人，何以避之？所谓"孙氏"，可能是"公孙氏"之脱文，当指公孙尼。考诸《汉书·艺文志》，"《漆雕子》十三篇"在"《子思》二十三篇"之后，"《公孙尼子》二十八篇"之前④，与《韩非子·显学》排序相合，其学术次第怡然理顺。且皮锡瑞《经学历史》引《韩非子·显学》，即作"公孙氏"⑤，可能皮锡瑞所见版本，即是如此，抑或是皮锡瑞看出其中违舛，而径作校改，此可作为佐证。综上可见，公孙尼乃孔子以后周秦儒家之重要人物。

《汉书·艺文志·诸子略》著录"《公孙尼子》二十八篇"，班固将其属之儒家，自注曰"七十子之弟子"⑥。详考《汉书·艺文志》，于诸子略儒家类所著录，"《公孙尼子》二十八篇"之前，有"《晏子》八篇""《子思》二十三篇""《曾子》十八篇""《漆雕子》十三篇"⑦"《宓子》十六篇""《景子》三

---

① ［清］王先慎. 韩非子集解：卷十九　显学第五十　引顾广圻语［M］. 北京：中华书局，1998：456.
② ［汉］班固. 汉书：卷三十［M］. 北京：中华书局，1962：1724.
③ ［汉］班固. 汉书：卷三十［M］. 北京：中华书局，1962：1725.
④ ［汉］班固. 汉书：卷三十［M］. 北京：中华书局，1962：1725.
⑤ ［清］皮锡瑞. 经学历史：经学流传时代［M］. 周予同，校注. 北京：中华书局，2004：24.
⑥ 【按】《史记·孔子世家》，孔子及门弟子三千，"身通六艺者七十有二人"（［汉］司马迁. 史记：卷四十七［M］. 北京：中华书局，1982：1938.），即所谓孔门七十二贤。"七十子"，举其成数，及门弟子之谓也。故《孟子·公孙丑上》云："以德服人者，中心悦而诚服也，如七十子之服孔子也。"（［清］焦循. 孟子正义：卷七［M］. 北京：中华书局，1987：221-222.）《论衡·问孔》云："今谓之英杰，古以为圣神，故谓七十子历世希有。"（［汉］王充. 论衡校释：卷第九［M］. 黄晖，校释. 北京：中华书局，1990：395-396.）班固《汉书·艺文志》以公孙尼子为"七十子之弟子"，则私淑孔子，而非亲炙，与《隋书·经籍志》"尼，似孔子弟子"，记载有别。
⑦ 【按】《汉书·艺文志》班固自注"孔子弟子，漆雕启后"。按"后"，当为衍文。《〈汉书·艺文志〉通释》引杨树达曰："《志》文顺序谨严，绝非妄列。此条前为《曾子》十八篇，后为《宓子》十六篇，曾、宓皆孔子弟子，则漆雕亦当为孔子弟子。若是漆雕启之后，不应置《宓子》之前。"（张舜徽. 《汉书·艺文志》通释［M］. 武汉：华中师范大学出版社，2004：258.）

篇”“《世子》二十一篇”“《魏文侯》六篇”①“《李克》七篇”②。“《公孙尼子》二十八篇”之后，有“《孟子》十一篇”“《孙卿子》③ 三十三篇”④。《汉志》素以辨章学术、考镜源流著称，其间顺序谨严，一脉相承。

历代史志目录，《汉书·艺文志》开其先河⑤，《隋书·经籍志》继而踵武。与《汉志》相对照，《隋书·经籍志·子部·儒家类》著录“《公孙尼子》一卷”，自注曰“尼，似孔子弟子”，归于儒家类。同上文之例，详考《隋书·经籍志》，子部儒家类著录诸书，“《公孙尼子》一卷”之前，有“《晏子春秋》七卷”，自注曰“齐大夫晏婴撰”，“《曾子》二卷”，自注曰“目一卷，鲁国曾参撰”，“《子思子》七卷”，自注曰“鲁穆公师孔伋撰”⑥。“《公孙尼子》一卷”之后，有“《孟子》十四卷”，自注曰“齐卿孟轲撰，赵岐注”，“《孟子》七卷”，自注曰“郑玄注”，“《孟子》七卷”，自注曰“刘熙注，梁有《孟子》九卷，綦毋邃撰，亡”，“《孙卿子》十二卷”，自注曰“楚兰陵令荀况撰，梁有《王孙子》一卷，亡”⑦。考诸前后著录，颇能明其源流⑧。虽《汉志》称“篇”，《隋志》皆改称“卷”，且多所亡逸，然基本学术脉络仍属一致。时至隋唐，《漆雕子》《宓子》《景子》《世子》《魏文侯》《李克》尽皆不传，而《公孙尼子》尚有一卷行世，可见公孙尼子于周秦儒家之传承地位，不可替代，较受重视。

按以上著录，魏文侯、李克皆为子夏门人，而其书列于《公孙尼子》之前，则公孙尼子当在卜商以后；《孟子》、《孙卿子》（孙卿即荀况）排在《公孙尼

---

① 【按】魏文侯，名斯，《史记·仲尼弟子列传》：“孔子既没，子夏居西河教授，为魏文侯师。”（［汉］司马迁. 史记：卷六十七［M］. 北京：中华书局，1982：2203.）

② 《汉书·艺文志》班固自注“子夏弟子，为魏文侯相”。

③ 【按】即《荀卿子》，避汉宣帝讳，遂改称《孙卿子》。

④ ［汉］班固. 汉书：卷三十［M］. 北京：中华书局，1962：1724-1725.

⑤ 【按】班固《汉书·艺文志》，虽上承刘歆《七略》，然于史志目录领域，可谓开山。

⑥ 【按】《汉书·艺文志·诸子略·儒家类》著录“《子思》二十三篇”，自注“名伋，孔子孙，为鲁缪公师”。按“缪”“穆”二字，乃音、形近似而讹，据《史记·鲁周公世家》：“元公二十一年卒，子显立，是为穆公。穆公三十三年卒”（［汉］司马迁. 史记：卷三十三［M］. 北京：中华书局，1982：1546.），此作鲁穆公，《史记·孔子世家》：“序《书传》，上纪唐虞之际，下至秦缪，编次其事”（史记：卷四十七，1935-1936.），秦穆公又称作秦缪公，可为两字互用之佐证。

⑦ ［唐］魏徵，令狐德棻. 隋书：卷三十四［M］. 北京：中华书局，1973：997.

⑧ 【按】《汉书·艺文志》置《公孙尼子》于《魏文侯》《李克》以后；《隋书·经籍志》将其书列于《子思子》之后。修《隋志》之时，周秦群籍多所亡逸，《汉志》著录上古书籍，较《隋志》详焉，当采信《汉志》为宜。

子》之后，则公孙尼子当在孟、荀之前①。由此可见，公孙尼子是春秋战国之际儒家学派传人，在周秦儒家学术传承中，处于子夏到孟荀之间，具有承上启下的历史地位。

公孙尼与《乐记》，究竟关系如何，这是学界探讨的热点问题。在公孙尼著作逸失情况下，虽未可遽判《乐记》作者，然公孙尼所论乐，与古本《乐记》之形成，学术关系甚密，此乃文献事实，其考证如下。

《汉书·艺文志·诸子略》著录"《公孙尼》一篇"，班固属之于杂家。姚振宗《汉书艺文志拾补》："公孙尼，似即公孙尼子。别有书二十八篇，见前儒家"②，张舜徽《〈汉书·艺文志〉通释》也认为同属一人，"此一篇书，盖其杂论也，而亦早亡"③。由此可见，"《公孙尼》一篇"，按形式分类，可归为杂家；若按内容性质判定，亦属儒家学说，作者同为一人。至于《隋志》著录"《公孙尼子》一卷"，是"《公孙尼子》二十八篇"之遗，或者就是"《公孙尼》一篇"，原书皆逸，此当阙而存疑。

辑其遗文，马总《意林》引之稍多④，然其书名，称作"《公孙文子》一卷"。考核《意林》引文，多与诸书《公孙尼子》引文相合，洪迈《容斋续笔》卷一六"唐贞元中，马总所述《意林》一书，抄类诸子百余家""其他所引书，如《胡非子》《随巢子》《缠子》《王孙子》⑤、《公孙尼子》"⑥，由此可见，马总所引"《公孙文子》一卷"即"《公孙尼子》一卷"⑦。

按《意林》引文"心者，众智之要，物皆求于心"⑧，此与《乐记》所论

---

① 【按】《汉书疏证》于《汉书·艺文志》著录《公孙尼》处，沈钦韩注曰"《荀子·强国篇》称公孙子语"（［清］沈钦韩. 汉书疏证：卷十二 ［M］. 清光绪二十六年浙江书局刻本，1900. 亦见于 ［清］王先谦. 汉书补注 ［M］. 上海：上海古籍出版社，2008：2955.）。考《荀子·强国》所引公孙尼之语，乃讥议楚令尹子发灭蔡辞赏之事，其意与《乐记》"刑禁暴，爵举贤，则政均矣"相合。郭沫若即认为《荀子》所引公孙尼即公孙尼，说见《公孙尼子与其音乐理论》（郭沫若. 青铜时代 ［M］. 上海：上海新文艺出版社，1944.）。

② ［清］姚振宗. 汉书艺文志拾补 ［M］. 北京：中华书局，《二十五史补编》本，1985.

③ 张舜徽.《汉书·艺文志》通释 ［M］. 武汉：华中师范大学出版社，2004：333.

④ ［唐］马总. 意林：卷二 ［M］//张元济. 四部丛刊：初编子部，上海：商务印书馆，1922.

⑤ 【按】《隋书·经籍志》著录"《孙卿子》十二卷"，自注"楚兰陵令荀况撰，梁有《王孙子》一卷，亡"。

⑥ ［宋］洪迈. 容斋随笔：续笔卷十六 计然意林 ［M］. 北京：中华书局，2005：414.

⑦ 【按】《汉书艺文志考证》论《公孙尼子》28 篇，曰"马总《意林》引之"（［宋］王应麟. 汉艺文志考证：卷五 儒 ［M］. 北京：中华书局，2011：199.），即是此意。

⑧ ［唐］马总，辑. 王天海，等校释. 意林校释：卷二 公孙尼子一卷 ［M］. 北京：中华书局，2014：217.

"心""物"之辨，相互补充；《意林》引文"修心而不知命，犹无室而归"①，《乐记》"礼乐不可斯须去身。致乐以治心，则易、直、子、谅之心油然生矣"②，"故乐者，天地之命，中和之纪，人情之所不能免也"③，两者文理，若合符契；《意林》引文"人有三百六十节，当天之数。形体有骨肉，如地之厚。有孔窍血脉，如川谷也。多食甘者，有益于肉而骨不利。多食苦者，有益于骨而筋不利。多食辛者，有益于筋而气不利"④，而《北堂书钞》引《公孙尼子》："太古之人，饮露食草木实，圣人为火食，号燧人，饮食以通血气"⑤，文意明显相通；《意林》引文："乐者，先王所以饰喜也。军旅者，先王所以饰怒也"⑥，《乐记》："夫乐者，先王之所以饰喜也。军旅鈇钺者，先王之所以饰怒也"⑦，文句一脉相承；《初学记》引公孙尼子论曰："乐者，审一以定和，比物以饰节"⑧，《乐记》："故乐者，审一以定和，比物以饰节"⑨，其文相合，更属确凿无疑。

综上可见，沈约"《乐记》取《公孙尼子》"之论，张守节"《乐记》者，公孙尼子次撰"之说⑩，皆有所本。然沈、张两说，亦有区别，沈约仅论其取材；张守节则径言编者，所谓"次撰"，编也，乃亲被手泽之意。

《文选》李善注引《公孙尼子》"众人役物而忘情"⑪，马总《意林》引

---

① ［唐］马总，辑．王天海，等校释．意林校释：卷二　公孙尼子一卷［M］．北京：中华书局，2014：217.

② ［清］孙希旦．礼记集解：卷三十八　乐记第十九之二［M］．北京：中华书局，1989：1029.

③ ［清］孙希旦．礼记集解：卷三十八　乐记第十九之二［M］．北京：中华书局，1989：1034.

④ ［唐］马总，辑．王天海，等校释．意林校释：卷二　公孙尼子一卷［M］．北京：中华书局，2014：218.

⑤ ［唐］虞世南，辑．北堂书钞：卷一四二　酒食部　总篇一［M］．北京：中国书店，影印本，1989.

⑥ ［唐］马总，辑．王天海，等校释．意林校释：卷二　公孙尼子一卷［M］．北京：中华书局，2014：217.

⑦ ［清］孙希旦．礼记集解：卷三十八　乐记第十九之二［M］．北京：中华书局，1989：1035.

⑧ ［唐］徐坚，等辑．初学记：卷十五　乐部上　雅乐第一［M］．北京：中华书局，2004：367.

⑨ ［清］孙希旦．礼记集解：卷三十八　乐记第十九之二［M］．北京：中华书局，1989：1033.

⑩ 【按】郭沫若《青铜时代·公孙尼子与其音乐理论》认为，张守节依据皇侃，仅为猜测，未详所据。考皇侃与沈约同时代，著有《礼记义疏》四十八卷、《礼记讲疏》九十九卷，今虽失传，唐初曾为孔颖达《礼记正义》所本。如若皇氏果有斯论，则关系重大，孔颖达主持《正义》之时，不可能不加以征引。笔者遍阅孔疏，未见皇氏此说。由此可见，张守节依据皇侃之说，出自郭沫若推测，是否属实，值得商榷。

⑪ ［梁］沈休文《三月三日率尔成篇》诗"爱而不可见，宿昔减容仪。且当忘情去，叹息独何为"李善注引［M］//［梁］萧统，编，［唐］李善，等注．六臣注文选：卷三十///张元济．四部丛刊：初编集部．上海：商务印书馆，1922.

《公孙尼子》"君子行善必有报，小人行不善必有报""舟从流于河而无维檝，求安不可得也"①，于今本《乐记》俱不存。其实，今本《乐记》亦非完璧，知有 12 篇已逸，《礼记·乐记》孔颖达《正义》曰："今《乐记》所断取十一篇，余有十二篇，其名犹在。（三）［二］十四卷《记》②，无所录也。其十二篇之名，案《别录》十一篇，余次《奏乐》第十二，《乐器》第十三，《乐作》第十四，《意始》第十五，《乐穆》第十六，《说律》第十七，《季札》第十八，《乐道》第十九，《乐义》第二十，《昭本》第二十一，《招颂》第二十二，《窦公》第二十三是也。"③ 上述李善、马总所引，是否会在此 12 篇之中，亦未可知。因此，在公孙尼著作逸失情况下，未可遽判公孙尼为《乐记》编者，则沈说"《乐记》取《公孙尼子》"，以文本取材论，较为严谨妥当。换言之，《公孙尼子》其书撰述，为《乐记》成书提供思想基础。

《乐记》所在《礼记》，本身就有古本、今本之分，《史记·孔子世家》"《书传》《礼记》自孔氏"④，可见周秦已有《礼记》传本，并非始成书于汉儒。如《礼记》之《月令》，原先多以为出于汉代，经过古天文学研究，《礼记·月令》所反映天象，并非汉代所有，古本《月令》不可能出于汉代。据杨宽《〈月令〉考》论证⑤，《礼记·月令》上承《诗经·豳风·七月》《大戴礼记·夏小正》，在战国后期成书，《吕氏春秋》"十二纪"首章以及《吕氏春秋·音律》，是吕不韦宾客根据与周秦《月令》相同底本，改编而成，《淮南子·时则》也据周秦《月令》而来。东汉蔡邕《月令章句》、许慎《说文》所引《明堂月令》，皆来源于《礼记·月令》，而郑玄注所引《今月令》⑥，是指汉代通行《月令》，并非《礼记·月令》。由此可知，在周秦时代，古本《礼记》诸篇章，已客观存在。

以上举证，都说明古本《乐记》形成于周秦时代，今本《礼记·乐记》经

---

① ［唐］马总，辑．王天海，等校释．意林校释：卷二 公孙尼子一卷［M］．北京：中华书局，2014：217、218.

② 【按】孔疏有误，"三十四卷《记》"当作"二十四卷《记》"，即王禹所传《乐记》二十四卷，《汉书·艺文志》简称《王禹记》，源于河间献王刘德与诸生共采《周官》及诸子云乐事者，可谓西汉新编本，并非古本《乐记》。

③ ［清］阮元，校刻．十三经注疏清嘉庆刊本·礼记正义：卷第三十七［M］．北京：中华书局，2009：3310.

④ ［汉］司马迁．史记：卷四十七［M］．北京：中华书局，1982：1936.

⑤ 杨宽．《月令》考［M］//杨宽．杨宽古史论文选集．上海：上海人民出版社，2003：464-510.

⑥ 杨宽．《今月令》考［M］//杨宽．杨宽古史论文选集．上海：上海人民出版社，2003：511-520.

汉儒整理重编，方才出现天人感应色彩，所以今本《礼记·乐记》，是脱胎于古本《乐记》，而又融合汉儒思想的结合体。"记"作为书名，是解释经书之体裁，"经传"通常连言，"传"用来解"经"，如《易传》等，"记"也就是"传"，后来统称为"记传"。涵泳《乐记》本文，多类记书体例，《乐记》当有所承系、有所依凭，具备解读乐义的文本性质。而前文已论，公孙尼研乐，以孔门乐教为根基，其历史贡献正是阐发乐义，可见两者关系甚密。

综上可知：公孙尼即公孙龙①，其人亲炙孔子之门，从学 5 年以上，属于孔子晚年弟子，是春秋战国之际儒家学派传人。孔子的古乐实践与乐学理论，言传身教，授诸门徒，形成孔门乐教，为公孙尼子研乐，提供理论与实践双向指导。公孙尼以孔门乐教为根基，阐发乐义，其言论收入《公孙尼子》。至于公孙尼与《乐记》之关系，在公孙尼著作逸失情况下，未可遽判公孙尼为《乐记》作者；从文献学角度分析，公孙尼与古本《乐记》形成，关系甚密，亦属事实，为《乐记》周秦成书提供思想基础；从学术思想史角度来看，公孙尼在周秦儒学传承谱系中，观点倾向接近子思，又以研乐为特色，发扬儒家乐教思想，具有承上启下的历史地位，应当予以充分重视。梳理有关公孙尼之历史文献，交相为用，互显互证，从考证公孙尼本身提供新视角，冀望有助于《乐记》成书时代探讨。

### 《乐记》与《史记·乐书》

观《史记·乐书》，张守节《史记正义》曰："《乐书》者，犹《乐记》也。郑玄云'以其记乐之义'也。此于《别录》属《乐记》，盖十一篇合为一篇。十一篇者，有《乐本》、有《乐论》、有《乐施》、有《乐言》、有《乐礼》、有《乐情》、有《乐化》、有《乐象》、有《宾牟贾》、有《师乙》、有《魏文侯》。今虽合之，亦略有分焉。刘向校书，得《乐书》二十三篇，著于《别录》。今《乐记》惟有十一篇，其名犹存也。"② 而《礼记·乐记》，孔颖达《礼记正义》曰："按：郑《目录》云'名曰《乐记》者，以其记乐之义。此于《别录》属《乐记》'，盖十一篇合为一篇，谓有《乐本》、有《乐论》、有《乐施》、有《乐言》、有《乐礼》、有《乐情》、有《乐化》、有《乐象》、有《宾牟贾》、有《师乙》、有《魏文侯》。今虽合此，略有分焉。"③

---

① 【按】笔者考证内容，可参第三章"前经学时代的儒经传授"第四节"关于《乐》之传授"注释按语。

② ［汉］司马迁 . 史记：卷二十四［M］.［唐］张守节，正义 . 北京：中华书局，1982：1175.

③ ［清］阮元，校刻 . 十三经注疏清嘉庆刊本·礼记正义：卷第三十七［M］. 北京：中华书局，2009：3310.

学术观点，有比较方有鉴别。两相比较，张守节所述，转引自《礼记正义》①，且引之不密，脱"名曰《乐记》者"五字，又衍"十一篇者"四字，致使文义失当，易令人误解下文"盖十一篇合为一篇，谓有《乐本》，有《乐论》，有《乐施》，有《乐言》，有《乐礼》，有《乐情》，有《乐化》，有《乐象》，有《宾牟贾》，有《师乙》，有《魏文侯》。今虽合之，亦略有分焉"亦为郑玄所语②。何谓守节误引？今可稽考之。

清代辑佚名家王谟，辑有郑玄《三礼目录》，辨其体例，有所定则，举一反三，推类可通。《少仪》第十七："名曰《少仪》者，以其记相见及荐羞之小威仪，少犹小也。此于《别录》属《制度》"，《学记》第十八："名曰《学记》者，以其记人学教之义。此于《别录》属《通论》"，《乐记》第十九："名曰《乐记》者，以其记乐之义。此于《别录》属《乐记》"③。由此可见，张守节《史记正义》所引"郑玄云"起止之位置，当以"以其记乐之义也。此于《别录》属《乐记》"为宜。

且张守节误引，不止一处。如前文所见，《史记正义》："刘向校书，得《乐书》二十三篇，著于《别录》。今《乐记》惟有十一篇，其名犹存也"，而孔颖达《礼记正义》："故刘向所校二十三篇，著于《别录》。今《乐记》所断取十一篇，余有十二篇，其名犹在"④。张守节又误解《礼记正义》原文，以为今《乐记》十一篇，其名犹存。而度孔疏之意，乃今《乐记》十一篇以外，余

---

① 【按】孔颖达主持编纂"五经正义"，于唐太宗贞观十六年编成，后经马嘉运校定，长孙无忌、于志宁等增损，于唐高宗永徽四年颁行。张守节《史记正义序》有"守节涉学三十余年，六籍九流，地里苍雅，锐心研采，评《史》《汉》，诠众训释，而作《正义》，郡国城邑委曲申明，古典幽微窃探其美，索理允惬，次旧书之旨，兼音解注，引致旁通，凡成三十卷，名曰《史记正义》"（［唐］张守节．史记正义序［M］∥［汉］司马迁．史记．北京：中华书局，1982：11.），序写杀青于唐玄宗开元二十四年，则张守节撰写《史记正义》，盖武则天当政时期。

② 【按】孙希旦《礼记集解》所引郑玄《三礼目录》，亦至于此处（［清］孙希旦．礼记集解：卷三十七　乐记第十九之一［M］．北京：中华书局，1989：975.）。余嘉锡《〈太史公书〉亡篇考》（余嘉锡．中国现代学术经典：余嘉锡卷［M］．石家庄：河北教育出版社，1996.），亦因张守节《史记正义》所引而误，此皆通人偶失也。

③ ［清］王谟辑．汉魏遗书钞：经翼二［M］．金溪王氏钞本，汝麋家藏版。【按】张舜徽．清人笔记条辨：卷五　著录王谟《汝麋玉屑》十五卷传钞本，据书末所附其子王佶跋文，云"汝麋者，家有别业在汝水之麋也"（张舜徽．清人笔记条辨［M］．武汉：华中师范大学出版社，2004：171.），可知"汝麋藏版"，即王氏家藏版也。又王谟于《自序》有言，宋、元以来说部书，最服膺王应麟《困学纪闻》，亦可见汝麋"玉屑"由来，乃王应麟所编《玉海》之故也。

④ ［清］阮元，校刻．十三经注疏清嘉庆刊本·礼记正义：卷第三十七　乐记第十九［M］．北京：中华书局，2009：3310.

有十二篇，其名犹在。

是以可知，张守节认为《史记·乐书》即《礼记·乐记》，并以孔疏为据。然所引疏文，多所讹误，不可遽从，前文已辨之。除去误引弗论，《史记·乐书》与今本《礼记·乐记》，关系到底如何，则有待进一步考证。

前文已论，《乐记》所在《礼记》，原有古本、今本之分。《史记·孔子世家》记载"故《书传》《礼记》自孔氏"，可见周秦已有《礼记》传本，并非始成书于汉儒。古本《礼记》之本来面貌，今已不可见，可见者唯今本《礼记》，经后人编删而成，与古本《礼记》定有区别。又《汉书·艺文志》分别著录"《乐记》二十三篇""《王禹记》二十四篇"，说明两书相异。《汉书·艺文志》其后自有解释，《六艺略·乐类》曰："武帝时，河间献王好儒，与毛生等共采《周官》及诸子言乐事者，以作《乐记》。献八佾之舞，与制氏不相远。其内史丞王定传之，以授常山王禹。禹，成帝时为谒者，数言其义，献二十四卷《记》。刘向校书，得《乐记》二十三篇，与禹不同，其道寖以益微。"① 由此可见，西汉《乐记》有两种版本。一种是《王禹记》二十四卷②，来源于河间献王刘德"与毛生等共采《周官》及诸子言乐事者，以作《乐记》"。这是刘德本《乐记》，而非古本《乐记》，其书早逸。另一种是刘向所得《乐记》23篇，"刘向校书，得《乐记》二十三篇，与禹不同"。

又《礼记·乐记》孔颖达《正义》："《礼记》四十九篇，《乐记》第十九。则《乐记》十一篇③入《礼记》也，在刘向前矣。至刘向为《别录》时，更载所入《乐记》十一篇，又载余（一）[二]④篇，总为二十三篇也。其二十三篇之目，今总存焉。"⑤ 考此文义，先于刘向已有成书，是古本《乐记》传本，自然"与禹不同"。按《史记·乐书》与《礼记·乐记》，前十一章内容，大体相当，由此可见，皆为古本《乐记》传本。《史记·乐书》并非太史公原笔，学界已有定谳，然《史记·乐书》作者究竟何人，则纷言淆乱，莫衷一是⑥。虽作者阙疑，未有定论，然其所录《乐记》，与《礼记·乐记》并不尽同，亦可

---

① ［汉］班固. 汉书：卷三十［M］. 北京：中华书局，1962：1712.
② 【按】考诸《汉书·艺文志》，前有著录"《王禹记》二十四篇"，后文叙论作"《王禹记》二十四卷"，当是一书。
③ 【按】孔疏此处，"篇"当作"章"。
④ 【按】孔疏此处，"一"当作"二"。
⑤ ［清］阮元，校刻. 十三经注疏清嘉庆刊本·礼记正义：卷第三十七［M］. 北京：中华书局，2009：3310.
⑥ 【按】余嘉锡.《太史公书》亡篇考［M］//余嘉锡. 中国现代学术经典：余嘉锡卷［M］. 石家庄：河北教育出版社，1996. 分别条目，理而董之，诸家之说，悉载靡遗。论之甚详，此不赘述。

概见。余嘉锡曰："吾独爱其所录《乐记》，可正小戴《记》之误，且使已亡之古书，藉以多存二篇，是则深为可宝。不必以其非太史公之笔，遂耳食而议之也"①，可谓知言。

《史记·乐书》所录古本《乐记》，与《礼记·乐记》比较，分章次序不同。若详观之，《礼记·乐记》章次为：《乐本》《乐论》《乐礼》《乐施》《乐言》《乐象》《乐情》《魏文侯》《宾牟贾》《乐化》《师乙》。而《史记·乐书》所录古本《乐记》章次为：《乐本》《乐论》《乐礼》《乐施》《乐情》《乐言》《乐象》《乐化》《魏文侯》《宾牟贾》《师乙》。不仅如此，据《礼记·乐记》孔颖达《正义》，今存十一章以外，尚有十二章名可考："余次《奏乐》第十二，《乐器》第十三，《乐作》第十四，《意始》第十五，《乐穆》第十六，《说律》第十七，《季札》第十八，《乐道》第十九，《乐义》第二十，《昭本》第二十一，《招颂》第二十二，《窦公》第二十三是也。"② 以此十二章名验之，《史记·乐书》所录古本《乐记》，其多出文字，恰好与孔疏"《奏乐》第十二，《乐器》第十三"相合，当为古本之遗。精金美玉，不忍唐捐，录之于下，以示珍贵：

> 凡音由于人心，天之与人有以相通，如景之象形，响之应声。故为善者天报之以福，为恶者天与之以殃③，其自然者也。
>
> 故舜弹五弦之琴，歌《南风》之诗而天下治；纣为朝歌北鄙之音，身死国亡。舜之道何弘也？纣之道何隘也？夫《南风》之诗者，生长之音也，舜乐好之，乐与天地同意，得万国之驩心，故天下治也。夫朝歌者，不时也，北者败也，鄙者陋也，纣乐好之，与万国殊心，诸侯不附，百姓不亲，天下畔之，故身死国亡。
>
> 而卫灵公之时，将之晋，至于濮水之上舍。夜半时闻鼓琴声，问左右，皆对曰"不闻"。乃召师涓曰："吾闻鼓琴音，问左右，皆不闻。其状似鬼神，为我听而写之。"师涓曰："诺。"因端坐援琴，听而写之。明日，曰：

---

① 余嘉锡 . 余嘉锡文史论集 ［M］. 长沙：岳麓书社，1997：45.
② ［清］阮元，校刻 . 十三经注疏清嘉庆刊本·礼记正义：卷第三十七 ［M］. 北京：中华书局，2009：3310.
③ 【按】《史记·乐书》所录古本《乐记》："故为善者天报之以福，为恶者天与之以殃"（［汉］司马迁 . 史记：卷二十四 ［M］. 北京：中华书局，1982：1235.），马总《意林》所引《公孙尼子》"君子行善必有报，小人行不善必有报"（［唐］马总，辑 . 王天海，等校释 . 意林校释：卷二 《公孙尼子》一卷 ［M］. 北京：中华书局，2014：217.）. 行文措辞，何其相似，思想理路，如出一辙，尤可见古本《乐记》与公孙尼，学术关系甚密。

"臣得之矣，然未习也，请宿习之。"灵公曰："可。"因复宿。明日，报曰："习矣。"即去之晋，见晋平公。平公置酒于施惠之台。酒酣，灵公曰："今者来，闻新声，请奏之。"平公曰："可。"即令师涓坐师旷旁，援琴鼓之。未终，师旷抚而止之曰："此亡国之声也，不可遂。"平公曰："何道出？"师旷曰："师延所作也。与纣为靡靡之乐，武王伐纣，师延东走，自投濮水之中，故闻此声必于濮水之上，先闻此声者国削。"平公曰："寡人所好者音也，愿遂闻之。"师涓鼓而终之。

平公曰："音无此最悲乎？"师旷曰："有。"平公曰："可得闻乎？"师旷曰："君德义薄，不可以听之。"平公曰："寡人所好者音也，愿闻之。"师旷不得已，援琴而鼓之。一奏之，有玄鹤二八集乎廊门；再奏之，延颈而鸣，舒翼而舞。

平公大喜，起而为师旷寿。反坐，问曰："音无此最悲乎？"师旷曰："有。昔者黄帝以大合鬼神，今君德义薄，不足以听之，听之将败。"平公曰："寡人老矣，所好者音也，愿遂闻之。"师旷不得已，援琴而鼓之。一奏之，有白云从西北起；再奏之，大风至而雨随之，飞廊瓦，左右皆奔走。平公恐惧，伏于廊屋之间。晋国大旱，赤地三年。

听者或吉或凶。夫乐不可妄兴也。

（太史公曰）夫上古明王举乐者①，非以娱心自乐，快意恣欲，将欲为治也。正教者皆始于音，音正而行正。故音乐者，所以动荡血脉，通流精神而和正心也。故宫动脾而和正圣，商动肺而和正义，角动肝而和正仁，征动心而和正礼，羽动肾而和正智。故乐所以内辅正心而外异贵贱也；上以事宗庙，下以变化黎庶也。②

以上为古本《乐记》第十二《奏乐》章之遗。

琴长八尺一寸，正度也。弦大者为宫，而居中央，君也。商张右傍，其余大小相次，不失其次序，则君臣之位正矣。故闻宫音，使人温舒而广

---

① 【按】此句之句首，今本《史记·乐书》有"太史公曰"四字，臧庸《拜经日记》认为，"中有'太史公曰'四字，系后人妄加，当删正"（［清］臧庸.拜经日记：卷九［M］.清嘉庆二十四年刻本，1819.），所谓"中有"，乃两章中间之意，其说甚是。揣其原由，当是后人不知此篇并非太史公原笔，看到《史记》诸篇篇末，多有"太史公曰"，遂于《乐书》篇尾妄补"太史公曰"四字，传久而窜入正文。

② ［汉］司马迁.史记：卷二十四［M］.北京：中华书局，1982：1235-1236.

大；闻商音，使人方正而好义；闻角音，使人恻隐而爱人；闻征音，使人乐善而好施；闻羽音，使人整齐而好礼。夫礼由外入，乐自内出。故君子不可须臾离礼，须臾离礼则暴慢之行穷外；不可须臾离乐，须臾离乐则奸邪之行穷内。故乐音者，君子之所养义也。夫古者，天子诸侯听钟磬未尝离于庭，卿大夫听琴瑟之音未尝离于前，所以养行义而防淫佚也。夫淫佚生于无礼，故圣王使人耳闻雅颂之音，目视威仪之礼，足行恭敬之容，口言仁义之道。故君子终日言而邪辟无由入也。①

以上为古本《乐记》第十三《乐器》章之遗，读来丝丝入扣，至为可喜②。

综上可知，《史记·乐书》与《礼记·乐记》，篇次不同，征引有异，当为古本《乐记》之不同传本，并非简单援引关系。如是可知，汉代司马迁以后，补书之人仍得见古本《乐记》之一种传本③，而《礼记·乐记》所据乃另一传本。此两种汉代传本之祖本，即《史记·孔子世家》所载周秦古本《礼记》④。

陆德明《经典释文·序录》："《礼记》者，本孔子门徒共撰所闻以为此《记》"⑤，记书乃解经之属，孔子门徒各记师说，撰集而成编，质言之，即孔门弟子课堂笔记，再加上个人感想，你一篇我一篇，去其重复，取其精义，汇编成古本《礼记》。周秦典籍之形成，多是此种情况，《论语》成书过程，可作

---

① ［汉］司马迁．史记：卷二十四 ［M］．北京：中华书局，1982：1236-1237．

② 【按】《乐记》逸文，尚有两则可考。《周礼·春官宗伯·乐师》郑玄注："惟狸首在《乐记》"（［清］阮元，校刻．十三经注疏清嘉庆刊本·周礼注疏：卷第二十三 ［M］．北京：中华书局，2009：1714．）；蔡邕《明堂论》引《乐记》："武王伐殷，为俘馘于京太室"（［宋］王应麟．汉艺文志考证：卷三 乐 ［M］．北京：中华书局，2011：166．）。所谓"狸首"，即"狸首"，《仪礼·大射仪》："上射揖，司射退，反位。乐正命大师曰：'奏《狸首》，间若一。'"郑玄注："'《狸首》'，逸诗《曾孙》也。'狸'之言不来也。其诗有'射诸侯首不朝者'之言，因以名篇。"（［清］阮元，校刻．十三经注疏清嘉庆刊本·仪礼注疏：卷第十八 ［M］．北京：中华书局，2009：2252．）《礼记·射义》："其节，天子以《驺虞》为节，诸侯以《狸首》为节"，陆德明释文："'狸'之言不来也；'首'，先也。此逸诗也"（［清］阮元，校刻．十三经注疏清嘉庆刊本·礼记正义：卷第六十二 ［M］．北京：中华书局，2009：3662．）。且《乐记》："散军而郊射，左射《狸首》，右射《驺虞》，而贯革之射息也。裨冕搢笏，而虎贲之士说剑也"（［清］孙希旦．礼记集解：卷三十八 乐记第十九之二 ［M］．北京：中华书局，1989：1027．），而《韩非子·八说》："搢笏干戚，不适有方铁铦；登降周旋，不逮日中奏百；《狸首》射侯，不当强弩趋发"（［清］王先慎．韩非子集解：卷十八 ［M］．北京：中华书局，1998：425．），两者对读，可知《韩非子》有引《乐记》者。

③ 【按】此本与刘向本相较，前十一章次序，亦有不同。

④ 《史记·孔子世家》："故《书传》《礼记》自孔氏。"（［汉］司马迁．史记：卷四十七 ［M］．北京：中华书局，1982：1936．）

⑤ ［唐］陆德明．经典释文序录疏证：注解传述人 ［M］．吴承仕，疏证．北京：中华书局，2008：91．

为类证，《汉书·艺文志》："《论语》者，孔子应答弟子、时人，及弟子相与言而接闻于夫子之语也。当时弟子各有所记，夫子既卒，门人相与辑而论纂，故谓之《论语》"，颜师古注"'辑'与集同，'纂'与撰同"①，通观其意，为门徒纂辑而成②，周秦《礼记》成书过程，亦当与此类似。再结合上文"公孙尼子与《乐记》"，适可证实，公孙尼与古本《乐记》篇之形成，关系甚密。

### 《乐记》与《荀子·乐论》

论周秦儒家传经之功，孔子身后，以卜商、荀况为翘楚。《荀子》有《乐论》篇，其文与《乐记》相较，有许多相同或相似之处，究竟是谁抄谁，历来就有争论。如钱穆认为《乐记》剿袭《乐论》③，郭沫若则认为《乐论》受《乐记》理论影响④。李泽厚、刘纲纪认为《乐记》引述《乐论》⑤，廖名春则认为《乐论》抄袭《乐记》⑥。"公孙尼子与《乐记》"已论，公孙尼在卜商以后、孟荀之前，是春秋战国之际儒家学派传人，公孙尼与古本《乐记》形成有关。此论若成立，《荀子·乐论》当晚于古本《乐记》，后文试寻其由。

首先，《荀子·乐论》比《乐记》篇幅小得多，《乐记》论述内容更为丰富，此显而易见，寓目可知。再者，《乐记》以讲理论为主，《乐论》则以发议论为主。且《乐论》多是先引《乐记》之文，再驳墨子之言⑦，以充论证之资。按《汉书·艺文志》《隋书·经籍志》著录，公孙尼处孟、荀之前。而且据前文考证，公孙尼乃春秋战国之际儒家学派传人，而荀况已身处战国末期，则公孙尼子之时代远早于荀子。职坐是由，当属荀子引公孙尼子之文，若言公孙尼子受荀子影响，岂不谬哉？

今从文本出发，亦可考见，《乐论》多袭《乐记》之文。为简明计，此不赘述，聊举一例，以窥全豹。如《初学记》引公孙尼子论曰："乐者，审一以定和，比物以饰节"⑧，《乐记》有云："故乐者，审一以定和，比物以饰节。节奏

---

① ［汉］班固．汉书：卷三十［M］.［唐］颜师古，注．北京：中华书局，1962：1717.

② 【按】"論"同"侖"，从文字学上分析，即集合简策而比次之意，仲尼与弟子、时人及弟子相与言，孔门弟子裒集语录，以成此书。可参：张舜徽．《汉书·艺文志》通释［M］.武汉：华中师范大学出版社，2004：240.

③ 钱穆．先秦诸子系年［M］.石家庄：河北教育出版社，2002：531.

④ 郭沫若．公孙尼子与其音乐理论［M］//郭沫若．郭沫若全集：历史编一．北京：人民出版社，1982：487-505.

⑤ 李泽厚，刘纲纪．中国美学史：先秦两汉编［M］.合肥：安徽文艺出版社，1999：323.

⑥ 廖名春．中国学术史新证［M］.成都：四川大学出版社，2005：532.

⑦ 【按】《墨子》有《非乐》专篇。

⑧ ［唐］徐坚，等辑．初学记：卷十五　乐部上　雅乐第一［M］.北京：中华书局，2004：367.

合以成文，所以合和父子君臣、附亲万民也，是先王立乐之方也"①，可知其承袭关系。复观《荀子·乐论》："故乐者，审一以定和者也，比物以饰节者也，合奏以成文者也，足以率一道，足以治万变。是先王立乐之术也，而墨子非之，奈何！"② 考其文理，"故乐者，审一以定和者也，比物以饰节者也，合奏以成文者也"与"是先王立乐之术也"，显系荀子征引，仅稍作改动，一望便知。

《荀子·乐论》继而说："足以率一道，足以治万变"③，似乎有所发挥，然审辨之，其意蕴仍源于《乐记》"夫乐者，乐也，人情之所不能免也。乐必发于声音，形于动静，人之道也。声音动静，性术之变尽于此矣"④。所论"道""变"，如出一辙。《乐记》："是故审声以知音，审音以知乐，审乐以知政，而治道备矣"。"故曰：'乐者，乐也。'君子乐得其道，小人乐得其欲。以道制欲，则乐而不乱；以欲忘道，则惑而不乐。""生民之道，乐为大焉。""先王之道，礼乐可谓盛矣"⑤，论"道"极为丰富，不一而足，《乐论》"足以率一道"之说，导源于此。又《乐记》有"穷本知变，乐之情也""乐也者，情之不可变者也"⑥，《乐论》"足以治万变"之说，肇乎其中。

《乐论》反复出现"而墨子非之，奈何"，可见荀子征引发挥，其归宿为反驳墨子，行文结构，十分清楚。唯古人论说，熔铸贯连，不属引文，后人不察，遂致湮没。条分缕析，发蒙振落，明其所由，不亦快哉！细品原文，玩味其间，此类论据，俯拾皆是，前后承继，在在可证。

由是观之，荀况多采古本《乐记》，《乐论》乃秉承《乐记》而发。结合沈约奏答"《乐记》取《公孙尼子》"之说，再参验《汉书·艺文志》《隋书·经籍志》著录，所论皆合，言之甚确，更可作为公孙尼子时代印证。公孙尼子先于荀子，乃周秦孔门乐教传人，前文举证，庶几明之。

## 《乐记》与《乐经》

考《乐记》之名，可知其文本性质。"记"作为书名，即疏记之义，乃解经体例。"经传"多连言，"传"以解"经""记"犹"传"也，遂有"记传"

---

① ［清］孙希旦. 礼记集解：卷三十八　乐记第十九之二［M］. 北京：中华书局，1989：1033.

② ［清］王先谦. 荀子集解：卷第十四［M］. 北京：中华书局，1988：379-380.

③ ［清］王先谦. 荀子集解：卷第十四［M］. 北京：中华书局，1988：380.

④ ［清］孙希旦. 礼记集解：卷三十八　乐记第十九之二［M］. 北京：中华书局，1989：1032.

⑤ ［清］孙希旦. 礼记集解：卷三十八　乐记第十九［M］. 北京：中华书局，1989：982、1005、1007、1035.

⑥ ［清］孙希旦. 礼记集解：卷三十八　乐记第十九之二［M］. 北京：中华书局，1989：1010、1009.

之称，如《后汉书·卢植传》卢植"与谏议大夫马日磾、议郎蔡邕、杨彪、韩说等并在东观，校中书五经、记传"①，"记传"倒文为"传记"，其意相同，后世又有"传记"之体②，习惯用语，盖源乎此。又《汉书·儒林传·孟卿》后仓"说《礼》数万言，号曰《后氏曲台记》"③，此类人物，可称为"记家"④，此种书籍，可名为"记书"⑤，然则"记"之本义明矣。

　　既然"记"用来解"经"，"记书"之产生，是否就一定很晚？实则未必。上引陆德明《经典释文·序录》："《礼记》者，本孔子门徒共撰所闻以为此《记》"，可见"记书"之属，并非全出自汉代经师之手，周秦时代已有，如《礼记·乐记》："凡音者，生人心者也。情动于中，故形于声，声成文，谓之音。是故治世之音安以乐，其政和；乱世之音怨以怒，其政乖；亡国之音哀以思，其民困。声音之道与政通矣"⑥，"故歌之为言也，长言之也。说之，故言之；言之不足，故长言之；长言之不足，故嗟叹之；嗟叹之不足，故不知手之舞之、足之蹈之也⑦"⑧，与《毛诗大序》相较，"诗者，志之所之也。在心为志，发言为诗。情动于中而形于言，言之不足，故嗟叹之；嗟叹之不足，故永歌之；永歌之不足，不知手之舞之、足之蹈之也。情发于声，声成文谓之音。治世之音安以乐，其政和；乱世之音怨以怒，其政乖；亡国之音哀以思，其民困。故正得失、动天地、感鬼神，莫近于诗。先王以是经夫妇、成孝敬、厚人伦、美教化、移风俗，故诗有六义焉：一曰风，二曰赋，三曰比，四曰兴，五曰雅，六曰颂"⑨。比较两处引文，《毛诗大序》明显袭用《乐记》。关于《毛诗

---

① ［南朝宋］范晔. 后汉书：卷六十四　吴延史卢赵列传第五十四［M］. 北京：中华书局，1965：2117.

② 【按】"传记"者，若将人比作经，解说其生平事迹，则犹如解经，故谓之"传记"。

③ ［汉］班固. 汉书：卷八十八　儒林传第五十八　孟卿［M］. 北京：中华书局，1962：3615.

④ 【按】蔡邕《月令问答》："问者曰：'子何为著《月令说》也？'曰：'予幼读《记》，以为《月令》体大经问（一本作同），不宜与记书杂录并行，而记家记之，又略及前儒特为章句者，皆用其意传，非其本旨。'"（载于：［元］陶宗仪. 说郛：卷四［M］. 据张尔祥校涵芬楼排印本. 亦见于：［清］严可均，辑. 全上古三代秦汉三国六朝文：全后汉文卷八十　蔡邕　月令问答［M］. 北京：中华书局，1958：1800.）

⑤ 【按】《汉书·息夫躬传》："少为博士弟子，受《春秋》，通览记书"（［汉］班固. 汉书：卷四十五　蒯伍江息夫传第十五　息夫躬［M］. 北京：中华书局，1962：2179.）。

⑥ ［清］孙希旦. 礼记集解：卷三十七　乐记第十九之一［M］. 北京：中华书局，1989：978.

⑦ 【按】《礼记·檀弓下》："人喜则斯陶，陶斯咏，咏斯犹，犹斯舞"（［清］孙希旦. 礼记集解：卷十　檀弓下第四之一［M］. 北京：中华书局，1989：271.），义颇近之，有异曲同工之妙。由此可见，《礼记》诸篇之间，亦相互影响。

⑧ ［清］孙希旦. 礼记集解：卷三十八　乐记第十九之二［M］. 北京：中华书局，1989：1038.

⑨ ［清］阮元，校刻. 十三经注疏清嘉庆刊本·毛诗正义：卷第一　国风　周南　关雎［M］. 北京：中华书局，2009：563.

序》之形成，学术界基本取得一致看法，认为其中既保存周秦旧说，又经过传授者陆续增补①。《毛诗大序》袭用《乐记》，即属于继承周秦旧说之情况。

举例类证之，《仪礼》文本，"经""记"均列于正文，古人引用时，多不作区分，似将"经""记"一体视之。如《石渠议奏》引"《经》云：'宗子孤为殇'"②。何休《公羊传解诂》引"《士冠礼》曰：'嫡子冠于阼，以著代也。醮于客位，加有成也。三加弥尊，谕其志也。冠而字之，敬其名也'"③。所引文字出自《仪礼·丧服》《仪礼·士冠礼》"记"文，而两汉学者引用之时，径称"《经》""《士冠礼》"；又如郑玄《毛诗笺》引"《礼记》：'主妇髲鬄'"④。郭璞《尔雅注》引"《礼记》曰：'扉用席'"⑤。所引文字出自《仪礼·少牢馈食礼》《仪礼·有司彻》"经"文，而汉晋学者引用之时，却称为"《礼记》"。是以可证，《仪礼》之"经"与"记"，两者地位原本近同。

而且，今本《礼记》诸篇，多存解经之作，不独《乐记》如此，《冠义》《婚义》《乡饮酒义》《射义》《燕义》《聘义》等，内容皆明显依附《仪礼》，其形成年代当与《仪礼》相近⑥。如《礼记·乡饮酒义》："彼国安而天下安，故曰：'吾观于乡而知王道之易易也。'"⑦ 此处"故曰"，显系征引之文，所引何人？以《乡饮酒义》本证之："君子之所谓孝者，非家至而日见之也，合诸乡射，教之乡饮酒之礼，而孝弟之行立矣。孔子曰：'吾观于乡而知王道之易易也。'"⑧ 考诸上下文义，所引乃孔子言论，不见于今本《论语》，当属语录之遗。由此可见，《礼记》诸篇，承孔子之教，解释经义，皆有凭而发、有据可寻。

关于《乐记》之性质，张舜徽认为，"古者《礼》《乐》并重。《乐》之有《记》，犹《礼》之有《记》耳，盖亦汉以前学者所记解《乐》之文也。今观《礼记》中之《乐记》一篇，所包甚广，犹可考见其意蕴。《史记·乐书》《汉书·礼乐志》，亦多采古《乐记》语。凡不见于今《礼记》中之《乐记篇》者，

① 夏传才. 十三经讲座［M］. 桂林：广西师范大学出版社，2006：158.
② ［唐］杜佑. 通典：卷第七十三　礼三十三　继宗子［M］. 北京：中华书局，1988：1998.
③ 《春秋公羊传·隐公元年》："桓幼而贵，隐长而卑"，何休解诂（［清］阮元，校刻. 十三经注疏清嘉庆刊本·春秋公羊传注疏：卷第一［M］. 北京：中华书局，2009：4767.）。
④ 《诗经·召南·采蘩》："被之僮僮，夙夜在公"，郑玄笺（［清］阮元，校刻. 十三经注疏清嘉庆刊本·毛诗正义：卷第一［M］. 北京：中华书局，2009：597.）。
⑤ 《尔雅·释言》："扉、陋，隐也"，郭璞注（［清］郝懿行. 尔雅义疏：上之二［M］. 济南：齐鲁书社，2010：2991.）。
⑥ 彭林. 中国古代礼仪文明［M］. 北京：中华书局，2004：88.
⑦ ［清］孙希旦. 礼记集解：卷五十九［M］. 北京：中华书局，1989：1433.
⑧ ［清］孙希旦. 礼记集解：卷五十九［M］. 北京：中华书局，1989：1428–1429.

皆佚篇文也"①。按"《乐》之有《记》，犹《礼》之有《记》"，此谓《乐记》乃古《乐》之记。"记"犹解经之"传"，故曰"盖亦汉以前学者所记解《乐》之文也"。由是可知，"今观《礼记》中之《乐记》一篇，所包甚广，犹可考见其意蕴"，其所指正是《乐经》意蕴可考诸《乐记》，则《乐记》与《乐经》关系密切。再结合上文对公孙尼子之考证②，两者尤足相发。

"记"以解"经"，当前有所承，涵泳《乐记》本文，多类"记书"之体，更觉切合。如《乐记》"子赣③见师乙而问焉"，篇末注明"《子贡问乐》"，孙希旦认为，"此篇题之名。古书篇题多在篇末，此十一篇盖皆有之。先儒合十一篇④为一篇，而删去其每篇末篇题之名，独此失于删去，故尚存耳"⑤，可见《乐记》并非铁板一块，属于集腋成裘，汇集而成篇，此乃"记书"特征。

考察《乐记》文本，更有如下论述：

> 故曰"乐者，乐也"。君子乐得其道，小人乐得其欲。以道制欲，则乐而不乱；以欲忘道，则惑而不乐。
>
> 君子以好善，小人以听过。故曰"生民之道，乐为大焉"。
>
> 君子曰：礼乐不可斯须去身。致乐以治心，则易直子谅之心油然生矣。易直子谅之心生则乐，乐则安，安则久，久则天，天则神。天则不言而信，神则不怒而威，致乐以治心者也。致礼以治躬则庄敬，庄敬则严威。心中斯须不和不乐，而鄙诈之心入之矣。故乐也者，动于内者也。礼也者，动于外者也。乐极和，礼极顺，内和而外顺，则民瞻其颜色而弗与争也，望其容貌而民不生易慢焉。故德辉动于内而民莫不承听，理发诸外而民莫不承顺。故曰"致礼乐之道，举而错之，天下无难矣"。
>
> 律小大之称，比终始之序，以象事行，使亲疏、贵贱、长幼、男女之理皆形见于乐，故曰"乐观其深矣"。

以上议论文字，犹可见《乐记》文本之解"经"痕迹，所谓"故曰"，诸多引述，应当属于《乐经》遗文。

又《乐记》记载："魏文侯问于子夏""宾牟贾侍坐于孔子，孔子与之言，

---

① 张舜徽. 《汉书·艺文志》通释［M］. 武汉：华中师范大学出版社，2004：218.
② 详见本节上文"公孙尼子与《乐记》"。
③ 【按】"赣""贡"，古音通假，"子赣"即"子贡"，端木赐，字子贡，孔子弟子。
④ 【按】此"篇"即"章"。
⑤ ［清］孙希旦. 礼记集解：卷三十八 乐记第十九之二［M］. 北京：中华书局，1989：1039.

及乐""子赣见师乙而问焉"①，此乃师弟问难、学者探讨、兼及采访乐师，皆为论乐文字。《乐记》将其置于篇末，作为附录，补充经文，诠释经义。这些附录内容，与《仪礼》之"记"，性质近同。

综上所论，周秦典籍，有"记"则有"经"，无"经""记"从何来？因此，《乐记》当有所承系、有所依凭，其所承系、所依凭者，盖即《乐经》云，是以论《乐经》之经解，当以《乐记》为大宗。

# 第五节　周秦《易》经解疏证

周秦《易》经解之可见者，分散于《左传》《国语》《礼记》《荀子》四书。《左传·昭公二年》："晋侯使韩宣子来聘，且告为政而来见，礼也。观书于大史氏，见《易象》与鲁《春秋》，曰：'周礼尽在鲁矣。吾乃今知周公之德与周之所以王也。'"② 春秋鲁昭公二年（前540），孔子时年11岁，晋国韩起聘鲁，观书置评，已然以《易》居首，足见《易》于周秦时代非常流行，其《易》之经解，多有可观之处。至于《易传》情况，本书上文皆有论及，今人论著亦甚夥，此不赘述。本节以《易传》之外经解为对象，逐条梳理考论，庶几可谓疏证焉。

### 《乾》卦

《左传·昭公二十九年》蔡墨曰："龙，水物也，水官弃矣，故龙不生得。不然，《周易》有之：在《乾》之《姤》③，曰'潜龙勿用'；其《同人》曰'见龙在田'；其《大有》曰'飞龙在天'；其《夬》曰'亢龙有悔'；其《坤》曰'见群龙无首，吉'；《坤》之《剥》曰'龙战于野'。若不朝夕见，谁能物之？"

---

① [清] 孙希旦. 礼记集解：卷三十八　乐记第十九之二 [M]. 北京：中华书局，1989：1013、1021、1035.【按】《史记·仲尼弟子列传》："端沐赐，卫人，字子贡，少孔子三十一岁""卜商，字子夏，少孔子四十四岁"（[汉] 司马迁. 史记：卷六十七 [M]. 北京：中华书局，1982：2195、2202.），本节前文"公孙尼子与《乐记》"已考，公孙尼少孔子53岁。由此可见，端木赐、卜商为其学长，公孙尼当得及见。端木赐为孔门弟子之达者，卜商博通群经，皆为孔门高足，孔子生前逝后，公孙尼当相与问学，则《乐记》此处，附其所闻，与孔子师说相发明，亦在情理之中。

② [清] 洪亮吉. 春秋左传诂：卷十五 [M]. 北京：中华书局，1987：646.

③ 【按】《姤》即《姤》。

蔡墨为晋国太史，其为魏献子论龙，引《乾》《坤》两卦爻辞为据，对于《易》之爻辞，太史墨皆以史料视之，用来支撑论点"若不朝夕见，谁能物之"。所谓"《乾》之《姤》"，初九变初六，取《乾》初九爻辞，卦变来自爻变，以本卦变爻之辞作为占断依据①，此乃周秦《易》解通法。"其《同人》"，即"《乾》之《同人》"，九二变六二，取《乾》九二爻辞；"其《大有》"，

---

① 《周易本义·筮仪》："择地洁处为蓍室，南户，置床室中央。床大约长五尺，广三尺，勿太近壁。蓍五十茎，韬以纁帛，贮以皂囊，纳之椟中，置于床北。椟以竹筒或坚木或布漆为之，圆径三寸，且其长如蓍草之长。半为底，半为盖，下别为台函之，使不偃仆。设木格于椟南，居床二分之北。格以横木板为之，高一尺，长竟床，当中为两大刻，相距一尺。大刻之西为三小刻，相距各五寸许，下施横足，侧立案上。置香炉一于格南，香合一于炉南，日炷香致敬。将筮，则洒扫拂拭，涤砚一注水，及笔一，墨一，黄漆板一，于炉东。东上，筮者齐洁衣冠，北面，盥手焚香致敬。筮者北面，见《仪礼》。若使人筮，则主人焚香毕，少退，北面立，筮者进立于床前少西，南向受命。主人直述所占之事，筮者许诺，主人右还西向立，筮者右还北向立。两手奉椟盖，置于格南炉北，出蓍于椟，去囊解韬，置于椟东。合五十策，两手执之，熏于炉上。此后所用蓍策之数，其说并见《启蒙》。命之曰：'假尔泰筮有常，假尔泰筮有常，某官姓名，今以某事云云，未知可否。爰质所疑于神于灵，吉凶得失，悔吝忧虞，惟尔有神，尚明告之。'乃以右手取一策，反于椟中，而以左在手中分四十九策，置格之左右两大刻。此第一营，所谓分而为二以象两者也次以左手取左大刻之策执之，而以右手取右大刻之一策，挂于左手之小指间。此第二营，所谓挂一以象三者也。次以右手四揲左手之策。此第三营之半，所谓揲之以四以象四时者也。次归其所余之策，或一、或二、或三、或四，而扐之左手无名指间。此第四营之半，所谓归奇于扐以象闰者也。次以右手反过揲之策于左大刻，遂取右大刻之策执之，而以左手四揲。此第三营之半。次归其所余之策如前，而扐之左手中指之间。此第四营之半，所谓再扐以象再闰者也。一变所余之策，左一则右必三，左二则右亦二，左三则右必一，左四则右亦四。通挂一之策，不五则九。五以一其四而为奇，九以两其四而为耦，奇者三而耦者一也。次以右手反过揲之策于右大刻，而合左手一挂二扐之策，置于格上第一小刻。以东为上，后放此。是为一变。再以两手取左右大刻之蓍合之。或四十四策或四十策。复四营如第一变之仪，而置其挂扐之策于格上第二小刻，是为二变。二变所余之策，左一则右必二，左二则右必一，左三则右必四，左四则右必三。通挂一之策，不四则八。四以一其四而为奇，八以两其四而为耦，奇耦各得四之二焉。又再取左右大刻之蓍合之。或四十策，或三十六策，或三十二策。复四营如第二变之仪，而置其挂扐之策于格上第三小刻，是为三变。三变余策，与二变同。三变既毕，乃视其三变所得挂扐过揲之策，而画其爻于版。挂扐之数，五四为奇，九八为耦。挂扐三奇合十三策，则过揲三十六策而为老阳，其画为'□'，所谓重也。挂扐两奇一耦合十七策，则过揲三十二策而为少阴，其画为'--'，所谓拆也。挂扐两耦一奇，合二十一策，则过揲二十八策而为少阳，其画为'—'，所谓单也。挂扐三耦合二十五策，则过揲二十四策而为老阴，其画为'×'，所谓交也。如是每三变而成爻。第一，第四，第七，第十，第十三，第十六，凡六变并同，但第三变以下不命，而但用四十九蓍耳。第二，第五，第八，第十一，第十四，第十七，凡六变亦同。第三，第六，第九，第十二，第十五，第十八，凡六变亦同。凡十有八变而成卦，乃考其卦之变，而占其事之吉凶。卦变别有图，说见《启蒙》。礼毕，韬蓍袭之以囊，入椟加盖，收笔砚墨版，再焚香致敬而退。如使人筮则主人焚香，揖筮者而退。"（［宋］朱熹. 周易本义［M］. 北京：中华书局，2009：3-6.）所载筮法甚详，可与《系辞》记载合观，以供参考焉。

即"《乾》之《大有》",九五变六五,取《乾》九五爻辞;"其《夬》",即"《乾》之《夬》",上九变上六,取《乾》上九爻辞;"其《坤》",即"《乾》之《坤》",此时《乾》六阳爻皆变,即所谓"见群龙无首",不可单取本卦爻辞,则取《乾》用九爻辞,用九即通九,孔颖达《周易正义》:"言六爻俱九,乃共成天德,非是一爻之九则为天德也"①,筮遇《乾》卦,若六爻皆七,为不变之少阳,则以卦辞断事,若六爻皆九,为可变之老阳,则以用九爻辞断事,此乃《乾》卦用九之来历,《坤》卦用六类之;至于"《坤》之《剥》",上六变上九,取《坤》上六爻辞。

### 《乾》之《否》卦

《国语·周语下》:"单襄公有疾,召顷公而告之曰:'成公之归也,吾闻晋之筮之也,遇《乾》之《否》,曰:配而不终,君三出焉。一既往矣,后之不知,其次必此。'"②

此处"晋之筮之""遇《乾》之《否》",其占辞"配而不终,君三出焉",与《国语·晋语四》晋太史董因所筮"得《泰》之八,曰:'是谓天地配亨,小往大来'"③ 两处占辞相互关联。所谓"天地配亨",是指《泰》卦天地均平,阴阳相配,而《否》卦亦天地均平,阴阳相配。所谓"配而不终",此处"《乾》之《否》",《乾》之下卦乾,变为《否》之下卦坤,初、二、三爻皆变,所配者为此三爻,乾为君,坤为国,由乾之坤,寓意君之就国,而《乾》卦九五不变,则君之就国者,皆出自周天子之下,而《乾》之变爻有三,所以"君三出焉",有三君往就国,即三次从外迎立国君,如今仅晋成公一人应验,占筮所应未毕,谓之"配而不终",所谓"一既往矣,后之不知",即此"不终"之意。由此可见,周秦时代卦象占断,亦有不见于今本《周易》者,此乃变卦对待之占辞,当为占筮之人据卦象所言,周秦《易》解实录,多有此例。

### 《坤》卦

1.《礼记·深衣》:"袂圜以应规,曲袷如矩以应方,负绳及踝以应直,下齐如权、衡以应平。故规者,行举手以为容,负绳、抱方者,以直其政,方其

---

① [清] 阮元,校刻.十三经注疏清嘉庆刊本·周易正义:卷第一 乾 [M].北京:中华书局,2009:23.
② 徐元诰.国语集解:周语下第三 晋孙谈之子周适周,事单襄公 [M].北京:中华书局,2002:90.
③ 徐元诰.国语集解:晋语四第十 文公在狄十二年 [M].北京:中华书局,2002:345.

义也。故《易》曰：'《坤》六二之动，直以方也。'"①

此处以《坤》卦六二象辞，作为深衣规制之象征依据。所谓"负绳、抱方者，以直其政，方其义也"，深衣之所以背负直缝，胸抱方领，其寓意为行政公直不偏，守义方正不邪，合乎《易传》之思想。由此可见，《易》解已然走向哲学化。

2.《荀子·非相》："凡言不合先王，不顺礼义，谓之奸言，虽辩，君子不听。法先王，顺礼义，党学者，然而不好言，不乐言，则必非诚士也。故君子之于言也，志好之，行安之，乐言之。故君子必辩。凡人莫不好言其所善，而君子为甚。故赠人以言，重于金石珠玉；观人以言，美于黼黻、文章；听人以言，乐于钟鼓琴瑟。故君子之于言无厌。鄙夫反是，好其实，不恤其文，是以终身不免埤污佣俗。故《易》曰'括囊，无咎无誉'，腐儒之谓也。"②

此处以《坤》卦六四爻辞，比喻"腐儒"之于言，与"君子之于言无厌"相对比。孔颖达《周易正义》："括，结也。囊所以贮物，以譬心藏知也。闭其知而不用，故曰括囊。功不显物，故曰无誉。不与物忤，故曰无咎。"③ 荀子引《坤》卦六四爻辞，用来比喻不谈说之人，既无恶可纪，亦无善可称，采取旁观态度，犹如"括囊"，"无咎"亦"无誉"。由此可见，《易》解已融入论证，与行文密不可分。

### 《坤》之《比》卦

《左传·昭公十二年》："南蒯之将叛也，其乡人或知之，过之而叹，且言曰：'恤恤乎，湫乎攸乎！深思而浅谋，迩身而远志，家臣而君图，有人矣哉！'南蒯枚筮之，遇《坤》之《比》，曰'黄裳元吉'，以为大吉也。示子服惠伯，曰：'即欲有事，何如？'惠伯曰：'吾尝学此矣，忠信之事则可，不然，必败。外强内温，忠也；和以率贞，信也，故曰"黄裳元吉"。黄，中之色也；裳，下之饰也；元，善之长也。中不忠，不得其色；下不共，不得其饰；事不善，不得其极。外内倡和为忠，率事以信为共，共养三德为善，非此三者，弗当。且夫《易》，不可以占险，将何事也？且可饰乎？中美能黄，上美为元，下美则裳，参成可筮。犹有阙也，筮虽吉，未也。'"④

① ［清］孙希旦. 礼记集解：卷五十六［M］. 北京：中华书局，1989：1381.
② ［清］王先谦. 荀子集解：卷第三［M］. 北京：中华书局，1988：83-84.
③ ［清］阮元，校刻. 十三经注疏清嘉庆刊本·周易正义：卷第一　坤［M］. 北京：中华书局，2009：32.
④ ［清］洪亮吉. 春秋左传诂：卷十六［M］. 北京：中华书局，1987：700-701.

　　南蒯为鲁国季氏家臣，欲推翻季氏专政，归政于鲁君。周秦卜筮，先述所卜筮之事，若卜为命龟之辞，若筮为命筮之辞①。卜筮之前，不言所卜筮之事，为之枚卜枚筮，俞樾《左传平议》："'枚'当读为微，微，匿也。匿其事而使之筮，故为微筮。哀十七年《传》'王与叶公枚卜子良以为令尹'，义亦同此。"② 南蒯欲反季氏，事属机密，遂不言所卜筮之事，枚筮泛占吉凶。"《坤》之《比》"，六五变九五，取《坤》六五爻辞"黄裳元吉"，依通例本为吉占。而子服惠伯解"《坤》之《比》"，则兼采遇卦与之卦③为说。所谓"外强内温，忠也"，《比》之外卦④为坎，坎为险，《比》之内卦⑤为坤，坤为顺，外险而内顺，即"外强内温"之义，强于外而温于内，谓之"忠"。所谓"和以率贞，信也"，《比》之内卦为坤，坤为水，《比》之外卦为坎，坎为土，水土相合为和，以和顺行卜问，故能"信"。此先围绕之卦立论，所谓"忠""信"，又与占辞"黄裳元吉"相应。继而解释遇卦变爻，即《坤》六五爻辞"黄裳元吉"，以"黄"与"忠"相系⑥（设喻中着里衣），以"裳"与"信"相系（设喻下着裙裳），以"元"与"极"相系（设喻上着冠首）。又以"忠""信""极⑦"为"三德"，认为此"三德"是占筮得以效验之保证。无此"三德"，则为"占险"，占辞虽吉，未必效验。惠伯借解《易》劝诫南蒯，"忠信之事则可，不然，必败"，所谓"吾尝学此矣"，因事而立论，取象以成说，以占筮为手段，寄托现实主张，此为政治家之卜筮，洵善解《易》者也。

### 《屯》之《比》卦

　　1.《左传·闵公元年》："初，毕万筮仕于晋，遇《屯》之《比》。辛廖占之，曰：'吉。《屯》固、《比》入，吉孰大焉？其必蕃昌。震为土，车从马，足居之，兄长之，母覆之，众归之，六体不易，合而能固，安而能杀，公侯之卦也。公侯之子孙，必复其始。'"⑧

　　所谓"《屯》之《比》"，即初九变初六。辛廖为周大夫，亦兼采遇卦与之

---

① 【按】见于《仪礼·特牲馈食礼》（［清］阮元，校刻．十三经注疏清嘉庆刊本·仪礼注疏：卷第四十四［M］．北京：中华书局，2009：2555．）。

② 杨伯峻．春秋左传注［M］．修订本．北京：中华书局，1990：1337．

③ 【按】又称本卦与变卦。

④ 【按】外卦即上卦，又称悔卦。

⑤ 【按】内卦即下卦，又称贞卦。

⑥ 【按】至三国时代，尚有人取名"黄忠"。

⑦ 【按】此"极"为原则、准则。

⑧ ［清］洪亮吉．春秋左传诂：卷六［M］．北京：中华书局，1987：264．

卦为说，与《左传·昭公十二年》鲁国子服惠伯《易》解类似①。遇卦为《屯》，屯为险难，其初爻至五爻，正反皆为艮，艮为坚，所以坚固。之卦为《比》，《比》为亲附，一阳五阴，阳爻居于坤五，五为尊位，阳爻入居之，所以得入，故"其必蕃昌"。遇卦《屯》之内卦为震，震为车，又为足，又为长男（兄），之卦《比》之内卦为坤，坤为土，又为马，又为母，所以"《屯》之《比》"，即"震为土，车从马，足居之，兄长之，母覆之"，由遇卦变而之他卦，谓之"从"。《屯》为遇卦，遇卦为贞，为我，为现在时，《比》为之卦，之卦为悔，为将来时。遇卦《屯》之震，为现在之兄长，之卦《比》之坤，为众归母覆之象，坤又为土地，则对应于将来之有国。而"众归之，六体不易"，《屯》与《比》之外卦均为坎，坎为众②，尚秉和《周易尚氏学》："坎数六，遇卦、之卦皆有坎""不易者，坎始终不变也"③。之卦《比》为合，遇卦《屯》为固，《屯》《比》外卦皆为坎，重坎为《坎》，而《坎》之《象传》"天险不可升也，地险山川丘陵也，王公设险以守其国，险之时用大矣哉"，《坎》二爻至五爻，与《屯》初爻至五爻同，其中覆艮，坎为险，故曰"王公设险以守其国"④，坎又有众义，合集众民而能固守之，坎为合，所以"合而能固"，谓《屯》也。《比》之内卦为坤，《屯》之内卦为震，坤为地，万物资生，安贞之吉，谓之"安"，坤为安，又为杀，所以"安而能杀"，谓《比》也。惠安威杀，既能有生亦能有杀，生杀大权，谓之"安而能杀"。既然"合而能固，安而能杀"，震为公、为诸侯，震变成坤，坤为土地、为国，则诸侯有国之象，震又为复、为子，而覆艮为孙，此乃"公侯之子孙，必复其始"，据之卦而推及将来，遂以为"公侯之卦也"。高亨《左传国语的〈周易〉说通解》："总之，《屯》《比》两卦卦象是有车马、有土地、有兄的帮助、有母的覆育、有群众的归附，又有足居其地，因此论定是'公侯之卦'"⑤。此乃兼采遇卦之卦为说，而且与变爻之辞亦相应，"《屯》之《比》"，初九变初六，《屯》初九爻辞为

---

① 【按】《左传·昭公二年》："晋侯使韩宣子来聘，且告为政而来见，礼也。观书于大史氏，见《易象》与鲁《春秋》，曰：'周礼尽在鲁矣。吾乃今知周公之德与周之所以王也。'"（［清］洪亮吉.春秋左传诂：卷十五［M］.北京：中华书局，1987：646.）所谓"周礼尽在鲁矣"，鲁国与周王室原本同气连枝，其《易》解方法类似，亦属"周礼"之范畴。

② 【按】《国语·晋语四》："《坎》，劳也，水也，众也"（徐元诰.国语集解：晋语四第十　文公在狄十二年［M］.北京：中华书局，2002：341.），详后文"《屯》之《豫》卦"。

③ 尚秉和.周易尚氏学　附录［M］.北京：中华书局，1980：344.

④ 黄寿祺，张善文.周易译注：卷四　坎卦第二十九　象［M］.北京：中华书局，2016：215.

⑤ 高亨.周易杂论［M］//高亨.高亨著作集林：第一卷.北京：清华大学出版社，2004：500.

"磐桓，利居贞，利建侯"①，辛廖并未单取初九爻辞作为占断，而是结合遇卦《屯》与之卦《比》，取象丰富，论说充分。毕万为毕公高之后代，"必复其始"，指仍得为诸侯。关于毕万仕晋之有利条件，辛廖一一融入其说，将现实可能性寓于卦象必然性，"神道设教"②，此乃周秦《易》解显著特征。

2.《左传·昭公七年》："卫襄公夫人姜氏无子，嬖人婤姶生孟絷。孔成子梦康叔谓己：'立元，余使羁之孙圉与史苟相之。'史朝亦梦康叔谓己：'余将命而子苟与孔烝鉏之曾孙圉相元。'史朝见成子，告之梦，梦协。晋韩宣子为政聘于诸侯之岁，婤姶生子，名之曰元。孟絷之足不良，能行。孔成子以《周易》筮之，曰：'元尚享卫国，主其社稷。'遇《屯》，又曰：'余尚立絷，尚克嘉之。'遇《屯》之《比》，以示史朝，史朝曰：'元亨，又何疑焉？'成子曰：'非长之谓乎？'对曰：'康叔名之，可谓长矣。孟非人也，将不列于宗，不可谓长。且其繇③曰利建侯，嗣吉，何建？建非嗣也。二卦皆云，子其建之。康叔命之，二卦告之，筮袭于梦，武王所用也，弗从何为？弱足者居。侯主社稷、临祭祀、奉民人、事鬼神、从会朝，又焉得居？各以所利，不亦可乎？'故孔成子立灵公。"④

所谓"元尚享卫国，主其社稷""余尚⑤立絷，尚克嘉之"，"尚"为希望之义，此皆命筮之辞。孔成子筮得卦象，史朝以《屯》卦卦辞"元亨"之"元"为人名，而孔成子以"元亨"之"元"为年长者，可见周秦《易》解，具有相当之发挥性，《易》文本仅作为说解契机，此与后来孔门发挥经义，有异曲同工之妙。史朝强为之说，曰："康叔名之，可谓长矣。孟非人也，将不列于宗，不可谓长""嗣吉，何建？建非嗣也"，认为孟絷年长为嗣位，元年幼方可谓建侯，《屯卦》卦辞有"利建侯"⑥，而遇《屯》之《比》，初九变初六，取《屯》初九爻辞，亦有"利建侯"，史朝主张挺元而倒孟絷，遂以"二卦皆云"为理由，而且"筮袭于梦，武王所用也"⑦，认为占筮与梦境相合。又结合《屯》初九爻辞"磐桓，利居贞，利建侯"，认为孟絷"足不良，能行""弱足者居"，以

---

① 黄寿祺，张善文．周易译注：卷一　屯卦第三［M］．北京：中华书局，2016：36.
② 《观卦·象》："观天之神道，而四时不忒；圣人以神道设教，而天下服矣。"（黄寿祺，张善文．周易译注：卷三［M］．北京：中华书局，2016：153.）
③ 【按】"繇"通籀，即繇辞，指卦兆之占词。
④ ［清］洪亮吉．春秋左传诂：卷十六［M］．北京：中华书局，1987：684.
⑤ 【按】此"尚"为犹。
⑥ 黄寿祺，张善文．周易译注：卷一　屯卦第三［M］．北京：中华书局，2016：34.
⑦ 《国语·周语下》引《大誓》："朕梦协朕卜，袭于休祥，戎商必克。"（徐元诰．国语集解：周语下第三　晋孙谈之子周适周，事单襄公［M］．北京：中华书局，2002：91.）

"磐桓，利居贞"属之孟絷，而以"利建侯"属之元。以上种种，作为史朝主张废长立幼之根据，孔成子与史朝同谋，采纳其说，立元继位卫君，是为卫灵公。由此可见，以《易》文本为契机，解《易》之人发挥经义，以成己说，此乃周秦时代经解之常态，非始自赵宋也。

### 《屯》之《豫》卦

《国语·晋语四》："公子①亲筮之，曰：'尚有晋国。'得贞《屯》悔《豫》，皆八也。筮史占之，皆曰：'不吉。闭而不通，爻无为也。'司空季子曰：'吉。是在《周易》，皆利建侯。不有晋国，以辅王室，安能建侯？我命筮曰尚有晋国，筮告我曰利建侯，得国之务也，吉孰大焉！《震》，车也。《坎》，水也。《坤》，土也。《屯》，厚也。《豫》，乐也。车班外内，顺以训之，泉原以资之，土厚而乐其实。不有晋国，何以当之？《震》，雷也，车也。《坎》，劳也，水也，众也。主雷与车，而尚水与众。车有震，武也。众而顺，文也。文武具，厚之至也。故曰《屯》，其繇曰：元亨，利贞，勿用有攸往，利建侯。主震雷，长也，故曰元。众而顺，嘉也，故曰亨。内有震雷，故曰利贞。车上水下，必伯。小事不济，壅也。故曰"勿用有攸往"，一夫之行也。众顺而有武威，故曰利建侯。《坤》，母也。《震》，长男也。母老子强，故曰《豫》，其繇曰：利建侯行师。居乐、出威之谓也。是二者，得国之卦也。'"②

此乃公子重耳亲筮得晋国，所谓"尚有晋国"，为命筮之辞，与《左传·昭公七年》孔成子占筮同例，"尚"为希望之义，祈卦之固定语式。所谓"贞《屯》悔《豫》"，指《屯》之贞卦、《豫》之悔卦，同震也。震之两阴爻，在《屯》之贞卦与《豫》之悔卦，皆不变动，此谓"皆八"。董增龄《国语正义》："六爻皆变谓之九六③，六爻皆不变谓之七八④。遇阳卦而六爻不变则谓之八，遇阴卦而六爻不变谓之七，《屯》《豫》皆阳卦，故曰八。"⑤《左传·襄公九年》："遇《艮》之八"，杜预注："史疑古《易》遇八为不利，故更以《周易》占"，孔颖达疏："遇八之下，别言《周易》，知此遇八非《周易》"⑥，此所谓

---

① 【按】晋公子重耳。
② 徐元诰．国语集解：晋语四第十　文公在狄十二年［M］．北京：中华书局，2002：340-342.
③ 【按】九为老阳，六为老阴，皆代表可变。
④ 【按】七为少阳，八为少阴，皆代表不变。
⑤ ［清］董增龄．国语正义：卷第十［M］．清光绪六年会稽章氏式训堂刻本，1880. 亦见于：董增龄．国语正义：卷第十［M］．巴蜀书社，影印本，1985：784.
⑥ ［清］阮元，校刻．十三经注疏清嘉庆刊本·春秋左传正义：卷第三十［M］．北京：中华书局，2009：4215.

"皆八"，筮史所占不利，胥臣更以《周易》占，当同此例。其后别言《周易》之文，以《易》解视之可也。

　　司空季子首先根据《周易》之《屯》《豫》卦辞立论，皆有"利建侯"，总体认为"得国之务也，吉孰大焉"。继而具体分析所得卦象，《屯》卦内震外坎，坎为水。《豫》卦内坤外震，《说卦》："坤为地，为母""为大舆"①，坤为地，又为土，地能载物，母能载子，与大车同，震为雷，车动其声如雷，所以震又为车，上引《左传·闵公元年》"震为土，车从马"，即以坤为马，以震为车。《屯》为厚积薄发之象，《序卦》："有天地，然后万物生焉。盈天地之间者唯万物，故受之以《屯》。屯者，盈也。屯者，物之始生也"②，《焦氏易林》："《屯》之《豫》，重茵厚席，循皋采藿。虽颠不惧，反复其处"③。《豫》为乐，《豫卦·大象》："雷出地奋，豫。先王以作乐崇德，殷荐之上帝，以配祖考"④，古来王者功成而作乐，《序卦》："有大而能谦必豫，故受之以《豫》"⑤。司空季子所谓"《坤》，土也。《屯》，厚也。《豫》，乐也"，既有土地，厚德载物而能功成作乐，亦寓意重耳得国有成之兆，所以后文有"土厚而乐其实。不有晋国，何以当之"。所谓"车班外内"，前文已论，震为车，而《屯》之内卦与《豫》之外卦，皆为震，所以车象遍及内外卦。所谓"顺以训之"，训即顺，《屯》之二、三、四爻伏⑥坤象，《豫》之内卦又为坤，坤为地道，地道坤以顺之。所谓"泉原以资之"，《屯》之三、四、五爻伏艮象，《豫》之三、四、五爻伏坎象，艮为山，坎为水，山之水为泉源，泉源流而不竭，寓意可得拥护，如山泉源源不断。遇卦《屯》内震外坎，震为雷，又为车，坎为水，又为劳，《说卦》："坎者，水也，正北方之卦也，劳卦也，万物之所归也，故曰劳乎坎"⑦，既然为万物之所归，则坎又为"众也"。《屯》《豫》皆有震，《屯》之内卦与《豫》之外卦为震，卦象以震为主，所以"主雷与车"，《屯》之外卦为坎，外卦即上卦，所以"尚水与众"。震为"车有震"，战车隆隆，行军之态，

---

①　黄寿祺，张善文．周易译注：卷十　说卦传［M］．北京：中华书局，2016：560.

②　黄寿祺，张善文．周易译注：卷十　序卦传［M］．北京：中华书局，2016：573.

③　［汉］焦延寿，撰，［元］佚名，注．易林：卷第一　屯　豫［M］．南京：凤凰出版社，2017：37.

④　黄寿祺，张善文．周易译注：卷三　豫卦第十六［M］．北京：中华书局，2016：129.

⑤　黄寿祺，张善文．周易译注：卷十　序卦传［M］．北京：中华书局，2016：573.

⑥　【按】所谓伏象，又称互体。

⑦　黄寿祺，张善文．周易译注：卷十　说卦传［M］．北京：中华书局，2016：550.

有威武之貌①，坎为"众而顺"，水势浩大，众望所归，有文德之象，文武兼备，切合《屯》卦之厚积薄发，所以"文武具，厚之至也"。所谓"元亨，利贞，勿用有攸往，利建侯"②，此乃《屯》之卦辞，司空季子继续分析卦象阐释卦辞。《屯》之内卦为震，将内外卦相比较，内贞外悔，以内卦为主，则《屯》卦象以震为主，震为雷，又为长男，《说卦》："震一索而得男，故谓之长男"③，所以"主震雷，长也"，《国语·周语上》："阴阳分布，震雷出滞"④，《说卦》："万物出乎震"，"震，动也""动万物者莫疾乎雷"⑤，震作为事物之开端，"故曰元"⑥。《屯》之外卦为坎，坎为"众而顺"，水势浩大，众望所归，文德嘉美，《文言》："亨者，嘉之会也"⑦，所以"众而顺，嘉也，故曰亨"。《屯》之内卦为震，震为雷，《说卦》："雷以动之"，"动万物者莫疾乎雷"⑧，既为万物之所出，此震又为遇卦之贞，和顺端正，"利物足以和义，贞固足以干事"⑨，所以"内有震雷，故曰利贞"。《屯》之内卦为震，内而趋外，《屯》之外卦为

---

① 【按】尚秉和《周易尚氏学》："震车之象，兼见于《左传》，人尚知之。震武之象，只此一见，遂尔失传。于是《履》六三之'武人'，《巽》初六之'武人'，皆不得其象，而解遂晦矣。岂知《履》六三之'武人'，以伏震也，震为人、为武、为大君，《象》曰：'武人为于大君，志刚也。'志刚者，言三欲承阳，象则用伏震也。《易》辞正象与伏象并用者多矣。不独此也。《巽》初六'进退利武人之贞'者，进退即往来，言震巽相往来。得此爻者，武人占则利也，亦兼伏震言也。《易》象之用伏，人知之，而能贯彻者甚少。如《泰》初九之'茅茹'，则用伏坤象。《大有》六五之'厥孚交如'及《小象》之'信以发志'，则用伏坎象也，而《易》家知者甚鲜，武人象亦其一也。武人象于《焦氏易林》遇之久矣，而总莫知其所谓，后于《国语》遇此象，再由《国语》证《周易》，而《易林》之武象，始完全得解。其详尽在《焦氏易诂》第十卷中。至此筮之韦注，皆详而且明。独及此者，以韦注于车有震武，云车声隆隆象有威武，其义颇有未备。震为武者，威武莫过于雷，而震又为决躁、为健，皆武象之根本。又此象自东汉迄今失传，致《易》之武人，永不得解，故备论之"（尚秉和. 周易尚氏学：附录［M］. 北京：中华书局，1980：354.），亦备一说。

② 黄寿祺，张善文. 周易译注：卷一　屯卦第三［M］. 北京：中华书局，2016：34.

③ 黄寿祺，张善文. 周易译注：卷十　说卦传［M］. 北京：中华书局，2016：559.

④ 韦昭《国语解》："阴阳分布，日夜同也。滞，蛰虫也。《明堂月令》曰：'日夜分，雷乃发声。始震雷，蛰虫咸动，启户而出也。'"（徐元诰. 国语集解：周语上第一　宣王即位，不籍千亩［M］. 北京：中华书局，2002：20.）

⑤ 黄寿祺，张善文. 周易译注：卷十　说卦传［M］. 北京：中华书局，2016：550、556、554.

⑥ 《左传·襄公九年》："元，体之长也""体仁足以长人"（［清］洪亮吉. 春秋左传诂：卷十二［M］. 北京：中华书局，1987：511.），《文言》："元者，善之长也""君子体仁足以长人"（黄寿祺，张善文. 周易译注：卷一　乾卦第一［M］. 北京：中华书局，2016：9.）。

⑦ 《左传·襄公九年》："亨，嘉之会也""嘉德足以合礼"（［清］洪亮吉. 春秋左传诂：卷十二［M］. 北京：中华书局，1987：511.）。

⑧ 黄寿祺，张善文. 周易译注：卷十　说卦传［M］. 北京：中华书局，2016：549、554.

⑨ 《左传·襄公九年》："利，义之和也。贞，事之干也""利物足以和义，贞固足以干事"（［清］洪亮吉. 春秋左传诂：卷十二［M］. 北京：中华书局，1987：511.）。

坎，外而向内，震为车，坎为水，车动而上，军势威武，水动而下，文德聚众，文武兼备，即后文"众顺而有武威"，此可以称霸，所以"车上水下，必伯"。而对于《屯》卦辞"勿用有攸往"，本为不宜有所往，利于守持正固，司空季子鼓励重耳积极创业，强解之为"一夫之行也"，认为"勿用有攸往"仅指"小事不济，壅也"，并非指将来建侯大事，自然转到《屯》卦辞"利建侯"，重申前文所论"众顺而有武威"，最终将解说归结于"利建侯"，以《屯》为得国之卦。继而又以《豫》卦作为佐证，《豫》之内卦为坤、外卦为震，坤为母，初爻阴变阳为震，谓之生长男，所以"《坤》，母也。《震》，长男也"。母老之时，长男强壮，坤居内而安乐，震出外则威武，所以"母老子强""居乐、出威之谓也"，所谓"故曰《豫》，其繇曰'利建侯行师'"，此乃《豫》卦卦辞，亦落实于"利建侯"，而且利于出师征战，司空季子将得国远景与得国手段，皆寓于《易》解之中，认为《屯》与《豫》，"是二者，得国之卦也"，可谓用心良苦矣。由此可见，周秦时代以《易》解作为劝诫手段，已经形成一套阐释系统，且行之有效。此处重耳初筮，并非属于《周易》系统，司空季子援所得筮象入《周易》，以卦辞立论，继而具体分析所得卦象，作为论据支撑论点，其阐释以卦象为基础，以卦义为鹄的，围绕重耳得国之现实条件与光明前景，展开论证，亦可见周秦《易》解之精细程度，阐释系统，环环相扣，非后世粗疏者所能比。

### 《蒙》卦

《礼记·表记》："子曰：无辞不相接也，无礼不相见也，欲民之毋相亵也。《易》曰：'初筮告，再三渎，渎则不告。'"①

所谓"《易》曰'初筮告，再三渎，渎则不告'"②，此乃《蒙》卦辞，孔子用来说明恭敬之道理，士相见不可轻慢。此处与《左传·昭公二十九年》晋太史蔡墨论龙类似，皆以史料视之，而《易》解已然融于行文，又与《荀子·非相》引《坤》卦六四爻辞同例。

### 《师》之《临》卦

《左传·宣公十二年》：晋师救郑，彘子以中军佐济，知庄子曰："此师殆哉！《周易》有之，在《师》之《临》，曰：'师出以律，否臧，凶。'执事顺成

---

① ［清］孙希旦. 礼记集解：卷五十一［M］. 北京：中华书局，1989：1299.
② 黄寿祺，张善文. 周易译注：卷一　蒙卦第四［M］. 北京：中华书局，2016：43.

为臧，逆为否。众散为弱，川壅为泽。有律以如己也，故曰律。否臧，且律竭也。盈而以竭，夭且不整，所以凶也。不行之谓《临》，有帅而不从，临孰甚焉？此之谓矣。果遇，必败，彘子尸之。虽免而归，必有大咎。"①

所谓"《师》之《临》"，初六变初九，卦变来自爻变，以遇卦变爻之辞作为占断依据，此乃周秦《易》解通法。知庄子取《师》初六爻辞，曰"师出以律，否臧，凶"，《师》卦初爻为出师之象，出师征战必以法律号令整肃军纪，如若军纪不良，必有凶险，所以"执事顺成为臧，逆为否"。所谓"众散为弱，川壅为泽"，遇卦《师》初六变初九，得到之卦《临》《师》之内卦为坎，《临》之内卦为兑，《说卦》："劳卦也，万物之所归也，故曰劳乎坎"②，万物之所归，则坎为众，众多强大，而《说卦》："兑三索而得女，故谓之少女"③，则兑为少女，少女柔弱，由《师》变为《临》，初六变为初九，阴闭趋于阳散，内卦由坎变为兑，所以"众散为弱"，坎又为水，兑又为泽，所以"川壅为泽"，流水变为静泽，壅塞淤积，其动能散尽，与"众散为弱"相应。所谓"有律以如己也，故曰律"，如有军法号令，指挥军队如一人，犹如自己指挥自己。所谓"否臧，且律竭也"，如若执事不顺成，则军法号令之用穷尽。所谓"盈而以竭，夭且不整，所以凶也"，《师》之内卦为坎，坎为水，川水盈满而为泽，《临》之内卦为兑，兑为泽，泽水易涸，又"师出以律，否臧，凶"，师出不以律，则"律竭也"，卦象与卦辞合而论之，所以"盈而以竭""川壅为泽"，由于阻塞夭阏④，"众散为弱"，是以"不整"，此为凶险之象。从遇卦《师》到之卦《临》《师》之内卦坎变为《临》之内卦兑，既然"川壅为泽"而成《临》，泽水不流，所以"不行之谓《临》"。知庄子继而以此不行之《临》，结合《师》卦辞，指责彘子不听从中军帅命令，仅率中军佐渡河，以偏师陷，所以"有帅而不从，临孰甚焉？此之谓矣"。由此可见，遇《师》之《临》，用来寓意军令不行，师不用命，则战争结果可以预测。知庄子以卦变取象为说，将卦象与辞义合而论之，既取卦象亦取卦辞，此乃周秦《易》解之又一显著特征。后世象数与义理分流，追寻其源头，此则未散之朴也。

①　［清］洪亮吉．春秋左传诂：卷十［M］．北京：中华书局，1987：415-416.
②　黄寿祺，张善文．周易译注：卷十　说卦传［M］．北京：中华书局，2016：550.
③　黄寿祺，张善文．周易译注：卷十　说卦传［M］．北京：中华书局，2016：559.
④　《庄子·逍遥游》："莫之夭阏者。"（［清］郭庆藩．庄子集释：卷一上［M］．北京：中华书局，2012：7.）

### 《小畜》卦

《荀子·大略》:"《易》曰:'复自道,何其咎?'《春秋》贤穆公,以为能变也。"①

所谓"《易》曰'复自道,何其咎'"②,此乃《小畜》卦初九爻辞,荀子将其作为论证前提,引出秦穆公之历史评价。秦穆公不用蹇叔、百里奚之言,败于殽函,穆公作《秦誓》,"询兹黄发"③,自变而悔过。此与《荀子·非相》引《坤》卦六四爻辞同例,行文亦融为一体,而且《易》解结合史实,用来评论历史人物,此其特异之处。

### 《泰》卦

1. 《左传·哀公九年》:晋赵鞅卜救郑,"阳虎以《周易》筮之,遇《泰》之《需》,曰:'宋方吉,不可与也。微子启,帝乙之元子也。宋、郑,甥舅也。祉,禄也。若帝乙之元子归妹而有吉禄,我安得吉焉?'乃止"④。

周秦时代卜、筮并用,"晋赵鞅卜救郑",所用为龟卜,其兆象为"遇水适火",占诸晋国三位史官,史赵、史墨、史龟,所谓"三人占,从二人"⑤,亦属龟卜古制。此时阳虎仕晋,更用《周易》筮之,所谓"《泰》之《需》",六五变九五,取《泰》卦六五爻辞为占断之辞。《泰》卦之六五,以阴爻居尊位,下应九二阳爻,以贵女下嫁设喻,九二升五为娶,六五来二为归。微子启为帝乙之长子,为商纣王之庶兄,周武王克商,封微子启于宋,以承殷祀,宋嫁女于郑通婚,成为姻亲之国,遂以"帝乙之元子归妹而有吉禄"喻之,指称"宋、郑,甥舅也"。此处阳虎以《泰》卦六五爻辞"帝乙归妹,以祉元吉"⑥立论,主张不宜伐宋救郑,其《易》解浮于表面,分析比较粗糙,几乎不涉及卦象,仅取爻辞孤立为说,亦可谓周秦《易》解之纯义理派。

2. 《国语·晋语四》:"臣⑦筮之,得《泰》之八,曰:是谓天地配亨,小

---

① [清] 王先谦. 荀子集解:卷第十九 [M]. 北京:中华书局,1988:498.
② 黄寿祺,张善文. 周易译注:卷二 小畜卦第九 [M]. 北京:中华书局,2016:81.
③ [清] 阮元,校刻. 十三经注疏清嘉庆刊本·尚书正义:卷第二十 秦誓 [M]. 北京:中华书局,2009:544.
④ [清] 洪亮吉. 春秋左传诂:卷二十 [M]. 北京:中华书局,1987:863-864.
⑤ 《左传·成公六年》引《商书》([清] 洪亮吉. 春秋左传诂:卷十一 [M]. 北京:中华书局,1987:454.)。
⑥ 黄寿祺,张善文. 周易译注:卷二 泰卦第十一 [M]. 北京:中华书局,2016:98.
⑦ 【按】晋国董因。

往大来。今及之矣，何不济之有？"①

晋史官董因所筮，"得《泰》之八"，并非《周易》筮法，于上文《国语·晋语四》"得贞《屯》悔《豫》，皆八也"已论及，此不赘述。《周易》之《泰》卦，其卦象下乾上坤，《泰》之内卦为乾，乾为天，性质为健，内而趋外，《泰》之外卦为坤，坤为地，性质为顺，外而向内，内外互动，上下交通，则象征天地交泰，天地交感配合，使万物亨通，《泰卦·象传》："则是天地交而万物通也，上下交而其志同也"②，是以"天地配亨"。所谓"小往大来"，《泰》之卦辞有"小往大来，吉，亨"③，《泰》之外卦为坤，外而向内，阴爻消而降，谓之小往，《泰》之内卦为乾，内而趋外，阳爻息而升，谓之大来，《泰卦·象传》："内阳而外阴，内健而外顺，内君子而外小人，君子道长，小人道消也"④，董因以此卦象设喻，寓意子圉与重耳之实力，此消而彼长，重耳回国时机，已然到来，主张果断渡过黄河。此董因所占断，又与《周易·泰卦》相合，亦取《易》解为说，可见周秦"三易"之法，史官实交互为用，此与《左传·僖公十五年》卜徒父筮例类之。

### 《大有》之《乾》卦

《左传·闵公二年》："成季之将生也，桓公使卜楚丘之父卜之，曰：'男也。其名曰友，在公之右；间于两社，为公室辅。季氏亡，则鲁不昌。'又筮之，遇《大有》之《乾》，曰：'同复于父，敬如君所。'及生，有文在其手曰'友'，遂以命之。"⑤

卜楚丘之父既卜又筮，此亦先卜后筮之例，为周秦时代卜筮通法。其占筮用《周易》，所谓"遇《大有》之《乾》"，六五变九五，卜楚丘之父未取《大有》六五爻辞作为占断，而曰"同复于父，敬如君所"。《大有》之外卦为离，六五变九五，离变为乾，乾为君、为父，同于父、敬如君，其取象本乎此。后天八卦方位，离位于南，先天八卦方位，乾位于南，方位皆处于南，此乃离乾同德，而贞离悔乾，又与《同人》卦相关。对于《同人》卦之卦名，尚秉和《焦氏易诂》引杭辛斋曰："先天乾，后天离，同位于南，故曰《同人》。《杂卦》曰'同人，亲也'，同位故亲。按《左传》'《大有》之《乾》曰"同复于

①　徐元诰. 国语集解：晋语四第十　文公在狄十二年［M］. 北京：中华书局，2002：345.
②　黄寿祺，张善文. 周易译注：卷二　泰卦第十一　象［M］. 北京：中华书局，2016：93.
③　黄寿祺，张善文. 周易译注：卷二　泰卦第十一　卦辞［M］. 北京：中华书局，2016：93.
④　黄寿祺，张善文. 周易译注：卷二　泰卦第十一　象［M］. 北京：中华书局，2016：93.
⑤　［清］洪亮吉. 春秋左传诂：卷六［M］. 北京：中华书局，1987：265.

父，敬如君所'"，言离变乾，同位于南，故曰'复'曰'所'，即本先天为义，此先天乾南之首见于《左传》者。《九家》曰'乾舍于离，同而为日'，荀爽曰'乾舍于离，相与同居'，是皆以乾南释《同人》之义也。"① 所者，位也，复者，复其君父之位。既然乾位于南，人之敬离位，则同于乾位。所谓"同复于父"，离尊与乾同，所谓"敬如君所"，敬离位犹如乾位，此乃象数之解。高亨《左传国语的〈周易〉说通解》："《大有》卦是上离下乾，《乾》卦是上乾下乾。乾为父，离为子，那么，《大有》上卦的离变为乾，是象征子与其父同德，'无改于父之道'，所以说'同复于父'（复，行故道也）。乾又为君，离又为臣，那末，《大有》上卦的离变为乾，又象征臣与其君同心，常在君的左右，所以又说'敬如君所'（如，往也，所，处也）"②，此乃义理之解。由此可见，周秦时代《易》解占断之辞，亦有不见于今本卦爻辞者，为筮者《易》解之言，后世解读或取象数或取义理。当是时也，卜楚丘之父以此六五变九五设喻，寓意季友辅政，得与国君同位③，实则语涉双关，象数与义理合而论之。此乃周秦《易》解之显著特征，与《左传·宣公十二年》知庄子《易》解同例。

### 《大有》之《睽》卦

《左传·僖公二十五年》："秦伯师于河上，将纳王。狐偃言于晋侯曰：'求诸侯，莫如勤王。诸侯信之，且大义也。继文之业④，而信宣于诸侯，今为可

---

① 尚秉和. 焦氏易诂：卷三"同人卦名"条［M］. 北京：中国大百科全书出版社，2005：48.

② 高亨. 周易杂论［M］//高亨. 高亨著作集林：第一卷. 北京：清华大学出版社，2004：508.

③ 《左传·昭公三十二年》史墨曰："天生季氏，以贰鲁侯，为日久矣。民之服焉，不亦宜乎""昔成季友，桓之季也，文姜之爱子也。始震而卜，卜人谒之，曰：'生有嘉闻，其名曰友，为公室辅。'及生，如卜人之言，有文在其手，曰'友'，遂以名之。既而有大功于鲁，受费以为上卿。至于文子、武子，世增其业，不废旧绩。鲁文公薨，而东门遂杀适立庶，鲁君于是乎失国，政在季氏。于此君也，四公矣。民不知君，何以得国？是以为君慎器与名，不可以假人"（［清］洪亮吉. 春秋左传诂：卷十八［M］. 北京：中华书局，1987：803、804.）。

④ 【按】此指晋文侯仇，并非晋文公重耳，可参《尚书·文侯之命》，刘起釪认为，"本篇中的晋文侯与周王为何人，向来有二说。一说为《史记》及《新序》所说的周襄王（前651—前619）命晋文公为侯伯，因而发布此命令。一说为《书序》、郑玄、伪孔本与《蔡传》等皆说为周平王（前770—前720）命晋文侯为侯伯的命书。二说各有支持者。由篇名称'文侯'不称'文公'，又称其名字为'义和'不称'重耳'（晋文公名），是此篇当以周平王赐晋文侯之命合于史实。只是因为晋文公在历史上较有名，才致误认的。《史记·晋世家》遂录存了本篇第一段开头六句及第二段最后两句，作为晋文公所受的《文侯之命》之文。西汉伏生今文本中此为第二十七篇，伏生系的三家今文本中为第二十八篇，东汉马、郑古文本中为第三十三篇，皆列在《周书》。东晋伪古文本中为全书的第五十六篇，《周书》的第三十篇"（顾颉刚，刘起釪. 尚书校释译论：周书 文侯之命［M］. 北京：中华书局，2005：2113.），此《左传·僖公二十五年》"继文之业"，亦可为证。

矣。'使卜偃卜之，曰：'吉。遇黄帝战于阪泉之兆。'公曰：'吾不堪也。'对曰：'周礼未改，今之王，古之帝也。'公曰：'筮之。'筮之，遇《大有》之《睽》，曰：'吉。遇公用享于天子之卦。战克而王飨，吉孰大焉？且是卦也，天为泽以当日，天子降心以逆公，不亦可乎？《大有》去《睽》而复，亦其所也。'晋侯辞秦师而下。"①

　　晋文公命卜偃既卜又筮，此亦先卜后筮之例，卜兆与筮象合参之，此为周秦时代卜筮占断通法，《周礼·春官宗伯·大卜》"掌三兆之法""掌三易之法""掌三梦之法"②，可见周秦卜人兼掌易筮。所谓"遇《大有》之《睽》"，九三变六三，取《大有》卦九三爻辞作为占断之辞，所以为"遇'公用享于天子'之卦"，今本《大有》卦九三爻辞作"公用亨于天子"③，亨与享通，卜偃发挥为"战克而王飨"。《大有》卦九三，以阳爻居阳位，又处下卦之上，为王公，刚健而当位，《大有》卦六五，以阴爻居天子之位，得中而不当位，九三与六五，为"公用享于天子"之象，寓意为"战克而王飨，吉孰大焉"，主张出兵护送周天子回朝，既有安定天子之功，周天子当设享礼锡命犒劳，即"战克而王飨"，此举晋国有利，即"吉孰大焉"。所谓"天为泽以当日，天子降心以逆公"，卜偃继续分析卦象，结合"纳王""用享"，申明吉占之义。《大有》内乾外离，《睽》内兑外离，《大有》之《睽》，九三变六三，乾变为兑，乾为天，兑为泽，所以"天为泽"，而离为日，《大有》之《睽》，外卦离皆未变，《大有》之离居于乾上，《睽》之离居于兑上，所以"天为泽以当日"。天变为泽，以承受太阳的照耀，以乾天为周天子，以离日为晋文公，象征天子设享礼锡命犒劳，自降身份来迎接晋文公，所以"天子降心以逆公"，既有安定天子之功，晋文公得此尊荣，"不亦可乎"。易筮所得卦象，由本卦《大有》到变卦《睽》，而变卦终要回归于本卦，谓之"《大有》去《睽》而复"，既然回归于《大有》《礼记·中庸》："尊为天子，富有四海之内"④，寓意护送周天子回朝，天子得以复位，是以"亦其所也"。由此可见，亦为语涉双关，象数与义理合而论之，两者并非割裂，而是交互为用。

---

① ［清］洪亮吉．春秋左传诂：卷八［M］．北京：中华书局，1987：322.
② ［清］孙诒让．周礼正义：春官宗伯第三下［M］．北京：中华书局，2013：1924、1928、1933.
③ 黄寿祺，张善文．周易译注：卷三　大有卦第十四［M］．北京：中华书局，2016：117.
④ ［清］朱彬．礼记训纂：卷三十一［M］．北京：中华书局，1996：774、775.

### 《蛊》卦

1. 《左传·僖公十五年》：秦伯伐晋，"卜徒父筮之，吉，'涉河，侯车败'。诘之，对曰：'乃大吉也。三败，必获晋君。其卦遇《蛊》，曰：千乘三去，三去之馀，获其雄狐。夫狐蛊，必其君也。《蛊》之贞，风也；其悔，山也。岁云秋矣，我落其实，而取其材，所以克也。实落、材亡，不败，何待？'"①

所谓"千乘三去，三去之馀，获其雄狐"，观今本《蛊卦》无其辞，属于周秦卜筮书之杂辞，于后世《周易》定本，刊落而未收。关于其《易》解之取象，尚秉和《左传国语易象释》："按《蛊》互震，震为千、为车，故曰'千乘'。震为奔驰，数三，故曰'三去'。去者，驱也。《诗·小雅》'风雨攸除，鸟鼠攸去，君子攸芋'，读为驱，与除芋韵。去者，即驱除鸟鼠也。又《易·比》九五'王用三驱'，此三去即三驱，皆言田猎。且'驱'与'馀''狐'为韵，与《诗》同，若作去，即不协。古经籍通用之字，如此者正多，不足异也。顾氏炎武引邵氏说，谓去即算法之除，恐不然也。艮为狐，阳卦故曰'雄狐'。艮为拘系，故曰'获'。蛊者，败也，坏也。《左传·昭元年》'女惑男，风落山，谓之蛊'，夫女惑男使男病，风落山使山败，二者皆败坏之义。今狐既被获而败坏，故曰'狐蛊'。然曰'必其君'者何也？三至四震为君，上艮为覆震，震君既覆，故知所获者必其君。此句为自来注疏家所不能解，岂知《易》象固明白易见也。自震君象失传，于是《归妹》六五之君、《小过》六二之君及此，皆不能解。自覆象失传，于是以兑为覆巽，如《大过》九五之杨，以震为覆艮，如重门系柝之取诸《豫》。人知之，至象覆即于覆取义，如《蒙》之《彖》词、《困》之'有言不信'、《中孚》之'鹤鸣''子和''或鼓或罢，或泣或歌'等《易》词，遂都不知其所谓矣。《易》既不解，《左传》与《焦氏易林》模《易》之辞，遂都不解"②，所论甚辩，颇可信从。《周易》之《蛊》卦，其卦象内巽外艮，内卦为贞，外卦为悔，巽为风，艮为山，所以"《蛊》之贞，风也；其悔，山也"。《蛊》卦之二、三、四爻伏兑，兑为秋，《蛊》卦之三、四、五爻伏震，《焦氏易林注》："震为岁"③，所以"岁云秋矣"。《蛊》卦内巽外

① ［清］洪亮吉. 春秋左传诂：卷七［M］. 北京：中华书局，1987：293.
② 尚秉和. 周易尚氏学：附录［M］. 北京：中华书局，1980：345–346.
③ 尚秉和. 焦氏易林注：蹇之第三十九［M］. 北京：中国大百科全书出版社，2005：696.

艮，外艮为悔，《焦氏易林注》："艮为果蓏、为实穗"①，"艮为木"②，"实"与"材"属晋，皆在彼之悔卦；内巽为贞，《焦氏易林注》："巽为陨落"③，"落"与"取"属秦，皆在我之贞卦，此乃"我落其实，而取其材"。《蛊》卦之象，以巽为主体，"我落""而取"，以艮为结果，"实落""材亡"，我贞彼悔，我落取彼之实与材，既然我胜于彼，则"所以克也"。此处既取二体之象，亦取二体之位，用来象征事物矛盾彼此双方。《归藏》《连山》占七八（七为少阳，八为少阴，皆代表不变），所谓"千乘三去"，当为《归》《连》之辞，《周易》占九六（九为老阳，六为老阴，皆代表可变），所谓"《蛊》之贞，风也，其悔，山也"，当为《周易》之占。由此可见，秦卜徒父所筮，无一字不从象生，周秦时代卜人三易并占，与《国语·晋语四》晋史官董因筮例同④，《归藏》《连山》《周易》阐释系统有别，至于所据筮象⑤，则三易同之。

2.《左传·昭公元年》："晋侯求医于秦，秦伯使医和视之，曰：'疾不可为也。是谓近女，室疾如蛊。非鬼非食，惑以丧志。良臣将死，天命不佑。'"赵孟曰："何谓蛊？"医和对曰："淫溺惑乱之所生也。于文，皿虫为蛊。谷之飞亦为蛊。在《周易》，女惑男、风落山谓之《蛊》。皆同物也。"⑥

此处医和以《易》解阐述医理。《国语·晋语八》赵文子⑦曰："子称蛊，何实生之？"医和对曰："蛊之慝，谷之飞实生之。物莫伏于蛊，莫嘉于谷，谷兴蛊伏而章明者也。故食谷者，昼选男德以象谷明，宵静女德以伏蛊慝。今君一之，是不飨谷而食蛊也，是不昭谷明而皿蛊也。夫文，'虫''皿'为'蛊'，吾是以云"⑧，其所论"蛊"义，可相互发明。《蛊》之卦象，内巽外艮，《说卦》："巽一索而得女，故谓之长女""艮三索而得男，故谓之少男"⑨，则巽为长女，艮为少男，长女居于内，少男悦乎长女，非匹致惑，此为"室疾"之甚者；巽为风，艮为山，山下有风，风遇山而回，山之实材，物皆散乱，为风摧

---

① 尚秉和．焦氏易林注：小畜之第九［M］．北京：中国大百科全书出版社，2005：168.
② 尚秉和．焦氏易林注：无妄之第二十五［M］．北京：中国大百科全书出版社，2005：448.
③ 尚秉和．焦氏易林注：泰之第十一［M］．北京：中国大百科全书出版社，2005：203.
④ 【按】秦、晋两国，原本毗邻。
⑤ 尚秉和《左传国语易象释》："学者苟能观象乎，必知左氏筮案，皆平易近人，无一神奇之语。其诧为神奇者，皆野文家之见，不知词从象生也。"（尚秉和．周易尚氏学［M］．北京：中华书局，1980：346-347.）
⑥ 杨伯峻．春秋左传注［M］．修订本．北京：中华书局，1990：1221、1223.【按】《春秋左传诂》点校本断句有误，此取《春秋左传注》章句。
⑦ 【按】赵武，晋国执政，又称赵孟，谥号文子。
⑧ 徐元诰．国语集解：晋语八第十四　平公有疾［M］．北京：中华书局，2002：435.
⑨ 黄寿祺，张善文．周易译注：卷十　说卦传［M］．北京：中华书局，2016：559.

落之象，所以"在《周易》，女惑男、风落山谓之《蛊》"。由此可见，周秦时代《易》解已为医家所采用，结合卦象，阐述医理，此乃后世"医易同源"①之先声。

3.《礼记·表记》子曰："事君，军旅不辟难，朝廷不辞贱。处其位而不履其事，则乱也。故君使其臣，得志则慎虑而从之，否则孰虑而从之，终事而退，臣之厚也。《易》曰：'不事王侯，高尚其事。'"②

所谓"《易》曰'不事王侯，高尚其事'"③，此乃《蛊》卦上九爻辞，孔子用来总结为臣之道④。此处孔子截取《蛊》卦上九爻辞为说，既不联系卦象，也不发挥义理，仅作为引据材料，用来总结上文所论，以经典文句增强论证而已。此乃周秦《易》解之脱离阐释系统者，为单纯引用之例，说明《周易》之经典地位已然确立。

## 《观》之《否》卦

《左传·庄公二十二年》："陈厉公，蔡出也，故蔡人杀五父而立之。生敬仲，其少也，周史有以《周易》见陈侯者，陈侯使筮之，遇《观》之《否》，曰：'是谓观国之光，利用宾于王，此其代陈有国乎？不在此，其在异国；非此其身，在其子孙。光，远而自他有耀者也。《坤》，土也；《巽》，风也；《乾》，天也。风为天；于土上，山也。有山之材，而照之以天光，于是乎居土上，故曰：观国之光，利用宾于王。庭实旅百，奉之以玉帛，天地之美具焉，故曰：利用宾于王。犹有观焉，故曰其在后乎。风行而著于土，故曰其在异国乎。若在异国，必姜姓也。姜，大岳之后也，山岳则配天。物莫能两大，陈衰，此其昌乎。'"⑤

所谓"遇《观》之《否》"，六四变九四，取《观》卦六四爻辞"观国之光，利用宾于王"⑥为占断之辞，此乃周秦《易》解通例。遇卦《观》内坤外巽，又《观》卦之三、四、五爻互体伏艮象，坤为土地，土地为国，《焦氏易

---

① ［清］唐宗海. 医易通说［M］. 民国六年春《唐氏中西六经方证通解》百草庐校刊本，1917.

② ［清］孙希旦. 礼记集解：卷五十一［M］. 北京：中华书局，1989：1315.

③ 黄寿祺，张善文. 周易译注：卷三 蛊卦第十八［M］. 北京：中华书局，2016：145.

④ 《论语·卫灵公》子曰："事君，敬其事而后其食。"（程树德. 论语集释：卷三十二 卫灵公下［M］. 北京：中华书局，1990：1125.）

⑤ ［清］洪亮吉. 春秋左传诂：卷六［M］. 北京：中华书局，1987：252-253.

⑥ 黄寿祺，张善文. 周易译注：卷三 观卦第二十［M］. 北京：中华书局，2016，第156.

诂》以互艮为观、为光①，谓之"观国之光"，《焦氏易林注》以巽为利②、为商旅、为宾客③，之卦《否》内坤外乾，乾又为王，谓之"利用宾于王"。遇卦《观》为贞，之卦《否》为悔，贞为我，悔为彼，《观》与《否》皆内坤，坤既为国，则遇卦之坤为此陈国，之卦之坤为异国。之卦《否》外乾，之卦为悔，外卦亦为悔，悔为将来时，乾又为大、为君，所以"其代陈有国"。《观》与《否》皆内坤，坤又为身，遇卦之坤为此身，之卦之坤非此其身，之卦为悔，悔为将来时，所以"非此其身"。之卦《否》二、三、四爻亦互体伏艮象，艮为子孙，"在其子孙"，所应在之卦互艮。之卦《否》互艮，艮为"光"，其外卦为乾，乾为远、为大明，谓之"耀"，乾又处之卦，谓之"自他"，与之卦之坤为"异国"同例，所以"光，远而自他有耀者也"。遇卦《观》变为之卦《否》，六四变九四，则外卦巽变乾，巽为风，乾为天，所以"风为天"，外卦居内卦之上，内卦皆为坤，坤为土，外卦巽、乾，居于坤上，所以"于土上"。遇卦《观》三、四、五爻互艮，之卦《否》二、三、四爻互艮，艮为山，故曰"山也"。遇卦《观》之互艮为山，其外卦为巽，巽为木，谓之"有山之材"。之卦《否》互艮为光，其外卦为乾，居于坤上，所以"而照之以天光，于是乎居土上"，此谓"观国之光"。遇卦《观》变为之卦《否》，即外卦巽变为乾，巽为入，乾为王，由巽之乾，有入朝之象，此谓"利用宾于王"。之卦《否》互艮，艮又为庭，其内卦为坤，坤为品物，《否》初、二、三爻为坤，二、三、四爻互艮，艮与坤相连，诸侯朝王，贡献品物，陈列于王庭，谓之"庭实"，旅为众，坤亦为众、为百，"旅百"，则庭实众多。《否》内卦坤，坤又为帛，《否》外卦乾，乾又为玉，《否》互艮，《说卦》"艮为手"④，所以"奉之以玉帛"，而之卦《否》内坤外乾，上天下地，所以"天地之美具焉"，此亦与遇卦《观》六四爻辞"利用宾于王"相合。之卦《否》初二三四五爻，互体为坤巽，此乃五画连互，下坤上巽，仍为风地观，所以"犹有观焉"。所观既为之卦，之卦为悔，悔为将来时，"故曰其在后乎"。遇卦《观》内坤外巽，巽在坤上，即"风行而著于土""风行"者，由遇卦变为之卦，自此及彼，"著于土"者，遇卦《观》与之卦《否》皆有坤，遇卦为贞，之卦为悔，贞我悔彼，彼为之卦

①　尚秉和．焦氏易诂：卷十"艮为观象""艮为光为明"［M］．北京：中国大百科全书出版社，2005：173．

②　尚秉和．焦氏易林注：巽之第五十七［M］．北京：中国大百科全书出版社，2005：1006．

③　尚秉和．焦氏易林注：屯之第三［M］．北京：中国大百科全书出版社，2005：57．

④　黄寿祺，张善文．周易译注：卷十　说卦传［M］．北京：中华书局，2016：558．

《否》之坤，坤既为国，"故曰其在异国乎"。《说卦》"齐乎巽"①，若以国名解之，其姓为姜，所以"若在异国，必姜姓也"，此"若"字，说明周史有所发挥。遇卦《观》三、四、五爻互艮，之卦《否》二、三、四爻互艮，遇卦《观》四、五、上爻为巽，之卦《否》三、四、五爻互巽，遇卦之卦皆有艮与巽，巽为齐，艮为山岳，《左传·庄公二十二年》："姜，大岳之后也"，杜预注："姜姓之先，为尧四岳"②，四岳即大岳③，所以"姜，大岳之后也"。《否》二、三、四爻互艮，四、五、上爻为乾，艮为山岳，乾为天，艮与乾相连，所以"山岳则配天"。遇卦《观》变为之卦《否》，遇卦《观》外卦为巽，之卦《否》外卦为乾，由巽之乾，乾与巽相较，乾为大，所以"物莫能两大"。遇卦《观》变为之卦《否》，遇卦《观》外卦为巽，之卦《否》外卦为乾，由巽之乾，巽为陨落、为衰亡，乾为大、为昌，遇卦《观》与之卦《否》，其内卦皆为坤，坤为国，遇卦之坤为此陈国，之卦之坤为彼异国，遇卦为现在时，之卦为将来时，彼此相对待而言，所以"陈衰，此其昌乎"。由此可见，周秦《易》解之互体，进一步扩大取象范围④，遇卦之卦、内卦外卦，结合其时其位、贞悔关系，说解益发精密，虽有发挥牵合之处，皆能自成体系，蔚为大观，已形成一套取象阐释系统，此为后世《易》解互体学说之源头⑤。

## 《复》卦

1. 《左传·成公十六年》楚子⑥救郑，"公⑦筮之，史曰：'吉。其卦遇

---

① 黄寿祺，张善文.周易译注：卷十　说卦传 [M].北京：中华书局，2016：550.

② ［清］阮元，校刻.十三经注疏清嘉庆刊本·春秋左传正义：卷第九 [M].北京：中华书局，2009：3854.

③ 《左传·隐公十一年》："夫许，大岳之胤也"，杜预注："大岳，神农之后，尧四岳也"，孔颖达疏："以其主岳之祀，尊之，故称大岳"（［清］阮元，校刻.十三经注疏清嘉庆刊本·春秋左传正义：卷第四 [M].北京：中华书局，2009：3770.）。

④ 尚秉和《左传国语易象释》："后之人昌言《易》理，而惮于观象，于是诧此筮为神异者有之，谓左氏事后造作此筮者有之。岂知周史所谈，皆卦象所明示，彼不过观象深、用象熟，故有此彻悟耳。岂有其它技巧哉？自野文出，象学隐，哆口空谈，以辅嗣、伊川为宗主，岂知皆避难就易之一念误之也。观左氏所谈，可怃然矣。"（尚秉和.周易尚氏学 [M].北京：中华书局，1980：342-343.）

⑤ 尚秉和《左传国语易象释》："按此筮为言互卦之祖。但互艮，杜注知之，之卦互巽，即不详，故误解'犹有观'三字。此名既误解，于是陈衰此昌，卦象所明示者，遂不能察知其所以然之故，而哆口谈空者，遂妄疑之矣。又为五字互之祖，《否》初至五，仍为《观》，故曰'犹有观'。后儒谓一卦互八卦，观此，其例亦创于左氏也。"（尚秉和.周易尚氏学 [M].北京：中华书局，1980：343.）

⑥ 【按】楚共王。

⑦ 【按】晋厉公。

《复》，曰："南国蹙，射其元王，中厥目。"国蹙、王伤，不败，何待？'公从之"①。

　　此乃晋楚鄢陵之战，楚共王救郑，晋厉公筮之，"其卦遇《复》"。晋史官所占断为吉，所谓"南国蹙，射其元王，中厥目"，不见于今本《复》卦，"蹙"与"目"押韵，古音同在觉部，当为史官据以占断之繇辞，此与上引《左传·僖公十五年》："其卦遇《蛊》，曰'千乘三去，三去之余，获其雄狐'"，同为繇辞之属。尚秉和《左传国语易象释》："按此为《左传》乾南之证。杜注只知离在南，谓离受咎，故目伤。不知乾亦在南，乾为首、为王，元者，首也。《左传》'归先轸之元''归国子之元'是也。乾亦受咎，故射中王元也。'南国蹙'者，震为南，坤为国、为丧，故曰'南国蹙'。震为射，故乾首离目之在南者，均受咎也。震南、震射、乾南之象，皆失传，祇《焦氏易林》知之，故杜注皆不知而不释。"② 由此可见，周秦卜史据以占断之《易》解繇辞，有不见于今本《周易》者，为后世《周易》定本刊落而未收，其取象亦多失传。

　　2.《左传·襄公二十八年》："蔡侯之如晋也，郑伯使游吉如楚。及汉，楚人还之，曰：'宋之盟，君实亲辱。今吾子来，寡君谓吾子姑还，吾将使驲奔问诸晋而以告。'""子大叔归，复命，告子展曰：'楚子将死矣。不修其政德，而贪昧于诸侯，以逞其愿，欲久，得乎？《周易》有之，在《复》之《颐》，曰'迷复，凶'，其楚子之谓乎！欲复其愿，而弃其本，复归无所，是谓迷复。能无凶乎？君其往也，送葬而归，以快楚心。楚不几十年，未能恤诸侯也，吾乃休吾民矣。'"③

　　所谓"在《复》之《颐》"，上六变为上九，取《复》卦上六爻辞为占断之辞，即"迷复，凶"④。继而解释爻辞，何谓"迷复"，子大叔结合楚康王"不修其政德，而贪昧于诸侯，以逞其愿，欲久，得乎"，解为"欲复其愿，而弃其本，复归无所，是谓迷复"，高亨《左传国语的〈周易〉说通解》："迷复是迷了路而才想回来，希望回到自己所喜爱的地方，然而忘掉原来路径，结果是无处可归。"⑤ 子大叔所谓"楚不几十年，未能恤诸侯也"，取自《复》卦上

　　① ［清］洪亮吉.春秋左传诂：卷十一［M］.北京：中华书局，1987：477.
　　② 尚秉和.周易尚氏学［M］.北京：中华书局，1980：349-350.
　　③ ［清］洪亮吉.春秋左传诂：卷十四［M］.北京：中华书局，1987：599、600.
　　④ 黄寿祺，张善文.周易译注：卷四　复卦第二十四［M］.北京：中华书局，2016：186.
　　⑤ 高亨.周易杂论［M］//高亨.高亨著作集林：第一卷.北京：清华大学出版社，2004：515.

六爻辞"用行师，终有大败，以其国，君凶，至于十年不克征"①，子大叔据此推断，楚国近 10 年时间，不能争夺霸业。由此可见，此处并未占筮，"在《复》之《颐》"，为子大叔政论之引用材料，《易》解全用爻辞作为依据，其推断也全任文辞，此乃周秦《易》解之义理派，不涉及卦象分析，其用例于战国时代逐渐出现。

### 《无妄》卦

《礼记·坊记》子云："礼之先币帛也，欲民之先事而后禄也。先财而后礼则民利，无辞而行情则民争，故君子于有馈者弗能见，则不视其馈。《易》曰：'不耕获，不菑畲，凶。'以此坊民，民犹贵禄而贱行。"②

所谓"《易》曰'不耕获，不菑畲，凶'"，取自《无妄》卦六二爻辞"不耕获，不菑畲，则利有攸往"③。《无妄》卦之六二，阴爻居阴位，处内卦之中，六二上应九五，不敢妄为而安守臣道，爻辞以不妄耕求获、不妄垦求畲设喻，寓意无所为于前、无所冀于后，因时顺理而无私意妄为之心，所以"则利有攸往"，这样就利于有所前往，此乃《无妄》六二爻辞本旨，既中且正，有柔中之德。孔子所引用，截取爻辞以为说，并非用其本义，反向发挥为"不耕获，不菑畲，凶"，作为坊民劝诫之语。由此可见，孔子对于《易》文本，仅作为说解契机，此与后来孔门发挥经义，其阐释方法颇为类似④，此乃周秦《易》解之发挥性。

### 《大畜》卦

《礼记·表记》子曰："事君，大言入则望大利，小言入则望小利。故君子不以小言受大禄，不以大言受小禄。《易》曰：'不家食，吉。'"⑤

所谓"《易》曰'不家食，吉'"⑥，取自《大畜》之卦辞。此处孔子所引用，为卦辞本义，国君已有大畜之资，当须养赡贤人，不使贤人在家自食，招贤授禄，广聚于朝廷，如此可获吉祥。此与上文"事君，大言入则望大利，小

---

① 黄寿祺，张善文．周易译注：卷四　复卦第二十四［M］．北京：中华书局，2016：186．
② ［清］孙希旦．礼记集解：卷五十　坊记第三十［M］．北京：中华书局，1989：1292．
③ 黄寿祺，张善文．周易译注：卷四　无妄卦第二十五［M］．北京：中华书局，2016：191．
④ 《论语·八佾》子夏问曰："'巧笑倩兮，美目盼兮，素以为绚兮'何谓也？"子曰："绘事后素。"曰："礼后乎？"子曰："起予者商也，始可与言《诗》已矣。"（程树德．论语集释：卷五　八佾上［M］．北京：中华书局，1990：157-159．）
⑤ ［清］孙希旦．礼记集解：卷五十一［M］．北京：中华书局，1989：1313．
⑥ 黄寿祺，张善文．周易译注：卷四　大畜卦第二十六［M］．北京：中华书局，2016：194．

言入则望小利。故君子不以小言受大禄，不以大言受小禄"，可谓一脉相承，所引《大畜》卦辞，恰到好处，具有总结上文、点明主旨之作用。由此可见，孔子对于《易》文本，融会贯通，或发挥《易》解，或忠实本义，取用自如，将《易》解纳入行文，与说理逻辑融为一体。由此可见，孔子引据以资论证，此乃周秦《易》解之经典性。

### 《咸》卦

《荀子·大略》："《易》之《咸》，见夫妇。夫妇之道，不可不正也，君臣父子之本也。咸，感也，以高下下，以男下女，柔上而刚下。"①

《易》之《咸》卦，内艮外兑，《说卦》："艮三索而得男，故谓之少男；兑三索而得女，故谓之少女"②，则艮为少男，阳刚由内趋外，兑为少女，阴柔由外向内，少男少女为匹配，艮为山，兑为泽，《说卦》"山泽通气"③，阴阳互应，两相亲和，《咸》卦之卦辞："亨，利贞，取女吉"④，少男娶少女，以成夫妇之道，所以"见夫妇"。夫妇之道，为伦理之始，《序卦》："有男女然后有夫妇，有夫妇然后有父子，有父子然后有君臣，有君臣然后有上下，有上下然后礼义有所错"⑤，所以"不可不正也，君臣父子之本也"。所谓"咸，感也""以男下女""柔上而刚下"⑥，皆取自《咸》卦之《象》辞，艮为山、为少男、为止，性质阳刚，兑为泽、为少女、为悦，性质阴柔，山居高而泽处下，《咸》之卦象内艮外兑，艮在兑下，所以"以高下下，以男下女，柔上而刚下"。所谓"咸，感也"，《咸》卦核心主旨，在于阴阳交感，此与《泰》卦交感之义同例。阳气发散向上，阴气凝聚向下，艮为阳，处下而向上，兑为阴，居上而向下，如此则阴阳二气得以交感，《咸》卦《象》辞："咸，感也。柔上而刚下，二气感应以相与。止而说，男下女，是以'亨，利贞，取女吉'也。天地感而万物化生，圣人感人心而天下和平。观其所感，而天地万物之情可见矣。"⑦ 艮为止，兑为悦，艮兑交感，既稳重自制，又能欢快欣悦，寓意为少男以礼下求少女，匹配娶妻，以成夫妇之道，可获吉祥。由此可见，荀子解《咸》卦，承周秦《易》解传统，卦象与文辞，两者紧密结合。此处阐述夫妇之道，始于

---

① ［清］王先谦．荀子集解：卷第十九［M］．北京：中华书局，1988：495.
② 黄寿祺，张善文．周易译注：卷十　说卦传［M］．北京：中华书局，2016：559.
③ 黄寿祺，张善文．周易译注：卷十　说卦传［M］．北京：中华书局，2016：547.
④ 黄寿祺，张善文．周易译注：卷五　咸卦第三十一［M］．北京：中华书局，2016：229.
⑤ 黄寿祺，张善文．周易译注：卷十　序卦传［M］．北京：中华书局，2016：574.
⑥ 黄寿祺，张善文．周易译注：卷五　咸卦第三十一［M］．北京：中华书局，2016：230.
⑦ 黄寿祺，张善文．周易译注：卷五　咸卦第三十一［M］．北京：中华书局，2016：230.

《易》解，亦终于《易》解，以《易》解作为论证根基，不仅纳入行文之中，而且融会说理之义，周秦《易》解方式，由占筮寓理到直陈事理，至此已然完成转变。而且，融《象》辞于《易》解之中，此乃荀子《易》解特异之处，《易传》之《象》辞撰集，源于周秦时代，信不诬矣。

### 《恒》卦

《礼记·缁衣》子曰："南人有言曰：'人而无恒，不可以为卜筮。'古之遗言与？龟筮犹不能知也，而况于人乎！《诗》云'我龟既厌，不我告犹'，《兑命》曰'爵无及恶德，民立而正'，'事纯而祭祀，是为不敬。事烦则乱，事神则难'，《易》曰'不恒其德，或承之羞'，'恒其德，侦，妇人吉，夫子凶'。"①

此处孔子所论，与《论语》记载，可以互证，《论语·子路》子曰："南人有言曰：'人而无恒，不可以作巫医。'善夫！""不恒其德，或承之羞。"子曰："不占而已矣。"② 所谓"卜筮"与"巫医"，上古之"巫"，兼掌卜筮与医药，其职事本相通，南方楚地，巫风尤其盛行，所谓"南人有言"，其言有自。所谓"《易》曰'不恒其德，或承之羞'"③，此乃《恒》卦九三爻辞，所谓"《易》曰'恒其德，侦，妇人吉，夫子凶'"④，此乃《恒》卦六五爻辞，侦与贞通。孔子所论主旨，在于强调恒久保持美德之重要性，如若"不恒其德"，占之无益，引用《诗》之《小雅·小旻》《书》之《兑命》《易》之《恒》，作为论证依据。由此可见，孔子将《易》解纳入行文，与说理逻辑融为一体，不涉及卦象分析，仅从《易》之文辞义理为说，与《礼记·表记》孔子所引《大畜》卦辞同例。《诗》《书》《易》并引，当是时也，三者已被奉为经典，引用以资取信，亦可见周秦《易》解之经典性。

### 《大壮》卦

《左传·昭公三十二年》史墨曰："天生季氏，以贰鲁侯，为日久矣。民之服焉，不亦宜乎？鲁君世从其失，季氏世修其勤，民忘君矣。虽死于外，其谁矜之？社稷无常奉，君臣无常位，自古以然。故《诗》曰：'高岸为谷，深谷为陵。'三后之姓，于今为庶，主所知也。在《易》卦，雷乘《乾》曰《大壮》，

---

① ［清］孙希旦．礼记集解：卷五十二 ［M］．北京：中华书局，1989：1332-1333.
② 程树德．论语集释：卷二十七 子路下 ［M］．北京：中华书局，1990：932-934.
③ 黄寿祺，张善文．周易译注：卷五 恒卦第三十二 ［M］．北京：中华书局，2016：239.
④ 黄寿祺，张善文．周易译注：卷五 恒卦第三十二 ［M］．北京：中华书局，2016：240.

天之道也。"①

此处并非用于卜筮，所谓"在《易》卦，雷乘乾曰《大壮》，天之道也"，为史墨政论所引据经典，与《左传·襄公二十八年》子大叔政论所引同例。然，两者亦有不同之处，子大叔政论所引"在《复》之《颐》"，其《易》解全用爻辞作为依据，其推断也全任文辞，此乃周秦《易》解之纯任义理派，不涉及卦象分析，其用例于春秋战国方才逐渐出现；而此处史墨政论所引"在《易》卦，雷乘乾曰《大壮》，天之道也"，则以卦象分析为主，《大壮》卦之卦象，内乾外震，乾为天，为天子之象，震为雷，为诸侯之象，《大壮》卦震居乾上，所以"雷乘乾"，象征君臣易位，寓意臣属强壮，势乘君主，指称"鲁君世从其失，季氏世修其勤，民忘君矣"，并且以天上有雷设喻，所谓"天之道也"。由此可见，史墨政论所引《大壮》，其《易》解全用二体作为依据，其结论也全任卦象，此乃周秦《易》解之纯任象数派。周秦时代《易》解用例②，以卦象与文辞相互融通为多，不结合文辞发挥，纯任卦象，其用例于周秦时代亦属少见。

### 《明夷》之《谦》卦

《左传·昭公五年》："初，穆子之生也，庄叔以《周易》筮之，遇《明夷》之《谦》，以示卜楚丘。楚丘曰：'是将行，而归为子祀。以谗人入，其名曰牛，卒以馁死。《明夷》，日也。日之数十，故有十时，亦当十位。自王已下，其二为公，其三为卿。日上其中，食日为二，旦日为三。《明夷》之《谦》，明而未融，其当旦乎，故曰：为子祀。日之《谦》，当鸟，故曰：明夷于飞。明而未

---

① ［清］洪亮吉. 春秋左传诂：卷十八［M］. 北京：中华书局，1987：803-804.

② 【按】朱熹论《易》曰："人自有合读底书"，"某才见人说看《易》，便知他错了，未尝识那为学之序。《易》自是别是一个道理，不是教人底书。故《记》中只说先王'崇四术，顺《诗》《书》《礼》《乐》以造士'，不说《易》也，《语》《孟》中亦不说《易》。至《左传》《国语》方说，然亦只是卜筮尔，盖《易》本为卜筮作"（易三：纲领下　读易之法［M］//［宋］黎靖德. 朱子语类：卷第六十七. 北京：中华书局，1986：1658.）。"问看《易》。曰：'未好看，《易》自难看。《易》本因卜筮而设，推原阴阳消长之理，吉凶悔吝之道。先儒讲解，失圣人意处多。待用心力去求，是费多少时光！不如且先读《论语》。'又问读《诗》。曰：'《诗》固可以兴，然亦自难。先儒之说，亦多失之。某枉费许多年工夫，近来于《诗》《易》略得圣人之意。'"（朱子语类：卷第一百一十五　朱子十二　训门人三，2778.）又《朱文公文集》卷五六，答郑子上问："程氏《易传》已甚详细，今《启蒙》所附益者，只是向来卜筮一节耳。若推广旁通，则离不得彼书也。程先生说《易》得其理，则象数在其中，固是如此。然泝流以观，却须先见象数的当下落，方说得理不走作，不然事无实证，则虚理易易差也。"（朱熹一三八：答郑子上［M］//曾枣庄，刘琳. 全宋文：第二百四十八册卷五五六五. 上海：上海辞书出版社，合肥：安徽教育出版社，2006：200.）

融，故曰：垂其翼。象日之动，故曰君子于行。当三在旦，故曰：三日不食。离，火也；艮，山也。离为火，火焚山，山败。于人为言，败言为谗，故曰：有攸往，主人有言。言必谗也。纯离为牛，世乱谗胜，胜将适离，故曰：其名曰牛。谦不足，飞不翔；垂不峻，翼不广，故曰：其为子后乎。吾子，亚卿也，抑少不终。'"①

　　此处为卜楚丘筮例，《左传·闵公二年》有卜楚丘之父筮例，可见周秦时代卜人世守其业。所谓"《明夷》之《谦》"，初九变初六，取《明夷》初九爻辞为占，继而卜楚丘依据卦象解释爻辞，并在解释过程中，寄托对将来事态发展之看法。遇卦《明夷》内离外坤，之卦《谦》内艮外坤，《明夷》卦之三、四、五爻互震，《谦》卦之三、四、五爻亦互震，震为行②、为归③，为子④、为主器长子⑤，所以"是将行，而归为子祀"。遇卦为贞，之卦为悔，贞为现在时，悔为将来时，预测取象于之卦《谦》《谦》之三、四、五爻互震，《谦》之初、二、三爻覆震，所谓正反震，震为人、为言⑥，正反震则为"谗人"⑦，震又为反⑧，反即返，故曰"入"，所以"以谗人入"。《谦》卦内艮外坤，艮为名⑨、为牛⑩，坤为虚⑪、为杀⑫，虚而馁，杀致死，所以"其名曰牛，卒以馁死"。《明夷》卦内离外坤，离下坤上，"离为火、为日""坤为地"⑬，日在地下，犹光明殒伤，故曰"《明夷》，日也"。以天干记日，从甲至癸，其数为十，所以"日之数十"，以十二地支计时，始于《南齐书·天文志》，并非上古之制，据

①　[清] 洪亮吉. 春秋左传诂：卷十五 [M]. 北京：中华书局，1987：666-667.

②　尚秉和. 焦氏易林注：泰之第十一 [M]. 北京：中国大百科全书出版社，2005：211.

③　尚秉和. 周易尚氏学：卷四　泰卦第十一 [M]. 北京：中华书局，1980：78.

④　尚秉和. 周易尚氏学：说例 [M]. 北京：中华书局，1980：3.

⑤　尚秉和. 焦氏易诂：卷八　"震为长子说"条 [M]. 北京：中国大百科全书出版社，2005：123.

⑥　尚秉和. 周易尚氏学：卷十三　困卦第四十七 [M]. 北京：中华书局，1980：215.

⑦　尚秉和《周易尚氏学》："岂知《左氏》《明夷》之《谦》曰：'于人为言，败言为谗'。《谦》上震，震为言，下艮震覆，故曰败言，言相反故曰'谗'。《易林》本之，凡正反震、正反兑相背者，不曰'争讼'，即曰'有言'，于是《困》《震》之有言皆得解。"（尚秉和. 周易尚氏学：说例 [M]. 北京：中华书局，1980：4.）

⑧　尚秉和. 周易尚氏学：卷十七　未济卦第六十四 [M]. 北京：中华书局，1980：283.

⑨　尚秉和. 周易尚氏学：说例 [M]. 北京：中华书局，1980：3.

⑩　尚秉和. 焦氏易诂：易象补遗　"艮为牛"条 [M]. 北京：中国大百科全书出版社，2005：196.

⑪　尚秉和. 周易尚氏学：卷九　咸卦第三十一　引虞翻曰 [M]. 北京：中华书局，1980：152.

⑫　惠栋《周易述》："坤为虎刑，春生秋杀，故坤为杀。"（[清] 惠栋. 周易述：卷十七　系辞下传 [M]. 北京：中华书局，2007：321.）

⑬　黄寿祺，张善文. 周易译注：卷十　说卦传 [M]. 北京：中华书局，2016：560.

《易》、《诗》、《书》、三礼、《左传》诸记载，上古分一昼夜实为十时，分别记作：鸡鸣、昧爽、旦、大昕、日中、日昃、夕、昏、宵、夜中，谓之"故有十时"。上古天文学，误以日绕地，遂将太阳之日与地球自转之日，混为一谈，所以"日之数十，故有十时"，又将天与人相互对应，以鸡鸣为王、昧爽为公、旦为卿、大昕为士，所以"亦当十位。自王以下，其二为公，其三为卿"。古人认为，鸡鸣之时，日从地中上升，喷薄将出，此时如创始之初，最为尊贵，谓之"日上其中"，与王位相对应，太阳跨越地平线过程，若有食之，谓之"食日为二"，与公位相对应，太阳刚刚跃出地平线，谓之"旦日为三"，与卿位相对应。从遇卦《明夷》到之卦《谦》，初九变初六，即内卦离变艮，离为明①，明为光，艮为黔②，黔为黑，明亮炽盛貌为融，所以"明而未融"。《明夷》卦之初爻与四爻有应，四体震，震又为旦③，旦日与卿位对应，而遇卦之卦皆有互震，震为长子、为祀，长子承嗣主祭④，谓之"故曰为子祀"。从遇卦《明夷》到之卦《谦》，内卦离变艮，离为日，艮为鸟⑤，所以"日之《谦》，当鸟"，以此解释《明夷》初九爻辞"明夷于飞"⑥。《明夷》卦内离外坤，日之将出，"明而未融"，三、四、五爻互震，震处于坤下，震为旦、为翼⑦，下震上坤，于日为未融之象，于鸟为垂翼之象，以此解释《明夷》初九爻辞"垂其翼"⑧。《明夷》卦之三、四、五爻互震，震居于离上，离为日，震为动⑨，下离上震，谓之"象日之动"，震为君⑩、为子、为行，谓之"君子于行"，以此解释《明夷》初九

---

① 《周易·说卦》："离也者，明也。"（黄寿祺，张善文．周易译注：卷十［M］．北京：中华书局，2016：550．）

② 《周易·说卦》：艮"为黔喙之属"（黄寿祺，张善文．周易译注：卷十［M］．北京：中华书局，2016：560．）。

③ 【按】《周易·说卦》："帝出乎震""万物出乎震，震东方也"（黄寿祺，张善文．周易译注：卷十［M］．北京：中华书局，2016：550．）。考"帝"之本义，即"日"，而"日"出为"旦"，可参：张舜徽．解释"帝"字受义的根源答友人问［M］//张舜徽．中国史论文集．武汉：湖北人民出版社，1956：179-181．

④ 《周易·序卦》："主器者莫若长子，故受之以《震》。"（黄寿祺，张善文．周易译注：卷十［M］．北京：中华书局，2016：574．）

⑤ 《周易尚氏学》："尤要者，《明夷》之《谦》，即离变艮。《左氏》曰'当鸟'，是以艮为鸟也。鸟黔喙也，于是《小过》'飞鸟之象'有著。"（尚秉和．周易尚氏学：说例［M］．北京：中华书局，1980：2．）

⑥ 黄寿祺，张善文．周易译注：卷五　明夷卦第三十六［M］．北京：中华书局，2016：264．

⑦ 尚秉和．焦氏易林注：损之第四十一［M］．北京：中国大百科全书出版社，2005：729．

⑧ 黄寿祺，张善文．周易译注：卷五　明夷卦第三十六［M］．北京：中华书局，2016：264．

⑨ 《周易·说卦》孔颖达疏："震象雷，雷奋动万物，故为动也。"（［清］阮元，校刻．十三经注疏清嘉庆刊本·周易正义：卷第九［M］．北京：中华书局，2009：197．）

⑩ 尚秉和．周易尚氏学：卷二　屯卦第三［M］．北京：中华书局，1980：42．

爻辞"君子于行"。震为旦，其数三①，谓之"当三在旦"，震又为口②、为食③，坤为闭塞④，震处于坤下，谓之"不食"，以此解释《明夷》初九爻辞"三日不食"。从遇卦《明夷》到之卦《谦》，初九变初六，即内卦离变艮，"离为火""艮为山"⑤，山下有火，所以"离，火也；艮，山也。离为火，火焚山，山败"。遇卦《明夷》之三四五爻互震，之卦《谦》之三四五爻亦互震，震为人、为言，所以"于人为言"，从遇卦《明夷》到之卦《谦》，内卦离变艮，艮为反震，艮与震卦象互倒，震既为言，变艮反震，谓之"败言"。之卦《谦》之三、四、五爻互震，初、二、三爻覆震，震为人，正反震相背，谓之"谗人"，其"言必谗也"，所以"败言为谗"。遇卦之卦皆互震，震又为往、为主人⑥，谓之"主人有言"，以此解释《明夷》初九爻辞"有攸往，主人有言"。所谓"纯离为牛，世乱谗胜，胜将适离，故曰其名曰牛"，遇卦《明夷》内离外坤，坤为纯耦，以坤配离，谓之"纯离"，坤又"为牛"⑦，所以"纯离为牛"，尚秉和《左传国语易象释》："适、敌同。《礼·燕义》'君独升立席上，西面特立，莫敢适之义也'，《史记·田单传赞》'始如处女，适人闭户。后如脱兔，适不敢距'，皆以适为敌。'适离'者，言与离相同也。离为牛，艮亦为牛也。艮阳在上为名，故曰'其名曰牛'。自艮牛象失传，于是《易·无妄》六三之牛、《遁》六二之牛、《大畜》六四之牛象，皆无着，不用虞仲翔强变之法，不能解也。岂知左氏固明白言之，焦氏《易林》遇艮，即言牛也"⑧，之卦《谦》内艮外坤，此据从遇卦到之卦，其内卦离变艮为说。《谦》道卑退，飞不远翔，谓之"谦不足，飞不翔"，鸟翼卑垂，飞不广远，谓之"垂不峻，翼不广"，此乃据文辞义理为说，取自《明夷》初九爻辞"明夷于飞，垂其翼"，而遇卦《明夷》之卦《谦》皆互震，震为后⑨，谓之"其为子后"，以此寓意叔孙穆子不得善终。由此可见，卜楚丘筮例以卦象分析为主，兼采爻辞义理，周秦

①　尚秉和.焦氏易林注：屯之第三［M］.北京：中国大百科全书出版社，2005：43.
②　尚秉和.周易尚氏学：卷六　噬嗑卦第二十一［M］.北京：中华书局，1980：111.
③　尚秉和.周易尚氏学：卷七　剥卦第二十三［M］.北京：中华书局，1980：122.
④　尚秉和.周易尚氏学：卷六　观卦第二十［M］.北京：中华书局，1980：109.
⑤　黄寿祺，张善文.周易译注：卷十　说卦传［M］.北京：中华书局，2016：560.
⑥　尚秉和.周易尚氏学：卷十　明夷卦第三十六［M］.北京：中华书局，1980：171.
⑦　黄寿祺，张善文.周易译注：卷十　说卦传［M］.北京：中华书局，2016：557.
⑧　尚秉和.周易尚氏学：附录［M］.北京：中华书局，1980：352.
⑨　尚秉和.周易尚氏学：卷十四　震卦第五十一［M］.北京：中华书局，1980：232.

时代《易》解，以卦象与文辞相互融通为主流①。而且卜楚丘筮例所用互体、覆象甚多，此乃周秦《易》解原有体例，并非后世附会之说。

### 《困》之《大过》卦

《左传·襄公二十五年》："齐棠公之妻，东郭偃之姊也。东郭偃臣崔武子。棠公死，偃御武子以吊焉。见棠姜而美之，使偃取之。偃曰：'男女辨姓，今君出自丁，臣出自桓，不可。'武子筮之，遇《困》之《大过》，史皆曰'吉'。示陈文子，文子曰：'夫从风，风陨妻，不可娶也。且其繇曰：困于石，据于蒺藜，入于其宫，不见其妻，凶。困于石，往不济也；据于蒺藜，所恃伤也；入于其宫，不见其妻，凶，无所归也。'"②

所谓"《困》之《大过》"，六三变九三，取《困》卦六三爻辞为占。"史皆曰'吉'"者，仅以遇卦为说，遇卦《困》内坎外兑，《说卦》："坎再索而得男，故谓之中男""兑三索而得女，故谓之少女"③，则坎为中男，兑为少女，内坎而上，外兑而下，阴阳得以交感，中男与少女，适其匹配，史官以为吉祥。而陈文子《易》解路径，与史官不同，以遇卦之卦结合为说。遇卦《困》内坎外兑，之卦《大过》内巽外兑，坎为中男，可谓之"夫"，巽为风，由遇卦《困》到之卦《大过》，坎变为巽，谓之"夫从风"。从遇卦到之卦，外卦皆为兑，兑仍居上，兑为少女，可谓之"妻"，而之卦《大过》卦象，巽在兑下，巽为风，风有陨义④，风在妻下，谓之"风陨妻"。既然丈夫跟从风，而风又毁坏妻子，所以"不可娶也"。所谓"其繇曰'困于石，据于蒺藜，入于其宫，不见其妻，凶'"⑤，此取《困》卦六三爻辞为占，陈文子继而分析爻象与爻辞之关系。《困》卦之六三爻象，以阴爻居阳位，阴柔失正，六三与上六无应，只能求比于九四，而九四已与初六为应，且又居于九二之上，更有乘刚之嫌。爻辞据爻象设喻，以九四为石，以九二为蒺藜，六三居于其间，则如困于九四石下，石坚难入，从下向上为往，所以"'困于石'，往不济也"。六三又乘凌九二之上，九二刚强不可凭据，则如足踩蒺藜，棘刺难践，从上向下为来，虽欲

---

① 【按】《系辞上》："圣人设卦观象，系辞焉而明吉凶，刚柔相推而生变化"（黄寿祺，张善文．周易译注：卷九［M］．北京：中华书局，2016：476.），《易》之文辞，无不从象所生，自象学失传，则《易》辞多晦。

② 杨伯峻．春秋左传注［M］．修订本．北京：中华书局，1990：1096.

③ 黄寿祺，张善文．周易译注：卷十 说卦传［M］．北京：中华书局，2016：559.

④ 【按】《周易·说卦》："桡万物者，莫疾乎风"（黄寿祺，张善文．周易译注：卷十［M］．北京：中华书局，2016：554.），"桡"即"陨"，皆有毁坏之义。

⑤ 黄寿祺，张善文．周易译注：卷七 困卦第四十七［M］．北京：中华书局，2016：348.

寻匹配，无奈乘刚，所以"'据于蒺藜'，所恃伤也"。六三当此上困于坚石（九四）、下拒于蒺藜（九二）之时，既与上六无应，求比于九四，九四已与初六为应，唯余九二为比，却属乘刚。六三阴柔，以此失应不正之身，虽然退居其室，也只能茕茕孑立，形影相吊，难以配人为妻，穷厄若此，处境凶险，所以"入于其宫，不见其妻，凶"。妇人谓嫁曰归，六三阴柔为妇人，既失其应，又不当位，寓意崔杼娶棠姜，非其匹配，是以"无所归也"。此乃陈文子借分析卦象以及爻象与爻辞关系，提出不宜娶棠姜之主张。陈文子《易》解，将遇卦与之卦相综合，将爻象与爻辞相结合，亦可见周秦时代卦象与文辞相互融通。此筮例以爻象分析爻辞，再以爻辞寄托主张，此其特异之处。

### 《艮》之《随》卦

《左传·襄公九年》："穆姜薨于东宫。始往而筮之，遇《艮》之八。史曰：'是谓《艮》之《随》《随》，其出也。君必速也。'姜曰：'亡。是于《周易》曰："《随》，元亨，利贞，无咎。"元，体之长也；亨，嘉之会也；利，义之和也；贞，事之干也。体仁，足以长人，嘉德，足以合礼，利物，足以和义，贞固，足以干事。然，故不可诬也，是以虽《随》"无咎"。今我妇人，而与于乱。固在下位，而有不仁，不可谓元；不靖国家，不可谓亨；作而害身，不可谓利；弃位而姣，不可谓贞。有四德者，《随》而无咎。我皆无之，岂《随》也哉？我则取恶，能无咎乎？必死于此，弗得出矣。'"①

所谓"《艮》之八"，与《国语·晋语四》"贞《屯》悔《豫》，皆八也"同例，此处杜预注："史疑古《易》遇八为不利，故更以《周易》占"，孔颖达疏："遇八之下，别言《周易》，知此遇八非《周易》也"②，此所谓"之八"，筮史所占不利，更以《周易》占之，当同此例。其后别言《周易》之文，以《易》解视之可也。所谓"《艮》之《随》"，唯六二不变，其余五爻皆变，所变甚多，遂取之卦《随》卦象为占断。《随》卦内震外兑，震为动，兑为悦③，内动外悦，即有人愿随从之义。郑玄解为："震，动也。兑，说也。内动之以德，外说之以言，则天下之人咸慕其行而随从之，故谓之'随'也。"④《随》

---

① ［清］洪亮吉.春秋左传诂：卷十二［M］.北京：中华书局，1987：511.
② ［清］阮元，校刻.十三经注疏清嘉庆刊本·春秋左传正义：卷第三十　襄公九年［M］.北京：中华书局，2009：4215.
③ 《周易·说卦》："说言乎兑。"（黄寿祺，张善文.周易译注：卷十［M］.北京：中华书局，2016：550.）
④ ［唐］李鼎祚.周易集解：卷第五《随卦》引［M］.北京：中华书局，2016：126.

卦既有随人而行之义，则为出走之象，所以"《随》，其出也"。所谓"是于《周易》曰'《随》，元亨，利贞，无咎'"①，此乃《随》之卦辞。对于《随》卦辞之"元亨，利贞"，穆姜阐释为："元，体之长也；亨，嘉之会也；利，义之和也；贞，事之干也。体仁，足以长人，嘉德，足以合礼，利物，足以和义，贞固，足以干事"，以之作为依据，如若有此四德，"是以虽《随》'无咎'""有四德者，《随》而无咎"。穆姜此解，与《乾文言》："元者，善之长也；亨者，嘉之会也；利者，义之和也；贞者，事之干也。君子体仁，足以长人；嘉会，足以合礼；利物，足以和义；贞固，足以干事"② 相符合，穆姜《易》解远在孔子之前，《乾文言》当取材于此。穆姜继而结合自身行为，一一比对，反向论之，"今我妇人，而与于乱。固在下位，而有不仁，不可谓元；不靖国家，不可谓亨；作而害身，不可谓利；弃位而姣，不可谓贞"，将占筮《易》解与现实行为相结合，认为"然，故不可诬也"，从而得出结论："有四德者，《随》而无咎。我皆无之，岂《随》也哉？我则取恶，能无咎乎？必死于此，弗得出矣"。由此可见，穆姜以义理立论，其《易》解发挥演绎，仅作为论说手段，而以现实行为因果作为依据。此处并不涉及卦象分析，仅取卦辞推演为说，亦可谓周秦《易》解之纯义理派。

### 《归妹》之《睽》卦

《左传·僖公十五年》："初，晋献公筮嫁伯姬于秦，遇《归妹》之《睽》。史苏占之，曰：'不吉。其繇曰：士刲羊，亦无衁也。女承筐，亦无贶也。西邻责言，不可偿也。《归妹》之《睽》，犹无相也。震之离，亦离之震，为雷为火，为嬴败姬。车说其輹，火焚其旗，不利行师，败于宗丘。《归妹》《睽》孤，寇张之弧。姪其从姑，六年其逋，逃归其国，而弃其家，明年其死于高梁之虚。'及惠公在秦，曰：'先君若从史苏之占，吾不及此夫。'韩简侍，曰：'龟，象也；筮，数也。物生而后有象，象而后有滋，滋而后有数。先君之败德，及可数乎？史苏是占，勿从何益？《诗》曰：下民之孽，匪降自天。僔沓背憎，职竞由人。'"③

所谓"《归妹》之《睽》"，上六变上九，取《归妹》上六爻辞为占。所谓"其繇曰'士刲羊，亦无衁也。女承筐，亦无贶也'"，以羊、衁、筐、贶为

---

① 黄寿祺，张善文. 周易译注：卷三　随卦第十七［M］. 北京：中华书局，2016：134.

② 黄寿祺，张善文. 周易译注：卷一　乾卦第一［M］. 北京：中华书局，2016：9.

③ ［清］洪亮吉. 春秋左传诂：卷七［M］. 北京：中华书局，1987：296-298.

韵，今本《归妹》上六爻辞为"女承筐，无实。士刲羊，无血。无攸利"①，以筐、羊为韵，实、血为韵。"衁"即"血"，"士刲羊，亦无衁也"，即"士刲羊，无血"；既然"无实"，则无所贶与，所以"无实"即"亦无贶也"。可见今本爻辞经过删订，此处所引，盖周秦原始版本。刲羊、承筐，皆属上古婚姻之礼，为夫妇祭祀环节，男子刲羊而无血，女子承筐而无实，所以史苏断之"不吉"，今本《归妹》上六爻辞，亦断之"无攸利"。所谓"西邻责言，不可偿也。《归妹》之《睽》，犹无相也"，此乃史苏断辞，承《归妹》上六爻辞而言之，其偿、相用韵，与羊、衁、筐、贶亦同。遇卦《归妹》内兑外震，之卦《睽》内兑外离，《归妹》初、二、三爻为兑，二、三、四爻为互离，兑为西，震为邻②，谓之"西邻"。兑居内而向外，"兑为口"③，口向外，谓之"责言"，而震为言，震言居外，与兑口相背，亦谓"责言"。由遇卦《归妹》到之卦《睽》，外卦震变为离，震为言，震变离，则言败，所以"不可偿也"。由遇卦《归妹》到之卦《睽》，上六变上九，《睽》卦九四与上九爻辞皆有"睽孤"④，既"孤"则"无相"，相即助⑤。经过分析卦象之后，又将卦象与现实相联系，秦为晋之"西邻"，晋女嫁于秦，不能巩固两国关系，反而使秦国多有"责言"，晋国难以应付，谓之"西邻责言，不可偿也"。《归妹》为女嫁之卦，《睽》为乖离之象，《归妹》之《睽》，象征晋女嫁于秦，于秦晋两国关系，无所襄助，所以"《归妹》之《睽》，犹无相也"，此乃史苏根据卦象与爻辞，结合现实考量，通过断辞提出主张。所谓"震之离，亦离之震"，此亦史苏《易》解之辞，不仅取遇卦变爻之辞为占，其于之卦，亦取动爻之辞，参互为用。由遇卦《归妹》到之卦《睽》，外卦震变为离，"震为雷""离为火"⑥，所以"为雷为火"。遇卦《归妹》内兑外震，主晋嫁女之事，以震为周⑦，周为姬姓，震亦得为姬⑧，而兑为西⑨，

① 黄寿祺，张善文．周易译注：卷七 归妹卦第五十四 ［M］．北京：中华书局，2016：402.

② 尚秉和．周易尚氏学：说例 ［M］．北京：中华书局，1980：4.

③ 黄寿祺，张善文．周易译注：卷十 说卦传 ［M］．北京：中华书局，2016：558.

④ 黄寿祺，张善文．周易译注：卷五 睽卦第三十八 ［M］．北京：中华书局，2016：281、282.

⑤ 【按】《左传·昭公四年》："晋、楚惟天所相"（［清］洪亮吉．春秋左传诂：卷十五 ［M］．北京：中华书局，1987：656.），后世成语"吉人自有天相"，相即助，如元曲《泣江州》："孩儿放心，吉人自有天助"（［清］孙锦标．通俗常言疏证：天文 ［M］．北京：中华书局，2000：9.）。

⑥ 黄寿祺，张善文．周易译注：卷十 说卦传 ［M］．北京：中华书局，2016：560.

⑦ 尚秉和．周易尚氏学：卷二十 说卦传 ［M］．北京：中华书局，1980：328.

⑧ 【按】上论《左传·庄公二十二年》周史筮"《观》之《否》卦"，以巽为齐，齐国姜姓，与此同例。

⑨ 【按】《周易·说卦》："兑，正秋也"（黄寿祺，张善文．周易译注：卷十 ［M］．北京：中华书局，2016：550.），兑为正秋之卦，则于后天八卦方位居西方。

晋之西邦为秦，秦为嬴姓，兑亦得为嬴，由遇卦《归妹》到之卦《睽》，内兑如故，外震变离，则震象将毁，兑既为嬴，震既为姬，所以"为嬴败姬"。所谓"车说其輹，火焚其旗，不利行师，败于宗丘"，尚秉和《左传国语易象释》："'车说其輹'者，震为车、为輹。震为车，见《闵元年传》，人尚知之。为輹，则自东汉迄今为震象，似《子夏传》已知，但《子夏传》久亡，孔疏引只数语，《传》是否即以輹车下伏兔，今人谓之车屐。夫震为履屐，又屐在箱下，俨然足形。则輹为震象，似《子夏传》已知。但《子夏传》久亡，孔疏引只数语，传是否即以輹为震象，疏未明言。然由'车屐'二字，而《左传》得解。凡《易》之言'輹'者，皆得解，则古注之可珍，为何如也！震变离，车毁，故曰'说輹'。輹说（脱），则箱与轴分离，车不能行。震为旗，见焦氏《易林》，盖旗之翻动飞舞，惟震能象之。详焦氏《易诂》。而清何楷以坎曳为旗，于以见象学之宏深，不易识也。震为旗，旗变火，故曰'火焚'，故曰'火焚旗'。震为征伐，故为'行师'，震毁，故'不利行师'。震为主，故为'宗'，为陵，故为'丘'，'宗丘'，犹宗国也。震为木，火所自出，今火还害之，故知不利于晋，仍'为嬴败姬'之旨也。"① 所谓"《归妹》《睽》孤，寇张之弧。姪其从姑，六年其逋，逃归其国，而弃其家，明年其死于高梁之虚"，尚秉和《左传国语易象释》："首二句，《睽》上九爻辞。兑为姪，姪，兄弟之女也。古之贵族，嫁女必以姪娣从，是也。震为从，伏巽为母，故曰'姑'。杜注以震为姑，震无此象也。《焦氏易林》每以震为年，震主爻互坎，坎数六，故曰'六年'。坎为隐伏，故曰'逋逃'。坤为国，言九四隐伏于坤中，犹《讼》九二之'入渊'也。艮为家，艮伏兑见，故曰'弃家'。震为年，变离，故曰'明年'。伏巽为高，艮为梁、为虚，故曰'高梁之虚'。坎为棺椁，故曰'死'。棺椁象见《三国志·管辂传》。总之，此爻辞自来不得解者，以象之失传者太多也。嬴象、姬象、輹象、旗象、巽母象，自东汉迄宋，只朱汉上知一巽母象，余尽遗失。故夫毛西河、李刚主、何楷、顾复诸钜儒，迭为讲明，乃愈讲愈晦。赖有《焦氏易林》，失传之象，一一复出耳，不然，乌从索解哉"②，所论《易》解逸象甚夥，其断辞庶几可读，颇资参正焉。由此可见，史苏根据卦象与爻辞，结合现实考量，通过断辞提出主张。观此筮例，不仅取遇卦变爻之辞为占，其于之卦，亦取动爻之辞，参互以为用，此其特异之处。

---

① 尚秉和．周易尚氏学：附录［M］．北京：中华书局，1980：348-349.
② 尚秉和．周易尚氏学：附录［M］．北京：中华书局，1980：349.

### 《丰》之《离》卦

《左传·宣公六年》："郑公子曼满与王子伯廖语，欲为卿。伯廖告人曰：'无德而贪，其在《周易》，《丰》之《离》，弗过之矣。'间一岁，郑人杀之。"①

此处伯廖所论，疑有阙文，刘文淇《左传旧注疏证》："《传》言占筮，多援《易》文或繇词。此口语，非占筮比。然第举'《丰》之《离》'，下'弗过''间一岁'之文，无所蒙承，疑有佚脱。"② 所谓"《丰》之《离》"，上六变上九，取《丰》卦上六爻辞为占断之辞。《丰》卦上六爻辞："丰其屋，蔀其家，窥其户，阒其无人，三岁不觌，凶"③，以无德而大其屋设喻，寓意曼满无德而贪禄位，时不过三年，必有凶险，所以"弗过之矣"。所谓"间一岁，郑人杀之"，证伯廖所论应验。此处"《丰》之《离》"，虽蕴含取《丰》卦上六爻辞为占之义，然并非占筮，伯廖评论曼满所引，仅据以说理而已，不涉及卦象分析与文辞发挥，此筮例介于象数与义理之间，为周秦《易》解征引之例，说理之义，凝聚其中，《易》之经典地位，已然确立，与后世运用典故相类④。

### 《既济》卦

《礼记·坊记》子云："敬则用祭器，故君子不以菲废礼，不以美没礼。故食礼，主人亲馈则客祭，主人不亲馈则客不祭。故君子苟无礼，虽美不食焉。《易》曰：'东邻杀牛，不如西邻之禴祭，实受其福。'《诗》云：'既醉以酒，既饱以德。'以此示民，民犹争利而忘义。"⑤

所谓"《易》曰'东邻杀牛，不如西邻之禴祭，实受其福'"⑥，取自《既济》卦九五爻辞。《既济》卦之九五，阳刚中正，爻辞以东、西邻祭祀设喻，东为阳，西为阴，九五（东邻）居于尊位而时已过，不如六二（西邻）在下而始得时，物丰不如合时，寓意事成物盛之时，更当敬慎修德，方能"实受其福"。

---

① ［清］洪亮吉．春秋左传诂：卷十［M］．北京：中华书局，1987：406.

② 杨伯峻．春秋左传注［M］．修订本．北京：中华书局，1990：689.

③ 黄寿祺，张善文．周易译注：卷八　丰卦第五十五［M］．北京：中华书局，2016：411.

④ 《文心雕龙·事类》："事类者，盖文章之外，据事以类义，援古以证今者也。"（［南朝梁］刘勰．文心雕龙注［M］．范文澜，注．北京：人民文学出版社，1958：614.）

⑤ ［清］孙希旦．礼记集解：卷五十［M］．北京：中华书局，1989：1289.

⑥ 黄寿祺，张善文．周易译注：卷八　既济卦第六十三［M］．北京：中华书局，2016：463.
【按】《周易·既济》"实"作"实"。

至于"东邻"与"西邻"之对比①，旨在勉其劝诫，借东邻祭礼以示警惧，借西邻禴祭以示劝勉。东边邻国杀牛举行盛大祭祀，不如西边邻国杀猪举行微薄禴祭，是以唯有适时明德，更能切实承受神灵所降予福泽。《论语·阳货》子曰："礼云礼云，玉帛云乎哉？乐云乐云，钟鼓云乎哉？"②所论适足相发。观《礼记·坊记》此处，孔子阐发义利之辨，强调质文之别③，其引据《既济》卦九五爻辞，文意重点有所变化，爻辞本意重在适时明德，孔子用意重在"祭思敬"④，强调礼仪背后所蕴涵德义，此乃周秦《易》解之发挥性。此处引据《易》解，文意重点虽稍有变化，与《礼记·坊记》孔子所引《无妄》卦相较，彼截取《无妄》六二爻辞以为说，不仅远离本义，而且反向发挥，作为坊民劝诫之语。对比可见，此例尚属周秦《易》解发挥性之近于本意者；至于孔子引用《无妄》六二爻辞，仅以《易》文本作为说解契机，则属于周秦《易》解发挥性之游离本意者。《礼记·坊记》两处引例，同属孔门《易》解发挥，皆不涉及卦象，说理以文辞义理为主，然程度有所不同，学者当深措意焉。

## 第六节　周秦《春秋》经解实录

关于周秦《春秋》经解之所以可能，在于《春秋》本有史笔史识⑤存焉，孔子以前已然如此，如《国语·楚语上》："庄王使士亹傅大子葴，辞曰：'臣

---

① 【按】"东邻"特指商纣之国，奢而慢礼，故无福；"西邻"特指周文王之国，俭而恭敬，故"实受其福"。殷周之际，称四时祭祀之春祭为禴，禴祭虽属于规模较小之祭祀，却合乎天时，此可备一说；"东邻"与"西邻"，亦可泛指彼与此，为对待之指称，东有阳义，西有阴义，象征《既济》之九五与六二阴阳相应。

② 程树德. 论语集释：卷三十五　阳货下 [M]. 北京：中华书局，1990：1216.

③ 【按】孔子曰："质胜文则野，文胜质则史。文质彬彬，然后君子"（程树德. 论语集释. 卷十二　雍也下 [M]. 北京：中华书局，1990：400.）；而荀子谓之"情""文"关系，"凡礼，始乎梲，成乎文，终乎悦校。故至备，情文俱尽；其次，情文代胜；其下，复情以归大一也"（[清] 王先谦. 荀子集解：卷第十三　礼论篇第十九 [M]. 北京：中华书局，1988：355.），"礼"始乎收敛（质），成乎文饰（文），终乎悦快（情），所谓"情文俱尽"，即"文质彬彬，然后君子"，所谓"复情以归大一"，素朴无"文"，则复归于"情"与"质"，《荀子·礼论》自解之曰："贵本之谓文，亲用之谓理，两者合而成文，以归大一，夫是之谓大隆。故尊之尚玄酒也，俎之尚生鱼也，俎之先大羹也，一也。"（[清] 王先谦. 荀子集解：卷第十三 [M]. 北京：中华书局，1988：352.）

④ 程树德. 论语集释：卷三十八　子张 [M]. 北京：中华书局，1990：1301.

⑤ 【按】胡应麟曰："余谓刘（知几）有史学，无史笔；有史裁，无史识也。"（[明] 胡应麟. 少室山房笔丛：卷十三　史书占毕一 [M]. 北京：中华书局，1958：176.）。

不才，无能益焉。'王曰：'赖子之善善之也。'……王卒使傅之。问于申叔时，叔时曰'教之《春秋》①，而为之耸善而抑恶焉，以戒劝其心'"②，所谓"耸善而抑恶""以戒劝其心"，即《春秋》之"义"。又如《国语·晋语七》："悼公与司马侯升台而望曰：'乐夫！'对曰：'临下之乐则乐矣，德义之乐则未也。'公曰：'何谓德义？'对曰：'诸侯之为，日在君侧，以其善行，以其恶戒，可谓德义矣。'公曰：'孰能？'对曰：'羊舌肸习于《春秋》。'乃召叔向，使傅太子彪。"③ 由此可见，"习于《春秋》"者，通晓"德义"，司马侯所谓"以其善行，以其恶戒，可谓德义矣"，即申叔时所谓"教之《春秋》，而为之耸善而抑恶焉，以戒劝其心"，则《春秋》之"义"，以"德义"为旨归。

史识为"义"，史笔为"例""义"是旨归，"例"是手法，史识与史笔相辅相成，称作《春秋》之"义例"，为孔子所"窃取之"④，以"述"为"作"，并非孔子凭空灌输。如记载晋文公之事，《春秋·僖公二十八年》："冬，公会晋侯、齐侯、宋公、蔡侯、郑伯、陈子、莒子、邾人、秦人于温，天王狩于河阳"⑤，当是时也。晋文公作为诸侯霸主，会盟诸侯于温，召周襄王前往。按照礼制名分，君可以召臣，臣不可召君，然王纲解纽，周天子式微，周襄王不得不应召参会，鲁国史官记载此事为"天王狩于河阳"⑥，此乃"曲书"之"例"，称晋文公为"侯"，鲁僖公为"公"，称周襄王为"天王"，且不与诸侯同列，以正名分，称周襄王应召与会，为天子巡狩，以明礼制。孔子对此"义"表示赞赏，"是会也，晋侯召王，以诸侯见，且使王狩。仲尼曰：'以臣召君，不可

---

① 【按】韦昭《国语解》："以天时纪人事，谓之《春秋》"（徐元诰．国语集解：楚语上第十七　庄王使士亹傅大子箴［M］．北京：中华书局，2002：485．），仅以体裁论之，并未论及《春秋》之"义"。

② 徐元诰．国语集解：楚语上第十七　庄王使士亹傅大子箴［M］．北京：中华书局，2002：483、485．

③ 徐元诰．国语集解：晋语七第十三　悼公与司马侯升台而望［M］．北京：中华书局，2002：415．

④ 《孟子·离娄下》："王者之迹熄而《诗》亡，《诗》亡然后《春秋》作。晋之《乘》、楚之《梼杌》、鲁之《春秋》，一也。其事则齐桓、晋文，其文则史。孔子曰：'其义则丘窃取之矣。'"（［清］焦循．孟子正义：卷十六［M］．北京：中华书局，1987：572-574．）

⑤ ［清］洪亮吉．春秋左传诂：卷二　春秋经二［M］．北京：中华书局，1987：63．

⑥ 【按】杜预《春秋经传集解后序》引晋国史书《竹书纪年》作"周襄王会诸侯于河阳"（［日］竹添光鸿．左传会笺：后序［M］．沈阳：辽海出版社，2008：616．）。晋国史官与鲁国史官对于同一历史事件，其观念主张不同，则记载写法有异。《左传·昭公二年》韩宣子聘鲁，"观书于大史氏，见《易象》与鲁《春秋》，曰：'周礼尽在鲁矣。吾乃今知周公之德与周之所以王也。'"（［清］洪亮吉．春秋左传诂：卷十五［M］．北京：中华书局，1987：646．）由此可见，鲁《春秋》确实与晋国史书有所不同，其记载写法，蕴涵"周礼"思想，强调名分礼制。此乃《春秋》之"义"，亦即周秦《春秋》经解之所以可能。

以训.' 故书曰'天王狩于河阳'，言非其地也，且明德也"①。"孔子读史记至文公，曰'诸侯无召王''王狩河阳'者，《春秋》讳之也。"② 由此可见，孔子以前鲁国史官之尊王主张，对于诸侯召君现实表示不满，此乃《春秋》之"义"。又如记载晋灵公被杀之事，《春秋·宣公二年》："秋，九月乙丑，晋赵盾弑其君夷皋"③，晋灵公不君，执政赵盾骤谏不听，灵公派人刺杀赵盾，赵盾逃亡未出国境，其族人赵穿杀灵公于桃园，赵盾返回，派遣赵穿迎公子黑臀于周而立之。当是时也，晋国太史董狐认为，赵盾应该为弑君事件负责，将"赵盾弑其君"载诸史册，谴责赵盾违反礼制，并且赴告诸侯，于是鲁国史官写进鲁《春秋》，孔子对董狐史笔（称为"书法"）表示赞赏，也对赵盾受过表示惋惜，"乙丑，赵穿攻灵公于桃园，宣子未出山而复。大史书曰：'赵盾弑其君。'以示于朝。宣子曰：'不然。'对曰：'子为正卿，亡不越竟，反不讨贼，非子而谁？'宣子曰：'乌呼，"我之怀矣，自诒伊戚"，其我之谓矣！'孔子曰：'董狐，古之良史也，书法不隐。赵宣子，古之良大夫也，为法受恶。惜也，越竟乃免。'"④ 由此可见，孔子以前晋国史官之尊君意识，此亦为《春秋》之"义"。后世王安石所谓"断烂朝报"⑤ 之讥，无乃太过乎！

对于鲁国史书《春秋》原有之"义"，孔子不仅"窃取之"，也就是阐发经义，而且，孔子还挖掘经义，将自己读史心得融入其中，此乃《春秋》新有之"义"。"鲁哀公问于仲尼曰：'《春秋》之记曰：冬十二月霣霜，不杀菽。何为记此？'仲尼对曰：'此言可以杀而不杀也。夫宜杀而不杀，桃李冬实。天失道，草木犹犯干之，而况于人君乎！'"⑥ 所谓"《春秋》之记曰'冬十二月霣霜，不杀菽'"，《春秋·僖公三十三年》有"冬……十有二月……陨霜，不杀草，李、梅实"⑦，可知孔子所见《春秋》，与此略同。周正十二月为夏正十月，夏历十月已入孟冬，孟冬"陨霜，不杀草，李、梅实"，可见其为暖冬。与往年相较，为气候异常，《春秋》载诸史册，以记异之故，与记载日食、灾害等同，并

---

① ［清］洪亮吉．春秋左传诂：卷八［M］．北京：中华书局，1987：337.

② ［汉］司马迁．史记：卷三十九　晋世家第九［M］．北京：中华书局，1982：1668.

③ ［清］洪亮吉．春秋左传诂：卷三　春秋经三［M］．北京：中华书局，1987：83.

④ ［清］洪亮吉．春秋左传诂：卷十　宣公　二年［M］．北京：中华书局，1987：399.

⑤ 《宋史·王安石传》："黜《春秋》之书，不使列于学官，至戏目为'断烂朝报'。"（［元］脱脱，等．宋史：卷三百二十七　列传第八十六　王安石［M］．北京：中华书局，1985：10550.）

⑥ ［清］王先慎．韩非子集解：卷九　内储说上七术第三十　倒言七右经［M］．北京：中华书局，1998：223-224.

⑦ ［清］洪亮吉．春秋左传诂：卷二　春秋经二［M］．北京：中华书局，1987：67.

未与人君治国失道联系，所以鲁哀公会产生疑问"何为记此"？孔子挖掘《春秋》经义，赋予其新"义"，曰："天失道，草木犹犯干之，而况于人君乎！"此乃《春秋》新有之"义"，孔子授徒讲学，新"义"已融入《春秋》经解之中。在孔子身后，孔门弟子及其传人继承孔子《春秋》解经之法，根据《春秋》经文，不断赋予新"义"，从而积累形成周秦《春秋》经解。

周秦《春秋》经解，论其大宗为《春秋》三传，《公羊传》与《穀梁传》于周秦时代仅为"口说流行"，《汉书·艺文志》："及末世口说流行，故有《公羊》《穀梁》《邹》《夹》之《传》。四家之中，《公羊》《穀梁》立于学官，《邹氏》无师，《夹氏》① 未有书"②，所谓"末世"，指称战国时代，"《邹》《夹》之《传》"，文本断绝，几乎无从考证③，《公羊传》与《穀梁传》迟至战国尚未形成文本，以师弟口耳相传，因此周秦诸子少有引据用例。而《左氏春秋》至迟于战国中期形成文本，《孟子》已有用例存焉。

如《孟子·滕文公上》孟子引"阳虎曰：'为富不仁矣，为仁不富矣。'"④此据《左传·定公九年》鲍文子谏曰："夫阳虎有宠于季氏，而将杀季孙，以不利鲁国，而求容焉。亲富不亲仁，君焉用之？"⑤又如《孟子·离娄下》孟子曰："君之视臣如土芥，则臣视君如寇雠"⑥，"文王视民如伤，望道而未之见"⑦，此据《左传·哀公元年》逢滑曰："国之兴也，视民如伤，是其福也；其亡也，以民为土芥，是其祸也"⑧。又如《孟子·万章下》孟子曰："齐景公

---

① 《汉书·艺文志》著录"《夹氏传》十一卷"，班固自注"有录无书"（［汉］班固. 汉书：卷三十［M］. 北京：中华书局，1962：1713.）。

② ［汉］班固. 汉书：卷三十［M］. 北京：中华书局，1962：1715. 【按】《经典释文·序录》："及末世口说流行，故有《公羊》《邹氏》《夹氏》之《传》《邹氏》无师，《夹氏》有录无书，故不显于世。"（［唐］陆德明. 经典释文序录疏证：注解传述人［M］. 吴承仕，疏证. 北京：中华书局，2008：102.）《隋书·经籍志》："汉初，有《公羊》《穀梁》《邹氏》《夹氏》，四家并行。王莽之乱，《邹氏》无师，《夹氏》亡"（［唐］魏徵，令狐德棻. 隋书：卷三十二［M］. 北京：中华书局，1973：932.）

③ 【按】王葆玹《今古文经学新论》论及《邹氏春秋》，根据沈钦韩《汉书疏证》启示，认为"邹衍的学说里已包含了《春秋》学的部分，而邹奭又对邹衍的这种学说加以修订和记述，《汉志》所著录的《邹氏传》一定是这样形成的"，进而推论《邹氏传》也有"大一统"思想（王葆玹. 今古文经学新论：第五章 关于《春秋》学的几个问题［M］. 北京：中国社会科学出版社，1997：239-241.），诚乃重大创获，然不免推论大于实证，《邹氏传》文本不存，无从考实矣。

④ ［清］焦循. 孟子正义：卷十［M］. 北京：中华书局，1987：333.

⑤ ［清］洪亮吉. 春秋左传诂：卷十九［M］. 北京：中华书局，1987：829.

⑥ ［清］焦循. 孟子正义：卷十六［M］. 北京：中华书局，1987：546.

⑦ ［清］焦循. 孟子正义：卷十六［M］. 北京：中华书局，1987，第570.

⑧ ［清］洪亮吉. 春秋左传诂：卷二十［M］. 北京：中华书局，1987：846.

田，招虞人以旌，不至，将杀之。志士不忘在沟壑，勇士不忘丧其元。孔子奚取焉？取非其招不往也。"万章曰："敢问招虞人何以？"孟子曰："以皮冠。庶人以旃，士以旗，大夫以旌。以大夫之招招虞人，虞人死不敢往。以士之招招庶人，庶人岂敢往哉？况乎以不贤人之招招贤人乎？欲见贤人而不以其道，犹欲其入而闭之门也。夫义，路也；礼，门也。惟君子能由是路，出入是门也，《诗》云：'周道如底，其直如矢。君子所履，小人所视。'"万章曰："孔子君命召，不俟驾而行，然则孔子非与？"孟子曰："孔子当仕，有官职，而以其官召之也。"① 此据《左传·昭公二十年》："十二月，齐侯②田于沛，招虞人以弓，不进。公使执之，辞曰：'昔我先君之田也，旃以招大夫，弓以招士，皮冠以招虞人。臣不见皮冠，故不敢进。'乃舍之。仲尼曰：'守道不如守官，君子韪之。'"③ 孟子凭记忆引据，虽有小误，然大旨若合符契。又如《孟子·离娄下》孟子曰："郑人使子濯孺子侵卫，卫使庾公之斯追之。子濯孺子曰：'今日我疾作，不可以执弓，吾死矣夫！'问其仆曰：'追我者谁也？'其仆曰：'庾公之斯也。'曰：'吾生矣。'其仆曰：'庾公之斯，卫之善射者也。夫子曰吾生，何谓也？'曰：'庾公之斯学射于尹公之他，尹公之他学射于我。夫尹公之他端人也，其取友必端矣。'庾公之斯至，曰：'夫子何为不执弓？'曰：'今日我疾作，不可以执弓。'曰：'小人学射于尹公之他，尹公之他学射于夫子，我不忍以夫子之道反害夫子。虽然，今日之事，君事也。我不敢废。'抽矢叩轮去其金，发乘矢而后反。"④ 而《左传·襄公十四年》："初，尹公佗学射于庾公差，庾公差学射于公孙丁。二子追公⑤，公孙丁御公。子鱼⑥曰：'射为背师，不射为戮，射为礼乎？'射两軥而还。尹公佗曰：'子为师，我则远矣。'乃反之。公孙丁授公辔而射之，贯臂。"⑦ 《春秋左传正义》对比两处记载，孔颖达疏曰："其姓名与此略同，行义与此正反，不应一人之身有此二行。孟子辩士之说，或当假为之辞，此《传》应是实也"⑧，此乃《孟子》误引《左传》之例。孟子曰："尽信《书》，则不如无《书》"⑨，今于《孟子》文献自身，亦当如此，

① ［清］焦循．孟子正义：卷二十一［M］．北京：中华书局，1987：721-724.

② 【按】齐景公。

③ ［清］洪亮吉．春秋左传诂：卷十七［M］．北京：中华书局，1987：745.

④ ［清］焦循．孟子正义：卷十七［M］．北京：中华书局，1987：581-582.

⑤ 【按】卫献公。

⑥ 【按】庾公差。

⑦ ［清］洪亮吉．春秋左传诂：卷十二［M］．北京：中华书局，1987：532-533.

⑧ ［清］阮元，校刻．十三经注疏清嘉庆刊本·春秋左传正义：卷第三十二　襄公十四年［M］．北京：中华书局，2009：4249.

⑨ ［清］焦循．孟子正义：卷二十八　尽心章句下　三章［M］．北京：中华书局，1987：959.

其是之谓也。又如《孟子·梁惠王下》："齐宣王问曰：'汤放桀，武王伐纣，有诸？'孟子对曰：'于传有之。'曰：'臣弑其君，可乎？'曰：'贼仁者谓之贼，贼义者谓之残，残贼之人，谓之一夫。闻诛一夫纣矣，未闻弑君也。'"①此非孟子标新立异，乃据《左传·宣公四年》："凡弑君，称君，君无道也；称臣，臣之罪也"②，杜预注："称君，谓唯书君名，而称国以弑，言众所共绝也"，《春秋左传正义》孔疏引杜预《春秋释例》："称臣者，谓书弑者主名，以垂来世，终为不义，而不可赦也"③，《公羊传》《穀梁传》皆反对弑君，以尊君为《春秋》之"义"，唯《左传》有诛无道书名之"例"，孟子即取此例以为说。综上可见，《孟子》虽未明用《左传》之名，然于孟子论辩之中，或引《左传》之事，或据《左传》之制，或取《左传》之例，其征引之实，可谓粲然矣。

　　于孟子之后，儒家还有荀子继起，最为孔门传经翘楚。《荀子》亦用《左传》，有用例存焉。如《左传·襄公二十六年》："归生④闻之，善为国者，赏不僭而刑不滥。赏僭，则惧及淫人，刑滥，则惧及善人。若不幸而过，宁僭无滥；与其失善，宁其利淫"⑤，《荀子·致士》："赏不欲僭，刑不欲滥，赏僭则利及小人，刑滥则害及君子。若不幸而过，宁僭勿滥；与其害善，不若利淫"⑥，此乃原引用例。又如《左传·哀公十六年》楚大子建："其子曰胜，在吴。子西欲召之，叶公曰：'吾闻胜也诈而乱，无乃害乎？'子西曰：'吾闻胜也信而勇，不为不利。舍诸边竟，使卫藩焉。'叶公曰：'周仁之谓信，率义之谓勇。吾闻胜也好复言，而求死士，殆有私乎！复言，非信也。期死，非勇也。子必悔之！'弗从。召之，使处吴竟，为白公。""吴人伐慎，白公败之。请以战备献，许之，遂作乱。秋，七月，杀子西、子期于朝，而劫惠王。子西以袂掩面而死。子期曰：'昔者吾以力事君，不可以弗终。'抉豫章以杀人而后死""叶公亦至，及北门，或遇之，曰：'君胡不胄？国人望君，如望慈父母焉。盗贼之矢若伤君，是绝民望也。若之何不胄？'乃胄而进。又遇一人，曰：'君胡胄？国人望君，如望岁焉，日日以几。若见君面，是得艾也，民知不死，其亦夫有奋心，犹将旌君以徇于国。而又掩面，以绝民望，不亦甚乎？'乃免胄而进。遇箴尹固帅其

---

① ［清］焦循．孟子正义：卷五［M］．北京：中华书局，1987：145.
② ［清］洪亮吉．春秋左传诂：卷十［M］．北京：中华书局，1987：403.
③ ［清］阮元，校刻．十三经注疏清嘉庆刊本·春秋左传正义：卷第二十一　宣公四年［M］．北京：中华书局，2009：4058.
④ 【按】蔡国公孙归生，《左传·襄公二十六年》又称声子。
⑤ ［清］洪亮吉．春秋左传诂：卷十四［M］．北京：中华书局，1987：587.
⑥ ［清］王先谦．荀子集解：卷第九［M］．北京：中华书局，1988：264.

属，将与白公。子高①曰：'微二子②者，楚不国矣。弃德从贼，其可保乎？'乃从叶公。使与国人以攻白公，白公奔山而缢。""沈诸梁③兼二事。国宁，乃使宁④为令尹，使宽⑤为司马，而老于叶"⑥，《荀子·非相》："叶公子高，微小短瘠，行若将不胜其衣。然白公之乱也，令尹子西、司马子期皆死焉；叶公子高入据楚，诛白公，定楚国，如反手尔，仁义功名善于后世"⑦，此乃简引用例。又如《左传·定公九年》："郑驷歂杀邓析而用其《竹刑》"⑧，《荀子·宥坐》："子产诛邓析"⑨，两者相互抵牾，《列子·力命》："邓析操两可之说，设无穷之辞，当子产执政，作《竹刑》。郑国用之，数难子产之治。子产屈之。（子产）执而戮之，俄而诛之"，张湛注："此传云子产诛邓析，《左传》云'驷歂杀邓析而用其《竹刑》'，子产卒后二十年而邓析死也"⑩，由此可见，此乃《荀子》误引用例，邓析作《竹刑》，盖与子产铸刑书相淆，其所引虽有误，然征引之实，亦粲然矣。

于荀子之后，其弟子韩非，亦用《左传》，有用例存焉。如《韩非子·奸劫弑臣》："故《春秋》记之曰：'楚王子围将聘于郑，未出境，闻王病而反，因入问病，以其冠缨绞王而杀之，遂自立也。齐崔杼其妻美，而庄公通之，数如崔氏之室。及公往，崔子之徒贾举率崔子之徒而攻公。公入室，请与之分国，崔子不许；公请自刃于庙，崔子又不听。公乃走，逾于北墙。贾举射公，中其股，公坠，崔子之徒以戈斫公而死之，而立其弟景公。'"⑪ 此例为原引与简引相结合，关于楚王子围自立，《左传·昭公元年》："冬，楚公子围将聘于郑，伍举为介。未出竟，闻王有疾而还。伍举遂聘。十一月己酉，公子围至，入问王疾，缢而弑之，遂杀其二子幕及平夏。右尹子干出奔晋，宫厩尹子皙出奔郑。杀大宰伯州犁于郑。葬王于郏，谓之郏敖。使赴于郑，伍举问应为后之辞焉，

---

① 【按】即叶公。
② 【按】子西、子期。
③ 【按】即叶公。
④ 【按】公孙宁，楚令尹子西之子。
⑤ 【按】公孙宽，楚司马子期之子。
⑥ ［清］洪亮吉．春秋左传诂：卷二十［M］．北京：中华书局，1987：884-885、885-886、886-887、887.
⑦ ［清］王先谦．荀子集解：卷第三［M］．北京：中华书局，1988：73-74.
⑧ ［清］洪亮吉．春秋左传诂：卷十九［M］．北京：中华书局，1987：829.
⑨ ［清］王先谦．荀子集解：卷第二十［M］．北京：中华书局，1988：521.
⑩ 杨伯峻．列子集释：卷第六［M］．北京：中华书局，1979：201-202.
⑪ ［清］王先慎．韩非子集解：卷四［M］．北京：中华书局，1998：107.

对曰:'寡大夫围。'伍举更之曰:'共王之子围为长。'"① 于重出语句,无甚区别,此乃原引用例;关于崔杼弑齐庄公,《左传·襄公二十五年》:"齐棠公之妻,东郭偃之姊也。东郭偃臣崔武子。棠公死,偃御武子以吊焉。见棠姜而美之,使偃取之。偃曰:'男女辨姓,今君出自丁,臣出自桓,不可。'武子筮之,遇《困》之《大过》。史皆曰'吉'。示陈文子,文子曰:'夫从风,风陨妻,不可娶也。且其《繇》曰"困于石,据于蒺藜,入于其宫,不见其妻,凶",困于石,往不济也;据于蒺藜,所恃伤也;入于其宫,不见其妻,凶,无所归也。'崔子曰:'嫠也,何害?先夫当之矣。'遂取之。庄公通焉,骤如崔氏,以崔子之冠赐人,侍者曰:'不可。'公曰:'不为崔子,其无冠乎?'崔子因是,又以其间伐晋也,曰:'晋必将报。'欲弑公以说于晋,而不获间。公鞭侍人贾举而又近之,乃为崔子间公。夏五月……甲戌,飨诸北郭,崔子称疾,不视事。乙亥,公问崔子,遂从姜氏。姜入于室,与崔子自侧户出。公拊楹而歌,侍人贾举止众从者而入,闭门。甲兴,公登台而请,弗许;请盟,弗许;请自刃于庙,弗许。皆曰'君之臣杼疾病,不能听命。近于公宫,陪臣干掫有淫者,不知二命。'公逾墙,又射之,中股,反队,遂弑之……叔孙宣伯之在齐也,叔孙还纳其女于灵公,嬖,生景公。丁丑,崔杼立而相之"②,两相对比,《左传》记载详细,《韩非子》简明扼要,此乃简引用例。而且值得注意的是,《韩非子》引据《左传》两处,统称为"《春秋》记之曰",由此可见,《左传》之名尚未出现,仍以《春秋》统称之,此亦可解释《孟子》《荀子》用《左传》而不称其名之原因。

又如《左传·僖公四年》:"四年,春,齐侯以诸侯之师侵蔡,蔡溃"③,其事起因,见于《左传·僖公三年》:"齐侯与蔡姬乘舟于囿。荡公,公惧,变色;禁之,不可。公怒,归之,未之绝也。蔡人嫁之"④,《韩非子·外储说左上》:"蔡女为桓公妻,桓公与之乘舟。夫人荡舟,桓公大惧,禁之不止,怒而出之。乃且复召之,因复更嫁之,桓公大怒,将伐蔡"⑤,由此可见,今本《左传》一事分年两处,于体例欠妥,《韩非子》所据原引并未割裂。又如《左传·昭公五年》:"冬,十月,楚子以诸侯及东夷伐吴,以报棘、栎、麻之役。""吴子使其弟蹶由犒师,楚人执之,将以衅鼓。王使问焉,曰:'女卜来吉乎?'对曰:

① [清] 洪亮吉. 春秋左传诂: 卷十五 [M]. 北京: 中华书局, 1987: 645.
② 杨伯峻. 春秋左传注 [M]. 修订本. 北京: 中华书局, 1990: 1095–1099.
③ [清] 洪亮吉. 春秋左传诂: 卷七 [M]. 北京: 中华书局, 1987: 273.
④ [清] 洪亮吉. 春秋左传诂: 卷七 [M]. 北京: 中华书局, 1987: 272–273.
⑤ [清] 王先慎. 韩非子集解: 卷十一 [M]. 北京: 中华书局, 1998: 275.

'吉。寡君闻君将治兵于敝邑，卜之以守龟，曰：余亟使人犒师，请行以观王怒之疾徐，而为之备。尚克知之。龟兆告吉，曰：克可知也。君若骤焉好逆使臣，滋敝邑休憩，而忘其死，亡无日矣。今君奋焉震电冯怒，虐执使臣，将以衅鼓，则吴知所备矣。敝邑虽羸，若早修完，其可以息师。难易有备，可谓吉矣。且吾社稷是卜，岂为一人？使臣获衅军鼓，而敝邑知备，以御不虞，其为吉，孰大焉？国之守龟，其何事不卜？一臧一否，其谁能常之？城濮之兆，其报在邲。今此行也，其庸有报志？'乃弗杀。'"①《韩非子·说林下》："荆王伐吴，吴使沮卫、蹷融犒于荆师，荆将军曰：'缚之，杀以衅鼓。'问之曰：'汝来卜乎？'答曰：'卜。''卜吉乎？'曰：'吉。'荆人曰：'今荆将以女衅鼓，其何也？'答曰：'是故其所以吉也。吴使人来也，固视将军怒，将军怒，将深沟高垒；将军不怒，将懈怠。今也将军杀臣，则吴必警守矣。且国之卜，非为一臣卜。夫杀一臣而存一国，其不言吉何也？且死者无知，则以臣衅鼓无益也；死者有知也，臣将当战之时，臣使鼓不鸣。'荆人因不杀也"②，此乃转引用例。又如《左传·昭公二十年》："郑子产有疾，谓子大叔③曰：'我死，子必为政。惟有德者能以宽服民，其次莫如猛。夫火烈，民望而畏之，故鲜死焉。水懦弱，民狎而玩之，则多死焉。故宽难。'疾数月而卒。大叔为政，不忍猛而宽。郑国多盗，取人于萑苻之泽。大叔悔之，曰：'吾早从夫子，不及此。'兴徒兵以攻萑苻之盗，尽杀之，盗少止。仲尼曰：'善哉！政宽则民慢，慢则纠之以猛；猛则民残，残则施之以宽。宽以济猛，猛以济宽，政是以和。'"④《韩非子·内储说上》："子产相郑，病将死，谓游吉曰：'我死后，子必用郑，必以严莅人。夫火形严，故人鲜灼；水形懦，故人多溺。子必严子之刑，无令溺子之懦。'（故）⑤子产死，游吉不忍行严刑。郑少年相率为盗，处于萑泽，将遂以为郑祸。游吉率车骑与战，一日一夜，仅能克之。游吉喟然叹曰：'吾蚤行夫子之教，必不悔至于此矣。'"⑥此亦转引用例。又如《左传·僖公二十二年》："冬，十一月己巳朔，宋公及楚人战于泓。宋人既成列，楚人未既济。司马曰：'彼众我寡，及其未既济也，请击之。'公曰：'不可。'既济而未成列，又以告。公曰：'未可。'既陈而后击之，宋师败绩。公伤股，门官歼焉。国人皆咎公，公曰：'君

---

① ［清］洪亮吉．春秋左传诂：卷十五［M］．北京：中华书局，1987：671．

② ［清］王先慎．韩非子集解：卷八［M］．北京：中华书局，1998：192-193．

③ 【按】游吉，字子大叔，继子产为郑国执政。

④ ［清］洪亮吉．春秋左传诂：卷十七［M］．北京：中华书局，1987：747-748．

⑤ 【按】王先慎《韩非子集解》引卢文弨曰："'故'字衍。"

⑥ ［清］王先慎．韩非子集解：卷九　内储说上七术第三十　倒言七右经［M］．北京：中华书局，1998：223．

子不重伤，不禽二毛，古之为军也，不以阻隘也。寡人虽亡国之余，不鼓不成列。'"①《韩非子·外储说左上》："宋襄公与楚人战于涿谷上，宋人既成列矣，楚人未及济。右司马购强趋而谏曰：'楚人众而宋人寡，请使楚人半涉，未成列而击之，必败。'襄公曰：'寡人闻君子曰："不重伤，不擒二毛，不推人于险，不迫人于阨，不鼓不成列。"今楚未济而击之，害义。请使楚人毕涉成陈，而后鼓士进之。'右司马曰：'君不爱宋民，腹心不完，特为义耳。'公曰：'不反列，且行法。'右司马反列，楚人已成列撰陈矣，公乃鼓之。宋人大败，公伤股，三日而死。此乃慕（自亲）②仁义之祸"③，此乃意引用例。又如《左传·僖公五年》："及难，公④使寺人披伐蒲。重耳曰：'君父之命不校。'乃徇曰：'校者，吾雠也。'逾垣而走。披斩其袪，遂出奔翟。"⑤《僖公二十四年》："吕、郤畏偪，将焚公宫而弑晋侯。寺人披请见，公使让之，且辞焉，曰：'蒲城之役，君命一宿，女即至。其后余从狄君以田渭滨，女为惠公来求杀余。命女三宿，女中宿至。虽有君命，何其速也？夫袪犹在，女其行乎！'对曰：'臣谓君之入也，其知之矣。若犹未也，又将及难。君命无二，古之制也。除君之恶，惟力是视。蒲人、狄人，余何有焉？今君即位，其无蒲、狄乎！齐桓公置射钩，而使管仲相。君若易之，何辱命焉？行者甚众，岂惟刑臣？'公见之，以难告。"⑥《韩非子·难三》："文公出亡，献公使寺人披攻之蒲城，披斩其袪，文公奔翟。惠公即位，又使攻之惠窦，不得也。及文公反国，披求见，公曰：'蒲城之役，君令一宿，而汝即至；惠窦之难，君令三宿，而汝一宿，何其速也？'披对曰：'君令不二。除君之恶，惟恐不堪。蒲人、翟人，余何有焉！今公即位，其无蒲、翟乎！且桓公置射钩而相管仲。'君乃见之。"⑦ 此乃简引用例。由此可见，《韩非子》用《左传》，或原引、或转引、或意引、或简引，取用多方，论证为说，则于《春秋》而言，皆可谓经解文献。

于韩非子之后，尚有《吕氏春秋》用《左传》，有用例存焉。如《左传·成公十七年》："晋厉公侈，多外嬖。反自鄢陵，欲尽去群大夫，而立其左右。胥童以胥克之废也，怨郤氏，而嬖于厉公。郤锜夺夷阳五田，五亦嬖于厉公。郤犫与长鱼矫争田，执而梏之，与其父母妻子同一辕。既，矫亦嬖于厉公。栾

---

① ［清］洪亮吉．春秋左传诂：卷七［M］．北京：中华书局，1987：307．
② 【按】王先慎《韩非子集解》曰："'自亲'二字，涉下文而衍。"
③ ［清］王先慎．韩非子集解：卷十一［M］．北京：中华书局，1998：283．
④ 【按】晋献公。
⑤ ［清］洪亮吉．春秋左传诂：卷七［M］．北京：中华书局，1987：277-278．
⑥ ［清］洪亮吉．春秋左传诂：卷八［M］．北京：中华书局，1987：315．
⑦ ［清］王先慎．韩非子集解：卷十六［M］．北京：中华书局，1998：371．

书怨郤至，以其不从己而败楚师也，欲废之。使楚公子茷告公曰：'此战也，郤至实召寡君，以东师之未至也，与军帅之不具也，曰：此必败，吾因奉孙周以事君。'公告栾书，书曰：'其有焉。不然，岂其死之不恤，而受敌使乎？君盍尝使诸周而察之？'郤子聘于周，栾书使孙周见之。公使觇之，信。遂怨郤至。厉公田，与妇人先杀而饮酒，后使大夫杀。郤至奉豕，寺人孟张夺之，郤至射而杀之。公曰：'季子欺余。'厉公将作难，胥童曰：'必先三郤，族大，多怨。去大族，不偪，敌多怨，有庸。'公曰：'然。'郤氏闻之，郤锜欲攻公，曰：'虽死，君必危。'郤至曰：'人所以立，信、知、勇也。信不叛君，知不害民，勇不作乱。失兹三者，其谁与我？死而多怨，将安用之？君实有臣而杀之，其谓君何？我之有罪，吾死后矣。若杀不辜，将失其民，欲安，得乎？待命而已。受君之禄，是以聚党。有党而争命，罪孰大焉？'壬午，胥童、夷羊五帅甲八百将攻郤氏。长鱼矫请无用众，公使清沸魋助之，抽戈结衽，而伪讼者。三郤将谋于榭，矫以戈杀驹伯、苦成叔于其位。温季曰：'逃威也。'遂趋。矫及诸其车，以戈杀之。皆尸诸朝。胥童以甲劫栾书、中行偃于朝。矫曰：'不杀二子，忧必及君。'公曰：'一朝而尸三卿，余不忍益也。'对曰：'人将忍君。臣闻乱在外为奸，在内为轨。御奸以德，御轨以刑。不施而杀，不可谓德。臣偪而不讨，不可谓刑。德、刑不立，奸、轨并至，臣请行。'遂出奔狄。公使辞于二子，曰：'寡人有讨于郤氏，郤氏既伏其辜矣。大夫无辱，其复职位。'皆再拜稽首曰：'君讨有罪，而免臣于死，君之惠也。二臣虽死，敢忘君德？'乃皆归。公使胥童为卿。公游于匠丽氏，栾书、中行偃遂执公焉。召士匄，士匄辞。召韩厥，韩厥辞，曰：'昔吾畜于赵氏，孟姬之谗，吾能违兵。古人有言曰：杀老牛莫之敢尸，而况君乎？二三子不能事君，焉用厥也？'"①《左传·成公十八年》："十八年，春，王正月庚申，晋栾书、中行偃使程滑弑厉公，葬之于翼东门之外，以车一乘。"②《吕氏春秋·恃君览·骄恣》："晋厉公侈淫，好听谗人，欲尽去其大臣而立其左右。胥童谓厉公曰：'必先杀三郤，族大，多怨，去大族，不偪。'公曰：'诺。'乃使长鱼矫杀郤犨、郤锜、郤至于朝，而陈其尸。于是厉公游于匠丽氏，栾书、中行偃劫而幽之。诸侯莫之救，百姓莫之哀，三月而杀之。人主之患，患在知能害人，而不知害人之不当而反自及也。是何也？智短也。智短则不知化，不知化者举自危。"③ 此乃简引用例。又如《左传·宣

　　① ［清］洪亮吉. 春秋左传诂：卷十一 ［M］. 北京：中华书局，1987：485-487.
　　② ［清］洪亮吉. 春秋左传诂：卷十一 ［M］. 北京：中华书局，1987：488.
　　③ ［秦］吕不韦. 吕氏春秋集释：卷第二十 ［M］. 许维遹，集释. 北京：中华书局，2009：573-574.

公二年》："晋灵公不君，厚敛以雕墙，从台上弹人，而观其辟丸也。宰夫胹熊蹯不孰，杀之，寘诸畚，使妇人载以过朝。赵盾、士季见其手，问其故，而患之。将谏，士季曰：'谏而不入，则莫之继也。会请先，不入，则子继之。'三进，及溜，而后视之，曰：'吾知所过矣，将改之。'稽首而对曰：'人谁无过？过而能改，善莫大焉。《诗》曰：靡不有初，鲜克有终，夫如是，则能补过者鲜矣。君能有终，则社稷之固也，岂惟群臣赖之。又曰衮职有阙，惟仲山甫补之，能补过也。君能补过，衮不废矣。'犹不改。宣子骤谏，公患之，使鉏麑贼之。晨往，寝门辟矣。盛服将朝，尚早，坐而假寐。麑退，叹而言曰：'不忘恭敬，民之主也。贼民之主，不忠；弃君之命，不信。有一于此，不如死也。'触槐而死。"① 《吕氏春秋·贵直论·过理》："晋灵公无道，从上弹人而观其避丸也；使宰人胹熊蹯，不熟，杀之；令妇人载而过朝以示威，不适也。赵盾骤谏而不听，公恶之，乃使沮麑，沮麑见之，不忍贼，曰：'不忘恭敬，民之主也。贼民之主，不忠；弃君之命，不信。一于此，不若死。'乃触廷槐而死。"② 此亦简引用例。由此可见，《吕氏春秋》引据《左传》，取其史实而略其言语，以供说理论证之用。

《吕氏春秋·慎行论·求人》曰："身定，国安，天下治，必贤人。古之有天下也者，七十一圣。观于《春秋》，自鲁隐公以至哀公十有二世，其所以得之，所以失之，其术一也。得贤人，国无不安，名无不荣；失贤人，国无不危，名无不辱。先王之索贤人无不以也，极卑极贱，极远极劳。虞用宫之奇、吴用伍子胥之言，此二国者，虽至于今存可也，则是国可寿也。有能益人之寿者，则人莫不愿。今寿国有道，而君人者而不求，过矣"③，所谓"虞用宫之奇、吴用伍子胥之言"，指虞、吴未用其言也，《左传·僖公五年》："晋侯复假道于虞以伐虢，宫之奇谏曰：'虢，虞之表也。虢亡，虞必从之。晋不可启，寇不可玩，一之谓甚，其可再乎？谚所谓"辅车相依，唇亡齿寒"者，其虞、虢之谓也。'公曰：'晋，吾宗也，岂害我哉？'对曰：'大伯、虞仲，大王之昭也。大伯不从，是以不嗣。虢仲、虢叔，王季之穆也，为文王卿士，勋在王室，藏于盟府。将虢是灭，何爱于虞？且虞能亲于桓、庄乎？其爱之也，桓、庄之族何罪？而以为戮，不唯偪乎？亲以宠偪，犹尚害之，况以国乎？'公曰：'吾享祀丰絜，神必据我。'对曰：'臣闻之，鬼神非人实亲，惟德是依。故《周书》曰："皇天无亲，惟德是辅。"又曰："黍稷非馨，明德惟馨。"又曰："民不易

① ［清］洪亮吉. 春秋左传诂：卷十 ［M］. 北京：中华书局，1987：397-398.
② ［秦］吕不韦. 吕氏春秋集释：卷第二十三 ［M］. 许维遹，集释. 北京：中华书局，2009：632.
③ ［秦］吕不韦. 吕氏春秋集释：卷第二十二 ［M］. 许维遹，集释. 北京：中华书局，2009：613.

物，惟德繄物。"如是，则非德，民不和、神不享矣。神所冯依，将在德矣。若晋取虞，而明德以荐馨香，神其吐之乎？'弗听，许晋使。宫之奇以其族行，曰：'虞不腊矣。在此行也，晋不更举矣。'"①《左传·哀公元年》："吴王夫差败越于夫椒，报檇李也。遂入越。越子以甲楯五千保于会稽，使大夫种因吴大宰嚭②以行成。吴子将许之，伍员曰：'不可。臣闻之："树德莫如滋，去疾莫如尽。"昔有过浇杀斟灌以伐斟鄩，灭夏后相。后缗方娠，逃出自窦，归于有仍。生少康焉，为仍牧正。惎浇，能戒之。浇使椒求之，逃奔有虞，为之庖正，以除其害。虞思于是妻之以二姚，而邑诸纶，有田一成，有众一旅。能布其德，而兆其谋，以收夏众，抚其官职，使女艾谍浇，使季杼诱豷。遂灭过、戈，复禹之绩，祀夏配天，不失旧物。今吴不如过，而越大于少康，或将丰之，不亦难乎？句践能亲而务施，施不失人，亲不弃劳。与我同壤，而世为仇雠。于是乎克而弗取，将又存之，违天而长寇雠，后虽悔之，不可食已。姬之衰也，日可俟矣。介在蛮夷，而长寇雠，以是求伯，必不行矣。'弗听。退而告人曰：'越十年生聚，而十年教训，二十年之外，吴其为沼乎！'"③ 以上所引宫之奇、伍子胥之言，不见诸《春秋》，而载于《左传》，则《吕氏春秋·慎行论·求人》所谓"观于《春秋》，自鲁隐公以至哀公十有二世，其所以得之，所以失之，其术一也"云云，《春秋》当指《左氏春秋》而言，清儒刘逢禄认为"《左氏春秋》犹《晏子春秋》《吕氏春秋》也，直称《春秋》，太史公所据旧名也。冒曰《春秋左氏传》，则东汉以后之以讹传讹者矣"④，所论庶几得之。

# 研习参考书

［1］程树德．论语集释［M］．北京：中华书局，1990．

［2］焦循．孟子正义［M］．北京：中华书局，1987．

［3］王先谦．荀子集解［M］．北京：中华书局，1988．

［4］杨伯峻．春秋左传注［M］．修订本．北京：中华书局，1990．

［5］陈奇猷．吕氏春秋新校释［M］．上海：上海古籍出版社，2002．

---

① ［清］洪亮吉．春秋左传诂：卷七［M］．北京：中华书局，1987：278-280．

② 【按】文种因伯嚭以行成。

③ ［清］洪亮吉．春秋左传诂：卷二十［M］．北京：中华书局，1987：843-845．

④ ［清］刘逢禄．左氏春秋考证：卷上　题首［M］．《皇清经解》通行本；另有［清］刘逢禄．左氏春秋考证［M］．《辨伪丛刊》顾颉刚校点本．北平：北平朴社，1933．

# 本书结论

　　"儒"讲的是文化源头，"儒家"讲的是学术流派，"儒学"讲的是儒家之学。"儒"于殷商已有，而"儒家"与"儒学"，至孔子方成。殷商之"儒"是术士儒，专职为贵族祭祀祖先、办理丧事、担任司仪等；西周之"儒"是学官儒，专职为官方从事道艺教化；春秋之"儒"是搢绅儒，此时已无专职，仍属于职业类别；孔子之"儒"是君子儒，传道授业，立说讲学，成为终生事业与学术流派。"儒家"由孔子创立，是有经典、有纲领、有徒众的学术流派，他们不仅是一种职业，也不仅是一帮人群，而是有思想、有理论、有追求、有传授的儒家学派。孔子及其后继者，以研习"六经"为根基，以讲求礼乐教化为特征，究其思想本质，都是以仁义、忠信、孝悌濡人，濡人之人，是为"儒家"，所以濡人之学问，是为"儒学"，"儒家"传承"儒学"，"儒学"成就"儒家"，贤传大道，道亦传贤，法古开新，生生不息，"儒学文献"随之产生。

　　直到孔子以后，"儒"方成其为"学"。"儒学"既诞生于"礼坏乐崩"的春秋时代，又是礼乐文化传统的集大成者，上古礼乐文化是周秦儒学之摇篮。远古殷商宗教礼乐，讲的是"天命"，所重在鬼神，是神灵祭祀（宗教属性）；西周人文礼乐，讲的是"外王"，所重在社会，是社会管理（制度属性）；东周心性礼乐，讲的是"内圣"，所重在人性，是人格修养（道德属性）。这是先秦礼乐文化的三个主要发展阶段。西周"制礼作乐"，实现从天道到人道之转折，直接扭转中国文化走向；东周礼乐思想，实现"礼乐"之学术化，深刻影响中国学术史与思想史。而且，从后世两千余年儒学的发展轨迹与大势走向来看，先秦礼乐文化已经为其奠定规模，后世儒学只是在先秦礼乐文化所确定大方向上，细化深入、继续发展而已，中华文化之早熟，在这里体现得尤为突出。儒学在周秦时期即已实现关键性变革，起源宗教性→建构制度性→蕴含道德性，由秦汉迄于清代，皆循其轨而续有发展，终未脱其规范。礼乐之学关乎教育，三代教育掌于官学，而上古学校制度，正是"儒"者职能的直接来源。古代社会重视经验教育，将教学作为贤者老年的事业，上古学校制度与养老传统密切相关，如此既能"老有所养"，也使"幼有所教"，可谓两得其宜，"国老""庶老"传授经验，讲解道理，这有利于作育人材，培养下一代。师儒履行教民职责，属于一般教育，而乐正履行造士职责，则属于精英教育，更需要相关教材，所谓"先王《诗》《书》《礼》《乐》"，即先王遗留下来的文献，将这些文献作为教材，用来培养称职的家国接班人。至迟春秋中叶，诸侯国已有完备的经典教育，所采用"造士"教科书，是儒学文献的原生形态。这些文献都未经孔子整理，只能算是前儒学文献，真正的儒学文献，必自孔子修定"六经"、创立儒家学派始。

从"儒"到"儒家"，形成"儒学"体系，这个历史性转变，通过孔子行教得以完成。尽管孔子本人并未打出"儒家"旗号，但是，儒家学派的形成与孔子长期教育实践活动息息相关。《诗》《书》《礼》《乐》《易》《春秋》是由"邹鲁之士、搢绅先生"（儒家）所传承，儒家"六经"学术在前，具有整体性；而"百家之学"，则是儒家"六经"学术散于天下以后才兴起，"百家之学"在儒家之后，其内容具有片面性。儒家及其"六经"之学对于诸子百家的影响与启迪作用亦可概见。"百家"者，就其自成一派、数量之多而言；"诸子"者，则是就其各有师承、渊源有自而言。周秦之际，学者辈出，各著书立说，欲时君见用，改制救世，其间学者及其书籍文献，大多称作"某子"，此源于弟子尊称其师，加氏以别之，后来成为学界师长通称，西汉刘向、刘歆父子领校中秘书，则以"诸子"统括。弟子称师为"子"，纂述其师言行，以成私家著述，始于孔门；官学下移，学术自贵族移于平民，私人聚徒讲学、负笈从师，开启民智，以孔门影响最大；私人纂修官书，以"述"为"作"，亦自孔子始。孔子学派之出现，在我国教育史与学术史上，具有划时代意义，可谓周秦诸子之渊薮。

秦国兼并六国，齐国最后灭亡，秦朝统一全国，仅维持 14 年，秦朝博士制度沿用六国旧制，特别是齐国稷下学制。稷下先生之所以称作"先生"，因为各率弟子，秦朝与汉初博士制度，皆继承齐国稷下学制。不同之处在于，齐国稷下先生是君主的顾问师友，"不治而议论"；秦汉博士是君主的官员臣子，"不可以妄言"，以吏为师，官师合一。这种差异的背后，是春秋战国私学之衰落与秦汉官学之兴起。博士制度对于秦代儒学文献传承，又具有特殊作用。作为秦朝官学代表的博士，职掌官方所藏儒学典籍以及诸子"百家语"的研习、整理与教授，逮及秦朝焚书禁私学，民间藏书遭受浩劫，以致纷纷藏匿，博士成为官方唯一允许的学术人员，作为君主"智囊团"，所掌政府藏书犹存，其中就有儒学典籍文献，在灭学时期仍得以不绝如缕，这些博士儒生，治经守望，存亡续绝，都为汉初儒学文献复出作出重要贡献。秦始皇焚书，并没有阻断儒家经典之流传，周秦儒学文献经过秦代至于汉初，在这一传承过程中，秦代儒学呈现出官学与私学并存的局面。儒学作为周秦学术大宗，经春秋战国以至于秦，其价值观念与政治道德，几成社会共识，并为学界所珍视，秦代儒学文献之传承与发展，自有其历史必然性，非人力所能禁绝，遂得以生生不息，薪火相传。

周秦儒家学派的形成过程，同时也是儒学文献的诞生历程，从造士文献到儒学文献的性质演变，其关键正在于孔子整理"六经"。儒家为孔子所创立，孔子周游列国返鲁，知"道之不行"，遂潜心于授徒与整理古代造士文献，"笔则笔，削则削"，经过孔子删定改造，儒学文献的核心经典随之产生。"旧史"文本是先王嘉言懿行之档案记录，从西周到春秋末期，官学据此"旧史"造士，用于切磋琢磨，可谓造士文献，是官学所用"旧课本"。这些记录先王嘉言懿行的造士文献，本不出自一人之手，是从历代积累的档案材料中选编汇集而成，作为"旧课本"，辅助官学讲授而已，缺乏系统化之主旨，未免使人只知其然，而不知其所以然。孔子在长期教学研讨过程中，根据官学"旧课本"，赋予儒家思想主旨，整理为私学"新课本"，这是儒学文献的开端。孔子行教授徒，起初主要课程分为两类，入门实践科目为礼、乐、射、御、书、数，进阶理论科目为《诗》《书》《礼》《乐》。孔子晚年开始习《易》、修《春秋》，如此则《易》与《春秋》成为儒家课程研习科目，当在孔子之后，发展到战国时代，遂有"六经"之说。孔子研治与称引"六经"，是以先王史籍为依据，而又贯之以"仁义"思想，其中蕴涵儒学导向。孔门"六经"（《诗》《书》《礼》《乐》《易》《春秋》），承载"先王之道"，明其所以然"要在仁义"，这正是"旧史"被孔子经典化的集中体现。"六经"作为儒学文献的核心经典，纂成于孔子之手，则儒学文献必自孔子而后始。

孔子去世以后，儒家学派开始分化，出现所谓"儒分为八"的局面，然而异中有所同，孔门弟子三千，"身通六艺者七十有二人"，儒家学派皆以"孔子六经"为根底，在"传经"基础上，提出新观点，增益新论著，经典内容与范围遂得以扩充延展。从春秋末到战国、从战国到秦代，儒学经典之研习与传授，薪尽火传，有迹可循，这也是周秦儒学文献的历史脉络。

孔子对《诗经》有过系统整理与研究，曾参、端木赐、卜商皆传孔门《诗》学，曾子传孝道，子贡擅事功，子夏以传文献为主，后世《诗经》传授，即出子夏一脉。子夏所作《诗序》310篇，战国以来遗失6篇，毛亨作《故训传》，推改 10 首，其时正当秦汉之际，荀子卒于秦初，毛亨为荀子弟子，其所处时代相符。子夏以后，五传而至荀子，荀子可谓汉代《诗》学先师，不仅《毛传》为其所传，《鲁诗》之学，亦出于荀子。汉兴，鲁申公为《诗》训故，而齐辕固、燕韩生皆为之《传》，三家皆列于学官。汉代三家诗，《鲁诗》最先出现，传业最盛，且《鲁诗》近古，是以多与《尔雅》相应。在荀子与申公之间，其重要传承人是浮丘伯，可证李斯与浮丘伯俱事荀子，又浮丘伯与毛亨皆受业于荀子，此周秦《诗经》传授统绪，为汉代《鲁诗》《毛诗》师承之前缘。

孔子授《书》漆雕开，漆雕开之后，师说无传。而孔氏家族世传《尚书》，可谓孔氏家学，对于藏《书》之人，孔腾、孔鲋、孔惠，三说各异。孔惠其人事迹无考，魏晋以后才见诸文献，此不敢辄定；孔腾曾为汉惠帝博士，若古《书》为其所藏，何不自发取之？如伏胜传《书》之例，而必待鲁恭王坏孔壁，方重见天日，孔腾藏《书》不可信；孔鲋藏《书》，见诸汉人《东观汉记》记载，时代较近，且《孔丛子》一书，并非伪书，孔鲋藏《书》说，当可采信。

“三礼”源于周代礼制，周代礼制之来源，乃秉承夏商礼制，又融合周人礼义观念，经损益而成。孔子推崇周礼，关于“礼”之典籍，发端于孔子整理上古文献。所谓“周礼”，为西周损益夏商二代所制，春秋时代，礼乐崩坏，孔子系修起之“述”，而非创制之“作”。孔门弟子之中，曾子、子游、孺悲、子夏皆深造于礼学。周秦“三礼”，虽历经坎坷，却能不绝如缕，于汉世先后复出，为经学昌明时代之到来，提供礼学文献根基。

古《乐》文本失传，其师承传授之迹，亦无从具论，然蛛丝马迹，仍有迹可循，通观《论语》，玩味其辞，孔子乐学，灿然可识。孔子之古乐实践与乐学理论，言传身教，授诸门徒，此即孔门乐教。子夏、子贡皆深于乐学，更有公孙尼子传孔门乐教，其研乐深造有得，亦得益于孔门乐教理论与实践之双向指导。公孙尼亲炙孔子之门，从学 5 年以上，属于孔子晚年弟子，于夫子兴《诗》、立《礼》、成《乐》之教，当深有领会，此为公孙尼研乐之有利条件。公孙尼既传孔门乐教，以此为根基，阐发乐义，皆属顺理成章，更为《乐记》成书提供思想基础。

关于周秦易学传承流衍，李鼎祚《周易集解序》：“自卜商入室，亲授微言，传注百家，绵历千古，虽竞有穿凿，犹未测渊深”，按李氏集解序文之意，正概论及此。“自卜商入室”者，“卜商”非单指，古人行文避讳示敬，不当直呼先贤姓名，此乃合指卜子与商子。卜子者，卜商也，商子者，商瞿也。商瞿传《易》，实有枢纽之功，堪与子夏并称“卜商”，皆孔子入室弟子，遂得亲授微言，传孔子易学。另馯臂子弓，《史记》《汉书》引证，为商瞿易学一系，而据

《史记·仲尼弟子列传》三家注，则馯臂子弓亦子夏门人，于卜商、商瞿两系兼善之，为南方易学师传之宗主。上海博物馆藏战国楚简《易》、马王堆帛书《易》，皆出自楚地，与今传本《易经》对比，各有所长。楚简本《易》与帛书本《易》，都是《易经》文本流传过程中的重要环节，两者并非直接承袭关系。《易》之出现时代，早在西周已基本定型，持简本、帛本、今本，三者互勘，除字句通假差异外，并无根本性区别，于此可见一斑。

孔子自卫返鲁，游说诸侯无果，因鲁史记修《春秋》，上起隐公元年，下讫哀公十四年，寄寓儒家价值观，勒成十二公之经文。孔子取材鲁史而遵周制，褒贬242年间之历史，又与左丘明观书周室，比较各国记载异同，见闻周洽，评骘得失，此乃孔子修《春秋》笔削之志。孔子修成十二公经文之后，《铎氏微》《虞氏春秋》《吕氏春秋》皆《春秋》"经"之旁系，而《左传》《公羊传》《穀梁传》为《春秋》"传"之存者。关于《春秋》"三传"之先后，《左氏传》先出而隐其书，《公羊传》《穀梁传》以口耳相传，传授流行于六国时代，经过长期口头流传与增删修订之过程。至于登诸竹帛，皆在后世汉代矣。

以上讲述周秦儒经文献情况，接下来本书进入周秦经解文献领域。

周秦文献引《诗》至夥，何谓《诗》之经解，首先应当作一辨析，其畛域范围，需要加以界定。周秦盛行赋诗引诗言志之风，周秦时代赋诗引诗，其目的既不是为《诗》作经解，也不是对《诗》义进行发挥，而是根据应对场合，以言志为旨归，姚文田《邃雅堂集》卷十六《读诗论》所指，乃《诗》之运用，并非《诗》之研究。又魏源《诗古微》卷二《毛诗义例篇上》，论赋诗引诗之类型有四，皆深知赋诗引诗难证《诗》之本义，为了达到应对言志之实用目的，可以对《诗》句任意曲解，断章取义（已非"六经注我"之合理范畴），成为周秦赋诗引诗之辞令常态。因此，周秦赋诗引诗言志，不属于《诗》之经解范畴。关于周秦《诗》之经解，论其大宗，在《左传》《国语》《论语》《孟子》《荀子》《吕氏春秋》，本书以《诗》之经解为对象，逐条分类整理，庶几可谓实录焉。上博楚简所存《孔子诗论》，采取散论说《诗》形式，在周秦《诗》学方法论方面，实现创新性发展。在《孔子诗论》之前，儒家断章取义式说《诗》方法，流传已久，引用《诗》句仅作为工具或媒介，目的是借此说明政治、外交、礼义或其他观点，孔子如此，孔门弟子亦仍之。《孔子诗论》之出现，开始改变以上状况，这种说《诗》方法的新动向，恰好可以说明此篇散论之撰述，并非出于孔子及弟子之手，简文中有"孔子曰"，若为孔子本人，定然不会如此自称，当是儒家后学研《诗》的创新性成果。

周秦《书》经解之可见者，分散于《礼记》《左传》《国语》《墨子》《孟子》《荀子》六书，其具体畛域范围，则需加以界定。如《墨子·明鬼下》所谓"夏书""商书""周书"，泛指夏代文献、商代文献、周代文献，将三代文献统称为"先王之书"，并非特指《书》经，后世学者皆以逸《书》视之，无乃不可乎？周秦文献引《书》甚夥，足见《书》经于周秦学术之重要地位，其《书》之经解，多有可观之处。本书以《书》之经解为对象，逐条分类整理，庶几可谓实录焉。观今本《尚书》与《逸周书》，两编相互比较，内容无一篇重复雷同，《逸周书》为孔子所论百篇之余，且《尚书》28篇源自孔子选本百篇，信不诬矣。汉代所传《逸周书》71篇，编者已不可考，盖取材于孔子删订未录之《书》篇，以及其他传世周代文献，如《左传·文公二年》狼瞫称引《周志》等，复增添东周《书》篇如《太子晋》等，如此种种，编者按照时代顺序，排列汇编为70篇，最后仿照孔子序《书传》之例，《逸周书》70篇《序》文仿效《书序》，可谓亦步亦趋，编者又为所辑《周书》逸篇作《序》1篇，合订而成《周书》71篇，著录于《七略》《汉志》，东汉许慎增题《逸周书》，以与《尚书》之《周书》区分。两编之辑成时间，虽有先后之别，然编纂体例存在关联性。清华大学所藏战国楚简，其中有《尚书》《逸周书》与逸书20余篇，清华简《金縢》与伏生所传今文《尚书》直接相关，清华简《尹诰》《尹至》诸多用词和语法，与今文《尚书》之《夏书》《商书》相互契合。而且更值得注意的是，清华简所见诸书篇，并没有《尚书》与《逸周书》之区分，因此，如今对《逸周书》篇章的重视程度，应该提升到与《尚书》平等地位。

关于周秦《礼》经解，概论其思想走向，可划分为西周"人文之礼"与东周"观念之礼"两大历史类型。从远古殷商以"致敬鬼神"为核心的宗教之礼，到西周以"人文道德"为核心的制度之礼，周公"制礼作乐"是一大关键；从西周以"人文道德"为核心的制度之礼，到东周以"礼缘情而作"为核心的观念之礼，孔子"克己复礼"是一大关键。所以后世崇奉"先圣先师"，先圣即周公，先师即孔子（汉魏以来，先圣周公与先师孔子，一直分为二科，至明嘉靖改孔子为先圣先师，始合为一），正源于他们在礼学发展史上曾作出重大贡献，也就是说，在中华文化史上有永不磨灭之历史功绩。孔门弟子曾为《仪礼》作《传》，如子夏《丧服传》，今本《仪礼·丧服》分为"经""记""传"，可谓"经""记""传"之合编本。《仪礼·丧服》于缌麻章后，标有"记"字，以此为界，前为经文，后为记文，而经、记皆有标注"传曰"之解释文字，相传为子夏所"传"，此乃《丧服传》《周礼》重见天日之时，已是汉代，于周秦未见单行之经解文献。《礼记·聘义》与《大戴礼记·朝事》，本自

《周礼》之《典命》《大行人》《小行人》《司仪》《掌客》诸职文，可能属于周秦时代《周礼》经解之遗。《周礼》篇章为周秦故籍，经文非刘歆所能伪撰，而《汉书·艺文志》所著录《周官传》，盖向歆父子所为。"礼乐之学"由孔子发其原，孟子、荀子各得一端，皆进行深入探究。荀学是孔学分支，荀子受"复礼"之启发，所以荀子儒学偏于"道问学"，《荀子》有《礼论》专篇，主张"隆礼"，是西周"礼乐法度"的继承者。"隆礼"之极致，到荀子学生韩非那里，成为"重法"，这是"礼乐"之"制度性"发展的必然趋势。至于大小戴《礼记》，即"礼"之"记"，其所收诸篇，于周秦时代单篇别行，来源较为复杂，原不可一概而论，各篇作者时代相去甚远。大小戴《礼记》分别编辑选本论文集，存在重复内容，其选本各不相谋，并非互通消息，所以重复之处甚多。大小戴《礼记》之性质，不啻经解丛书，荦荦大宗。

《大学》收入《小戴礼记》，居于第四十二篇，篇首有"大学之道"，故以"大学"为名，后世将其抽出表彰，列为经学"四书"之首。后世儒经"四书"结集，并非空穴来风，其思想脉络，应该追至周秦思孟学派。《中庸》亦收入《小戴礼记》，居于第三十一篇，"中庸"是周秦儒学处世态度，倡导以中为用的哲学原则，《中庸》之论，正是从孔子到子思的思想反映，《中庸》与《大学》一样，也是周秦思孟学派的经典论文。《性自命出》与《性情论》，作为楚地性情学说之著作，其中提出"礼作于情"的思想，这一点很重要，也就是礼乐背后的合理性。《中庸》与《性自命出》思想类似，"喜怒哀悲之气，性也"即"喜怒哀乐之未发"，"情生于性"即"喜怒哀乐"之已发，两者皆以情释性，《性自命出》主"气"，《中庸》主"中"，《性自命出》所谓"喜怒哀悲之气"，气论虚无缥缈，而《中庸》落实到"喜怒哀乐之未发"的状态"中"，《中庸》对《性自命出》与《性情论》之理论继承与创新，其发展态势，荦荦可见。孔子儒学关于"礼乐"言论很多，其核心思想，是希望弘扬周公"人文礼乐"精神，至于"礼乐"对于人生之意义何在，"礼乐"与人心关系如何，孔子尚未来得及详细论述。孔子之后，思孟学派便发展"心性"论，"心性"论之主旨，是要从内到外解决人性与道德相一致的难题，今天可以称为人性管理。从孔子、曾子到子思再到孟子，强调修身，走向心性之路，将其作为治国、平天下之起点，"修身、齐家、治国、平天下"，认为关键在于"求诸己"，"致中和，天地位焉，万物育焉"，沿着"求诸己"方向去寻找"中道"，如此顺理成章，就会发现性、情、心、志等范畴，这是周秦儒家"道德性"发展的必然趋势。

关于周秦《乐》经解，概论其大宗，当属《乐记》无疑。关于《乐记》之历史地位，长期界定为音乐专篇，研究者也集中在音乐学界，这样一来，就大大局限《乐记》之文化价值。"教化"是中华文化的核心精神，《乐记》正是这一核心精神的哲学纲领。《乐记》作为承载周秦乐学思想的重要文献，其作者问题长期争论不休，从学术史角度，梳理公孙尼子史料，为《乐记》成书时代提供新视角。考证公孙尼即公孙龙，在子夏以后、孟荀之前，是春秋战国之际儒家学派传人，公孙尼与古本《乐记》成书，学术关系甚密。周秦典籍有"记"则有"经"，无"经""记"从何来？因此，《乐记》当有所承系、有所依凭，其所承系、所依凭者，盖即《乐经》云，是以论《乐经》之经解，当以《乐记》为大宗。论周秦儒家传经之功，孔子身后，以卜商、荀况为翘楚。《荀子》有《乐论》专篇，其文与《乐记》相较，有许多相同或相似之处，究竟是谁抄谁，历来就有争论。《荀子·乐论》当晚于古本《乐记》，首先，《荀子·乐论》比《乐记》篇幅小得多，《乐记》论述内容更为丰富，此显而易见，寓目可知。再者，《乐记》以讲理论为主，《乐论》则以发议论为主。且《乐论》多是先引《乐记》之文，再驳墨子之言，以充论证之资。公孙尼乃春秋战国之际儒家学派传人，而荀况已身处战国末期，则公孙尼子之时代远早于荀子，职坐是由，当属荀子引公孙尼子之文。从文本出发，亦可考见《乐论》多袭《乐记》之文，《乐论》反复出现"而墨子非之，奈何"，荀子征引发挥，其归宿是反驳墨子，行文结构，十分清楚，唯古人论说，熔铸贯连，不属引文，后人不察，遂致湮没。荀子多采古本《乐记》，《乐论》乃秉承《乐记》而发，结合沈约奏答"《乐记》取《公孙尼子》"之说，再参验《汉书·艺文志》《隋书·经籍志》著录，所论皆合，言之甚确，更可作为公孙尼子时代印证，公孙尼子先于荀子，乃周秦孔门乐教传人。

周秦时代孔门解《易》，集中于孔子身上，而周秦《易》经解之可见者，分散于《左传》《国语》《礼记》《荀子》四书。《左传·昭公二年》："晋侯使韩宣子来聘，且告为政而来见，礼也。观书于大史氏，见《易象》与鲁《春秋》，曰：'周礼尽在鲁矣。吾乃今知周公之德与周之所以王也。'"鲁昭公二年即公元前540年，孔子时年11岁，韩起聘鲁，观书置评，已然以《易》居首，足见《易》于周秦时代非常流行，其《易》之经解，多有可观之处。本书以《易》之经解为对象，逐条梳理考论，庶几可谓疏证焉。《易经》作为卜筮效验的实例汇编，祭司卜筮正是上古智识母体，其中反映先人生活经验与教训，也承载先人智慧，包含天下万事万物之理，这就为《易经》哲学解读及其性质转化，既提供文本解读资源，也奠定思想基础，古人所谓"寡过之书"，信不诬矣。由《易》到《周易》，由卜筮之书到哲学之书，周秦《易传》正是此转化过程的关键所在，周秦时代《易》经解之核心问题也全在《易传》。马王堆汉墓帛书《周易》于经文之外，还有《易传》6篇，分别为《系辞》《二三子问》《易之义》《要》《缪和》《昭力》，皆有其特点，大体成书于战国初期至中期或稍后时代，与今传本《易传》相比较，属于不同系统，而在成篇与流传过程中，又互有渗透。

关于周秦《春秋》经解之所以可能，在于《春秋》本有史笔史识存焉，孔子以前已然如此，《春秋》之"义"，以"德义"为旨归，绝非"断烂朝报"之流可比拟。史识为"义"，史笔为"例"，"义"是旨归，"例"是手法，史识与史笔相辅相成，称作《春秋》之"义例"，孔子"窃取之"，并非孔子凭空灌输。所谓"窃取之"，即阐发经义，对于鲁国史书《春秋》原有之"义"，孔子不仅以"述"为"作"，还挖掘经义，将读史心得融入其中，此乃《春秋》新有之"义"。孔子授徒讲学，新"义"已融入《春秋》经解之中。在孔子身后，孔门弟子及其传人继承孔子《春秋》解经之法，根据《春秋》经文，不断赋予新"义"，从而积累形成周秦《春秋》经解。《春秋左氏传》《春秋公羊传》《春秋穀梁传》三传，皆《春秋》之经解。《国语》与《左传》相表里，有《春秋外传》之称，亦属于广义《春秋》经解范畴。《国语》所记史实，与《左传》相较，皆以春秋时代历史为主体，两者多存在同记一事之情况，然取材重点与陈述详略，互有差异之处，两书可谓"和而不同"。《国语》与《左传》对春秋同一史事，各有详略，两者可以互相参正，《国语》对《春秋》和《左传》，皆有补充印证之功用。

《论语》以记载孔子言行为主，兼记孔门弟子言行，其文本性质是经过编纂的孔门师弟语录，为后世语录体之鼻祖。与"六经"文本相较，《论语》后出，于周秦至两汉时代作为"传"而存在，直到唐代，《论语》正式列入经书，迟至宋代，才进入现行"十三经"序列。《论语》与"六经"之关系，不啻引导书籍，孔子以儒家理念整理"六经"，而《论语》正是儒家理念之集中反映，所谓《论语》《孟子》既治，则"六经"可不治而明，信不诬也。《孝经》之"经"，并非经典之义，此"经"为天经地义，"孝经"者，即"夫孝，天之经也"，所谓省称而已。《孝经》于周秦至西汉亦作为"传"而存在，取得经典地位，则晚在东汉，已超出周秦时代讨论范围。郑玄以《孝经》为"六艺"之总会，实则指出孝道在周秦儒家思想体系中的重要性。综观《孝经》全篇，其与《大学》《中庸》《孔子闲居》《仲尼燕居》《坊记》《表记》行文风格类似，章末引证经典方式亦同，应当为七十子后学之孝道专题论文。《孝经》正式被尊为儒经，虽在汉代，然其文本应当出于周秦，《汉书·艺文志》将《孝经》类附于《六艺略》，其经典地位，初现雏形。《孝经》之名与《孝经》之文，至迟于战国末年，已然出现，而且时常作为引证论据，必在当时具有说服力，其由"传"到"经"之抬升过程，亦已萌动。逮及《吕氏春秋》，仍将《孝经》视作"传记"之属，并与单篇流传之"记书"置诸同列；而且《孝经》内容，正是记载孔子与曾子之对话，又与《祭义》所引类似。由此可见，《孝经》在周秦时代尚居于"传记"地位，与"记书"文本特征相近，都是具有圣贤语录性质的经解文献。

　　《孟子》是周秦儒家要籍，其语录体例，虽拟《论语》而作，行文却更为系统化。《孟子》应当由孟子与弟子共同初撰，在孟子逝世后，经过门人编辑整理，最终由其弟子或后学写定，所涉及诸侯王谥号，是《孟子》叙定时代之显明证据。《孟子》成书以后，于周秦时代作为诸子之书而存在，《孟子》地位之起落，由周秦诸子之书，到汉文帝时传记之书，其地位低于经书而高于诸子之书，汉武帝时"罢黜百家，表章六经"，《孟子》又由传记之书退居诸子之书。《孟子》之书，虽居于诸子传记之属，其文献价值，实可与儒经比肩，其书在周秦儒经体系中具有独特地位与经解意义。《荀子》也是周秦儒家要籍，荀子构筑新儒学体系，书中对儒家有深入剖析，其学派反省意识非常强烈。《荀子》以儒家为核心，扬弃诸子百家学说，实则集诸子思想之大成，荀子作为周秦儒家最后一位大师，而《荀子》却历来被视为诸子之书。韩愈《读〈荀子〉》："孟氏，醇乎醇者也，荀与杨，大醇而小疵"，所谓醇疵之辨，其原因正在于此。论儒家传经之功，以卜商、荀况为翘楚，对于周秦儒经，卜商承孔子之教而发扬之，荀况排诸子之议而巩固之。荀子其人传孔门儒经，而《荀子》其书作为周秦经解之载体，亦有理据前提矣。在周秦儒学谱系中，荀子与孟子并驾齐驱，两者亦有区别，孟子偏于"尊德性"（内圣），而荀子偏于"道问学"（外王），尤其对于周秦儒经有传承之功，而且《荀子》其书具备羽翼六经之作用。然则荀子传经之功，《荀子》对于儒经之意义，《荀子》之经解价值，皆非其他诸子书可比拟。《荀子》经解，以礼学为大宗，发扬周秦儒家"外王"取向。关于《荀子》经解之基本特征，或疏解经典申明己说，或称述传记反驳异说；要之，其经解与议论融为一体，儒家经解已从零散走向整合，经解为议论提供论据，议论为经解提炼论点，两者交相为用，由此可见周秦儒家经解业已走向体系化。

　　回溯儒学形成的历史，其实就是儒家"六经"形成（儒经文献）及其不断诠释（经解文献）的历史，儒学之发展进程，多是采取对儒家经典重新注释的形式展开，即所谓"我注六经""六经注我"，是以可知"六经"在儒学文献史上的核心价值。而对于"六经"之性质，循序渐进，分为原始六经、西周六经、孔子六经，依次经历旧史经典化与经典儒学化的演变过程。"六经"的原始形态，属于文献积累阶段，素材杂乱无序，即所谓"旧法世传之史"，后人总结为"六经皆史"，有待荟萃成编。"六经"从原始形态到汇编形态，正是旧史经典化的过程，"六经"的汇编形态，出于官学教育需要，逐渐形成造士文献，此类型属于官学教本阶段，教材结集有序，荟萃成编，经典粗成，即所谓"周公之旧典"，相当于教学资料类要，尚未形成思想体系，有待去粗取精、删定别裁，提炼宗旨纲领，进而明确指导意义。"六经"从汇编形态到儒学形态，正是经典儒学化的过程，"六经"的儒学形态，出于儒家教学需要，属于儒学新课本，孔子以"仁义"改造"六经"，以"六经"讲学授徒，交相辅成，形成有经典、有思想的儒家学派。经典教材不仅结集成编，而且蕴含儒家理念，即所谓"孔子六经"，相当于教学指导用书。孔子去粗取精、删定别裁，辞微指博、以"述"为"作"，提炼宗旨纲领，明确指导意义，将记载"先王之陈迹"的"旧法世传之史"，改造成为立教传道的儒学经典，从而完成经典儒学化的演变进程。

# 主要参考文献（音序排列）

［1］蔡尚思．孔子思想体系［M］．上海：上海人民出版社，1982．

［2］晁福林．上博简《诗论》研究［M］．北京：商务印书馆，2013．

［3］陈奇猷．吕氏春秋新校释［M］．上海：上海古籍出版社，2002．

［4］程树德．论语集释［M］．北京：中华书局，1990．

［5］郭伟川．先秦六经与中国主体文化［M］．北京：北京图书馆出版社，2007．

［6］焦循．孟子正义［M］．北京：中华书局，1987．

［7］金景芳．孔子的这一份珍贵的遗产六经［J］．吉林大学社科学报，1991（1）．

［8］李启谦，骆承烈，王式伦．孔子资料汇编［M］．济南：山东友谊书社，1991．

［9］李启谦、王式伦．孔子弟子资料汇编［M］．济南：山东友谊书社，1991．

［10］梁涛．郭店竹简与思孟学派［M］．北京：中国人民大学出版社，2008．

［11］刘大钧．今、帛、竹书《周易》综考［M］．上海：上海古籍出版社，2005．

［12］刘师培．经学教科书［M］．陈居渊注释本．上海：上海古籍出版社，2006．

［13］皮锡瑞．经学历史［M］．周予同注释本．北京：中华书局，1959．

［14］钱基博．经学通志［M］．北京：中华书局，1936．

［15］钱穆．先秦诸子系年［M］．北京：中华书局，1985．

［16］王先谦．荀子集解［M］．北京：中华书局，1988．

[17] 吴承仕. 经典释文序录疏证 [M]. 北京：中华书局，1984.

[18] 兴膳宏，川合康三. 隋书经籍志详考 [M]. 东京：日本汲古书院，1995.

[19] 徐中舒. 甲骨文中所见的儒 [J]. 四川大学学报（哲学社科版），1975（4）.

[20] 杨伯峻. 春秋左传注 [M]. 修订本. 北京：中华书局，1990.

[21] 杨朝明，修建军. 孔子与孔门弟子研究 [M]. 济南：齐鲁书社，2004.

[22] 姚小鸥. 清华简与先秦经学文献研究 [M]. 北京：生活·读书·新知三联书店，2016.

[23] 张秋升，王洪军. 中国儒学史研究 [M]. 济南：齐鲁书社，2004.

[24] 张舜徽. 汉书艺文志通释 [M]. 武汉：湖北教育出版社，1990.

[25] 章太炎撰，庞俊、郭诚永疏证. 国故论衡疏证 [M]. 北京：中华书局，2008.

[26] 钟肇鹏. 孔子研究 [M]. 北京：中国社会科学出版社，1990.

[27] 周予同. "六经"与孔子的关系问题 [J]. 复旦学报，1979（1）.

【披览书籍，数倍于此，且举大端，以示简明，至夫征引，详见文注】

# 附录两则

　　P41. 附录一【按】考"君子儒"与"小人儒"之别。《论语·雍也》："子谓子夏曰：'女为君子儒，无为小人儒。'"① 实非道德判断，此乃就身份格局而言。如《墨子·公孟》："则君子何日以听治？庶人何日以从事？"② 即墨子所谓"君子"与"庶人"之别。孔子曰："君子有勇而无义为乱，小人有勇而无义为盗。"③ 所谓"君子儒"，"志于道"也，所谓"小人儒"，"游于艺"而已，《论语·述而》："子曰：'志于道，据于德，依于仁，游于艺。'"④ 则以"道"为本，以"艺"为末。《论语·子路》："樊迟请学稼。子曰：'吾不如老农。'请学为圃。曰：'吾不如老圃。'樊迟出。子曰：'小人哉，樊须也！上好礼，则民莫敢不敬；上好义，则民莫敢不服；上好信，则民莫敢不用情。夫如是，则四方之民襁负其子而至矣，焉用稼？'"⑤ 《孟子·尽心上》载公孙丑曰："《诗》曰'不素餐兮'，君子之不耕而食，何也？"孟子曰："君子居是国也，其君用之，则安富尊荣；其子弟从之，则孝悌忠信。'不素餐兮'，孰大于是！"⑥ "君子之不耕而食"，亦是孔子"焉用稼"之义，则"君子儒"与"小人儒"，实以"道""艺"别之。《礼记·乐记》："乐者，非谓黄钟、大吕、弦、歌、干、扬也，乐之末节也，故童者舞之。铺筵、席，陈尊、俎，列笾、豆，以升降为礼者，礼之末节也，故有司掌之。乐师辨乎声诗，故北面而弦；宗、祝辨乎宗庙之礼，故后尸；商祝辨乎丧礼，故后主人。是故德成而上，艺成而

---

　　① 程树德. 论语集释：卷十一　雍也上 [M]. 北京：中华书局，1990：389.

　　② [清] 孙诒让. 墨子间诂：卷十二 [M]. 北京：中华书局，2001：455.

　　③ 程树德. 论语集释：卷三十五　阳货下 [M]. 北京：中华书局，1990：1241.

　　④ 程树德. 论语集释：卷十三　述而上 [M]. 北京：中华书局，1990：443.

　　⑤ 程树德. 论语集释：卷二十六　子路上 [M]. 北京：中华书局，1990：896-898.

　　⑥ [清] 焦循. 孟子正义：卷二十七 [M]. 北京：中华书局，1987：926.

下，行成而先，事成而后。是故先王有上有下，有先有后，然后可以有制于天下也。"① 由此可见，"德"主"行"，故谓之德行，而"艺"主"事"，故《论语·子罕》："太宰问于子贡曰：'夫子圣者与？何其多能也？'子贡曰：'固天纵之将圣，又多能也。'子闻之，曰：'太宰知我乎！吾少也贱，故多能鄙事。君子多乎哉？不多也。'""子云：'吾不试，故艺。'"② 所谓"德成而上，艺成而下"，亦即"君子儒"与"小人儒"之区分。又《荀子·子道》："子路入，子曰：'由，知者若何？仁者若何？'子路对曰：'知者使人知己，仁者使人爱己。'子曰：'可谓士矣。'子贡入，子曰：'赐，知者若何？仁者若何？'子贡对曰：'知者知人，仁者爱人。'子曰：'可谓士君子矣。'颜渊入，子曰：'回，知者若何？仁者若何？'颜渊对曰：'知者自知，仁者自爱。'子曰：'可谓明君子矣。'子路问于孔子曰：'君子亦有忧乎？'孔子曰：'君子，其未得也，则乐其意，既已得之，又乐其治，是以有终身之乐，无一日之忧。小人者，其未得也，则忧不得，既已得之，又恐失之，是以有终身之忧，无一日之乐也。'"③ 尤可见"君子儒"与"小人儒"之区分，所谓"得""失"之际，"乐""忧"之间，唯在规模气象耳。而规模气象之广狭，则导致治学格局之高低，《荀子集解·劝学》："君子之学也，入乎耳，箸乎心，布乎四体，形乎动静，端而言，蝡而动，一可以为法则；小人之学也，入乎耳，出乎口，口耳之间则四寸耳，曷足以美七尺之躯哉！'古之学者为己，今之学者为人。'君子之学也，以美其身；小人之学也，以为禽犊。"④ 且《史记·孔子世家》中孔子困于陈、蔡之间，亦有与季路、端木赐、颜回之问答，"不得行，绝粮。从者病，莫能兴。孔子讲诵弦歌不衰。子路愠见曰：'君子亦有穷乎？'孔子曰：'君子固穷，小人穷斯滥矣。'子贡色作。孔子曰：'赐，尔以予为多学而识之者与？'曰：'然。非与？'孔子曰：'非也。予一以贯之。'孔子知弟子有愠心，乃召子路而问曰：'《诗》云匪兕匪虎，率彼旷野。吾道非邪？吾何为于此？'子路曰：'意者吾未仁邪？人之不我信也。意者吾未知邪？人之不我行也。'孔子曰：'有是乎！由，譬使仁者而必信，安有伯夷、叔齐？使知者而必行，安有王子比干？'子路出，子贡入见。孔子曰：'赐，《诗》云：匪兕匪虎，率彼旷野。吾道非邪？吾何为于此？'子贡曰：'夫子之道至大也，故天下莫能容夫子。夫子盖少贬焉？'孔子

① ［清］孙希旦．礼记集解：卷三十八　乐记第十九之二［M］．北京：中华书局，1989：1011-1012．

② 程树德．论语集释：卷十七　子罕上［M］．北京：中华书局，1990：579-583．

③ ［清］王先谦．荀子集解：卷第二十［M］．北京：中华书局，1988：533．

④ ［清］王先谦．荀子集解：卷第一［M］．北京：中华书局，1988：12-13．

曰：'赐，良农能稼而不能为穑，良工能巧而不能为顺。君子能修其道，纲而纪之，统而理之，而不能为容。今尔不修尔道而求为容。赐，而志不远矣！'子贡出，颜回入见。孔子曰：'回，《诗》云：匪兕匪虎，率彼旷野。吾道非邪？吾何为于此？'颜回曰：'夫子之道至大，故天下莫能容。虽然，夫子推而行之，不容何病，不容然后见君子！夫道之不修也，是吾丑也。夫道既已大修而不用，是有国者之丑也。不容何病，不容然后见君子！'孔子欣然而笑曰：'有是哉颜氏之子！使尔多财，吾为尔宰。'"① 亦可供互证焉。

P54. 附录二【按】徐幹《中论》所谓"孟轲之徒皆游于齐"，② 孟子游仕诸国，游齐时间最长，于齐威王、齐宣王两番入齐，至齐宣王八年离开齐国。今考之《孟子·告子下》，淳于髡问孟子曰："先名实者，为人也。后名实者，自为也。夫子在三卿之中，名实未加于上下而去之，仁者固如此乎？"③ 可见孟子仕齐卿位，"在三卿之中"，《孟子·公孙丑下》："孟子致为臣而归。王就见孟子曰：'前日愿见而不可得，得侍同朝，甚喜，今又弃寡人而归，不识可以继此而得见乎？'对曰：'不敢请耳，固所愿也。'他日，王谓时子曰：'我欲中国而授孟子室，养弟子，以万钟，使诸大夫国人皆有所矜式，子盍为我言之。'时子因陈子而以告孟子。陈子以时子之言告孟子，孟子曰：'然，夫时子恶知其不可也？如使予欲富，辞十万而受万，是为欲富乎？'"④ 又考之《史记·孟子荀卿列传》："自驺衍与齐之稷下先生，如淳于髡、慎到、环渊、接子、田骈、驺奭之徒，各著书言治乱之事，以干世主，岂可胜道哉……于是齐王嘉之，自如淳于髡以下，皆命曰列大夫，为开第康庄之衢，高门大屋，尊宠之。览天下诸侯宾客，言齐能致天下贤士也。"⑤ 由此可见，孟子辞去卿位，齐宣王"欲中国而授孟子室，养弟子，以万钟"，此即稷下先生"皆命曰列大夫，为开第康庄之衢，高门大屋，尊宠之"，遂孟子严拒曰"如使予欲富，辞十万而受万，是为欲富乎？"是以可证，孟子于齐居卿位，而非稷下先生之列，孟子辞卿，齐宣王欲以稷下先生待遇挽留之。且《孟子·万章下》："万章曰：'士之不托诸侯，何也？'孟子曰：'不敢也。诸侯失国而后托于诸侯，礼也。士之托于诸侯，非礼也。'万章曰：'君馈之粟，则受之乎？'曰：'受之。''受之何义也？'曰：'君

① ［汉］司马迁. 史记：卷四十七［M］. 北京：中华书局，1982：1930-1932.
② 钱穆《孟子不列稷下考》《孟子在齐威王时先已游齐考》，其论证可从。钱穆. 先秦诸子系年：卷三 孟子不列稷下考［M］//钱宾四先生全集：第四册. 台北：台湾联经出版公司，1998：272-274、363.
③ ［清］焦循. 孟子正义：卷二十四［M］. 北京：中华书局，1987：829.
④ ［清］焦循. 孟子正义：卷九［M］. 北京：中华书局，1987：297-298.
⑤ ［汉］司马迁. 史记：卷七十四［M］. 北京：中华书局，1982：2346-2348.

之于氓也，固周之。'曰：'周之则受，赐之则不受，何也?'曰：'不敢也。'曰：'敢问其不敢何也?'曰：'抱关击柝者，皆有常职以食于上，无常职而赐于上者，以为不恭也。'曰：'君馈之则受之，不识可常继乎?'曰：'缪公之于子思也，亟问，亟馈鼎肉，子思不悦，于卒也，摽使者出诸大门之外，北面稽首再拜而不受，曰：今而后知君之犬马畜伋。盖自是台无馈也。悦贤不能举，又不能养也，可谓悦贤乎?'"①所谓"无常职而赐于上者"，即稷下先生"不治而议论"，此不任职而论国事，孟子"以为不恭也"，亦可证孟子不愿为稷下先生。又《孟子·万章下》："齐宣王问卿，孟子曰：'王何卿之问也?'王曰：'卿不同乎?'曰：'不同。有贵戚之卿，有异姓之卿。'王曰：'请问贵戚之卿。'曰：'君有大过则谏，反复之而不听则易位。'王勃然变乎色。曰：'王勿异也! 王问臣，臣不敢不以正对。'王色定，然后请问异姓之卿。曰：'君有过则谏，反复之而不听则去。'"②可见孟子作为"异姓之卿"，"君有过则谏，反复之而不听则去"，齐宣王攻燕失策，孟子屡谏不听，遂辞卿位去齐，非稷下厚禄所能挽留也。孟子虽非稷下先生，然其思想与稷下学术亦有交融。如《孟子·尽心下》："养心莫善于寡欲。其为人也寡欲，虽有不存焉者，寡矣；其为人也多欲，虽有存焉者，寡矣"③，《庄子·天下》："宋钘、尹文闻其风而悦之……以禁攻寝兵为外，以情欲寡浅为内，其小大精粗，其行适至是而止"④，孟子"养心莫善于寡欲"，有取于宋尹学派焉；又如《孟子·公孙丑上》："'敢问夫子恶乎长?'曰：'我知言，我善养吾浩然之气。''敢问何谓浩然之气?'曰：'难言也。其为气也，至大至刚，以直养而无害，则塞于天地之间。其为气也，配义与道'"⑤，《管子·内业》："搏气如神，万物备存。能搏乎? 能一乎? 能无卜筮而知吉凶乎? 能止乎? 能已乎? 能勿求诸人而之己乎? 思之思之，又重思之。思之而不通，鬼神将通之。非鬼神之力也，精气之极也。四体既正，血气既静，一意搏心，耳目不淫，虽远若近"⑥，孟子"浩然之气"，有取于《管子》"精气之极"。

① ［清］焦循. 孟子正义：卷二十一 ［M］. 北京：中华书局，1987：711-717.

② ［清］焦循. 孟子正义：卷二十一 ［M］. 北京：中华书局，1987：728.

③ ［清］焦循. 孟子正义：卷二十九 ［M］. 北京：中华书局，1987：1017-1018.

④ ［清］王先谦. 庄子集解：卷八 ［M］. 北京：中华书局，1987：291.

⑤ ［清］焦循. 孟子正义：卷六 ［M］. 北京：中华书局，1987：199-202.

⑥ 黎翔凤. 管子校注：卷第十六 ［M］. 北京：中华书局，2004：943.